SOSYALİZMİN VE SOSYAL MÜCADELENİN TARİHİ

Hüseyin Turhan

Sosyalizmin ve Sosyal Mücadelenin Tarihi

Hüseyin Turhan

Dorlion Yayınları: 2017
Genel Yayın Yönetmeni : Adem Bilgiç
Redaksiyon: Ferda Yalçın
Kapak Tasarımı: İlker Şentürklü

ISBN: 978-605-9481-20-5

Baskı-Cilt:
Bil Ofset
Tesviyeci Caddesi No:7/5 İskitler-Ankara
Sertifika No: 23261

Dorlion Yayınları, Yason Yayınları'nın yan kuruluşudur.

dorlionyayinlari@gmail.com

dorlionyayinlari dorlionyayin

Önsöz

Türkiye Cumhur Reisliği Hususi Kaleminden Zühtü Uray, Max Beer'in nefis eserini, "Sosyalizmin ve Sosyal Mücadelelerin Umumî Tarihi" ni güzel Türkçemize tercüme etmiş bulunmaktadır.

Durmadan çalışan Zühtü Uray'ın ilmî alanda memleketimize hizmetlerin en büyüklerinden birini başarmakta olduğunda şüphe yoktur.

Bence, bizim bugün en büyük ve çok acele olan ihtiyaçlarımızın başında, Batı eserlerini, dilimize nakletmek ve bu yoldan millî kütüphanemizi zenginleştirmek gelir. Bu suretledir ki, Atatürk inkılâbının esas prensibi olan vatanımızı ve milletimizi başarıya ulaştırmak ödevini en doğru ve kısa yoldan başarabiliriz.

"Sosyalizmin ve Sosyal Mücadelelerin Umumî Tarihi" bizi, nispeten yeni bir cereyanın esaslarına, başlangıç sebeplerine kadar götürecek ve bize bugünkü komünizm halindeki tekâmül merhalesini gösterecektir. Bundan başka, doğru veya eğri üç bin senedir insanlığın mukadderatında söz söyleyen bir mesleğin ne olduğunu, ne istediğini, en kısa ve aydınlık bir yoldan anlatacaktır.

Âlim, müellif ve Profesör Pareto'nun, Bay Hüseyin Cahit Yalçın tarafından dilimize çevrilen "Sosyalist Meslekleri" pek ilmî bir eser olmakla beraber, herkesin bu mezhep hakkındaki ihtiyacını, yine çok ilmî olmasından dolayı tatmin edemiyordu. Pareto' yu anlamak herkesin kârı değildir. Onu anlamak için Sosyalistlikle ilgili hayli ekonomik malûmata sahip olmak lâzımdır.

Hâlbuki pek nefis bir surette tercüme edilen ve mütercimi tarafından kitabın ihtiva etmekte olduğu şahıslar ve meseleler hakkında izahat verilmek suretiyle de aydınlatılan bu eser, herkesçe kolaylıkla anlaşılabilecek bir mahiyet iktisap etmiştir.

Doğru veya eğri ve fakat bugün bütün devlet otoritelerini düşündürmekte olan Sosyalistlik hareketlerine karşı, ne istediklerini bilmeyen, anlamayan bazı türedilerin sabotajlarına, bulanık suda balık avlamalarına meydan verilmesi hiç de doğru bir şey değildir.

Buna meydan vermemek, bu gibi hareketleri önlemek; Sosyalistlik adı verilen meslek hakkında bir fikir sahibi olmakla mümkündür.

Hemen her memlekette, hatta Yunanistan ve Bulgaristan gibi komşu memleketlerde bile müteaddit tercümeleri ve şerhleri mevcut olan Karl Marx' ın Kapital' inin, bizde anlaşılmaz bir iki broşüründen başka bir şeyi yoktur.

Nerede kaldı ki biz, Ana Kanunumuzla devletçiliği kendimize mal etmiş bulunmaktayız. Bunun anlamı, devlet sosyalistliğini kendimize mal etmiş olmamızdır. Şu halde kısmen olsa da Sosyalizmin ve Sosyal Mücadelelerin Umumî Tarihi, yeni Türk Devlet Prensiplerinin sebeplerini ye edebiyatını teşkil eder.

Bu ihtiyacı; tercüme ettiği Max Beer' in güzel eserleriyle karşılayan ve tatmin eden Zühtü Uray'ı tebrik etmeyi kendime bir borç saydım.

Fikrin en tehlikelisi gizli kalanıdır. Herhangi bir fikri açıkça ortaya koymak ve kritiklerini yapmak, eğer muzır ise onu önleyecek çarelerin başında, hatta en başında gelir.

Bu fikri yenmek için alınacak tedbir, işkence değildir. Fikirler işkence ile imha edilemezler. İmha için tek çare, her hangi bir fikrin karşısına daha kuvvetli fikirlerle çıkmaktır. Tarih böyle diyor.

Maarif Vekâletinin "Sosyalizm ve Sosyal Mücadelelerin Umumî Tarihi" ni dilimize çevirmesi, bu hakikatleri görüp bildiğinin en açık bir belgesidir.

Klemanso 9 Konferans'ında der ki:

"Cumhuriyetçi ve demokrat doğdum ve öyle öleceğim. Fakat itiraf etmeliyim ki demokrasinin haykıran ıstıraplarını Marx'ı okuduktan sonra duyabildim."

Klemanso gibi milliyetçilikle mağrur ve müftehir bir adam böyle düşünmektedir. Ve Demokrasi'yi yaşatmak için çareleri az çok sosyalizmde bulmaktadır.

Zühtü Uray, tercümelerinde fevkalâde muvaffak olduğu gibi tercüme edilecek kitapları seçmekte de cidden isabet etmektedir.

"Sosyalizmin ve Sosyal Mücadelelerin Umumi Tarihi" nin tercümesiyle millî kütüphanemizde, kıymeti yüksek bir eser kazanmış oluyor.

Zühtü Uray'ın bu muvaffakiyetini kutlarım.

Ankara, 19 Nisan 1941
Mahmut Esat Bozkurt

İLKÇAĞ

Giriş

1. — İlk Çağ Sözünden Ne Anlaşılır?

Tarih, zaman sırasına uygun olarak genellikle dört ayrı bölüme ayrılır:

1. İlk Çağ,
2. Orta Çağ,
3. Yakın Çağ
4. İçinde bulunduğumuz zamanlar.

Biraz incelenecek olursak bu çeşit bir ayırmanın yetersiz olduğu sonucuna varılır.

İlk Çağ dediğimiz zaman akla Mezopotamya imparatorlukları, Mısır, İbraniler, Eski Yunan ve Romalılar gelir. Oysa Keltler, Cermenler ve Slavlar da ilk Çağlarını yaşamamışlar mıdır?

Tarih, göçlere kadar İlk Çağını yaşamış ve sonra sırasıyla Orta Çağ, Yakın Çağ ve Çağımıza kadar gelmiş olan insanlığı bir bütün olarak ele almış ve incelemiş değildir. Bunun yerine devletler, imparatorluklar ve değişik zamanlarda çeşitli biçimlerde gelişmiş olan ırklar, insan toplulukları Tarih'in inceleme konusu olmuşlardır. Sözgelimi, İlk Çağda nasıl olup da modern diyebileceğimiz düşüncelerin bulunduğu, Avrupa'da Rönesans'ın eski Yunan gelenekleriyle nasıl kaynaştığı ve çoğu kere, bugün iki bin yıl önce yaşamış olan kimselerin anlayışlarından nasıl yararlanmak zorunda kaldığımız açık ve seçik bir biçimde anlatılmamıştır.

İki bin yıl önce yaşamış olan insanlar zaman ve mekânın dışında yaşamakta olan kimseler miydiler? Bilgileri ilham yoluyla mı ediniyorlardı?

İlk Çağların, Tarihi ve zihnî bir düşünce birliğine varmamış olduğunu düşünecek olursak hakikate daha yaklaşmış oluruz. Eski İbraniler, Helenler ve Romalılar da kendi İlk Çağlarını, Orta Çağlarını, Yakın ve Yeni Çağlarını yaşamışlardır. Aradaki fark onların, Cermenler ve Slavlardan daha önce Tarih sahnesine çıkmış olmalarından başka bir şey değildir. Yoksa Cermenler ve Slavlar da diğer bütün topluluklar gibi değişik devirler geçirmiş ve bugün Yeni zamanlara gelmiş olan toplulukların geçmiş oldukları aşamalardan geçmişlerdir.

XV. ve XVI. yüzyıllarda Romalılar ve Cermenler, İsa'dan önce V. ve VI. yüzyıllarda yaşamış olan Yunanlıların anlayışına bazı bakımlardan bağlanmışlarsa, bunun sebebi Yunanlıların o devirde ilk ve Orta Çağlarını yaşamış olmalarından başka bir şey değildir. Onlardan daha önce gelişmiş olan Yunanlılar, o sırada Yakın Çağlarını yaşıyor ve bu çağa uygun fikrî eserler veriyorlardı.

Geçirilen bu devrelerin her birinin kendine özgü toplumsal, ekonomik ve fikrî nitelikleri vardır. İlk Çağlarda, ya da daha doğrusu insanlığın çocukluk devresinde, insanlar, boylar ve klanlar biçiminde örgütlenmişlerdi. Eşitlik temeli üzerine bir yaşama biçimi geçerliydi. Özel mülkiyet tek eşli evlilik bilinmiyordu. Şehirler yoktu. Düşünce hayatı ilkeldi. Günlük yaşayışı gelenekler ve alışkanlıklar düzenliyordu. Bu yaşama biçimi belli bir yere özgü olmaktan çok, insanların göçebe olarak yaşadıkları devir boyunca değişik yerlerde görülmüştür. Bu devre içinde halk, asker başbuğlar ya da 'krallar' tarafından yönetiliyordu.

Yazı henüz bilinmiyordu. Bu yüzden de o devirde yaşamış olan boylar, nasıl örgütlenmiş olduklarını, toplumsal kuruluşlarını bize kendileri aktaramamışlardır. Tarihin bu devresi üstünde bildiklerimiz, ya daha gelişmiş topluluklardan bazı gezginlerin bu boyların yaşama biçimleri üstünde dikkatlerini çekmiş olan konularda yazdıklarından edindiğimiz bilgiler, ya da yazılı tarih devrine kadar gelmiş olan söylentilerin yorumlanmasıyla, anlatılan masalların anlamlandırılmasıyla vardığımız sonuçlardır. İnsan topluluklarının gelişmesinde görmüş olduğumuz düzenliliğe dayanarak da bütün toplulukların İlk Çağlarda özel mülkiyet tanımadıkları ve boylar biçiminde örgütlenmiş olarak her şeyde tam bir eşitlik temeli üstünde yaşamış olduklarını söylemekte kendimizi haklı buluyoruz.

İlkel devir, boyların gezgincilikten çıkmaları ve yerleşik bir yaşama biçimine geçişleriyle son bulur. Artık yerleşik bir düzen kurulmuş; kasabalar, şehirler yapılmaya başlanmış, yeni düzeni kurulmuş olan bölgeler ve devletler tarımcılığa başlamıştır. Toprağı işleyenler, başka bir düzen bilmedikleri için eski toplum düzenini sürdürmeğe çalışırlar. Ama yeni ekonomik koşullar, yeni bir toplum düzeni gerektirmektedir. Bu yüzden eski toplum düzeni yavaş

yavaş çözülmeye başlamış, o zamana kadar birlik halinde bulunan toplum sınıflara ayrılmaya yüz tutmuştur. Şehirlerin kurulmaya başlamasını ticaretin gelişmesi izler özel mülkiyet, kolektif mülkiyetin yerini alır.

Yalnız ne var ki bu yeni durum kolayca ortaya çıkamaz. Yoksul tabakalar, yok olmaya yüz tutmuş bulunan eski kolektif mülkiyet düzenine ve bu düzenin kendilerine sağlamış olduğu eşitliğe dört elle sarılırlar. Tevrat'taki ilk 'Yeryüzü Cenneti' tasviri ve insanın cennetten kovuluşunun hikâyesi; Eski Yunan şairi Hâsiode'un şiirlerinde anlattığı Altın Çağ ve bu çağın yok oluşu hep bu düşüncenin ve yitirilen bolluk karşısında duyulan üzüntünün belirtileridir. Değişikliklerle birlikte ilk iç çatışmalar da başlamıştı. Boy ve oymakların beyleri, 'krallar' ya da İbranilerde onun yerini tutan 'yargıçlar' yerlerini soydan kişiler sınıfına bırakarak yok olurlar. Böylece Orta Çağ'a gelmiş oluruz. Gelişmenin ancak bu aşamasında yazı ve dinî doğmalar ortaya çıkar.

Bir mitoloji ya da teoloji ve bunun yanı sıra yasalar gelişmeye başlamıştır. Yahudilerde "On Tanrı Buyruğu", Eski Yunan'da Drakon Yasası ve Roma'da da On İki Masa Yasası, bu yasaların en belirgin örnekleridir.

Yahudilerde ise Orta Çağ, İsa'nın doğumundan önce X. yüzyılda başlamıştır. Bu devirde İsraillilerin başında bir kral bulunuyordu ve her şey yönetici sınıfın elindeydi. Bu durumun, yalnız Süleyman ve Davut zamanında değişik olduğu söylenebilir. Yunanlılarda Orta Çağ 1.000 yılına doğru; Romalılarda ise İsa'dan önce VIII. yüzyılda başlamıştır.

Orta Çağda, şehir burjuvazisi tarafından temsil edilen zanaat ve ticaret gelişmişti. Bu sınıf yeterli bir gelişme düzeyine vardıktan sonra da Orta Çağ son buldu. Soylular sınıfı burjuvalaşmaya başladı ya da yok oldu. Eski mitoloji doğmaları ya da din bilimsel dogmalar sarsılmış ve onların yerlerini artık yeni dinsel ve felsefî anlayışlar almaya başlamıştır. Doğa bilimleri gelişmektedir. Sanat daha bağımsız ve daha değişik olmaya başlar. Orta Çağ grupları çeşitli unsurlara ayrılarak erimeye başlamışlardır. Bütün bu belirtiler Yakın Çağın başlangıcını haber verir.

Yakın Çağ, Yunan'da VI. ve Roma'da II. yüzyılda başlamıştır. İsraillilerde ise bu ekonomik ve toplumsal gelişme, ulusal bir yıkım yüzünden bir süre gecikti. Çünkü 722 yılında İsrail Krallığı (başkenti Samari şehri olan Kuzey İbrani Krallığı) Asurlulara yenildikten sonra yıkıldı. 586 yılında ise Juda Krallığı (başkenti Kudüs şehri olan Kuzey İbrani Krallığı) da Babilliler tarafından yok edildi. Ama dinsel gelişme durmadı, tam tersine hızlandı. Yakın Çağların anlayışına uygun olarak Yahudiler, böylece tek taraflı din ahlâkı anlayışına ulaşmış oldular. Yunanlılar da ahlâk felsefesine ve yöneticiler zümresi içinde tek tanrılı dine ve toplumsal ahlâkla ulaşıyorlardı (Plâtonculuk ve Stoacı okul).

Orta Çağ'da başlamış olan toplumsal kavgalar daha da sertleşti. İsraillilerde, Yunanlılarda halk yığınları tefecilerle kamulaştırma gerekçesiyle mallarını ellerinden almak isteyenlerle savaşıyor; daha sonraları emekçiler sermaye ile Roma'da soylu yurttaşlar, halktan yana olan Plebeienlerle çatışıyor; yoksullar zenginlerle, köleler efendileriyle çekişiyordu.

Başlıca istekler şunlardı: Borçların ertelenmesi ve toprakların paylaşılması.

Bunun üzerine geniş toplumsal reformlara girişildi. Isparta'da VII. yüzyıl başlarında, yaklaşık olarak 621'de Juda Krallığında, 594' te Atina'da (Solon'un Atina Yasasını değiştirerek yoksul yurttaşlara kolaylık sağlayan kararları), 367 ve 133 yıllarında da Roma'da reformlar yapıldı. Bu durumun sonucu olarak Isparta'da sınıf kavgaları birkaç yüzyıl için durdurulabildi. Oysa Atina'da çatışmalar ortalığı kasıp kavuruyordu. Bu çatışmalar da İlk Çağın en büyük toplumcu düşünürü Platon'un (427—347) ortaya çıkmasına yol açtı. Atina'da ayrıca ilk olarak bir komünizm teorisi ve doğal haklar teorisi de hazırlandı. Roma'da, toplumsal kavgalar düşünce hayatını pek etkilemiyordu. Böyle olmasında şaşılacak bir yan yoktur, çünkü Romalılar fikir bakımından verimli bir topluluk değildiler. Bundan ötürü, dinin, felsefenin ve toplumsal düşüncenin gelişmesi için hiç bir şey yapmadılar. Gerçekten Roma'nın fikir hayatı, Yunanlıların fikir hayatının zayıf bir yansımasından başka bir şey değildi.

Öyle anlaşılıyor ki Romalılar bütün güçlerini ve yeteneklerini savaşa, yabancı halklara boyun eğdirmeye ve özel hukukun geliştirilmesi konusundaki çalışmalara ayırmaktaydılar. İnsanlığın fikrî bakımdan gelişmesi konusunda Romalılar (hukuk tarihi bir yana bırakılacak olursak) pek önemsenmeyecek kadar sınırlı bir yer tutarlar.

İlk Çağ'ın siyasî ve ekonomik hayatına şöyle bir göz atmak, o devirle bugünkü arasındaki ayrımı görmek için yeter. İlk Çağ'ın incelenmesinde ilk olarak göze çarpan, yetkin iş anaçları ve makinelerin yokluğudur. Bunların yerine pek çok sayıda bir köle yığını görülür. Bunlar başlangıçta, borçlarını ödeyememiş oldukları için köle yapılmış olan yurttaşlardı. Sonraları ise onların yerini savaş tutsakları, baş eğdirilerek ya da çalınarak ele geçirilmiş olanlar ve en ağır biçimde sömürülenler aldı.

Yahudilerde pek az sayıda köle vardı. Bunun gibi, siyasî hayatları da Yunanlılardan ve Romalılardan başkaydı. Yüzyıllar boyunca devlet şehirlerin dışına kadar uzanan, sözünü şehrin dolaylarında geçiren bir devlet olmadı. Bu şehirlerin başlıcaları Atina, Isparta ve Roma'ydı. Buralarda yaşamakta olan bağımsız vatandaşların sayıları da 30.000 ile 40.000 kişiyi geçmiyordu. Şehir devletlerinin sayıları Yunanistan ve İtalya'da oldukça çoktu. Ama gerek savaşlar sonucu gerekse anlaşma ve birleşmelerle gitgide azalarak bir tek devlet olmaya doğru gittiler. Bağımsız her yurttaş aynı zamanda da bir askerdi. Beden çalışması gerektiren işler kölelerin üstüne atılmıştı. İlk olarak Romalılar, üstün sınıflar ve ezilen halklardan kurulu bir imparatorluk kurdular. Daha sonraları ise kölelerin çalışmasının çok verimli ve siyasal bakımdan da elverişli olmadığını görerek derebeylik ve toprağa bağlı kölelik yöntemlerini değiştirenler de yine onlar oldu.

2. — İlk Çağ Komünizm Teorisi: Doğal Haklar

Yukarıda, yoksul halk tabakalarının Orta Çağ'ın başlangıcında eskiden kalan eşitliğe sarıldıklarını ve yok olmak üzere bulunan geçmişi ülküleştirdiklerini görmüştük. Uygarlık öncesi ya da ilkel yaşama biçimi onlar için geri dönerek yeniden kavuşmakla mutlu olacakları bir ideal olmuştu. Platon, 'Yasalar' adındaki kitabında ilkel toplum insanları üstüne şunları söylemektedir:

"Şartları, onları ticari çalışmalara girişmek zorunda bırakacak kadar kötü değildi. Çünkü çok yoksul değildiler.

Ama şu da var ki, o çağda zengin de olamazlardı. Çünkü ne altın ne de gümüş edinebilirlerdi. Bu durumda bir toplumda, ne zenginlik ne de yoksulluk yoksa ilk akla gelen, orada en soylu törelerin varlığının bulunabilmesidir. Çünkü böyle bir toplumda ne kendini büyük görme, ne haksızlık, ne de kıskançlık ve çekemezlik vardır." Dolayısıyla, denebilir ki;

'Yaşama şartlarının yalınlığı, özentisizliği de göz önünde tutulacak olursa, bu çağın insanları çok iyi kimselerdi. Bu biçimde yaşamakta olan insanlar elbette bugünkü kuşaklara göre az görgülü ve becerikli, her türlü sanat ve zanaat çalışmalarına da daha az yatkındırlar. Buna karşılık o devirlerde herkes daha iyi, daha açık sözlü, daha yumuşak ve daha doğruydu. Bu insanlar hayata geleneksel alışkılarla yöneliyorlardı.'

Uygarlık öncesi insan durumunun bu öğretisi eşitlik temeline oturtulmuştu ve sonraları daha da olgunlaştı. Platon'un öğretisine bağlı olan Aristoteles ile onun yetiştirdiği Büyük İskender'in devirlerinde 'Efendinin kölesi üstündeki yetkilerinin doğaya aykırı olduğu, bağımsız insanla köle arasındaki ayırımın doğa'nın değil, insanın yasalarından geldiği, dolayısiyle böyle davranmanın, doğanın düzenini değiştirmeye kalkarak haksızlık yapmak olacağı' düşünülüyordu. (Aristoteles, Politika).

Platon'dan ve Aristoteles'ten aldığımız bu sözler doğal hukukun önemli bir bölümünü içerir. Bu teorinin yayılması ve gelişmesi ancak Stoacılar devrinde (İsa'dan önce III. yüzyıl) olmuştur. Stoa öğretisinin okulunu ilk kuran, 300. yıl sıralarında verdiği derslerle öğrencilerini aydınlatan kimse Zenon olmuştur. Bu okulun öğretileri, İsa'dan önce II. yüzyıldan başlayarak Eski Yunan'ın aydın çevrelerini, Roma İmparatorluğunun düşünürlerini ve günümüze kadar gelen bütün Hıristiyan Avrupayı etkilemiştir. Ütopyacı sosyalistlerin ve çağımızın anarşist sosyalistlerinin oluşumunda bu fikirlerin payı büyüktür.

Doğal Hukuk Teorisi, özel mülkiyet üstüne kurulmuş olan her türlü yurttaşlık kuruluşlarına karşı bir protesto hareketidir. Demokratik eşitlik ve ilkel komünizm çağının ülküleştirmesidir. Doğaya dönüş çağrısı, uygarlığa hüküm giydirilmesi veya günün düzeninin değiştirilmesi ya da dünün toplum düzenine dönülmesi isteğidir. Yeni Çağ, şehirlerin, ticaretin, zanaatın, sanayiin gelişmesi ve toprağın kollektif mülkiyetinin son kalıntılarının da ortadan kaldırılmasıyla doğa dışına bir sapma, ilkel yalınlıktan uzaklaşma, değişik ve çok sayıda uğraşlarla lükse dalarak daracık bir kurallar, dış sınırlamalar içinde bir yasalar çıkmazı görünümü veriyor. Oysa uygarlık öncesi insan durumunda ne yasa, ne Devlet, ne de dış baskı organları vardı. İçine tanrısal gücü sindirmiş olan Doğa, tanrının kendisine çizmiş olduğu yoldan ilerleyerek gidişini düzenleyerek iyi ile kötüyü kendi düzeninin sırasına sokar. Doğa'nın yasası iyi bir yasadır. Aklın yasası odur. İnsanın yasalarının üstündedir. Bütün insanlar için geçerlidir. Herkes Doğa yasası içinde alabildiğince eşit ve bağımsızdır. Uygarlık öncesi insan çağında, insanlığın bu altın çağında, bütün insanların Âdem'in kişiliğinde işlemiş oldukları günahtan önceki devrede doğal tanrısal yasa geçerliydi. İnsanlar Devlet olmaksızın, dış baskılara katlanmadan, hiç bir sınırlamaya uymak zorunda kalmayarak yaşıyorlardı. İyi ile kötünün doğal buyruklarından başka bir şeye uymak zorunda değildirler.

Ama ne var ki, sonra gelen kuşaklar bozuldular. Aç gözlülük, hoşnutsuzluk, iç çatışmalar belirdi ve insan; Devleti yarattı, özel mülkiyeti sayılan pek kabarık yasaları yarattı. Ama bunlar hiç bir şeye yaramadı, çünkü insan eski mutluluğunu artık bulamıyordu. Bunun için artık bir tek çare kalmış bulunuyor: Yapma kuruluşları bir yana bırakmak ve doğal kuruluşlara yönelmek; doğa ile uyumlu bir biçimde yaşamak.

Stoacılar, uluslararası birlikten yana çıkan anarşist komünistlerdi. Bu bakımdan, Yahudi peygamberlerine benziyorlardı.

Yalnız arada şu fark vardı: Yahudiler kurtuluşlarını Tevrat'taki adı Yehova olan Tanrıya bağlamışlardı. Oysa Stoacıların kurtuluşu, kendi inançlarına göre her yanı Tanrı'nın zerrecikleriyle dolu olan doğa'ydı. Bu iki akım Hıristiyanlığın içinde kaynaştı.

BÖLÜM I

FİLİSTİN

1. — Toplumsal Düzen

İsa'dan önce XII. yüzyılda İbraniler, gezici topluluklar halinde, Arabistan'ın kuzeyindeki çöllerden ve Mısır'ın doğusundaki çölden gelerek, Kenan ülkesine girdiler. Başbuğlarının yönetiminde ve birbirlerinin kızlarıyla evlenerek aralarında akrabalık kurmuş olan boylar halinde, yeni topraklar ele geçirmek ve orada yerleşmek amacını güdüyorlardı.

Öfkeli ve inatçı bir tabiata sahip olan bu insanlar, çöl hayatının verdiği sertliğin yanı sıra boyların katı düzeniyle de daha bir katılaşmışlardı. Uzun süren çekişmeler sonunda Kenan yerlilerinin karşı koyma güçlerini yok ettiler ve onların yurdunu ele geçirdiler. Oysa Kenanlılar bilgi ve kültür bakımından onlardan çok üstündüler. Ülkede böylece sözlerini geçirdikten sonra da boyları arasındaki ailelerin her birine düşen toprağı kura çekerek belirlediler. Toprak mülkiyeti nedir bilmedikleri için boyların her biri, bölünerek işletmelerine bırakılmış olan toprak parçalarının kendi öz malları olduğunu anlayamamışlardı. Özel topraklarını boyun malı sayıyorlardı. Gerçekten, İbrânicede öz mal karşılığı bir terim bile yoktur. Bu konuda anlama en yakın düşen 'naşlah' sözüdür ki, o da miras yoluyla düşen pay demektir.

Bundan başka bir de mülk sahibi, ya da kısaca sahip demek olan 'baal' sözü vardır. İbranîcede bu söz senyör, koca, yaradan demektir. Fakat bir yandan toprağa sahip olmanın verdiği ve topraklarını istedikleri gibi işlemenin sağladığı özgürlük; bir yandan da Kenanlılarla sürekli kültür alışverişi sonucunda onların anlayışının etkisi altında kalmaları sonundadır ki İbranî aileleri; sonunda mal sahibi olmanın bilincine vardılar. Bunun ellerinden alınmaz bir hak olduğu kanısı onların da sarsılmaz bir inancı oldu. Zaman geçtikçe, toprak satışları, rehin işlemleri sonucu eski, ekonomik eşitlik anlayışları köreldi ve birleşik toplum düzenleri yerini yavaş yavaş sınıflara bölünmüş bir topluma bıraktı.

Kenan ülkesine ilk geldikleri zaman inanmakta olduktan Tanrı Jahve ya da Yehova'ydı. Bu Tanrı dışarıda, bir çöl tanrısı kasırgalar yaratan, ateşiyle korkutan, boraları yapan güçtü. İçerde, boyun kusursuz, dürüst, düzenli yaşamasını isteyen bir düzenleyiciydi.

İbranîlere göre Yehova, çöldeki her şeyin mülkiyetinin, toplumsal hayatın, ahlak değerlerinin ve bütün manevî değerlerin, tek sembolüydü. Bunun karşılığında onlardan istedikleri de pek azdı: 'Biraz un ve kuzu.'

Çölde yaşayan bir göçebe bundan başka ne kurban edebilirdi ki? Taptıkları ve korkusunu duydukları Tanrı da içinde yaşadıkları sert, kuru doğa gibiydi. Çok şey istemiyordu. Böylece İbranîler kendilerine, çevrelerinin verdiğine ve örgütlenme biçimlerine göre uygun bir Tanrı yaratmışlardı.

Kenanlıların Tanrısı Baal ise çok değişikti. O Yunan Tanrısı Dionizos (Romalıların Baküs'ü) gibi doğanın kaynayan güçlerinin, bal ve sütün pek bol bulunduğu, şarap ve zeytinyağı ülkesinin Tanrısıydı. İnsanlara, hayvanlara, bitkilere o verimlilik sağlıyordu. Evrenin yaratılmasının sırrı onda saklıydı. Kutsal tepeleri, tapınaklarındaki sunakları birer büyük, gürültülü içki ve zevk âlemi yerleriydi. Onun kutsal korularında en çılgınca sevişmeler için tatlı gölgeli yerler vardı. Baal'ın yeryüzündeki sözcülüğünü yapan peygamberlerinin gözünde, onu kutsamak için yapılan törenler birer zevk, eğlence ve sefahat vesilesiydi.

Toplumsal bakımdan ise inançlarını Tanrı Baal'a bağlamış olan Kenanlılar, boylar biçiminde örgütlenme devresini aşmış bulunuyorlardı. Toplumları sitelere ayrılmıştı ve her çeşit eşyanın özel mülkiyetinin tanınmış olduğu bu sitelerde ticaret ve el sanatları üretimi yapılıyordu.

Yeni bir çevreye gelmiş olan İbnanîler'in (ya da İsrailliler), buraya yerleştiklerinden bir süre sonra toplumlarının temeli tarım oldu. Dolayısıyla, Kenan uygarlığının etkisi altına girmiş oldular. Göçebe yaşama biçiminin gerekleri bu durumda artık yetersiz kalıyordu. Yehova tarlaları, bağ bahçeleri yeşertmez, ürününü arttıramazdı. Çünkü o sadece bir çöl tanrıcıydı. Ayrıca yeni sosyal düzen de Yehova'nın emirleriyle yürütülemiyordu. Hayat düşünceden baskın çıkmıştı. Böylece bir yandan Yehova'ya yeni ve günün gereklerine uygun özellikler verilerek, öte yandan da Baal Tanrısından alınan bu özelliklerin etkisiyle ona tapma biçimine dönülmeye başlanarak; Tanrı, değişen şartlara uydurulmaya başlandı. Sonunda, IX. yüzyıldan başlayarak kopan bir dinî kavga, halkı altüst etti.

Kavga, Yehova ile Baal'in taraftarları arasında çıkmıştı. Çöldeki bedeviler gibi giyinmiş olan peygamberler, Yehova taraftarlarının başına geçtiler. Bunlar ilkin, geleneksel, dinî unsurlara bağlı İlyas ve İlyaşa adlı peygamberlerdir. Sonraları Amos, Yuşa, Ermiya gibi güçlü vaizler onların yerini alarak güçsüz, yeteneksiz sınıfların savaşını sürdürdüler. Evrenin Tanrısı, Yeryüzünün yargıcı Yehova adınla sosyal adalet istiyorlardı. Çünkü İsrail'in ekonomik gelişmesi ve bu durumun sonucu olarak toplumun sınıflara bölünmesi toplumun alt katlarındaki sınıfların gücünü iyice yitirmiş ve zihinlerde Tanrı Yehova'nın kişiliği din alanında yeni bir devrim getirecek özellikler kazandırmaya başlamıştı.

Ülkenin savunması ya da genişlemesi için yapılan savaşlar, ilkel düzenin parçalanmasını ve yeni bir düzene yer açmasını daha da çabuklaştırmıştı. Bu savaşlar süresince, tarımla uğraşan boylar ülkenin sınırlarını koruyacak ve kendilerine karşı olan saldırılara karşı koyabilecek güçlü bir baş, bir kral yokluğunu duymaya başlamışlardı.

Merkezî bir yönetim isteği kendini açıkça belli etti. Bu amaca uygun olarak kurulan düzen yaşamayı başaracak gibi görünüyordu. Zira o güne kadar kendilerini korumak için bile güç bulamayan İsrail boyları bu yeni düzen içine geçtikten sonra kendisine saygı gösterilen bir topluluk oldular. Komşuları artık onlara saldırmayı göze alamıyordu. Rahatlıklarının uzun bir süre böyle gideceğine inanmaya başlamışlardı. Devşirdikleri ganimetlerin içinde değerli madenler önemli bir yer tutuyordu. Tarımsal çalışmaları daha da gelişti, İsrailliler, ülkeye Kenanlıları ezerek girmiş oldukları için onların elinden kervan yollarının kontrolünü da almışlardı.

Öte yandan deniz kenarına ulaşmaları, denizci ve tacir Fenikelilerle alış veriş olanakları da açmış bulunuyordu. Böylece ticari çalışmalar ülkeye yeni ve hiç de azımsanmayacak bir güç kazandırdı. IX. ve VIII. yüzyıllarda Edom'la yapılan savaşların nedenleri yalnız ticaridir. Çünkü Ophire'den altın getirebilmek ve Hindistan'dan gelen baharatı alabilmek için Kızıl Deniz üzerindeki Eilat limanının ele geçirilmesi gerekiyordu. Juda Kralı Josaphat, Joram, Amasias ve Osias bunun için savaştılar. Akaba Körfezini ellerine geçirebilirlerse tasarıları gerçekleşecekti. Ama Suriye Kralı Rezin, Elat limanını ele geçirerek Yahudileri oradan kovdu. Kuzeyde ise Siden yakınlarında Zabulan boyu kıyıya yerleşmişti. İsrafilliler böylece uzun çalışmalar sonunda o bölgeye geldikleri zaman Kenanlıların varmış oldukları ilerilik derecesine yetişmeye çalıştılar. Kültür ve ticarette bu yolda ilerledikleri sırada da halk Kenanlıların tanrısı Baal'a tapmaya ve kural gereğince 'Altın Buzağı' nın çevresinde dans etmeye başlamış bulunuyordu.

2. — Sınıfların Çatışması ve Geleceği Okumak

İsrail'in bağlar ve zeytinlikler arasında, dirlik düzenlik içinde geçen bağımsızlık devri artık geri dönmemek üzere bitmişti. Ekonomik eşitsizlik gitgide arttı. Onunla birlikte de sınıflar arasındaki çatışmalar şiddetlendi; Zenginlerle yoksullar; güçlü, sömüren sınıflarla sömürülen sınıflar karşı karşıya gelmişlerdi. Zenginler, bolluk, neşe ve kazanç tanrısı Baap'a tapıyorlardı. Yoksullar ise, boylarının bağışlayıcı iyilik tanrısı Yehova'ya sadık kaldılar. Boyların çölde yaşadıkları devirde İsrail'in ne kadar güzel olduğunu düşünüyorlrdı. Çadırları o zaman ne güzeldi. O zamanlar İsrail Yehova'yı severdi, Yehova da İsrail'i. Yoksullara; geçmiş göçebe devir ve boylar halinde yaşamakta oldukları zamanlar, bir altın çağı gibi geliyordu. İsrail'in ilk devirlerinden söz eden peygamberlerinin ağzında bile bunları söyledikleri zaman sözler nasıl da tatlılaşıyordu.

Görüldüğü gibi, Yehova ile Baal arasındaki anlaşmazlık gerçekte, ülkenin ekonomik hayatının değişmesi sonucu ortaya çıkan durumun bir yansımasından başka bir şey değildi.

Yoksullaşmış olanlar, kaygılarını Yehova'ya ve onun peygamberlerine açıyorlardı. "İlyas peygamberin yanına gitmiş olan bir kadın sızlanıyordu;

- Senin esirin olan kocam öldü. Onun Yehova'dan nasıl korktuğunu bilirsin. Kocamın ölümünün ardından, alacaklılarından biri geldi ve iki çocuğumu alarak esiri yapmaya kalktı."

Samilerin sermayesi Kenan elinde Arî sermayesinin Yunan ülkesinde ve Roma'da davrandığı gibi sert davranıyordu. İbranice'de 'neşeh' denilen tefecilik kelimesinin İsraillilerin üstünde yaptığı iğrenme işte bundan ötürüdür. Kelimenin İbranîce anlamı ise aslında ısırmaktı ama sonraları, sermayeye karşı duyulan tiksintinin etkisiyle gerçek anlamını yitirerek yalnız tefeciliği anlatmak için kullanılmaya başlandı.

Para ekonomisinin uygulanmaya başlamasından ve özel mülkiyetin gelişmesinden sonra ise eski gelenekler ve eski düzen de değişti. Zenginlerin lüksü ve bolluğu arttıkça yoksullara yapılan baskı artıyor, borçlanmaları hızlanıyordu.

Sonuç, Yunan'da ve Roma'daki gibi baş kaldırmalar biçiminde ortaya çıkmadı ama bu sınıf çatışması sosyal hayatı temellerine kadar sarstı.

Ayaklanmalarla içini dökemeyen halk da etkilerini peygamberlerin sözlerinde bulduğumuz bir dinî ve sosyal boşalmaya yönelmek zorunda kaldı. Bu dinî dönüşün sonunda Yehova artık yöresel, ulusal bir tanrı olmaktan çıkanak adaletin evrensel tanrısı haline gelmişti. Onun sözlerini halka ulaştıran peygamberleri de Filistin'in kendine özgü coğrafi ve politik durumu sonucu ülkeyi uluslararası politika olaylarının kasırgasına atacak olan davranışlarla, birer ulusal yönetmen olmaktan çıkarak dünya politikasında rol oynayan politikacılar haline geldiler. Gerçekten Filistin, toprağının yeri ve biçimi dolayısıyla Ön Asya ile Mısır ve Avrupa'nın birbirine karşı imparatorlukları arasında bir köprü yapılacak akınlara her bakımdan açıktı; Bu yüzden halk sürekli bir uyanıklık içindeydi. Halkın fikrî yol göstericileri olan peygamberler, bakışlarını yeryüzünde söz geçirmek için birbirleriyle çekişmekte olan imparatorluklardan yana çevirdiler. Olayları ve insanları, imparatorlukları ve devletleri sosyal adalet terazisine vurdular. Asur, Babil, Mısır, İran, Tanrı'nın basit birer aracı olmuşlardı. Bu araçların yardımıyla yeryüzü yavaş yavaş Tanrı iradesi altına girmeye başladı. Yeryüzünde eşi, benzeri görülmemiş bu akımın sonucunda önüne gelen, karşısına çıkan maddi mânevi bütün engelleri ezerek aşan yeni ve güçlü bir tanrısal düzen kuruldu. Bu düzenin merkezinde İsrail bulunuyordu. O zaman peygamberler, İsrail ve Juda Krallıklarını, insanoğlunun savaşlar ve toplumsal çalkantılarla, iç ve dış savaşlarla yaratmış olduğu tehlikeli duruma karşı uyardılar ve Yehova'nın Yahudiler aracılığıyla yeryüzünde ruhun zaferini, hak ve adalet düzenini yerleştirmeye kararlı olduğunu bildirdiler. Ezilenler adına başlamış olan yöresel bir çekişme böylece İsrail'in kendini yetkili kıldığı dinsel bir görev olarak ortaya çıkmıştı.

3. — Sosyal Adalet İçin

Thekoa'lı Çoban Amos sesini bütün Suriye ve Filistin halklarına karşı yükselterek onlara, günahlarından ötürü kendilerini beklemekte olan felâketi şu sözlerle anlatıyordu:

"Aşdod ve Mısır ülkelerindeki saraylara seslenerek seslerini duyurun ve onlara şöyle deyin; Slamarie dağlarının üstünde toplanın ve ne gibi baskılar ve karışıklıklar içinde bulunduğumuzu görün. Tanrı, 'Onlar doğru olanı bilmiyorlar' buyuruyor. 'Nasıl bir belirtisizlik, karışıklık var aralarında' Yaralılarla, bana adaklarla, sungularla Tanrı iradesine karşı üstünüze düşeni yaptığınızı sanıyorsunuz. Ama Yehova diyor ki; 'Şenliklerinizden nefret ediyorum, tiksiniyorum. Gösterişli törenlerinizden hiç de hoşlanmıyorum. Bana bundan sonra ladak, kurbanı sunacak olursanız, mutluluğunuzun ürünü olan bu adaklarınıza, kurbanlarınıza dönüp bakmayacağım bile. İlâhilerinizin sesini benden artık uzak tutun. Çalgılarınızın sesini duymak istemiyorum. Tanrısal yargı ve adalet, önüne geçilmez bir su gibi akacak. Adalet selinin önüne hiç bir şey geçemeyecek. Kırk yıl boyunca, çölde bana hiç adakta, kurbanda bulundunuz mu ey İsrailliler?'"

Görüldüğü gibi Yehova'nın istediği ne yakarış, ne kurban ne de adaktı. Yehova adalet ve hukuk istiyordu. Yargıçlar kararlarını hep zenginlerin, varlıklıların lehinde vermemeliydiler. Varlıklılar, yoksullara sertlik göstermemeli, eza ve cefa etmemeliydiler. Zahire tacirleri aç insanları aldatmaktan kaçınmalıydılar. Amos, prensleri, güçlüleri, varlıklı kimseleri, yeni zenginleri, taştan yapılmış sarayların içinde fildişi kakmalı yataklarına uzanan ve en semiz kuzuları, en iyi yiyecekleri gövdelerine indirmekten başka bir şey düşünmeyen bu bencilleri en ağır biçimde suçluyordu. 'Çalgı çalıyor ve şarkı söylüyorlar. Kocaman kapların içinden şarap içmeye doyamıyorlar; en iyi kokuları sürüyorlar ve buna karşılık halkın yoksulluğu onları tasalandırmıyor bile.' İşte bunun için günahlarının cezası gecikmeyecektir. 'Kral Jeroboam kılıç altında can verecek ve İsrail yurdundan koparılarak uzaklara, çok uzaklara götürülecek. İşte bunun için kötüyü değil, iyiyi arayınız. Yaşayabilmek için bunu yapmak zorundasınız. Kötüden iğrenin, iyiyi sevin. Öğütlerinizde, sözlerinizde, dileklerinizde iyi olunuz. Art düşüncelerini olmasın. Ancak o zaman Jahve halkına acıyacaktır.'

On iki İbranî peygamberinden biri olan Osee de Yehova'nın onlardan hoşnut olmaması için gerçekten haklı bulunduğunu söyleyerek İsraillileri uyardı. 'Ülkede artık ne iyilik, ne doğruluk ne de Tanrı korkusu kalmıştı. Göze çarpan sadece yalan, fitne, fesat, hırsızlık ve günahkârlıktır. Zorbalık geçer oldu. Cinayetler birbirini kovalıyordu. İsrail varlıklariyle sarhoş olmuştu. Tacir elinde hileli bir terazi tutuyor ve bunu kullanmaktan hoşlanıyordu.'

İsrail, dış politikasında da Yehova'nın öğütlerinden ayrılmıştı. Yönünü yitirmiş bir güvercin gibi oradan oraya koşuyor, düşmanlarının saldırılarına ya Asur'la, ya Mısır'la birleşerek karşı koymaya çalışıyordu. Bu yüzden de bütün ülke acı içindeydi. Halk günden güne yoksullaşıyordu. Baal'a tapmadığı, gençlik çağındayken, çölde yaşadığı günlerde İsrail ne mutluydu! Oysa şimdi gıdasını adaletsizlikten alıyor, yalan ürünleriyle besleniyordu. İşte bu yüzden cezalandırılacaktı.

Ülke baştanbaşa yıkılacak ve İsrail halkı tutsak olarak sürgüne gidecekti. 'İşte bunun için adalet ekiniz ve onun ürünü olan acımayı, bağışlamayı alınız. Yehova'yı bir an taktınızdan çıkarmayın.' Ancak o zaman Jahve onları bağışlayacak ve halk ile Tanrı arasında, hak, adalet, sevgi ve iyilikseverlik üstüne kurulu bir birleşme ortaya çıkacaktı.

Peygamber Miha'nın kutsal öfkesi ülkesinin büyükleri, güçlüleri ve zenginlerine çevriliyor ve onlara şöyle söylüyordu:

"Sözlerimi iyi dinleyin. Yakup'un evinin sahipleri ve İsrail'in yargıçları. Doğrudan kaçıyorsunuz. Sion tepesini kan içinde bırakıyor ve Kudüs'ü cinayetlerle dolduruyorsunuz. Oranın yargıçları adaletin gerektirdiğini yalnız rüşvet karşılığında yerine getiriyorlar; papazları, dini para karşılığı öğretiyor; peygamberleri, kulları tanrıyla para karşılığında ulaştırıyorlar. Bundan ötürü yüzünüzden, Sion tepesi sabanlarla tarla yapılacak; Kudüs yıkılacak ve tapınağın bulunduğu dağ da tepelerindeki ağaçlar kuruyacak, çıplak bir tepe olacak."

"Güvensizlikleri, düşünce ayrılıkları ve herkesin herkesle kavgası halkı böler. Kurbanlarla, adaklarla Yehova ile barışamaz. Yehova'nın binlerce koçun kendisine kurban edilmesinden, nehirler gibi zeytinyağı akıtılmasından hoşlanacağını mı sanıyorsunuz? Ey insan, sana Yehova'nın senden ne istediği söylenmedi mi? Onun istediği yalnız ve sadece hakkı gözetmek ve iyiliği severek alçak gönüllülükle Tanrının önüne gitmekten başka bir şey değildir."

İlk dört büyük Yahudi peygamberinden bir olan Yuşa acı konuşan biriydi ve Filistin'in bütün toplum düzenini eleştirerek iyi olan bir tek yanı bulunmadığını söylemişti.

Hak ve adalet yok olmuştu. Sade gelenekler yerlerini şatafata bırakmıştı. Herkes zenginlik, şan, şöhret peşindeydi. Yoksullar, yetimler, baskı altında ezilmekte olanlar, büyük toprak sahipleri için yerlerinden atılmış olan küçük toprak sahipleri kan ağlıyordu. "Evinin yanında toprağına toprak katanlar, ülkeyi kimseye yer bırakmaksızın zaptetmek isteyenler kahrolsun."

Peygamber, bu duruma sebep olanların ve bu gidişi onaylayanların karşısında haykırıyordu:

"Dul ve yetimlerin haklarını çalarak yokluk içinde bırakanlar, haksız yasalar çıkaranlar kahrolsunlar. Halkımın mutluluğunu çalanlara lanet ediyorum." Bunlar yapılmadıkça da Yehova bu haksızıklara karşı İsrail'in adaklarından, sunaklarından, yakarışlarından yüz çeviriyord: "Bana artık bir takım gereksiz adaklar, kurbanlar sunmayın. Yakarılarınız bana gerekli değil. Yeterinden çok övgü ve yakarışa sahip bulunuyorum. Neomenie bayramınızı, Şabbat'ınızı ve bütün diğer törenlerinizi artık çekemiyorum. Topluluğunuzdan, büyük haksızlıklar tütüyor. Ellerinizi bana doğru uzattığınız zaman, gözlerimi sizden başkla yana çevireceğim. Siz yakarışlarınızı arttırdıkça da ben sizi ısrarla, dirençle dinlemeyeceğim. Çünkü elleriniz kanlı."

Tanrının halkıma giydirdiği bu hüküm, toplumun üstündeki çevrelere, onları kendine getirmek ve boş kanılarla avunmalarını önlemek için bıkmadan tekrarladı. Lübnan servislerinin, Basan çınarlarının üstünde, tapmaklarda, halkın ve özellikle üsttekilerin bulunduğu yerlerde dolaşan bu sesin yapacağı umulan uyarıcı etkiye güveniliyordu. Yehova, "Sion tepesinde kızların kafalarını kel edecek; süslerini koparacak, bileziklerini, kolyelerini, küpelerini, başlarındaki süsleri, kurdelelerini, mantolarını, aynalarını, koku kutularını yok edecek. Kahramanları savaş alanında, erkekleri kılıç altında can verecek İsrail'in." Sonra da İsrail köle olacak. Büyüklerinin yüzleri susuzluktan buruşacak. Soylular aşağılanacaklar. "O zaman, yoksullar mutluluğu yine Tanrı'da bulacaklar ve kutsal İsrail yine bir neşe kaynağı olacak. Çünkü zorbalar yok olacak ve katı yürekliler cezalarını bulacaklar."

Ama her şeye rağmen çok geç kalınmış değildi. Çünkü İsrail yeniden Yehova'ya dönecek ve onun buyruklarına baş eğecek olursa kurtulabilirdi:

"Yıkanınız, temizleniniz, arınınız, gözlerimin önünden düşüncelerinizin kötülüklerini kaldırınız ve kötülük yapmayı bırakınız. İyilik etmeyi, adaleti her zaman yeğ tutunuz.

Yetimin hakkını, dul kadına yardımınızı esirgemeyiniz."

İnsan olarak olduğu kadar peygamber olarak da büyük olan Ermiya, Yakup'un çocuklarına ve İsrail ailelerine çölde yaşadıkları devri anarak şöyle söylüyordu:

"Ekin ekilmeyen bir ülkede peşim sıra, erdemli ve güzel bir şekilde geldiğin günleri hatırlıyorum. Sizi, meyvelerini, en iyi ürünlerini yemeniz için bereketli topraklar üstüne getirdim. Ama oraya geldikten sonra Baal'a taparak, talancılık yaparak; baskılar, ayrılıklar, uyuşmazlıklar, yalancılıklarla sizde benden kalanı kirlettiniz." Yüreklere işleyen, amansız bir deyişle de Juda'nın tutsaklığını ve Kudüs'ün yıkılacağını haber veriyordu.

Buna karşılık Yehova'nın karşısında Juda'nın savunmasını üstüne almaktan kaçınıyor da değildi.

İnsan, davranışlarında bağımsız değildi. Seçme özgürlüğü yoktu; Biliyorum ey Yahovia; yolunu seçmek insanın elinde değil. Kimse kendiliğinden yürüyemez ve yönelemez. Ama sosyal adalet, toplumların hayatlarının anlamıdır. Ahlâkî düzen er ya da geç kazanmalıdır. Yahudiler, Yehova'dan yüz çevirmiş oldukları için acı çekmeli ve tarihî görevlerine hazırlanmalıdır. Ermiya ile aynı devirde yaşamış olan Safenya da bütün savaşı birkaç bölümde anlatarak Yehova'nın Juda'yı cezalandıracağı günü yaklaştığını haber vermekteydi. "Ve o gün Poissons kapısından sesler yükselecek ve tepelerden haykırışlar gelecek, yeni şehirden doğru iniltiler duyulacak. Mortier halkı inleyiniz; çünkü para biriktirenlerin topu birden ve bütün tüccar topluluğu yok edilmiştir. O gün ne paraları ne de altınları onları Yehova'nın gazabından kurtaramayacaktır artık. Yehova'nın hıncının ateşiyle toprak yok ediliverecektir."

Hazkiyal ise meseleyi daha derinliğine, ama daha az bir peygamberce güçle ele alıyordu:

"Sürüyü otlatmak varken kendilerini gözetenlere lanet olsun. En iyi yağları yiyorsunuz ve yünle giyiniyorsunuz, besiye çekilmiş sığırlar sizin için. Ama koyunları otlatmak istemiyorsunuz. Yaralıların yaralarını tımar etmiyorsunuz, yolunu sapıtmış olanları doğru yola koymuyorsunuz. Onların üstünde saltanat sürmekten başka bir şey yaptığınız yok. Yehova da buna karşılık, siz benim sürülerime ne söylüyor dinleyin;

Koçlarla tekeler, yağlı koyunlarla cılızları arasında bir yargılama yapmak istiyorum. Çünkü zayıf olanları ayaklarınızın altına alıyorsunuz. Onları öteleyerek kendinizden uzaklaştırıyorsunuz. Bunun için de ben sürünün yardımına koşacağım. Onu sizin kurbanınız yapmamaya kararlıyım."

Herkes davranışlarından sorumludur. İyilik ya da kötülük etmek herkesin kendi kararına bağlıdır. İşte bunun için İsrail, Yehova'nın buyurduklarına uymalıdır. İnsanları kınamak ve gelecek felâketlerin haber verilmesi bütün peygamberlerde, İsrail'in kurtuluşu konusundaki bir bildiri ve insanlığın tam kurtuluşunun gerçekleşeceği kanısının açıklanmasiyle birbirine sıkı sıkıya bağlıdır. Bütün bu peygamberlerin davranışları Yuşa ile peygamberliğin en üst ucuna ulaşmıştır. Ona göre, Yahudiler, Tanrı tarafından, adalet çağının gerçekleştirilmesi için seçilmiş olan biricik topluluktur:

"Yahova'nın ruhu ve düşüncesi benim üzerimdedir. O beni kutsallaştırdı ve yoksullara bir mutluluk mesajı göndermek, kırık kalplerini umutla doldurmak; mahpuslara özgürlüklerine kavuşacakları yakın günlerin müjdesini vermek; mutsuzlara, yoksullara kurtuluşlarını bildirmek için görevlendirdi." Kendisine verilmiş olan kutsal görevi kabul ederse bu halk, insanlığın merkezi olacaktır. Uzun bir zamandır küçük görüldükten, aşağılandıktan sonra artık nihayet insanlığın özeni, süsü olmak hakkı ona verilecektir.

"Uyan, artık ayılıyabilirsin; Zira Yahova'nın göz kamaştırıcı ışığı senin üstüne yükseliyor. Sen de ışık ol. Zira toprağı ve halkları koyu bir karanlık örtmüş bulunuyor. Buna karşılık senin üstünde Yehova'nın göz alıcı parlaklığı var. Ve puta tapanlar senin ışığında yürüyecekleri krallar senin üstünde yükselen nurla aydınlanarak yollarını bulacaklar. Papazların barış için çalışmalı, adaletten yana olmalıdırlar. Halkının bütün insanları doğru olmalı ve toprağı ancak ebedî hayat için işlemelidir."

Çağdaşı Hazkiyal da insanların ve malların eşitliğini öngören tanrısal bir Yahudi devleti anlatıyordu.

"Ve toprağı herkesle eşit olarak bölüşeceksiniz ve ülkeyi aranızda bölüştükten sonra, sizinle birlikte yaşayacak olan yabancıları da İsrail çocuklarıyla bir tutacaksınız. Onlar da kabul edilmiş oldukları boy içinde paylarına düşen toprağı almalıdırlar."

Sonsuz barış ideali, hak ve adalet idealine sıkıca bağlıydı. "Kurtlar kuzuların, leopar, tekelerin yanında yaşayacak. Küçük bir çocuk danaları, aslan yavrularını ve sığırlarını otlatmaya birlikte götürecek. Keskin kılıçlarınız saban demiri; mızraklarınız, orak, olacak. Zira hiç bir halk artık bir diğerine kılıç çekmeyecek; dolayısıyla da savaşmasını öğrenmeyecek, Zacharie, Yehova'nın savaş arabalarını ortadan kaldıracağı devrin gelişini görüyordu. Kudüs'ün savaş atları, savaş mızrakları hep yok olacaktı. Yehova bütün halklara sonsuz bir barış devri açacaktı. Sözü denizleri aşarak dünyanın öbür ucuna ulaşacaktı. Tanrının kırallığı sertlik ve savaşla değil, ruhların üstünde kurulacaktı ve on iki küçük peygamberden biri olan Valachie ise insanlığa şu soruyu soruyordu: "Hepimizin babası bir değil mi? Bizi aynı Tanrı yaratmadı mı? Öyleyse birbirimizi niçin küçük görüyoruz,?"

4. — Reform Çabaları

VII. Yüzyılın son yirmi beş yılında (tam olarak, İsa'dan önce 621 yılında) yolsuzlukları önlemek için bir reform denemesine girişildi. Bu reform denemeleri Musa'nın 3. ve 5. kitaplarında anlatılmaktadır. Genel olarak, İlk Çağın bütün yoksul insanlarının isteklerini

(Yunanlıların ve Latinlerinkiler de içinde olmak üzere) dile getiriyordu. İstekler özetle şunlardı:

Toprağın Yehova'ya ait olduğu, dolayısıyla da halkın kolektif malı gibi kullanılması gerektiği söyleniyordu. 'Bunun için, toprağı başkasına veremezsiniz.' (Toprağı kimseye malı olarak veremezsiniz denilmek isteniyordu.) Her elli yılda bir özgürlük ve eşitliğe bir yeniden dönüş olacaktı:

"Ellinci yılı kutlayacak ve hepiniz kendi evinize ve ırkınıza döneceksiniz." Bu arada da borçları yüzünden tutsak olmaya mahkûm edilmiş, olanların durumunu da yumuşatmak gerekirdi. Kardeşin yoksullaştı ve kendini sana sattıysa onu bir tutsak gibi değil; bir işçi, bir konuk gibi görmelisin. Böylece o da sana yedi yıl hizmet edecektir. Sonra gidecek, karısı ve çocuklarıyla kendi evine dönecektir. Her yedi yılda bir, bu çeşit yedinci yıl dönemi olacaktır. Herkes de böylelikle borçlarından kurtulacak. (Birine para vermiş olan kimse parasını geri istememelidir. Çünkü nasıl olsa yedi yıl içinde yeni bir borçları ödeme yılı gelecektir. Komşusuna para vermiş olan bu kimsenin Yehova'nın istediği yedi yılı beklemesi gerekir. Kardeşlerinden biri yoksulsa, yüreğin taş kesilmemeli. Yoksul kardeşini kendinden uzak tutmamalısın. İçinden de şöyle demelisin: 'Yedi yıl içinde bir borç silme dönemi olacak (ve paramı geri alamayacağım.)' Elini yoksul kardeşine uzatmalısın. Kardeşin kendini sana satmak isterse yedi yıl sana hizmet edecektir. Yedinci yılın sonunda da onu serbest bırakacaksın. Rehin hakkı da kısıtlıdır."

Kardeşine borç para verdinse onun evine giderek vermiş olduğun paranın karşılığında rehin eşya almamalısın. Evine gider ve kapının dışında beklersin. Sana rehin olacak eşyayı o kendisi getirir. Ama borçlun yoksul bir insansa ve sana paltosunu rehin vermişse o gün gece basmadan, aldığın rehini ona geri götürürsün. O da abasını sırtına çekerek uykusunu uyur. Dullardan ve yetimlerden ise bu çeşit bir teminat istenmemelidir. Ücretlerin de her gün ödenmesi gerekirdi. Toprağın kolektif mülkiyetinin en baş özelliklerinden biri de yıllardan artakalmış olan bir geleneğin yaşamakta olmasıydı. Komşunun toprağının üstünde kalmış başakların toplanması için izin verilir. Başak koparılmasına ses çıkarılmaz ve tarlanın bir köşesindeki ürünün yoksullara bırakılması zorunlu sayılırdı.

Bazı kaynaklardan edinilen bilgilerden anlaşılıyor ki, girişilmesine başlanan bu reformlar tam olarak uygulanamamıştır. Elli yıllık sürelerle yapılacak olan borçları silme hiç bir zaman uygulanmadı. Borçların ödenmesi için konulan kural ise, sürgüne çıkışı izleyen devre sırasında, ticaretin gelişmesiyle birlikte yürürlükten kaldırıldı. Dört büyük Yahudi peygamberinden biri olan Erniya bu yasaların uygulanmamasından yakınmaktaydı. Nehemya'da da bizzat Yahudiler tarafından yapılmakta olan tefecilik, borcunu ödememiş olmaktan ötürü insanların köleleştirilmesi, tarlaların borç yüzünden rehin alınması gibi şikâyetleri buluyoruz (İsa'dan önce 500 yılına doğru). Özel teşebbüsün ve ticaret çalışmalarının hukukî bir temeli sayılabilecek olan Talmud adlı kitapta da borçların ödenmesi kuralının uygulanmayacağı özel durumlar açıklanmaktadır. Kuralın uygulanmamasının nedenleri yalnız ve sadece ekonomikti. Talmud'da bu konuda şunlar yazılıdır: "Borçların ödenmesi zorunluluğu üstündeki yasa yürürlükte tutulmuş olsaydı borç para veren kimselerin imkânları bütün bütüne kısılmış olacaktı." Talmud'da ayrıca, bu kural konulduğu zaman, hiç kimsenin yüreğinde 'borçların silineceği yılın yaklaşmakta olmasının borç para vermeyi reddetmek için bir bahane unsuru olmaması' gerektiğinin de buyurulmuş olduğu hatırlatılmaktaydı.

Öyle anlaşılıyor ki din adamları herkesin yüreğinde böyle bir düşüncenin yerleşmesini kontrol etmenin hiç bir zaman başarılamayacağını düşünerek kuralı tümüyle kaldırmayı daha doğru bulmuşlardır. Başka bir deyişle, bu durum da göstermektedir ki ekonomik gelişme, toplumsal gelişmeye göre daha hızlı olmuştur.

Dolayısıyla bu toplumsal gelişmeden ancak bazı ahlâki öğütler kalabilmiştir. Sözgelimi, yoksullarla karşı acıma duyulması gerektiği ve onlara yardım etmeyi zorunlu kılan yarıbuyruk biçimindeki öğütler bu kalıntıların başlıcalarındandır.

Buna karşılık ilkel insan topluluklarının gelenekleri toplumun alt tabakalarında daha bir süre tutunabilmişlerdir.

İsa zamanında; Yahudiler anasında mülkiyet konusunda düşünülenleri gösteren şu çok ilginç yargıya rastlıyoruz:

"Dört çeşit insan vardır. Bir takım insanlar, senin olan senin, benim olan da benimdir derler. Bunu söyleyenler orta sınıftan olan, ya da bazılarının dediği gibi, Sodom'dan olanlardır. Kimileri de benim olan senin, senin olan da benimdir derler. Bunu söyleyenler halktan olanlardır.

Diğer bazıları da benim olan senin, senin olan da yine senindir derler. Bunu söyleyenler ise dindarlardir. Bir de senin olan benim, benim olan ise yine benimdir diyenler vardır ki, bunlar kötü yürekli kimselerdir."

Palestin'de, bir zamanlar rastlandığını anlattıkları bu dört çeşit insan konusunda söylenenler çok ilgi çekicidir. Çünkü bu değişik insan çeşitleri içinde ilkin, tam kendilerine özgü mülkiyet anlamıyla burjuvaziyi görüyoruz. Halk arasında o zaman söylenmekte olan bu hikâyeyi bize aktaran kaynaktan öğreniyoruz ki bu biçimde davranmakta olan kimseler Sodom'lulardı. Onların ardında da ne 'benim' ne de 'senin' i tanımayan komünistler geliyor.

Hikâyede bunlar halkın adına davrananlar olarak nitelendirilmektedirler. Üçüncü olarak ise her türlü mülkiyet anlayışını reddeden, daha sonraları İsa'nın on iki çömezinde görülecek olan anlayışa uygun biçimde davranan dindarlar gelmektedir ki, bu anlayışa uygun davranışlarla İsa'nın çömezleri XII, XIII ve XIV. yüzyılların ilkel Hıristiyanlığı sırasında büyük ve önemli, roller oynamışlardır. Dördüncü çeşitte anlatılan insanlar için ise öyle sanıyoruz ki hiç bir özel açıklama gerekli değildir: Bunlar düpedüz emek sömürücüleri, hırsızlar ve katillerdir.

5. — Yahudi Komünistler: Esseen'ler (Essenienler ya da Doğrular)

Özel mülkiyete karşı olan yalnız halk değildi. Filistin'in en soylu insanlarından binlerce kimse komünizmi günlük hayatla sokmak için çalışmalarda da bulundular. Bunlar, adlarına, Esseen ya da Essenien denilen ve Les Jusles (Doğrular) olarak da anılan birkaç bin kişilik bir topluluktu. İsa'dan sonra II. yüzyılda ortaya çıkmışlardı ve kendine özgü anlayışta bir topluluktular. Zamanlarında yaşamış olan bütün yazarlar tarafından sözleri edilmiştir. Bu kimseler sözü geçen yazarlar üzerinde saygı ile hayranlık uyandırmışlardı.

Yunan felsefesiyle yakından ilgilenmiş olan ve genellikle bütün Roma'nın düşünce hayatıyla ilgilenen kimseler olarak bilinen zamanın Yahudi aydınlarının en önemlilerinden Filon ve Joseph gibi kimseler malların kollektifliğinden en belirgin erdemin sembolü olarak söz etmektedirler.

Joseph kardeşini öldüren Kabil'in toprak özel mülkiyetinin kurucusu olduğunu öne sürmektedir. Kabil'in bir şehir kuran ilk insan olması da oldukça ilgi çekicidir. Filon, Palestin'de gerçekten erdemli 4.000 kişinin yaşamakta olduğunu ve Essenien'ler adıyla anrlan bu kimselerin, şehir hayatını çok başıbozuk, dürüstlükten uzak buldukları için kasabalarda yaşadıklarını anlatır. Bu adamların bir kısmı tarımla, bir kısmı da balıkçılıkla uğraşıyorlardı. Ne altın ne de gümüş biriktiriyorlar, kazanç için en küçük bir toprak parçasına bile sahip olmayı istemiyorlar, yalnız kendi geçimleri için gerekli olanla yetiniyorlardı. Talihleri yaver gitmemiş olduğu için değil de doğrudan doğruya kendileri öyle olmasını istedikleri için mal ve mülk edinmeyen insanlar yalnız bu kimselerdir.

Ayrıca şunu eklemek gerekir ki bu kimseler aslında malı olanlardan çok daha zengindirler. Çünkü onlar için, ihtiyaç yokluğu en büyük zenginlikti. Bu kimselerin topluluğunda mızrak, kılıç, zırh, kalkan yapan kimse yoktu. Savaş için kullanılacak bir şey yapmasını hiç kimse bilmezdi. Bundan başka, alışverişle de uğraşmazlardı. Çünkü bu işlerin kendilerinde kazanç hırsı yaratacağını düşünüyorlardı.

Köleleri yoktu. Herkes özgürdü ve herkes diğerleriyle birlikte herkes için çalışırdı. Başkaları üstünde egemenliği reddederlerdi. Bunun eşitliğe aykırı olduğunu düşündükleri için değil, doğa'nın kendilerine ve bütün insanlara bir ana gibi vermiş olduğu yararlanma düzenini ortadan kaldırarak bu düzeni bozmaya kendilerini yetkili bulmadıkları için böyle davranıyorlardı. Esseenler, ev ve topluluk ekonomisinde, iyi ile kötüyü birbirinden ayırdetmek konusunda acıma duygusundan, adalet ilkesinden ve iyi dileklilik temelinden kalkarak ahlâklı kimseler olmaya çalışırlardı. Bu kanıya varmaları da başlıca üç ilkeye dayanmalarına bağlıydı: Tanrı sevgisi, Erdemlilik ve İnsan sevgisi. Onlara göre, insanlık sevgisi, iyi dileklilik, eşitlik ve özellikle her işlerinde her şeyden kollektif yararlanmanın sonucudur.

Esseen'erden hiç kimsenin, topluluğun diğer üyelerinin dışında yalnız kendisinin olan bir evi yoktu. Hepsinin bir arada oturmalarından başka bir yerden gelen arkadaşlarına da bütün evler açıktı. Bunun gibi bütün dükkânlar da içindekilerle birlikte herkesin kollektif malıydı. Giyecekleri ve yemeklerini hep birlikte yemeyenler için yiyecekler de ortada, kimsenin malı olmaksızın dururdu. Konut ve yemek ortaklığı, kısaca hayat ortaklığı başka hiç bir yerde burada olduğundan çok geliştirilmiş değildir. Bütün kazançları ortaya konur, topluluğun adına bir arada saklanırdı. Hastalar ise kendilerine ayrılmış olan evlerde büyük bir özenle bakılıyorlardı.

Filon'un anlattıklarına göre Esseen'ler çevrelerinde her yerde büyük saygı görürler, değerli tutulurlardı. En katı yürekli sert Roma prokonsülleri bile onlarda beğenilmeyen bir yan bulamamışlardı. Tam tersine, onların bu erdemli yaşama biçimini gördükten sonra kendi yasalarını kendilerinin yapmalarının doğru olduğunu düşünerek işlerine karışmamayı, bağımsızlıklarına dokunmamayı kendileri için bir borç bildiler. Hep birlikte yemek yemeleri, aralarında her şeyin kollektif kullanılması kendilerini tanımış olan bu yabancıların hayranlığını uyandırmıştı.

Tarihçi Joseph de Essen'lere karşı büyük bir saygı besliyordu: "Zenginliği küçük görüyorlar, insanı hayran bırakacak kadar tam, eksiksiz bir hayat sürüyorlar. Aralarında, zengin olarak diğerlerinin üstünde olmak isteyen bir tek kişi bile yoktu. Çünkü bu topluluğa girenlerin bütün varlıklarını topluluğun yararına kullanmaları bir yasadır. Topluluklarında ne yoksulluk, ne zenginlik, ne bolluk ne de kıtlık görülür. Çünkü her şeylerini kardeşçe bölüşüyorlardı. Aralarından topluluğun servetiyle ilgilenecek olan bir kimse seçiyorlar, sonra da herkes, ama herkes her şeyini topluluğun yararına bırakıyorlardı"

Cinsel bağlantılara gelince, bazı tanıklıklardan edindiğimiz bilgiye göre Esseen'ler birbirleriyle evlenmeyi; doğru bulmuyorlardı. Bazı başka kaynaklara göre ise evleniyorlardı. Öyle anlaşılıyor ki onlar da evlenmemeyi daha doğru bulan, ama evlenenleri de suçlamayan Hıristiyan azizi Paulus gibi düşünüyorlardı. Yukarıdaki bu açıklamalarımızdan sonra şimdi artık ilkel Hıristiyanlığın manevî alanına giriyoruz.

Esseen'lerde dikkati çeken bir diğer özellik de Devlet'e karşı duydukları soğukluk ve ahlâki ya da ekonomik etkenlere verdikleri önemdir. Bu özelliği Filistin'de İsrail'in bütün geçmişinde buluruz.

Anayasa sorunlarına büyük bir önem veren, durmaksızın birbirinden değişik Devlet biçimleri deneyen Yunanlıların tersine Yahudiler, İsa'dan önce 1.000 yılına doğru boylar biçimindeki toplum düzeninden tek bir merkeze bağlı yeni düzene geçerek krallık kurdukları sırada yalnız bir tek politik kriz geçirmişlerdir. Bundan sonra da Yahudiler'de yavaş yavaş, Devlet baskısını uygulayan bütün organlara karşı bir davranış gelişmeye başladı. Buna karşı tutum ilk olarak, Samuel'in birinci ve kökü bakımından daha sonraya dayanan kitabıyla belirmektedir. İsrail'i baskıları altında tutmuş olan bütün İlk Çağ boyunca etkilerini göstermiş olan İmparatorlukların davranış şekilleri gerçeği söylemek gerekirse, İsrail halkı gibi ağırbaşlı ve adalete susamış bir topluma politikayı sevdirecek çeşitten değildi. Talmud kitabının aşağıdaki yargısı, Yahudilerin Devlet karşısındaki düşüncelerine çok belirleyici bir ışık tutmaktadır.

"Yukarıda (göklerde) eğlenceye düşkün bir kepaze olarak iç yüzü anlaşılmamış hiç kimse, yeryüzünde Devlet görevini üstüne alamaz" Tanrı biricik efendidir. Onun buyrukları insanların davranışlarının tek temelidir.

BÖLÜM II.

YUNANİSTAN

1. — Ekonomik ve Toplumsal Gelişme

Dor, İyon ve Eolya boyları, kuzeyden gelerek Balkan Yarımadasının güneyine indiler ve bunları ele geçirdiler. Adları daha sonraları Helenler ve Grekler diye ün saldı. Çünkü akrabalıklarına göre ikiye ayrılmışlardı. Aralarında, bir zaman sonra gerek askerlik alanındaki başarıları, gerekse felsefe, güzel sanatlar ve politikada gösterdikleri gelişmeden ötürü, Isparta'yı ele geçiren Dor'larla Attik Yarımadasında Atina'yı ellerine geçiren İyon'lar sivrildi. Bu iki topluluk, sosyalizmin tarihinde çok büyük bir yer tutarlar. Ispartalılar ve özellikle Ispartalılar içindeki Dor'lar komünizmin ve toplumsal eşitlik yanlısı ekonomik düzenin uygulayıcıları Atinalılar ve özellikle Atinalılar arasındaki İyonyalılar da teoricileri olarak tanınırlar.

Helenler ilkin hayvan yetiştirmeye ve tarımsal çalışmalar yapmaya başladılar. Bu süre içinde özel mülkiyet ve şehir hayatı bilmediler. Bu durum ne kadar zaman sürdü, nasıl son buldu, bilemiyoruz. Bildiğimiz, VI. yüzyılın ikinci yarısında en eski Helen destanları İliada ile Odisseus'un yazılması bittiği zaman bu toplumun sınıflara bölünmüş olduğudur. Yunan ülkesinde oturanlar o çağda derebeylik devrine girmişlerdi. Platon 'Yasalar' adındaki kitabında

Homeros'un anlattığı Truva savaşının yapıldığı sırada bu ülkede birçok siteler bulunduğunu ve ülkenin yerlilerinin soydan yurttaşlara karşı çeşitli ayaklanmalar olduğunu anlatır. Her yanda savaşlar, sürgünler ve cinayetlere rastlanıyordu.

Yunan ülkesinde ilkel duruma; savaş, ticaret ve denizciliğin son vermiş olması akla yakındır. Bu ülkede savaş, balıkçılık ve avcılık gibi özel bir var olma biçimiydi. Bunun için de her zaman gözdeydi. En büyük Yunan filozofları, bu arada en başta Platon ve Aristoteles de sürekli bir barış devresi düşünemiyorlardı. Dorlar Girit'te, Rodos'ta, Cod'da (İstanköy), Cnides'te, (bugünkü Dâhiliye ve çevresi) ve Halikarnas'ta (bugünkü Bodrum) yerleştiler. Helenlerin sömürge kurma çalışmaları 750 ile 600 yılları arasında aralıksız devam etti. Karadeniz kıyılarında, Sicilya'da, Güney İtalya'da ve Kuzey Afrika'da İyon sömürgeleri kuruluyordu. Bu çalışmaların sonucu olarak, ortaya çıkan gelişme, ticaret ve zanaatın gelişmesine de yol açmıştı. İyonlar toprak kaplar, lüks eşya, şarap, kumaş ve silah satıyorlar; buna karşılık da Lidya, Kıbrıs ve İspanya'da çıkarılan değerli madenleri alıyorlardı.

Zamanla, mübadele temeli üstüne kurulu bu ticaret çalışmaları, para ekonomisine bağlı olarak gelişti. Homeros'un zamanında öküz, hâlâ, bir değer ölçüsü ve mübadele malı olarak kullanılmaktaydı. Daha sonraları, bakır ve demirden para yapılmaya başlandı.

III. yüzyılda ise altın ve gümüşten yapılmış ilk paralar kullanılmaya başlandı. Daha Homeros'un zamanında yaşamış olan Odisseus, bütün yolculukları boyunca değerli şeyler topluyordu. Servet avcılığı böylece zaman ilerledikçe varlıklı kimselerin baş tutkusu oldu. Bu durumun ilk kurbanları da satın alma yoluyla topraksız kalan ya da topraklarından kovulan köylülerdi.

V. yüzyılda demek ki İliada ve Odisseus'un yazılmalarından bir yüzyıl kadar sonra, ilk bireyci (ferdiyetçi) şair Hesiodos'un sesini duyuyoruz. Boetie yakınlarında bulunan Ascra'lı olduğu söylenen Hesiodos, güçsüz insanlara, alt tabakaya yapılan baskılardan, gittikçe artan adaletsizlikten; zenginlerin yüksekliğinden şikâyetçidir.

Duygulu sözlerle 'dertsiz, tasasız, rahatça, mutlulukla çalışılan' altın çağının yok olduğundan yakınır ve onun ardından gelen üzüntülü, sıkıntılı kölelik devrinin acılarını anlatırdı.

"Heyhat, elemek ki gökyüzünün sertliğinin beni

Alçakça yaşanılan bu kederli zamana atması gerekiyormuş.

Bu devir daha önce ya da daha sonraya gelemez miydi?

Oysa bugün yeryüzünden bet bereketin kalktığı

Acı ve kederli bir yokluk devri yaşıyoruz.

Zeus tarafından görevlendirilmiş gece ve gündüz

Çalışanı insanlar türlü sıkıntılar içinde çabalıyor

Üzüntülerine ancak bir damla sevinç karıştırabiliyorlar.

Ama yakında Zeus insanın beşikten çıktığı an

Yaşlandığı bu devri mezara sokacaktır.

Bu devir ki evlâtları babadan, babaları evlâttan uzaklaştıran;

Kimsenin kimseye saygı duymadığı, görevlerin unutulmuş olduğu

Kimsenin dostunun ve konuğunun bulunmadığı bu devir son bulacak.

Amansız galipler antları hiçe sayacak, hakkaniyete karşı

Alay ederek bir tek canlı bırakmayacaklar.

İşte o zaman gök kubbeye doğru birlikte,

Utanç ve Nemesis, vücutları parlak elbiselerle süslü uçacaklar.

İnsanın kendilerini sürdürdüğü uzak yerlere gidecekler,

Tanrıların gösterecekleri yere yerleşecekler.

Yırtıcı kuşlar gibi, güçlüler zayıflara saldıracak.

Biz ise burada, acılar içinde çaresiz kalacağız."

(Hesiode: Çalışmalar ve Günler, Nişard çevirisinden)

Hesiodos, bundan sonra da atmacayla bülbül masalını hatırlayarak devam ediyor;

"Bir gün, havayı hızla yararak ilerleyen bir atmaca

Sıkılmış pençelerinde bir bülbül taşıyordu.

Yaralı ve titreyen zavallı bir bülbül.

Tatlı sesli bülbül öfkeyle sızlandı;

Alçak, beni bıraksana...

Gücüyle sarhoş olan zorba ise aldırmadı bile,

Kes sesini, dedi; senden güçlü birinin elindesin.

İradenin değil, keyfimin istediği olacaktır.

Bu akşamdan tezi yok; ya benim avım olarak öleceksin,

Ya da serbest kalmanın kıvancını tadacaksın.

Tehlikeyi görmeden, kendinden güçlü olana

Karşı gelmeye kalkışan delidir.

Ne kazanır? Utanç.

Sonu ne olur? Hiç…"

Atmaca avını götürürken işte böyle söyledi.

Ne var ki Hesiodos, her şeye başkaldıran bir kimse de değildir. Halkına, dürüst çalışmaya dönmesini ve böylelikle rahata ermesini öğütler.

"Neşeni ve başarını çalışmakta ara. Çalışmak bizi ölümlere de tanrılara da beğendirir. Ama iğrenç bir tembellikle, onların gözünden düşeriz. Hiç bir şey yapmayana lanet olsun, çalışanlara da selâm!

Bu sözleri söyleyen, görüldüğü gibi, bir kötü haberci, felâketler müjdecisi değil; Süleyman gibi, tatlılıkla öğüt veren bir kimsedir.

2. — Ekonomik Uyuşmazlıklar

Öğütler ve vaazlar, parçalanmayı önleyemiyordu. Para ekonomisi, ticaret ve zanaat Helen toplumunu bölmeye devam etti. Zenginler ve yoksullar olarak kesinlikle bölünmüşlerdi artık. Küçük tarımcılar borç altındaydılar. Faizler çok yüksek, faizciler acımasız, yasalar sertti. Çünkü yasalar, sınıflara bölünmüş bütün insan topluluklarında olduğu gibi, varlıklı sınıfın çıkarları gözetilerek yapılmıştı. Platon'un 'Yasalar' adındaki kitabında bu konuda şu açıklamayı buluyoruz;

"İşte yeniden, hak ve adaletin amacı konusuna döndük. Çünkü denildiğine göre, yasaların amacı ne savaş ne de dürüstlük yolunda yürümektir. Amaç yalnız rejimin çıkarlarını gözetmekten başka bir şey değildir. Yasaların amacı budur. Bu yasaları toplumun sınıfları yapmışlardır. Demek oluyor ki, kuralları bozanlar, o kuralları kendi çıkarlarını düşünerek koymuş olanlar tarafından suçlu görülerek cezalandırılırlar." Sınıf devletlerinin savunucularının söyledikleri budur.

Platon şöyle devam ediyor; "Ama biz, toplumun genel çıkarını gözetmeyen, savunmayan yasaların doğru ve haklı yasalar olmadıklarını düşünüyoruz."

Platon'un yaşadığı çağda, sınıf devleti kurulmuştu. Borçlarını ödemeyenler, aileleriyle birlikte köle yapılıyorlardı; küçük esnaf ve zanaatkârlar bağımsızlıklarını günden güne yitiriyorlardı. Toprak mülkiyetini elinde tutan soylular sınıfının yanı sıra yavaş yavaş zenginleşen bir burjuva sınıfı kuruldu ve bu iki sınıf birleşerek kısa zamanda, yeni ve güçlü bir yöneticiler sınıfı meydana getirdiler.

"Soydan kişiler alçaklara, alçaklar da soylulara bağlanıyorlar." Şair, zenginliklerin aileleri karıştırdığından şikâyetçidir. 'Varlıklıların gücü, hakkı ve yönetimi eline aldı.'

VI. yüzyılın sonunda. Yunan ülkesi artık modern çağını yaşamaya başlamıştır. Megara'lı Theognis, ezilen sınıfı olduğu kadar varlıklılar sınıfını da küçümseyen bu parasız soylu, zamanının canlı bir tablosunu çizmektedir. VI. yüzyılın sonuna doğru, Korent ile Atina arasındaki bir vadide bulunan Megare şehrinde 640 yılına doğru, haksızlıklara baş kaldıran halk yığınlarının zenginlerin sürülerine saldırdıklarını ve hayvanlarını öldürdüklerini, onun yazdıklarından öğreniyoruz. Gerçekten, ticarî amaçla hayvan sürüleri yetiştirilmesi ve yün ticareti, daha sonraları İngiltere'de Thomas More'un yasladığı devirde olduğu gibi, köylülerin topraklarının ellerinden alınması sonucunu doğurmuştu. Theognis, 'Elegies ve 'Sentences Morales' adlı kitaplarında bu durumdan şöyle yakınıyor:

"Plüton (Cehennemin Kralı ve Ölülerin Tanrısı Ç.N.) ölümlülerden boş yere hoşnut değildir. Çünkü ölümlüler ona geldikten sonra kötüler iyi olurlar. Gerçekten zenginliklerin iyilere verilmesi ve kötülerin yoksulluktan kıvranması gerekir.

İnsanların büyük çoğunluğu için bir tek erdem vardır; Zenginlik. Bütün değerler ondan sonra gelir. Herkesin şunu çok iyi bilmesi gerekir ki zenginlik en büyük güçtür."

İşte bir şair sesi daha: VI. yüzyılın ikinci yarısında yaşamış olan, açık saçık şiirleriyle tanınmış Anacreon;

"Akıl, şeref, erdem ve soyluluktan söz etmek bugün neye yarar?"

Aşk bütün bunlara ilgisizdir. Onun gözünü kamaştıran yalnız paradır. Yüreğinde bu susuzluğu duyanlar utansınlar. Para söz konusu olunca, yerin dibine batası bir maden-parçası yüzünden Ana, baba, dost, arkadaş bir yana bırakılıyor. Yeryüzü bir baştan bir başa kana bulanıyor. Savaşlar, cinayetler onun uğruna işlenir. Para onların daha da kötüsünü yaptı, Aşkı da öldürdü.

VIII. yüzyılın sonuna doğru başlayan toplumsal kaynaşma gitgide arttı. Yunanlıların 'demos' adını verdiği köylüler, küçük zanaatkârlar, dükkâncılar ve gemicilerden kurulu halk topluluğu, şairlerin Altın Çağ olarak andıkları geçmiş eşitlik devrini unutmamıştı. Yoksulluk devrelerinde bu zümreler sürekli olarak, toprak sahibi soylulara ve paralı soylulara başkaldırmaktaydı. Devlet yöneticilerini ve İyon, Dor düşünürlerini bir tutku gibi saran sınıf ve parti kavgaları patlak vermişti. Bu duruma karşı Atina'da, başlangıçta durmaksızın tartışılarak işi büyütmeyecek reformlar yapılması tasarlanırken Ispartalılar hiç vakit geçirmeksizin işe koyulmuş ve bir komünist ihtilâl yapmışlardı.

BÖLÜM III

ISPARTA'DA KOMÜNİZM

1 — Lycurgue Yasaları

Dorlarda, uygarlık öncesi devrenin eşitlik düzeni İyonlara oranla daha uzun bir süre unutulmamış, toplumun bilincini daha çok etkilemişti. Bu durumun nedeni, Dorların kurmuş oldukları sömürgelerin tarımsal yonü ağır basan bir özellikte olmaları ve bu topluluğun ticaret, gemicilik gibi işlerle daha az uğraşmasıydı.

İşte bu yüzden, bu toplulukta, ilkel çağın düzeninin parçalanmasını gerektirecek başlıca iki önemli etken, varlıkları güçlü bir biçimde duyuramayarak parçalanmayı hızlandıramadı Yeryüzünde ilk komünist ihtilâlini gerçekleştirmiş kimsenin, Lycurgue olduğu söylenir. Musa'nın İbraniler için, bir efsane kahramanı olması gibi Lycurgue'nin adı ölümlü insanların üstünde tutulan bir kimsedir.

Plutarque (Doğumu, İsa'dan önce 50 yılı), Yunan ve Roma tarihinin kaynaklarını en iyi bilen bir kimse olarak bu konuda şunları Söylemektedir;

"Yasa koyucu Lycurgue için kesinlikle söylenecek çok şey yoktur. Çünkü nasıl yaşamış olduğu, ölüm tarihi, nasıl ölmüş olduğu, yaptığı yolculuklar ve özelikle yapmış olduğu Anayasa ile bu Anayasanın getirdiği yasalar, tarihçilerin üzerinde bir türlü anlaşmaya varamadıkları bir konudur. Yaşamış olduğu tarih, üstünde birbirinden çok değişik tanıklıklar vardır."

Ispartalılar için ise Lycurgue, yalnız politik bir reform yapmış olan değil; ekonomik ilişkileri büsbütün yeni temellere dayanmış olan dolayısıyla toplumu baştan aşağı yeni bir düzene sokan, adı saygıyla anılacak bir yasa koyucudur. Plutarque'a göre; "Lycurgue'ün belki de en yüreklice davranışı, toprak dağıtımıyla ilgili olarak koyduğu yasaydı. Zira o çağda Isparta'da, görülmemiş bir eşitsizlik vardı. Devletin istediği gibi yönettiği yoksul bir insan yığınının yanı sıra, birkaç ailelik küçük bir toplulukta da görülmemiş zenginlikler birikiyordu. Devletin de yurttaşlar kadar sıkıntısını çektiği bu eşitsizlik düzeninin yerine daha âdil bir düzen getirerek hem devleti bu yoksulları yükünden kurtarmak, hem de varlıklılarla yoksullar arasında her an çıkabilecek olan bir çatışmayı önlemek gerekiyordu.

Lycurgue, yurttaşlarını topraklarını birleştirerek topluluğun malı haline getirmelerini ve sonra da aralarında eşit olarak bölmelerini; böylece de tam bir mal ve hak eşitliği içinde yaşamalarını kabul etmeye çağırdı. Aralarında artık en küçük bir eşitsizlik kalmayacaktı. Sadece iyi davranışlar konusunda yarışacaklar ve kötü davranışları olanları da hep birlikte, oybirliğiyle cezalandıracaklardı."

Toprak sahiplerinin, Lycurgue tarafından inandırılmış oldukları için bu işe razı olduklarını söylemek, inanılması güç bir şeydir. Bunun yanı sıra, Isparta'da o çağda büyük bir eşitsizlik olduğunu, küçük bir varlıklı sınıfın, sayıları kabarık ve Ispartalılar gibi iyi savaşçı bir yoksullar topluluğu karşısında bu durumu kabul etmek zorunda kalmış olmaları daha akla yakındır.

Dolayısıyla, sebebi ne olursa olsun, varlıklılar toprakların paylaşılmasına seslerini çıkarmadılar. Topraklar, yurttaş sayısına göre Isparta'da 30.000, Isparta şehri dolaylarında da 9.000 eşit parçaya bölündü. Bu konuda, Lycurgue'ün bir gün kırda dolaşırken, çevresindekilere tarlaların üstündeki eşit boyda buğday yığınlarını göstererek, ülkenin kardeşler arasında pay edilmiş büyük bir tarlayı andırdığını söylediği anlatılır.

Toprakların paylaşılmasından sonra da tarım araçlarının paylaşılmasını düşünmüş ve bu yolda bir deneme yapmıştı. Ama istediğini kabul ettiremedi. Bunun üzerine başka bir yol buldu ve yurttaşların birbirini çekememezliğini politik yollarla önlemeyi denedi. Geçerli olan bütün altın ve gümüş paralan yürürlükten kaldırarak yerlerine her birinin değeri çok küçük, ama boy ve ağırlık bakımından çok büyük demir paralar koydu. Bu paraların geçerli olmalarından kısa bir süre sonra da cinayetlerde büyük bir azalma başladı. Artık kim, kaçıramayacağı ve saklayamayacağı bir şey için tehlikeleri göze alarak hırsızlık yapmaya, ya da adam öldürmeye kalkışabilirdi ki?

Zira çok büyük bir değeri olmayan 10 'Mine' lik bir parayı bir yere koymak için ilkin iki atlı bir arabayla eve kadar taşımak; sonra da evin içinde kocaman bir odada saklamak gerekiyordu. Bütün ticari çalışmalar ve gemicilik birden durmuştu. Isparta'da yemekler hep birlikte yeniliyordu. Genellikle ekmek, peynir, şarap, incir ve sebze yenilirdi. Bundan başka Lycurgue günlük hayatta gerekli olmayan şeyleri yapan zanaatçıların yaptıkları işe de son verdi ve onları; ya başka iş yapmak, ya da şehirden gitmek zorunda bıraktı.

Arada bir av etleri ve başka etlerin de topluca yenildiği yemeklerin birlikte yenmesi bütün yurttaşlar için bir zorunluluktur. Çocuklar da, büyüklerin konuşmalarını dinleyerek bilgilerini arttırmaları, hayatta kendilerine gerekir olacak bilgileri edinmeleri için yemeklere alınıyorlardı. Gençliğin eğitimi, en çok önem verilen konulardan biriydi. Piutarque'tan öğrendiğimize göre; "çocukların eğitimi, evlenme ve doğum konularında konulmuş olan yasalarla uzaktan denetleniyordu. Koşu, güreş, disk ve mızrak atma gibi sporlarla genç kız bedenlerinin, eğitilmesine çalışıldı. Genç kızların gevşek ve sıkılgan olmalarını önlemek için din törenlerine, ülkenin genç erkekleri gibi çıplak olarak katılmaları sağlandı. Genç kızların çıplak görünmelerinin hiç de kötü bir etkisi olmuyor; tam tersine, biçimlerine özen vermelerine ve giyimsiz de erdemli kalabildiklerini görerek kendilerine olan güvenlerinin artmasına yol açıyordu."

Lycurgue ayrıca, birleşmelerin biraz utanma duygusuyla olmaları konusunda bazı tedbirler almasına rağmen, daha çok kadınca bir şey olan kıskançlığı ortadan kaldırmak yolunda da çalıştı. Tabi ki evlilik düzeninin bozulmasını önlemek gerektiğini doğru buluyordu ama yurttaşların çocuk yapmak için devletten izin almalarını gereksiz buluyordu.

"Yalnız sağlam olan çocuklar yaşatılıyor, diğerleri ortadan kaldırılıyordu. Eğitim, ise, yurt için güçlü savaşçılar yetiştirilmesini, gençlerde birlik düşüncesinin geliştirilmesini ve gevezelik eden değil de gerçekten iş gören kimselere gerekli bilgilerin verilmesini öngörüyordu. Lycurgue, Ispartalılara, özel hayatlarında alışmadıkları birçok zorunluluklar koydu ama onları bir kovanın arıları gibi uyumlu bir çalışma düzeni içinde, yurt sevgisiyle çalışan kimseler yapmasını da bildi."

Ispartalılara, Peloponez'de üstünlüklerini sürdürmeyi sağlayan ve daha sonra da (İsa'dan önce 404 yılında) Atinalıları yenerek boyundurukları altına aldıran gücü, Isparta'nın bu yarı askeri yarı komünist Anayasası vermişti. Eski Yunan'ın en güçlü kafaları olan Sokrates ve Antisthenes için Isparta anlaşılmaz bir şey gibiydi. Yunan ülkesindeki karışıklıkların yanında Isparta'nın düzenliliğini de yadırgıyorlardı. Sokrates'in çömezlerinden biri olan Antisthenes, bu konuda şöyle düşünüyordu. "Isparta, diğer şehir devletlerinin hepsinden de üstündür. Atina ile karşılaştırılacak olursa Isparta, bir kadın topluluğu yanındaki düzenli bir erkek topluluğunu andırıyor.

Lycurgue'ün Anayasası, Yunan uygarlığının erişmiş olduğu sınırlar içinde büyük bir ün kazanmış birçok düşünürlerin ideali olmuştu. Daha sonraki yıllarda Roma'da ki köle ayaklanmalarında bu Anayasanın etkisi olduğunu söylemek hiç de yanlış olmasa gerektir."

Gerçekte ise Lycurgue'ün kurduğu devlet, soyluların yönetiminde savaşçı bir devletti. Bütün gücünü, devletin üretim aracı olarak iş gören kölelerin sağladıkları emeğin ürünlerinden alıyordu. Ispartalılar bu düzeni kurmakla insan gelişmesinin en mükemmel araçlarından birini yani üretici insan emeğini kullanmış oluyorlardı. Isparta komünizmi gerçekte, bir topluluğun yararlanma ve tüketim komünizmiydi yoksa üretimde komünizm değildi.

Eğitimleri de gerçekte bir eğitim olmaktan çok, egemenlikleri altında tutabilmek için diğer topluluklara karşı bilgili, doğuşken bir topluluk yetiştirmek amacıyla yapılmış bir yetiştirmeydi. Demokrasi yokluğu, onları engelleyebilecek olan bir etkeni ortadan kaldırmış, sanat, kültür ve felsefeyle ilgilenmek konusunda ihmalkâr davranmaları, spora ve bedenlerinin gelişmesine verdikleri önem, bu dövüşken ve aman vermez topluluğu komşuları için korkulan, saldırgan bir devlet ve yönetimine aldığı kimseler için de acımayan, sert bir efendi haline getirmişti.

Bir ayaklanmaya yer vermemek amacıyla Ispartalılar, zaman zaman aralarındaki en akıllı ve cesur olanları eleyerek temizlikler yapmaktaydılar. İsa'dan önce 464 yılında patlak veren bir köle ayaklanması onlara bu çeşit bir önleme yolu buldurmuştu. Lycurgue'ün yurttaşlarına verdiği ahlâk anlayışı, bölgesel politik düzenin korunmasından başka amacı olmayan, bireysel ve insancıl olmaktan uzak bir anlayıştı. Yoksa yurttaşlarına verdiği güçlü insanlar olmak ve bedenlerini eğitmek kolaylıklarının yanı sıra, onların düşünce bakımından da gelişmelerini sağlayacak bir eğitimi başarabilseydi; Ispartalılar, bedenlerini eğiterek örnek savaşçı insanlar topluluğu olmanın yanı sıra değerli düşünce ürünleri veren, insanlığa çok daha yararlı bir topluluk olabileceklerdi.

Bu eksiklik daha sonraları kendini gösterdi ve İyon düşüncesinin etkisinde kalan ve Stoacıların ahlâk felsefesini benimseyen bazı Ispartalı soylu kişiler ancak o zaman birer kahraman olarak ortaya çıkabildiler. Komünizmin ilk kurbanı da bir Ispartalı oldu.

2. — Komünizmin İlk Kurbanı: Agis

Savaşlar ve toplanan savaş ganimetleri zamanla, Isparta komünizminin gücünü azaltan etkenler oldular. İyonyalıların İranlılara karşı kurtuluş savaşına Ispartalıların katılarak yaptıkları yardımlar (492-479); ondan kırk yıl kadar sonra da Yunanistan'da egemenlik kurmak amacıyla yapılmış olan ve 371 yılına kadar süren savaşlar, Ispartalılara kazandıkları büyük başarıların yanı sıra savaşlarla gelen zenginliklerden başka, Ispartalılar için büyük bir yıkımın nedenlerini de birlikte getirdi ve Lycurgue'ün koyduğu yasaları, kurduğu düzeni temellerine kadar sarstı.

Plutarque' den bu konuda şunları öğreniyoruz:

"Isparta devletinin çöküşünün başlangıcı, Atinalılara karşı kazandıkları ve ülkelerine önemli zenginlikler getirmiş olan başarılarla aynı zamana rastlar. Ülkeye giren altın ve diğer zenginlikler önemli bir gevşekliğe ve zevk âlemlerinin yaygınlaşmasına yol açmıştı. Ispartalılar devleti böylece kendi öz niteliklerini yitirmeye başladı.

Savaşlar boyunda yurttaşlar arasındaki eski eşitlik kayboldu."

Plutarque, bu konuda şu açıklamalarda bulunuyor:

"Zenginler ve soylular, ailelerini, paylarınla düşen miraslardan yoksun kılarak büyük zenginlikler elde ediyorlardı. Böylece zenginlikler, belli sayıda ailelerin elinde toplanmış oldu. Buna karşılık da şehirde yoksulluk yayılmaya başlamıştı. Gerçek Ispartalı olarak ancak 700 kişi kadar kalmıştı. Toprak sahibi olanların sayıları ise yüzü geçmiyordu. Bunların dışında kalan halk, artık savaşlara katılmaya istekli görünmüyor ve ilk fırsatta ayaklanarak kurulu düzenin değiştirilmesini bekliyordu.

Agis, saraya yakın ailelerden birinden geliyordu ve ailesi Isparta'nın en zenginlerindendi. Bilgisi bakımından üstünlüğü göze çarpıyordu. Stoacı felsefeyi iyi biliyordu ve duygularının inceliğiyle, daha genç yaşlarda çevresinin ilgisini çekmişti. Annesi Agistrata ile büyük annesi Archidamia onu pek nazlı ve el üstünde büyütmüşlerdi. Oysa o, bütün bollukları ve hiç bir şeyin eksikliğini duymaması için kendine sağlanmış olan bolluk içindeki bu yaşayışı bırakarak, kendi isteğiyle eski Isparta sadeliğine, ya da Stoacıların deyimiyle 'Doğaya' döndü. 'Krallığın onurunun, eski yasaları yeniden yürürlüğe koymadığı sürece umurunda olmadığını' ve bu düzene saygısının ancak krallığın üstüne düşen görevleri yerine getirmesine bağlı olduğunu söylüyordu."

Ülkesinin gençleri onun bu sözlerini coşkunlukla karşıladılar. Yaşlılar ve kadınlar ise, sözlerinden ötürü onu suçluyorlardı. Kendi ailesi bile düşüncelerine karşıydı. Ama Agis, annesine, tasarladığı reformların gerçekleştirilebileceğini ve bunun devletin yararına olduğunu söyleyerek onu tasarılarının doğruluğuna inandırmakta güçlük çekmedi.

"Zenginlik bakımından, diğer krallarla boy ölçüşemem" diyordu. "Ama duygularımın yalınlığı ve özentisizliği bakımından onların üstünde kalmayı başarır ve yurttaşlarımı eski eşitlik düzenine, malların ve zenginliklerin ortaklaşa kullanıldığı yaşama biçimine geri döndürebilirsem gerçek bir kralın, yurttaşlarını düşünen iyi bir liderin görevini yerine getirmiş olacağım ve o zaman bu büyüklük benim olacaktır." Böylece, annesi ve anneannesi de onun düşüncelerine katıldılar. Bundan sonra da Agis, tasarladığı reformu gerçekleştirme çabasına girişti. Isparta Anayasasına göre ülke, adına 'Ephore' lar denilen, seçkin aileler arasından seçilmiş ve görevleri, kralların denetimini yapmak olan beş kişinin yardımcılığıyla, iki ayrı kral tarafından yönetiliyordu. İki kral arasında her hangi bir görüş ayrılığı çıkacak olursa, karar vermek, bu beş kişinin yetkisindeydi.

Yasa tasarıları ilkin Senatoya, daha sonra da son sözü söyleyecek olan Halk Meclisine sunuluyordu.

Agis de buna uygun olarak tasarısını önce Senatoya sundu. Bütün borçlar bağışlanacaktı. Ondan sonra da ülke yeniden 19.500 eşit parçaya bölünecekti. Parçaların 4.500'ü gerçek Ispartalıların; 15.000'i ise Dorların ülkeyi ele geçirmelerinden önce burada oturmakta olan ve adlarına 'Perieques' ler denilen kimselerle yoksullaşmış olan Ispartalıların olacaktı. Bu 15.000 paylık bölümden bir de gerek gövdelerinin, gerekse kafalarının gücü bakımından Ispartalı olarak kabul edilmelerine karar verilmiş olan yabancılar yararlanacaklardı. Yurttaşların her biri kendilerine ayrılmış olan sofralarda birlikte yemek yiyecekler, Ispartanın eski görenekleri, yaşama biçimi yeniden geçerli olacaktı.

Bu tasarının görüşülmesi sırasında Senato bir karara varamadı. Bunun üzerine, tasarıyı doğru bulan 'Ephore' lardan biri işi Halk Meclisine getirdi ve tasarının geçmesine karşı olan Senatörlerin aleyhinde konuştu. Bundan sonra Agis de söz alarak halkın sözcülerine, tasarının kabulü için kendisinin de elinden geleni yapmaya hazır olduğunu bildirerek şöyle söyledi:

"İlk olarak çayır ya da tarla, bütün topraklarımı bağışlıyorum. Ayrıca 600 'talent' (eski Yunan'da geçerli ve yaklaşık olarak 26 kg.lık bir ağırlık ölçüsü. Ç.N.) değerinde de gümüş bağışlıyorum. Ülkenin en zenginlerinden olan annem, anneannem ve bütün dostlarım da böyle yapacaklardır."

Halk Meclisinin oturuma katılmış olan bütün üyeleri bu öneriyi sevinçle kabul ettiler. Ama Leonidas tasarıya karşı olduğunu ve özellikle, borçların silinmesi ve bir de yabancıların Siteye alınmasıyla ilgili kararlara karşı olduğunu bildirdi. Agis ona cevap verdikten sonra da oylamaya geçildi.

Meclisin üyeleri olan halk sözcüleri tasarının lehinde oy verdiler. Hakem durumunda olan 'Ephore'lar ise Leonidas'ın güçlü bir yönetici olduğunu ve sırasını beklemesini bildiğini görerek onu desteklediler. Agis bu durumda, kendini gelebilecek olan saldırılardan korumak amacıyla Poseidon tapınağına sığındı. Oradan yalnız yıkanmak için dışarı çıkıyordu. Her yere peşinde silahlı adamlarıyla giden Leonidas, Agis'e karşı silahlı bir saldırı hazırladı.

Adamları bir gün, Agis tapınağın dışına çıkmış olduğu sırada onun üstüne saldırdılar ve götürerek hapsettiler. Leonidas da bu arada peşinde silahlı adamlarıyla birlikte, Agis'in hapsedildiği yere gitmişti...

Daha sonra 'Ephore' lar ve bazı Senato üyeleri de Agis'in hapsedildiği yere geldiler ve bir yargı kurulu yetkisiyle Agis'in tasarısından geri döndürmek için ona çeşitli yollardan baskı yapmaya başladılar. Agis ise kararının yerinde olduğunu ve Lycurgue Yasalarının en iyi yasalar olduğunu düşündüğü için davranışını değiştirmeyi aklından geçirmediğini söyledi. Bunun üzerine, orada kurulmuş olan yargı kurulu onu, boğazı sıkılarak ölüme mahkûm etti.

Annesi ile anneannesinin, Agis'in herkese açık bir yargı kurulu önünde yeniden yargılanması yolunda yaptıkları müracaatlar ise 'Ephore' lar tarafından reddedildi. Zira 'Ephore' lar, Agis'in halk tarafından sevilen bir kimse olduğunu pekâlâ biliyorlardı. Bunun için de yargı kurulunun kararının bir an önce yürürlüğe konmasını sağlamak amacıyla, Agis'i hemen işkencenin yapılacağı yere getirdiler. Agis orada, kendisine bakarak ağlamakta olan adamlarından birini görerek ona şöyle söyledi: "Ağlamayı bırak, dostum. Doğru olmayan bir yargı sonunda ölüyorum. Bunun için de katillerimden daha iyi bir insanım." Bu sözleri söylerken boynunu cellâdın ellerine uzatıyordu. Ondan sonra da anneannesi ve annesi Agistrata öldürüldüler. Annesi öldürülmek üzere getirildiği sırada, kendi annesinin bir ipin ucunda sallanan cansız gövdesini görerek yakındaki uşağının yardımıyla onu yere indirmiş ve ondan sonra, öldürülerek yere uzatılmış olan Agis'in yanına onun cansız gövdesini de boylu boyunca uzatmıştı. Oğlunun üstüne eğildi ve onu şu sözlerle son olarak kucakladı: "Yumuşak bir insan olman ve insanları sevmen hepimizi felâkete sürükledi." Bunun ardından da kendini cellâdın eline bırakırken son dileği şu oldu;

"Ölümümüzün Isparta'nın kurtuluşuna yararlı olmasını dilerim." Bu olay İsa'dan önce 240 yılında geçti.

3 — Cleomenein Reform Çabaları

Agis'in öldürülmesinden beş yıl sonra, Leonidas'ın oğlu Cleomene başa geçti. Agis'in karısıyla evlenmiş ve onun yapmak istediği reformun ne olduğunu iyice öğrenerek bu reformu başarmayı kafasına koymuştu. Agis gibi yumuşak başlı bir kimse değildi. Bütün Ispartalılar gibi, amacına varmak için insanın tutması gerekli en sağlam yolun silahların gücünden ve askeri başarılardan geçtiğini düşünüyordu. Reforma karşı olanları ancak güçlü bir asker kişiliği kazanarak yıldırabileceğine karar vermişti...

Bu amaçla, komşu ülkelerle savaşa tutuşmak için bir fırsat çıkmasını bekledi ve bazı başarılar kazandı. Ama böylece de birbiri ardınca birçok savaşa girmek zorunda kalmıştı. Savaşlarda kazandığı ilk başarılardan sonra Isparta Anayasasını değiştirerek 'Ephore'ların görevine son verdi. Bunlardan sonra reformlara karşı olan 80 kişiyi ülkeden sürdü. Halktan bir Genel Kurul toplayarak onlara, davranışlarının nedenlerini açıkladı. "'Ephore' ların, kudretlerini gitgide arttırarak, 'Lycurque' ün halkın yararına olan Anayasasının temel ilkelerini uygulamak çabası gösteren kralları ortadan kaldırmaktan çekinmeyecek kadar kötü kişiler olmaya başladıklarını ve gerek halktan gerekse krallardan bağımsız bir güç haline gelen bu kimselerin, ülkenin yararından çok kendilerini düşündüklerini göz önünde tutarak onların görevlerine son vermiş olduğunu bildirdi. Lakonya'nın başkenti 'Lacedemone'dan, şehvet düşkünlüğü, lüks, tefecilik gibi yoksulluk ya da zenginlikten beter bir takım kötülükleri kan dökmeden söküp atabildimse kendimi gerçekten kralların en mutlusu sayacağım. Elimdeki baskı araçlarını, bugüne kadar hep büyük bir sorumluluk duygusuyla kullanmaya çalıştım. Halkın yararına yaptığım iyi davranışlarımın karşısına çıkmaya kalkışanları sadece yolumun üstünden uzaklaştırmak ve sürgüne göndermekle yetindim. Şimdi de bütün toprakları yurttaşlar arasında eşit olarak pay etmek; borçluların borçlarını sildirmek ve gerek kollarının gerekse kafalarının gücü bakımından yurttaşlığa almamızı doğru bulacağım yabancıları aramıza katmak, böylece Sitenin savunmasının daha da güçlendirilmesini sağlayarak Isparta'nın ve Illirya'lılar karşısında savunma gücünü arttırmasına sağlamak istiyorum."

Bundan sonra da varını yoğunu, bütün mallarını ve parasını halkın emrine verdi. Onu, ailesi ve dostları izlediler ve onlar da her şeylerini halka bağışladılar. Ülkeden daha önceden sürülmüş olanlar için de paylar ayrıldı. Cleomene, ortalık yatıştığı zaman sürgüne gönderdiği kimseleri geri çağıracağına söz verdi. Isparta, artık eski sadeliğine, özentisizliğine geri dönmüştü. Cleomene yurttaşlarına bu konuda da örnek oldu.

Cleomene'in dış politikası barışçı bir politika olsaydı, Isparta bütün diğer Yunan devletleri için yeniden örnek olacaktı. Ama güttüğü savaşçı politika bütün komşularının düşmanlık duyguları beslemesine yol açtı. Reform sonrasının Isparta'sı komşuları için bir güvensizlik ve korku kaynağı olmuştu. Ispartalıların sürekli, ardı kesilmeyen saldırıları karşısında komşu ülkeler, kendilerini koruyabilmek amacıyla Makedonyalıları yardımla çağırdılar. Cleomene, güçlü ve kendisine bağlı kalan ordusunun başında düşmanlarına göz açtırmadı. Ama sonunda yenilmekten de kurtulamadı.

Plutarque bu olayların gelişimini şöyle anlatıyor:

"Cleomene, yalnız askerlerine cesaret ve inanç aşılayan bir başbuğ değil, aynı zamanda da iyi bir strateji uzmanıydı. Bunu bütün düşmanları kabul ediyordu. Zira bir tek Sitenin ordusuyla Makedonya ordusuna ve Peloponez'in bütün diğer Sitelerinin ordularına karşı durmak; bunun yanı sına bütün Lakonya topraklarını savunmak, düşman topraklarına saldırarak şehirlerini yıkmak ve ele geçirmek hiç de kolay bir iş değildi ve sadece ordusunun ve savaş oyununu iyi bilmesinin rolü büyüktü. Yalnız şu dövüşkenliğiyle açıklanamazdı. Bu işte başbuğun zekâsı da unutmamak gerekir ki her işin başının para olduğunu söyleyen kimse, gerçekte bu sözü ilk olarak savaşı düşündüğü için söylemiştir. Ellerinde savaşı uzun zaman sürdürebilecek her türlü araç ve gereç bulunan Makedonyalıların, askerlerinin paralarını ödemek ve şehrin ihtiyaçlarım karşılayabilmek için büyük güçlükler arasında çabalayan. Cleomene'in üstesinden gelecekleri pek belliydi."

Gerçekten de öyle oldu ve Cleomene artık kesin olarak yenilince, yurttaşlarına, şehrin kapılarını Makedonya Kralı Antigon'a açmalarını öğütledi. Makedonya Kralı, Ispartalılara gerçekten çok iyi davrandı. Onlarla alay etmeyi, onurlarını kırmayı denemedi bile. Uygulamaları için ülkenin yasalarını yeniden yürürlüğe koydu. Böylece de Agis ve Cleomene'dein önceki yasalar yeniden gelmiş oluyordu.

4 — Lipara Adasında Komünist Göçmenleri

Sicilya Diodore adındaki bir Yunan tarihçisinin dediğine göre, Lidya krallarının boyunduruğuna dayanamayan bir takım Rodoslular ve 'Cnide' şehrinde oturmakta olca bazı kimseler yurtlarından ayrılmaya karar verdiler. Deniz yoluyla, doğuya doğru yola çıktılar. Sicilya'nın kuzeyindeki Lipara Adasına vardıklarında, bu adada oturanlarla anlaşarak tek bir topluluk halinde yaşamaya karar verdiler Aradan bir zaman geçtikten sonra, 'Tyrrenlen' korsanlarının saldırıları karşısında kendilerini savunmak zorunda kaldıkları için aralarında bir işbölümü yaparak bir kısım adalarda tarımla uğraşırken diğerleri de kurdukları donanmayla ülkelerini korsanlara karşı korumaya başladılar. Bütün malların kolektif mülkiyeti ilkesini kabul etmişler ve yemeklerini de hep bir arada yemeye başlamışlardı.

Bu düzeni bir süre uyguladıktan sonra, Lipara Adasının topraklarını aralarında bölüştüler. Tarım çalışmaları yaptıkları diğer adalarda ise eski yaşama biçimi geçerliydi. Sonunda Lipara Adasının topraklarını olduğu gibi, üzerinde tarım yaptıkları diğer adaların topraklarını da, yirmi yıl sonra yeni bir bölüşme yapmak kararıyla aralarında paylaştılar.

Birlikte yemek düzeni Girit Adasında da uygulanıyordu. Bütün yurttaşların katıldıkları bu ortak yemekler, topluluğun kolektif servetinden karşılanıyordu. Platon'a göre bu ortak yemek geleneği yurttaşları savaşa hazır bir anlayış içinde tutmak ve yokluklara karşı örgütlenmeye alışmalarını sağlamak düşüncesinden geliyordu. Onun düşüncesine göre bu davranışın kökleri tanrısal zorunluluğa dayanıyordu ve ideal devlet anlayışının gerektirdiği bir kuruluştu:

BÖLÜM IV

ATİNA'DA KOMÜNİST TEORİLER

1 — Solon'un Reformları

Ispartalıların komünist bir devlet kurdukları tarihte Atina'da da ülkeyi soylular sınıfı yönetiyordu. Bu sınıf tefecilik yaparak yavaş yavaş köylülerin mallarını ellerinden almayı başardı. Din adamlarıyla yargıçlar da soylular arasından seçiliyorlardı. Bu durum halkın hoşnutsuzluğuyla sonuçlandı. Kanlı bir biçimde bastırılabilen bir takım başkaldırmalar ortaya çıktı. Halkın artan isteklerine cevap vermek amacıyla soylular, düzenlediği yasalarla tanınmış olan Drakon'u bu işle görevlendirdiler. Hazırlayan kimsenin adını o çağdan beri bir atasözü gibi andıran bu yasalar öylesine yapılmıştı ki o zamandan beri "Drakon Yasaları" sözü halka karşı yasaları belirlemek için bir terim olarak kullanılmaktadır. Tabii ki bu yasalar, düzeni yerine oturtmak bakımından hiç bir işe yaramadı. Halk her gün biraz daha büyük bir güçle, borçların ertelenmesini ya da silinmesini ve toprakların bölüşülmeşini istiyordu. Sonunda, halkın gitgide artan baskısının zoruyla soylular sınıfı, İsa'dan önce 594 yılında, halk için çalışan bir kimse olarak tanınan Solon'u halk ile soylular sınıfı arasında barışı sağlamak ve bu amaçla gerekli değişiklikleri yapmakla görevlendirdi. Solon da toplumsal ve ekonomik bir reformlar dizisini uygulamaya girişti. Toprak borçlarıyla ilgili bütün rehin işlemlerini geçersiz kıldı. Borç yüzünden köleliği kaldırdı. Ülkenin politik düzeni yalnız varlıklıların çıkarıyla işleyen bir düzendi. Yurttaşlar bu düzende, topraklarından sağladıkları gelirlere göre dört ayrı bölüme ayrılıyorlardı. Büyük toprak sahipleri, şövalyeler, küçük toprak sahipleri ve gündelikçiler. Devletin en üst görevlerine yalnız birinci bölümden olan kimseler alınırlardı. İkinci ve üçüncü bölümlerden olanlar ise daha alt görevlere alınabiliyorlardı. Dördüncü bölümde olanlar da sadece halk temsilcilerinin oturumlarına katılmak hakkına sahiptiler ve yalnız jüri üyesi olabilirlerdi. Ama vergi vermek zorunluluğunda değildiler.

Solon'un reformları ne soyluları ne de halkı memnun etti. Değişiklikler soylular için çok aşırı, diğerleri için ise yeterli değildi. Uzun süren çekişmelerden sonra, politik eşitlik (Demokrasi) VI. yüzyılın sonunda, 509 yılında Clisthene tarafından kuruldu. Ayrıca şunu da eklemek gerekir ki bu yeni düzen de kölelik üstüne temellendirilmişti; dolayısıyla bir halk yönetimi, yani bütün yurttaşların, yasalar önünde eşit oldukları bir düzen söz konusu değildi. Bir süre sonra ise Atina, İran Savaşları dönemine girdi (500-431). Bu süre içinde Atina büyük bir deniz gücü oldu ve önemli ekonomik gelişmeler gösterdi. Isparta ordularının da yardımıyla İranlıları yendi; gerek ticaret gerekse denizcilik bakımından önemli bir ülke haline geldi. Sanat ve bilim bakımından da gözle görülür derecede gelişmişti. Ama sonraları, bu olumlu gelişmeyi Helen dünyasındaki hegemonya kurma çabaları izledi ve eski Yunan dünyasını egemenlik altına alma çabalarıyla gelişen olaylar bir parçalanmayla son buldu.

2 — Kapitalizm ve Parçalanma

Yeni Attik devleti denizcilik alanındaki gücü, gelişen dış ticareti ve giriştiği büyük sanayi çalışmalarıyla, Solon Yasasının yapılmış olduğu eski küçük Attik devletinden büsbütün başkaydı. VI. yüzyılın başında ülkede yaşayanları doyurmaya yetmemiş olan tarım, yeni temeller üstüne kurulmuş bulunuyordu. Zeytin ağaçları yetiştirmek amacıyla yapılan çalışmalar için büyük toprak parçaları ayrıldı. Çünkü zeytinyağı ihracı artık en çok para getiren konu olmuştu. Halkın buğday ihtiyacı, gemilerin Karadenizin kuzey kıyılarından taşıdığı buğdayla karşılanabiliyordu.

Ülkede yaşayanlar yabancı buğdayın esiri olmuşlardı. Yine aynı yerlerden, Attik limanlarına ve özellikle Pire'ye getirilen buğday gibi sığır, kendir, balık, yulaf, kereste ve tuz da getiriliyordu. Küçük el sanatlarıyla uğraşan kimseler, ihraç malları yapımına başladılar. Dolayısıyla ticarî sermayenin buyruğu altına girdiler. Üretilen emtianın satış alanı ülkeden uzaklaştıkça da küçük dükkâncılar, zanaatkârlar, deniz ticaretiyle uğraşan kimselerin boyunduruğu altına giriyorlardı. Bu arada ticarî sermaye, en büyük kazanç payını kendisine ayırıyordu. Bu yüzden de soylular çalışmalarını daha çok ticarete yönelttiler ve deniz ticaretiyle uğraşmaya başlayarak armatör oldular. Büyük toprak sahipleri de onların ardından ticarî çalışmalara giriştiler ve topraklarının geliriyle, toprakları üzerindeki işlerin yönetimini kölelerinin başına getirdikleri adamlarına bırakarak yaşamaya başladılar. (Ed. Mayer, Histoîre de l'Antiquite.) Bu durumda işçiler, bir yandan sermayenin sömürüsüne bir yandan da köle işçilerin rekabetine karşı savaşmak zorunda kalmışlardı. Orta sınıflar ise gitgide büyük sermayenin egemenliği altına giriyorlardı. Bu yüzden halk, zenginlere karşı sert bir savaşa girişti.

Attik ülkesinin iç dengesi belirli bir biçimde sarsılmıştı. Devlet adamları ülkenin geleceğini pek kötümser bir gözle görüyorlardı. 431 yılında çıkan Peloponez Savaşları bu durumu daha da kötüleştirdi. Savaş, Atina ile Korent arasında denizcilik bakımından doğan rekabet sebebiyle çıkmış ve Atina ile Isparta arasında, ülkede sözünü geçirmek amacıyla devam ederi çarpışmalar Atina'nın kesin bir yenilgisiyle sonuçlanmıştı.

3 — Platon

Platon, örnek bir devlet teorisi hazırlamak amacıyla işe koyulduğu zaman göz önünde tuttuğu noktalar genellikle yukarıda sözünü etmiş olduğumuz durumla ilgiliydi. Peloponez Savaşının başlamasından üç yıl sonra doğmuş olan Platon, Atina'nın en tanınmış ailelerinden birinden geliyordu. Annesi yönünden Solon'la akrabaydı. Sokrates'in yanında felsefe öğrendikten sonra öğrenimini sürdürmek amacıyla Mısır ve İtalya'ya gitmişti. Politikayla ilgilenmeyi düşünüyordu Ayrıca yaradılışı da buna elverişliydi. Yalnız ne var ki, devir, onun gibi düşünen kimselerin politikayla uğraşmasında güçlükler çıkartacak kadar kötüydü. Bu yüzden kendini felsefe konusundaki çalışmalara vermeyi düşündü ve Helen dünyasının olduğu gibi yeryüzünün de gelmiş geçmiş en büyük düşünürlerinden biri oldu.

Platon, demokrasiden yana bir kimse değildi. Tepeden tırnağa aristokrat bir aydındı ve zenginlere karşı duyduğu küçümsemeyi onların elinde oyuncak gibi kullanılmakta olan halk yığınlarına karşı da duyuyordu.

Başlıca sosyoloji eserleri Devlet, Cumhuriyet ve Yasalar' dır. Bunlardan birincisi, iddiaları bakımından daha hayalî ve ikincisine göre daha az yoğun ve daha az düzenlidir. Her iki eser de karşılıklı konuşmalar biçiminde yazılmıştır.

1 – "Devlet" ütopik bir tasvir değildir. Bu eserde geleceğin Devlet'i konusunda bir belirleme, ya da sosyalist bir toplumun temelleri konusunda tanımlama yapılmaz. Eser daha çok, adalet kavramını ve devrin Anayasalarının kusurlarını ele alan ve bu konuda yapılması gerekli olan değişiklikleri araştıran bir incelemedir. Bu arada şunu belirtmek gerekir ki Platon'un adalet anlayışının Yahudi peygamberlerinin bu konuda düşündükleriyle ilgisi yoktur. Hellene (Deucalion ile Pyrrha'nın oğlu ve Helenlerin ya da Greklerin babası olarak anılan kimse), ölçülü ve ılımlı, aydın bir devlet adamıdır. Amacı, yoksullara ve yoksunlara adalet dağıtmak, onları kalkındırarak varlıklıların gelirlerini azaltmak değildir.

Onda, ne çeşit olursa olsun bir küçümseme ve peygamberlere özgü uluslararası düşüncelerin izine rastlanmaz. İstediği, hasta yatanı iyileştirmek ve herkesin, komşusunun işiyle ilgilenmeksizin görevini yapacağı bir Devlet ortaya koymaktır.

Böyle düşünerek Platon, sanki kafasındaki ideal devlet gerçekten bir zaman var olmuş gibi davranmaktadır. Bunun için de Hesiode'un sözlerine dayanmakta ve insanların gitgide daha kötü olduklarını, aralarına anlaşmazlıklar girmeye başladığını; bencilliğin ve kazanç hırsının öne geçtiğini söylemektedir. Sonunda bu durum büyük bir savaşa, herkesin herkese karşı savaşmasına yol açmış ve evler, topraklar bölünerek özel mülkiyet düzeni uygulanmış, halk, efendiler ve köleler olarak ayrılmıştı. Platon ayrıca psikolojik yöntemle, devletin ortaya çıkışını açıklamaya çalışıyor; devleti insanların ihtiyaçlarının doğurmuş olduğunu sanıyordu. İhtiyaçlarını karşılayabilmek için başkalarının yardımına muhtaçtı. İnsanların bir devletin çevresinde toplanmak zorunluluğunu duymuş olmalarının nedeni buydu. Platon'a göre her yurttaşın kendine göre bir işi vardı. Bir takım insanlar tarımla uğraşıyor, diğerleri el sanatları alanında çalışıyor ve mallarını mübadele ediyorlardı. Ticaretin ve pahanın doğuşunun nedenleri buydu. Daha sonraları, insanlar yalnız ihtiyaçlarını karşılamakla yetinmediler, lüks eşyalara da sahip olmak istediler. İşte bolluk ve israf da bundan ötürü ortaya çıkmıştı. İnsanlar isteklerini gerçekleştirebilmek için birbirleriyle çekişmeye başladılar. Savaşlar, düzenli ve sürekli ordular gerektiriyordu. Devlet daha karmaşık oldu. Ortaya zenginlik ve yoksulluk çıktı. Devletlerin içinde de barış kalmamıştı. İnsanlar, birbirine karşı olarak ikiye ayrıldılar. Birbirinin karşısında bir zenginler, bir de yoksulların ortaya çıkmasıyla birlikte devlet gücünü yitirmeye başladı. Bu durumda zenginler işlerini savsaklıyor yoksullar kötü çalışıyorlardı. Dolayısıyla, insanlar artık nerede zenginlik görürlerse, erdemli olmak gereğini bir yana bırakarak oraya doğru koşuyorlardı. Zengin, kendisini önleyecek hiç bir şey tanımıyordu. Yoksul ise zenginin istediği gibi kullandığı bir kimse olmuştu. Devletin çıkarı umurunda değildi. Böylece devlet de kötüye doğru gitmişti. Bu kötülükler yalnız bir çeşit yönetime özgü değildi. Aynı kötülükler, zenginlerin bulundukları "Timocratie" lerde, bir azınlığın çoğunluğu yönettiği "Oligarşi" lerde ve demokrasilerde olduğu gibi bir tek zorbanın dediğini yaptırdığı "Tyran" rejimlerinde de görülüyordu.

Çünkü bütün bu rejimler özel mülkiyet temeli üstüne kurulmuşlardır. Bununla birlikte, zenginlerin üstün oldukları "Timocratie" lerde ideal devletin bazı yanlarını bulabiliriz. Yöneticiler genellikle iyidir ve yemekler birlikte yenir Bu yönetim biçiminin ardından, azınlığın çoğunluğu yönettiği "Oligarşi" geliyor. Bu rejimlerde yurttaşların hakları konusundaki tek ölçü artık sadece zenginlik olmuştur. Tutkular daha büyük bir rol oynar. İnsanların dürüst, erdemli olmaları küçümsemeyle karşılanır. Zenginlerinin doymazlığı yoksulların durumunu gitgide kötüye götürür. Bu durumun sonucu olarak ortaya çıkan çatışmada yoksullar kazanır ve demokrasi gelir. Bu yönetim biçiminin özelliği ise her iki çeşit yurttaşın, devletin çıkarını artık umursamamalarıdır. Son olarak gelen yönetim biçimi de; bir adamın ilkin halkı övmek, halk yığınlarını okşamakla başa geçerek, sonraları kendisine, tam olarak bağladığı ve zamanla kölesi biçimine soktuğu rejim olan "Tyrannie" (Zorbalık) dır.

Bütün bu yönetim biçimleri daha iyi hale sokulamazlar. Yukarıda sözünü ettiğimiz kötülükleri ortadan kaldırabileceklerini düşünenler, bunun için çalışanlar gülünç olmaktan başka bir sonuca varamazlar. Dolayısıyla, devleti düzeltmek; yeni bir

Anayasa, yeni yöneticiler ve devletin yöneleceği yeni bir yol bulmadıkça olanaksızdır.

Devleti nasıl yenilemeli? Adalet üstüne kurulu bir düzeni nasıl bulmalı? Platon bu soruya da şöyle cevap veriyor:

"Yönetimi bilgeler ve sağduyulu kimseler eline almadıkça, prensler ve krallar ülkelerini bu biçimde yönetmedikçe;

dolayısıyla bilgelik ve devlet yönetimi birbirinden ayrı kaldıkça bugünkü devletlerin ve insanların daha iyi bir yönetim biçimi bulmalarından söz edilemez."

Ülkeleri ve insanları filozof-krallar yönetmelidir. Devlet, memurlarının ve savaşçılarının yardımıyla bu işi başarabilir. Bunun için de yöneticinin yardımcısı olacak yetenekli kimselerin halkı yönetmek için, ırkın üstünde bir yeri olmalıydı.

Platon tam bir komünizmin uygulanmasını da iyi bir dilek gibi görür: "İdeal bir devlette kadınlar ve çocuklar, eğitim ve öğretim, kısaca bütün varlıklar ve etkinlikler savaşta olduğu gibi barışta da kolektif olmalıdır."

Bu çeşit bir yönetim biçimi, devletin birbirine karşı topluluklara bölünmesini önleyecekti. İnsanları, acı ve sevinç ortaklığı birbirlerine bağlar. Tersine, bu duyguların bireylere göre değişmesi de onları böler.

Bütün bunların en önemlisi de eğitimdi. İnsanların başarı alanları ancak eğitimle ortaya çıkabilirdi. Bunun için de öğrenim zorunlu olmalıydı. Geleceğin devlet başkanları, devlet görevlileri ve savaşçıları özel bir eğitimle yetiştirilmeliydiler. Bütün bu işlerde çalışacak olan kimseler bir seçim ve elemeyle belirlenmeliydi. Öyle ki, çalışmalarıyla bu işleri görmeye yetkin olduklarını göstermiş olanlar, yani yöneticiler, çeşitli bilimsel ve politik alanlardaki eğitimlerini 50 yaşına kadar sürdürmeliydiler. Ancak bu yaşa geldikten ve o zamana kadar da bilgi dağarcıklarını doldurduktan sonra bilim dallarında ve politik çalışma alanlarında başarılı çalışmalara girişerek gözlerini "Doğruluk" ve "İyilik" kavramlarına çevirebilirlerdi. Platon'a göre iyi fikir, sadece basit bir mantık kavramı değil, en yüksek sonsuz bir gerçektir. Bu gerçek model olarak alınabilir. Filozof - Krallar, Devleti "İyi Fikir" modeli üstüne kurmaya çalışmalıydılar. Platon bu konuda şunları söylemektedir : "Devlet ancak, başında "İyi" nin bilimini varlığına sindirmiş olan bir kimse bulunduğu zaman tamdır." Bu bilimi, toplumun alt katlarında bulunanlar edinemezler. Çünkü halk yığınları "İyi" yi zihnin çalışmalarında değil yalnız zevk ve eğlencede görür. Yapmak zorunda olduğu yorucu ve bayağı işler onun bedenini yıprattığı kadar da kafa gücünü azaltır. İşte bundan ötürü de Platon ancak en seçkin ve politik, bilimsel ya da estetik değerleri benliklerine sindirmiş olanların devleti yönetmeye aday olabileceklerini düşünmektedir.

2 — "Yasalar" ise, "Devlet" adındaki kitap gibi ideal alanında kalan çalışmalarla ilgili bir eser değildir. "Yasalar", "Devlet" ten daha sonra yazılmıştır. Mevcut mülkiyet ilişkilerinin eleştirisi, bu kitapta da diğerindeki kadar serttir; ama komünizm açısından ileri sürülmüş iddialar düşünülünce birinci kitap devrimci olmasına karşılık ikinci kitap sadece reformcudur. Platon bu kitabında şöyle söylüyor : "En iyi devlet, en iyi anayasa ve en iyi yasalar arasında her şey ortaktır."

Bunun için de Platon'a göre model olacak nitelikte ideal bir anayasa aramak boşunadır. Bunun yerine yapılması gereken, yukarıdaki vecizeyi göz önünde tutmak ve anlamına olabildiği kadar yaklaşmaktır. Buna nasıl varılabilir? Toprağı ve evleri bölüşerek. Toprağın İşlenmesi kolektif yapılamaz. Çünkü bugünkü kuşaklar bunu başaramazlar. Ama toprakların bölünmesi öyle olmalı ki herkes payına düşen toprağı, topluluğun malının bir parçası olduğunu bilmeli, anlamalıdır. Toprakların bölünmesi, elden geldiği kadar eşit bir biçimde yapılmalıdır. Verilmiş olan paylar küçültülmemelidir. Öyle ki ortaya, bir yanda hiç toprağı olmayan bir sınıf; öte yanda da yalnız toprak sahiplerinden kurulu bir diğer sınıf çıkarılmamalıdır. Altın ve gümüş edinmek yasaklanmalıdır. Herkesin yalnız günlük ihtiyaçlarına yetecek kadar parası olmasına izin verilmelidir. Evlenen yurttaş ne çeyiz vermeli ne de istemelidir. Akıllı bir devlet adamı için halkın devlet üstünde düşündüklerinden tasaya düşmek için hiç bir sebep yoktur. Halk, en büyük, en zengin devletin kendi devleti olmasını ister. Devletinin, karalarda ve denizlerde en üstün olmasını diler. Belki de devletinin erdemli ve mutlu olmasını isteyecektir. Ama bu istekler birbirine aykırıdır. Çünkü zenginlik ve güçlülük ile erdemlilik ve mutluluk arasında aykırılık vardır. Çok iyi bir insan, aynı zamanda da çok zengin bir kimse olamaz. Yüce amaçlar uğruna para döken ve dürüst bir biçimde kazanan insan ne çok zengin olabilir ne de çok yoksul. Bunun için çok zengin olan kimseler, iyi insan olamazlar. Bir ülkenin yasaları iyiyse, orada çok büyük zenginlikler tek elde toplanamaz; dolayısıyla çok zengin kimseler de bulunamaz. Bunun gibi, çok yoksul insanlarda olamaz. Çünkü zenginlikte yoksullukta biri olmadan diğeri düşünülemez. Platon' un yasaları ve reform tasarıları genel olarak Yunanlılara, yöneticilerle ilgili olanları ise Yunanlıların soylu ailelerine aittir. Platon'un gerçekten bir Yunan ulusundan söz ettiği açıktır. O, bu ulusun mülkiyet ilişkileri bakımından dayanışma içinde, birleşik olmasını istemektedir. Buna karşılık, düşünce ve ahlâk bakımından da üstünlük sırasınca herkes hak ettiği yerde bulunmalıdır. Ülkeyi, soyluların aydınları yönetmelidir. Küçük çiftçilerle zanaatkârlar yalnız kendi işleriyle uğraşmalı, başka işlere el atmaya kalkışmamalı ve mesleklerini geliştirmeye çalışmalıdırlar. Yorucu ve yıpratıcı işleri Yunanlılar üstlerine almamalıdırlar. Bu işleri ya köleler ya da savaş tutsakları görmelidir.

Yunanlılar sadece kendi meslekleriyle ilgilenmeli, bayağı işler ve görevler almamalı ve yurttaşlık görevlerini de ihmal etmemelidirler.

Platon, "Yasalar" da bütün dikkatini en açıkça belirmiş olan ekonomik uzlaşmazlıkların ortadan kaldırılmasıyla vermektedir. "Devlet" adlı kitabında ise filozof - kralların devlet görevlilerinin ve savaşçıların yaşama biçimlerinden söz etmektedir. "Devlet" e şöyle bir göz atmakla yetinenler kitaptan, birçok kimsenin yapmış olduğu gibi, Platon'un komünizmi yalnız üst tabakalar için düşündüğünü ve alt tabakaların da eski yaşama biçimlerinde değişiklik yapmayı gerekli bulmadığı düşüncesini çıkarırlar. Oysa bu yanlıştır. Yukarıda aktardığımız sözlerinden de kolaylıkla anlaşılabileceği gibi Platon, komünizmi bütün Yunanlılar için istiyordu. Öyle olmasaydı, iki kitabında da o günkü ekonomik, politik ve ahlâkî düzensizliklerden eleştirici bir şekilde söz etmesinin hiç anlamı kalmazdı.

Platon, Lycurgue'den daha aydın, ama düşünceleri onunkilere benzeyen bir kimseydi. Lycurgue'ün komünizminin bölgesel olmasına karşılık Platon'un öngördüğü komünizm ulusaldır. Lycurgue için ülkenin diğer devletleri ona, Asya'nın ya da Afrika'nın bir ülkesi kadar uzaktı. Ama Platon'a göre, tam tersine. Eski Yunan'ın' bütün diğer site devletleri, Yunan ulusunun birer parçasıydılar. Bunun için de Peloponez savaşını bir iç savaş olarak görüyordu. Yalnız şu da var ki Platon' da Lycurgue' de halklar arasında sürekli bir barış düşünemiyorlardı. Platon'un düşüncesine göre Yunan olmayanlar, barbar ve aşağı kimselerdi. Onlar için Yunanlıların egemenliği altında bulunmak bir övünçtü. Halkların eşitliği ve kardeşliği konusundaki düşünceler Eski Yunan'a İlk olarak Stoacılarla girmiştir.

4 — Aristo

Platon'un tersine, Aristo komünizme karşıydı. "Politika" adındaki eseri, politik sorunları gerçekten büyük bir anlayış ve yetkinlikle ele alan olağanüstü bir kavrayışın; ama buna karşılık da ne çeşit olursa olsun bütün ihtilâlcilere ve her çeşit reforma, bütün parti çekişmelerine karşı bir anlayışın ürünüdür. Aristo'ya göre devlet adamının en baş görevi, devlet içindeki güçler arasında sürekli bir denge kurmaktır. Ne çok zengin ve güçlü ne de çok yoksul ve güçsüz yurttaş olmalıdır. Çünkü zenginliğin de yoksulluğun da artışı devlet için bir tehlikedir. Bir ülkede eşitsizlikler, ezilenleri, yasaları değiştirmek isteğine doğru sürükler. Bunun ardından da halk yığınlarını ayaklanmaya iten söz avcıları, demagoglar ortaya çıkarak oligarşi isteyen halk düşmanlarının ayaklanma yapmalarına ve anayasayı diktatoryaya doğru çevirmelerine yol açarlar. Bunun için, yasa koyucular, güçlerin ve varlıkların bir kaç elde toplanmasını önlemelidirler. Aristo özel mülkiyetin, köleliğin ve devletin baskısının doğal haklara aykırı olduğu düşüncesine de karşıydı. Aristo'nun daha sonraları, burjuva toplumunun varlığının sağduyuya uygun olduğunu göstermek bakımından yardımlarından sık sık yararlanılan bir kimse olmasının nedeni budur.

Yukarıdaki açıklamalardan da kolaylıkla anlaşılabileceği gibi Aristo, Platon'a aykırı düşüncededir. "Politika" adındaki kitabında ustasını büyük bir bilgelikle eleştirir, onun komünist düşüncelerini başarıyla yerer; ama bunu yaparken kullandığı metodun da skolastik olduğunu belirtmek gerekir. Gerçekten, Aristo bu yergisinde işi gereksiz bir söz çatışması biçimine sokmakta ve kılı kırk yarmaktadır. Ama ne var ki onun bu eleştirisinde ileri sürdüğü düşünceler daha sonraları, çeşitli devirler boyunca komünist düşünceye karşı ileri sürülen itirazların kaynağı olmuştur. Komünizmin insan tabiatına aykırı olduğunu ilk olarak söyleyen Aristo gibi herkesin sadece kendisi için çalışmak isteyeceğini ve yalnız kendi çıkarını gözeteceğini ve bunun insan tabiatının gereği olduğunu düşünecek olursa, komünizmin zenginlikler doğmasına engel olduğu sonucuna varırız. Mülkiyet edinebilmek, yaratıcı işgücünün uyarıcısıdır. Komünizm ayrıca, nüfus artışını da göz önünde tutmaz. Sonra kolektif çalışma, uyumlu bir çalışma biçimi değildir; tam tersine düzensizlik getirir. Kısaca söylemek gerekirse, kötülük özel mülkiyette olmaktan çok, özü bakımından kötü olan insan tabiatındadır. Nitekim kolektif mülkiyet temeli üstüne kurulu bir düzen içinde yaşayanlarda, sayıları diğerlerine oranla çok daha az olmasına rağmen, özel mülkiyet temeli üstüne kurulu düzende yaşayanlardan daha çok uzlaşmazlık ve düzensizlik görürüz. Aristo, bundan sonra sözlerine şöyle devam ediyor: "Günümüzün kuruluşları (özel mülkiyet temeli üstüne kurulmuş olanlar) daha da geliştirebilir ve her iki füzenin de yararlarına sahip olabilirler. Bunun için mülkiyetin bir anlamda kolektif, genel olarak da özel olması gerekirdi. Çünkü insanların her biri kendi işiyle uğraşacak olursa kimse birbirinden şikâyetçi olmaz ve herkes büyük ilerlemeler yapar. Ama iyiler arasında ve özellikle tüketim konusunda dostlar arasında her şey kolektif olmalıdır. Bu düzenin uygulanabileceğini göstermek bakımından, bugüne kadar bile katmış olan uygulama örnekleri verilebilir. Düzenli bir devlet örgütü içinde, bu tüketim kolektivizmi bugün de vardır ve daha da geliştirilebilir. Zira herkes, kendine özgü bir malı olmasına rağmen, bazı maddeleri dostlarının kullanması için, onların yararına bırakmaya rıza gösterebilir. Sözgelimi, Lakonya'nın başkenti Lacedemonelular başkalarının kölelerini, atlarını ve köpeklerini kendi malları gibi kullanmaktadırlar. Şehir dışına çıktıklarında yiyecekleri başkalarının tarlalarından alırlar. Gerekli olan, mülkiyetin özel olmasına karşılık, tüketimin kolektivizmini gerçekleştirmektir. Yurttaşlar arasındaki bu iyi eğilimin geliştirilmesi görevi de yasaları uygulayanların üstüne düşer."

Aristo'nun komünizme verdiği bu taviz, yüzeyde kalmaktadır ve bir ilkeye dayanmaz. Bunu yaparken bireyciliğin (ferdiyetçiliğin) aşırılıklarına bir sınır çekmekten başka bir amacı yoktur. Sözlerinin dayanağı olarak aldığı Isparta örneğinin de bir değeri yoktur. Çünkü Lycurgue'ün yasaları Ispartalıları bir çeşit komünist yaşayışına alıştırmıştı. Oysa biliyoruz ki Aristo buna da karşıdır.

Aristo, Platon'a karşı saldırılarından sonra da Chalcideli Rhaleas'ın sosyalist düşüncelerinin eleştirisine geçer. Bazı kimseler, en önemli noktanın mülkiyetin düzen altına alınması olduğunu; çünkü bunun bütün ayaklanmaların temelinde bulunduğunu öne sürmektedirler. Bu düşünce ilk olarak, bir devlet içinde mülkiyetin herkese eşit olarak bölüştürülmesi gerektiğini söyleyen Chalcide'li Phaleas tarafından ortaya atılmıştır. Phaleas'a göre, bir ülkeye yeni yerleşmiş olan topluluklarda mülkiyetin eşitliğinin sağlanması güç değildir. Ama eskiden beri var olan bir devlette bunu yapmak oldukça güçtür. Bunun için de en doğru yol zenginlerin drahoma ve çeyiz vermeleri; yoksulların ise vermemeleri, sadece almalarıdır. Aristo'nun buna itiraz eder. Ona göre, eşitlenmesi gerekli olan, zenginlikler değil, insanların istekleridir. Bu ise, devletin bu konuda özel bir eğitimi olmaksızın düşünülemez. Phaleas, kendisinin de buna katıldığını, böylelikle yurttaşların yalnız aynı mülkiyet haklarına sahip olmakla kalmayarak eğitim bakımından da eş haklara sahip olmaları gerektiğini söyleyecektir. Onun düşüncesine göre, malların eşitliği yurttaşların açlık ve soğuktan korkmaları olasılığını ortadan kaldıracak, dolayısıyla yasaların dışına çıkmalarını, haydutluk etmek eğilimlerini önleyecektir. Ama cinayetlerin tek sebebi yoksulluk değildir. İnsanlar, tutkularını emeksiz ve sıkıntısızca gerçekleştirmek isterler. Cinayet işlemelerinin sebebi budur. O halde, bu kötülüklerin gerçek çaresi nedir? Yoksulluğa karşı, aşırı olmaksızın varlıklı bulunmak. Tutkulara karşı yurttaşların ölçülü olmayı öğrenmelerini sağlamak. Kendini zevk ve eğlenceye kaptırmak eğiliminde olan kimselere, felsefenin yardımıyla, düşünme ve davranışlarını tartma olanağını vermek. En büyük cinayetler, yoksulluktan ötürü değil, aşırılık yüzünden işlenmişlerdir. İnsanlar, yoksulluk içinde bulunduklarından dolayı zorba (tyran) olmazlar. Bunun için de bir zorbayı öldüren, bir hırsızı öldürenden daha çok övülür. Dolayısıyla, Phaleas'ın önerdiği reformlar yalnız küçük cinayetleri önlemek bakımından yararlı olabilir. Aristo, daha sonra bu reformların insanların eşit kılınması üzerine değil, daha çok açgözlülüklerinin iyi bir eğitimle ortadan kaldırılması üzerine gerçekleştirilebileceğini söylüyor. Zenginler, zenginliklerini arttırmaya çabalamamalıdırlar. Bunun gibi yoksullar da durmaksızın ortaya yeni yeni istekler çıkarmamalıdırlar. Başka bir deyişle yoksullar, içinde bulundukları durumdan daha kötüye götürecek davranışlardan kaçınmalıdır. Ayrıca, Aristo şunu da belirtiyor ki, toprak mülkiyeti konusunda sağlanacak bir eşitlik hiç bir zaman yeterli değildir ve olmayacaktır. Çünkü insanlar sadece çok toprağa sahip olmakla zengin sayılmazlar. Bunun yanı sıra, kölelerinin sayısı, sığırlarının çokluğu, parası, kısaca, taşınabilir mallar olarak adlandırılan zenginliklere sahip olmakla da zengin olabilirler. Bunun için, ya bütün malları ve varlıkları göz önünde tutmalı, eşitliği buna göre düzenlemeli ya da her türlü mala sahip olmayı, sınırlandırmaksızın serbest bırakmalı. Ayrıca öyle anlaşılıyor ki, Phaleas, düşündüğü reformu sadece küçük bir devlet için ortaya atmaktadır. Çünkü bütün zanaatkârların birer kamu kölesi durumuna getirilmesini ve toplumun dışında tutulmasını istiyor. Bundan anlaşıldığına göre de Phaleas'ın öngördüğü reformlar şu konuları içine almaktadır:

1 — Toprak mülkiyetinin eşit olması.

2 — Devlet tarafından sağlanacak ortak bir öğretim düzeni.

3 — Küçük el sakatlarının kamulaştırılması.

Zenginliklerin herkese eşit bölünmesi düşüncesini ilk olarak Phaleas'ın ortaya atmış olduğunu söyleyen Aristo'ya bakılacak olursa demek ki bu kimse, Platon'dan daha önce yaşamıştır.

5 —Sosyal Eğilimli Komediler

Eğlenme, şaka ve alay, İyonyalıların en tipik özellikleriydi. Bütün bu özellikler, yaratıcı gücü bakımından eşsiz sayılabilecek kadar büyük bir kimse olan şair Anstophane'da pek gelişmişti. Peloponez savaşlarını başından sonuna kadar gören Aristophane, bu savaşların acı sonuçlarından sonra savaş süresince ve daha sonra gelişmekte olan komünist düşüncelerin yayıldığını da gördü. Bu olaylar, devletin gücünü temellerine kadar sarsmıştı. Yeniliklere çok düşkün olan Atina halkı, toplumun komünist yönetim biçimine geçmesini pek ister olmuştu. Halkın bu isteği daha önceki düzenin artıklarının ve VIII. yüzyıldan beri süregelen sosyal kavgaların etkileriyle besleniyordu. Bu konuda Atina halkının yoksul tabakalarından gelen tanıklara sahip değiliz; fakat elimizde dolaylı kaynaklardan gelen, Pherecrate, Tecleides ve Eupolis ve özellikle Aristophane gibi kimselerin yazdıkları sosyal komedilerden sağladığımız tanıklıklar vardır. Sözünü ettiğimiz ilk üç yazarın eserlerinden elimizde sadece bazı bölümler bulunuyor. Buna karşılık Aristophane'ın herkesçe bilinen en başarılı komedileri günümüze kadar gelmiştir. Bu komediler, diğerlerinin yanında, onlarla karşılaştırılamayacak kadar iyidirler. Yalnız ne var ki bu komedilerde, bir yandan varlıklıların yönetimi demek olan "ploutocratie" eleştirilirken bir yandan da komünist düşünceler ve görüşler gülünç düşürülmek istenmektedir.

Yukarda sözü edilen şairlerin hepsi de tutucudur, ihtilâlci eğilimlerle alay ederler. Bu arada ayrıca İlkçağ komünizminde çalışmanın kötü bir şey gibi görüldüğünü de ekleyelim. Bu yüzden İlkçağ komünistleri bir çalışanlar devleti kurulmasını önermemişlerdir. O devirde iş, kölelikle bir anlama geliyordu. Aletler ilkeldi. Mekanik kuvvetler henüz bilinmiyordu. Ağır işleri köleler yapardı. Çalışmak, işte bu yüzden kötü görülürdü.

Serbest yurttaşların başlıca işinin savaş ve politika olması gerektiği düşünülüyordu. Bu durum da göstermektedir ki bu insanların topluluğu bir demokrasi değil, sözünü geçirenlerin kurduğu bir yönetim biçimiydi. Bunun daha önce de, Platon'un "Devlet" adındaki eserini incelediğimiz sırada görmüştük. Serbest ama yoksullaşmış yurttaşlar kurtuluşlarını beden çalışmasından sıyrılmış bir toplumda görmekteydiler. Dolayısıyla, bu toplumun komünizmi de, her şeyin bol ve çalışma karşılığı olmaksızın verildiği bir bolluk ülkesi olarak görmesi biçiminde soysuzlaşıyordu. Şurası açıkça anlaşılmaktadır ki; İlkçağ dünyasının çöküşünün başlıca nedenleri kölelik ve dolayısıyla özgür olmayan çalışma ve bunun sonucu olarak iş tekniğinin kaçınılmaz bir biçimde gelişememiş olmasıdır. Şimdi inceleyeceğimiz sosyal komediler işte bundan ötürü ütopyacılarla, çalışmadan yaşlanılan mutlu bir hayat isteğiyle alay etmektedir. Bu çeşit istekler İsa'dan önce 404 yılındaki Atina'nın yenilgisinden sonra daha da yaygınlaşmıştı.

İlk olarak, Aristophane'dan daha önce yaşamış olan ve ona onanla çok daha az başarılı olduğunu söylemiş olduğum Pherecrate, Tecleides ve Eupolis'le başlayalım. Bu üç yazar da durumlarından şikâyetçi olan ve yenilik arayarak Atinalıların hayalleriyle ve geçmiş devri anarken düştükleri aşırılıklarla alay etmektedirler.

Pherecrate'ın komedileri içinde İranlılar en dikkati çekenidir. Yunanlılar, İran'ı çok zengin ve her yanı altın dolu bir ülke sanıyorlardı. Bunun için de bu ülkeyi ele geçirmekle, hayallerinde yaşattıkları çalışmadan kazanılan, her şeyin bol olduğu bir ülkeye sahip olacaklarını düşürüyorlardı. İlk sahnede karşı karşıya iki kişi görürüz: Zenginlik ve Yoksulluk. Yoksulluk insanlara, mutluluğun kaynağı olarak çalışmayı ve kendine hâkim olmayı gösterir. Zenginliğin cevabı şöyledir: "Hayvanların nasıl koşulduğunu, tarlaların nasıl sürüldüğünü ve nasıl ekildiğini vb. neden bilelim? Sokaklardan sıcak et sularının, yağlar ve köftelerin akacağını duymadın mı? Herkes oradan tabağını istediği gibi dolduracak. Ağaçların yaprakları olmayacak. Bunun yerine, dallarından sucuklar ve yeni pişmiş, dumanı üstünde ardıç kuşları sallanacak."

Eupolis "Altın Çağ" adındaki oyununda, yeniden geri gelmiş olan geniş mutlu devirleri anlatmaktadır. Konu Pherecrate'ın oyununun konusuna benzer. Sahnede yine iki kişi belirir. Birincisi, yoksulluğun insanı uyarıcı bir araç olduğu sürece mutluluğa kavuşmanın biricik yolu olduğunu ileri sürer. Diğeri ise, bolluk içinde ve amaçsız, başıboş bir hayatın güzelliğini över.

"Dinle, deniz suyunu, bir yol kazarak banyonun teknesine kadar getirmek istiyorum. Tekne dolduğu zaman suya "dur" demek yetecek. Bunun ardından da sünger, takunyalar, havlular görevlerini yapman için kendiliklerinden gelecekler."

Tecleides de yoksul yurttaşlarla kölelerin kurdukları hayallerle, "Les Amphictyons" (Amphictyon, eski Yunanda şehir devletlerinin, ülkenin genel konularını görüşmek ve aralarındaki anlaşmazlıklara bir çözüm bulmak amacıyla toplanan bir kurula gönderdikleri delegelere verilen addır. Ç.N.) adını taşıyan komedisinde alay eder. Oyunda ilkin, Atina'da, ünü dillerde dolaşan masal kralı Amphictyon bir gün yeryüzüne iner ve yurttaşlarına barış, mutluluk getirir.

"Barış; hava ve su gibi günlük bir ihtiyacımızdır. Yeryüzü korku, acı kaynağı değildir. Kan rengi şaraplar, çağlayanlar gibi akar. İnsanların baş ucunda kurabiyeler ve pastalar, daha önce yenebilmek için birbirleriyle çekişirler. Balıklar insanların evlerine kadar peşlerinden gittikten sonra kendi kendilerine pişer ve tabaklara yerleşirler. Çorbalar, et parçaları sürüklenerek şehrin sokaklarından akmaktadır. Oluklardan et suları dökülmektedir. En iyi domuz yağlarından yapılmış çörekler, kurabiyeler, pastalar birbirlerini iterek koşuşmalar. Çocuklar, köfteler ve kızarmış piliçlerle oynamaktadırlar. İnsanlar ise yerin altından çıkmış devlet gibi güçlü bir soydan gelmekledirler."

6 — Aristophane

Aristophane, yukarda örneklerini gördüğümüz yazarlardan çok daha değişik çapta bir kimsedir. Aristophane, Atina'da hayatın içine dalar ve bizi de kendisiyle birlikte politik çekişmelere, bilimsel çalışmalara; zengin yöneticiler sınıfının başa geçmek için yaptığı savaşın içine götürür. Onda, içinde yaşamakta olduğu toplumun kaynayışını olduğu gibi buluruz. Gözlerimizin önüne İyonya dehasının üstünlüklerini ve İlkçağ uygarlığının güçsüzlüklerini serer. Varlıklı yöneticilerin çalışmaları olduğu kadar halkın yoksul tabakalarının eşitlik istekleri de bu soylu kişinin alaycılığı için hep birer eğlence konusudur. Aristophane'ın idealinin de Aristo'nunkinin eşi olduğu anlaşılıyor. Zamanının eğilimlerine karşı olması komedilerindeki alayların, küçümsemelerin tek sebebidir. Aristophane'ın, yönetici sınıfın politikacılarını gülünç eden, sofistlerle alay eden, ham hayaller peşinde koşanlarla ve jurnalcilik edenlerle, komünistlerle, özü bir yana bırakarak yol ve yöntem konuları içinde boğuşanlarla uğraştığı komedilerinin içinde en ilgi çekici olanları ve bizi en çok ilgilendirenleri "Kadınlar Kurulu" (393) ile "Plutos" (388) dur.

Birincinin konusu şöyledir: Erkeklerin gütmüş olduğu politika Atina'nın yenilgisi ve gelişmekte olan Cumhuriyetin yıkılmasıyla sonuçlanmıştır. Bundan en çok acı çekmiş olan kadınlar, ülkenin yönetimini erkeklerin elinden almaya karar verirler.

Bir gece, sessizce kocalarının yanından kaçarak her biri erkek gibi giyinir; ondan sonra da devleti yeni bir düzene sokmak amacıyla bir kurul toplarlar. Bu kurulda kadınlar söz alarak tasarladıkları devlet reformu konusunda konuşmalar yaparlar. Konuşmalarda ileri sürülen başlıca çözüm, ülkenin yönetimini, bunu başaramayan erkeklerin elinden alarak kadınlara vermek ve böylece devleti içinde bulunduğu çıkmazdan kurtarmaktır.

Kadın ayaklanmasının yöneticisi ve diğer kadınları ayaklanmaya çağırmış olan kimse Blepyros'un karısı Praxagora'dır. Koca ile karısı arasında şöyle bir konuşma geçer:

Praxagora:

- Beni dikkatle ve sonuna kadar dinlemeni istiyorum. Sözüm bitmeden önce konuşmama karışılmamalı. Planım özetle şudur: Herkes eşit olmalı ve topraktan eşit bir biçimde yararlanmalıdır. Bundan sonra artık, bir kimsenin çok zengin olmasına karşılık bir diğerinin yoksulluk içinde bulunmasına; birinin geniş toprakları, yüz kölesi olduğu halde diğerinin bir tek adamı bulunmamasına; bir yanda büyük toprak sahipleri, öte yanda da bir karış toprağı bulunmayan kimseler olmasına son verilmelidir. Bunu değiştireceğiz ve herkes için eşit bir yaşama biçimi getireceğiz.

Blepyros:

-Bunu nasıl başarabileceksin ki?

Praxagora:

-İlk olarak para, toprak ve bütün zenginliklerin toplumun malı olmasını sağlamak gerekir. Toplanan bu servetle de biz ev kadınları sizi, erkekleri besleyeceğiz, giydireceğiz.

Blepyros:

-Söylediklerinin toprakla ilgili olan yanını ben de durumu açıkça gören herkes gibi kabul etmekten başka bir şey yapamam. Ama toprak saklanabilen bir şey olmadığı için yapabileceğin bir iş. Para ve altın konusunda nasıl yapabileceksin?

Praxagora:

-Bütün yurttaşların paralarını ve altınlarını devletin hazinesine teslim etmesi sağlanarak.

Blepyros:

Pekiyi... Düşün ki zenginler paralarını ve altınlarını sakladılar. Bunu nasıl anlayacaksın? Onlara yeminle doğruyu söyletemezsin; zira yalan yere de yemin edebilirler. Aslında paralarını da öyle yalan konuşarak; şunu, bunu kandırarak kazanmamışlar mıdır?

Praxagora:

-Haklısın, yalnız şu var ki paralarının onlara hiç bir yararı dokunmayacaktır. Çünkü bu dediğim yapılınca ortada yoksulluk diye bir şey kalmayacak. Herkes ne istiyorsa, para karşılığı olmaksızın alabilecek. Fındık, kestane, elbise, şarap, yiyecek ve içecek her şey; bunları yurttaşlara sağlamakla görevli olan yerlerden istenildiği kadar, parasız alınabilecek. Böyle olunca da herkes neden para biriktirmeye kalkışsın? Kötü yollardan kazandıkları paranın bu durumda zenginlere ne yararı olur ki?

Blepyros:

-En zengin, dolayısıyla en dürüst olan kimselerin çalmaktan, aldatmaktan böyle kolayca vazgeçebileceklerine mi inanıyorsun?

Praxagora:

-Eski devirde, bu olamazdı, haklısın. Ama bugün, her şey herkesin olduğuna göre zenginlikleri kendisi için biriktirmek neye yarar?

Blepyros:

-Diyelim ki bir adam evlenmek istiyor, ya da bir kadın bulmak istiyor. Hediye vermeyecek mi?

Praxagora :

-Hayır, böyle bir şey gerekmeyecek. Çünkü bundan sonra artık bütün kadınlar ve bütün erkekler bağımsız olacaklar ve her istediklerini yapabilecekler. Evlilik olmayacak, hiç bir türlü zorlama da olmayacak.

Blepyros:

-Ya birkaç erkek aynı kadını isterlerse ne olacak?

Praxagora:

-Güzel bir kadının, aynı zamanda birçok erkek tarafından beğenilmesinden ve istenmesinden daha olağan bir şey düşünülebilir mi? Ama bir erkek, güzel bir kadın istemeden önce, çirkin bir kadınla yatmalıdır.

Blepyros :

-Çok güzel... Genç kızlar böylelikle, ömürlerinin sonuna kadar kız olarak kalmaktan korkmayacaklar. Ama ya erkekler ne yapacak? Çünkü şu da apaçık bellidir ki, kadınlar ancak beğendikleri erkeklere yaklaşacaklar. O zaman da güzel olmayan, yakışıklı olmayan erkekler ne yapacaklar?

Praxagora:

-Kadınların aşk hayatı da Devlet tarafından düzenlenecek. Genç ve güzel kadınlar, küçük ve çirkin erkeklerle birleştirilecekler. Sonra da istedikleri yakışıklı bir erkekle yatmak için daha önce, tabiatın kendilerini yakışıklı olmaktan yoksun kıldığı erkeklerin iznini almak zorunda kalacaklar. Kendini satan kadınlar, orospular artık bu işi bırakmak zorunda kalacaklar. Onlar kölelere bırakılacak ve böylece güçlü ve yakışıklı erkekler de kendilerini artık sadece kadın yurttaşlarımıza vermek zorunda kalacaklar.

Blepyros:

-O zaman, herkes kendi çocuğunu tanımak, bilmek için ne yapacak?

Praxagora:

-Bunu bilmek gerekli olmayacak. Çünkü bütün çocuklar topluluğun olacak.

Blepyros:

-Toplum için gerekli işleri kim yapacak?

Praxagora:

-Bu işle köleler görevlendirilecekler.

Konuşma, bir süre daha bu biçimde devam eder. Konuşmaları sahasında Praxagora, her şeyin herkesin olacağı, bütün özel işletmelerin bir tek kolektif işletme olarak birleştirilecekleri, herkesin özgür olacağı ve bütün sınıf farklılıklarının ortadan kaldırılacağı geleceğin devletini anlatır. Artık ne seçim yeri ne de mahkeme olacaktır. Bu yerler, bütün yurttaşlara bol ve en iyi besinlerin, yiyeceklerin dağıtılacağı dağıtım ocakları biçimine sokulacaktır. Birlikte yenilen bu yemeklerde sofralar birer bayram alanı gibi neşeli olacak, yemekten kalkanlar büyük bir sevinç ve mutluluk içinde, başlarında çiçeklerden yapılmış birer taçla sokaklarda gezecekler ve kadınlar, genç kızlar, erkekleri evlerine çağırarak tatlı arkadaşlıklarından yararlanmalarını isteyeceklerdir. Renkli, biraz alaycı ve canlı bir biçimde yazılmış olan bu diyaloglarda, ancak düşlerde görülebilecek bir "Yeryüzü Cenneti" anlatılmaktadır. Tabii sonunda da Aristophane, göklere çıkardığı bu Devleti gülünç bir sona bağlar. Devlet eliyle düzenlenmiş olan aşk hayatı gülünç olduğu kadar acıklı olayların ortaya çıkmasıyla gerçek dışı bir özelliğe bürünür. Yurttaşların bu çeşit bir yaşama biçiminde, kamu yararına bütün işlerden el çekmeleri, kurulu düzeni iyiden iyiye sarsar ve geleceğin devletinde yaşamanın ne derece güç, anlamsız olduğu telkin edilmeye başlanır. Delikanlılar sevdikleri kızlara yaklaşamazlar. Çünkü yasaların gereği olarak, mutlu kılma zorunda kaldıkları yaşlı kadınlar onları bıktırmış, iğrendirmiştir. Onların solmuş yüzlerine bakmaktan neşelerini yitirirler. Adı ballandırıla ballandırıla dillerde dolaşan eğlencelere gidenler, ziyafet sofralarında bir şey bulamadıkları için yiyeceklerini evlerinden getirmek zorunda kalırlar.

Kadınlar Kurulunda Aristophane, komünist hayalperestlerle alay etmektedir. En iyi komedisi olan "Ploutos" da ise, doymayan zenginlerin, para hırsı için yapmakta bir sakınca görmedikleri türlü kötülükler, alçaklıklar anlatılmaktadır. Yazarın işlemiş olduğu bu konu, çok eskiden beri üstünde durulan, ama her zaman yeni kalan bir konudur. Niçin erdemli kimseler yoksul, alçaklar zengin olurlar? Konuşmalar, inanılmayacak kadar özlü ve yoğundur. Oyunun konusu kısaca şudur: Zenginlik Tanrısı Ploutos, kördür. Yaptığını kendisi de bilemez. Yoksul ama erdemli Chremylos'un zenginliklerini neden böylesine eşitsiz dağıttığı sorusuna cevabı şöyledir: "Beni kör yapan Zeus'tur. Çünkü o insanları kıskanır, sevmez. Çok küçükken ben, yalnız akıllı ve erdemli kimselerle görüşeceğimi söyledim. O da gözlerimi işte bunun için kör etti. Böylece kime gittiğimi bilmeyeceğimi düşünüyordu."

Chremylos: "Gözlerin görseydi kötülere gitmez miydin?"

Ploutos: "Tabi gitmezdim. Daha iyilere giderdim. Ama onlara gittiğimde hepsi de iyi olduklarını söylerler. Bir kere zengin olduktan sonra da artık ne yapacaklarını bilmezler."

Chremylos: "Böyledir işte. İnsana her şey yetebilir. Ekmek, çörek, incir, cesaret, edebiyat. Ama para etmez. Zenginlik ne kadar çok olursa olsun, insan için yine de azdır. Birine çıkarıp 13 talent verdin diyelim. Senden 16 isteyecektir. Onu versen bu defa da 40 talent ister. Hayatın, kendisi için dayanılmaz olduğunu söyler. Zenginlik kadar iğrenç hiç bir şey yoktur."

Chemylos Ploutos'a, Esculape'ın (Hekimlerin Tanrısı) tapınağına gitmesini ve orada bir gece geçirmesini salık verir. Körlüğünün orada geçebileceğini söyler. Ploutos' da onun sözünü dinleyerek tapınağa gider ve gerçekten gözleri görmeye başlar.

Şimdi yapılacak iş, Yunanistan'dan yoksulluğu sürüp atmaktır. Yoksulluk ortaya çıkar ve insanlığa yararlı olduğunu ispat etmeye çalışır. Chremylos'a şöyle bağırır: "Beni kovmak istiyorsun. Böylece de insanlığı kurtaracağını sanıyorsun. Zira herkes zengin olsaydı, kim zamanını bilim ve güzel sanatlarla uğraşmaya ayırırdı? Onlar ortadan kalkınca da gemileri kim yapar, toprağı kim eker, zanaat ve ticaretle kim ilgilenir? Chremylos: "Ne saçma soru kim olacak, uşaklarımız yapar bu işleri."

Yoksulluk: "Uşaklar. Herkes zengin olursa uşağı nereden bulacaksın?"

Chremylos: "Bize, işimizi görecek kadar becerikli uşaklar getirecek kimseler daima bulunacaktır."

Yoksulluk: "Böyle bir insan lavının tehlikelerine girmeye kim kalkar ki? Herkes zengin olursa, hayatta gerekli şeyleri sağlamak için herkes kendisi çalışmak zorunda kalacaktır. Altınınız, gümüşünüz hiç bir şeye yaramayacak. Bugün zenginler kendilerine gerekli her şeyi edinebiliyorlar. Çünkü yaşayabilmek için bunları yapmak zorunda olan yoksul kimseler var. Yoksulluk ile sefaleti birbirine karıştırmamak gerekir. İnsanların yokluk içine düşmemeleri gereklidir. Sefalete düşmek yerine yoksul bir biçimde yaşamaları daha iyidir. Yoksullar zenginlerden çok daha iyidir. Yoksulların zenginlerden çok daha iyi olduklarını siz de söylemiyor musunuz?"

Tartışmanın burasında, gözleri yeniden görmeye başlamış olan Ploutos ortaya çıkar. Güneşi, Attik yarımadasının güzel manzarasını selâmlar, sonra şöyle konuşur: "Geçmişimden utanıyorum. İçinde yaşamakta olduğum toplumda uzun zaman, kendilerine dostluk göstermem gereken kimselerden uzak durdum. Bundan sonra artık başka türlü davranacağım. Kötüleri, yalancıları isteğimin dışında olarak seçmişim."

Bu değişikliğin sonucu şaşırtıcı olur. İyiler, varlıklarını yitirirler. Korku ve şaşkınlık içinde Ploutos'a koşarlar. Ama onun bulunduğu yere varabilmek için yolları namusluluk ve bilgelikten geçmektedir. Yanına kadar yalnız en iyiler varabilir. Papazlar açlıktan kıvranmayla başlarlar. Aralarından biri şöyle bağırır: "Ploutos'un gözleri yeniden görmeye başlayalı beri, Zeus'un papazı olmama rağmen açlıktan bittim. İnsanlar, hepsi de zengin olmadan önce tapınağa gelerek sık sık sungularda bulunurlardı. Bu onlar için bir alışkanlık olmuştu. Bir tehlikeden kurtulmuş olan tacir, hemen tapınağa gelir ve bir şeyler sunardı. Dilekleri için adakta bulunanların ilk işleri papazı çağırmak olurdu. Oysa şimdi artık hiç kimse gelmiyor. Artık Zeus'un hizmetinden ayrılacağım. Herkes iyi, akıllı ve zengin oldu.

Bu komedinin verdiği iyi örnek, Goethe'nin şu sözleriyle kısaca açıklanabilir: İyi olalım. Göreceğiz ki az sonra her şey iyi olacaktır. Aristo'nun temel düşüncesi de budur.

7. Zenon - Komünist Toplum Tasviri

Komünist düşüncenin ya da hiç değilse eşitlik düşüncesinin, Aristo gibi bireyci bir kimseye bile taviz verdirebilmek için gerçekten çok güçlü olması gerekirdi. Bunun ardından, anarşist komünizmi ve bütün insanların kardeşliği düşüncesini yayan Stoacı Okul gelmektedir. Kurucusu Zenon üstünde pek az bilgimiz var. Eserleri birkaç küçük parçasının dışında, hep yok olmuş, yitirilmiştir. Elimizdekilerden çıkardığımıza göre Zenon, doğal hukuku hayatın biricik temeli sayıyordu. Dolayısıyla ne devleti, ne yasaları, ne de yargılama organlarını gerekli buluyordu. Kadın - erkek eşitliğinden, malların eşitliğinden ve evrensel kardeşlikten yanaydı. Önemli iki politik olay, Platon'un düşüncelerinin Stoacı Okul tarafından yayılmasına yardımcı oldu:

— Büyük İskender'in, Küçük Asya ve Hint seferleri (334-323) aslında sürekli bir İmparatorluk kurulmasını sağlamadı. Arma, Helen dili ve kültürü için Adriyatik kıyılarından İndus Irmağına ve Tuna'dan Nil'e kadar uzanan geniş bir yayılma alanının ortaya çıkmasına yol açtı.

— Roma İmparatorluğunun kurulması sonucunda bu alana doğuda ve kuzeyde yeni topraklar katıldı. Böylece temellerini aynı düşüncelerden alan birleşik bir aydın dünyası doğmuş bulunuyordu. Roma İmparatorluğunda, Helen dünyası düşünce hayatında pek etkiliydi. Platon ve Stoacı Okul bu konuda önemli bir rol oynuyordu. Ortak yaşamak, bu çevrelerde en büyük toplumcu erdem sayılıyordu. Komünist düşünürlere, bu düşüncenin gerektirdiği yasaları getirenlere ve komünist derneklere saygı besleniyordu. Bu eğilimli, Filon ve Joseph'in Esseen'ferle ilgili sözlerinde ve Plutarque'ın Ispartalı yasa koyucularla ilgili düşüncelerinde açık bir biçimde görürüz. Bilinmeyen bazı komünist topluluklarının yaşayışlarının anlatılmasında da aynı tutumu görürüz. Sicilyalı tarihçi Diodore, "Bibliotheque Historique" (Tarihsel Kitaplık) adındaki eserinde anlatılmakta olan bu sözlerin bir kısmını bize aktarmaktadır. Bunlardan birinde, Jambuie adındaki biriyle arkadaşının bir iş gezisinde rastladıkları ve Hint Okyanusunda küçük bir adada bulunan bir takım insanların yaşama biçimi üstünde şu açıklamalar vardır: "Bu adada yaşamakta olan sağlam yapılı insanlar, aileler ve boylar biçiminde örgütlenmişlerdir. Her türlü ihtiyaçlarını karşılayabildikleri yemyeşil, verimli bir ovada yaşıyorlar. Adanın toprağı öylesine verimli, iklimi öylesine elverişli ki, meyve ağaçları, ihtiyaçtan çok sayıda ve kendiliklerinden yetişiyorlar. Bundan başka, yıkanmak için sıcak ve birçok iyi edici özellikleri olan soğuk su kaynakları var. İnsanları, bilimlere ve özellikle astronomiyle ilgilenmeye düşkün. Evlilik bilinmiyor. Kadınlar toplumun malı ve çocuklar da herkesin çocukları olarak özenle yetiştiriliyor. Herkes tarafından kendi çocuğu gibi sevilmekte olan bu çocuklar çoğunlukla, kendilerine süt veren değişik sütanneler tarafından emziriliyorlar. Öyle ki, çocuklarını, süt verme sırası geldikçe gören anneler bir süre sonra, süt verdikleri çocuklar arasında, hangisinin kendi çocuğu olduğunu bilemiyor. Halk tutku nedir bilmiyor, herkes barış içinde kardeşçe yaşıyor. Bütün insanların yaşayışı, alçakgönüllü ve kendilerine gerekli olandan fazla hiç bir şeye ellerini uzatmıyorlar. Yemekleri de basit. Uzun çalışmalar gerektiren yemekler yapmasını, biberli baharlı şeyler kullanmayı bilmiyorlar."

Bu yaşama biçimi, Platon'un tasarladığı hayatın bir eşidir. Diodore'un ikinci bir hikâyesi de Zenon'la aynı çağda yaşamış olan ve tanrıların insanüstü varlıklar olmadığını, insanların onları tanrılaştırdıklarını öne süren Euhemeros adında bir yazardan alınmıştır. Euhemeros'a göre kendisi bu düşünceye Hiera (Arabistan'ın ya da Mısır'ın güney kıyılarında bir ada) adasında bulunan yazıtlar gördükten sonra varmıştır. Yazar bu arada, bu adada yürürlükte olan yasaların, Mısırlıların toplumcu devlet anlayışına, pek uygun olduğunu da sözlerine ekliyor. İleri sürdüğüne göre topraklar yurttaşlar arasında paylaşılmıştır. En büyük pay kralındır. Yurttaşlar üç sınıfa bölünmüşlerdir:

1- Aralarında zanaatkârların da bulunduğu papazlar sınıfı,

2- Tarımcılar sınıfı,

3- Savaşçılar ve çobanlar sınıfı.

Papazlar bütün iş yönetimini ellerinde tutmaktadırlar. Tarımcılar, toprakta çalışır ve ürünlerini topluluğa getirirler. Çobanlar da kurban edilecek olan hayvanları yetiştirirler ve topluluk için gerekli hayvancılık işlerini yaparlar. Ülkede yaşayanların evlerinin ve bahçelerinin dışında öz malları yoktur. Bütün ürünler, bu ürünleri eşit bir biçimde dağıtmakla görevli olan papazlara verilmektedir. Papazlar kendileri için, diğer yurttaşların bir katı kadar pay alırlar.

Hiera Adasının kurumlarının biçimi, yapılışı Mısır'ın Helen egemenliği altında, idealize edilmiş bir yönetim biçimine benzemektedir. Büyük İskender'in ölümünden sonra, onun tarafından kurulmuş o!an imparatorluğu generalleri aralarında paylaştılar. Mısır, Ptolemee'ye düştü. Böylece Potlemee Hanedanı, ülkenin eski yöneticileri Firavunların yerini almış oluyordu. Yeni egemenlik sırasında, mülkiyet bağıntıları, şu biçimde düzenlendi: Kral ya da devlet, toprağın tek sahibiydi. Özel mülkiyet yalnız evler ve bahçeler için tanınıyordu. Üstünde buğday üretilen bütün topraklar devletin ya da kralın malıydı ve köylülere kiraya verilmişti. Kiralama ya hayat boyunca ya da belli bir süre için yapılıyordu. Bu işler açık ve kesin bir takım koşullara bağlanıyordu. Ülkenin başında bulunan Ptolemee'ler, papazları ve büyük toprak sahiplerinin topraklarını alarak onları birer devlet memuru yaptılar. Köylülerin durumları başlangıçta iyiydi. Sonraları ise vergilerin gitgide artması sonucu kötüleşmeye başladı. Sonunda her biri toprağa bağlı köle durumuna geldiler.

8 — Eski Yunan'da Gerileme Devri

Peloponez savaşı ve daha sonraları bazı şehir devletlerinin Helen ülkesinde egemenlik kurmak amacıyla (Isparta, Atina) yaptıkları savaşlar (404-362), bu devletlerin bağımsızlıklarını yitirmeleriyle sonuçlandı. İlkin Makedonyalıların, daha sonra da Romalıların boyunduruğu altına girdiler. Bütün bu savaşlar boyunca, bu devletlerin her birinde, yönetimi elerinde tutan plutokratlar ile toplumun yoksul tabakaları olan demokratlar arasında birçok iç çatışmalar oluyordu. Çoğu kere, topraklar bölüşüldü, borçlar silindi, insanlar topluca öldürüldü ya da sürgünü gönderildiler. İki sınıf arasındaki kinin ve nefretin büyüklüğünü Aristo'nun yazdıklarından anlıyoruz. Aristo'ya göre, Yunan ülkesinde oligarşiler, aralarına aldıkları yeni yöneticilerin şöyle bir and içmesini zorunlu tutuyorlardı. "Her zaman halkın düşmanı olacağım ve onu kötü durumda bırakmak için elimden geleni yapacağım." Isocrate'a göre de ülkenin zenginlerinin düşüncesi oydu ki, servetlerinin bir parçasını halka bırakmak yerine her şeylerini denize atmayı daha doğru buluyorlardı. Halkın bu konudaki duygularına gelince, onu da Platon, Aristophane ve diğer toplumcu yazarları incelerken görmüştük. Bu yazarların eserleri yalnız ülkenin ekonomik ve politik durumunu değil, halkın duygularını da pekiyi açıklamaktadır.

BÖLÜM V

ROMA

1 — Roma Tarihinin Özelliği

Roma Tarihi, İsa'dan önce III. yüzyıla kadar, efsane niteliğindedir. Olaylar, kanıtlayıcı bir belgeye dayanmaz. Çünkü Roma Arşivleri İsa'dan önce 390 yılında, şehrin Galyalılar tarafından ele geçirilmesi sırasında yanmıştı. Roma'nın yıllıkları ancak II. yüzyılda yazılmaya başlanmış tır. Yunanlıların etkisiyle yazılmaya başlanmış olan bu yıllıklardan bir yüzyıl kadar sonra da Romalı tarihçiler, yine Yunanlıların etkisiyle ilkin Yunanca, daha sonraları da Latince olarak ülkelerinin tarihini yazmağa başlamışlardır. Bu belgeler çoğunlukla tutucu, statükocu düşüncelerle ve aşırı derecede yurtsever bir anlayışla yazılmıştır. Öyle ki, Polybe, Plutarque ve Appien gibi Yunanlı yazarlar bile, Roma tarihini ana dilleri Yunanca ile yazmış olmalarına karşılık yine de Roma etkisi altında kalmışlardır. Sallus-te, Titelive ve Tacite gibi Romalı yazarlar ise, reformcular için nadiren elverişsiz ama bütün ihtilâlci davranışlara karşı düşünceler ileri sürmüş kimselerdir. Devrimci hareketlerin başlarında bulunan kimseler onlar için birer hayduttan başka bir şey değildi. Romalılar ulusal konularda, içerideki ihtilâlci hareketlere olduğu gibi ülkenin dışarıdaki düşmanlarına karşı aşırı bir bencillikle davranıyorlardı.

Roma'nın düşmanları, onların gözünde hepsi birer haydut, dinsiz ve yasa düşmanıydılar. Reformcular ve kurulu düzene ilk olarak karşı çıkan kimseler konusunda tek kaynağımız olan Latin tarihçileri ise, bu bakımdan Romalılardan farklı düşünen kimseler değildirler. Doğrusunu söylemek gerekirse, daha yukarda sözünü ettiğimiz Yunan tarihçileri, Roma'nın bütün düşmanlarını önyargılarla suçlamaya daha az eğilimi olan kimselerdi. Ama şunu da göz önünde tutmak zorundayız ki, onlar da Romalılar için yazıyorlardı. Dolayısıyla başlangıçta onları övmek için işe koyulmuş olsalar bile yine de kendilerini Romalıların etkilerinden kurtaramıyorlardı. Bu durumu en belirgin biçimde, Roma'nın varlığını, başkaldırmalarıyla gerçekten tehlikeye atmış olan Catilina ve Spartacus konusunda görürüz. Ayrıca şunu da ekleme gerekir ki, Romalılar bilgi ve düşünce hayatı bakımından az gelişmiş sayılacak bir topluluktu; bunun için de kamu düzenini bozabilecek olan düşünce ve davranışlar onlara ülkenin geleceği bakımından pek tehlikeli geliyordu. Bütün Roma tarih boyunca Platon, Aristophane ya da Sophocle gibi bir tek kimseye rastlanmaz. Ayrıca şunu da eklemek gerekir ki, Yahudi peygamberleri gibi kimselerin bu topluluk içinde bulunabileceklerini düşünmek olanaksızdır. Bu bakımdan ve yukarıda anlattığımız sebeplerden ötürü, Roma'nın devrimci bir tarihini yazmak çok güçtür.

2 — Patricien'ler ve Plebeien'ler

Başlangıçta Romalılar aileler ve boylar biçiminde kurulmuş bir topluluktu. Özel mülkiyet bilmiyorlardı. Sınırları şehrin sınırlarını aşamayan topluluklarının başında, gerek komutan, gerekse din büyüğü ve yasa koyucu olan krallar, ya da başkanlar bulunuyordu. Efsaneye göre, Roma'nın kurucusu Ramulus'tür. Roma'da daha başlangıçta aralarında çekişmekte olan iki tabaka buluruz. Patricien' ler ve Plebeien'ler. Patricien'ler, işlerin pek çoğunu gören ve zamanla üstün sınıf durumuna gelen zengin köylülerdi. Plebeien'lerin ise, diğerleri gibi köylü olmakla birlikte etkinlikleri azdı. Bunlar bağımsızdılar ama politik konularda söz sahibi değildiler. Bu durum ortaya bir sınıf farklılığı çıkarmıyordu. Çünkü Plebeien'ler yeni bir sosyal ve ekonomik düzen getirmek isteğinde değillerdi. Patricien'lerin görüşünden değişik bir dünya görüşü savunmuyorlardı. Her iki tabaka da kölelik ve yabancı toplulukların kendileri için çalıştırılması düşüncesine dayanıyorlardı. Plebeien'ler, sitelerinde ekonomik ve politik eşitlik istemekle yetiniyorlardı. Fakat zamanla Patricien'ler politik güçlerinden yararlanarak, kamu topraklarının önemli bir kısmına el koymayı başardılar. Ekonomik üstünlükleri zamanla o kadar arttı ki, sonunda Plebeien'ler onların, egemenliği altına girdiler. Kredi konusunda geçerli yasalar çok sert ve para faizleri pek yüksekti. Bunun için, Plebeien'ler ülkenin yönetimine katılmak istediler ve daha önce de, kamu topraklarının bir kısmını alacaklarını bildirdiler. Bu kamu topraklarının, toprağın kolektif mülkiyeti devrinden artakalan bir düzen olduğu anlaşılmaktadır Daha sonraları ise, bu kamu toprakları savaşlarda yenilen toplulukların toprakları anlamına gelmeye başladı. Bu topraklar, devlet toprakları haline getirilmişti.

VI. yüzyılın başında, ülkenin yönetim düzenini eskiden beri sağlamakta olan yasalar öylesine parçalanmış bulunuyordu ki, Patricien'ler "Krallık" ı devirdiler ve bir soydan kişiler cumhuriyeti kurdular. Bu yönetimde bütün güç büyük Patricien ailelerinin eline geçmiş bulunuyordu. Cumhuriyetin başında, iki konsül vardı. Bunlar, malî işleri ve genel arşivleri yürütmekle görevli iki yüksek memur tayin ederlerdi. Karışık durumlarda, iki konsülden biri belli bir süre için, sonsuz yetkilerle diktatör tayin ediliyordu.

Krallık devrinde belli sınırları aşmaması başarılmış olan sınıf çatışmaları; daha doğrusu, iki toplumsal tabaka arasındaki çatışmalar, Roma komşularıyla savaşmaya ve Patricien'lerin, önemli bir bölümünü kendilerine aldıkları topraklar kazanılmaya başlandıktan sonra adamakıllı arttı. Plebeien'ler durumun kendileri için daha da kötüye gitmekte olduğunu görerek Mont Sacre'ye (Kutsal Dağ) çekilmeye ve orada bağımsız bir topluluk olarak yaşamaya karar verdiler. (494) Patricien'ler ise, savaşçı politikaları için ihtiyaç duydukları askerlerden yoksun kalmamayı düşündüklerinden, bazı tavizler vermeye katlandılar ve Plebeien'lerin, küçük köylüleri Patricien devlet memurlarına karşı korumakla görevli iki halk mahkemesi kurmalarına, halkın istekleri konusunda kararlar verecek olan halk kurulları toplamalarına ve orada kararlar almalarına (plebisit) izin vermek zorunda kaldılar. Ama ne var ki bu plebisitlerin geçerli değeri yoktu. Böylece iki taraf arasındaki çekişme, bir süre daha, sert bir biçimde devam etti. Bu arada, Patricien'ler savaşçı politikalarını sürdürdükçe Plebeien'lerin yardımının gerekli olduğunu anlayarak onlara, aynı dış politikayı sürdürebilmek ve dışarıdan edindikleri mallarla zenginleşebilmek için iyi davranmak zorunda olduklarını anlamışlardı. Plebeien'ler IV. yüzyılda önemli politik ve ekonomik gelişmeler gösterdiler. 367 yılında, ünlü "licinia yasaları" kabul edildi. Bu yasaların getirdikleri değişiklikleri şöylece özetleyebiliriz:

1- Plebeien'lerin ağır borçlar altında ezilmeleri biraz önlenmiş oldu.

2- Özel mülkiyete geçebilen toprakların sınırı 500 joug olarak saptandı. Böylece Plebeien'ler de ele geçirilen kamu topraklarının paylaşılmasına katılmış oluyorlardı.

3- İki konsülden birini Plebeien'lerin seçme hakkı veriliyordu.

Bunun ardından bazı yeni haklar da verildi. Sonunda da 287 yılında Plebeien'ler tam bir politik eşitliğe kavuştular. Bu arada Patricien'ler savaşçı politikalarını sürdürerek İtalya'daki birçok topluluğu egemenlikleri altına almayı başarmış ve sözlerini yarımadanın her yanında geçirmeye başlamışlardı.

Bu başarı, Romalı Patricien'lerin yardımıyla kazanılmış olan gerçekten güçlü bir politik manevranın sonucuydu. Boş inançlara bağlı, yalancı, sahtekâr ama çok iyi birer asker olan Romalı köylüler böylece, onlardan çok daha bilgili ve kültürlü olan Atinalı soyluların yapamadığı bir işi başarmış oluyordu.

Roma toplumunun iki sınıfının kaynaşmasından kısa bir süre sonra da Patricien ve Plebeien zenginler, ortaya yeni bir soylular sınıfı çıkararak devletin bütün kilit noktalarını ellerine geçirdiler. Dış politikanın etkinlik alanı artık ulusal sınırları aşmış bulunuyordu. Sömürgeci bir politika güdülmeye başlandı. Sömürgeci bir politika, o zamanlar, Akdeniz'i ve kıyılarını egemenliği altında tutmak demekti.

3 — Roma Sömürgeciliği

İsa'dan önce 264 ile 133 yılları arasında geçen devre, Roma'nın en büyük güçlerden biri olduğu çağdır. Bu gelişmeyle birlikte ülkenin içinde ekonomik temeller de değişti, para ekonomisi ve vurgunculuk, köylü ekonomisinin yerine geçti. 261 yılında para basılmaya başlandı. Bundan 5 yıl sonra da, bütün Akdeniz'in en büyük ticarî gücü olan Kartaca'ya karşı açılan savaş başladı. Kartaca, bütün Kuzey Afrika kıyılarını Güney İspanya'yı Sardunya Sicilya'nın batısını elinde tutuyordu.

264 ile 241 yılları arasında olan bu savaşta, Sicilya ve Sardunya Romalılar tarafından ele geçirildi. Romalılar bu savaş sırasında ayrıca, deniz üstünlüğünü önemini anlamışlardı. Bunun için, gerek savaşlar, gerekse deniz ticareti bakımından işlerine yarayacak olan bir donanma yaptılar. Böylece, ilk armatörler ve ticaret şirketleri ortaya çıktı. İkinci Kartaca Savaşı (218-201), Sıamî ırkından gelen asker Anibal'ın, Roma'da korku ve dehşet uyandırdığı bir devir oldu. Anibal, bütün devirlerin en büyük askerî dehası olanak tanınması gerekli bir kimsedir. Kartacalıların zengin yönetici sınıfı daha iyi diplomat, Roma Senatosu daha az inatçı ve Roma halkı da daha az yurtsever olsaydı Anibal, Romalıların saldırılarına kolaylıkla son verebilecekti. Fakat yukarda sözünü ettiğimiz durum, Anibal'ın askerlik alanında ortaya koymuş olduğu büyük başarının ve yetkinliğin etkilerini sildi. Kartaca, Romalılar tarafından ezildi ve 144 yılından 146'ya kadar sürmüş olan Üçüncü Kartaca Savaşıyla baştanbaşa yıkıldı. Şehrin, yerle bir edilişinde Romalıların bütün barbarlığı ve sertliği gözle görülebilecek kadar açıktı. Bu arada

Romalılar Yunanistan'ı, Ön Asya'yı ve İspanya'yı da egemenlikleri altına aldılar. Roma'ya yığınlarla köleler ve değerli madenler akıyor, bu eski tarım devletini zenginliğe boğuyordu. Her şeyi yıkarak kazanılan başarılar öylesine kolaylıkla elde ediliyordu ki, bu durumun sonucunda, özellikle İkinci Kartaca Savaşından sonra Roma'da, eski Patricien ve Plebeien ailelerin pek çoğu ortadan yok oldu. Bu durum Roma'da olumsuz etkiler yarattı ve ülke bu zararın altından kayıpsız kalkamadı.

İmparatorluğun en güçlü olduğu yükselme devrinde, düşüş devrinin izleri belirmeye başlamış bulunuyordu. Bu düşüş, ağır ağır, ama kesin bir biçimde devam etti. Öyleki İsa'dan önce 1. yüzyılda bile gerileme belirtileri başlamıştı. Romalı tarihçi Safluste, "Histoire de le Conjuration de Catilina" (Catilina'nın Kurduğu Fesadın Tarihi) adındaki kitabında bu konuda şunları söylüyor: "Galipler durmak bilmiyorlar, ölçü tanımıyorlardı. Zenginlik, başarı, güç ve otorite kazandıktan sonra, anık erdemin sesini duymaz oldular. Yoksulluk bir kötülük gibi görülmeye başlandı. Buna karşılık başıboş yaşamak ve aşırılıklar gitgide artıyordu. Erkekler, kendilerine kadın gibi davranılmasını hoş görür oldular. Kadınlar ise kendilerini herkesin gözleri önünde vermeye başladılar.

Roma, üretken bir toplum değil, asker ve yağmacı bir devletti. Roma Senatosu, Kartaca Savaşını sürdürmek kararını verdiği zaman bu kararı şöyle açıklıyordu: "İşimiz, gelişmiş ülkeleri yenmek ve onları egemenliğimiz altına alarak zenginliklerini bize haraç olarak vermelerini sağlamaktır. Bunun için, savaşmaktan yılmamalıyız." Gerçekten, Roma bu kararı inatla yürüttü. Roma'nın bu tutumunu, alaycı yazılarıyla tanınmış Romalı şair Juvenai şöyle anlatır: "İnsanları, kemiklerine kadar sömürürüz." İmparatorluğun savaşmakta olduğu ülkeleri katiller ve insanlık düşmanları olarak tanımlamak Roma'da bir alışkanlık olmuştu. Roma'nın dürüst bir barış yaptığı görülmemişti. Barış anlaşmaları öyle düzenlenir ki, bu belgelerde daima karşı tarafın haksız olduğu yazılar ve Roma'ya yeniden savaş çıkarmak için gerekli ipuçları bırakılır. Ayrıca, yendikleri ülkelere Romalılar o kadar ağır haraçlar verdirirlerdi ki, bu haracı veren topluluklar malî bakımdan bir daha uzun zaman bellerini doğrultamazlardı. Bunun yanı sıra, savaş kazanan ülkelerin hükümetlerine de baskı yaparak bu ülkelerin halklarını ağır vergilerle ezmelerini sağlar ve böylece o hükümetlerin halka sevimsiz görünmesi amacını güderlerdi.

Savaşlar, ticaretle uğraşan kimselerin ve şirketlerin ortaya çıkmalarını kolaylaştırıyordu. Bunlar devlete krediler veriyorlar, elverişli fiyatlarla gemiler, yiyecek ve silah satıyorlardı. Ele geçirilen ülkelerdeki devlet malı toprakları, madenleri kiralayarak işletiyorlar, büyük tarım işletmelerine köleler buluyorlardı. Roma'nın büyük sermayesi, bugünkü Avrupa sermayesi gibi endüstri alanına yatırılmıyordu. Roma sermayesi, savaş alanlarının sırtlanıydı ve yağma, ya da yenilen ülkelerden haraçla semirirdi. Senatörlerin aileleri, devlet memurları kısa zamanda bu işlerle ilgilenmeye başladılar. Cumhuriyetin başında bulunan kimselerin çevresi gitgide bozuldu. 160 yılından sonra Senato artık parayla satın alınabilir olmuştu. Sürekli savaşların etkisiyle günden güne sayıları azalan Roma köylüleri, gerek dışarıdan ucuz fiyatlarla getirilen taklit ürünlerinin rekabeti, gerekse yeni zenginlerin toprak satın almaları sonunda gücünü yitirmeye başlamıştı. Eski köylü çiftliklerinin yerini, bağcılık ve hayvan yetiştiriciliği, yapılan büyük tarım işletmeleri (latifundia) almayla başladı. Bu durumun sonucu olarak da, üretken işlerde daha çok köleler kullanılmaya başlandı ve hür işçiler işsizliğe düştüler. İşsiz kalmış olan bu kimseler Roma'ya akın ederek orada devletin verdiği yiyecekler ve yardım kurumlarının dağıttığı yemeklerle yaşayan asalak bir sınıf oldular. Seçimler sırasında gerekli oyları sağlayan bir depo olarak kullanılıyorlardı. Zenginler az sayıda kimsenin elinde toplanmıştı. Öyle ki, 104 yılında toplanan bir halk mahkemesi, bütün ülkede sadece 2.000 zengin kalmış olduğundan şikâyet etmekteydi. Önemli sosyal karışıklıklar doğurmaya elverişli bu etkenler şu iki sonucu ortaya çıkarmışlardı:

1-Köylü sınıfının ortadan kalkmasını önleyecek yenilikler getiren reform çabaları (Gracques yasaları) ya da malların yeniden bölüşülmesi (Catilina'nın Roma Senatosu'na karşı davranışları)

2 -Köle ayaklanmaları. Bunların en önemlisi Spartacus ayaklanmasıdır.

4 — Reform Çabaları: Gracques'lar ve Catilina

Köylü sınıfının ortadan kalkmasını önlemek amacıyla yapılmış olan çalışmaların düzenleyicileri Tiberius ve Gaius Gracchus kardeşlerdir. Bu kimseler, Roma'nın en eski soylularından geliyorlardı. Tiberius Gracchus, 134 yılında halk sözcüsü seçildi. Yoksul yurttaşlar ondan, paylarına düşen kamu topraklarının geri verilmesini sağlamasını istiyorlardı. O da ertesi yıl, kamu topraklarının azaltılmasını ve böylece herkesin, satması yasak edilecek olan bir eve, ya da mülkiyeti ancak miras yoluyla başkalarına geçebilecek olan 30 joug büyüklüğünde bir toprak parçasına sahip olabilmesini öngören bir teklif yaptı. Bu davranışıyla, toprakları ellerinden alınmış olan eski toprak sahiplerinin zararlarını karşılamak istediği anlaşılıyordu. Ama küçük köylüler topraklarına yeniden kavuşabilmek için devletten yardım görmek zorundaydılar. Soylular onun bu tekliflerine karşı çıkınca da halk arasında bir ayaklanma hazırlıklarına girişti. Tiberius halkın içinde bulunduğu yoksulluğu şu sözlerle anlatıyordu:

"İtalya'da yaşayan vahşî hayvanların bile hiç değilse birer ini vardır. Buna karşılık, İtalya için çalışmış ve yurdu için ölümü göze almış olanların hava ile ışıktan başka hiç bir şeyleri yoktur. Bunlar evsiz, ocaksız oradan oraya dolaşıp duruyorlar. Generaller askerlerini daha iyi dövüşmeye çağırdıkları zaman onların düşmana karşı, evlerini, ocaklarını ve atalarının mezarlarını koruduklarını söylerken doğru konuşmuyorlar. Yalan söylüyorlar, çünkü onlara gerçekte, başkalarının zenginliklerini korumak için kanlarını dökmeleri, ölmeleri istendiği söylenmiyor. Bu adamların hiç birinin bir yuvası yoktur ve hiç birisi atasının mezarına bilmez. Onlara, yeryüzünün hâkimi oldukları söyleniyor. Oysa hiç birinin bir avuç toprağı yoktur."

Halk Kurulunun bu tasarıya oy vermesinden önce Tiberius uzun bir konuşma yaptı. "Ortak malların paylaşılmasının doğru olmadığını mı düşündükleri ve yurttaşın köleden, savaşçının savaşmayı bilmeyenden daha iyi olmadığını mı" düşündüklerini sordu. Romalılar, yeryüzünün büyük bir bölümünü ellerine geçirdikten sonra ve üstünde insanların yaşadığı diğer toprakları da egemenlikleri altına almaya hazırlandıkları bir sırada şimdi şu ikilemle karşı karşıya bulunuyorlardı: Başka ülkeleri de ellerine geçirmek; ya da ellerinde bulunanları bırakmak. Bu yüzden, zenginlerin köylülerden almış oldukları toprakları, geleceğin güvenliği bakımından, yurda çocuk yetiştiren kimselere geri vermelerini ve önemsiz işlerle uğraşarak temel meseleleri gözden kaçırmamalarını istiyordu. Tarihçi Appien'e göre, Tibârius Gracehus'un amacı Roma Devletine yeni ülkeler elde etmesini sağlayacak sayıca çok ve güçlü bir yurttaşlar sınıfı sağlamaktı. Özetle söylemek gerekirse, bu reform tasarısı toplum düzeninin korunmasını sağlayacak nitelikteydi.

Halk bu tasarı konusunda öylesine bir hayranlık gösterdi ki; senato sonunda, tasarıyı onaylamak zorunda kaldı. Ama bu arada da uygulanmasını önleyecek bir takım engeller eklemeyi unutmamıştı. Bu durum karşısında Tiberius, halk mahkemesini 132 yılında yeniden toplantıya çağırmak zorunda kaldı. Bir seçim toplantısında halka programını anlattığı sırada ansızın ortaya çıkan senato taraftarları ellerindeki sopalarla saldırarak Tiberius'u ve orada bulunan arkadaşlarını öldürdüler. Bununla birlikte tarım yasası etkisiz kalmadı. Tasarının yasalaşmasından sonra 80.000 kadar küçük köylü çiftliği kuruldu.

Tiberius Gracehus'un başlamış olduğu iş, kardeşi Coius tarafından yeniden ele alındı. 123 yılında halk sözcüsü seçilen Coius, her yurttaşın ayda bir kere devlet hesabına belli bir ağırlıkta buğday almasını sağladı. Bundan başka, yargı düzenini geliştirdi ve işsizlere iş bulmak amacıyla İtalya içinde geniş bir çalışma kampanyasına girişerek yeni topraklar işlenmesini sağladı. Sonunda 121 Yılında o da kardeşi gibi öldürüldü.

İkiyüzlü politika alışkanlıklarına uygun olarak Romalılar, bu iki kardeşin öldürüldükleri yere "Concorde" tapınağını yaptırmışlardı.

Bütün bunlar, İtalya'da köle ayaklanmalarını ve çok kanlı İç Savaşları önleyemedi. 100 yılında, Demokrat Marius, 50 senatör ve 1.000 şövalyeyi öldürttü. Ona karşı olan Sylla' da 40 senatör ile 1600 şövalye öldürtmüştü. Bu kimselerin mallarına el kondu. Syila'nın el koyduğu malların değeri 500 milyon frankı buluyordu. Sermaye sahipleri ve tefeciler, bu malları dört katı kadar az para vererek satın aldılar. 73 yılında da, daha sonra sözünü edeceğimiz Spartacus ayaklanması oldu. Bu durum, İsa'dan önce 63 yılında olan Catilina ayaklanmasının temellerini hazırlamıştı. Olayları, kendi tutucu görüşüyle açıklayan tarihçi Salluste, Roma halkının o sıralarda ahlâki bakımdan acınacak durumda olduğunu yazmaktadır. Yine yazara göre, "Dışta, doğudan batıya herkes silah gücüyle sindirilmiş olduğu bu sıralarda içte de halk huzur ve mutluluk içinde bulunuyordu. Buna rağmen, devleti ve onunla birlikte kendilerini de uçuruma atmayı göze alacak kadar ahmak yurttaşlar ortaya çıkıyordu." Ayaklananlara karşı senatonun aldığı çok sert kararlara ve içlerinden arkadaşlarını ele verecek olanlarla vaat ettiği büyük paralara rağmen bir teki bile arkadaşlarını ele vermediği gibi Catilina'nın çevresinden ayrılmayı da düşünmedi. İşte, yurttaşların pek çoğunu pençesine almış olan aman vermez illetin korkunçluğu ve büyüklüğü bu derecedeydi. Zira bu kötü düşünceler yalnız tertip hazırlayanları değil, köklü bir değişiklik istemekte olan bütün Piebeien tabakalarında da pek yaygındı. Tarihçilerde Catilina'yı gelmiş geçmiş en büyük canavardan biri gibi göstermek konusunda birbirleriyle yarış ederler.

Plutarque, "Thesee'nin Hayatı" adındaki eserinde bu konuda şunları söylemektedir: Şirin ve güzel sözlerin yeşerdiği bir devlet tarafından sevilmemek tehlikeli bir şeydir. Catilina için de durum bundan başka türlü değildi. Çünkü onun da karşısında, yeryüzünün gelmiş geçmiş en büyük hatiplerinden biri olan Çiçeron bulunuyordu. Birbirine böylesine karşı iki karakter bulunamazdı. Zira Oatilina, Roma'nın soylu çevrelerinin göbeğinden geliyordu. Çiçeron ise, kökü bakımından taşralıydı. Birincisi, baskı altında olanları, hayatı pahasına savunmaya hazır bir kimseydi. İkincisi ise malının üstüne titreyen örnek bir burjuvaydı. 63 yılında, ikisi de konsül adayı olarak karşı karşıya geldiler. Çiçeron, varlıklıların ve yönetimi elinde tutanların sözcüsü, Catilina ise yoksulların isteklerini dile getiren kimseydi. İstekleri, bütün yoksul yurttaşlara toprak vermeyi, borçları silmeyi ve maliyeyi gerçek bir denetim altına alarak yoksul tabakaların çıkarlarını gözetmeyi öngörüyordu. Bunun yanı sıra, Romalıların boyunduruğu altına girmiş olan toplulukların çıkarlarını da savunmayı göz önünde tuttuğunu söylemek yanlış olmaz. Çiçeron, "Görevler" adını taşıyan eserinde bu konuda şunları söylemektedir:

"Halk dostu olmak isteyenler, varlıklıların elindeki zenginlikleri almak ve borçları silmek istemektedirler. Çünkü devletin görevi mülkiyeti savunmaktır. Bir kimsenin yasalara uygun olarak hakkı olan serveti elinden almak mı isteniyor? Bu çeşit bir düşünceyi dile getirmeye kalkmış olduğu için Kral Agis, Lakedemonyalılar tarafından ölüme mahkûm edilmemiş miydi?

İşte, o devirden beri Lakedemonya'da, öyle karışıklıklar çıktı ki devlet, sağlam kuruluşuna rağmen yıkılmaktan kurtulamadı. Onunla birlikte de, kısa bir süre sonra

Isparta'dan gelen ve bütün ülkeye yayılan bir hastalığın etkisiyle bütün Yunan ülkesi yıkıldı. Gracquelılarımız neden öldüler sanki? Sebep yalnız ve sadece toprak bölüşülmesi konusundaki anlaşmazlıklardı."

Görüldüğü gibi Çiçeron bütün toprak reformlarını olduğu gibi Gracquelarınkini de câniyane bir davranış saymaktaydı. Bunun gibi, konutlar konusundaki bütün reform denemelerini de, öyle sayıyordu. "Sizin malınız olmayan bir evde parasız oturabilir misiniz, satın aldığım, yaptırdığım, bütün bunları kendi paramla yapmış olduğum bir evi başkaları benim iznim olmaksızın kullanmaya kalksınlar, böyle bir şey düşünülebilir mi? Bu çeşit bir davranış herkesin öz malını, başkalarına vermek için, zorla elinden almak değil midir? Borçları silmek mi? Fakat bu ne demektir? Benim borç para verdiğim kimsenin benim paramla kendisine toprak satın alması değil mi?"

Bu anlayışla, Çiçero'nun Catilina'ya karşı konsül seçildikten sonra mülkiyetin ve düzenin korunması için onunla korkunç bir çekişmeye girişeceği apaçıktı. Gerçekten, bu savaşta da en iyi silahlarını kullandı. Konuşma ustalığı, avukat çenebazlığı ve karşısındakini ahlâksız bir kimse olarak suçlamak.

Böylece Catilina geleceğe, Çiçeron'un onu göstermek istemiş olduğu gibi bir kimse olarak geçti. Catilina'nın davranışının hikâyesini ondan yirmi yıl sonra yazmış olan Salluste' de Çiçeron'un onun hakkında söylediklerini tekrarlamaktan başka bir şey yapmış değildir. Yunanca yazmış olan Romalı tarihçiler için de durum değişik değildi. Plutargue ve Appien bunun başlıca örnekleridir. Özellikle Plutarque, Çiçeron'un Catilina üstüne söylediklerini en iğrenç bir bilinçsizlikle yinelemekten başka bir şey yapmış değildir. Kesin olan, Catilina'nın yoksullar ve ezilenlerle birleşmiş ve bundan ötürü de halk tabakaları tarafından sevilmiş bir kimse olmasıdır. Onu tutanların düşünceleri, başlarında bulunan komutan Manlius'un Romalı General Marcius'e yazmış olduğu mektupta açıkça görülmektedir: "Bütün Savaşların ve bütün anlaşmazlıkların kaynağı olan zenginlik ve iktidarı istemiyoruz. İstediğimiz sadece özgürlüktür."

Catilina, meşru iktidarı ele geçirmek ve devleti öz malları sayan oligarşi taraftarlarıyla savaşarak, halka haklarını ve özgürlüğünü geri vermek amacıyla konsüllük görevine geçmeyi iki kere denedi. Ama ikisinde de kurulu düzenin adamları güçlü çıktı ve Catilina yenik düştü. Yasaların sağladığı yollar böylece kapanınca, gidişten memnun olmayanları çevresinde toplayarak örgütlendirmeye ve bir ayaklanma hazırlamaya koyuldu. Konsül seçimlerinde Catilina'yı yenmiş olan Çiçeron'un her yerde birçok casusu vardı. Catilina'nın o sıralarda, Roma ordusuyla ilişkilerini düzenlemek amacıyla taşrada olması, haber almak bakımından bu kimselerin işini kolaylaştırıyordu. Ayaklanma hazırlıkları 63 yılının 5 Aralık günü Roma' da ortaya çıkarıldı. Elebaşları kısa bir süre sonra öldürüldüler. Catilina ile arkadaşları ise, Floransa yakınlarında, kendilerinden üstün Romalı kuvvetler tarafından yenildiler. Catilina ile Manlius' de savaş sırasında can vermişlerdi. Savaşın nasıl geçtiği ve tarafların ne kadar sert dövüşmüş olduklarını, Sailuste'ün yazdıklarından öğreniyoruz:

"Catilina ile arkadaşlarının ne yaman dövüşmüş olduklarıı, savaştan sonra daha iyi anlaşılabildi. Çünkü savaşanların her biri, savaştığı yeri kendi cansız gövdesiyle kaplamıştı. Ölenlerin arasında Catilina' da bulunuyordu. Yüzü, ölümünden sonra bile, kahramanlığını ve karşısındakileri küçümseyen tutumunu yitirmemişti."

Oligarşi üstüne kurulmuş olan, temelleri çürük Cumhuriyet artık sonuna koşarak yaklaşıyordu. Catilina'nın ölümünden üç yıl sonra, Roma, Pompee, Crassus ve Jul Sezar'ın üçlü askerî yönetimini gördü. Askerî hükümdarlık Roma'nın kapılarına dayanmıştı.

5 — Köle Ayaklanmaları

İkinci Kartaca Savaşı (İsa'dan önce 201 yılında) ile Makedonya ve Suriye Savaşlarından sonra, büyük mülklerin köle ordularıyla işletilmesi düzeni gelişti. Bu işletme kapitalistçesine yapılmakta olduğu ve Romalılarda gerek işe, gerekse çalışanlara karşı küçümseyici bir tutum sürdürmekte bulundukları için kölelerin durumu gitgide bozuluyordu. Zanaat çalışmaları olduğu gibi ev işleri de köleler tarafından yapılıyordu. Köşklerin ve sarayların yapımı pek çok sayıda kölenin çalışmasını gerektiriyordu. Varlıklı yöneticilerin kaprislerine göre, dağlar yerinden oynatılıyor, göller kazılıyordu. Yeryüzünün dört bir yanında yapılmakta olan savaşlarda ele geçirilen tutsaklar, bu işlerde binlerce kişilik köle orduları halinde kullanılıyordu. Ama Romalı zenginlerin ihtiyaçları yine de bitmek bilmiyordu. Bu yüzden, durmaksızın artan köle ihtiyacını karşılamak ve köle pazarlarına adam yetiştirmek amacıyla sık sık insan avları düzenlenmekteydi. Roma, üç kıtanın zorbası kesilmişti. Kölelere yapılan muamele gitgide sertleşiyordu.

Bu konuda, Caton adıyla anılan bir zenginin, kölelerini güçleri tükeninceye kadar kullandıktan sonra artık işe yaranmayacak duruma geldiklerinde ve yaşlandıklarında elinden çıkarmakta olduğunu söylemek yeterli bir örnektir.

Kölelerin her an ayaklanmaya hazır bulunmaları ve ellerine geçen ilk fırsatta kaçmaları, bu durumda hiç de şaşılacak bir şey değildi. Kaçmalarını önlemek için köleler, tarım işlerinde çalıştırıldıkları sırada zincirle birbirlerine bağlanır ve kaçanların tanınmaları da gövdelerine tıpkı hayvanlar gibi damga vurularak sağlanırdı. Ayrıca, kaçmanın cezası ateşte yakılarak öldürülmekti. Kölelere yapılan işkencelerin en büyüğü ise, sağlam yapılı, güçlü kölelerin, Roma halkını eğlendirmek için gladyatör olarak kullanılmalarıydı.

Bilgili, görgülü mahpuslar ve rehineler ise, eğitmen ya da yönetmen olarak kullanılıyorlar ve bir süre sonra da bağımsızlıklarına kavuşturuluyorlardı. Bunların büyük bir çoğunluğu Yunanlılar ve Mısırlılardı. Önce köle iken sonradan bağımsızlığına kavuşmuş olan kölelerin en tanınmışlarından biri, o güne kadar yazılmış en iyi Roma Tarihi'nin yazarı Yunanlı Polybe'tir. Romalı soylular ve zenginler, Yunanlıları çok küçük görürler ve onların Roma kültürü üstündeki etkilerini hiç hoş karşılamazlardı.

Çok kötü şartlar altında tutulan ve sömürülen bu köle yığınlarının sonunda bir gün ayaklanmalara yeltenecekleri pek belliydi. Başlarına iyi bir yöneticinin geçmesi yetecekti. Gerçekten de öyle oldu ve ilk köle ayaklanması İsa'dan önce 187 yılında Apulie'de patlak verdi. Ayaklanma çok çabuk ve kanlı bir biçimde bastırıldı. 7.000 köle çarmıha gerildi. Bunun ardından kanlı bir biçimde bastırılan iki ayaklanma daha oldu. Bunlardan birincisi, 134 ile 132 yılları arasında; ikincisi de 104 ile 101 yılları arasında Sicilya'da olmuştu.

Verimli bir yer olan Sicilya adasının geniş toprakları köleler tarafından işletilmekteydi. Devlet toprakları, adına

Lâtifundia denilen büyük çiftlikler halinde işletiliyordu. Çiftliklerde büyük buğday tarlaları, zeytinlikler ve koyun yetiştirmeye pek elverişli zengin otlaklar vardı. Bu işleri görmek için de köle orduları besleniyor ve emekleriyle Sicilya'yı Roma'nın bir erzak ambarı haline getiriyorlardı. Ayaklanma, 134 yılında çıktı ve aradan kısa bir zaman geçtikten sonra da güç ve uzun bir savaş halini aldı. İsyancıların başında Suriyeli Ennus ile Makedonyalı Cleon adında iki kişi vardı. Peşlerinden sürükledikleri silahlı 70.000 kişiyle bu iki şef, bütün adayı kolaylıkla ellerine geçirdiler. Yıllar boyunca, Romalıların kendilerine karşı gönderdiği kuvvetlerle çarpıştılar. Ama sonunda da gerek açlıktan gerekse karşı tarafın savaş gücünün üstünlüğünden ötürü yenilmekten kurtulamadılar, Başkaldıranlardan 20.000 kişi Çarmıha gerilerek öldürüldü. Bu olaylar, Roma' da Gracque'Ier ilk faaliyete başladığı zamana rastlar. İkinci Sicilya ayaklanması da yine, Salvius adında bir Suriyeli ve Arthenion adındaki bir Makedonyalı tarafından çıkarıldı. Romalılar bu ayaklanmayı elebaşlarının savaş alanında ölmelerinden sonra bastırılabildiler.

Gracque'lerin faaliyeti devri, Roma için bir başkaldırma devri olmuştur. Küçük Asya'da da toprak sahipleri kölelerle birlikte Roma boyunduruğuna karşı ayaklandılar. 133 yılında, Roma egemenliği altına girmiş olan budala Kral III. Attalos Bergama'da öldü. Romalılar, sahte bir kâğıtla mı yoksa zorla mı almış oldukları bilinmeyen bir belgeyi ileri sürerek, ölen kralın bütün servetini ve ülkesini, Roma İmparatorluğuna bırakmış olduğunu öne sürdüler. Bu arada da Bergama tam bir demokrasi ülkesi haline geliyordu. Bütün halk, yerliler olduğu gibi yabancılar da, zengin ya da yoksul herkes seçim hakkına ve kendi kendilerini yönetmek hakkına kavuşmuştu. Romalılar, kralın vasiyetine göre, kendilerine miras kalmış olan ülkeye girmek istedikleri zaman Aristonicos ve üvey kardeşi Attalos'un yönettikleri bir ayaklanma çıktı. Aristonicos, İzmir'le Pdocee arasında küçük bir kıyı kasabası olan Leuca'da oturuyordu.

Bir kaç şehir, isyancılara katıldı. Buna karşılık da Efes gibi bazı diğer şehirler Romalıları tutuyordu. Çıkan savaşta Aristonicos başlangıçta yenildi. Ama sonra, kendini kölelerin kurtarıcısı ilân etti ve onları da bağımsızlıklarına kavuşmak için Romalılara karşı savaşa çağırdı. Köleler bu çağrıya, topluca karşılık vermiş ve ona katılmışlardı. Aristonicos böylece, kölelerle Güneş Devletini kurdu. Bu devlet üstünde geniş bir bilgimiz olmadığı için amacını ve dayandığı temellerin ne olduğunu bilemiyoruz. Elimizdeki bilgilerden çıkardığımıza göre, komünist bir devlet olduğu anlaşılıyor. Çünkü İlkçağ'ın sonunda ve Ortaçağ'da, "Güneş Devleti" sözü, komünist devlet anlamına geliyordu. Aristonicos tarafından yönetilen bağımsızlığa kavuşmuş köleler kısa bir süre örgütlenerek ülkenin yönetimini ellerine aldılar. Romalılar ise, kendilerine kalmış olduğunu öne sürdükleri mirası kaçırmamak amacıyla buraya, bir konsülün komutanlığında asker göndermişlerdi. Gönderdikleri kuvvetin başına bir konsül getirmiş oldukları düşünülürse bu kuvvetin kalabalık bir ordu demek olduğu kolayca anlaşılır. Aristonicos'un bu kuvveti ezememiş olmasından da böyle bir sonuç çıkarmak yanlış olmaz. Savaş, 129 yılına kadar sürdü. Bergamalılar yenildi ve Aristonicos ele geçirilerek Roma'ya götürüldü ve orada öldürüldü.

6— Spartacus

Gözü doymak bilmeyen Roma'nın kurbanları, Spartacus'ün kişiliğinde öçlerini alan bir insan bulmuşlardı. Onun tarafından yönetilen ve İsa'dan önce 73 yılında başlayarak 71 yılına kadar süren ünlü Spartacus Ayaklanması Romalıları, kendilerini yeryüzünün tek gücü sandıkları bir çağda yakaladı ve utanç verici yenilgilere uğrattı. Çıkan savaşlar boyunca, Roma Konsüllerinin iyi yetiştirilmiş, doğuştan ve yenilgi tatmamış orduları en alt tabakadan köleler ve gladyatörler karşısında paramparça oldular, Romalı tarihçi Florus'ün bu yenilgiler konusundaki şu sözleri pek ilgi çekicidir ve durumu da açıklıkla anlatmaktadır:

"Kölelere karşı silahla saldırmak bayağılığına belki daha bir süre dayanılabilecekti. Çünkü varlıksız olmaları köleleri, o duruma düşürmüşse onların yine de ikinci çeşit birer insan olduklarını gözden uzak tutmamalıyız. Hatta onları hürriyetimizin kolaylıklarının bir kısmından yararlandırmayı bile düşünebiliriz. Ama Spartacus'ün çıkarmış olduğu savaş kıvılcımına ne ad verilebileceğini bilemiyorum. Çünkü bu olayda savaşan köleler ve komut veren gladyatörler görülüyor. Bunların birincileri en kötü koşullar altında doğmuş olan kimselerdir. İkinciler ise en aşağı ve bayağı işleri görmekte kullanılanlardır. İşte bu garip düşmanlar, felâkete bir de gülünçlük katıyorlar."

Spartacus, Anibal'in değerinde bir yönetici ve örgütleyiciydi. Yeter sayıda adamı ve silahı olsaydı, gücü Roma'nın egemenliğini sarsabilecekti. Plutarque onu, güçlü ağırbaşlı, akıllı, içinde bulunduğu durumun çok üstünde yetenekleri olan ve bir barbardan çok Helen olmaya lâyık bir kimse sözleriyle tanıtıyor. Bu sözlerin, Helen olan bir kimse tarafından söylendiği göz önünde tutulursa övgünün büyüklüğü daha iyi anlaşılır. Spartacus bundan başka, Lessing ve Marks gibi kimselerin bile hayranlığım uyandırmıştır. Gençliği üzerine bildiklerimiz pek azdır. Özellikle, İsa'dan önce 73 yılına kadar hakkında hemen hiç bir şey bilmiyoruz. Trakyalı bir göçebe aileden gelmektedir. Roma'ya savaş tutsağı olarak getirilmiş ve köle olarak satılmıştı. Kendisini satın almış olan kimsenin yanından kaçarak kiralık asker olmuştu. Daha sonra da Capou kasabasındaki bir gladyatör okulunun sahibine satıldı. Okulda onunla birlikte, çoğunluğu Trakyalı ve Galyalı 200 kadar köle bulunuyordu ve her biri de ilk fırsatta kaçarak özgürlüğüne kavuşmak için tasarılar kuruyorlardı. Kaçmaya hazırlandıkları öğrenilmişti. Fakat Spartacus, 70 kadar arkadaşıyla birlikte kaçmayı başardı. Peşlerinden gönderilen askerlere karşı da, yolda rastladıkları silah yüklü bir arabayı ele geçirerek oradan edindikleri silahlarla savaştılar ve onları yendiler.

Başkanları o devrede kısa zamanda duyurmuş ve aralarına birçok savaşçının katılmasını sağlamıştı. Sayıları böylece 200'e çıktı. Toprak sahipleriyle savaşarak onlara aman vermediler. Başlangıçta tehlikeli bir eşkıya çetesi olarak görülüyorlardı. Yakalanmaları için, Roma Yüksek Yargıcı Ciaudius komutasında 3.000 kişilik bir kuvvet gönderildi. Spartacus, o devirde durgun olan Vezüv dağının tepesine çekildi ve üstüne gelenleri kılıçtan geçirdi. Karşı tarafın bütün malzemesi ve silahları da böylece Spartacus'ün eline geçmişti.

Bundan sonra Spartacus artık tanınmış bir kimse oldu. Ünü bütün İtalya'ya yayılmıştı. Kendini, Roma'nın amansız düşmanı olarak açıkladı ve ezilenleri, köleleri kendisiyle birlikte kurtuluş savaşına çağırdı. Köleler, yoksullar, topraklarından sürülmüş İtalyanlar ve yabancılar çağrısına topluca koştular. Tarımcılar tarlalarını, çobanlar sürülerini, köleler efendilerini bırakarak ona koşuyorlardı. Mahpuslar hücrelerinden kaçarak, köleler zincirlerini kırarak Spartacus'e katıldılar. Spartacus, çevresine dört yandan gelmiş alan bu kimselerle savaşta önüne çıkılmaz bir ordu kurmuştu. Ama onları, karşılarına savaşmak için çıkmayan silahsızlara karşı iyi davranmaya alıştıramadı. Ülkenin bir ucundan öbür ucuna kadar önlerine çıkan evleri, tarlaları ateşe veriyorlar, çevrelerine korku ve dehşet saçıyorlardı. Adamlarının yağmacılığı, Spartacus' ün başarılarında, iyi sonuçlar almasını ve düşmana vaktinde saldırmasını önleyen bir etken oldu. Adamları arasında bulunan Trakyalılar, Suriyeliler, Galyalılar, Cermenler ve İtalyanlar arasında sürekli bir birlik ve uyuşma sağlamakta karşılaştığı güçlükler de buna ekleniyordu.

Roma Yüksek Yargıcı Claudius Pulcher'in yenilgisi Roma'da şaşkınlık ve kızgınlık yaratmıştı. Derhal, 3.000 ve 10.000 kişilik bir ordu kuruldu. Böyle durumlarda savaşa Romalılardan kurulu tümenler gönderilirdi ama o sırada bu tümenler İspanya'da ve Aşağı Tuna bölgesinde, Pompee ve Lucullus komutasında savaşmakta oldukları için gönderilememişlerdi. Kurulan ordunun başına Romalı Yüksek Yargıçlar getirildi.

Spartacus ihtiyatlı davranarak bir meydan savaşına girişmekten kaçındı. Ordusunun bir takım komutanları, özellikle Galyalılar, 3.000 kişiyle Romalılara saldırdılar ve kısa bir süre sonra da yenildiler. Bundan sonra da artık onun davranışını beğenmeyenler yanıldıklarını anlamışlardı. Spartacus'e baş eğdiler ve komutayı, itirazsız ona bıraktılar. Spartacus de başlangıçta uğradıkları yenilginin zararını çıkarmasını bildi ve bir kaç küçük hücum ve çekişmeden sonra başarılı bir savaş vererek karşısındakileri yendi. Böylece aşağı İtalya, gladyatörlerin eline geçmiş oluyordu.

Köleler ordusu başarısını gürültülü bir biçimde kutlamaya koyuldu. Yağma başlamıştı. Spartacus ise gitgide daha ihtiyatlı olmaya başladı. Çünkü kazanılan savaşın gerçekte küçük bir ön savaştan başka bir şey olmadığını ve şimdilik Roma'nın gücünü sarsmaktan çok uzak olduğunu biliyordu. Düşüncesi, her şeyden önce, kölelerin bağımsız lığını sağlamaktı. Bunu da genellikle başarmış bulunuyordu. Aşağı İtalya'daki köleler bağımsızlıklarına kavuşmuşlardı. Şimdi de vakit geçirmeksizin kuzeye doğru ilerlemek ve Romalıların uğradıkları yenilgiden kurtularak büyük komutanları Pompee ile Lucullus'ün tümenlerini onların komutasında üstüne saldırmadan önce, başlamış olduğu köleleri kurtarma işini başarıyla sona erdirmek istiyordu. Spartacus'ün bu düşüncesi gerçek bir politik zekâ ürünüydü. Ama Romalı kanı akıtmanın sarhoşluğu içinde bulunan komutanları onun bu tasarısına dirençle karşı koydular. Spartacus onlara, gerçek Romalı savaşçılarla, ünlü Roma Tümenleriyle daha karşılaşmamış olduklarını; onlarla boy ölçüşmenin kendileri için çok güç olacağını anlatmaya boş yere çalıştı. Roma'nın bütün gücünü toplayarak üstlerine yürümesi karşısında dayanmalarının güç olacağına onları bir türlü inandıramadı. Ordusunda bu konudaki görüşler kesin olarak ikiye ayrılmıştı. Crixius'ün komutasında bulunan Galyalılar ve Cermenler, Roma'ya yürümek istiyorlardı. Trakyalılar ile İtaliote'lar da Spartacus'ün düşüncesini doğru buluyorlardı.

Bu arada Roma da, Gladyatör Ordusuna karşı koymak amacıyla büyük bir hazırlık içindeydi. Başlangıçta duyulan küçümseme şimdi yerini korkuya bırakmıştı. Spartacus'e karşı, ikisi Roma imparatorluğunun başta gelen yöneticileri Konsüllerin, biri de Roma Yüksek Yargıçlarından birinin komutasında üç ordu gönderildi. Bu durum karşısında Spartacus ile Crîxius aralarındaki anlaşmazlığı unutarak barıştılar. Yalnız bu barışma daha çok bir uzlaşma özelliği taşıyordu ve gerçek bir anlaşmadan söz etmek yersizdi. Spartacus 40.000 ve Crixius de 30.000 kişiyle, birbirlerinden bağımsız hareket ederek Apulie bölgesine girdiler. Crixius, karşısında bulunan Roma Yüksek Yargıcının komuta ettiği orduya rastladı ve dağıtarak bozguna uğrattı. Bu savaşta Cermenlerle Galyalıların yardımları büyük olmuştu. Ertesi gün ise, bozguna uğratıldıktan sonra peşleri bırakılmış olan Roma Yüksek Yargıcının komutasındaki kuvvetler kendilerine yeniden çeki düzen vererek ikinci bir saldırıya geçtiler, onların saldırabileceklerini düşünmemiş olan Galyalıların şaşkınlığından yararlanarak zaferi elde ettiler. Savaş sırasında ölenlerin arasında Crixius de vardı. Adamlarının ancak 10.000 kadarı kaçarak Spartacüs'ün yanına varabilmişlerdi. Bundan sonra, Yüksek Yargıcın komutasındaki kuvvetler, başında Konsüllerden birinin bulunduğu diğer bir orduyla birleşti ve Spartacus'e karşı çıktı. Spartacus, onları uzun zaman bekletmeyerek derhal saldırıya geçmişti. Adamlarının bir kısmını ayırarak Konsüllerden diğerinin komutasında bulunan orduya karşı gözcü olarak tuttu ve elinde kalan kuvvetlerle ikinci Konsül ordusuna saldırdı. Kolay ve kesin bir zafer kazanmıştı. Bundan sonra da hiç vakit geçirmeden kuvvetlerini yeniden düzene soktu ve diğer Konsül ordusuna karşı gözcü olarak bırakmış olduğu kuvvetlerinin de yardımıyla bu ordunun üstüne saldırdı. Bu defa yalnız savaşı kazanmakla kalmamış; çok sayıda tutsak ve saldırdığı ordunun ağırlıklarını da ele geçirmişti.

Durmaksızın kuzeye doğru ilerledi. Acele olarak toplanarak kendisine karşı gönderilmiş olan ve Konsüllerle Yüksek Yargıçların komutasında bulunan kuvvetleri de ezdikten sonra Modene bölgesine girdi. Artık yenilmez olmuştu. Bu, Romalılar için pek aşağılayıcı bir durumdu. Crixius için büyük ve parlak bir tören düzenlendi. Törende de 300 Romalı tutsak savaşçıyı Romalıların gladyatörlere yaptıkları gibi, birbirleriyle ölünceye kadar dövüştürdü. Aşağılanan köleler şimdi artık, köle gibi dövüştürülen Romalıların seyircileri olmuştu. Arenada, her zaman olanın tersine, Romalılar bulunuyordu. Romalıları bu gladyatörler savaşında olduğu kadar utandırmış ikinci bir olay yoktur. Gladyatörler Savaşında 300 Romalı savaşçının birer gladyatör gibi birbiriyle dövüştürülerek öldürülmesi Roma için aşağılayıcı bir tokat olmuştu. Meissner bu konuda şunları yazmaktadır. "Tutsak prensleri ve kralları karşısına alarak soğukkanlılıkla yargılamak, onları hücrelere atarak açlıktan kıvrandırmak, ilacı çektirmek, gövdelerini parça parça etmek ve böyle davrandıktan sonra da yeryüzünün en kötü sonunu onlara çektirmek; bütün bunları, bilindiği gibi yeryüzünün en soylu insanları olan Romalılar, savaşı kazananların hakkı olarak görmekteydiler. Ama tutsak Romalı yurttaşları zorla, birbirleriyle ölünceye kadar dövüştürmek, bir tek Romalının bile aklından geçmemiş olan en büyük cinayetti. Üstelik onlara bu ağır acıyı çektiren de kimdi? Daha bir kaç ay öncesine kadar hayatı bir Plebeien'in parmağını oynatmasına bağlı olan bir kimse, genç bir Patricien'in canı istemiş olsaydı, halasının ölüm töreninde ellisini birden saldırtarak birbirlerini eğlence için boğazlatabileceği insanlardan biri."

Spartacus bu sıralarda ününün en yüksek noktasına ulaşmış bulunuyordu. Bundan sonra artık eskiden beri kurduğu tasarısını uygulayabileceğini ve pek çok sayıda tutsağı daha bağımsızlığına kavuşturarak yüreğinde Roma'yı yerin dibine batırmış olmanın rahatlığıyla bir köşeye çekilebileceğini, sessizce yaşayabileceğini düşünü- yordu. Ama bu tasarılarını birden değiştirdi. Po nehrinden öteye geçmedi; geri dönerek Güneye doğru ilerledi. İtalya'da onun Roma'ya yürümek kararında olduğu düşünülmeye başlanmıştı. Yolunu kesmek için de karşısına yeni bir Roma ordusu çıkarıldı. Picene yakınlarında büyük bir savaş oldu. Spartacus bu savaşı da kazandı. Bundan sonra, Roma'yı artık iyiden iyiye korku almıştı. Spartacus, Roma'ya saldırmadı. Şehrin önünden geçerek ordusunu aşağı İtalya'ya doğru götürdü. Thurlum'u eline geçirdi. Şehri serbest liman ilân etti. Yasaları değiştirerek daha insanca bir yaşama düzeni kurdu. Bazı belirtilerden anlaşıldığına göre Spartacus, Güney İtalya'yı eline geçirerek orada, Lycurgue İşportasını örnek alan bir devlet kurmak niyetindeydi. Şehirde egemenliği kurduktan sonra altın ve gümüş kullanılmasını yasakladı. Bütün tüketim malları için düşük fiyatlar koydu ye Ispartalıların gösterişten uzak, yaşama biçimini geçerli kıldı. Birçok ülkeden kaçmış ve kendisine sığınmış olan kimseleri bir araya toplayarak onlara askerlik sanatını öğretti.

Spartacus, devlet işleriyle uğraşmakta olduğu sırada, düşmanın şaşkınlıktan sıyrılmış ve onunla yeniden savaşmak için hazırlıklar yapmış olduğunu unutmuştu. Gerçekten, Romalılar bu arada, düzenli ve çok iyi yetiştirilmiş kimselerden kurulu bir orduyu Roma Yüksek Yargıçlarından Crassus gibi askerlik bilgisi çok yüksek bir komutanın yönetimi altında toplamış ve savaşa hazır duruma getirmiş bulunuyorlardı. Romalılar bu defa çok ihtiyatlı davrandılar ve karşılarındaki düşmana oranla çok üstün oldukları bir konuyu, yani askerlik bilgilerini eksiksiz uyguladılar. Buna rağmen, ilk saldırılarında pek başarılı bir sonuç alamadılar. Crassus için durum, ancak Spartacus' ün kuvvetlerinde ikilik başladığı zaman düzelmeye yüz tuttu. Galyalılar, daha önceleri de yapmış oldukları gibi yine kendi bildikleri yolda gitmeye ve beceriksizce saldırılarla Spartacus'ün durumunu güçleştirmeye başlamışlardı. Spartacus yılmadı ve doğrudan doğruya Crassus'ün kuvvetlerine saldırarak birkaç küçük başarı bile kazandı. Ama sonunda, üstün Roma kuvvetleri karşısında 71 yılında yenilmekten kurtulamadı. Savaş sırasında kendisi de ağır yaralanmıştı. Adamlarından 6.000 kadarı Crassun'ün eline düştü ve Crassus' de onları çarmıha gerdirerek öldürttü. Oysa Spartacus'ün elinde tutsak olarak bulunan 3.000 Romalının bir teki bile öldürülmemişti. Romalıların Gladyatörler Savaşı dolayısıyla duymuş oldukları korku ve dehşet yıllarca sürdü. Romalı analar yaramaz çocuklarını bu olaydan sonra uzun zaman "Uslu otur, yoksa Spartacus'ü çağırırım" diyerek korkuttular.

BÖLÜM VI

ROMA'DA TOPLUMSAL ELEŞTİRİ

1— Yoksullaşmış Olanların Sızlanmaları

Daha önce sözünü etmiş olduğumuz toplumsal karışıklıklar, Cumhuriyet devrinin sonuna doğru gitgide daha belirli olmaya başladı. Roma Tümenleri'nin Ren nehrinden Fırat'a; Tuna'dan Afrika çöllerine kadar uzanan geniş bir alan üzerinde yapmış oldukları savaşlardan yararlananlar, büyük toprak sahipleri ve savaş gereçleri satarak zenginleşen sermaye sahipleri olmuştu. Catilina ile gizlice anlaşmış olan ve kafasında yaşatmakta olduğu toplumcu monarşi düşüncesinin etkisinden kurtulamayan Jul Sezar, İtalya'nın halk yığınlarını peşine takarak ayaklandırmayı ve gerek büyük toprak sahipleri, gerekse büyük sermaye sahiplerinin çıkarları yüzünden zarara uğrayan halkın yaralarını sarmayı kendine iş edinmişti. Ama ne yazık ki onun bu girişimi diktatörce idi. 44 yılının 15 Martında öldürüldü. Bundan 13 yıl sonra da Roma, monarşi ile yönetilmeye başlanmıştı. Bu devir, düşünce hayatı bakımından önemli gelişmelerle dikkati çeker. Virgile Ovide, Horace gibi şairler; Salluste ve Tite Live gibi tarihçiler bu çağda yetişmişlerdir. Bütün bunların yanı sıra, halk arasında ve Filistin'in, İskenderiye'nin aydın çevrelerinde yeni bir dinin belirtileri de bu çağda ortaya çıkmıştır. Bu din Hıristiyanlıktır.

Bütün bu değişikliklere karşılık, toplumsal bağıntılar bakımından değişen hiç bir şey yoktu. İtalya, köleler ve haraç ödeyerek çalışmakta olan kimseler tarafından işletilen büyük toprak parçalarıyla örülmüştü. Köylülerin ve eski askerlerin işlediği toprak parçaları ve sahiplerinin yerlerinden sürülmeleriyle elde edilen topraklar ve ayrıca kamu topraklarını kendine mal ederek işletmek, büyük toprak sahiplerinin gelirlerini arttırmak amacıyla kullanmakta oldukları başlıca metotlardı. Tarım atanlarında söz, vergi belirleyen ve çiftçileri sömürenlerindi. Savaşlar nüfusu azaltmıştı. Büyük savaşların son bulmasından sonra ise kölelerin sayısı da azalmaya başladı. İtalyan halkının yaşama gücü gitgide azalıyordu. Pline'in bu konudaki sözleri, durumu özetlemesi bakımından ilgi çekicidir: "Latifundia'lar (Eski İtalya'da kölelerin çalıştığı büyük tarım işletmeleri) İtalya'yı yıkıyor. Ayrıca şimdi artık taşrayı yıkmaya başladı." İsa'dan önce 1. yüzyılda durum kesinlikle böyleydi. Pline bu sözleri, İsa'dan önce 1. yüzyılın ortalarında yazıyordu. Ama ondan çok daha önce İtalya'da bir kimsenin öneminin servetiyle orantılı olduğu Roma'da söylenmeye başlamıştı bile.

Gerçekte bir demagokdan başka bir şey olmayan Latin şairi Horace ise, bir şiirinde şöyle yakınıyor:

"Gözü doymaz adamlar, komşunun tarlasının sınır taşlarının yerini değiştirerek her gün onun toprağının birazını daha kendine mal ettiğini görüyorlar. Toprağından ettiğin kadın ve kocası, putları ile yarı çıplak çocuklarını bağrıma basmış taşıyor."

Büyük Seneque (tanınmış filozof Seneque'in babası) de yoksul tarımcının, zengin komşusu tarafından ağaçlarının kesilmesinden ve kulübesinin yakılmasından sonra nasıl yakındığını şöyle anlatır: "Siz zenginler, bütün topraklar sizin, şehirleri ve çevresini süslü saraylarla siz dolduruyorsunuz. Dört yana yayılmış olan villalarınızın mevsim değişikliklerinden etkilenmemesi ve yazın kış serinliğinden, kışın da yaz sıcaklığından yararlanabilmesi için, bir zamanlar geniş halk yığınlarının oturmakta olduğu yerlerde şimdi birbirinden ayrı yaşamakta olan bir kaç tarımcıdan başka kimse kalmadı. Yönetmenlerinizin gücü ise krallarınkinden daha büyük."

Öte yanda, yoksul bir köylü, acılarını şöyle anlatıyor: "Eskiden, zengin bir kimsenin komşusu değildim. Çevremde, topraklarını iyi komşuluk bağlantıları içinde işlemekte olan kimseler oturuyordu. Durum ne kadar değişti. Bütün bu yurttaşları beslemekte olan bu topraklar şimdi artık bir tek kişinin malı oldu. Dört yana onun toprakları uzanıyor. Babalarımızın ocakları yıkıldı. Buraların eski sahipleri evlerini bırakarak, karıları ve çocuklarıyla çok uzaklara gitmek zorunda kaldılar. Bütün ülkede boydan boya bir yalnızlık ve çöl ıssızlığı var. Zenginlikler dört yanımı duyar gibi sardı. Şurada, zenginlerin tarlaları. Ötede, bahçeleri, az ilerde bağları, ormanları, otlakları... Bu yayılma ancak, başka bir zenginin topraklarının sınırına ulaşıldığı zaman duruyor."

Bu yakınmalar, can çekişmekte olan Roma köylüsünün son çığlıklarıdır. Şehirdeki emekçilerin durumu bundan iyi değildi. Romalıların deniz aşırı başarılar ve kazançları Roma ve İtalyan zanaat işçilerine büyük zarar vermişti.

Köylülerin sömürge yönetimi altına alınması ve yurt dışı başarılar, çağdaş Batı Avrupa'nın da özelliklerinden biridir. Öyleyse, iki gelişme biçimi neden birbirinden değişik oldu? Çünkü çağdaş Batı Avrupa'nın gelişiminin ardından gerek ekonomik, gerekse politik bir ilerleme devrinin gelmesine karşılık, Roma'nın bu devrini İmparatorluğun çökmesi izlemişti.

Çağdaş Batı Avrupa'da topraksız kalan köylü şehre geliyor ve sanayi kesiminde kendine bir iş buluyordu. Deniz aşırı sömürgelerde bu kesimin ham maddesini sağlamaktaydılar. Ayrıca sanayi ürünleri, pozların genişlemesi ve isteklerin artması sonucunda kolaylıkla bir tüketim alanı bulabiliyorlardı. Roma'da ise durum bunun tersineydi. Toprağından sürülen köylü şehirlere geldiği zaman küçük bir iş bulabiliyor; bir iş de köle emeğinin korkunç rekabetiyle karşı karşıya geliyordu. Deniz aşırı topraklarda yaşayanlar ise, ana yurttakilere oranla kültür bakımından çok daha ileriydiler. Ön Asya ve Mısır Romalıların ellerinde bulunmayan ve yapamadıkları ürünler yapabiliyorlardı. Yunanlıların Roma'yı kültür alanında yendikleri gibi Küçük Asya ile Mısırda üretim alanında onlara üstündüler. Roma, sömürgelerin ürünleri için bir sürüm alanı oldu. Bu durumda, gitgide yoksullaşan halkda devletin ve bazı toprak sahiplerinin öne sürdükleri çalışma düzeni ve verdikleri para karşılığında geldikleri yere geri dönmek zorunda kalıyordu.

Çağdaş devir boyunca Avrupa teknik bakımdan gelişti, araç ve gereç kaynaklarını arttırarak mal üretimini geliştirdi ve böylece ekonomik devrimini başarmış oldu. Buna karşılık Roma, Ortaçağa döndü. Derebeylik düzeni yeniden kuruldu, küçük tarımcılar toprağa bağlı olarak çalışan birer köle durumuna girdiler. I.Yüzyıldan başlayarak, Roma ülkesine yerleşen toprağa bağlı tarımcıların getirdiği tarımsal üretim biçiminin sonucu bu olmuştu.

Bu çeşit bir gelişmenin Roma İmparatorluğunda, halk yığınlarını korkunç bir yoksulluğa düşürmesi pek tabiiydi. Bu yüzden halkın, kurulu düzeni devirme istekleri de Spartacus ve Catilina zamanından beri gitgide artmıştı.

O halde nasıl oldu da Roma emekçilerinde komünist bir hareket ortaya çıkmadı? Bu soruya bir karşılık vermeden önce, Roma'da bu devirde yaşamakta olan yazarların, halk yığınlarının duygu ve düşüncelerini inceleyen yazılarını gözden geçirelim.

2 — Bağımsız, Özentisiz ve Uyumlu bir Yaşama Özlemi

Yunanistan'da, toplumsal kavgalar ve halk ayaklanmaları sırasında duyulan özlem gibi Latin filozofları ve şairleri de insanların bağımsız, özentisiz ve uyumlu bir biçimde yaşamakta oldukları ilkel komünizm devirlerini üzüntüyle anıyorlar; özel mülkiyetten, sömürülmekten, iç ve dış savaşlardan yakınıyorlardı.

Salluste, "Catilina" adındaki eserinde, herkesin elinde bulunanla yetindiği, insanlardan aşırı isteklerde bulunmayı akıllarından geçirmedikleri mutlu devirleri acı duyarak anmaktadır. Bu düşünceleri Virgile, "Georgiques" adını taşıyan şiirinde daha açık biçimde söylüyor:

"Zeüs'den önceki devirde henüz hiç bir tarımcı, tarlalara sahip çıkmaya kalkmamıştı. Tarlaların sınırlarını belirlemek ve bölünmesine girişmek yasaktı. Her şey kolektifti. Bu durumda toprak da ürününü daha bol veriyordu."

Virgile bu sözleriyle, toprağın ilkel komünizm devrinde daha verimli olduğunu ve ürününü arttırması için zorlanmanın gerekmediğini belirtiyor. Bu düşünce, Kutsal Kitap'ta sözü geçen Yeryüzü Cenneti'ne çok benzemektedir. Yeryüzü Cenneti'ni anlatan Kutsal Kitap efsanesine göre toprak, bütün insanlığın Âdem'in kişiliğinde işlediği günahtan sonra çalı ve diken yetiştirmeye başladı. Virgile' de, Altın Çağı olarak adlandırılan bu ilkçağın yeniden geleceğini ve insanların ilk devirdeki gibi mutlu bir hayat süreceklerini bolluk içinde yaşayacaklarını söyler:

"Doğmakta olan bir büyük yüzyıllar devrinin başladığını görüyorum. İşte, bakire Astree ve onunla birlikte de Cronos'un saltanat devri yeryüzüne geri geliyor. Göklerden, yeni bir üstün insanlar soyu bize doğru iniyor. Sana doğru gelen çocuğa gülümse. Çünkü onunla birlikte demir devri bitecek ve Altın Çağ başlayacak." (Les Bucoliques).

Horace' da insanların barbar çağlarındaki özentisiz yaşayışlarını ve uyguladıkları komünist yaşama biçimini övüyor ve zenginliği kötülüyor: "Gezici evini arabasının üstüne kurmuş olan Sythe daha mutluydu. Yaban Gete daha mutluydu. Onların, sınırı olmayan tarlaları herkese açık kolektif ürünler verir. Her kötülüğün ilkesi olan şu incileri, elmasları, gereksiz altınları Capitol'e bırakalım ya da denize atalım." (Odes)

Bu özentisiz, doğal uygarlık devrinin tasalarından ve çekişmelerinden uzak yaşama isteği o devrin aydın çevrelerinde pek yaygındı. Bu sözlerde Stoacı düşüncenin etkisi açıkça görülür. Filozof Seneque'te (Seneque le Rheteur — Hatip Seneque'in oğlu) bu etkiyi daha da belirgin bir biçimde görürüz. Filozof Seneque, "Epitres" adıyla bilinen mektuplarında, İlkçağ komünizminin özentisiz ve doğal yanlarının çekiciliğinden uzun uzun söz eder. "Bu insanlardan daha mutlu kimse var mıydı? Doğanın ürünlerinden kolektif yararlanıyorlardı. Doğa onları bir ana gibi doyuruyor ve hayatları boyunca özenle bakıyordu. Ortak zenginliklerden ortaklaşa yararlanılıyordu. Aralarında bir tek yoksulun bile bulunmadığı bu kimseler, gerçekten zengin değil miydiler? Ama bencillik ve çekememezlik başladıktan sonra, her biri kendine ayırmak için kenara bir şeyler koymaya başladı ve elindekini de yok etti. Bugün artık insan, yaptığını düzeltmek, yitirdiğini yerine koymak istese ve bunun için de komşusunu, toprağını satın alarak kovmak ya da yerinden zorla sürmek istese ve toprağının sınırlarını, günler boyuna giderek varamayacağı kadar uzaklara götürse, yine de hiç bir şey kazanmış sayılmaz. Çünkü ayrıldığımız noktaya bir daha hiç bir zaman geri dönmeyeceğiz. Ne bolluk, ne de kıtlık bilinirdi o çağda. Her şey barış içinde bölüşülüyordu. En kuvvetli, en zayıf olanın omzuna elini daha koymamıştı. Herkes komşusuyla, kendisiymiş gibi ilgilenirdi."

Seneque gerçekten, Roma'nın en dikkati çekici filozoflarından biriydi. Ölüm gününü, sonsuz hayatın başlangıcı olarak görüyor ve bunun övgüsünü yapıyordu. Köleleri, hatta insanın kendine düşman bildiği kimseleri bile kırmamak gerektiğini öne sürüyordu. Ona göre insan, insan için kutsaldı. Düşünceleri Hıristiyan anlayışına o kadar yakındı ki kilise büyüklerinin pek çoğu onu bu yüzden Saint Paul'ün arkadaşı olarak görmüşlerdir. Aslında bu yakınlaşmayı yapmakla yanlış hareket ediyorlardı. Seneque örneği göstermiştir ki Stoacıların ahlâk anlayışı, daha önceleri Yahudi ahlâkının Palestin'de ve Grek-Yahudi anlayışınında İskenderiye'de yönelmiş olduğu yoldaydı. Bu durum da, Cumhuriyet'in birinci yılından İmparatorluğun birinci yılına kadar giden süre içinde Roma'nın göstermiş olduğu politik, sosyal gelişmenin sonucudur.

Uyumlu bir toplumsal düzen isteği daha iyi bir din ve ahlâk bulmak isteğiyle birlikte gidiyordu. İnançlılar dünyası o güne kadar nerede daha yüksek, daha insancı daha soylu ve yalın bir ahlâk anlayışı aramışsa, orada dinin ve Tanrı düşüncesinin daha manevileştirilmeye başlandığı görülmüştür. Bunun bir örneğini, Yahudi peygamberlerini incelerken görmüştük. Yahudilerde, daha yüksek bir manevî düzen düşüncesinin belirmesiyle birlikte Yahova' da bölgesel özelliğini yitirerek Adalet Tanrısı katına yükselmiştir. Böylece, Tanrı düşüncesi de soyut bir özellik kazanmış oluyordu. Romalılarda durum bundan değişik olmadı. Eski Tanrıların görünümü değişti. Kültürlü çevreler Stoacı ahlâk anlayışına, dolayısıyla Doğu'nun inanç biçimine doğru döndüler. Mısır ve Asya'nın sırları Romalıları gitgide daha çok etkilemeye başladı. Yahudi dininin çekiciliğine kapıldılar. Helen dünyasınında da durum bu yönde gelişmekteydi. Daha İsa'dan önce III. yüzyılda, Musa'nın beş kitabı «Pentatejuque» Yunancaya çevrilmiş bulunuyordu. Pompee ve Sezar Savaşlarının sarsmış olduğu Roma - Helen İmparatorluğu, toplumsal çatışmalar ve İmparatorluğun içindeki çekişmelerinde etkisiyle, şaşkınlık içinde bulunan kimselerin gözleri önünde, halk hareketlerinden ve Doğu düşüncesi ile Yunan düşüncesinin karışımından doğan yeni düşüncelerden ortaya çıkmış bir takım görüşler göz önüne serilmişti. Yeni bir devrin, yani Hıristiyanlık devrinin yaklaşmakta olduğu belliydi.

Tabii bu yeni düşünceler, halk tabakalarının her birini aynı ölçüde etkilemiyordu. Gelir durumu, eğitim, gelenekler, coğrafî ve politik özellikler arasındaki değişiklikler bu tabakaların her birinin etkilenme ölçüsünü ve biçimini değiştirmekteydi. Halk tabakalarının her birinin özellikleri, Doğu'dan gelen yeni düşünce biçiminin onların üstündeki etki gücünü değiştiriyordu. Bu bakımdan, biz bu etkileri genel olarak iki ayrı bölümde inceleyeceğiz. Yoksullar ve ezilmekte olanlar, durumları gereği her şeyden önce ürünlerin daha doğru bir biçimde bölüşülmesinden yanaydılar. Bunun yanı sıra türlü baskının ve üretim araçlarını ellerinde bulunduranların buyruğu altında kalmanın karşısındaydılar. Başlıca istekleri, sosyal adalet ve zenginlerle sözünü geçirenlerin etkilerinin kırılmasıydı. Amaçları da toplum düzeninin komünist bir değişimle yeniden kurulmasıydı. Aydın tabakaların istekleri ise, çok başkaydı. Onlar, düşüncelerine uygun bir inanç kaynağı arıyorlardı. Sağlam metafizik gerçeklere dayanarak ruhlarının içinde bulunduğu karışıklığa son vermek, kalplerindeki boşluğu doldurmak istiyorlardı.

Burada, birbirinden büsbütün ayrı iki akım karşısında bulunduğumuz görülüyor: Komünizm ve inanç. Birinci akım yavaş yavaş, halk yığınlarını etkisi altına aldı. ikincisi de aydın tabakaları etkiliyordu. Dolayısıyla, birinciler komünist bir akım ortaya çıkardılar. İkincilerde Hıristiyan teolojisini kurarak din anlayışı çatışmalarını doğurdular. Bu iki akım, Hıristiyan kilisesinin bazı büyüklerinde birleşmiş olarak görülüyor.

Din ve ahlâk dogmalarını bir yana bırakıyoruz. Çünkü amacımız bir dinler tarihi değil, sosyalizmin tarihini yazmaktır. O zaman da Hıristiyanlık içindeki komünist akımların oynadıkları rolü incelemek görevlerimiz arasına giriyor demektir. Çünkü Roma İmparatorluğunda Hıristiyanlığı halk tabakalarının benimsediği bir akım haline getirmiş olan şey bu düşüncelerdir. Bundan önceki bölümün sonunda sormuş olduğumuz sorunun cevabınıda şimdi artık verebiliriz.

Soruyu hatırlatalım: Roma İmparatorluğunda emekçiler niçin komünist bir öğreti ortaya çıkaramadılar? Çünkü Hıristiyanlık, Roma İmparatorluğunda, emekçilerin komünizmiydi. Roma İmparatorluğunun yönetici sınıfları nasıl yeni bir felsefe ve din ortaya çıkaramamış ve bunları, yendikleri Yunanlılardan almışlarsa Roma'nın ve İtalya'nın halk tabakalarıda kendilerine özgü bir ideoloji yaratamamışlar ve bu ideolojiyi hazırlop bir halde Yunan - Musevî kültürünün habercilerinden almışlardır.

BÖLÜM VII

İLKEL HIRİSTİYANLIK

1 — Hıristiyanlık Öncesi Filistin

Yahudilerin politik ve manevî bakımdan durumları iki yüzyıl boyunca, durmaksızın kötüye gitmişti. Babil sürgününden döndükten sonra Yahudiler, dinsel bir topluluk olarak yaşamaya başladılar. Yasaları din temelleri üstüne kurulmuş olmasına karşılık Filistin, İran İmparatorluğunun bir parçasıydı. Daha sonra Makedonyalıların boyunduruğu altına girdi. Bu imparatorluğun yıkılmasıyla da ülkeyi Seleucide' ler boyundurukları altına aldılar. Yahudilere baskı yaparak onları Helen uygarlığının etkisi altınla sokmak istiyorlardı. Fakat Antiochous Epiphane'ın 168 yılında Yahudilerin tanrısı Yahova'ya tapılmasını önlemeye kalkışması üzerine Yahudilerin din büyükleri ayaklandılar ve Juda Macchabee'nin önderliğinde Selecuidelere karşı savaşarak bağımsızlıklarını kazandılar. Boyunduruk altına düşmelerinden kısa bir süre sonra yeniden bağımsızlıklarınla kavuşmak Yahudi dininin gücünü arttırmıştı. Daniefin, İmparatorlukların yıkılacağını ve Yahudilerin yönetiminde bir Tanrı İmparatorluğu kurulacağını ve Yahudilerin yönetiminde bir Tanrı İmparatorluğu kurulacağını bildiren kitabı bu zamanda ortaya çıkar: "Dört hayvanın üstünlüğü geri alındı. İnsanoğlunun bulutlardan inerek geldiğini gördüm. Günlerin ilkine kadar geldi ve bütün zamanların sonuna kadar sürecek olan şan, güç iktidar verdi. Üstünlük, kutsal halka verilecek ve onun kurduğu krallık sonsuzluğa kadar sürecek." Yahudilerin ideali, Yahudi egemenliği altında, saldırgan sömürgelerin yırtıcı yönetiminde bulunan imparatorluk yerine bir Tanrı Krallığı kurmaktı.

Bu çağda ülke Maccabee'ler tarafından yönetiliyordu. Yahudiler arasında üç akım ortaya çıktı: "Saduceen'ler, Pharisien'ler ve Esseen'ler. Saduceen'ler, Yahudilerin kutsal bir görevi olduğuna inanmayan ve Helenlere yakın olan papazlarla aydınlar tarafından tutuluyordu. Bunlar, Yahudilerin dünyayı ele geçirmesi gibi düşünceleri, gerçekleştirilemeyecek kadar gülünç bulan politikacılardı. Küçük bir azınlıktılar. Pharisien'ler ise orta sınıftan kimselerin kurduğu, üyeleri yalnız Yahudiler olan Yasal bir partiydiler. Onlara göre Yahudiler, kutsanmış bir halk, bir din adamları topluluğu olmalıydı. Anladıkları anlamda Tanrı Krallığı buydu. Ulusal ve dinî etkenler birbirinden kopmaz bir biçimde kenetlenmişti. Esseen'ler ise dinsel ya da ulusal bir amaç gütmüyorlardı. Kolektivizm üstüne kurulu bir topluluktular ve aşırı düşünceleriyle ötekilerden ayrılıyorlardı. Amaçları ahlâk değerleri üstüne kurulu dinsel ya da ulusal hiç bir yasa ve devletin hiç bir türlü baskısı olmayan; buna karşılık topluluğun çıkarlarının gözetildiği bir toplum anlayışına varmak ve böylece Tanrı ülkesi amacına ulaşmaktı.

Kendilerini dirençle her türlü topluluk çatışmalarının dışında tutmaya, başkaları üstünde egemenlik düşüncesinden uzak kalmaya çalışıyorlardı. Saduceen'lerle Pharisien'ler arasındaki çekişmelerden özenle kaçınıyorlardı.

Judee ülkesinin bağımsızlığı, bir yüzyıl kadar sürdü. Bu süre içinde ülkenin ekonomik hayatı hareketlenmiş, tarım ve zanaat kollarında gelişmeler olmuştu. Aydınlar bile, yaşayabilmek için beden çalışmasını kendileri için bir görev saymaktaydılar. Bütün ülkede, küçük burjuvalara özgü bir dindarlık ve ahlâk anlayışı görülüyordu. Fakat bu durum uzun sürmedi. 63 yılında Pompee, Suriye'yi ele geçirdi ve Filistin'e girdi. Kudüs'te Papazlar arasında çıkan bir anlaşmazlıktan yararlanarak başarılı bir saldırı sonunda Romalı birlikler kolaylıkla şehre girebilmişlerdi. Yahudilerin korkuları içinde Pompee, Tabernacle tapınağına girdi. Böylece, ülkenin bağımsızlığı da son buldu. Yahudi kralları, Roma'nın egemenliği altına giriyorlardı. Halka ağır vergiler kondu. Bu durum, yer yer ve etkisiz kalan küçük ayaklanmalar, ya da halkın pasif direnmesinden başka önemli bir orala sebep olmadı. Yalnız halkın arasında eskiden beri benimsenmiş olan Tanrı Devleti düşüncesinin daha da güçlü bir istek biçiminde ortaya çıkmasına yol açmıştı. Yahudi peygamberleri onlara boş ve doğru olmayan sözler mi söylemişlerdi? Yoksa Yahudiler mi Tanrının buyruklarına uymamışlardı? Din uğruna ölmüş olanların kanları boş yere mi akmıştı? Hayır! Tanrının kutsal sıvılarla kutsamış olduğu Mesih yakında gelecek ve yeryüzünü yönetmeye başlayacaktı. Kışkırtıcılar halkın arasına girdiler ve bölünmeler başladı. Ortaya birbirine karşı topluluklar çıktı. Saint -Luc'ün İncili, halkın içinde bulunduğu durumu en iyi anlatan belgelerden biridir. Burada Tanrı için söylenmiş şu sözleri buluruz: "Kendini herkesten üstün görenlere karşı en büyük sertliği gösterir. Güçlüleri yıkar, ezilenlere dayanak olur. Zenginleri yoksullaştırır; yoksulları zenginleştirir." Bütün Juda ülkesi boydan boya, bir kazan gibi kaynamakta, ulusal ve toplumsal alevler saçmaktadır. Yahudilerin ulusal yaşayışları boyunca sık sık görülmüş olduğu gibi, halk bu çeşit ağır bir baskı ya da politik bakımdan çok önemli değişiklikler sırasında yine şöyle bir duyguya kapılmıştı: "Tam zamanıdır. Tanrının hüküm sürmeye başlaması gecikmeyecek. Mesih pek yakında gelecektir."

2 — İsa Silahların Zoruyla Değil, Ruhun Gücüyle

İsa, işte bu karışık ve kaynayan hava içinde tarih sahnesinde göründü. Filistin'in kuzeyinde bulunan Nareth kasabasındaki bir zanaatkârın oğludur. Burada bir Yahudi okuluna gitti. Peygamberleri okudu ve öğrendi. Sinagogda din üstüne yapılan konuşmaları dinliyor ve her yıl Paskalya mevsiminde, Yahudilerin kültür merkezi olan Kudüs şehrine gidiyordu.

Zekâsı pek çabuk gelişti. Daha çok genç yaştayken, halkın çekişmelerine o da katılmaya başlamış bulunuyordu. Yuşa peygamberi pek sevmişti. Onun şu sözlerini sık sık okumadan edemiyordu: "Tanrının ruhunu içimde taşıyorum. O beni kutsadı ve yoksullara iyi sözler söylemek, kırık kalpleri onarmak, tutuklu olanları avundurmak; ezilenleri kurtarmak, Yahova'nın büyük kurtuluş gününün yakın olduğunu size müjdelemek için gönderdi."

İsa'nın okumaktan en çok hoşlandığı sözler işte bunlardı. Bu sözlerin, onun hayatının da bir çeşit özeti olduğu görülüyordu.

Kısa zamanda çağdaşlarının dikkatini çekmişti. Kişiliği hiç kimseyi ilgisiz bırakmayacak kadar önemliydi. Görünüşü bile çevresinde saygı uyandırıyordu. Birçok kimse onu, Romalılara karşı hazırlanmakta olan kurtuluş savaşının gelecekteki önderi olarak görüyorlar ve kendilerine katılmasını sağlamaya çalışıyorlardı. Tanrı ona bu olağanüstü yetenekleri bundan ötürü vermemiş miydi? Onun içinde, ezilmiş olan halkını baskıdan ve başkalarımın boyunduruğundan kurtarmaktan daha soylu bir amaç olabilir miydi?

İsa'nın başlangıçta bu eğilimin etkisi altında kalmış olduğu anlaşılıyor ve Ulusçu duygular toplulukları bir alev gibi sarıyor ve gerçekten değerli birçok kimseyi de etkisine alarak sürüklüyordu. Dolayısıyla o da bu akımın etkisinden kendini birden çekip kurtaramamıştı. Şu sözlerinin işte o zamandan kalmış olduğunu düşünmek yersiz sayılmaz: "Size barış değil, savaş getirmek için geldim."

Çünkü Saint Mathieu'nün İncil'inde bulunduğumuz bu sözler, kitabın içinde yerleştirildiği zamanın gerçeklerine ve şartlarına pek uymuyor. İsa daha sonraları bu düşüncelerinin tam tersini benimsemeye başladı. Jude ülkesinin de Roma'nın da sertlik ve kaba kuvvetle değil, ruhların gücüyle, barışçı, fedakâr bir anlayışla ve içten de dıştan da arınarak kötülükten kurtulabileceğini düşündüğünü söylüyordu. Yeryüzündeki güç ve etkinlik yalnız görünüşte olan bir şeydir. Çünkü onların temeli kötülüktür. Bu anlayış, ortaçağın son yıllarına kadar geçerliğini ve etki gücünü yitirmemiştir.

Bu düşüncelere vardıktan sonra da bütün ayaklanma tasarıları onun için, şeytanın birer aldatmacası olmuştu. Kırk gün ve kırk gece boyunca çölde, kafasında bu düşünceyi yenmek ve şeytanın oyununa düşmemek arasında bir seçim yapmakla uğraştı. Romalıları yenselerdi bile ne kazanacaklardı? Roma egemenliğinin yerine Pharisien'lerin üstünlüğünü koymakla insanlığa ne bakımdan daha yararlı bir iş yapılmış olunurdu? Hayır. Çünkü yazılı olan şuydu : "Yalnız Tanrıya tapacaksın. Onun isteğini, peygamberleri insana bildirdiler."

Sosyal adalet, yoksulların ve ezilenlerin kurtarılmaları, zenginlikten uzak durmak, baskıları itmek, insanlığı, içine Tanrı düzenini ve yönetimini sindirmiş olan insanlığı sevmek.

Bundan sonra artık bütün yurtseverler, ihtilâlciler ondan yüz çevirmeye başladı. Buna karşılık bütün halk ona doğru koşuyordu. Ardındakilerin sayısı gün geçtikçe arttı. Çevresine toplananların sayısı artınca da bir gün dağın tepesine çıktı ve konuştu:

"Yoksullar, ezilenler, iyi yürekliler, adaletin kurbanı olanlar, mutlusunuz. Savaşmayanlar, kötü ile çekişerek ona karşı koymaya çalışmayanlar, kötülüğe iyilikle karşılık verenler siz mutlusunuz. Yasaları, yargı yerleri, yargıçları olmayanlar, ama düşmanlarını sevenler ve kendilerine kötülük edenler için yakaranlar siz de mutlusunuz. Zira bütün insanların bir tek babası vardır. O da gök katındadır. Onun krallığı kurulsun ve onun buyrukları geçer olsun. Güç onundur, sonsuzla kadar güçlü olan odur."

Ayrıca şunları da söyledi: "Politik çekişmeler, ayaklanmalar, insanların birbiriyle yaptıkları savaşlar, cinayetler, reformlar, devlet işlerini yönetmek, vb. Peygamberlerin idealini gerçekleştirmenize yardımcı olmayacaktı. Tanrı saltanatı ne Yahudilerin yeryüzünde egemenlik kurmaları, ne dinin buyruklarının görünür olanlarını uygulamak, ne yasalara saygılı davranmak ne de yurdun çıkarlarını savunmak demektir. Çünkü bunlar hep geçici şeylerdir. Tanrının saltanatı şu demektir: Hayatın temelini insanlık sevgisi üstüne ve yeniden kurmak. Güçsüzlere ve günahı olanlara acımak. Zenginler arasındaki ayrımları ortadan kaldırmak. Herkesin topluca ve herkes için çalışması. İnsanları, üstlerine çöken kötülüklerden kurtaracak olan budur."

İsa, peygamberlerin mirasçısıydı. Davranışı açıkça dine ve ulusçuluğa karşıydı. Sözlerinden açık bir anarşist - komünist eğiliminin izleri kolayca çıkarılabilir. Stoacı ahlâk anlayışını manevileştirmiş; Yahudi dininin, dinsel gelişmesiyle kazanmış olduğu zenginlik ve derinlikten yararlanmış olan Stoacı anlayışın bu gelişmesinden de yararlanmıştı. İsa devrinde Yahudilerin duydukları günah duygusunu, Tanrının varlığını, Tanrı korkusunu ve kıvancını bir Helen hiç bir zaman duymamıştır. Yahudilere, Romalıların egemenliğine karşı ayaklanmak, yıllar boyunca süren kahramanca ve çok kanlı bir savaş vermek gücünü sağlamış olan da bu inanç sağlamlığından başka bir şey değildir. İsa, bu bakımdan Yahudileri de geçti. Ulusal sınırları aşarak geleneksel din yapısını tuzla buz etti. Sözün tam anlamıyla büyük bir ihtilâlciydi. Halkın kendisine karşı duyduğu sevgiyi, Roma'ya karşı açılmış olan kurtuluş savaşının yararını kullansaydı, kuşkusuz söylenebilir ki Yahudiler onu bağışlardı. Roma egemenliğine karşı ayaklandığı için çarmıha gerilerek öldürülmekle cezalandırılacak olan Barabbas'ın suçunun bağışlanmasını sağlamamışlar mıydı? Ama İsa ve taraftarları Yahudilerin hayatından öylesine uzaklaşmıştılar ki, İncil yazarı Saint Marc, Barabbas'ın davranışını cinayet olarak adlandırabiliyordu. İsa, yalnız din bakımından değil, politik ve toplumsal bakımdan da Yahudi ve Roma uygarlığının dışında olmak istiyordu. Bunun için de ölüme mahkûm edilerek çarmıhta can verdi.

3— Hıristiyan Topluluklarında Komünizm

İsa'nın çömezleri arasında, büyük ustanın eserini sürdürebilecek güçte bir tek kişi bile yoktu. İsa'nın çalışmalarının başlangıcından sonraki gelişme devresi çok kısa sürmüş olduğu için onun açtığı yolda yürüyerek eserini geliştirmeyi başarabilecek bir kimse yetişememişti. Bunun içinde Hıristiyanlığın düzenleyicisi ve örgütleyicisi olmak, birkaç yıl sonra Saint Paul'e düştü. Saint Paul, Yahudi topluluklarının duygu ve düşünceleri hakkında hemen hiç bir şey bilmiyordu. Çünkü o bir Pharisien'di. Din gereklerinin kesinliği ve Yahudi dininin sayıca pek bol olan buyruklarının çokluğu ona acı ve sıkıntı vermekteydi. "Epître aux Romains" (Romalılara Mektup) adını taşıyan mektubunun 7. bölümü, Yahudi yasasının geçerliği ve etkinliği konusunda kendi kendisiyle yapmış olduğu iç savaşa açıklayıcı bir ışık tutmaktadır. Stoacıların yasaları konusundaki anlayışının onun üzerinde, insanın ilkel durumumu yitirerek bozulmasıyla ilgili bir etki yapmış olduğuda düşünülebilir. Bununla birlikte Paul, İsa'nın öğretisini bir aydının kafası ve bilinciyle anlayabileceği kadar anlayabilmiştir. Ama şu da var ki o, bu öğretiye eğitimi ve kişisel özelliklerinin sonucu olarak bir dogma özelliği vermişti. Aşırı bir insanlık sevgisiyle kendini gösteren güçlü kişiliği ve sınırsız inancı, anarşist komünist emekçileri ikinci plana itiyordu. Bu gruplar ona uzun bir süre dayandılar, ama sonunda, güçlü iradesi ve yorulmak bilmeyen inandırma iktidarı karşısında yenik düşmekten kurtulamadılar. Paul'ün kendini yeryüzü işlerinden uzak tutmak konusunda gösterdiği çabalar öylesine güçlüydü ki bu düşüncelerle savaşmayı bile küçüklük sayıyordu. Her şeyin temeli, İsa'ya inanmak yoluyla insan ruhunun kurtuluşu değil miydi? İmana bağlı kalındığı sürece, yeryüzünde sözünü geçiren kimsenin şu ya da bu olması, şöyle ya da böyle yönetmekte olması, ne bakımdan önemli olabilir ki?

Bununla birlikte, İsa'nın çarmıha gerilmesinin üstünden geçen birkaç yıl boyunca, çoğunluğu Yahudi emekçileri olan ilk Hıristiyan toplulukları ya tam bir komünist düzeni içinde yaşıyorlardı ya da bu amaca bağlıydılar.

Bunlar yoksulluklarından onur duyarlardı. Ebonit'leri (Ruhun kurtuluşunun yalnız yoksullar için olduğunu öne sürenler. Ç.N.) yoksulluk içinde kıvrananları ve toplumsal adalet getirdikleri kanısında olanları bunların arasında sayabiliriz. İsa, yalın ve kesin deyişle "hem Tanrıya, hem de Mammon'a hizmet etmek olanaksızdır" demişti. (Mammon İncil'de, servet anlamına kullanılan bir kelimedir. Ç. N.) Çömezleri de Tanrıya hizmet etmek için Mammon'dan yüz çevirmişlerdi. Dolayısıyla ilk Hıristiyan toplulukları ya bir çeşit komünist hayatı yaşamaya başladılar ya da bu ideale ellerinden geldiğince yaklaşmaya çalıştılar.

Yüreklerine Tanrı imanını koymuş olanlar birlikte yaşıyorlar ve her şeylerini aralarında bölüşüyorlardı. Kendilerinin olan malları satıyor ve aralarında, ihtiyaçlarına göre kazancı paylaşıyorlardı. (İsa'nın çömezlerinin davranışları) İman etmişler topluluğunun bir tek kalbi ve bir tek ruhu vardı. Hiç kimse, kendisinin olan şeyler için, bunların kendi malı olduğunu söylemiyordu. Her şey herkesindi. Zenginlik bir ayıp gibi görülüyordu. Buna karşılık yoksulluk da kutsal bir şey sayılıyordu. Mammon'a bağlanmanın, zenginlik sevmenin çok ayıp bir şey olduğunu herkes kabul ediyordu.

Buna karşılık yoksulluğunda yeryüzünde bütün kıvanç ve eğlencelerden kaçmak anlamına geldiği düşünülüyordu.

Hıristiyanların sayısının artması, topluluklarının gelişmesi, Saint Paül'ün anlayışının başarılı bir biçimde yayılması Hıristiyanlıktaki komünist unsurun gücünü azalttı. Bunların yerine acıma geldi. Bununla birlikte, Hıristiyanlık içinde bile yavaş yavaş, sınıf uzlaşmazlıkları beliriyordu. Çünkü Hıristiyanların arasında da zenginler ve yoksullar, işverenler ve işçiler vardı. Bu yüzden, eski kardeşlik havası yavaş yavaş yok olmaya başladı. Sınıfların aykırılığı teorik bakımdan, iman sahibi olmak ve iyi işler yapmak arasında ortaya çıkıyordu. Bu durumu en belirgin biçimde, İsa'nın on iki çömezinden biri olan Jacques adıyla bildiğimiz bu kimse, Epître'lerinden (Epître, İsa' nın çömezlerinin mektuplarına verilen addır) birinde İsa' nın öğrettikleriyle Paul'ün öğrettiklerinin birbirinin tersi olduğunu öne sürmektedir: "İyi işler yapmadıktan sonra, imanı olmak neye yarar? İmanımız tek başına bizi kurtarabilir mi?"

Bundan sonra da, Hıristiyanların toplu olarak bulundukları zaman aralarındaki zenginlerin kendilerine özel bir saygı göstermelerini istemelerini yererek onların yoksul din kardeşlerine karşı ikiyüzlü davrandıklarını söyler: "İyi davranışlar olmadan iman hiç bir şey değildir." Zenginlere, Tanrının yoksulları seçmiş olduğunu belirtir: "Bunun için de siz zenginler, sizi bekleyen yoksulluğu düşünerek ağlayın. Zenginlikleriniz çürümeye, şatafatlı giyim eşyanız kurtlar tarafından yenmeye mahkûmdur. Tarlalarınızdaki ürünlerinizin hasadını yapanların gündeliklerini cebinize atarak biriktirdiğiniz paralarla bir servet yaptınız. Biliniz ki hakkını yemiş olduğunuz bu insanların ahları Tanrı katına ulaşmıştır."

Bu bakımdan, komünist unsurların gücünün azalmış olması konusunda durumu pek genelleştirmek doğru olmaz. İsa'nın ölümünü izleyen ilk üç yüzyıl boyunca, Hıristiyan topluluklarında komünist düşünüş çok güçlüydü. Roma yasalarına ve kurumlarına sessizce uyulmakla birlikte bu yasa ve kurumların doğru oldukları pek düşünülmüyordu. Kilise babaları, hiç değilse teorik bakımdan, İsa'nın ulusçuluğa karşı, komünist öğreticisine bağlıydılar. Özel mülkiyeti, devletin baskı araçlarını askerlik görevini ve yurtseverliği doğru bulmuyorlardı.

4 — Kilise Babaları ve Komünizm

Kıbrıslı Barnabas, Epître'lerinde şöyle yazıyor: "Her şeyi, komşunla ortak sayacaksın. Hiç bir şeyi yalnız senin saymamalısın. Sonsuz olana her birinizin ortak olduğunu biliyoruz da olmayana neden ortak olmadığınıza inanacaksınız."

Justin'le Martyr, dindaşları için şunları söyler:

"Bir zamanlar elimizden geldiği kadar çok zenginlik toplamaya çalışan bizler, şimdi bizim olan her şeyi topluluğumuza getiriyor ve kimin ihtiyacı varsa onunla bölüşüyoruz." Onunla çağdaş Clement d'Alexandrie'nin bu konuda yazdıkları ise şöyledir: "Her şey kolektiftir. Hiç bir şey yalnız zenginlerin edinmesi için değildir. Onun için de, bende her şey bol bol var; neden yararlanmayayım düşüncesi ne insanlara ne de topluma uygundu. Tanrı bize yeryüzündeki her şeyden yararlanmak özgürlüğünü vermiş. Ama bunun yanı sıra, ihtiyacımız kadar yararlanmamız gerektiğini ve bunun hepimizin kolektif hakkı olduğunu da buyurmuş."

Tertilien'e gelince, onun da söyledikleri değişik değildir: "Biz Hıristiyanlar, bizde nice anlaşmazlıkların nedeni olan mülkiyet konusunda kardeşiz. Ruh ve gövde olarak birleşiğiz ve her şeyi herkesin malı sayarız. Karılarımızın dışında her şeyi bölüşürüz. Oysa sizde kolektif olan bir tek odur." Tertilien yazılarında, özel mülkiyete karşı olduğunu açıkça söyler. Tanrı, zenginlikleri küçümser ve yoksulları korur der. Tanrının ülkesi zenginler için değil, yoksullar içindir.

Ayrıca, özel mülkiyet gerekliyse bile yaşamayı sürdürmeye yeterli olanı geçmemelidir. Böylece düşünen Hieronyme de şunu öne sürüyor: "Kimde elinde yaslamasına gerekli olandan çok varsa, kendini bundan yoksun olana borçlu saymalı ve elindekinin fazlasını ona vermelidir." İstanbul Patriği Chrysostome'un görüşü de bunun gibidir: "Dürüst bir biçimde zengin olmanın yolu yoktur. Ama ya miras kalmışsa. O zaman da kalmış olan mirası, sizin değil de mirasına konduğunuz kimsenin dürüst olmayan bir biçimde kazanmış olduğudur." Böyle düşünmekte olan Chrysostome ayrıca, insanlar gerçekten isteyecek olsalar komünizmin ne zaman olursa olsun kurulacağına inanıyordu. Zira komünizm olamayacak bir şeydir deniyorsa, ilk Hıristiyan toplulukları bu düzeni yaşayışlarına nasıl sokmuşlardı? diyor ve şu yargıya varıyordu : "Atalarımızın yapmış olduğu bir iş bizim tarafımızdan da yapılamaz mı?"

Kilise Babalarının doğal hukukun öğretilerini savunduklarını görmek oldukça ilgi çekicidir. Saint Abmroise' da bu kanıda olanlardan biridir ve düşüncesini şöyle temellendirmektedir: "Komünist hukuku kuran doğa, özel mülkiyeti doğuranda zor ve sertliktir." İskenderiye Patriği Cyril'in görüşü daha da kesindir: "Doğa ve Tanrı, toplumsal hiç bir ayrım tanımaz. Bunu aramıza sokan insanlardır." Saint Augustin' de onun gibi düşünmektedir: "Bir kimse, bu benim evimdir, bu benim villamdır, bu uşak benimdir gibi yargıları Tanrı yasası gereğince değil, savaşın yasası gereğince söyleyebilir." Demek ki özel mülkiyetin devletin baskısıyla sürdürüldüğünü bu din adamları bir sonuç olanak düşünüyorlardı.

5 — Carpocrateçıların Komünist Topluluğu

En eski Hıristiyan görüş ve gelenekleri Mısır ve Kuzey Afrika Hıristiyan topluluklarında uzun zaman dayanmışlardır. O çağda İskenderiye, Hıristiyan bilim dünyasının başlıca merkeziydi. En büyük Kilise Babalan Clement, Rrigene ve Tertullien, Kartaca ve İskenderiye'den çıkmışlardır. Hıristiyanlığı yalnız bir felsefe akımı olanak gören "Gnosticisme" (Gnosis, Yunancada, bilgi demektir.) de, anlaşılan buralarda ortaya çıkmıştı. Bu akım, Hıristiyan imanının temeli sayılan birçok dogmayı kabul etmemekte, buna karşılık din adamlarının yeryüzünde her şeyden elini çekmiş olarak yaşamalarını doğru bulmakta ve zenginliği küçümsemektedir.

Topluluğa adını vermiş olan Carpocrate ve oğlu Epiphiane, İskenderiye'de yaşamış olan çok bilgili kimselerdi. Bu kimselerin kurduğu din topluluğu sözün tam anlamıyla komünistti.

Clement d'Alexandrie'ye göre Carpocrate'çılar komünist anlayışlarını şöyle açıklıyorlardı:

Tanrı'nın adaleti en başta ortaklık ve eşitliğe dayanır. Evrende her şey kolektiftir. Gök, yeryüzünün her yanına uzanır, yeri eşit bir biçimde büsbütün örter. Işık herkesin üstüne eşit olarak düşer. Doğa, ürünlerini bütün canlılara eşit olarak verir. Hayvanlar, yasaları olmaksızın yaşarlar ve hiç bir şeye bağlı olmaksızın çiftleşirler. Tanrı her şeyi herkese vermiştir. İnsanlar arasında ayrımlar, eşitsizlikler kötü meleklerin yeryüzüne düşmesinden sonra ortaya çıkmıştır. Kolektif mülkiyet yerini özel mülkiyete ve onun düzenini koruyan yasalara bundan sonra bıraktı. Cinsel ilişkiler de bağımsızdı. Cinsel yaşantının düzen altına alınması, eşini aldatmanın suç sayılması daha sonra oldu. Paul bile şöyle söylemiştir: "Günahın ne olduğunu bana yasalar öğretti." Onun bu sözünü Carpocrate' çılar şöyle yorumlarlar: Toplumun birbirine karşı topluluklara bölünmesi özel mülkiyete karşı bütün davranışları suç sayan yasaları ortaya çıkardı. İsa, yeryüzüne düşen meleklerin sebep oldukları kötülükleri ortadan kaldırmak için yere indi. Tanrının bütün evrene vermiş olduğu kolektif anlayışını getirerek diğer yasaları yararsız kıldı. Carpocrate'çılar da yaptıkları bu teoriden ayrılmayarak cinsel ilişkilerine varıncaya kadar tam bir kolektiflik içinde yaşıyorlardı. Onların bu anlayışı Roma'da da yayılmıştı

6 — Bin Yıllık Krallık

İsa'dan sonraki ilk üç yüzyıl boyunca, İsa'nın Tanrısal Krallığı kurmak için yeryüzüne ineceği inancı Hıristiyanlar arasında pek yaygındı. Bu Tanrısal Krallık, Altın Çağın, ilkel komünizmin geri geleceği ve doğa ile insanlar arasında, Âdemin kişiliğinde tüm insanların İşlemiş olduğu büyük günahın suçunun bağışlanacağı, herkes arasında tam bir eşitliğe kavuşulacağı; Zeus'un katı yönetimini unutturacak kadar tatlı günlerin geleceği bir çağ olarak göz önüne getiriyordu. Bu inancın kaynağını bulmak daha önceki açıklamalarımızı okuyanlar için hiç de güç olmayacaktır. Yahudi peygamberleri Hesiode ve Virgile. Bu peygamberler, Yahudilerin acılar, baskı ve pişmanlıklarından sonra arınarak Yahova'nın buyruğuyla yeryüzünü yönetmeye çağırılacaklarını söylemişlerdi. Bu yönetim, bütün canlılar için mutluluk, toplumda ve doğada sonsuz bir barış getirecek, toplumsal adaleti sağlayacaktı. Saint Jean (Katoliklere göre dördüncü İncil'in yazarı), Hıristiyanların Neron'un buyrukları üzerine öldürülmeye başlanmasından sonra yazılmış olan açıklamalarında bu inancı din kardeşlerine uygulamıştır. "La Reveiation de Saint Jean" adıyla bilinen bu bildiride, Tanrının, şeytanı (yeryüzündeki güçleri) zincire vuracağı ve bin yıllık bir süre için kuyuya atacağı; bundan sonra da din uğruna ölmüş olanların dirilerek bin yıllık krallığı yönetmek için İsa'nın başkanlığında işbaşına geçecekleri söylenmektedir. Bu inanışa "Chilistianisme" (chiii Yunancada 1.000 demektir) adı verilmesi bundan ötürüdür. Yunanlı ve Romalı Hıristiyanlarda bu inanışı Hesiode ile Virgile'in anlatmış, bulduğu Altın Çağ düşüncesiyle birleştirmişlerdir. Dolayısıyla, Tanrısal Krallığın gerek maddî bakımdan gerek duyu ve düşünce bakımından bir sevinç, zevk ve eğlence devri sayılmasında, tam bir komünist toplum düzeninin geçerli olacağı bir çağ olarak görülmesinde ve ilk insan kadar temiz olan arınmış Hıristiyanların acılarının, üzüntülerinin karşılığını göreceklerinin düşünülmesinde şaşılacak bir şey yoktur. Halk yığınları bu inanca sürekli olarak bağlı kalmışlar ve geleceğin ülkesini düşünebildikleri tasarlayabildikleri bütün elverişlilik ve kolaylıklarla doldurmuşlardır. Lyon şehrinin "eveque" i İrene ve Lactance gibi kilise Babaları, Tanrısal Devlet konusunda bu söylenenleri Hıristiyan insanının gerçekleri olarak görmekteydiler.

Bin yıllık krallık inancı zamanla zayıfladı. Bundan başka, din bilginleri de türlü yorumlarla İncil'deki ve İsa'nın çömezlerinin sözlerindeki komünist özü yok etmeye çalışıyorlardı. Bu durumun sonucu olarak Hıristiyanlık IV. yüzyılda artık tutucu bir din olmuştu. Komünizm manastırların ışıksız köşelerine ve sapık dindarlara sığınmaya çalıştı. Ama komünist düşünce ve bin yıllık krallık anlayışı Orta Çağın ve Yeni Çağların bütün hareketlerinde yeniden görülüyordu. Almanya'da protestan soylulara karşı ayaklanan köylülerin hareketine adlarını vermiş olan Anabaptistelerde ve ingiliz devriminde bu düşünce ve anlayışın etkileri olmuştur.

Roma İmparatorluğunda ise Hıristiyanlık, ömürlü sayılan tek örgüt olmuştu. III. yüzyılda, Roma İmparatorları Hıristiyanlığın güçlü olduğunu hissetmişlerdi. Ama Hıristiyanlığın içinde geçen başkalaşma sonucu bu hareketin, başlangıçta toplumsal - devrimci iken sonraları tutucu bir güç olmaya doğru gitmiş olduğunu göremediler. Bunun için de bir ikinci kez yıkmaya kalkıştılar. Bu yolda da uzun bir süre gitmeyerek kısa zaman sonra Hıristiyanlığa, diğer dinlerle eşit haklar tanıdılar (313). IV. yüzyılın sonunda da Hıristiyanlık artık devletin dini olmuştu. Ama Hıristiyan dininin buradaki başarısı, ancak İmparatorluğun politik ve ekonomik kurumlarına uydurulduktan sonra başlamıştır.

7 — İlkçağ Dünyasının Sonu

Roma İmparatorluğunun kültür alanındaki yıkılışı, önüne geçilmez bir yaşamın gereği olarak gerçekleşti. Toprak mülkiyetinin derebeylik düzenine uygun dönüşümü; küçük tarımcının işlediği toprak parçasına bağlanması; şehirlerdeki küçük zanaatçıların loncalar biçiminde örgütlenmesi, ekonomik hayatın durması ve gerilemesinin hem nedeni hem de sonucu olmuştu. Köylerde tarımla uğraşan halkın durumunun kötüye doğru gitmesi, şehirlerde yaşayan halk yığınlarının köylerine dönmesine elverişli değildi. Daha da kötüsü, köy halkı toprağa bağlı köleler durumuna geldikçe köylerden şehirlere akın artıyordu. Oysa şehirlerde bu kimselerin çalışmalarını sağlayacak kadar çok iş yoktu.

Üretimin ve yaşama araçlarının azalması nüfusun da azalmasına yol açmıştı. Üstelik bu durum da tam, Got, Alman, Vandal, Burgond ve Frank boylarının sınırlarda gitgide artan baskılar yapmaya başladığı bir zamana rastlıyordu. İmparatorluğun askere ihtiyacı vardı. Toprak işleyecek insan da gerekliydi. Oysa bu isteklerin ikisini birden karşılamak olanağı yoktu. Sonunda, büyük toprak mülkiyeti sözünü geçirdi, dolayısıyla ülkenin savunma gücünü görülür biçimde azalttı. Cermenler, Hunlar, Avarlar ve diğer barbarlar İtalya'ya saldırarak Roma'yı ele geçirdiler II. yüzyılın sonu ile III. yüzyılın başı arasında, asker İmparator Diocletien geniş çapta bir yeniden örgütlenme denemesine girişti ve imparatorluğu askerî bir hükümdarlık biçimine soktu; halkı zanaatların babadan oğula geçtiği bir kastlar topluluğu olarak örgütlendirdi; yurttaşların yaşamalarını sıkı bir düzen altına soktu. Ama imparatorluk artık iyileşemeyecek kadar hastaydı. Böylece bu çağ, bir yandan Roma kilisesinin zaferi, öte yandan da Roma İmparatorluğunun can çekişme devri oluyordu. İmparatorluk IV. yüzyılın sonunda Batı Roma İmparatorluğu ve Doğu Roma İmparatorluğu olarak ikiye bölündü. Birincisi Germenlerin saldırıları sonunda yıkıldı; ikincisi ise Bizans İmparatorluğu adı altında daha bir süre, bir bitki gibi davranışsız yaşadı.

8 — İlkçağ Dünyasının Son Bulmasının Nedenleri

Bundan önceki bölümde, Roma İmparatorluğunun ya da İlkçağ dünyasının son buluşunun nedenlerini belirtmiş ve bu imparatorluğun tutulduğu şifa bulmaz hastalıktan söz etmiştik. Ama bu çok güçlü politik örgütün parçalanmasına yol açmış olan temel nedenin ne olduğunu daha söylemedik. Gerek sayı, gerekse örgüt bakımından ne Cermen boyları ne de Hunlar, Roma İmparatorluğuna üstün değildiler. Onların davranışlarının başarılı sonuçlanması, Roma İmparatorluğunun daha önceden beri hasta olması ve hastalığına ilâç bulamamasından ötürüydü. O halde, Roma İmparatorluğunun ve onunla birlikte İlkçağ dünyasının da çökmesinin derinde yatan temel nedeni neydi?

Bu neden Roma İmparatorluğunun, üretici güçlerini arttırmak ve kalabalık nüfusunun ihtiyaçlarını karşılamak bakımından göstermiş olduğu güçsüzlüktür. Roma, kalabalık bir köylü nüfus üstüne kurulu bir tarım devleti olarak kalsaydı ya da tarım alanındaki bütün üretiminin yanı sıra gelişen bir sanayi üretimi kurabilseydi, sınırları içinde yaşamakta olan kimselere gerekli yaşama olanaklarını sağlayacak duruma gelebilirdi. Bu durumun sonucu olarak da nüfusu artar, İmparatorluğun sınırlarını korumaya yetecek sayıda insan ve aracı elinin altında bulundurabilirdi.

Ama Roma, kendi üretim biçiminin içinde sınırlı olarak kalmış olmasının yanı sıra, büyük tarım işletmelerini ellerinde bulunduranların işlerini daha da genişletmeleri sonucu, İmparatorluğun bütün gücünü yapmış olan ekici köylünün ortadan silinmesiyle bu dayanağından da yoksun kalmış bulunuyordu. Bu durumun sonucu olarak da tarım ürünlerinde ve İmparatorluğun nüfusunda sürekli bir azalma görülmeye başlandı. Diocletien diktatörlüğü ortadan kaldırmak şöyle dursun, İmparatorluğun dayandığı dar temeli daha da daraltarak durumu kötüleştirdi.

Roma, neden ilkel üretim biçimi içinde kapanıp kalmıştı?

Çünkü Roma'nın bütün üretimi köle emeğine dayanıyordu. İlkin kölelik, daha sonra da toprağa bağlı kölelik, ülkenin üretim çalışmasına damgasını basmıştı. En büyük zekâlar, en yüksek ve parlak niteliklerle bezenmiş sanatçılar, bağımsız bir insana uygun bulmadıkları üretici çalışmadan yüz çevirdiler. Tabii, bu durumda da her türlü teknik gelişme olanaksız kalıyordu. Yaşamak için gerekli ürünlerin eksikliği duyuldukça, yeni üretim araçları yaratmak ya da eskilerini geliştirmek yerine sertliğe, savaşa ve yağmaya başvuruluyordu. Böylece Roma. İlkçağ dünyasının bütün zenginliklerini düşmanlarının elinden savaşarak aldıktan sonra, İmparatorluğun maddî temeli öylesine daralmış bulunuyordu ki, artık üstündeki İmparatorluğu taşıyamayacak duruma geldi. Bunun sonucu olarak da barbar halk yığınlarının bir kaç vuruşu İlkçağın bu en son ve büyük İmparatorluğunun parçalanmasına yetti. Roma İmparatorluğunun yıkıntıları üstüne Cermenler, yeni politik örgütler kurdular.

İKİNCİ KİTAP
ORTAÇAĞ

BÖLÜM I

ORTAÇAĞDA TOPLUMCU DÜŞÜNCE

1 — Ortaçağ Komünizminim Kaynakları

İlkçağ komünizmi, özellikle Yunanistan'da rastlamış olduğumuz gibi, politik ve maddî amaçlar peşindeydi. Platon'un isteği ideal bir devletti. Ispartalılara gelince, onların komünizmi de köleler üstüne kurulu bir efendiler topluluğundan başka bir şey değildir.

İlkçağ komünizmi çağımızın komünizmine, her ikisinin de maddî amaçları göz önünde tutmaları bakımından benzemektedir. Oysa maddî olmaktan çok, dinî ve ahlâkî niteliklerinden ötürü Ortaçağ komünizmi diğer ikisinden ayrıdır. Bundan dolayı, çağdaş insanın İlkçağı anlaması, duygu ve düşünce biçimi kendisine yabancı olan Ortaçağı anlamasından çok daha kolaydır. İlkçağ düşüncesi de çağdaş düşünce de, mantıkî ve bilimseldir. Ortaçağ düşüncesi ise tersine, akla aykırı, mantık dışı ve mistiktir. Ortaçağ düşüncesi tarih olaylarını, genel bir teori içinde zaman ve mekândaki yerlerine koyarak eleştirmeli bir biçimde ele almaz. Daha çok, arkasında tanrısal sırların bulunduğu birer görünüş sayar. Kutsal kitaplarda yazılı olanları noktası noktasına almaz. Onlara sembolik ve alegorik (remzî) bir yorum verir. Çağdaş insan, maddî bakımdan gelişme ve başarı arayan kimsedir. Buna karşılık Ortaçağ insanı ise her şeyden önce ezelî ve ebedî değerleri arar.

Ortaçağ komünizmi, özel teşebbüs ekonomisinin, doğal hukuku, ilkel Hıristiyanlığı ve topluluk geleneklerini, gitgide ikinci plana atılan gelişmesine ve gerek geçici gerekse tanrısal güçlerin kötüye kullanılmasına karşı bir protesto hareketidir. Denebilir ki; Ortaçağ komünizmi baştanbaşa, ahlâkî ve dinsel değerlerin etkisi altındadır. Başlıca amacı, bencillikle savaşmak, kötülüğü ortadan kaldırmak ve sosyal adaleti kurmaktır.

Bundan ötürü de komünizm Ortaçağ'da doğrudan doğruya din ve ahlâk üstüne kurulu bir sosyal adalet savaşıdır. Hıristiyanca bir yaşayışın temelinin yoksulluk olduğu gösterilmeye çalışılır. Yoksulluk uğruna, din uğruna acı çekmek bir erdem sayılır. Ortaçağ komünizmi bizi böylece, maddî etkenlerin ikinci önemde bir rol oynadıkları; buna karşılık da tanrısal etkenlerin temel sayıldığı ahlâkî ve dinî bir dünyaya götürür.

Yahudi diniyle İskenderiye felsefesinin kaynaşmasından doğmuş olan Hıristiyanlık, gelişmesi boyunca, bu iki temel öğesini tam bir dönüşüme uğrattığı İlkçağ düşüncesininde mirasçısı oldu. İlkçağın, Hıristiyanlıkla çatışmayan bütün toplum, devlet, ahlâk, hukuk ve ekonomi değerleri ve görüşleri Hıristiyanlığın kapsamı içine girdi, onun çıkarına kullanıldı. Böylelikle Hıristiyanlık, dinsel etkenin başrolü oynadığı ve toplumsal hayatta gittikçe daha büyük etkinlik yaratan bir dünya görüşü durumuna geldi.

Teorik bakımdan, Ortaçağ komünizmi ilkel Hıristiyanlığın geleneklerine, bin yıllık devletin geleceği konusunda duyulan umutlara, Kilise Babalarının, ahlâk anlayışlarına, Gnostique dinsel felsefe akımına, mistisizme ve son olarak da Platon'a ve doğal hukuka dayanmaktadır. Bütün bu etkenler Ortaçağ komünizmini ayrı ayrı değil, hep birlikte etkilemişlerdir. Komünizm ve reformcu akımlar üstündeki bu etki bütün Ortaçağ boyunca ve özellikle büyük dinsel, toplumsal krizler sırasında pek büyük olmuştur. Ama dinsel hayatın merkezinden çıkan bu akımlar yavaş yavaş, din alanının dışına atılmaya başladılar.

Çünkü Hıristiyanlık, Roma İmparatorluğu ile birleştikten sonra gittikçe daha dogmacı, tutucu, resmî ve komünizme karşı duran bir kimliğe bürünmüştü. O andan sonra da toplumcu uygulamayla toplumcu teori çatışmaya başladı. Hıristiyan edebiyatın içinde komünist teoriler yine geçerli olmakla birlikte özel mülkiyeti doğrulamak ve toplumsal hayatın biricik mümkün temeli sayılması gerektiğini öne sürmek eğilimindeki akım kendini gittikçe daha belirli bir biçimde duyurmaya başladı. Yalnız, bu duruma hiç bir güçlükle karşılaşılmaksızın kolaylıkla gelinememişti. Bu çeşit bir gelişmeyi tepkisiz karşılayamamış olan Hıristiyanlar, geleneklerine saygılı olmalarından ya da ekonomik ve ahlâkî nedenlerden dolayı ilkel Hıristiyanlığın komünist anlayışına bağlı kaldılar ve kimi keşişlik, kimi de Rafızîlikte kurtuluşlarını bulmaya çalıştılar. Hıristiyan keşişler, bu bakımdan, kurulu düzene karşı savlaşa girmeyen ya da girmek istemeyen; bunun yerine uzaklara giderek oralarda komünist toplulukları kuran çağdaş zaman ütopyacılarına benzetilebilirler. Rafızîler ise, mevcut düzene savaş açmış ve kanılarını savunmak için her türlü sıkıntıya katlanmayı önceden kabullenmiş olan çağdaş zamanların ihtilâlci sosyalistlerine benzetilebilirler. Ama ne olursa olsun, Ortaçağ'ın bu keşişleri ve Rafızîlerinin ilkel Hıristiyanlığın ruhuna kilisenin resmî yöneticilerinden çok daha bağlı oldukları kuşkusuzca söylenebilir. Genel olarak kabul edilmiş, resmî din anlayışından çıkarlar.

2 — İlkel Hıristiyanlık ve Kilise Babalarının Öğrettikleri

Hıristiyanlığın davranışları Ortaçağa, Mammon'un (servetin) üstünlüğü, özel mülkiyetin genişlemesi ve geçici iktidara karşı duran ve Komünist bir anlayıştan ya da çileci yaşama biçiminden yana çıkan toplumsal bir gelenek bırakmışlardır. İsa' nın çömezlerinin açıklamaları Kudüs'teki Hıristiyan topluluğu ve yaşama biçimi üstüne verdiği bilgiler, topluluk anlayışı üstüne kurulu bir yaşama düzenini gerçekleştirmek isteğini arttırmıştı. Renian'ın, çömezlerin devri konusunda ileri sürdüğü düşünceler psikolojik bakımdan çok doğru olduğu gibi o devrin Yahudi -Hıristiyan hayatını da derinlikle göstermektedir.

"Herkes, kalp ve ruh birliği içinde yaşıyordu. Kimsenin yalnız kendi malı olan bir şeyi yoktu. İsa'a bağlananlar her şeylerini satar ve karşılığını topluma verirlerdi. Tam bir uyuşum içindeydiler. Öncelik hakkı istemek için en küçük bir çatışma yoktu. İsa'nın tatlı anısı bütün uyuşmazlıkları siliyordu. Bütün kalpler neşe içinde, memnun ve esenlik doluydu. (Hiç bir edebiyatta "neşe" sözü, İncil'deki kadar sık geçmez) Ahlâk çok sert kurallara bağlı, ama tatlı ve yumuşak bir duyarlıkla doluydu. Yakarmak ve kendinden geçerek Tanrıyı anmak için ev ev toplanılıyordu. İlk iki, üç yılın bu anıları bir yeryüzü cennetinde yaşanmış günler gibiydi. Hıristiyanlık bu günleri daha sonraları uzun zaman hayalinde yaşattı ve o günlerin geri gelmesine çalıştı durdu."

Kudüs'ün Hıristiyan topluluğu, bütün zamanlar boyunca, Kilise Babalarının vermiş oldukları bir örnek olarak ilkçağ şairleri ve düşünürlerinin idealindeki Altın Çağ gibi, erişilmesi gerekli bir amaç sayıldı. İlk yüzyıllar boyunca, Bin Yıllık Devlet düşleri ve İlkçağ düşüncesinin en değerli ürünleri olan Platon'un, Stoacıların, Yeni Plâtoncuların, manevî ve tanrısal nitelikleri insan hayatı içinde temel öğe sayan görüşleri işte bu idealle birleştiler ve birbirlerinin içinde eridiler. Onlarca düşünce, ulaşılması, varılması gerekli olan gerçek ve örnek alınacak bir temeldi. Bu dinî, ahlâkî ve felsefî öğretinin temsilcileri, Barnabas, Jüstin le Martyr, Clement d'Alexandrie, Origene, Tertullien, Cyprien, Lactance, Basil de Cesaree, Gregoire ve Naziance, Jean Chrysostome, Saint Ambroise, Saint Augustin gibi Kilise Babalarıydı. Bu kimselerin hepsi de komünizmden, ya da hiç değilse ortaklık üstüne kurulu bir yaşama biçiminden yanaydılar ve bunu Hıristiyanca erdemli bir yaşayışın kaçınılmaz gereği sayıyorlardı. İsa' nın çömezlerinin devrinden hemen sonra yaşamış olan Barnabas, Hıristiyanlara şu buyrukları veriyor: "Elindeki her şeyi komşunla bölüşmelisin, mülkiyetten söz etmemelisin. Manevî değerler bakımından kardeş olduğunuz gibi ve bunun için; zamanla yok olacak değerler bakımından da kardeş olmalısınız." Justin' le Martyr' de İncillere dayanarak şunu söyler: "Bir zamanlar zenginliği her şeyden çok seven bizler, şimdi elimizdekini topluluğumuza getiriyor ve ihtiyacı olanlarla paylaşıyoruz."

Stoacı düşünceden çok etkilenmiş olan Clement d'-Alexandrie ise şunları söylemektedir:

"Yalnız doğrular servet edinebilirler. Doğru olanlar da yalnız Hıristiyanlardır. Dolayısıyla, mal sahibi olacak kimseler sadece Hıristiyanlardır. Mal ne demektir? Malı olan değil, veren zengindir." Sözlerine devamla az ilerde de şunu söyler: "Çekememezlik, günahların kalesidir." Origene'in sözleri de bunlara benzer.

Zengin bir Kartacalı armatörün oğlu olmasına rağmen Tertullien, Roma İmparatorluğunun düşmanlarından biridir. Devlet örgütü içinde, ne olursa olsun herhangi bir görev almak, onca Hıristiyanlıkta bağdaşamayacak bir davranıştır:

"Tanrıya kullukla devlete hizmet; İsa'nın sancağıyla şeytanın bayrağı; ışık alanıyla karanlıklar alanı birbirleriyle uyuşmazlar." Bir başka yerde de şöyle söyler: "Biz, savaş başarısı ve ün kazanmakla ilgilenmeyenler, herkes için bir tek vatan tanıyoruz: Dünya." Apologetique: (Savunma adındaki eserinden) Hıristiyanlığın övgüsünü yaptığı ve puta tapanları yerdiği bu eserinde, yazar, bir başka yerde şöyle demektedir: "İyi olanlar, yalnız iyi kardeş olanlardır. Sizin yaptığınız gibi mal mülk için birbirimizle çekişmediğimiz için belki de bizi sizden daha az iyi olan kardeşler sayıyordunuz. Ama yüreklerimiz ve ruhlarımızla birleşmiş olan bizler, hiç bir mal uyuşmazlığıyla bölünmüş değilizdir. Bizim, karılarımızın dışında her şeyimiz kolektiftir. Oysa sizin kolektif olan sadece karılarınız vardır."

Saint Cyprien, Kudüs'ün Hıristiyan topluluğunu hayranlıkla anlatır: "Tanrıdan gelen her şeyden topluca yararlanıyoruz. Tanrının verdiklerinden kimse yoksun kalmıyor. Gelirini kardeşleriyle paylaşan kimse, Tanrıyı örnek alıyor demektir." Sonra da böyle davranmayanlara şaştığını belirtir: "Yeryüzünün mallarıyla böylesine ilgilenerek kendilerini küçük düşürenler nasıl olur da cennete gideceklerini düşünebilirler? Paralarına sahip olduklarını sanıyorlar. Gerçekte ise paraları onlara sahip olmuştur. Paralarının sahibi değil, kölesidirler."

Lactanpe, Platon'un "Cumhuriyet" adındaki eserinden pek etkilenmiştir. Her türlü bilgeliğin ve imanın kaynağı olan Tanrıya inanacak olsalar, komünistlerin düşüncelerini gerçekleştirebileceklerini söylüyordu. Ama Platon'un öne sürmüş olduğu, kadınların kolektifliğine kesin olarak karşıydı. Bununla birlikte, tarih öncesi çağın Cronos devrinin geri gelmesini; yeryüzünde adaletin söz geçirdiği ve insanların hiçbir şekilde olmaksızın her şeyi kolektif kullandıkları devrin gerçekleşmesini o da istiyordu.

Basile ile Grand'da, "Homelie" adındaki eserinde şöyle yakınır: "Paranın gücüne hiç bir şey dayanmaz."

Onun önünde her şey sürünür. Kendisine yönetmesi için bırakılmış olan bir malı öz malı sayarak mülkiyetini isteyen bir kimsenin yaptığı hırsızlık değil midir? Benimdir dediğin ekmek gerçekte, aç olanındır. Dolaplarında saklı tuttuğun giyim eşyaları gerçekte, çıplak olanındır. Evinde yararsız bir biçimde küflenen ayakkabılar, ayakları çıplak dolaşanındır. Bodrumunda sakladığın paralar, parasız olanındır. Zenginliklere karşı açtığı savaşı, parayı kötülemekle kalmaz. Malların kolektifligini ister: "Aklı olan bizler, hayvanlardan daha kıyıcı görünebilir miyiz? Onlar bile yeryüzünün ürünlerini bölüşürler. Koyun sürüleri, dağın aynı köşesinde otlarlar. Atlar aynı otlakta doyarlar. Ama biz, herkesin olması gereken şeyleri mülk ediniyoruz ve böylece topluluğun olması gerekeni yalnız bizimmiş gibi alıyoruz."

Bundan ötürü de Hıristiyanları, Lycurgue Yasaları uyarınca yaşamaya çağırır: "Yaşama biçimleri insanlık ve bilgelikle dolu olan Yunanlılar gibi yapalım. Onların, bütün yurttaşları bir yapının içinde aynı masanın çevresinde toplayan yasalar ve eksiksiz gelenekler uygulamakta olan toplulukları var."

Gregoire' de Naziance'ın öne sürdüğü düşüncelerde bunlara benzer. Özgürlük ve baskı, zenginlik ve yoksulluk, insan tabiatının dışına sapan yoldan çıkmalardır. Bu sapıklığın nedenleriyse, çekemezlik, kıskançlık, iç anlaşmazlıklar ve günahlardır. "Ama sen, ey Hıristiyan! Bakışlarını ilkel eşitliğe doğru çevir; sonradan ortaya çıkmış olan uzlaşmazlıklara değil. Bütün gücünle doğayı savun, ilkel özgürlüğü kutsa, kendi kendini tam olarak değerlendir ve yoksul, mutsuz olanları teselli et!"

Jean Chrysostome' da Kudüs'ün Hıristiyan topluluğu örneğine dayanılarak yapılmış olan komünist denemeleri över. "Zira ellerinde olanın bir kısmını kendilerine alıkoyarak kalanını vermekle yetinmiyorlardı. Ayrıca bu verdiklerinide kendilerinden bir şey vermiş gibi saymıyorlardı. Eşitsizliği toptan kaldırmışlardı. Böylece büyük bir bolluk içinde yaşadılar. Gerçekten, zenginliklerin dağınık halde bulunması çok daha masraflı olmuştu. Sonuç olarak da herkes yoksullaşmıştı. Sözgelimi, bir koca bir karı ve on çocuklu bir aileyi alalım. Kadın evde dokuma yapar. Erkek de dışarıda çalışıyordur. Bu kimselere hep birlikte yaşayarak mı, yoksa ayrı ayrı yaşayarak mı daha çok para gelecektir? Tabii ayrı ayrı yaşayacak olurlarsa daha çok para harcayacaklardır. Dağılmış olarak yaşamak, ele geçeni kaçınılmaz bir biçimde azaltır. Oysa toplu halde bir arada yaşamak tersine, masrafları kısar. Şimdi manastırlarda yaşayanlar, işte böyle, ilk Hıristiyanların yaşadıkları gibi yaşamaktadırlar. O kimseler arasında doymamış olanlar var mıydı? Aç mı kalıyorlardı sanki? Oysa bu çeşit bir yaşama biçiminden denize düşmek kadar korkulmaktadır. O halde, çekinmeden bir deneme yapalım."

Saint Ambroise, özel mülkiyeti bir günah çocuğu sayıyordu. O da Stoacıların şu tezini savunur: "Doğa her şeyi herkese ortak olarak verir. Tanrı yeryüzünün ürünlerini insanların topluca yararlanmaları ve onların ortak mülkiyetinde kalması için yaratmıştır. Dolayısıyla, komünizmi yaratmış olan doğadır. Özel mülkiyetide zorlamalar yaratmıştır."

Saint Ambroise'ın yolundan yürüyen Saint Augustin' de komünizmden yanadır. Özel mülkiyet, uzlaşmazlıklara, ayaklanmalara, cinayetlere ve büyüklü küçüklü günahlara yol açar. O halde, ne çeşit olursa olsun mülkiyetten vazgeçemeyeceğimize göre, hiç değilse özel mülkiyetten vazgeçelim. Elimizde fazla pek çok şey var. Tanrının verdiğiyle yetinelim ve yalnız bize gerekeni alalım. Zira gerekli olan Tanrının, gerekenden fazlası ise insanın açgözlülüğünün ürünüdür. Zenginliklerin, zenginlerin ihtiyacından arta kalanı, yoksullara gerekli olandır. Kendine, gerekli olandan daha çoğuna sahip olan başkasının malına el atmış demektir. Bu teori o çağda pek yayılmıştı. Papazlar, vazlarında bu konuyu ele alıyor ve uzun uzun, işliyorlardı. Saint Ambroise ile Saint Augustm'in bu düşünceleri öne sürmekte oldukları çağda Kuzey Afrika tarım işçileri de büyük toprak sahipleriyle çatışmaktaydılar. Bu olay, "Circumcellion" lar hareketi adıyla bilinir. Hareket Piskopos Donatus'ün yönettiği Donatus hareketiyle birleşti. Doncatus'çüler, kilise yöneticilerinin tâbi olduğu hiyerarşinin kötüye kullanılmasına karşıydılar ve bu konuda bir reform yapılmasını istiyorlardı. Bunun için de din ve yurt yönetimi yetkilileri birleşerek onlara karşı durdular. Saint Augustin' de karşı olanların arasındaydı ve yalnız doğru kimselerin mülkiyet hakkı varsa, Donatus'çülerle Circumcellionların böyle bir hakkı olmamaları gerektiğini; çünkü onların kiliseye ve laik yetkililere karşı geldiklerini söylüyordu.

Kollektif mülkiyetten yana olan Saint Augustin'in bu davranışıyla, ekonomik eşitlik uğrunda savaşmakta olan Kuzey Afrika tarım işçilerinin hareketini bastırmaya yarayacak silahı sağlamış olması nasıl açıklanabilir? Zira Saint Augustin'in gerek Roma Doğal Hukukunu ve gerek Hıristiyanlığın gerekse Gnostisizmin ilkelerini bilen bir kimse olduğu kesindir. Ama ne var ki; ne komünizm ne de ekonomik eşitlik, kilisenin resmî dogmaları arasında değildi. Kilisenin resmî dogmalarıda o çağda, toplumun üstün sınıfının maddî çıkarlarını savunuyordu. Burada teori ve pratik; ideal olanla, gerçek hayat arasındaki çatışmayı görüyoruz. Tarih boyunca süregelmiş olan bu çatışmayı Ortaçağın düşünürleri insan tabiatının eksikliği ya da madde ile ruh arasındaki çatışmayla açıklıyorlardı.

Gnostisizmi savunanlar ise açıklamalarını birbirine karşıt iki ilkenin varlığına dayandırmaktaydılar: İyi ilkesi ve kötü ilkesi. Ütopyacı Sosyalizmde yorumunu toplumun kötü örgütlenmesine bağlayacaktır. Buna karşılık Marksizm, teori ile pratik arasındaki bu çatışmayı ekonomik gelişmenin ürünü olarak görecek ve toplumun tümüyle komünist evreye gelmesinden sonrada yok olacakını öne sürecektir.

3 — Gnostisizm ve Mistiklik

Ortaçağ'ın toplumcu ve Rafızî hareketinin ikinci kaynağı, "Gnostisizm" ve mistiklik ile kendini göstermektedir

Yunanca Gnosis sözü bilgi demektir. Dolayısıyla Gnostisizm ile bilim, eş anlamda iki sözdür. Sözün anlamını böyle yorumlayarak bulmaya çalışırsak yanılırız. Çünkü Gnostisizm'in bugünkü bilimsel bilgi yöntemleriyle ilgisi yoktur. Gnostisizm, dış dünyanın duyularımızla edindiğimiz izlenimlerini, ya da dıştaki olaylar ve nesneleri ele almaz. Doğa güçleri ve yasalarını; toplumsal ve politik olaylarıda kendine konu olarak almaz. Gnostisizm daha çok, insanın iç yaşantısının, insan ruhunun atışlarının ve insanda olduğu gibi toplumdaki iyi ve kötü çekişmesinin felsefesidir. Gnostisizm, Musevilik ve Hıristiyanlıkla ilişkileri olan dinî bir akımdır. Bu iki anlayıştan ayrıldığı yanları ise, dinin bütün dogmalarına ve din törenlerine karşı olması ve din hayatının dünyevî şekilleri içine sokulmasını ve dış baskılarla pekiştirilmesini manevî unsurun yozlaştırılması olarak görmesidir. Hıristiyanlığın tesiriyle maddeninde ruhun yanı sıra her zaman, var olageldiğini; kötülük gibi iyiliğin de bütün zamanlarda birlikte bulunmuş ve bulunacak olduğunu söyler Gnostisizm. Dolayısıyla kötülük, Hıristiyanlığın öne sürmüş olduğu gibi, Âdem'in kişiliğinde insanlığın işlemiş olduğu büyük günahtan sonra ortaya çıkmıştır kanısını da reddeder. Kötülük bütün zamanlar boyunca ya pasif bir biçimde var olmuştur ya da iyilikle savaşarak varlığını etken bir biçimde göstermiştir.

Bu açıklamadan da anlaşılmış olacağı gibi Gnostisizmin temeli; asıl soruya bir karşılık bulma çabasının ürünüdür; kötülük yeryüzüne nereden gelir? İyilikle kötülük-arasındaki trajik çatışma, insanın kötü güçlerle yaptığı savaşta uğradığı bozgun nedendir? İnsanın yaşayışı, gerek bireysel gerekse toplumsal bakımdan, işin ucunda, ruhun madde üstünde, adaletin adaletsizlik üstünde; iyinin kötü üstünde başarı kazanmak ve onları yenilgiye uğratmak amacıyla gösterdiği güçlü bir çabadır. Yeryüzünde bulunan bencillik ve dayanışma, kendini sevmek ve yakınındakini sevmek, kişisel çıkar ve toplum çıkarı, özel mülkiyet ve kolektif mülkiyet, baskı ve özgürlük, gerçekte iyinin kötüyle çekişmesinin çeşitli dış görünümlerinden başka bir şey değildir.

Başka bir deyişle bu savaş insanlığın kurtuluşu ya da bugün daha geçerli bir deyim kullanarak, insanlığın özgürlüğüne kavuşma savaşıdır.

Görülüyor ki Gnostisizm her şeyden önce bir ahlâk ve felsefedir. Hıristiyanlığın ilk ortaya çıktığı çağda özelikle daha büyük bir hızla gelişmiştir. Hahamlar ve Kilise Babaları bu akımla büyük polemiklere girişmişlerdir. Çünkü Hıristiyanlık bakımından olsun, Yahudilik bakımından olsun Gnostisizm bir Rafızîlikti. Elimizde Gnostisizm konusunda pek az yazılı belge bulunmaktadır. Bu belgelerin büyük bir çoğunluğuna da ya Kilise Babalarının ya da Engizisyoncuların belgeleri arasında rastlıyoruz. Onlar ise, Gnostisizmi daha kanıtlı bir biçimde suçlamak amacıyla yalnız kendi işlerine yarayan bölümleri alarak bize aktarmışlardır.

Günümüze kadar gelebilmiş olan bu parçalarla, bir yargıya varılabildiği oranda anlıyoruz ki Gnostisizm Doğu ahlâkı ve Doğu felsefesinin bir karışımı ile Yeni Plâtonculuk arası bir anlayıştı.

Bu görüşün genel çizgileri şunlardır:

Tanrı, maddeye sinmiştir; ışığın ve aydınlığın, iyilik ve kötülüğün merkezidir. Işınlarını sonsuzluğa kadar ulaştıran biricik temel güçtür. Ama bu ışınlar, merkezlerinden uzaklaştıkça cılızlaşır. Safha safha ilerledikleri sürece ilk güçleri ile aydınlık ve iyiliklerini yitirirler. Bu safhaların her birine "eon" denir. Aşağı eon'lar gitgide daha ışıksız ve maddîdirler; bunun yanı sıra da biraz yaratıcı güçleri vardır. Maddenin yardımıyla, bugün gördüğümüz ve algıladığımız dünyayı onlar yaratmışlardır. Demek oluyor ki dünya, İyilik ve Işık kaynağı Tanrı tarafından değil, onun aşağı eon' ları tarafından yaratılmıştır. Dünyanın karanlık ve aydınlık, iyilik ve kötülük gibi birbiriyle savaşmakta olan bu karşıtlardan kurulu olmasının nedeni de böylece anlaşılmaktadır.

Birbirine karşı bu iki çeşit unsurdan yapılmış olan ruhlarda bunun için, farklı üç bölümdürler. Birinci bölüme giren ruhlar, karanlık ve kötülükten çok, ışıktan yapılmış olanlardır. Yapılışlarındaki ışık ve iyilik oranı daha çok olan bu birinci bölümün ruhları "pneumatique" ya da manevî ruhlar adını alırlar. İkinci bölümdeki ruhlar ise "cpsiychique" ya da ahlâki ruhlar adını alırlar. Üçüncü bölümdeki ruhlara gelince, onların yapılışındaki karanlık ve kötülük öğesi oranı, ışık ve iyilik oranından daha çoktur. Bunlarada "hylique" ya da maddî ruhlar denir.

Birinci bölümdeki ruhlar her türlü dış yasa ve kurallardan bağımsızdırlar. Çünkü yasa ve kuralların varlığı, ruhun maddeye karşı savaşını sürdürmek nedenine dayanır. İkinci bölümün ruhları olan psychique ruhlar ise yasalarla bağlıdırlar ve ancak onların yardımıyla daha yüksek bir düzeye ulaşabilirler. Hylique bölümünün ruhları da bütün yasalardan uzaktırlar ve bu yüzden de en aşağı içgüdülerin oyuncağı olurlar.

Demek oluyor ki gnostikler için kurtuluş arzusu maddeyi yenmek ve ruhla birleşmek uğruna savaşmaktan başka bir şey değildir. Bu savaşı sürdürmeye yarayan yollar ise insanın Tanrıyla bir olmasının bilgisini edinme, vecd hali ve gerek duygular, gerek zenginlikler, sertlikler ve zorlamalar gibi bencillik ve baskının kaynağı olan şeylerden uzak durmaktır.

Gnostisîzmin başlangıcında ruh, ışık ve iyilik, ilk ve yaratıcı güç; madde, karanlık ve kötülük ise pasif bir güç, bir engel olarak görülüyordu. Hareketin bundan sonra gelen ikinci çağında ise durum değişmişti. Bu yeni anlayışa yön veren ve kurucu olarak bilinen kimse, İsa'dan sonra III. yüzyılda yaşamış olan İranlı filozof "Mani" dir. Mani'ye göre, şu iki temel ilkeler arasında, başlangıçtan beri bir uyuşmazlık vardır: Ruh ve Madde; Işık ve Karanlık; İyilik ve Kötülük. Bu uyuşmazlık hiç bir zaman son bulmayacaktır. Çünkü birbirinin tersi olan bu ilkelerin savaşı sonsuzdur. İnsan, kötü içgüdülerini vecd hali yakınına sevgi, zenginliklerden yüz çevirmek yollarıyla önleyerek tanrısal ilkeyi sağlamlaştırmaya çalışabilir, ilkçağın sonunda insanları ahlâk sorununun ne derece yakından ilgilendirdiğini, Mani'nin öğretisinin Roma'nın çökme devrinde birçok taraftar bulmuş olmasına bakarak açıkça görebiliyoruz. Gerçekten bu devirde Roma İmparatorluğunda bu düşünceye bağlanmış olan kimselerin sayısı hiç de az değildi. Saint Augustin, Hıristiyan olmadan önce bir "manicheiste" idi. Bunun gibi, Ortaçağın bütün din Rafızîliklerinde (sapıklıklarında) da manicheisme anlayışının etkilerini görürüz. Manicheisme'in ahlâkî ikiciliği, yüzyıllar boyunca sürmüş olan politik ve toplumsal baskıların kötümser bir biçimde düşüncelerde yansımasından doğmuştur. Gerçekten, doğunun halk toplulukları yüzyıllar boyunca, Mezopotamya krallıklarının, Mısır ve Akdeniz krallıklarının emperyalist savaşlarını ve politikalarını görmüş bulunuyorlardı. Birçok imparatorluk, gözlerinin önünde kurulmuş ve batmıştı. Bütün bu olaylar sırasında da kaba kuvvetin başarısı sonucu olarak, kötünün iyiyi yendiğini görmüşlerdi. Roma

İmparatorluğunun uzun ve giriştiği bütün savaşlarda karşısındakini yenilgiye uğratan varlığı onlar için, çözülmesi güç, korku veren bir bilmeceydi. Zira Roma'nın savaş başarıları, ahlâk üstüne kurulu bir düzen düşüncesiyle çelişmiyor muydu? Bunun yanı sıra toplumsal alanda da hak ile adaletsizlik, kölelerle efendiler, sömürenlerle sömürülenler, yoksullarla zenginler arasındaki savaş neden İyinin başarısıyla sonuçlanmıyordu? Dolayısıyla insan da bir ahlâkî uyuşmazlıkla parçalanmış olmuyor muydu? İnsanda bile iyi, kötüyü yenmek; ruh, maddeye üstün gelmek bakımından en büyük güçlüklere uğramıyor muydu?

İran'ın dinsel yaşantısının bütünü, sonuç bakımından iyimser bir davranışı hiç de doğrulamayacak olan böyle bir iç ve dış savaşı yansıtır. Başlangıçta Ormuz'un (Tanrının) ve tanrısal ruhun, dindar kimselerle ve yaradılışın temiz varlıklarıyla birlikte, kötünün, eninde sonunda yenileceği bir Tanrı Krallığı kurduğuna inanılıyordu. Ama az sonra, Ormuz'un karşısına, görülmemiş güç ve erkinlikte bir varlık olan Ahriman çıktı. Yine de, her şeye rağmen Ahriman'ın yenileceği umuluyordu. Ama deney yavaş yavaş gösterdi ki kötü, gücü en az iyi kadar olan bir varlıktır ve aralarındaki savaş durmaksızın sürüp gitmekte, bu çekişmeyi kimin kazanacağı kesin olarak belli olmamaktadır. Bundan ötürü, insan yeryüzü ürünlerinden kaçmalı ve kurtuluşunu yalnız yeryüzünün varlıklarından kaçmak ve çile çekmekte aramalıdır.

Böylece anlaşılmaktadır ki Mani'çilerin ahlâkî ikiciliği, Roma İmparatorluğunun son yüzyılları boyunca süregelmiş olan ve Doğu'nun bir parçasını içine alan bütün politik ve toplumsal tarihin bir yansımasından başka bir şey değildir. Yahudilerle Hıristiyanlar İran'da geçerli bu kötümserliğin içine düşmemişler ve iyimserliklerini yitirmemişlerse bunun nedeni, peygamberlerin davranışları ve özellikle onların davranışlarının belli bir anlamda sürdürücüsü olan İsa'nın da ahlâk düzenine duyulan inancı, sarsılmaz bir temel üstüne oturmuş olmalarıdır.

Gnostisizm, aynı zamanda mistikdir. Tanrıyla bir olmak ve çilecilik anlayışları, Gnostisizm ve mistikliği; bu iki büyük düşünce akımını birbirine bağlamıştır. Gerçekten, bedenin azaba sokulmasıyla içgüdülerin yenilgiye uğratılması bu ruhun Tanrıyla birleştirilmesi, mistiğin iki temel ilkesidir. Bu iki akımı birbirinden ayıran yan ise, tanrısallık anlayışlarıdır. Gnosticisme, bütün hayatın ve etkinliğin kaynağı olan bir yüce merkezin varlığına inanır. Buna karşılık mistiklik hep tanrıcıdır. Tanrıyı her şeyde ve her yerde duyar ve görür. Bundan başka, Gnostsizm bir felsefe; mistiklik ise bir uygulamadır. Çileciliğin verdiği kendinden geçme içinde mistik, bütün bedensel yetilerinin kendini geçer gibi olduğunu görür. Bütün benliği, mutlulukla tanrısal bir dünyaya dalar. Mistikte, ruh ile madde, yeryüzüyle gökyüzü ortasındaki bütün ayrımlar yok olur. Onca her şey tanrısallaşmış, bir olmaya doğru gitmiş, arınmıştır. Din, hiç bir korku ve sıkıntı, Tanrıyla insan arasında hiç bir aracı tanımaz. Yalnız Tanrıya doğru sürekli bir atılış içindedir. Dıştan gelebilecek hiç bir ceza tanımaz. Çünkü onun anlayışı içinde Tanrı ile insan arasında bir efendi - köle ilişkisi yoktur.

Demek oluyor ki Gnostisizme inananlar gibi mistikler de her türlü dogmaya, dinsel gelenek ve törenlere karşıdırlar. Her iki anlayışda dış baskıların her türlüsüne, dış zorlamalara, savaşa ve öldürmeye karşıdırlar.

Gnostisizme inananlar ve mistikler, bütün dinî Rafizîler gibi, kilisenin tüm kurallarına ve dogmalarına karşıdırlar ye bunları kabaca maddî bulurlar. Çok maddî ve mekanik buldukları bu yöntemleri ve dogmaları, insanın iç özgürlüğünü kısıtlayıcı sayarlar. Gnostisizmin birçok kolları ya komünistti ya da komünist anlayışa yakındı.

4 — Yeni Platonculuk

Yeni Plâtonculuk, gerek Gnostisizme, gerekse mistikliğe çok yakın bir anlayıştadır. Bu akım, adından da anlaşılacağı gibi, kaynağını Tanrı ile Dünya arasındaki düşünceleri tek tanrıcı anlayışa uygun olan ve biraz da mistik sayılabilecek Platon'da bulmuştur.

Platon idealisttir. Demek ki, nesneler üstünde ve dış olaylar üstündeki düşüncelerimizin gerçeğin özünü yansıttıklarını; buna karşılık da o nesneler ve olayların ikinci derecede, geçici birer özelliği olduğunu düşünür. Böyle olunca da düşüncelerin, dış dünyanın basit bir yansıması değil, hakikat oldukları ve bizim dimağımızdan bağımsız olarak var oldukları sonucuna varır. Akla değgin olan her şey gerçek, temel ve süreklidir. Maddî olan ise sadece aklî gerçek yardımıyla varlığını bulan ve düşüncenin içine katılabildiği oranda önem kazanan ikinci derecede bir gerçektir. Ortaçağda, bu idealist anlayışa, düşüncelerin gerçek bir varlığı olduğunu kabul ettiği için "gerçekçilik" adı verilirdi. Bu idealist anlayış Skolastik düşüncede fikirlerin, dış nesnelerin sadece birer yansıması ve adı (Latincede nomina, ad demektir) olduğunu öne süren "nominalizm" anlayışına karşı önemli bir rol oynamıştır.

Yukarıdaki açıklamadan da anlaşılacağı gibi Platon' un, fikirlerin kaynağını yani tanrısallığı, evrenin özü olarak görmesi, kendi anlayışı içinde tutarlı, doğru bir davranıştır. "Tanrı, baş, orta ve son'dur." İnsan ruhu tanrısal alanın bir bölümüdür. Tanrı her şeyin çekirdeği, hayatın derin anlamıdır. İnsandaki tanrısal öğeyi sevmeli, ona özen vermelidir, insan fikirlere (idelere) dalarak kendini iyiye, güzele ve gerçeğe adamalıdır. Kendini eğlenceye veren kimse, ancak ölümlü düşünceleri kazanır. Oysa kendini ölümsüz, tanrısal düşüncelere verenler ve bu düşünceleri benliklerinde taşıyanlar ölümsüzlüğe, tam bir mutluluğa varırlar.

Yahudi ve Hıristiyan teolojisine çok yakın bu yan dinsel felsefe, o çağda Helen ve Doğu biliminin merkezi olan İskenderiye'de kuruldu ve Yahudi, gnostik, mistik unsurlarla birleşerek yeni bir felsefe sistemi olan Yeni Plâtonculuğu doğurdu. Bu akımın kurucusu, İsa ile aynı çağda yaşamış olan Filon'dur. En tanınmış Yeni Plâtoncu düşüncelerin en önemlisi, çıraklarından biri daha sonra Kilise Babası olacak olan Origene; diğeri ise komünist Plotin olan Ammonias Saccadır. Yeni Plâtonculuğu, üstünde çalışarak yazılı biçime sokmuş olan kimse de Plotin'dir.

Plotin, 205 yılında Lycopolis'te (Mısır) doğmuştur. Soylu yaratılışta bir kimseydi. Onda öğretiyle hayat her zaman tam bir uyum içinde bulunuyordu. Doğunun çileci anlayışının sertliğini Helenlerin tatlılık ve neşesiyle birleştirmişti. Devrinin bütün bilimini tam olarak bilirdi. 28 yaşındayken, bilgi edinmeye ve bilmediği konuları öğrenmeye karşı dayanılmaz bir istek duymaya başlamıştı. Kendisine öğretmen olabilecek birçok bilgili kimsenin derslerinde bulunmak amacıyla İskenderiye'ye gitti; ama orada tanıdığı öğretmenlerin hiç birini yeterli bulmadı. Bu durum, Ammanias Sacca'yı dinlediği güne kadar böyle sürüp gitti. Ama onu tanıdıktan sonra, tam on yıl boyunca, Sacca'nın yönetiminde Yeni Plâtonculuğu inceledi. 244

yılında Roma'ya gitti ve kısa bir süre sonrada çevresinde geniş bir dinleyici topluluğunu bir araya getirmeyi başardı. Konferanslarına her zaman, büyük bir kalabalık geliyordu. Engin bilgisi, soylu kişiliği, yararını düşünmeyen bir kimse olması ve alçak gönüllülüğüyle bütün Roma'nın en çok saygı duyulan kişilerinden biri durumuna gelmişti. Anlaşmazlıklarda hakem olarak ona başvuruluyordu. Hastalar ondan öğüt alıyorlardı. Analar, babalar çocuklarının eğitimini ona bırakıyorlardı. O ise bütün politik çekişmelerden kaçınıyor ve iyi bîr Plâtoncu olarak yalnız toplum vc ahlâk sorunlarıyla ilgileniyordu. 263 yılında, Campani bölgesinin ıssız bir şehrinde bir komünist topluluğu kurmayı tasarladı. Bu topluluğun adı Plotinopoilis olacaktı. Devrin Roma İmparatoru Gallienus bu tasarısını olumlu karşıladı ama saray çevrelerinin tasarıya karşı olmaları ve o sıralarda ülkede artmış olan karışıklıkların yanı sıra imparatorun da öldürülmesi, bu tasarının uygulanmasını olanaksız kıldı.

5 — Ortaçağ'da Doğal Hukuk

Ortaçağ komünizminin üçüncü kaynağıda Doğal Hukuktur. İster Ortodoks olsun, ister Rafızî olsunlar bütün dinsel yazarlar düşüncelerinin kaynağını bu görüşten almaktaydılar. Doğal Hukuk, bütün Ortaçağ anlayışının temeli olmuştur.

Değişik çağların düşünürlerinin, felsefecilerinin dayandıkları bir temel olmasıda göstermektedir ki doğal hukuk, birçok gelişmeler geçirmiş olduğu gibi birçok değişik yorumlarada elverişli bir düşünceydi. Böyle olmasa, ilkçağın son yüzyıllarında ortaya çıkmış olan bir öğretinin, Ortaçağda, hiç bir değişiklik geçirmeksizin uygulanmış olması başka nasıl açıklanabilir ki? Cermenlerin ortaya çıkışı, Frank krallığının kurulması, Haçlı seferleri, İtalya şehirlerinin gelişimi ile ticaret ve zanaatın gelişmelerinin toplumun ekonomik yapısını ve bu yapının ideolojik görünümünü etkilemesi beklenmez miydi? Biliyoruz ki, toplumsal ve ekonomik gelişim, yeni duruma uygun ekonomik ve toplumsal etkilerin ortaya çıkmasını gerektirir. Gerçekten, bu çağda toplumun ekonomik ve toplumsal alanlardaki gelişiminin sonucu olarak toplumun ekonomik ve toplumsal temellerinin değişmiş olduğunu ve bu değişiklik ölçüsünde Doğal Hukukunda değişikliklere uğradığını görüyoruz.

Doğal Hukuk teorisinin temelinin, toplumsal savaşlarla parçalanan Helen toprakları üstünde, komünizm hürriyet ve eşitlik düşüncelerinin ortaya çıkması sonucunda doğmuş olduğunu bu kitabın birinci bölümünde, İlkçağ'ın toplumsal savaşlarının anlatılması sırasında görmüştük.

Bu teori Roma İmparatorluğunda yayıldı ve devrin hukukçuları üstünde büyük bir etki yaptı. Ama Roma Hukuku, Roma İmparatorluğunun ekonomik yapısına uygun olarak tam bireyci bir anlayışta olduğu için Doğal Hukuk bu hukukçular tarafından benimsenemedi. Roma hukukçularının benimsemiş oldukları doğal hukuk yalnız doğal özgürlükler genel ilkesinden söz etmektedir. Oysa gerek Latin gerekse Yunanlı Kilise büyükleri bu teorinin başlangıçtaki bütünlüğünü geçerli kılmışlar, sadece uygulanmasını zorunlu saymamışlardır. Teori, Ortaçağ başlangıcında, Roma hukukçularının anlayışlarıyla karışmış olarak ortaya çıkar. Şehirlerin, ticaret ve zanaatın gelişmesiyle belirlenen Ortaçağ sonunda ise özel mülkiyet üstüne kurulu toplum düzenini Doğal Hukuka dayanarak doğrulama çabalarına rastlıyoruz. Bu durum karşısında ise, Hıristiyanlığın ilkel çağındaki Doğal Hukuk anlayışını ve ilkel Hıristiyanlığın geleneklerini günlük yaşantılarında yine geçerli kılmak amacında olan Hıristiyanlar ya bir Rafızîliğe doğru yöneldiler ya da topluluk düşüncesi temeli üstüne kurulu bir yaşama biçimini sürdürmek umuduyla manastırlara çekildiler.

Şimdi de Doğal Hukukun, sırasıyla Roma hukukçularında ve Hıristiyan din bilginlerinde ne biçimler almış olduğunu inceleyelim.

Roma yasa adamları hukuku üç bölüme ayırıyorlardı: Doğal Hukuk, Uluslararası Hukuk ve Medenî Hukuk. Birinci bölüm çok ilkeldi ve ancak kökünde Helen ve Stoacı anlayışların cılız izlerini taşıyordu. İnsanın içgüdülerine bağlı davranışlarının en başta geleni olan evlilik ve çocuk yapma hakları bu alana giriyordu, sadece.

Bununla birlikte, insanın özgür doğduğu ve dolayısıyla köleliğin doğaya aykırı olduğu da ileri sürülüyordu. Ekonomik biçimler ve mülkiyet bağıntıları konusunda özel olarak bir şey söylenmiyordu. Sadece, hukukun ikinci bölümü olan uluslararası hukukun köleliği ve insan toplulukları arasındaki ticarî ve politik bağıntıları yaratmış olduğu söyleniyordu. (Romalı hukukçular, toplumsal koşulları hukukun yaratmış olduğunu düşünüyorlardı.) Dolayısıyla da uluslararası hukuk kurumlarının, doğal hukuka aykırı olduğu sonucu çıkıyordu. Medenî hukuk ise her ülkede, ya halk toplulukları ya da yöneticiler tarafından konmuş olan yürürlükteki yasalardı.

Ortaçağ Hıristiyan teolojisinde Doğal Hukuk kalıntıları açıkça görülür. Çünkü ilkel Hıristiyanlığın ve

Helen komünizminin etkileri, kilise büyüklerinin etkisiz kalmalarına elvermeyecek kadar büyüktü.

Bu kilise büyükleri Doğal Hukuku şöyle açıklıyorlardı:

Doğa devrinde (Altın çağ, İnsanlığın Adem'in kişiliğinde işlemiş olduğu büyük günahtan önceki Eden Bahçeleri) insanlar, tanrısal ve doğal yasalara göre yaşıyorlardı. Her şey ortaktı. Dış baskılar, yasalar, devlet yoktu. Bu devir, insan ahlakının birinci safhasıdır.

Bunun ardından ikinci safha gelir. Çekemezlik kendini göstermeye başlar. İnsanda aynı zamanda, düşünce biçimi de bir dönüşüme uğramıştır. Kazanç hırsı yayılarak insanın doğa içindeki yaşayışı yok olur. (Adem'in işlediği günah efsanesi) Altın çağ ve onunla birlikte de ilkel özgürlük ve eşitlik artık yok olur. (Adem ile Havva Eden bahçelerinden kovulurlar.) Bundan sonra da insan kendini yalnızlığa, bir boşluğa, düzensizliğe itildiğini görür. İnsanlığın bu ilk ahlâkî krizi içinde akıl, tek kurtuluş olarak görünür ve insanlara izlenecek yolu gösterir. Buyruklarını söyler (Musa'ya göre Tanrının on buyruğu) ve genel ahlâk kurallarını bildirir. Bu kurallar, doğal yasa kurallarından daha basit olmakla birlikte, insana yine de belli bir bağımsızlık ve eşitlik içinde yaşama olanağı sağlayarak çeşitli konulardaki açıklıklarını yenmesine yardımcı oldu ve kazanç hırsını gemleyerek başkalarını egemenliği altında tutmak isteğini öldürmesini bir ölçüde önleyebildi. Cinayetleri, herkesin herkesle savaşını azalttı. Bu çağ aklî (rasyonel) hukuk çağıdır.

Ama az zaman sonra bu safhada geçici bir özellikte görünmeye başladı. İnsanlar kuşaklar boyunca çoğaldıkça, yaşamalarına gerekli besinlere duydukları istekte artıyordu.

Böylece yavaş yavaş, maddî iştah akıl buyruklarının yerini aldı. Üstünlük isteği, vurgunculuk, adam öldürmeler aklî hukuku temellerine kadar sarstı. Herkesin herkese savaşı iyice çığırından çıkmıştı. (Kabil kardeşini öldürdü ve bir şehir ya da devlet kurarak özel mülkiyeti oltaya çıkardı.) Güçlüler, güçsüzlerin üstünde egemenlik kurdular; en verimli toprakları kendilerine mal ettiler. Toplum, böylece birbirine karşı iki topluluğa bölünmüş oldu. Bir yanda bir avuç zengin, öte yanda yoksullar yığını. Zorbalık ve çapulculuk yeryüzünün dört köşesine yayıldı.

Bu duruma bir son vermek ve düzenli bir toplumsal hayat kurabilmek amacıyla pozitif hukuk, insancıl hukuk yaratıldı. Bu yeni hukuk sert ve katıydı. Doğal Hukuktan artık hiç bir iz taşımıyordu; aklî hukuktan ise içinde yalnız bazı belirtiler bulunabiliyordu. Yeni hukuk ayrıca, özel mülkiyeti ve egemenlik bağıntılarını tanıyordu. Bunun yanı sıra, güçsüzleri ve ezilmişleri koruyucu bazı yanları vardı. Herkesin herkesle savaşını önlüyor, emek ürünlerini çalınmaya ve aldatmaya karşı koruyucu bir tutum benimsiyordu. Bu hukuk anlayışına göre devletin ve özel mülkiyetin amacı; Âdem'in işlemiş olduğu insanlığın büyük günahının kötü sonuçlarını silmek ve ekonomik eşitsizlikten gelen ayrımları ortadan kaldırmaktır. Yeryüzünde, kendisine gerekli olanın bütününü bulamayan bir tek kişi var oldukça, hiç kimsenin kendisine gerekli olandan fazlasını edinmeye hakkı yoktur. Pozitif hukukun sertliğini yumuşatmak ve ezilenlerin yazgısını daha katlanılabilir bir duruma sokmak disiplini ye yoksul severliğiyle, dinin görevidir. Hıristiyan Doğal Hukukunun tarihsel gelişimindeki bu anlayış Romalı hukukçuların anlayışından çok daha yüksek görünüyorsa da gerçekte, Pozitif hukuk, Hıristiyan kurallarından ve bu dinin yoksul severliğinden yararlanarak ezilenlere durumlarını kabul ettirmek için bir yardımcı olarak kullanılmaktan başka işe yaramamıştır. Böylece, devletin varlığı ve toplumun sınıflara bölünmesi haklı gösterilmiş oluyordu. Bundan da kolayca anlaşılır ki, komünizmi savunanlar, önlerine sürülen bu anlayışı kabul etmeye hiç de hazır değildiler ve Pozitif hukuku, devletin gerekliliğini ve özel mülkiyetin kaçınılmaz olduğunu kabul etmiyorlardı. Tersine onlar bu davranışlarla, yönetici egemen sınıfların kendi çıkarlarını korumak amacıyla Hıristiyanlık öğretilerini değiştirmekte olduklarının bir belirtisini gördüler.

6 — Roma Doğal Hukuku ve Hıristiyan Doğal Hukuku

Romalı hukukçular yazılarında özellikle, Stoacıların Doğal Hukuk anlayışının belirtileni bulunan Çiçeron'un etkisi altında kalmışlardı. Gerçekten "Cumhuriyet Üzerine" adını taşıyan kitabında büyük Romalı avukat şunları söylemektedir : "Akla ve Doğaya uygun bir tek hukuk vardır. Bu, sonsuz ve değişmez bir hukuktur. Çünkü tanrısal egemenliğin dile gelişidir." Başka bir yerde de şöyle der: "İnsan toplulukları ve onların yöneticileri prensler, yasalar yapabilirler. Ama bu yasalar, gerçek bir yasa niteliğini ancak, bütün yasaların kaynağından geliyorlarsa kazanabilirler. Yasaların kaynağı, devletin var olmasından önce de vardı." (Yasalar) "Doğada özel işler yoktur." (Ödevler)

Romalı hukukçuların çalışmaları, «Corpus Juris Civilis» adını taşıyan bir kitapta toplanmıştır. Bu eser, 529 ile 534 yıllan arasında, Bizans İmparatoru I. Justinien'in önayak olmasıyla meydana getirilmiştir. Dört bölümdür: Kurumlar, Pandecteler, Kodeks ve Ekler.

Kurumlar bölümünde şu ilkeler yer almaktadır: "Doğal Hukuku, bütün canlılara doğa öğretir. Yalnız insanlara özgü değildir; hayvanlar da bu ilkelerden yararlanırlar.

Uluslararası Hukuk, doğal bir nedenin bütün insan toplulukları içine yerleştirdiği ve bu toplulukların hepsinin uyduğu bir hukuktur. Doğal Hukukun öne sürdüğü ve bütün insanların eşit, hür doğmuş olduklarını söyleyen ilkenin tersine bu hukuk anlayışında savaşa, tutsaklığa, köleliğe yer verilmiştir. Ayrıca alım, satım, kiralama, emanet, borç vb. gibi bütün sözleşmeler de hukuka göre geçerlidir ve uygulama biçimi bu hukukun kapsamına girer."

Bu örnekler, istenildiği kadar çoğaltılabilir. Çıkacak sonuç, görüldüğü gibi, Romalı hukukçuların, komünizmi Doğal Hukukun kapsamı içinde saymadıklarıdır.

Romalı hukukçuların tersine, kilise büyüklerinin ve Kilise Hukuku öğretmenlerinin anlayışı, Stoacı okulun anlayışına daha yakındır. Onlara göre Doğal hukuk, Tevrat'taki evrim anlayışına ya da daha çok insanlığın ahlâk bakımından gerilemesi açıklanmasına, daha yakındır. Saint Paul bu konuda şöyle diyor: "Puta tapanların (Kutsal Kitap'tan alınmış) yasaları yoktur. Ama onlar, kitapta yazılı buyrukları yine de yerine getirirler. Bu da gösteriyor ki Kutsal Kitap'ın buyrukları onların yüreklerinde yazılıdır." (Romalılara Mektup) Kilise büyükleri ve Ortaçağın din öğretmenleri, işte bu sözlere dayanarak, Hıristiyan teolojisinin Doğal hukuka dayandığını öne sürmekteydiler. Çünkü Saint Paul gerçekten yukarıya aldığımız sözlerinde, insanda yaradılıştan gelen bir Doğal hukuk anlayışı olduğunu tanımaktadır. Bütün kilise büyükleri arasında, Doğal hukuk kuramını en açık ve seçik biçimde tanıyan kimse Saint Ambroise olmuştur. Saint Ambroise, özel mülkiyetin Doğadan gelen bir şey olmadığını; çünkü doğanın özel mülkiyet değil, ortak (kolektif) mülkiyeti tanıdığını öne sürüyordu. Ona göre özel mülkiyet, çekemezlik ve kapkaççılık dolayısıyla ortaya çıkmıştı. Bunun yanı sıra Saint Ambroise, özel mülkiyetin hiç de kötü bir şey olmadığını da söyler. Yalnız doğal hukuk, zenginlerin yoksulların yardımına koşmasını gerektirir. Varlıklılar ellerindekinin bir bölümünü, başlangıçta bu varlıkların herkese eşit olarak verilmiş olduğunu düşünerek yoksullara bırakmalıdırlar. Dolayısıyla, yoksullara yardım etmek de bir acıma gösterisi değil, bir adalet gereği olarak yapılmalıdır.

Saint Ambroise'un çırağı olan Saint Augustin' de özel mülkiyeti yeren eski dindaşlarıyla yani Mani dinine bağlı kimselerle çatışmakta ve şunları söylemektedir: "Kötü olan, özel mülkiyetin kendisi değil, servet avcılığı ve manevî zenginlik yanında maddî zenginliğe tanınan öncelikt̂ir." Saint Augustin ayrıca, özel mülkiyetin kaynağının tanrısal yasadan değil, Pozitif hukuk anlayışının özünden geldiğini kabul eder; ama yine de devleti ve kurulu düzeni tanrısal yasanın üstünde görmekten kendini alamaz.

Doğal Hukuk anlayışı, Romalı hukukçuların ve kilise büyüklerinin yazılarından, bu yazıları toplamış olan İsidore de Seville'in aracılığıyla Hıristiyan kilisesine geçti. İsidore de Seville, "Etymologi" adını taşıyan kitabında, Doğal Hukukun bir tanımını verir. Ama onun yaptığı tanımlama, Uluslararası Hukuk tanımıyla birbirine karıştırılmaya çok elverişli olduğu için, bazı karışıklık ve anlaşmazlıklara ya da yanlış anlamalara yol açmıştır. O çağda, Doğal hukukun kaynakları konusunda henüz açık ve seçik fikirler sahip bulunuyordu. Çünkü Stoacıların, Romalı hukukçuların ve Kilise Babalarının anlayışları, kesin olarak birbirlerinden ayrılmamıştı. Ayrıca Ortaçağ'da yazılmış olan birçok belgenin, açıklık ve kesinlik bakımından çok yetersiz olduklarıda bilinmektedir. İsidore de Seville, hukuku şöyle anlatır: "Hukuk üçe bölünür: Doğal Hukuk, Medenî Hukuk ve Uluslararası Hukuk. Birinci bölüm, insanların içgüdülerinin sonucu olan, dış kurallarla sınırlandırılmayan davranışlarıyla ilgilidir ve bütün insan toplulukları için geçerlidir. Bu tanımın içine cinsel ilişkiler, çocuk sahibi olmak, insanlar arasındaki kolektif mülkiyet ve eşitlik; havada, yerde, suda yaşayan bütün canlılara sahip olabilmek, ödünç ve emanet alınmış paraların iadesi ve meşru müdafaa hakları girer." Bu tanımın içinde birbirinden ayrı şu anlayışlar yer almıştır: 1) Romalı hukukçuların tanımladıkları biçimdeki doğal hukuk. 2) Doğal Hukukun, Stoacıların anladıkları başlıca belirleyici özellikleri olan kolektif mülkiyet ve insanlar arasında eşitlik. 3) Uluslararası Hukukun ana çizgileri. Tanımlardaki bu karışıklık daha sonraları, Skolâstikle uğraşanların kafalarını en çok şişiren konulardan biri oldu. Çünkü Doğal Hukuk insanlar arasında eşitlik ve kolektif mülkiyet ilkelerini getiriyorsa, nasıl oluyor da hukuk anlayışı İçinde aynı zamanda, zor kullanma hakkı ve özel mülkiyet de bulunabiliyordu? Ama ne var ki İsidore de Seville'in saygı değer kişiliği karşısında kimse onu karışıklık yaratmakla suçlamaya kalkışamadı.

İsidore tarafından yapılmış olan Doğal Hukuk tanımı, Kilise Hukuku tarafındanda benimsendi. Kilise büyükleri ve kilise hukukçuları tarafından üzerinde çalışılan bu hukuk anlayışı, Ortaçağın sonuna doğru yazılmış olan "Corpus Juris Canonici" adındaki dinsel hukuk yasası kitabında geliştirilmekte ve şu bölümleri içine almaktadır: 1) Le decretum gratiani: Papaz Gratien tarafından XII. yüzyılda bir araya getirilmiş olan Hıristiyan Meclisleri (Consile) kararları. 2) XIII. yüzyılda bir araya getirilmiş olan ve Papalık kararlarını toplayan derleme. 3) Daha sonraki zamana ait olan ve dinsel yasalarla kuralları toplayan bir diğer derleme. Teorik bakımdan en ilginç bölümler, "decretum gratiani" ile bu bölümün yorumcularını açıklamalarıdır. Burada özel mülkiyet üstüne kurulu düzene karşı, sert bir tutum dikkati çekmekte ve şöyle denilmektedir : "En iyi mülkiyet biçimi kolektif mülkiyettir. Benim, senin sözlerinin kaynağı günahtadır. İnsanlar arasındaki bölünmenin nedeni, malların bölünmesidir." Özel mülkiyet ve kölelik düzeni, doğaya aykırı kuruluşlardır.

Çünkü bu kuruluşlar Doğal Hukuka karşıdırlar. Gratien bu açıklamalarında, varlıkların, bütün topluluğunun kolektif malı olması gerektiğini öne sürmüş olan Kilise Babalarına dayanmaktadır. Kilise Babalarının koymuş oldukları bu ilkeler yalnız Kudüs'teki Hıristiyan topluluğu tarafından uygulanmakla kalmamış, filozoflar tarafından da tanınmıştır. Platon, Cumhuriyet adındaki kitabından, özel mülkiyeti çıkarmıştır. Özel mülkiyeti doğurmuş olan, sadece Pozitif Hukuktur. Zira Saint Augustin'in de dediği gibi, "bu ev benimdir, bu tarla benimdir sözünü söyleten, insanların yaptıkları yasalardır" Gratien ayrıca der ki: "Özel mülkiyet, ideal var olma biçimine yabancıdır. Özel mülkiyeti yaratmış olan, çekemezlik ve hırstır."

Ayrıca şunu eklemek de doğru olur ki; Gratien bu sözü söyledikten sonra, yine her zamanki gibi geri çekilmeden de edememiş ve şunları eklemiştir: "Tabii ki bu sözümle, bir şeye özel olarak sahip olmanın günah sayılacağını söylemek istemiyorum.” Yalnız unutmamalı ki özel mülkiyet, kolektif mülkiyetten, ahlakî bakımdan daha az değerlidir ve insanın yaşamasına yetecek olandan fazla mala sahip olmaması gerekir. Bunun gibi, kölelik de Doğal Hukuka aykırıdır. Zira insanlar, yaradılışları bakımından her türlü zorlama ve baskıdan bağımsızdırlar. Sertliğe ve İnsanın insan üstünde egemen olmasına günah yol açmıştır.

Köleliğin ortaya çıkışına günah yol açtıysa, bu durumun sonuçlarını neden yalnız köleler çeker? Gerçek suçlular, köle kullananlar değil midir? Rafızîlerin (din sapkınları) şimdi soracakları soru da işte budur.

BÖLÜM II

GÖÇLER VE AVRUPA'NIN YENİDEN DÜZENLENMESİ

1 — Cermenler

Romalılar, İsa'dan önce I. yüzyılın ikinci yarısında Cermen boylarıyla aşağı yukarı bir ilişki kurdukları zaman, Ren ırmağının ötesindeki toprakların üstünde yaşayan bu insanların, kendilerine ya anlaşılmaz ya da Doğal Hukuka tam uyar gibi gelen bir toplumsal hayat sürdüklerini gördüler. Jules Cesar ile tarihçi Tate de bu durumu görmüş ve ilgilenmişlerdir. Jules Cesar'ın Cermenlerin yaşaması ile ilgili olarak söyledikleri şunlardır:

"Sue Ve Ulusu, Cermen ülkesinin en güçlü ve en savaşçı ulusudur. Denildiğine göre bu ulus, yüz ayrı bölgeye ayrılmıştır. Her bölge yılda bin kişi çıkartır ve dışarıda savaşmaya yollar. Ülkede kalmış olanlar, kendileri ve savaşan arkadaşları için tarım yaparlar. Ertesi yılda, bir yıl önce ülkede kalmış olanlar silahlanarak ne savaş alışkanlığı ya da bilimi, ne de tarım işleri unutulmamış olmaktadır. Aralarından hiçbiri kendi malı olarak bir toprak parçası ayırmadığı gibi, aynı yerde bir yıldan daha uzun bir süre de oturamaz. Bu insanların buğday tüketimi pek azdır, genellikle süt ürünleriyle ve sürülerinin etleriyle beslenirler, kendilerini özellikle ava vermişlerdir. Bu yaşama ve beslenme biçimi, günlük egzersizler ve sahip oldukları geniş özgürlük (çünkü çocukluklarından beri hiç bir düzene alıştırılmamış oldukları için, bir görevle yükümlü oldukları kanısında değildirler ve içlerinden geldiği gibi yaşarlar) bu insanların hepsinin sağlam yapılı ve pek uzun boylarıyla dikkati çeken kimseler olarak yetişmeleri sonucunu vermiştir. Ülkelerine girmek isteyen tacirlere geçit vermeleri, onlardan bir şey almak istedikleri için değil, ellerindeki savaş ganimetlerini satmak istemelerinden dolayıdır.

Jules Cesar, açıklamalarına daha sonra da şöyle devam eder: "Cermenler başlıca süt, peynir ve etle beslenirler. Hiçbirinin kendi malı, bir tarlası ya da toprağı yoktur. Yönetici görevliler ve başkanlar her yıl, topluluklara ve ailelerden kurulu gruplara, yeterli buldukları genişlikte ve gerekli buldukları yerlerde toprak gösterirler. Ertesi yıl bu toprakların üstündeki toplulukların yerleri yine değiştirilir. Bu uygulamanın gerekliliği konusunda öne sürdükleri pek çok sebepleri vardır. Uzun süren bir yerleşik düzenin tarım uğruna savaş zevk ve alışkanlığını öldürmesi, herkesin malını çoğaltmak isteğine kapılarak topluluğun içindeki varlıklıların yoksulları aralarından kovması, kullanışlı konutlara sahip olarak kazanılan alışkanlıkla sıcak ve soğuğa karşı dayanıksızlığa düşmek korkusu, zenginlik hırsının, topluluğun içinde uyuşmazlıklar ve bölünmeler yaratması kaygısı. Kısaca söylemek gerekirse, en güçlülerle en yumuşak başlı ve sessizler arasında her şeyde tam bir adalet sağlanarak toplumun aşırılıklardan sakınmasını sağlamak amacı güdülüyordu."

Bir tanığın sözlerine göre Cermen boylarının artık ilkel komünizm çağında oldukları söylenemezse bile, ilkel bir örgütlenmenin şu belirtici nitelikleri yine de gözden kaçmamaktadır: Eşitlik ve özgürlük, özentisizlik ve yiğitlik. Cesar'ın sözünü ettiği güçlüler ve güçsüzler olarak bölünmüş olmak, ekonomik anlamda bir bölünme olamaz. Zira Cesar' da bu topluluğun içinde tam bir mal eşitliği olduğunu söylemektedir. Anlaşılan bu ayırım kişisel yetenekler bakımından yapılıyordu. Çünkü birbirlerini, mallarının çokluğuna göre değil, kişisel yeteneklerine göre değerlendirmekteydiler. Ayrıca bu değerlendirme yöntemi yalnız Cermenlere özgü değil, boylar biçiminde örgütlenmiş olan bütün topluluklarda böyleydi.

Bu değerlendirme yöntemi, ilkel toplumun en baş özelliklerinden biridir.

Cesar'dan bir buçuk yüzyıl kadar sonra da Tacite, ilkel Almanya'nın başlıca tarih kaynaklarından biri olan "Cermanie" adlı tarihini yazıyordu. Cermenlerin toplumsal hayat şartları konusunda o da bu kitabında şunları söylemektedir:

"Topraklar sürekli olarak, sıra ve önemlerine göre, ailelere bölünmektedir. Bu bölme işi, ovaların genişliğinden ötürü öyle bir kolaylıkla yapılmaktadır ki herkese her yıl topraklar verilmesine rağmen yine de, kimseye verilmemiş boş toprak parçaları kalır."

Tacite'in yaşadığı çağda Cermen boylarında ilkel komünizm düzeninin parçalanması, Jules Cesar'ın zamanındakinden daha da ilerlemiş durumdaydı. Romalılarla ve Rhein nehrinin sol yakasında oturan topluluklarla ilişkiler eskisinden daha yoğunlaşmıştı. Bu ilişkiler ilk olarak, savaşlardan kazanılan ganimetlerin yabancı tacirlere satılmasıyla başladı. Böylece, Cermenlerin Roma kültürüyle ilişiğinin yoğunlaştığı oranda da ilkel Cermen Komünizminin yok olma hızı arttı. Eski boy örgütü parçalandı, ticaret çalışmaları ve özel ekonomi gelişmeye başladı.

Bu ekonomi biçimi ilkin taşınır mallar ve hayvanların alım satımına yayıldı. Daha sonraları ise evlere, bahçelere ve en son olarak da toprak alım satımına kadar geldi. Yalnız, ormanlar ve çayırlar kolektif mülkiyet olarak kalmıştı. Bu yüzdende çayırlara kolektif mal anlamına gelen "allamende" deniyordu. İngilizcede bugün bile, çayırlara "commons" denir.

Tacite'in devrinde Cermenlerin yönetim biçimi değişmemişti ve topluluk ilkesi üstüne kurulu demokratik bir düzendi. Toplumun birimi, birey değil aileydi. Aileyi yöneten kimse ailenin başkanı sayılırdı. Ailenin birimleri, gerek kan hısımlığı gerekse atalarından kalmış olan geleneklerle birbirlerine sıkıca bağlıydılar. Toprak, ailenin malıydı. Ulusun askerî düzenide tabii ki aileye dayanıyordu. Evlenmeler, evlenecek olanların aileleri tarafından düzenlenirdi. Birey, ailenin içinde tam anlamıyla eriyordu. Cermenler toprağa bağlı yaşama düzenine geçtikleri zaman ise birçok aile bir araya gelerek birer canton kurdu (Kanton). Bu kantonlar, günümüzdeki kantonlarla, coğrafî birer birim olmak bakımından benzeşmektedirler. Ama Cermen kantonlarında, en önemli ayırımlardan biri, başta gelen unsurun bugünkü kantonlarda olanın tersine, üstünde yaşanan toprak değil, kantonda yaşayan halkın kan akrabalığı olmasıdır. Eski çağların boylar biçimindeki örgütlenme biçimiyle günümüzün devlet örgütlenmesi arasındaki baş ayırım da budur. İlkel toplum, kan akrabalığı temeli üstüne kurulmuştu ve bir topluluktu. Oysa günümüzde toplum, coğrafî temel üstüne kuruludur ve hukukî örgütü, devlettir.

Romalıların Cermenler konusundaki hikâyelerinde rastladığımız kral, prens ya da devlet memuru sözleri bizi yanıltmamalıdır. Bu kelimeler o çağda bugünkü anlamlarda kullanılmıyordu. O çağın kralları, prensleri ve devlet memurları, halk kurulları tarafından seçilmiş olan başkanlardı yahut basit birer askerî başkan ya da sadece birer yönetmendiler. Belli aralıklarla toplanan (yeni ay çıktığında ya da dolunayda) kurullar tarafından seçilirlerdi. Bu kurullar ayrıca, önemli sorunları incelerler ve savaş ya da barış gibi konularda bile kesin kararlar vermek yetkisini ellerinde tutarlardı. Self government (kendi kendini yönetme) ve özgür disiplin düzenleri İlkel Çağ Cermenlerinin toplumsal hayatlarının temelinde bulunmuyordu.

Öte yandan şunu da unutmamak gerekir ki; ilkel Cermen toplumu, toplumsal ve ekonomik gelişmenin en alt safhasında bulunuyordu. Tarım çok geriydi ve gelişmesi de bir yığın gelenek tarafından önleniyordu. Bireysel girişimlerin sağlayabileceği yarar, önleyici geleneklere çarparak gelişmekten alıkonuyordu. Bundan ötürü de tarım alanında verim çok azdı. Teknik alan ise henüz çocukluk devresinde bulunuyordu. Demir, değerli maden sayılmakta devam ediyordu. O çağda zanaatçı olarak bilinen kimseler sadece demirciler ve çömlekçilerdi. Rhein nehrinin sol yakasındaki topraklar üstünde bulunanların dışında şehir de yoktu. Cesar'ın çok zaman sözünü ettiği Ubienlerin şehri (Cologne şehri), Romalılar tarafından kurulmuştu. İşte bütün bu nedenlerden ötürü de Roma kültürü işin ucunda, Cermenlerin askerî gücünden daha güçlü çıktı.

Cermen boyları Roma İmparatorluğunu yıktılar ama bu imparatorluğun kendilerine gerekli yanlarından yararlanarak onun yerini dolduramadılar ve üstün kültürünün etkisi altına girmekten kurtulamadılar. Roma İmparatorluğunu yıkarak varmış oldukları yüksek başarı tepesinin doruğundan şaşkın ve biraz da sıkılgan bir biçimde, bu geniş politik, teknik örgüte bakakaldılar. Roma dünyasının ekonomik ve kültürel hayatı onları şaşırtmıştı ve ellerine geçmiş olan bu kurulu düzeni ne yapacaklarını biliyorlardı.

Cermenlerin Batıya doğru ilerlemeleri hiç bir tasarı gereğince yapılmış değildi. Zaten başka türlü de olamazdı. Büyük, önemli tarihsel olaylar, üzerinde uzun uzun çalışılmış tasarıların sonucu değil, kendiliğinden ve derinliği olmayan davranışların ürünüdür. Bu çeşit teşebbüsler bir kere işe girişildikten sonra, yalnız o hareketi iyi yönetecek ve gelişimini kendi çıkarına döndürebilecek güç ve yetenekte olan kimseler ya da kuvvetler varsa başarı kazanabilirler.

Toplumsal gelişme safhası bakımından bu durumda bulunan Cermenler, gerekirse belki yeterli sayıda savaşçı çıkarabilirlerdi ama bütün İlkçağ kültürünü kendi yararlarına toplamış olan Romalıların mirasçısı olamaz ve Roma İmparatorluğunun üstüne bir Cermen İmparatorluğu kuramazlardı. Çünkü boylar biçimindeki örgüt, özü gereği olarak, böyle yönetimine geniş özgürlük veren bir yönetim biçimidir. Bu biçim de geniş toprakların yönetimi bakımından gerekli sayılacak özellikte ve yetkinlikte değildir.

Gerçek gelişim gücü, göçler sırasında kendini gösterdi. Bu göçler ya Orta Asya'daki büyük iklim değişiklikleri dolayısıyla ya da İsa'dan sonra I. yüzyılda çevrelerindeki toplulukları yerlerinden kovarak sınırlarını genişletmek isteyen Çinlilerin davranışları sonunda ortaya çıkmıştı. Yerleşik ya da gezginci boylar böylece Orta Asya steplerinden kalkarak Batıya doğru ilerlemeye başladılar. Birbiri ardından gelen çeşitli ve değişik yönlü göçler, hareket halinde bulunan boyların birbiri üstüne yaptıkları baskınlarla, göçmen topluluklarını Dinyeper ırmağının ve

Tuna'nın aşağı bölgelerindeki Gotların yanına getirinceye kadar sürdü. Gotlar o çağda, doğuya doğru en fazla ilerlemiş Cermen topluluğuydular. Doğudan gelen göçmen dalgasının etkisiyle onlarda yerlerinden koptular ve Batıya ya da Güneybatıya doğru ilerlemeye başladılar. Onların bu ilerleyişi, komşuları Slavlar ve Roma İmparatorluğunun sınırları üstünde bir baskı yaratmıştı. Onlardan sonra, önce Hunlar sonra da sırasıyla Vandallar, Süevler, Burgondlar, Franklar, Almanlar geliyorlardı. Roma'ya doğru ilerlediler ve 410 yılında Roma, Gotlar tarafından ele geçirildi.

Yalnız ne var ki bu toplulukların hiçbiri, Romalıların bırakmış olduğu yeri dolduracak yetenekte değildi. Bu yüzden de bölgesel yönetime öncelik tanıyan yönetim biçimleri ve her birinin bölünerek ayrı bir yaşamayı seçmeleri, Roma İmparatorluğundan bazı toprak parçaları koparmalarından başka bir sonuç vermedi. Bunların bir kısmı, Batı Gotları, Galya'nın güneyinde ve İspanya'da (415 yılından 711 yılına); Vandallar, Kuzey Afrika'da (429 den 434 yılına); Ostrogotlarda İtalya'da (493'ten 553'e) çok uzun ömürlü olmayan krallıklar kurdular. Bu krallıkların içinde en uzun zaman yaşayan, Frankların kurduğu krallık oldu. Ama bu krallıkta da hiç bir zaman birlik kurulmadı ve Roma İmparatorluğunun kurmuş olduğu gibi bir örgüt yaratılamadı. V. yüzyılın sonuna doğru kurulmuş olan krallık, 843 yılında imzalanmış olan Verdun antlaşmasıyla yok oldu. Cermen boyları kazandıkları başarıyı, hemen her yerde, eski örgütlerini yitirmekle eski gelenek ve alışkanlıklarını unutmakla, kısaca söylemek gerekirse; Roma kültürünün boyunduruğu altına girmiş oldukları için kendi özelliklerini ellerinden kaçırmakla oldukça pahalıya ödediler.

Toplumun sınıflara bölünmesi, ekonomik yapı ve genel olarak Roma yaşayışının bütün diğer özellikleri yavaş yavaş Romalıları yenmiş olanlar tarafından benimsendi.

Buna karşılık Roma kültürüde göçler, Cermenlerin ve Hunların akınları, Cermenler tarafından girişilen yeniden örgütleme çabaları yüzünden oldukça zarar görmüştür. Bu durumun sonucu olarak şehirlerin nüfusu iyice azaldı ve dolayısıyla gerek ticaret gerekse zanaat çalışmalarının gelişmesi durdu. Batı Avrupa böylece yeniden, doğal ekonomi düzenine dönmüştü. Ama bu yeni ekonomi düzeninin temeli artık ortak çalışma ve demokratik yönetim değil, dediğini yaptıran zorba bir devlet kuruluşu içinde derebeylik düzeni ve köy ekonomisiydi.

Avrupa'nın Ortaçağ'daki yeniden örgütlenmesi, Cermenlerin topluluk hukuku anlayışı ile Roma özel hukuku arasındaki anlaşmanın sonucu olmuştur.

Ortaçağın başlangıcında, ekonominin demokratik ve kolektif özelliği henüz bütün bütüne yok olmamıştı. Çünkü doğal ekonominin demokratik özelliği, özel ekonominin geliştirmekte olduğu bencil içgüdülerin güçlü bir biçimde ortaya dökülmesini önleyebiliyordu. Roma-Cermen toplumunun yapısı V. ile X. yüzyıllar arasında genellikle şöyleydi:

Temel kasaba düzeni ve toprağa bağlı kölelik üstüne oturtulmuştu. O çağda, tarım, yaşamak için başvurulması gerekli ilk yoldu ve tarımsal çalışmalar, 5 ile 18 kişi arasında değişen bir topluluğu beslemeye yetecek genişlikte toprak parçaları üstünde çalışan köylüler tarafından yapılıyordu. Bu toprak parçalarının her birinde tarlalardan başka, tarımcının öz malı olan çiftlik ve bahçe bulunurdu.

Bundan başka çiftçinin, miras hakkına da sahip olduğu ve başkasına devredemeyeceği bir hak olarak topluluk topraklarından yararlanmak olanağı vardı. Bu topraklar geleneksel kurullarla işlenirdi. Ayrıca korular ve ormanlardan yararlanabilir, ağaçlıklarda ve suda avlanabilir, balık avlayabilirdi. Çiftçilerin işletmesine bırakılmış bu toprakların her birinin genişliği yaklaşık olarak 15 ile 18 hektar arasındaydı. Mülkiyet bakımındanda bir bölümü topluluğun, bir bölümü de işletenin malıydı. Yalnız ne var ki köylü bağımsız değildi. Senyörüne, efendisine, bazı şeyler vermek ve sağlamak zorundaydı. Ayrıca, topluluğun malı ya da kamunun malı olarak bilinen toprakların, gerçekten kimin malı olduğu da pek kesin olarak bilinmiyordu. Köylüler, topluluğun birer üyesi olduklarını söyleyerek toprakların kendi malları olduğunu öne sürüyorlardı. Buna karşılık derebeylerde derebeylik haklarına dayanarak kendi bölgeleri içinde kalan bütün toprakların öz malları olduğunu söylüyorlardı. Sonunda anlaşmazlık, sertliğe başvurularak sonuca ulaştırıldı. Seçimle başarı sağlayacak olan güç ise derebeylerinin elindeydi. Daha sonraları çıkmış olan birçok köylü ayaklanmasının temel nedeni bu olmuştur. İlkel komünizmin eski gelenekleri İskoçyalılarda, İrlandalılarda ve Doğu Slavlarında, Cermen Roma topluluklarında olduğundan daha uzun bir süre yaşadı.

Zanaatçılık o çağda, derebeylik mülkiyetinin bir eki durumundaydı. Zanaatçılar bu durumdan yavaş yavaş kurtulabildiler ve yeni doğmakta olan şehirlere yerleşerek tacirlerle birlikte loncalar ve korporasyonlar kurdular.

2 — Kilise

İsa'dan sonraki ilk yüzyıllar boyunca Hıristiyanlık olağanüstü başarılar gösterdi. Judee ili halkının en alttaki toplum katında bulunan küçük balıkçı ve zanaatçıların ahlâkî ve dinsel anlayışlar içinde yaşadıkları toplumun en güçsüz, küçümsenen toplum katında bulunmalarına rağmen, yine de kendileriyle ilişkisi olanları çeken bir özellikteydi. Hıristiyanlık yalnız devrin toplumsal ahlâkının dile getirttiği isteklerin belirtisi olmakla kalmıyor, aynı zamanda da ebedî değerlere önem vererek sertliklerin boşluğunu dile getiren ve bu yüzden de her türlü sert davranışı suçlayarak atan bir ruhun sözcüsü kimliğiyle ortaya çıkıyordu. Bu ruhun dile gelişi ise Roma egemenliğinden yakınan herkesin kolayca anlayacağı bir dil oluyordu. Son cumhuriyetçi generallerin, imparatorların, prokonsüllerin ve vergi kesenekçilerinin davranışları politik işkencenin, en üst noktasına varması sonucunu doğurmuştu. Bu durumun yanı sırada Virgile'ler, Senegue'ler ve Tacite'ler ilk çağların özentisiz ve erdemli yaşayışını özleyerek anıyorlardı. "Ruhu zehirlenmişse insan, dünyayı ele geçirmekle ne kazanır?" En iyi Romalılar arasında belirmeye başlayan duyguları İsa bu sözlerle anlatıyordu.

Onlar, yeni dini yayan küçük toplulukları ziyaret ettiler. Zengin ya da yoksul, güçlü ya da cılız, özgür ya da köle herkes yeni öğretime doğru gidiyor ve çevresinde kümeleniyordu. Ama ne var ki bu topluluklar büyüyerek kalabalıklaştıkça, anlayışlar ve dış dünyaya karşı tutum da görülür biçimde değişti.

Bu gibi hareketlerde her zaman ortaya çıkmış olan bölünme ve ayrılmalar kendini göstermekte gecikmedi.

Çünkü topluluğun unsurları arasındaki gerek fıtrî gerekse maddî çatışmalar kendini göstermeye başlamıştı. Katılanların bir kısmı, her türlü dış baskılardan kurtulacaklarını ve daha haklı bir ekonomik düzene kavuşacaklarını ummuşlar, kimileri ise tersine, manevi ve ahlâkî çöküntülerine ilâç bulacaklarını düşünmüşlerdi. Bu amaçla topluluğa katıldıktan sonra da eski inançlarını ve imanlarını yitirmişlerdi. İçlerindeki boşluğu doldurmak zorunluluğuyla karşılaştılar. Birinci bölümdekiler, çoğunluğu bilgisiz zanaatçılar, köleler olan Yahudi, Yunanlı ve Romalı halktan adamlardı. Toplumsal adalete susamışlardı. İkinci bölümdekiler ise yeni bir din, ahlâk ve dünya görüşü arayan aydınlardı. Kararlarında ekonomik düşüncelerin hiç bir rolü yoktu. Toplum içindeki yüksek yerleri ve bilgilerinin yardımıyla kısa zamanda, yeni öğretinin yorumcuları oldular. Öğrenim bakımından üstünlükleri ve katılmaları sonucunu doğurmuş olan manevî durumları, onları öğretimin daha çok felsefeyle ilgili yanını işlemeye götürüyor ve gerek ekonomik gerek toplumsal yanını çok önemsememeleri sonucunu doğuruyordu.

Oysa birinci bölümdekiler için her şeyden önce gelen, Hıristiyanlıktaki komünizm ülküsüydü. İkinci bölümdekilerin önemsedikleri konu ise bir iman kazanmak ve metafizik gerçeklere ulaşmaktı. Birinciler, her şeyden önce güçlüler ve zenginlere karşı savaşı düşünüyor, ikincilerde Yahudiliğin ve paganizmin karşısına çıkacakların umdukları bir din bulmaya ve bu olanağı felsefe yoluyla doğrulamaya çalışıyorlardı. Bu akımın başlıca sözcüleri; yasalara saygılı, kurulu düzeni ve yasalara uygunluğu her şeyin üstünde tutan anlayışlarıyla Saint Paul ve Saint Augustin idiler.

Yunanlı kilise büyükleri ise, Hıristiyan teolojisinin temelini atan kimseler oldukları halde ilkel Hıristiyanlığın komünist geleneklerinden ayrılmamışlardı.

İlk Hıristiyan topluluklarında ortaya çıkmış olan anlaşmazlıkların nedeni işte bu durumdur.

Toplulukların genişlemesi, gelişmesi sonucu ortaya çıkan anlaşmazlıklar da daha sonra bu çekişmelere eklendi. Büyük örgütler, küçüklerden daha karmaşık bir düzen gerektirir. Bundan başka sayı bakımından güçlü olan taraflar er ya da geç, dış güçlerle karşı karşıya gelmekten kaçınamazlar. Bu durumda da, ya taraflardan biri diğerini etkileyerek değiştirir ya da her ikisi birden karşılıklı olarak birbirlerini etkiler ve değiştirirler.

I. yüzyılın ortalarına kadar Hıristiyan toplulukları, üyeleri arasında tam bir eşitlikle demokratik bir hayat yaşıyorlardı. İç bağları çok sağlamdı. Malların kolektifliği, aralarında en küçük bir anlaşmazlığın bile çıkmasına yer bırakmıyordu. Hıristiyanlıkta kurulmuş olan ilk görev yerlerinin "diaconie" denilen makamlar ve bu makamların görevlerinin yoksullarla hastalara yardım etmek olması, dikkati çekmeye değer bir durumdur. Topluluğun üyeleri, yetenekleri elverişliyse, aralarında hiç bir ayırım gözetilmeksizin papazlık görevine seçilebilirlerdi. Bu papazlara "eskiler" denirdi. (Yunancası, presbytero'dur ve Fransızcada papaz anlamına gelen "pretre" sözünün kökü budur.) Eskiler'in ve en önemli saydıkları üyenin adı da gözetici idi. (Bu söz de Yunancada "episcopos" tur ve Fransızcadaki eveque sözü buradan gelir.) O çağın toplulukları, laiklerle kilise adamları arasında henüz bir ayrım yapmasını bilmiyorlardı. Kilise adamlarının özel bir sınıf olarak ortaya çıkmaları ancak Kilisenin güç kazanmasından ve yeni dini kabul eden kimselerin eğitiminin yapılması ve Hıristiyan görünüşün gerçek bir teoloji sistemi haline getirilmesi gibi büyük görevlerin kiliseye düşmesinden sonra mümkün olmuştur.

Hıristiyanlık, devlet örgütü içinde güçlendiği oranda değer ve etkinlik kazandı. Din adamları sınıfı böylece gerçek bir büyük güç durumuna gelmişti. Din adamları askerlik görevi zorunluluğunun dışında bırakıldılar. Laiklerin özel hayatının denetimi görevi ve bağışları kabul etme ya da miras almak haklarını da zamanla kazandılar. Böylece ilk Hıristiyan topluluklarının "eskiler" i dönüşümleşerek, özel güçleri ve imtiyazları olan kutsal bir kart durumuna geldiler. Küçük balıkçılar ve zanaatçıların minicik toplulukları, en sonunda ölçüsüz zenginlikleri, kasaba ve şehirlerdeki sayısız papazları, büyük şehirlerdeki metropolitleri ve arşövekleri; onların hepsinin üstünde de Roma şehrinin evek'i olan ve bütün Hıristiyan dünyasının başı sayılan Papa ile kuvvetine karşı konulmaz bir örgüt durumuna gelmişti. Başlangıçtaki küçük din ve ahlâk topluluğu artık, kilisenin öne sürmüş olduğu dogmalara karşı gelenleri ölüme gönderebilen; dindaşlardan aldığı bağışlar ve miraslarla kendine öşür sağlayan geniş bir politik ve ekonomik topluluk durumuna gelmişti. Başlangıçta yoksullar için toplanmakta olan kilise varlıkları zamanla, dörtte üçüne yakın bir bölümü kilise adamlarına, dinsel törenlere harcanan ve ancak dörtte biri yoksullara verilen bir kaynak durumuna girdi. Giderek, kilise büyük topraklar da edinmeye başladı. Öyle ki, daha VII. yüzyılın sonunda bile Galya topraklarının üçte biri kilisenin malı olmuştu. VIII. yüzyılda Frank krallığında, kilisenin toprakları öylesine artmış bulunuyordu ki Karolenj hanedanından olan yöneticiler bu toprakların birçoğuna el koymadan edemediler.

Maddî alanda görülen bu intibakın yanı sıra kilise dışı dünyaya karşı, fikrî bir intibakda belirmeye başlamış bulunuyordu. Başlangıçtaki ateşlilik yavaş yavaş yok olmaya başladı ve zenginliklerden yüz çevirmenin yerini acıma aldı. Eski dayanışma ve yardımlaşma anlayışı acıma duygusuna dönmüştü. Herkesin kiliseye yapacağı bağışlar birer zorunluluk biçimine sokuldu ve papazlar, halkın yönetimini ellerinde tutanlarla derin bir bağlantıya girerek kendi imanlarından olmayanların kültürünü sessiz bir hayranlıkla gözlemeye koyuldular. Öte yandan, Roma İmparatorluğunun çeşitli çevrelerinden gelen ve din topluluğuna katılanların akımı, Hıristiyanların yaşama biçimi üstünde kötü etkiler yarattı. III. yüzyılda artık Roma Tümenlerinde, Cesar'ların çevresinde devlet görevlileri arasında, iş çevrelerinde, bilim adamları arasında Hıristiyanlara rastlanıyordu. Hıristiyanlık böylece Roma toplumunun bütün gözeneklerinden sızarak girmiş ve kiliseye yeni düşünceler ve alışkanlıklar getirmişti. Dış dünya ile Kilise arasındaki bu ilişkiler ve karşılıklı tavizler sonucunda Hıristiyanlık eski anlayış ve gücünü önemli oranda yitirdi. Hıristiyanlığın ilk yıllarındaki komünizm anlayışı yerini, özel mülkiyetin yasalara uygun ve geçerli sayıldığı bir anlayışa bıraktı. İlk yüzyıllarda uygulanmış olan temizlik hareketleri kiliseyi belli bir süre için ikbal avcılarından ve çıkarcılardan temizleyebilmişti; ama fırtına geçtikten sonra, ilkel Hıristiyanlığın özüne bağlı kalmış olanlar üzüntülü bakışlarla gördüler ki Hıristiyanlığın dış dünyaya intibakı durmamıştır. İsa'nın çömezlerine ve kendisine inananlara söylevi olan "Dağda Verilen Öğüt" ü (Sermon sur la Montagne) okuyan bu kimseler, Hıristiyanlığın ilk yıllarının mutluluğunu arıyor ve yaşadıkları zamandan hoşnut olmadıklarını söylüyorlardı. "İsa'ya dönelim. Yetinmesini bilelim ve malların ortaklaşalığına, İncil'in buyruklarına uygun yoksulluğa geri dönelim. Hıristiyanlığın katkısız arılığına dönelim ve kendimizi, öğretimizi kirleten dış dünyadan çekelim" diyorlardı.

Gittikçe büyüyerek gerçek bir karşı akım biçimini almış olan ve keşişlik ya da keşiş komünistliğine yol açan; daha sonraları da Rafızîlerin ortaya çıkmalarını sağlamış olan bu tasalar ve kaygılardır. Keşişlikle Rafızîlik (din sapkınlığı) bir kökten çıkmışlardır. Ama keşişlik savaşmaksızın, kendini kilisenin uzağında tutmak isterken ikinci akım, kilisede bir reform yapmayı ve bu düzeni bir değişimden geçirtmeyi kendine amaç edindi. Bu tutum da kaçınılmaz bir biçimde, Kiliseye ve yöneticilerine karşı açık bir savaşa girişmeyi gerektiriyordu. Yukarıda belirtmiş olduğumuz gibi keşişler Kiliseye karşı her türlü davranışı suç sayarak kurulu düzene el sürmeye çekiniyorlar ve ütopyacı bir davranışla, Kilisenin arkasında, gizli olarak yeni bir toplum düzeni kurmaya çabalıyorlardı. Oysa Rafızîler, günümüzün sosyalistleri gibi, ilkin toplumu bir dönüşüme uğratmaya; ardından da eski yönetim düzenini ortadan kaldırmaya çalışıyorlardı. Keşişlik hareketinin öncüleri daha sonraları Kiliseye bağlandılar. Oysa Rafızîler, Kiliseye başkaldırmış sayıldılar ve yakılarak ya da silahla ölüm cezasına çarptırıldılar.

3 — Keşişlik

Kilisenin bozulmasından hoşnut olmayan, ya da geniş ekonomik ve politik örgüt biçimine girmesinden tiksinti duyan bir takım Hıristiyanlar III. yüzyılın ikinci yarısında, yeryüzünden el etek çekmeye ve bir köşede çileler içinde kendilerini dinsel düşüncelere bırakmaya karar verdiler. Kilisenin, İmparator Constantin ile bir anlaşmaya vararak devleti din katına yükselmesinden sonra ise keşişlik hareketinin yoğunluğu daha da arttı. Bu hareketin başlıca öncüsü, Saint Antonin'dir. Yukarı Mısır'da çok zengin bir ailenin çocuğu olan bu kimse, yaklaşık olarak 270 yılına doğru, bütün mallarını dağıtarak çölde yalnızlığa çekilmeye karar verdi. Ondan yarım yüzyıl sonra da çömezi Pachome, yalnızlığa çekilmeye karar vermiş olanları toplayarak Nil nehrinin üstündeki Tabenna adasında ilk "cenobie" yi kurdu. (Yunancada "cnînos" toplu, "bion" ise hayat demektir.) Burada şu kuralları geçerli kıldı: Hiçbir çeşit özel mülkiyeti tanımamak; el emeği zorunluluğu; yemekleri topluca yemek; yöneticinin (abbe) hiçbir sözüne karşı gelmemek ve kendini birçok şeyden yoksun kılarak çile çekmek.

Keşişliğin kuruluşundan sonraki ilk yüzyıllar boyunca erkeklerine "moine" kadınlarına da "nonne" adı verilen keşişler, Kilise örgütü içinde yeri olan bir sınıf sayılmıyorlardı. Din değil, din ile dünya işleri arasında ayrım yapan laiklerden sayılıyorlardı.

Öyle ki içlerinde büyük bir çoğunluk evliydi bile. Bu çağda manastırlar, dindarların komünist topluluklarıydı. IV. yüzyılın sonunda evlilik, Hıristiyan hayatında aşağı bir durum sayıldı. Bununla birlikte, evlilik VI. yüzyılda bile "cenobie"lerde yaşayanlar arasında hiç de seyrek değildi. Evlenmemek, daha sonraları, manastır hayatının mutlak kuralı olmuştur. Çileciliğe verilen yüksek değer ve ailelerin çoğalmalarıyla komünist kuruluşların erimeye başladığının görülmesi en sonunda, bekâr yaşamak zorunluluğunun konması gereğini ortaya çıkardı.

Keşişlik kuruluşunun ortaya çıkışını sağlamış olan temel düşünce, bütün toplumsal kuruluşlardan ve düşünce akımlarından uzak kalmak ve insanların böylece içinde yaşadıkları yüzyıla ve dolayısıyla Kötü'ye bağlanmalarını önlemekti. İnsanların bağlanmasına engel olunmak istenen bu Kötü'ler şunlardı: Özel mülkiyet, aile, Devlet, efendi ile köle arasındaki ilişkiler vb.

Komünist geleneklerin henüz çok güçlü oldukları Kuzey Afrika'da "cenobie" yöntemi hızla gelişerek oradan doğuya, Patestin'e, Suriye'ye, Ermenistan'a, Kapadokya' ya yayıldı. Cânobîe' lerin sayısı öylesine artmıştı ki, İmparator Valence bu hareketin gelişimini durdurmayı bile denedi ama bu çabası başarısız kaldı. Ayrıca Hıristiyan yazarlar arasında da hiç de haksız olmayarak, içinde resmî Kiliseye karşı bir tehlike belirtisi sezilen bu akımın yayılmasının önlenmesini isteyen sesler yükselmeye başlamıştı. Cenobie'lerde yaşayan kimseler Kiliseye karşı en küçük bir saldırıda bulunmadıkları için Kilise yöneticileri, onların amacının sadece, barışçı yollarla ilkel Hıristiyanlığın idealini gerçekleştirmek olduğundan dolayı cesaretini kırmayarak kendine, resimlerde İsa'nın çömezlerine giydirilmiş olduğunu gördüğü bir kıyafet yaptırdı: Beyaz bir manto ve sandal ayakkabılar. Saç ve sakal bıraktı. Ondan sonra da şöyle vaazlar vermeye başladı: "Pişmanlık getiriniz ve inancınızı düzeltiniz. Zira Tanrı saltanatı devri yakındır." Bütün mallarını sattı. Parasını bir kesenin içine koydu. Pazar meydanına giderek vaaz vermeye başladı. Çevresine kalabalık toplanınca da elindeki paralarını orada bulunanlara olduğunu göz önünde tuttular ve onlara ilişmediler. Böylece başlarında Saint Athanase olduğu halde bütün kilise büyükleri bu akımı onaylayarak Ahd-i Atik'te adı geçen peygamberlerin okullarının, Mısırlı Yahudi keşişlerinin (Essenien'lere benzer bir topluluk) ve ilk Hıristiyan topluluklarının bu yeni akımın bundan önce de görülmüş örnekleri olduğunu öne sürdüler. Daha sonra artık, çeşitli toplum katlarından ve özellikle çalışan tabakalardan birçok

Hıristiyan manastırlara koşmaya başladı. Saint Augustin' in devrinde bunlar Afrika'da, özellikle köleler, özgürlüğüne kavuşmuş olan eski köleler, köylüler, zanaatçılar vb. idi.

Saint Augustin' de, ne türlü olursa olsun bütün halk hareketlerine karşı olmakla birlikte bu akımı "circumcellion"ların ihtilâlci hareketlerini güçten düşüreceğini umarak destekliyordu. Zira ona göre manastırların içinde bulunan komünistler, manastırların dışındakilerden çok daha az tehlikeliydiler. Saint Augustin Kilisesi'nin, kendine olduğu kadar Kilise doğmalarının düşmanlarına ve kiliseyi tanımayanlara karşı da candan ve gönül açıklığıyla davranan büyük bir kişiydi. Hiçbir şey kendisi için değil, her şey içinde Tanrının ülkesini gördüğü kilise içindi. Saint Augustin Kutsal Kilise'den söz ettiği zaman kulağa, Roma'nın ve Bizans'ın bütün kiliselerinin çan sesleri gelir. Onun bu davranışı, rahatça deneme yapabilmeleri için sosyalistlere özel topraklar bırakmaya hazır olduklarını söyleyen, günümüzün Sosyalizm düşmanı devlet adamlarının davranışlarını andırmaktadır.

Cenobite düzeni Batıda yayıldı ve başlangıçta belli bir direnmeyle karşılaştı. Ama Doğal Hukuk anlayışına ve ilkel Hıristiyanlığın komünist geleneklerine bağlı kalmış olan Kilise büyükleri Saint Ambroise ile Saint Hiâronirr 'in kişiliklerinde güçlü savunucular bulmakta gecikmedi.

Böylece Batı İtalya kıyılarındaki adalarda, Dalmaçya kıyılarında ve Galya'nın Güneyinde manastırlar kuruldu. Ama bu manastırlar genel bir düzene bağlı değiller ve bunlara katılanlarda Doğu'daki manastırlarda bulunan kimselere oranla, kurallara daha az bağlılık ve feragat gösteriyorlardı. Benedictin'lerin kurallarını koymuş olan büyük öncü Saint Benoit de Wurisa, bu yetersizliğe bir çözüm bulmayı kendine amaç edinmişti. Bunun için de İtalya'da Campanie bölgesinde bulunan Cassin dağının üstünde bir manastır kurarak bu manastıra, 529 yılında; daha sonraları bütün manastırlar tarafından benimsenecek olan bir çeşit yönetmelik hazırladı. Bu yönetmeliğin başlıca üç noktası şunlardır:

1- Kol işi yapmak zorunluluğu (manastır, olanakların ölçüsünde, üyelerinin yaşamalarına gerekli malları kendisi üretmelidir),

2- İffet zorunluluğunun kurallarını arttırmak (keşişler evlenemezler),

3- Kişinin manastıra kabul edilmesinin kesinleşmesinden sonra manastırı terk etmesinin yasaklanması.

Kurulan düzen ve kolektif çalışma olağanüstü başarı sağladı. Bu başarıların, savaşlar ve göçler sonucunda kırılıp geçirilmiş olan Batı ve Orta Avrupa ülkelerinin kalkınmasına büyük yardımı dokunmuştu. Yıkılmış olan birçok bölgeler yeniden tarıma açıldı ve uygarlığın yararlanmasına elverişli duruma henüz getirilmiş topraklar verimli bir duruma sokuldu. Sonraları ise manastırlar, bilimin ve kültürün merkezi ve gerek İlkçağ, gerekse Ortaçağ edebiyatının arşivleri durumuna geldiler. Keşişler, Latin yazarlarının ya da eski tarihçilerin eserlerini istinsah etliler. (Suretlerini çıkardılar.)

Manastırların üretim topluluklarının, ister büyük tarım işletmeleri, ister yıkılmakta olan Roma İmparatorluğunun toprağa bağlı köle toplulukları ya da Frank Krallığının derebeylik ekonomik düzeninden çok daha üretici olduğuda ortaya çıkmıştı. Kautsky bu konuda şunları yazıyor: "Manastırların Hıristiyan dünyasında çoğalmış olmasının ve bütün genelliğiyle Roma tekniği ve kültürünün mirasçısı olmalarının şaşılacak yanı nedir? Göçlerden sonra prens ve derebeylerinin, toprakları üstünde manastırlar kurulmasını, bu kuruluşların üretim biçimini daha güçlü buldukları için istemiş olmalarında şaşılacak ne var ki? Güneyde kendilerine kötü davranılmakta olan zanaatçılar ve köylülerin sığınmaları için yerler kurmak amacını güderken Alplerin Kuzeyinde de tarımın, sanayinin ve ulaşımın gelişmesini istiyorlardı."

Bundan sonra keşişler, servet, kültür ve güç kazanmış oldular ve kilise adamlarının ya da kilise dışında bulunan büyüklerin dostluklarından yararlanmaya başladılar. Bundan sonra artık üretim toplulukları olmaktan yavaş yavaş çıkarak yabancı el emeğini işletmeye başladılar. Bir yandan da, kilise yöneticileri ve derebeyleriyle ilişki kurmalarının sonucu olarak özentisizlik ve yoksulluk gibi erdemlerini yitiriyorlardı. Soyluların şatolarının ve saraylarının kapıları artık onlara açılmıştı.

Yüzyıl manastırların içine girdi ve keşişlerle din adamları sınıfı arasındaki bütün ayırımları sildi. İlk keşişlerin çileli yüzleri gittikçe az görülmeye başladı ve bu yüzlerin yerini iyi beslenmiş, yağlı keşiş giysilerinin içinde, yeryüzünde rahatı bulmuş ve bütün isteklerini gerçekleştirmiş olanların gözleriyle bakmakta olan kimselerin yüzleri geldi. Keşiş olacak kimselerde artık çalışan sınıfın insanları arasından değil genellikle zenginlerin ve yöneticilerin çevrelerinden seçiliyordu. VIII. yüzyıl boyunca büyük manastırlar (abbaye'ler) yavaş yavaş soyluların eline geçti. Dolayısıyla manastırların havasıda değişerek ilk manastırlar olan Cenobite' lerle ilgisi kalmadı. Durumdan hoşnut olmayan keşişler kendilerini ya çileci uygulamaya veriyor ya da keşişlik düzenini düzeltmek amacıyla manastırlarda reform yapmaya çalışıyorlardı. Bu çeşit bir düzenleme denemesi ilk olarak Benoit d'Anlane tarafından yapıldı. Ama bu denemenin sürekli hiçbir sonucu olmadı.

O çağda, daha sonraları yapılan reform denemelerinin hemen hepsinin de sonuçları bunun gibiydi. Böylece Benoit'nın yönetmeliği unutulup gitti ve zamanla bütün manastırların baş keşişleri laiklerden seçilmeye başlandı. Birçok kere, savaş adamlarıda buralara ayak attılar ve aileleriyle birlikte yerleştiler. Onlarla birlikte, yeryüzünden uzak kalarak dinsel düşüncelere dalmak için kurulmuş olan bu yerlere çeşitli eğlenceler; içki, kadın ve zevk dilemleri, av eğlenceleri de girdi ve oraların temiz havasını kısa zamanda kirletti. Burada IX. yüzyılın genellikle, ahlâk bakımından bir çöküş devri olduğunu da ekleyelim. Zira bu çağda Frank krallığı parçalanmaya başlamıştı. Slavlar, Normanlar, Macarlar ve Araplar bu krallığın, Charlemagne'ın ölümünden sonra birçok parçalara bölünmüş olan değişik yerlerini ele geçirdiler. Soylular, krallarla çarpışıyordu. Özellikle soyluların çevrelerinden gelen "Evekler" aile bağlarıyla ilişiği bulunan bu çevrelerin çıkarına, ailelerinin politik görevlileri durumuna geldiler. X. yüzyılın sonunda artık krallık, papalık, din adamları sınıfı ve keşişler parçalanma devresine girmiş gibi görünüyordu.

Keşişliğin yeniden düzenlenmesi ve kusurlarından arınmasıyla ikinci bir deneme, Bourgogne De Cluny manastırı vakfı tarafından yapıldı. Buranın kuruluşu, Benoit'nın hazırlamış olduğu yönetmeliğin gereklerine uygun olacak yapılmıştı. Kurallar daha da sertti ve en önemsiz bir malın bile papazların özel mülkiyetinde olmasını yasaklıyor, kurallara tam bağlılığı, çileci bir yaşama biçimini mutlak şart olarak koyuyordu. Bu reform denemesi keşişliğin düzelmesi konusunda diğer manastırlarda hiç değilse bir ya da iki yüzyıllık bir süre boyunca olumlu etkiler yaptı ama öte yandan da keşişliği, papanın koruyuculuğu altına sokarak Avrupa politikasının çalkantılarının içine düşmesine yol açtı. Papaların imparatorlukla, egemenliklerini bütün dünyada yaymak amacıyla uğraşmaya başlamalarından ve VII. Gregoire Kilisenin başına getirilmesinden sonra papalık ile keşişlik arasındaki anlaşma, büyük bir politik önem kapanmıştı.

Cluny reformlarının yapmış olduğu etki pek kısa sürdü. Bunu Paris Din İşleri Meclisi'nin (Synode de Paris) 1212 yılında, manastırlar ve genellikle bütün keşiş yuvaları konusundaki kararlarından anlıyoruz.

Bu kararlardan bazıları şöyledir:

1- Hiç bir keşişin özel mülkiyeti olamaz.

2- Beyler, manastırlardaki bütün şüpheli kapıları ve yerleri duvar ördürerek kapatmalıdır.

3- Hiç bir keşiş, geceyi koğuş dışında geçiremez. Bundan başka, keşişlerin toplu olarak bulundukları toplantılarda her türlü tartışma, manastırların içinde gürültü ve kadın cinsinden kimselerin ziyaretleri, izin verilmeyen oyunların oynanması, avcılık vb. yasaklanmıştır.

4- Keşişlerin iki kişi bir yatakta yatmaları ve giymelerine izin verilmiş olan elbiseden başka bir kılıkta yatağa girmeleri de yasaktır.

Ayrıca, bundan sonra keşişlerin manastırın malı olan yurtlukları keseneğe almaları ve bu yurtluklardan edindikleri kazançla ticarî çalışmalara girişmeleride yasaklanmıştır. Bu kararları almak zorunda kalınmış olması, daha önce yapılmış olan reform çabalarının başarısızlıkla sonuçlanmış olduğunu göstermektedir. Bu durumda, François d'Assise'nin manastırların düzeni konusunda hiç bir düzen koymak istememesinin şaşılacak bir yanı yoktur.

Böyle Avrupa'nın Roma İmparatorluğunun yıkıntıları üstüne kurulmasını sağlayabilecek başlıca iki gücün Cermenler ve Hıristiyanlık olduğunuda gördük.

Bu iki güç kaynağını kamu hukuku ve demokrasiden alırlar. Ama her iki kaynakda Roma geleneklerinin ve o çağın ekonomik durumunun etkileri altında kalmışlardır. Sonuç olarak da Avrupa'nın kalkınması gerçekte, kamu hukuku ile özel hukuk arasında, özel hukukun kamu hukukunu gitgide kovarak yerini almasıyla sonuçlanmıştır. Roma'nın mirasının bu alanda ikinci bir önemli etkisi daha olmuş ve Cermen İmparatorluğuda Roma papalığı gibi kendini yeryüzünün en büyük gücü saymaya başlamış; dolayısıyla, ikisi çekişmeye başlamışlardır. Bu çekişme IX. yüzyıldan XVI. yüzyıla kadar sürdü. İki başlıca önemli olay yani özel hukukun kamu hukukunun yerini alması ile Cermen İmparatorluğu ve papalık arasında yeryüzü egemenliği konusundaki çekişme, bütün Ortaçağın tarihindeki olayların alt dokusu olmuştur. Bundan başka, kamu hukukunun ortadan kalkmasının doğurduğu olumsuz etki ve gerek özel hukuka geçiş, gerekse ilkel Hıristiyanlığa geri dönmek ya da eski Cermenlerin yaşama biçimine kavuşmak kaygısıyla gösterilen çabalar Ortaçağdaki keşiş hareketlerinin ve Rafızîliğin olduğu gibi Ortaçağ toplumcu hareketinin de temelidir.

BÖLÜM III

KOMÜNİZM'DEN ÖZEL MÜLKİYETE

1 — Batı ve Orta Avrupa'da Ekonomik Durum

Kilise büyüklerinin komünizmle özel mülkiyet arasında uzlaştırıcı çalışmalar yaptıkları çağda düzenin temeli doğal ekonomiye dayanıyordu. Toprak mülkiyeti vardı ama ticaret henüz şöyle böyle gelişmişti ve para ekonomisi daha başlangıç devresinde bulunuyordu. Roma devrinde Papa XIII.Gregory başkanlığında, Romanın yerine hiç şehir kurulmamıştı. Orta ve Batı Avrupanın Cermen soyundan gelen halkı, tacirleri yine güvensizlikle süzüyor ve mallarını yüksek fiyatla sattıkları zaman onlara açıkça karşı bir tutum alıyordu. 1078 yılında Papa XIII. Gregory başkanlığında, Romalı ve Fransız eveklerinde katılmasıyla toplanan Roma Din İşleri Meclisi'nin (Roma Synode'u) kararları daha da sert ve kesindi. Gerçekten meclis askerlik ve ticaret işlerinin günah işlemeksizin yapılamayacağını bildiriyor ve bu suçu işlemiş olanların ancak meslek değiştirirlerse bağışlanacağını açıklıyordu.

Bununla birlikte X. yüzyıldan başlayarak ortaya çıkan bir dönüşüm görüyoruz. Zira bu devirde, Seine ile Rhine ırmakları arasında kalan bölge İle Flandre ve İngiltere'nin güneyi arasında Lombardiya'da, Akdeniz kıyılarında ve özellikle eski tecim ve sanayi bölgelerinde; İtalya'daki, Güney Fransa'daki şehirlerde mal değiş tokuşları artmıştır.

Eski şehirlerin yeniden canlanmaya başlaması ve yenilerinin kurulması dikkati çeker. Ama doğal ekonominin yerine para ekonomisinin geçmesi için para basmaya gerekli, yeterince değerli maden yedekleri henüz biriktirilememişti. Sürüme konmuş olan gümüş paraların maddenin önemli bir kısmı doğudan, Hindistan'dan ve halifelerin İmparatorluğundan geliyor, X. yüzyılda yeni yeni gelişmeye başlamış olan şehir ekonomisinin ihtiyaçlarını karşılamaya yetmiyordu.

Bulunmasından kısa bir süre sonra Avrupa'nın en zengin yatakları olduğu anlaşılan ve Goslar yakınında keşfedilen Rammelsberg gümüş madenlerinin tanınması bu zamana rastlar (920). Saksonya kralları I. Henry (919 -936) ile Büyük Otto'nun (936-973) Carolinge devri karışıklıklarını bastırmalarını, Macarları yenmelerini, Slavları püskürtmelerini, şehirler kurmalarını ve Alman İmparatorluğunu kalkındırmalarını sağlamış olan işte bu madenlerden elde ettikleri zenginliklerdir. Bu durumun sonucu olarak Almanya'da, Fransa'da, Flandra'da ve İtalya'da zanaatçıların çalışmaları gözle görülür bir biçimde gelişti ve paranın sürümü arttı. Avrupa ticaretinin ve özellikle Almanya'nın Doğu ile ticaretinin başlıca merkezlerinden biri olan Venedik, 991 yılında Sarrazin'lerle (Ortaçağda Avrupalıların Asya ve Afrika'daki Müslümanlara verdiği ad. Ç.N.) anlaşmalar imzalıyordu. Bundan dokuz yıl sonra da Venedikliler, Hırvat korsanlarını yendiler. 1.000 yılında ise Cologne şehrinin Londra'da, bir demir malları deposu kurulmuş bulunuyordu. 1016 yılında Alman tacirleri, İngiliz mahkemelerinde yerli tacirlerle eşit haklara kavuşturuldular. XI. yüzyılın yarısında Bruges, yün ticaretinin merkezi durumuna gelmişti. Fransa'nın kuzeyinde dokuma atölyelerinin sayısı artıyordu. Tanınmış Champagne fuarları da bu devirde kurulmuştur. Doğu ile Batı arasındaki ticaret, bütün ekonomik hayatı canlandırıyordu. Bu durumun sonucu olarak görüşler genişledi ve genel bir kalkınma ihtiyacı kendini duyurmaya başladı.

Bu durum Avrupa için, Roma İmparatorluğu devrinde olduğundan daha elverişliydi. Saksonya'nın gümüş madenleri ve şehirlerin artan sanayi çalışmaları sonucunda Avrupa, doğunun değerli madenlerinin varlığına o zamana kadar olduğundan daha az bağlı bulunuyor ve bu durum ticarî bilançoyu Avrupa'nın lehine döndürüyordu.

Fakat kısa bir süre sonra Avrupa, yeni bir tehlikeyle yüz yüze geldi.

Türkler Küçük Asya'da ilerlemeye başlamışlardı. 1071 yılında Kudüs'ü, 1076'da da Şam'ı ele geçirdiler. Bu durumda, Avrupa'nın ticarî ve kültürel bakımdan ileri karakolu durumunda olan Bizansda kendini güvensiz durumda bulmaya başladı. Bizans'ın Roma'dan istediği yardım sonuçsuz kalmıştı. Çünkü o sıralarda Papa, imparatorla "Inventitures" kavgalarına girişmiş bulunuyordu (Papalarla Alman İmparatorları arasında 1074 - 1122 arasında, Kilise adamlarının tayinleri konusunda çıkan anlaşmazlıklar. Ç.N.). Buna karşılık Venedik, önüne çıkan fırsattan yararlanarak tam bir tüccar işbirliğiyle, Doğu ile ticaretin tekelini eline almış oldu (1081.)

Avrupalıların Asya'ya, Haçlı Seferleri adıyla bilinen yayılma hareketlerinin gerektirdiği gücü sağlamış olan ekonomik ve politik başlıca üç etken bunlardır. Bu savaşlar o çağda papalığın Avrupa politikasıyla ilgilenmekte olması ve halkın bu çeşit seferlere hazırlanması için gerekli havayıda ancak dinsel duyguların yaratabileceğinin tasarlanması sebebiyle din savaşları biçimine girmişlerdir. Gerçekten Ortaçağ'da temel düşünceler hep din üstüne kuruluyordu. Toplumun temeline işleyerek bir dönüşüm yaratabilecek olan derin ekonomik nedenlerde halk yığınlarını, herkesin anlayacağı biçimde yapılan etkenlerle ancak harekete geçirebilirdi. Haçlı Seferlerinde de böyle olmuş, ekonomik ve dinsel çıkarlar, uyumlu bir biçimde karışmışlardır.

Haçlı Seferleri devrinin bitiminde İtalya, Avrupa'nın en başta gelen ticarî gücü durumuna gelmiş bulunuyordu. Lombardiya'nın endüstri şehirleri, Avrupa'nın belli başlı ticarî ve malî merkezleri oldular. Katalonya şehirleri ile Fransa'nın Güneyindeki şehirlerde önemli bir gelişme sağlamışlardır. Orta ve Batı Avrupa'nın kültür merkezlerinin hepsinde maddî ve fikrî çabalar arttı. Hıristiyanlığın hakikatini mantık ve bilim yollarıyla doğrulamak amacını güden Skolâstik çalışmaları bu çağda doruğuna erişmiş bulunuyordu. Paris ve Oxford Üniversiteleri, tanınmış üniversiteler oldular. Şehirlerde ise para ekonomisi ve onunla birlikte de özel teşebbüs ekonomisi üstün geldi. Aynı zamanda da bağımsız tarımcılar, şehir ekonomisi alanına doğru çekilerek şehirlerin tükettiği ham maddeleri ve yiyecekleri sağlayan ticaret adamları durumuna geldiler.

Devlet yöneticileriyle Kilise arasında, egemenliğini yeryüzüne yaymak amacıyla yapılmakta olan çekişme de biçim değiştirici, devrimci bir hareket yaratmıştı. Papa VII. Gregory 1081 yılında yayınlanan bir genelgesinde şöyle demektedir: "Krallar ve prenslerin hepsi Tanrıyı bilmeyen, ama kendini beğenmeyi, hırsızlığı, kurnazlığı, adam öldürmeyi, kısaca söylemek gerekirse; insan kardeşlerini türlü cinayetlerle boyunduruğu altına alarak yönetmeyi bilen ve bunu yapmış olan kimselerin soyundan gelmişlerdir." Hükümdarlık yönetimine karşı bundan daha sert sözler söylemiş olan bir Cumhuriyetçi ya da demokrat yoktur. Öte yandan, halk yığınları da papaların cismanî güçler tarafından nasıl tayin edildiğini ya da işlerinden atıldıklarını ve bütün bu çekişmeler boyunca din adamları sınıfının ve keşişlerin nasıl git gide Hıristiyanlığın yoksulluk idealinden, eski yumuşaklığından ve alçak gönüllülüğünden uzaklaşmakta olduğunu görüyorlardı.

Komünist Rafızîliğe elverişli alan işte böyle hazırlandı. İlkel Hıristiyanlığın komünist geleneklerine bağlı kalmış olanların hepsi, cismanî güçlerle ilişkilerinden ötürü gittikçe değeri düşen ve Keşişliği politikalarının basit bir aracı durumuna getiren yöneticilerin kilisesinden yüz çeviriyorlardı. Papanın gücünün en üst noktasına ulaştığı çağ olan XII. yüzyıldan başlayarak, komünist Rafızîlerin birçok silahlı başkaldırmalara giriştiğini görüyoruz. Bu ayaklanmalara katılanların başlıcaları, şehirlerdeki zanaatçı zümresinden gelen kimselerdi.

Ama Kiliseyle bozuşmaksızın Hıristiyanlığa ve İsa'nın çömezlerinin yoksulluğuna dönmek isteyenler de vardı. XIII. yüzyılın başında Franciscan tarikatını doğurmuş olan da bu denemelerdir. Keşişliğin içinde erimiş olmakla birlikte bu yoksul tarikat (XIII. yüzyılda kurulmuş ya da yeniden düzenlenmiş olan ve gelir kaynağını sadakalardan karşılayan, Franciscan, Carmes, Dominicains ve Augustins adlarındaki dört Hıristiyan tarikatına Hıristiyanlıkta, "sadakat tarikatlar" adı verilir. Ç.N.) yinede, papalığa karşı davranışlarıyla göze batan önemli kimseler geliştirmiştir.

Franciscan tarikatıyla birlikte kurulmuş olan bir diğer tarikat Dominicain'lerin tarikatıdır. Bu tarikat da varlığını sadakalardan sağladığı gelirlere bağlamış bulunuyordu ama daha başlangıçtan beri, yönetimi ellerinde tutan politik çevrelere hizmet etmek ve Rafızîlere karşı bir tutum takınmak eğilimi gösterdi. Kısaca söylemek gerekirse, polis ya da meraklı bir araştırıcı görevi yüklendi.

Bununla birlikte genel olarak Dominicain'lerin arasında, Albert le Grand, Eckhart, Campanella ve düşünüsü bakımından daha çok Franciscan olan Bruno gibi gerçekten değerli ve kendileriyle övünülecek kimselerde bulunuyordu. Aristo'nun Politika adındaki eserine dayanarak Doğal Hukukun demokratik ve komünist unsurunu kaldıran ve Haçlılar devrinde Avrupa'ya yayılmış olan ekonomik burjuva düzenini kuramsal bakımdan doğrulamaya yarayan bir görüş getirmiş olan Thomas d'Aquin' de bir dominicaindir.

Şehirlerin ve şehir ekonomisinin gelişmelerinin X. yüzyıldan başlayarak, devrin düşünce hareketleri politikası ve toplumsal anlaşmazlıkları üstünde olduğu kadar ahlâkî ve dinsel çatışmaları üstünde de gittikçe artan etkiler yapmış olduğu, yalanlanmaktan korkmaksızın öne sürülebilir. Bu durum, başka bir deyişle, bu devrin düşüncelerinin, gitgide burjuva bir niteliğe bürünmüş olduklarını söylemek demektir.

X. yüzyıldan XIV. yüzyıla kadar giden bu devrenin genel incelemesinden sonra şimdi de komünizm lehinde ya da komünizme karşı amaçlarla yapılmış olan tartışmaları ve Rafızîlik hareketlerini inceleyeceğiz.

2 — Joachim de Flore, Amalric de Sene Komünizm

XII. yüzyıldan Reform devrine kadar geçen devre boyunca, kendini açığa vurmuş olduğu bütün biçimlerde,

Manicheisme öğretisinin yanı sıra en belli başlı teorik desteğini, Joachim de Fiore ile Amalric de Bena'nın yazılarında buldu.

Joachim, 1130 yılına doğru (bazı kimseler 1145 olduğunu öne sürerler.) Güney İtalya'da doğmuş ve 1202 yılında ölmüştür. Dolayısıyla, demek oluyor ki Saint Francois d'assise ile aynı çağda yaşamıştır. Saint Francois ona birçok bakımlardan borçludur. Zira Joachim'in yazılarını toplamış ve yaymış olan Franciscain' lerdir. Çok iyi bir eğitim görmüş, Palestin'e hacca gitmiş (bu devrin, Haçlı Seferleri zamanına rastladığını unutmayalım)ve orada eserlerinin taslağını hazırlamıştır. Vatanına dönüşünden sonra da manastıra çekilerek ilkin keşiş olmuş daha sonra da Kutsal Kitaplarla ilgilenmesini hiç bırakmayarak manastırın baş keşişliğine yükselmiştir. Papalar tarafından teşvik edilmiş, imparator IV. Henri'den yakınlık görmüştür. Joachim, Calabre bölgesinde, Cosenza yakınındaki Flore'da bir tarikat kurdu. Orada tam bir çileci gibi yaşadı. Elişleriyle uğraştı, temizlik kurallarına kesinlikle uydu, manastırın hastanesinde yatakları yaptı, hastalara baktı ve en büyük alçak gönüllülük örneklerini verdi. Kısa bir süre sonra artık bir aziz, bir peygamber ünü kazanmıştı. Başlıca eserleri, Ahd-i Atik ile Ahd-i Cedid ile uzlaştırmaya çalıştığı Concorde ile Saint Jean'a inen vahiy konusunda bir yorum ve Teslis'den (Trinite) söz eden bir, yakarış (münacat) kitabıdır.

Joachim'in başlıca temel düşünceleri şunlardır: Dünya kokmuş, çürümüştür. Güçlüler sertlikle davranmaktadır. Onların buyruğu altındakiler ise kötülüklere düşmüşlerdir. Din adamları sınıfı, hakikatin anlamını yitirmiş ve bir reform yapmak isteyenlerin karşısına dikilmektedir. Kilise bozulmuş, görevine inancını yitirmiştir. Keşişler de baştan çıkmışlardır. Papa ve imparator arasındaki anlaşmazlığın, hukukçuların kazanmış oldukları büyük önemin, din konusundaki kuramsal anlaşmazlıkların ve Rafızîlerin, Sarazin'lerin (Avrupalıların Müslümanlara verdiği ad) ilerlemelerinin açıklaması işte bunlardır. Bütün bu tehlikeler ancak kilisenin köklü bir reformuyla önlenebilir. Bu reform da İsa'nın çömezlerinin yoksulluğuna dönmeye her türlü mülkiyete karşı olmaya ve cismanî güçleri reddetmeye çağıran buyruklara uymakla gerçekleştirilebilir.

Bu tarikatlar her yana vaizler gönderecekler ve gönderdikleri vaizler yalnız halkı değil, prensleri de cezalandıracaklardır. Bu ödevden kaçınılmaz; çünkü yeni bir çağ, Kutsal Ruh Çağı'nın gelmesi yaklaşmıştır.

Tanrı, tarihi üç devire ayırmıştır. Birincisi, Baba'nın saltanat devridir. O, bu devirde çocuklarını, korkunun yardımıyla yönetti. Bundan sonra, yeryüzünü bilgelik ve disiplinle yönetmiş olan Oğuzun devri gelir. Yakında, aşk ve özgürlüğün saltanat süreceği; iç ve dış mutluluğun egemen olacağı Kutsal Ruh devri gelecektir. Korku ve kölelik, çalışma ve disiplin çağları artık geçti. Gelen üçüncü devir; özgürlüğün, komünizmin devridir, ne sınıfları ne de sosyal farkları tanıyan ve özel mülkiyetin yok olacağı bir devirdir.

Joachim' de Flore'un yazdıkları, "Ebedî İncil" adı altında yayıldı ve sonraları Joachım'in Kilisenin her zaman sadık bir çocuğu sayılmakta olmasına; Rafızîlik eğilimlerini daima kötü karşılamasına ve ortaya atmış olduğu üçüncü devir öğretisi ilk Hıristiyanlar arasında çok yaygın oldu. Bin Yıllık Devlet düşüncesinin özel bir biçimi olmasına rağmen yine de bir Rafızîlik sayılarak Kilise tarafından suçlandırdı. Amalric'in öğretisi ise, daha da Rafiziydi. Amalric, Chartes piskoposluğunun sınırları içinde bulunan Bena' da doğmuştu. Uzun yıllar Paris Üniversitesinde mantık ve dinî yorum dersleri okuttu. Benimsediği Tanrı öğretisi Üniversite tarafından suçlandı. Üniversitenin verdiği bu yargı Papalıkça da onanınca, Amalric kederinden öldü. Yazılı olarak bıraktığı hiç bir şey yoktur; ama Kilise tarafından, onun öğretisine bağlı kaldıkları için suçlandırılan birçok öğrenci vardı. Bu yüzden de öğretisini sadece, onu suçlayan kimselerin belgelerinden ve bundan ötürü pek inanılır sayılmayacak kaynaklardan edindiğimiz bilgiyle öğrenmiş bulunuyoruz. Ama elimizdeki bu belgelerden yine de, öğretisi konusunda aşağı yukarı bir bilgimiz oluyor ve gerek Amalric'in gerekse onun yolundan gidenlerin düşüncelerini anlamamızı sağlayacak ipuçları edinebiliyoruz. Öğretisi, aynı zamanda mistik ve heptanrıcı olan ve Altınçağın geri geleceğine inanan Scott Erigene'in (IX. yüzyıl İngiliz teologu), öğretisine dayanıyordu. Erigene "Doğa'nın Bölünmesi" adındaki kitabında şöyle der:

"İnsanların yeryüzü cennetinden kovulmaları, doğal mutluluğun yitirilmesinden başka bir şey değildir. Saint Jean "Apocalypse" adındaki eserinde şunları söylüyor:

"Yeni bir gökyüzü ve yeni bir yeryüzü gördüm. Çünkü birinci yeryüzü ve birinci gökyüzü yok oldular. Yeni yeryüzü ve yeni gökyüzü, Tanrının sevgili kulu Gregoire de Nazianze'nin dediği gibi, insanlığın, ilkel durumuyla yeniden kuruluşudur."

Erigene, aynı zamanda hep tanrıcıydı da. Denys Areopagien'in şu sözlerini aktarır: "Tanrı; her şeyin içinde olduğu gibi her şeyi de yarattı." Ya da Hegelciler gibi sürekli oluş içinde kendini ve dünyayı yaratır. Bu, bütün inancın çekirdeğidir.

Amalric ile yolundan gidenler, Scott Erigene'in bu düşüncelerini almış ve Tanrının her şeyde olduğunu söylemişlerdir. "Tanrı, feylesoflarda ve puta tapanlarda olduğu gibi İsa'dadır da, Saint Auguıstin'in ağzıyla konuştuğu gibi Ovide'in ağzıyla da konuşur." Amalric ile yolundan gidenler mistik ve hep tanrıcılar olarak dinsel ayinlere, törenlere ve doğmalara; ermişlerin ve onların sözlerinin kutlu sayılarak anılmasına karşıydılar. Kutsal Ruh içinde yaşayan, yasaların üstündedir, diyorlardı. Amalric'in yolundan gidenler, Joachim de Flore tarafından ortaya atılmış olan üç çağ ya da üç devir öğretisini tanırlar ve kendilerini Kutsal Ruh devrinin müjdecileri sayarlardı. Kiliseye açıkça karşıydılar ve Papayı Deccal, Roma'yı da Babil olarak görüyorlardı.

Yayılmasına çalıştıkları bu düşünceler, Franciscain mezhebinin en önde gelenleri tarafından yaygınlaştırıldı. Kendilerine tanrısal ruhtan can verilmiş olduğunu öne sürerek her türlü ahlâkın üstünde bulunduklarını söyleyen ve bu yüzden Ortaçağın Rafızîlik hareketlerinde birçok karışıklıklara sebep olan Serbest Ruh taraftarı kimseler, Amalric'in çömezlerinden de esinlenmişlerdi.

3 — François d'Assise, Dunscot, Marsile de Padoue, Gurtlaume d'Occam

Franciscain tarikatının kurucusu, 1181 ya da 1182 yılında İtalya'nın Assise şehrinde doğmuştur. Babası, sürekli olarak seyahat eden zengin bir tacirdi. François, hiç bir özel eğitim görmedi; gençliğini hiç bir şeyden yoksun kalmaksızın geçirdi ve bir hastalık yüzünden yatağa serilinceye kadar kendini her türlü aşırılıklara verdi, zevk ve eğlence içinde yaşadı. Hastalıktan kurtularak iyileşmesi oldukça uzun sürdü. Dolayısıyla, bu süre içinde de o güne kadar yaşamış olduğu hayatı ve yaptığı aşırılıkları uzun uzun düşünecek zaman bulmuş ve kuvvetli bir manevî buhran geçirerek bundan yepyeni bir insan olarak çıkmıştı. Daha sonra yalnızlığa çekilerek kendini ibadete ve yoksullarla hastalara yardıma verdi. Günlerden bir gün, içinden gelen bir ses ona, Saint Mathieu'nün İncil'indeki şu sözleri fısıldadı: "Haydi, kalkınız ve vaaz veriniz: Tanrının saltanatı yakındır. Hastaları iyileştiriniz, cüzamlıları yıkayınız, ölüleri uyandırınız, şeytanı kovunuz. Size parasız verilmiş olanı siz de parasız veriniz. Ne altınınız ne de gümüşünüz olmalı. Üstünüzü örtecek bir tek gömlekle yetinin." Fronçois bu çağrıya uydu. Çevresine bir düzine kadar kendisine inanan adam topladı. Niyeti bir tarikat kurmak değil, kendisine inanan ve yoksulluk içinde yaşayarak İsa'nın benimsediği şu buyruklar uyarınca yaşayacak misyonerler toplamaktı: Yaşamaya yetecek kadar ihtiyaçlarını kendi el emeğiyle çıkarmak, ya da bunu yapmak mümkün değilse ihtiyacını dilenerek karşılamak, ama ne olursa olsun paraya el sürmemek. Bununla birlikte François, çevresindekilerden aşırı bir çilecilik istemiyordu. Amacı; çabaları, yardımseverlikleri, fedakârlıkları ve verecekleri iyi örneklerle dünyayı düzeltecek bir temiz Hıristiyanlar topluluğu kurmaktı.

İşte François d'Assise dünyayı yalnız bir şair olarak sevmiyor, kendini yaratılışın bütünleyici bir parçası sayıyordu. Kardeşçe sevgisini her şey ve bütün canlılara yaydı. Kendi de bilmeksizin bir mistikti. Felsefeyi, bilimleri, teolojiyi küçük görüyordu. Onca Hıristiyanlığın "a" sı ile "z" si, güçsüzlere, hastalara, baskı altındakilere yardım,

İnsanlığın ahlâk ve din bakımından düzeltilmesiydi. Kendi kendinden başka kimseyle savaşı yoktu. Bundan dolayı da kiliseye daima sadık kaldı.

Kendisine katılanların sayısı görülmemiş bir hızla çoğaldı. Onun İtalya'da bulunmadığı süre içinde (12191220) yerine bıraktığı Elie, Franciscain tarikatını değiştirdi ve bir manastır tarikatı biçimine soktu. François, dönüşünde bu yenilikten hiç hoşlanmamıştı. Ama Papanın verdiği öğüte uyarak tarikatın kuruluşunu kabul etti.

Bunu yaparken François, tarikatı bir manastır tarikatı biçimine sokmakla ve Kilise ile bir bağ kurmakla, taraftarlarının yanlış bir yol tutmuş olduklarını görmemişti. Yazılarından birinde "ellerimle çalışıyorum ve buna devam edeceğim" der. "Kardeşlerimin de böyle yapmalarını beklerim. Kendimizi adamış olduğumuz Kutsal İncil'in yoksulluk anlayışına uymayan Kiliseleri, evleri ve diğer yapılanları benimsemekten kaçınsınlar. Herkes kendini şu yeryüzünde bir konuk, bir yabancı saysın. İşte bunun için de onlara, Kiliseden ne dolaylı ne dolaysız hiçbir ayrıcalık (imtiyaz) istememelerini buyuruyorum."

Bundan kısa bir süre sonra, onun girişimiyle ilkin Clarisse, ardından da Tertiaire tarikatı kuruldu. Bu tarikatlara katılanlar genellikle, Franciscain tarikatına katılmış olan laikler ve çoğunluğu da işçiler ile zanaatçılardı. Tertiaire tarikatından olanlar, Franciscain tarikatından olanlarla komünist Rafizî hareketi arasında birleştirici bir çizgi görevini yerine getirmişlerdi. Kısa bir süre sonra da tehlikeli sayıldılar ve Franciscain tarikatına katılmaları ülkenin mülkî yöneticileri tarafından yasaklandı.

François d'Assise'in 1226 yılında ölümüyle birlikte tarikatta bir bölünme oldu. İncil'in buyurduğu yoksulluğu, el emeğiyle çalışmayı ve dilenciliği sürdürmek isteyen bir takım kimseler çıktı. Bu görüşü savunanların adına "zeles" (gayretliler) dendi. Buna karşılık, daha sağda olan diğerleri İncil'deki yoksulluk anlayışına karşı durdular ve tarikatı, ayrı bir manastır tarikatı yapmak istediler. Bu iki aşırı akım, tarikatın büyük bir çoğunluğunun sözcüsü olan ve manastır tarikatı olmayı doğru bir adım bulmakla birlikte bu çeşit bir örgütlenmenin aşırılıktan uzak kurallarla yapılmasını öngören; kolektif mal düzenini savunan ve Kilise üstünde etkili olmayı sağlamaya çalışan; teoloji ile ve diğer üniversite bilimleriyle ilgilenmeyi kendine amaç edinmek isteyen ılımlı bir akımla birbirinden ayrılıyorlardı. Tarikat başlangıçta, Franciscain akımının sol kanadının lideri, Paris'te teoloji öğrenimi görmüş ve Joachin'in Ebedî İncil' indeki fikirlere bağlı bir kimse olan Jean de Parme'ın, 1247 yılında başkanlığa seçildiği güne kadar bu yönde yönetildi. Bu zat, kuralların tam olarak uygulanmasından yana olan gayretli bir kimse ve "Joachim'in Öğretisine Giriş" adındaki eserin yazarı Gerard de San - Danino'nun yakın arkadaşıydı. Bu eser, Kilise'nin ve Papalığın eleştirisine Joachim'den daha belirli bir biçimde yer veriyor; dilenci tarikatların dini yayıcı, misyoner görevlerine daha büyük bir önem atfediyor ve Joachim'i üçüncü devrin peygamberi olarak gösteriyordu. Franciscain'lerin sol kanadı ve Amalric'in çömezleri, Ebedî İncil' i ve Gerard'ın Joachim'in Öğretisine Giriş' ini Ahd-i Cedid'in bile üstünde tutmaya hazırdılar.

Paris evek'i 1254 yılında, Gerard'in Giriş' ini Papa IV. Innocent'e gönderdi. Papa tarafından seçilen bir komisyon da kitabı Rafızî olarak suçladı. Gerard hapse atıldı; Jean de Parme' da görevinden alındı. Ama bu durum Franciscain'lerin sol kanadının Ebedî İncil'i tutmaya devam etmelerine; Kilise ve Papayıda alabildiğine servet avcılığı yaptıklarından ötürü suçlamalarına engel olamamıştı. Papalığın aç gözlülüğüne karşı olan ve bununla savaşmak amacını güden Spirituel'ler (Maneviyatçılar) tarikatı işte bu eğilimden çıkmıştır. Bu tarikata bağlı olanların arasında yüz kişiden çoğu, İsa'nın çömezlerinin yoksulluk anlayışını Papa XXII. Jean'ın kararına aykırı olarak savunmak suçuyla cezalandırıldılar ve XIV. yüzyılda, odun üstünde yakılarak can verdiler. O çağda Lombardiya ve Languedoc'ta çok kuvvetli olan dinsel Rafızîlik hareketinde büyük bir rol oynamış olan Les Freres Apotres tarikatı da sol Francsscain'lerden çıkmıştır. Papa XXII. Jean ile Louis de Baviere arasındaki çekişmede Louis de Baviere'e, Papalığa karşı kullanacağı ideolojik silahları sağlamış olanlarda yine bu eğilime bağlı olan kimselerdi. Bu kimseler arasında en dikkati çeken ise, çok tanınmış Duns Scot'un çömezi olan İngiliz Franciscain'i Guillaume d'Occam'dır.

Duns Scot, Franciscain tarikatının ılımlılar bölümündendi. İsa'nın çömezlerinin yoksulluk anlayışını Hıristiyanlığın gerçek ideali olarak görüyordu. Ona göre, özel mülkiyetin kökü ne doğal hukuktan ne de tanrısal hukuktan değil, medenî hukuktan geliyordu. Özel mülkiyet, İnsanlığın Âdem'in kişiliğinde işlediği günahın sonucuydu. İnsanlar başkalarını egemenlikleri altına almak ve zenginlikler biriktirmek istemişlerdir. Bu istek, kolektif mülkiyetten en büyük payı koparmak sonucunu doğurmuş; bu sonuç da herkesin herkese çekişmesi halinde ortaya çıkmıştı. Bu durumun sonucu olarak devletin ve özel mülkiyetin varlığı da kaçınılmaz olmuştu. Kolektif mülkiyet malların dolaşımını düzenleyen medenî hukuk temeli üzerinde bölünmüştü. Ticaret, topluma yararlıydı. Öyleyse ticaret meşruydu. Ama ticaretin sağladığı gelir, kişilerin zenginleşmelerine yaramamalıydı. Malları ellerine geçirerek fiyatların yükselmesine yol açanlar toplum için birer tehlikeydiler.

Çırağı Guillaume d'Occam, hem filozof hem de mücadeleciydi. İsa'nın çömezlerinin yoksulluk anlayışına tam olarak uyulmasından yanaydı. Papalığın, geçici ve cismani yönetime göz koymasına karşı savaştı. Bu savaşı boyunca da mülkiyetin ve Devletin kökü konusunda ilginç bir teori geliştirdi. Papa XXII. Jean da onu Avignon'da hapse attırdı ve ancak Papalığa karşı olan bütün teoloji bilginlerini saraya çağırarak toplamış olan Louis de Baviere'in araya girmesi sonucunda yeniden serbest bırakıldı. Öğrenimlerini Paris'te birlikte yapmış oldukları arkadaşı Marsile de Padoue' da Munich'de bulunuyordu. Onunla birlikte, zamanı için aşırı derecede ileri sayılabilecek olan halk egemenliği teorisini geliştirdiler. Marsile bu teoriyi "Barışın Savunucusu" adıyla 1324 yılında yazmış olduğu ve Kral Louis de Baviere'e ithaf ettiği kitabında açıklayarak anlatmıştır.

Marsile'e göre halk, yasama kuvvetinin tek kaynağıdır. Kendisine karşı sorumlu olan bir kral ya da hükümet başkanı seçer veya tayin eder. İşte bunun için de bu kimselerin çok yükselmemesine dikkat etmelidir. Halk hiç bir zaman, bu kimsenin çok sayıda askeri olan bir ordu beslemesine izin vermemelidir. Hükümet başkanı halkın temsilcisi olarak, gücü halkın iradesine değil zorbalık ve düzene dayanan Papadan daha üsttedir. Marsile, papazlarla laikler arasında hiçbir ayırım tanımayan ve eveklerin ne yasama ne de yürütücü güçlerinin tanınmadığı ilk Hıristiyan topluluklarının demokratik rejimini özlemle anıyordu. Bundan çıkan da Roma evekinin, böyle bir güce meşru olarak sahip olamayacağıdır.

Occam, halkın egemenliği öğretisini özel mülkiyetin kaynağının açıklanmasına uyguladı. Ona göre, insanlığın ahlak bakımından gelişmesi birbiri ardınca gelen üç safhadan geçmiştir: 1 — İnsanlığın işlediği büyük günahtan önce; 2 —Büyük günahtan sonra; 3 — Kötülük devri. Birinci safha boyunca, insan doğal hukuka uygun olarak, devletsiz ve dış nizamlar olmaksızın yaşıyordu. Her şey kolektifti; bütün insanlar özgür ve eşit doğarlardı. İkinci safha boyunca ise insan, içten olmasını; isteklerine ve açlıklarına gem vurmasını buyuran; topluluğun çıkarlarına uygun olarak yaşamasını öngören akıl yasasıyla yönetildi. Bu durumda devlette, ekonomik ve politik baskıları doğurdu.

Doğal hukuka ve aklî hukuka aykırı olan bu durumu yerleştirmek ve geçerli kılmak nasıl olabilmişti? Aklî hukuk sonsuz bir biçimde geçerli değil midir? Nasıl oldu da bir dönüşüme uğradı?

Occam bu soruya şöyle cevap veriyor: "Devlet ve özel mülkiyet, ancak halkın onaylamasıyla kurulmuşlarsa meşrudurlar. Halkın egemenliği doğal bir haktır. Halk, özel mülkiyetin ve devletin kurulmasını istemişse ve bu kuruluşlar topluluğun çıkarlarına uygunsa doğal hukukun müeyyidesini taşıyorlar demektir."

Occam'ın bu teorisi devletin, toplumun üyeleri arasındaki açık ya da genel bir anlaşma sonucunda ve bu anlaşmaya dayanarak kurulduğunu öne süren ve çok zaman J.J. Rousseau'ya mal edilen; oysa gerçekte çok daha eski olan Toplum Sözleşmesi teorisini çok andırmaktadır,

4 — Dominique de Guzman, Thomas d'Aquin

Dominicain tarikatının kurucusu Damrnique de Guzman 1170 yılında, İspanya'nın Castille, bölgesinde doğmuş ve 1221 yılında ölmüştür. Teoloji öğrenimi yaptı ve Alobili Rafızîlerin düşüncelerini değiştirerek doğru yola getirmeleri görevini aldı. Orada, 1205' ten I215'e kadar on yıl kaldı. Vaaz verdi ve tehdit etti, ama yaptıklarının hepsi de boşa çıktı. Sadece, bazı kimseleri toplayarak bir tarikat kurmayı başarabildi. Toulouse şehrinin eveki de bu tarikata katılanların yararlanmaları için bir kilise bağışladı. Bu tarikat, kökünü hiç bir zaman saklamadı. Gerçekten, Dominicain'ler daha sonraları, Kilise'nin Engizisyoncuları, "Tanrı'nın köpekleri" oldular (Latincede dominicanes demek olan Tanrının köpekleri sözü, tarikatın adıyla bir kelime oyunu yapılmasına yol açmaktadır) ve pek çok sayıda din Rafızîsini Engizisyonun insan yaktığı odun yığınlarının üstüne gönderdiler.

Aralarında en tanınmışı, Thomas d'Aquin'dir. (1227 -1274). Thomas d'Aquin, Hohenstaufen soyuyla akrabalığı olan soylu bir İtalyan'dı. Skolâstik ve teoloji tarihleri alanında çok önemli bir rol oynamıştır. Bütün çalışması, daha önce gördüğümüz bazı mistik ve komünist öğeleri olan Plâtoncu ve Yeni Plâtoncu felsefeyle ilkel Hıristiyanlığın komünist geleneklerine karşı olmuştur. Bu düşüncelere karşı o, küçük köylü ve zanaatçı üretim biçimiyle şehir hayatına yönelerek Aristo'nun, komünizme karşı ileri sürdüğü düşüncelerine dayandı. Aristo'nun politika ve ahlâk anlayışının Ortaçağ teolojisine girmesine çok çalıştı. Bu davranışıyla, sosyalizme karşı papalık genelgeleri yazılan zamanımızın papalarının gerçek bir örneği olmuştur.

Thomas d'Aguin, Aristo'nun felsefesini tanımayı, kendisinden Kolonya'da ve Paris'te teoloji öğrenmiş olduğu Albert le Grand'a (1193-1280) borçludur. Dominicain tarikatından olan Albert le Grand, devrinin en derin bilgili Skolâstik bilginiydi. Bununla birlikte, soylu karakteri ve davranışlarının özentisizliği onu Dominicain'lere olduğundan çok Franciscain'lere yaklaştırıyordu. Yoksulluk içinde yaşadı, bütün hayatını bilime verdi; akılcı ve din konusunda özgür bir düşünce eğilimi yaratmış olan İbni Sina, İbnürrüşt, Maimonide gibi Arap ve Yahudi bilginlerini okudu. Aristo'nun yolundan gitmelerine rağmen bu bilginler gerçekten, Yeni Plâtoncu felsefeden, güçlü bir biçimde etkilenmişlerdi.

Thomas d'Aquin, ustasının öğretisini aştı. Şaşmaz bir içgüdüyle itilerek Aristo'nun bütün kitaplarını Yunancadan Latinceye çevirtti ve okullara soktu. O zamana kadar Aristo'nun yalnız mantığı, fiziği ve metafiziği biliniyordu. Thomas d'Aquin ise onun, her şeyden önce Platon'un düşüncesine, komünizme ve Doğal Hukuka karşı yazılmış olan Politika ve Ahlâk adındaki eserlerini de tanıttı. Birinci kitapta açıklamış olduğumuz gibi (1) Aristo bu kitaplarında özel mülkiyetin, insan tabiatına komünizmden daha uygun olduğunu; köleliğin doğaya aykırı olmadığını, zira bir takım insanların doğa tarafından, köle olmaya uygun yaratıldıklarını; dolayısıyla komünizmin, özgürlüğün ve eşitliğin insan tabiatıyla çelişkilerini göstermeye çalışır.

Aristo'nun Ortaçağ'da, erişmiş bulunduğu büyük yetki ve etki dolayısıyla, Thomas d'Aguin için, bir yandan İlkel Hıristiyanlık ve Doğal Hukukun gelenekleri; diğer yandan da Aristo'nun anlayışı ve Ortaçağın toplumsal şartları arasında bir uzlaşma kurmak kolay olmuştur. Zira Kilise

Babalarının sözleri Doğal Hukuk teorisinin bütünüyle reddedilmesine kalkışılmayacak kadar otoriterdi. Dolayısıyla Thomas d'Aguin' de ilkelerin önünde saygıyla eğiliyor; ama gerçekte, çağın şartlarına uyuyordu. Komünizmin, ideal bir insanlığı varsaydığını söylüyordu. Bu yüzden, komünizmin insanlığın çocukluk çağında mümkün olabileceğini; çünkü o çağda, insanlar arasında çatışmalar yaratmasının düşünülemeyeceğini öne sürüyordu. Ama insanlar, bugün gerçekte var olan insanlar olduktan sonra özel mülkiyet daha doğaldı. Yalnız zenginler, yoksullar bol sadaka vermeliydiler. Zira birinciler için fazla olan ikincilere gerekliydi. Ayrıca, özel mülkiyet ve toplumsal eşitsizlik insanoğlunun, Âdem'in kişiliğinde işlemiş olduğu günahın kaçınılmaz bir sonucu değildi. Özel mülkiyet ve eşitsizlik, insanlığın bu günahı olmaksızın da ortaya çıkacaktı. Çünkü ekonomik ve sosyal eşitsizlik, insanların yeteneklerinin eşit olmamasından ötürü, toplumsal şartların etkisiyle, özel mülkiyeti ve eşitsizliği nasılsa bir gün ortaya çıkaracaktı. Devlet de insanlığın işlediği günahın sonucu ya da insanların iştahlarının gemleyicisi değil, toplum hayatının en iyi örgütlenme biçimiydi.

Bu öğreti yavaş yavaş, Kilise'nin resmî öğretisi oldu. Kilisenin sosyalizme karşı açtığı savaşın temelinde bu öğreti vardır. Ortaçağın sonundan beri özel mülkiyetin ve şehir hayatının sürekli gelişmeleri Hıristiyan teolojisinden, Kilise Babalarının eski Doğal Hukukunun çıkarılması sonucunu doğurmuştur. Bu hukuk anlayışına yalnız Rafızîler sadık kaldılar. Hatta daha da ileri giderek Doğa Hukuku toplumsal öğretilerinin temeli yaptılar.

BÖLÜM IV

RAFIZÎ HAREKETİ

1 — Başlıca Fikri Akımlar

Batı ve Orta Avrupa'nın, XI. yüzyıldan XIV. Yüzyılın yarısına kadar, olağanüstü zenginlikte bir görünüşü vardı.

Şehirler sayısız adalar gibi, dört yandan ortaya çıkar. Ticaret ve sanayi durmaksızın gelişir. Papalıkla imparatorluk arasındaki çekişmeyi bütün dünya, heyecanla izler. Haçlı Seferleri, Doğu'ya büyük insan yığınları atmaktadır. Büyük teoloji okulları, çekişmelerinin hizmetine zamanın bütün bilimlerini vermektedir. Skolâstik, gerçek şenlikler yapmaktadır. Plastik sanatlar, yok olmaz tanıklarla devirlerinin bütün tasa ve kaygılarını dile getirirler. Şiir, La Divine Comedie (Tanrısal Komedi) de, bütün kuşakların çabalarını, yanılışlarını, istek ve umutlarını ulu bir destanla dile getirir.

Şehirlerde doğmakta olan burjuvazi yeni toplumsal temeller yaratır. Kilise'nin, kralın ve derebeylerin egemenliğine karşı savaşa girişir. Paris'te, Abelard, imanın öğrettiklerini aklın denetimine sokar. Oxfort'ta ise devrin en güçlü kafalarından biri ve Franciscain tarikatına bağlı olan Roger Bacon, doğal bilimler üstünde düşünür, okutmanın hizmetindeki üst dereceli rolünden çekip alarak bilimsel araştırmalar alanındaki yüce yerine oturtur. Kolonya şehrinde ise, Alman mistiğinin babası Keşiş Eckhart, Tanrı inancının özü, evren sorunları, ruhun, her şeyin içine akan öz ilkesiyle kaynaşması, İsa'nın çömezlerinin yoksulluk anlayışı üstünde vb. vaazlar verir.

O çağlarda Avrupa kültürünün bütün merkezlerinde sayısız güçlükler Paul, Augustin ve Thomas d'Aquin tarafından kurulmuş olan iman yapısının temellerini sarsıyorlardı. Dernekler, guide'ler (Ortaçağ'da işçi, tacir ya da zanaatçı loncaları arasında kurulan dernekler) loncalar, meslek dernekleri biçiminde örgütlenmiş olan birçok yoksul dokumacı, kunduracı, duvarcı, marangoz, İncil'de anlatılan yaşantının ve insanın benliğine daha yakın bir dinin özlemini çekiyorlardı. Ateşli inançları toplumsal kurtuluşa ve Tanrı krallığının kuruluşuna yönelmiş bulunuyordu. Binlercesi Engizisyon'un odunları üstünde can verdi ama içlerindeki istek azalmak bilmedi; zaman ve mekân içinde, eşi görülmemiş bir güçle yükseldi. Hiçbir baskı tarafından yok edilemedi.

Bu üç yüzyıl, güzellik ve büyüklük yılları devlere yaraşır çabaların ve insan aklının kendini parlak bir biçimde gösterişinin yılları olduğu kadar da yanlışlıklar, acıklı başarısızlıklar ve sonsuz güçsüzlük yılları; ama aynı zamanda da insanlığın gelişmesinde hatırı sayılır derecede önemli bir merhaleyi teşkil eden yıllar oldu.

2 — Cathare'lar

XII. yüzyılın sonu ile XIII. yüzyılın başı arasında Batı ve Orta Avrupa şehirleri, sayısız Rafizî tarikatlarıyla dolmuş bulunuyordu. Balkan yarımadası, İtalya'nın ortası ve Kuzeyi, Fransa, İspanya, A'sas'tan Hollanda'ya bütün Rhin havzası, Orta Almanya'nın Kolonya'dan Goslar'a birçok geniş kısımları, Kiliseye karşı bir tutum benimseyen ve ilkel Hıristiyanlık üzerine temellenen yeni bir din hayatı kurulmasına çalışıyorlardı. Bu tutumu benimseyenlere Cathare'lar (Yunancada temiz, katıksız, arı anlamına, gelen kataros'tan) deniyordu. XI. yüzyılın başından sonra, kiliseye bağlı din işleri meclislerinin birçok karlarları, Piphirier, Tisserand'lar, Patarene'ler, Lombardiya Yoksulları, Paulicien'ler, Lyon Yoksulları, Vaudois'lar, Albigeois'lar, Bogomile'ler, Bulgarlar, Arnoldiste'ler, vb. gibi birçok cathare tarikatlarının çalışmalarını ve düşüncelerini suçluyorlardı. Daha sonra bunlara, başlangıçta Rafızî olmayan Beguard'lar ve Beguine'ler ile Lollard'Iar da katıldılar.

Bu değişik Rafızî hareketleri ve öğütleri ya başlıca merkezlerinin bulunduğu yere, ya kurucularının adına ya da tarikatın özelliklerine göre adlandırılıyorlardı. Ama genel olarak hepsinin adı "cathare" di.

Cathare hareketinin başlangıcı X. yüzyılın ikinci yarısına kadar çıkar. Bu hareket ilk olarak, yeni doğan derebeyliğe karşı bir köylü direnişi temeli üstünde Bulgaristan'da çıkmıştır. Ondan sonra da Batı Avrupa'ya yayıldı ve orada zanaatçılara ilişkin, şehirli bir özelliğe büründü. 13 Cathare'ın, serbest aşk yapmak gerekçesiyle yargılandıkları ve içlerinden on ikisinin odun yığını üstünde yakılarak ölüme mahkûm edildikleri Din İşleri Meclisi (1022) kararından sonra Ortaçağın sonuna kadar, suçlamaların ardı kesilmedi. 1025 yılında Rafızîler, dinîn özünün, hayır işleri yapmak, el emeği ve dindaşlarını sevmek olduğunu söyledikleri için Din İşleri Meclisi'nin önüne çıkarılarak yargılandılar. Onlara göre, bu ilkelere uygun olarak yaşayanların ne Kiliseye ne de din törenlerine ihtiyaçları vardı.

Bu hareket her tarafa, Lombardiya'ya, Languedoc'a, Alsace'a, bütün Rhin vadisine, Orta Almanya'ya yayıldı. 1052 yılında Goslar'da bir takım Rafızîler canlı varlıkları öldürmeye; dolayısıyla savaşa, adam öldürmeye ve hayvanların öldürülmesine karşı olduklarını söyledikleri için yakıldılar. 1030 yılında da Torino yakınlarındaki Monfort Rafızîleri, din törenlerine ve ayinlerine, evliliğe, hayvanların öldürülmesine karşı, malların kolektifliğinden yana olduklarını söyledikleri için suçlandırıldılar.

Böyle bir uluslararası hareketin, tabii ki ne ortak bir öğretisi ne de ortak bir taktiği vardı. Bununla birlikte, başlıca iki akım ayrılabilir: Gnostique-manicheen ikicilik akımı ve Amalric'ci hep tanrıcılık akımı. Bu akımların birincisi, İyi ile Kötü, Ruh ile Madde gibi iki egemen güç arasında kurduğu uyuşmazlıkla son derece sert, çileci bir akımdı. Zira amacı madde'yi yenmekti. Buna karşılık, kendilerini Kutsal Ruh'un parçası sayan ikinci akımdan olanlar ise her türlü çileciliği ve manevî baskıları reddediyorlardı. Öyle anlaşılıyor ki hiç değilse bir kısmı, kendilerini iyinin ve kötünün ötesinde saymaktaydılar. Bununla birlikte etkileri pek geçici oldu. Zira Cathare' ların büyük bir çoğunluğu çok basit ve gösterişsiz bir hayat yaşıyorlar ve gnostique'ler ile manicheen'lerin dünya görüşüne katılıyorlardı.

Hemen bütün Cathare tarikatlarının ortaklaşa yanları, İsa'nın çömezlerinin yoksulluk anlayışı, Kilisenin ve manastır tarikatlarının bozulmasıyla savaş, erdemlilik temeli üstünde birlikte yaşamak isteği, resmî Kilisenin dogmalarının, ayinlerinin ve törenlerinin reddiydi. Bu tarikatların bazıları iki sınıfa bölünmüşlerdi: Parfait'ler (Eksiksiz, kusursuz, tam olanlar) ve Croyant'lar (inananlar) sınıfı. Birinciler Cathare'ların toplumsal ahlâkına tara olarak uyuyorlar ve yoksulluk, çilecilik içinde ya da topluluk halinde yaşıyorlardı. Diğerleri ise resmî Kiliseden ayrılmış olarak hayatta her zamanki uğraşılarını sürdürüyor ve Cathare'ların, idealine uygun bir hayat sürecekleri zamanın gelmesini bekliyorlardı.

Taktikleri genellikl, barışçıydı. Her türlü sertliğe ve dış baskılara karşıydılar. Haçlı Seferlerini büyük bir kasaplık olarak görüyorlardı. Ancak kaçınılmaz bir biçimde gerektiğinde, büsbütün yok edilmek tehlikesiyle karşılaştıkları zaman silah kullanırlardı. Bu durum özellikle, en güçlü Cathare tarikatı olan Vaudoîs'larda da böyleydi. İyi'nin, Ruhun gücü, insan ve gerçek sevgisiyle en sonunda başarı kazanacağına hepsi de yürekten inanıyordu.

3 — Cathare' lar ve Komünizm

Cathare'ların öğretisi üstünde ve özellikle sosyal anlayışları konusunda, elimizde doğrudan doğruya onlardan gelen hiç bir bilgi ve belge yoktur. Çünkü yazdıkları her şey gerek din yöneticileri gerekse mülki yöneticiler tarafından el konularak yok edilmiştir. Onlar üstünde bütün bildiklerimiz düşünce ve anlayışlarına karşı olan rakipleri evekler, Dominîcain'ler ve Papalar aracılığıyla edindiğimiz bilgilerdir. Bu kimseler de pek tabii, onların sosyal anlayışlarından çok dinsel öğretileriyle ilgiliydiler. Gerçekten, Ortaçağ'da din en önemli şey ve hiç değilse, Kilise'nin yargı gücünün işlediği alandı. Ayrıca şu da var ki keşişler, Cathare' ların ya da aralarından bir bölümünün topluluklar biçiminde yaşamalarında, (kendileri de teori bakımından İsa'nın çömezlerinin, yoksulluk anlayışından yana oldukları için) Rafızîlik göremezlerdi. Cathare'lara karşı suçlama yazılarında, dın anlayış ve âdetleri konusunda pek çok ve ayrıntılı bilgi bulmamıza karşılık sosyal anlayışları konusunda çok az bilgi olmasının nedeni de böyle açıklanabilir. Ne olursa olsun, şunu biliyoruz ki Rafızîler, İsa'nın çömezlerinin yoksulluk anlayışını, Hıristiyan hayatının ideali saymaktaydılar; buna karşılık da mülkiyeti ve evliliği bir kötülük gibi görüyorlardı. Sosyal bakımdan "Sermon sur la Montagne" (İsa'nın çömezlerine ve halka, bir tepenin üstünden verdiği söylev. Ç.N.) Rafızîlerin Hıristiyan hayatının ideali konusundaki bütün bilgilerini çıkardıkları kaynaktı. Düşmanlarını sevmek buyruğunu, and içmek yasağını, hasta ve yoksullara yardımı, yumuşaklığı, alçak gönüllülüğü ve namuslu olmayı ciddiye alıyorlardı. Her türlü dış baskı ve düzenlemeye düşmandılar. Din ayinlerini ve ayrıca ayinler gibi kilisenin bütün dogmalarını ve diğer kurallarını da birer kurtuluş yolu gibi değil, birer engel olarak görüyorlardı. İster din makamı ister mülki makam olsun, bütün makamlara karşı ters bir tutumları vardı. Komünizm konusundaki tutumlarına gelince; rakipleri tarafından Rafızîleri suçlamak için oluşturulan geniş edebî eserlerde komünizm ve Doğal Hukuk düşüncellerinin bu kimselerde çok yaygın olduğunu gösteren belirtilere rastlıyoruz. XII. yüzyılda yaşamış olan Alanus adındaki bir Fransız teoloji bilgini şu noktalara dikkatimizi çekiyor: "Cathare'lar evliliğin, her şeyin kolektif olması gerektiğini öne süren Doğal Hukuka da karşı olduğunu öne sürerler."

Cathare'lara karşı olan Eberhard de Bethune adında bir diğer kimse de şunları yazıyor: "Komünizminiz, sadece bir dış komünizmdir; yalnız kelimelerde olan bir komünizmdir. Çünkü gerçekte, aranızda hiç bir eşitlik yok. Kiminiz zengin, kiminiz yoksulsunuz." Joachim de Flore da Cathare'lara karşı olanlardan biridir ve onların, insanlara, akla gelebilecek bütün zenginlikleri ve düşünülebilecek ya da tasarlanabilecek bütün zevkleri vaat etmelerini eleştirir.

Bütün bunlar, komünistlere ve sosyalistlere karşı bugün ileri sürülmesine alışılmış eleştirilerdir. Buna benzer bir suçlama, 1210 yılında Strasbourg'da, Vaudo's tarikatından 80 Rafızî'ye karşı da yapılmıştı. Bu adamlara karşı düzenlenen suçlama yazısının 15. maddesinde şunlar yazılıdır:

"Malların kolektifliğini, size katılanların sayısını arttırmak için kabul ediniz."

Suçlama yazısı bundan başka, Rafızîleri, Milano'da başkanları Pickhard'a, Rafızî hareketlerini kuvvetlendirmekle de suçlu görüyordu. 16. madde ise bu kimseleri, serbest birleşme yapmakla suçlamaktaydı. Bu suçlamalara karşı Johanns, para toplanmasının yalnız, paraya ihtiyacı olan üyelere yardım için yapıldığını söyledi. Kötü hayat yaşadıkları iddiasını ise, bütünüyle haksız bularak reddediyordu. Böylece, görüldüğü gibi, suçlamaların gerçek nedeni malların kolektifliği düzeninin kendisi değil, bunu yaparken güttükleri amaçtı. Moritfort Rafızîlerine karşı (yukarda sözünü ettiğimiz) davada ise sanıklar, mal kolektifliği düzenini uyguladıklarını kendileri de kabul etmişlerdir. Dominicain Etienne Bourbon'un, Rafızîleri, yeryüzü mallarının sahiplerinin hepsini suçladıkları ve her şeyin kolektif olması gerektiğini söyledikleri için eleştirmesi de çok ilginçtir. Etienne, Rafızîler arasındaki uyuşmazlıklarla alay etmekle birlikte Kiliseyle ve manastır tarikatlarıyla savaşmak söz konusu olduğu zaman hepsinin tam bir anlaşma içinde olduklarını da kabul eder. XIII. yüzyılın ortasında yaşamış olan bir diğer teoloji bilgini ise Vaudois'lar konusunda şu tanıklığı yapıyor: "Yalan ve hileden kaçınmak amacıyla ticaretle uğraşmazlardı. Zenginlikler toplamaya çalışmazlar ve yalnız gerekli olanla yetinirlerdi.

Rafızîlerin en şiddetli rakiplerinden biri de bir Katolik azizi olan, Abelard ve Arnold de Brescia ile aynı devirde yaşayan ve onlara karşı çıkan Bernard de Clairvaux, Cathare'lar konusunda şunları yazmaktadır: "Yaşamak biçimleri konusunda bir şey sorulacak olsa, davranışlarına uygundur. Hiç kimseyi ne aldatırlar ne de ezerler. Kendilerine sık sık yükledikleri oruç zorunlularından dolayı yanakları soluktur. Aylaklığın ekmeğini yemez ve sadece emekleriyle yaşarlar."

Latran Din İşleri Meclisinin üçüncü toplantısında (1179), öğretilerini açıklamaları için birkaç Voudois Rafızî çağrılmıştı. Onlara sorular sormuş olan İngiliz başpapazı Walter Map, raporunda şunları yazmıştır: "Hiçbir yere yerleşmiş değildirler. Yalın ayak yürürler. Yün pantolon giyerler. Öz malları yoktur; her şeylerini ortaklığa bırakırlar."

Bütün bu raporlardan —(Cathare'ların fikrî tutumlarından da olduğu gibi)hareketin, ilkel Hıristiyan topluluklarının idealini gerçekleştirmek istediği; ilke olarak, özel mülkiyeti ve onun üstüne kurulu toplum düzenini kabul etmediği ve maddeci anlayışı yenecek, Hıristiyanlık erdemlerinin gelişmesini sağlayacak olan kolektif bir toplum düzeni istediği çıkmaktadır. Cathare'ların, aralarında geniş komünist örgütleri kurmuş oldukları söylenemez. Ayrıca böyle bir şey yapma olanakları da yoktur; zira düşüncelerinin uygulanmasına geçecek kadar güçlü oldukları günden başlayarak Kilise'nin ve ülkenin sivil yöneticileri de onlara aman vermez bir yok etme kampanyasına giriştiler.

Binlerce ve binlercesi, odun yığınlarının üstünde, kılıç altında ve Engizisyonun zindanlarında can verdi. Kolonya şehri Cathare'larının, bu şehrin din mahkemesi karşısına getirildikleri zaman kendi durumlarını anlatmaları gerçekten yürek parçalayıcıdır. "Biz zavallı Hıristiyanlar, nerede barınacağımızı bilemiyoruz. Kurtlar arasında kalmış kuzular gibi şehirden şehire kaçmak zorundayız. Bir zamanlar İsa'nın çömezlerinin kovalandıkları gibi kovalanıyoruz." Bu şartlar altında Cathare'ların, komünist bir yaşama biçimi ülküsünü gerçekleştirmelerinin düşünülemeyeceği pek açıktır. Tanınmış bir kilise tarihçisi ve Ortaçağ'ın dinsel tarikatlar tarihini uzun yıllar boyunca incelemiş olan Doellinger, şunları yazıyor: "Orta-çağ'da çıkmış olan bütün Rafızî öğretilerin, az ya da çok açıklanan bir devrimci yanları vardı. İktidarı almayı başarıp, kurulu düzeni baştan aşağı yıkacaklar, politik ve sosyal hayatı tam bir dönüşüme uğratacaklardı. Ortaçağ' ın, yürürlüğe konmuş olan aman vermez sertlikleriyle Rafızîlere karşı kullanılan yasalarının çıkarılmasına yol açmış olan ve ancak pek kanlı savaşlarla yenilebilen iki gnostik topluluğu yani Cathare'lar ile Albigeois'ler aslında, o çağın sosyalistleri ve komünistleriydiler. Evliliğe, aileye ve mülkiyete saldırıyorlardı. Başarı kazansaydılar durum büyük bir kargaşalıkla sonuçlanacaktı. Doellinger'in bu sözleri açıkça, bu sözleri söylerken, İncil'de ve İsa'nın Dağ Üstündeki Öğüt'ünde bulunan ve ilk Hıristiyan toplulukları tarafından uygulanmış olan düşüncelerin daha sonrada uygulanmaları halinde derebeyi ve burjuva dünyasının ortaya çıkmış olabileceğini düşünemiyordu.

Aslında, keşişliğin ortaya çıkması, feodalite ya da burjuva dünyasının Kutsal Kitaptaki ideal ile bağdaşmaz bir şey olduğunu açığa vurmuyor muydu? Bu yargı özellikle,

"Cenobie'lerin kurulduğu çağ olan Hıristiyanlık sonrası ilk yüzyıllar İçin geçerlidir. Ama Cenobie' ler yüzyılın ruhuna gitgide daha çok uydukça ve İncil'in ruhundan uzaklaştıkça, ortaya Cathare'lar, sol Franciscain' ler Vaudois'lar; Albigeoislar ve resmî Kilise tarafından ihanet edilmiş olan ideali kendilerine alarak benimseyen bütün diğer Rafızî tarikatları çıktı. Doellinger'in bunlar üstünde öne sürdüğü düşünceler de Rafızî hareketinin komünist niteliğini bir daha belirlemekten başka bir işe yaramamaktadır.

Keşişlik (Monachisme) ve manastır keşişliği (Cenobitisme) resmî Kilisenin iflâsına karşı bir tepki olmuşsa, Rafızî hareketi de keşişliğin iflâsına karşı bir tepkidir. İlkel Hıristiyanlığın anlayışının sürdürülmesi boyunca Cenobie'lere ihtiyaç duyulmamıştı. Bunun gibi Cenobie'ler de İncil'in ruhuna uygun kaldıkları sürece Rafızî hareketleri görülmemiştir. Bütün bu olaylar, zaman içinde birbirlerinin peşi sıra gitmezler. Öte yandan birbirlerinin karşılıklı olarak hem sebebi hem de sonucudur. Ayrıca bütün bu süre içinde, ekonomik güçlerin büyük etkinliğini de unutmamak gerekir.

4 — Engizisyon

Hoşgörürlüğün kaynakları üç çeşittir. Birincisi zorlamanın ve sertliğin, fikrî ve ahlâkî meselelerin çözümünde hiçbir yarar sağlanamayacağı kanısına varmış olmaktır. İkincisi insan kişiliğine duyulan saygıdır. Üçüncüsü de sonsuz olarak geçerli dinsel ve bilimsel gerçekler ortaya koymak konusunda duyulan kuşkudur. Bu üçüncü neden, ancak çok büyük fikir özgürlüğü çağlarında kendini gösterebilir. İkincisi ise, Ortaçağ'da hiç bir yerde olmayan ferdiyetçi bir sosyal rejimi var sayar. Geriye birincisi kaldı ki bu da Hıristiyanlığın ilk yüzyıllarında bilfiil vardı ve ilkçağ'ın en soylu başarılarından biri olan bu sonuç ilkçağ ile birlikte ortadan kalkmak durumundaydı.

Roma İmparatorluğunun, İlkçağ dünyasının çöküşü sırasındaki karışıklıklarda görüldüğü gibi, fikrî bakımdan çok aşağı düzeydeki generaller ve entrikacı devlet adamları tarafından yeniden örgütlenmesi, göçler, Cermenlerin ilkel dayanışma duygularıyla ortaya çıkışı ve bütün bunların yanı sırada uygarlığın, gerektiği gibi yerine oturtulması konusunda genel olarak duyulan ihtiyaç her türlü hoşgörüye son verdirdi. Artık Devletin, Kilisenin ve manastır tarikatlarının, üyelerinden kesinlikle istediği şey boyun eğme ve itaatti. Bu durum, toplumsal dönüşümlerin hepsinde ortak bir yandır. Bir örgüt ne kadar ilkelse, üyelerini canlandıran dayanışma anlayışı da o kadar güçlü olur. Herkesin topluluktan ve topluluğun da herkesten ayrı ayrı sorumlu olması duygusu, dindaşların düşünce ve davranışlarının çok yakından gözaltında tutulması ve özel işlerine karışılması sonucunu doğuruyordu. Bütünün iyilik ve kötülüğü, kaçınılmaz bir biçimde, aynı gövdenin bütünleyici parçaları olan her üyenin davranışlarına dayanıyordu. Modern insan için hiç de hoş olmayan bu dayanışma görünüşü, ya da adını söyleyerek özgürlük yokluğu, işte bundan çıkmaktadır.

Ve yeryüzü işlerinin, teoloji alanında olduğu gibi, tanrısal işlere sıkıca bağlı bulundukları her yerde, fikrî hayat da toplumun denetimi altına konmuştur. Merkezî kuvvet kendini Tanrıya karşı yapılacak her türlü harekete karşı Tanrıyı savunmak ve üyelerinin kurtuluşunu sertlik kullanarak sağlamak zorunda duyar. Hıristiyanlığın daha başlangıç devrinde bile, arta kalmış olan tek hoşgörü kaynağı da böylece, Ortaçağ boyunca yok oldu.

Rafızîlerin ilk olarak 385 yılında Treves'de ölüme mahkûm edilmiş olduklarından daha önce söz etmiştik. Bu davranış o çağda, Hıristiyan dünyasında derin bir hoşnutsuzluk yaratmıştı. Zira o zamanlar İncil'in ruhu henüz anlamını yitirmemiş bulunuyordu. Ayrıca Rafızîlik, XI. yüzyıla kadar bile çok az görülen bir şeydi. Manastırlar ve manastır hücreleri, resmî Kilisenin hoşnut olmayan bütün unsurlarını içine çekiyor ve dış dünya ile ilgilerini kesmiş oluyordu. Ama keşişlik de bozularak kilisenin basit bir aracı durumuna geldikten ve kültürel hayatın yoğunlaşmasından sonra, Rafızî hareketi, bir kitle hareketi durumuna geldi. Ortaçağ'ın din ve toplum yapısını tehdit etmeye başladı. Daha 1048 yılında bile Liegel'li evek Vazo Rafızîlerin ölüm cezasına çarptırılmalarını protesto ediyor ve meslektaşı Châlon evekine şöyle yazıyordu: "Tanrı, günah işleyenin ölümünü istemiyor. Odun yığınları artık yeter. Yaradan'ın ve kurtarıcımızın hayatta bırakmak istediği kimseleri cismanî gücün kılıcıyla telef etmeyelim. Evekler Tanrı tarafından ölüm getirmek için değil, hayat getirmek için kutsanmışlardır." Bunun gibi, Vazo'nun biyografisini yazmış olan Anselme de Liege adlı yazar, Goslar Rafızîlerinin cezalandırılarak 1052 yılında imparator III. Henri'nin emriyle idam edilmelerini suçluyordu: "Goslar Rafızîlerini, sadece, piliçleri öldürmenin suç olduğunu söyledikleri için aforoz ettikten sonra bir de asmak doğru mudur?"

Ama Kilise, yüzyılın ruhuna uyarlanıp zenginleştikçe, buna paralel olarak da Rafızî hareketi geliştikçe; papaların, imparatorlar, krallar ve prensler üstünde, Rafızîleri kılıç ve ateşle yok etmelerini sağlamak amacıyla baskı yaptıkları görüldü. Engizisyon daha XIII. yüzyılda tepeden tırnağa silahlanmış bulunuyordu. Samimî, ama bağnaz Dominicain'ler, Kilisenin yüksek yöneticileri, iliklerine kadar bozulmuş papalar, günahlarının mağfiretini elde etmeğe istekli soylular ve yağmaya susamış koca bir maceracı takımı çeşitli Rafızî tarikatlarına karşı ortalığı ürkütücü bir yırtıcılıkla kasıp kavurdular. Alevler arasında ve zindanlarda telef edilmemiş olanların hepsi, gerçek meydan savaşlarında öldürüldüler.

Rafızîlik konusunda Kiliseye, resmî öğretisini sağlamak şerefi, Thomas d'Aquin'indir: "Rafızîlik, yalnız Kiliseden değil, Dünyadan da kovulmayı gerektiren bir suçtur." Der. "Rafızî, kusurunda ısrar mı ediyor? Kilise onu kurtarmaktan vazgeçmeli ve bağrından koparıp atarak kendisine bağlı kimselerin kurtuluşunu gözetmelidir. Geri kalanı için de, onu ölüm cezasına çarptırarak dünyadan kovmak hizmetini, cismanî gücün yargıçlarına bırakmalıdır." Böylece, görüldüğü gibi, Docteur Angelique adıyla anılan bu kimse, Engizisyonun uzun zamandan beri uyguladığı politikayı, etkili kişiliğiyle korumaktan başka bir şey yapmamış oluyordu.

Kilise tarafından mahkûm edilen Rafızînin ayrıca, mülkî ve dinî makamlar tarafından mallarına da el konuyor ve bu mallar her iki güç arasında bölüşülüyordu. Rafızî olmakla suçlandırılan kimse artık yitik sayılırdı. Zira din mahkemeleri bütün savunma olanaklarını fiilen yok ediyorlardı. Ateşte yakılarak öldürülme cezasına çarptırılanların sayısı nispeten azdı. Çünkü Rafızîlik bu yolla yok edilememişti. Bunu başarmak için, Rafızîlik tarafından kazanılmış bölgelere büyük Haçlı Seferleri düzenleniyor ve buralarda ele geçirilen Rafızîlere, kitle halinde hapsedilerek bedeni ve ruhu ezmek amacını güden her türlü işkence çektiriliyordu. Ölüm bile kovuşturmaları durduramıyordu. Rafızîlerin ölüleri kemikleri yakılmak için mezarlarından çıkarılıyor, mirasçılarına bıraktıkları mallara el konuyordu. Zaman zaman, fazla gayretkeş bazı engizisyoncuların da öldürüldüğü oluyordu. Bunun üzerine Kilise, öldürülen kimseyi kutsal ölü ilân ediyor ve sürdürmekte olduğu yok etmek savaşını daha da hızlandırıyordu. Rafızîlere karşı yapılmış olan en sert yasalar imparator II. Frederic'in adını taşır. Bu kimse, geniş görüşlü biri olarak tanınmış ve dünyanın yaratılışını, ruhun ölmezliğini kabul etmeyen Arap felsefesinin hayranıydı; ama Rafızîliği papa ile çekişmesinde bir silah olarak kullanmadığı zaman, bu hareketin yıkıcı olduğunu söylemekte ve Rafızîliğe karşı çıkmaktaydı.

İmparator II. Frederic 1220 yılında Roma'da taç giydiği gün, bütün Rafızîlerin alçak ve kanun dışı olduklarını bildiren, mallarına el konmasını öngören bir ferman imzalıyordu. 1231 yılında da Dominicain'leri, imparatorluk toprakları üstünde engizisyoncu olarak tanıdı ve himayesine aldı. Odun yığınları üstünde yakılmak ya da dillerinin koparılması, Rafızîlere verildiği her zaman görülen cezalardandı. Ölümden korkarak, inançlarını değiştirmeye hazır olduklarını söyleyecek olurlarsa, yalnız ekmek ve suyla beslenmek üzere ömür boyu hapse mahkûm ediliyorlardı. İmparator, 1232 yılında Rafızîleri asi ilân etti ve hem Kiliseyi hem de İmparatorluğu savunmanın kendi öz görevi olduğunu bildirdi. Ama kiliseye verdiği bütün bu tavizlerin ona hiç yararı dokunmadı ve sonunda, papalıkla yaptığı mücadelede yenildi.

Engizisyon, en büyük şiddetle Fransa ve İtalya'yı kasıp kavurdu. Almanya'da ise geçici bir etkisi oldu ya da muhalefet tarafından gemlendi. Bohemya ve İngitere'ye ise ayak bile atamadı. Rafızî hareketinin yapmak zorunda kaldığı fedakârlıklar çok büyük olmuştur. Bundan bir sonraki bölümde uzun uzun söz edeceğiz.

Şimdi ayak atacağımız yer, kutsal bir toprak; Rafızî şehitlerinin kanlarıyla sulanmış; eşini hiç bir Kilisenin gösteremeyeceği kadar uzun bir şehitler listesinin toprağıdır. Papalar, imparatorlar ve krallar tarafından Kilisenin ve Devletin düşmanı olarak mahkûm edilen; evekler, papazlar, keşişler tarafından peşleri bırakılmayan Rafızîler, Kilise ve Kilise dışındaki yetkiler için bir kin ve aşağılama konusu olmuşlardır.

Aklı başında olanlardan başkasına söyleme

Çünkü halk bu söze güler;

Odun yığınlarına can atanlara hayranım

Öl ve yeniden doğ!

Sözünü söylemedikçe

Gök kubbenin altında ancak

İstenmeyen bir konuk olacaksın.

(Goethe)

BÖLÜM V

RAFIZÎ HAREKETİNİN

YAYILMASI VE BASTIRILMASI

1 — Bulgaristan'da Rafızî Hareketi

Güney Slavları, göç dalgalarıyla birlikte Balkan Yarımadasına girdiler. Boylar, akraba birlikleri ve aileler biçiminde örgütlenmiştiler ve demokratik yöntemlerle yönetiliyorlardı. Kısa zamanda komşularıyla ve Bizans İmparatorluğuyla çatışmaya sürüklenerek kendilerine askerî bir yönetim biçimi verdiler. Başlıca yaşama kaynakları savaş, eşkıyalık ve hayvan sürüleri yetiştirmekti. Böylece kısa bir süre sonra; Bizans İmparatorluğu'nun etkisiyle, feodal bir kimliğe bürünerek en iyi toprakları ve ormanları kendine mal eden; şehirlerin dışında yaşayan halkı vergiye bağlayan savaşçı bir kast ortaya çıktı. Baskı altında ezilen halk, yok olmaya yüz tutmuş olan komünist ve demokratik rejimin kalıntılarına sarılarak isyan etti.

Bu duruma, son derece önemli bir ekonomik olay da eklenmiştir: Charlemagne zamanında İstanbul ile Almanya arasındaki ticaretin büyük bir kısmı Avarların ülkesinden (Macaristan) geçiyordu. VIII. yüzyılın ortasında Bulgarlar, Avarları yendiler ve İstanbul ile Almanya arasındaki transit ticaretini onların elinden aldılar. Zenginlikleri öyle arttı ki bu durum Yunanlıları kıskandırdı. Yunanlı bir yazar, bundan şöyle yakınır: "Bulgarların hepsi tüccar oldu. Bu yüzden de aralarında bencillik ve ahlâk bozukluğu başladı."

Ülkenin Hıristiyanlaşması bu dönüşüm süresine paralel olarak devam etti. 864 yılında, Bulgaristan resmen Hıristiyanlığa katıldı. Hıristiyanlıkla birlikte de ülkeye, gnostisizm ve manişeizm düşünceleride girerek şehirlerin dışında yaşayan halktan iyi bir kabul gördü. İyi ile kötü arasındaki çekişme, bir yanda feodal kast ve zengin tacirler; öte yanda da sömürülen halk ya da sınıflara bölünmüş yeni toplum ile eşitlikten yana olan eski düzen arasındaki karşıtlığın sembolü oldu. Gerçek ne kadar gaddar hale geliyorsa emekçi halk da Hıristiyanlığı gnostik - manişeizm öğretisinin ışığı altında benimsemeye o derecede hazır duruma geliyordu. X. yüzyılın ortasında bir kısım papazlar, yeni bir tarikat kuran Bogomil adında birinin çevresinde toplandılar. Hareket Sırbistan'a kadar yayıldı ve her tarafta olduğu gibi özellikle Bosna'da ateşli taraftarla buldu.

X. yüzyılın sonunda, Ortodoks papazları, Bogomilcileri yetkililerin sözünü dinlememek, zenginleri suçlamak, toprak sahibi senyörlerin onuruna saldırmak, dinsiz saydıkları devlet memurlarını küçümsemek ve köleleri efendilerine hizmet etmeğe kışkırtmakla suçladılar.

Bogomil'ciler de parfait'ler (Eksiksizler) ve croyant'lar (İnananlar) olarak bölünmüşlerdi. Birinciler din toplulukları olarak yaşıyorlar; ikinciler ise sadece onların öğretisine katılıyorlar ve öğretiyi uygulamıyorlardı.

Bogomil'cilere karşı kovuşturmalar Papa III. Innecent ile Papa III. Honorius'un emriyle XI. yüzyılın sonunda başladı ve Macaristan'dan hareket eden kanlı Haçlı seferleriyle XV. yüzyıla kadar sürdü. 1234 yılında Bosna, Macar Haçlıları tarafından yakılıp yıkıldı. Bu durum kanlı savaşlara sebep oldu. Rafızîler sert bir biçimde karşı koydular. Uğradıkları her bozgundan sonra yeniden toparlanıyorlardı. Öyle ki bir keresinde, yaklaşık olarak 1400 yılında Cathare'cılık Bosna'da resmî devlet dini ilân edildi. Sonunda 60.000 kişilik bir Macar - Polonya ordusu Bosnalı Cathare'ların gücünü kesin olarak kırdı. Ama bu yok etme savaşları Hıristiyanlık için hiç yararlı olmadı.

Zira Türklerin 1385 yılında Sırplara karşı ezici bir zafer kazanmalarından sonra Balkan Yarımadası gittikçe artan bir hızla İslâmlığın etkisi altına girmeye başlamıştı. Haçlılar ise, Bosna halkının çoğunluğunun Hıristiyanlıktan iyice iğrenmesine yol açacak biçimde davranarak Bosnalı Cathare'lara saldırmaya devam ettiler. Türkler 1463 yılında Bosna ile savaşa giriştikleri zaman Bosna savaşmaksızın teslim oldu. Daha sonra Kilise tarafından yok edileceğini bildiği için İslâmlığa karşı kendini savunmaya ne gücü, ne de isteği vardı. Halk arasında Kiliseye karşı duyulan kin o kadar büyüktü ki Bosnalı Rafızîler, Kiliseye karşı yılmaksızın savunmuş oldukları manişeist anlayışlarını bırakarak topluca Müslümanlığa katıldılar.

2 — İtalya'da Rafızî Hareketi

X. yüzyılın ortasından başlayarak kendini her yerde gösteren ekonomik ve politik güçlerin itmesiyle ilk olarak uyanan, Lombardiya siteleri oldu. Bu siteler, Avrupa ile Doğu arasındaki ticaretin ve Avrupa maliyesinin merkezi durumuna gelmişlerdi. Bu durumun bir takım engellerle karşılaşmadığı söylenemez. Zira Lombardiya bundan kısa bir süre sonra Alman İmparatorlarının ve Romalı papaların kıskançlık duygularını uyandırmakta gecikmedi ve bu bölge de Flandra gibi, Avrupa'nın en büyük savaş ezanlarından biri oldu. Bu özel ekonomik ve politik durum Lombardiya Sitelerinin bilincini artırmak bakımından çok yararlı olmuştu. Az çok demokratik kuruluşları olan birer cumhuriyet durumuna geldiler ve Papa ile İmparatora karşı bağımsızlıklarını korumaya giriştiler. Bağımsızlıkları uğruna yaptıkları bu çekişmeden en başta papaz sınıfının isteklerine karşı kendilerini savunmak zorunda kalmışlardı. Zira papazlar, kendilerine sitenin içinde özel bir durum, kendileri için özel bir yargı yetkisi, vergi ödemek zorunluluğu dışında bırakılmak ve din mahkemelerinin kararlarının cismanî güç eliyle yerine getirilmesi hakkını almak istiyorlardı. Tabii ki şehirler bu pek aşırı istekleri reddettiler. Bu yüzden, büyük anlaşmazlıklar çıktı ve sitelerin temsilcileri Kiliseye karşı kullanabilecekleri kanıtlar bulmak amacıyla pusuda beklemek zorunda kaldılar. Bu kanıtları da, ya Marsile de Padoue'nun, Barışın Savunucusu adındaki kitabında toplamış olduğu eski demokratik geleneklerde ya da İncil'in toplumcu öğretisine dayanarak Kutsal Kitap'ta ve ilkel Hıristiyanlıkta buldular. Anlaşmazlıklar sırasında da ortaya, Kiliseye karşı durmak anlayışını benimseyen zümreler çıktı. Çekişmeler özellikle, şehir burjuvazisi ile din adamları sınıfını karşı karşıya getiriyordu. Ayrıca, bu tarafların dışında da zanaatçılar ve yoksullar, resmî Hıristiyanlığa görülür biçimde karşı ve özellikle toplumsal sorunlara yönelmiş olan kendi öz öğretilerini hazırlayarak geliştirmeye çalışırlardı.

Bu bölgesel çekişmelere bir de, papa ile imparatoru uzun bir süre karşı karşıya getiren ünlü "İnvestitures" kavgası eklendi. Bu kavga XI. yüzyılın son yirmi beş yılı sırasında patladı ve Kuzey İtalya'da güçlü yankılar yaptı. Papa VII. Gregoire'ın kişiliği (1073-1085) hiçbir İtalyan'ın bu çekişmeye ilgisiz kalmasına elverir çeşitten değildi. Bir yandan, bozulmuş olan kilise adamları sınıfını suçlaması, diğer yandan da cismanî yönetime, en güzel örneğini IV. Henri'nin Canossa'ya yürümesinde bulan sahip çıkma isteği cumhuriyetçi burjuvazide karma karışık duygular uyandırdı. Öte yandan soylu kişiliği, ileri fikirleri, ticaret hayatındaki yolsuzlukları suçlaması, krallar ve prenslerle çekişmeleride ona işçi zanaatçı tabakaların sempatisini kazandırıyordu. Böylece genel kargaşalık ve düzensizliği arttırmaktan başka bir işe yaramayan papalık ve imparatorluk taraftarları gruplar halinde toplandılar.

Papalık ile imparator Frederic Barbarcusse (1152 -1190 ve II. Frederic (1212-1250) arasındaki çelişmeler İtalyan hayatı üstünde daha da derin etkiler yaptı. Guelfe'lerin (papacı) ve Gibeiin'lerin (imparatorcu) tarafları İtalyan politik hayatının bütünleyici birer parçası oldular. Bütün bu çekişmelerde papalar, imparatorluktan daha yüksek bir diplomatik yetenek ortaya koydular. Investiture'ler çekişmesinin sonucu, Kilise Devletinin kurulması oldu. Bu kuruluş, papalığın idarî teşkilâtına büyük diplomatik gelenekler bırakmış ve Kiliseye, Rafizîleri yok etme savaşında cismanî yönetim gücünün yardım elini sağlamıştır. Öyle ki imparatorun Roma'da taç giyme töreni, papaların elinde, cismanî iktidarı, Rafizî hareketini tam olarak yok etmek için kullandıkları bir diplomatik araç durumuna getirdi.

Bütün bu çekişmeler Lombardiya Sitelerinde ortaya daha başka uyuşmazlıklarda çıkardı. Papalar, Alman İmparatorlarıyla çekiştikleri süre boyunca Lombardiya'daki

Rafızî hareketlerine karşı hoşgörüyle davrandılar. Çok ince politik duygularıyla, Lombardiya cumhuriyetlerini kendi yanlarına çekmek gerektiğini anlamışlardı. Buna karşılık Alman İmparatorları, deniz kuvvetlerinin, yeni yerler ele geçirme planlarına elverişli yeterlikte olduğunu görür görmez Lombardiya'ya girdiler ve şehirleri kuşatarak Lombardiyalıları, gerçekte ortak düşmanları olan papalığın yanına atmış oldular. Frederic Barberousse'un ordusu 1176 yılında, bağımsız Lombardiya sitelerinin burjuvaları tarafından Lignano'da yenildi. Halefi II. Frederic' de ondan daha talihli çıkmadı.

Papalık, İmparatorluk ve burjuvazi arasında oynanan bu savaşçı ve diplomatik oyun, alanı Cathare'ların düşüncelerinin gelişmesine sebep oldu. Lombardiya şehirleri ve kasabaları, Cathare propagandasının merkezleri ve Cathare'ların sığınma yerleri durumuna geldi.

Merkezlerinin bulunduğu Milano mahallesinin adından ötürü patarene'ler adıyla anılan Rafızîlere, yaklaşık olarak daha 1030 yıllarında bile davalar açıldığından söz edildiğini biliyoruz. Ama ne var ki bunlar birer bölgesel baskı hareketi olmaktan öteye geçmiyordu. Cathare'lar genellikle, XII. yüzyılın yarısına kadar nispeten rahatlık içinde yaşadılar. Hatta 1125 yılında, Orvieto'da iktidarı ele geçirmeyi bile başardılar. Ama kanlı bir savaştan sonra yenildiler. 1150 yılında ise sayıları öylesine artmıştı ki Kilisenin dikkatini yeniden üstlerine çektiler. Lombardiya o devirde, Rafızîlik bakımından çok güçlenmişti. Aradan geçen zaman içinde Frederic Barberousse de papalıkla barış yapmış olduğu için 1184 yılında Verona'da bir din işleri piskoposluk meclisi toplandı ve bu mecliste papa III. Lucius ile imparator Frederic Barberousse bir engizisyon kurulmasını ve din mahkemelerinin Rafızîlere karşı alacağı kararların cismanî iktidar tarafından yerine getirilmesini öngören bir karar çıkardılar. Ama bu da Rafızîlik hareketinin gelişmesini durduramadı. Bir yerde ezilen Rafızîlik, başka bir yere göç ediyor ve üstelik bu iş, papaların cellâdı olmaya hiç de istekli bulunmayan şehir yöneticilerinin suç ortaklığıyla yapılıyordu. XIII. yüzyılın başında Milano'da, Ferrare'de, Verona'da, Rimini'de, Floransa'da, Parti'de, Fienza'da Piacenza'da, Trevise'de, Viterbe'de vb. Patarene örgütleri vardı. Eylül 1290 tarihli bir papalık buyruğu bütün eveklere, Rafızîlere karşı sert tedbirler almalarını ve idamlarıyla yakından ilgilenmelerini bildiriyordu. Yöresel baskı hareketlerine yol açan bu çeşit buyruklar zaman zaman görülüyor, ama genel bir etki ve geçerliğe sahip olmaktan uzak kalıyorlardı. Lombardiya ve özellikle Milano o çağda, Rafızî hareketinin Avrupa'daki merkeziydi. Strasbourg şehri Cathare'larının Milano'ya, hareketin şefine para göndermekle suçlandırdıklarını bundan önce görmüştük. Fransa'da, Albililer'e karşı işkence hareketleri başladığı zaman bunların birçoğu Lombardiya'ya sığındılar ve dindaşlarından yardım ve himaye gördüler.

Lombardiya Rafızîleri pek çok okul açmışlardı. Gelişmeye en elverişli öğrenciler, skolâstik öğrenmeleri ve Kilise'nin sözcüleriyle başarılı biçimde tartışabilmeleri için Paris Üniversitesine gönderiliyorlardı. İmparator IV. Otto, taç giymek için Roma'ya gittiği zaman maiyetindeki din adamları büroda gnostique-manichen doktrinlerin öğretildiği okullar bulunduğunu görerek bu durumu kötü karşılamışlardı. İmparator İl. Frederic' de 1236 yılında, papanın, Rafızîliğin başlıca merkezi olan Milano ile ilgilenmemiş olmasından şikâyet ediyordu. Ama papanın böyle davranmak için haklı sebepleri vardı. Çünkü Milano bölgesi guelfe (Roma kilisesini tutan Ç.N.) idi; demek oluyor ki Hohenstaufen hanedanına karşıydı. Papada işte bundan ötürü oraya dokunmuyordu.

İtalyan Cathare'cılığı XIII. yüzyılda, arnoldiste ve vaudois tarikatlarının, daha sonra Freres Aportres'ların ortaya çıkışıyla büyük bir destek bularak güçlenmişti.

Arnold liste tarikatının kurucusu Arnold de Brescia' dır. İtalya'da Brecsia'da XII. yüzyılın başında doğmuştu. Abelard'ın yönetiminde Paris'te teoloji okudu. Ustasının eleştirmeli (critlque) yönetimini benimsedi, ustası gibi, büyük bir hatip olduğunu gösterdi. Öğrenimi bittikten sonra da doğduğu şehire döndü, papaz tayin edildi ve hemen ardındanda din adamları sınıfına karşı savaşa girişti. Yeryüzü mallarını edinmenin Kilise din adamları sınıfı ve manastır tarikatları için kötü olduğunu söylüyordu. Vaazlar halk arasında çok tutuldu ve halk din adamları sınıfının sözünü dinlememeye başladı. Olay, 1139 yılında Latran din işleri meclisinin önüne getirildi. Papa, Arnold'u görevinden çekti ve İtalya'dan kovdu. Arnold, Abelard'ın yanına Paris'e gitti. Bu arada da fikirleri Roma'da yayılıyordu. Halk papaya karşı ayaklandı ve topraklarına el koydu. Onun üzerine papa, Abelard ile Arnold'un bir manastıra kapanmasına ve kitaplarının ateşe atılmasına karar verdi. Abelard karara uydu ama Arnold tersine, propagandasına daha büyük güçle devam etti. Sonunda, Fransa'da o kadar çok taraftar kazanmıştı ki hiç bir evek papanın kararını uygulamak cesaretini gösteremedi. Ancak papanın Fransa kralına başvurmasından sonradır ki Arnold Fransa'yı terk etmek zorunda kaldı. Almanya'ya ve İsviçre'ye oradan da aradan geçen zaman boyunca daha çok tanınmış olduğu İtalya'ya gitti. Roma'da, Rafızîler çevresine toplandılar ve kısa bir süre sonra da papalığa karşı bütün hareketlerin merkezi durumuna geldi. Halk topluluklarının karşısında sık sık söz alıyor ve "Hıristiyanlığın erdemli geçinen ikiyüzlüleri" adını verdiği papa ile kardinallere sert hücumlar yapıyordu. Onların kurullarının Tanrının kilisesinden çok bir ticarethaneye ya da bir haydut inine benzediğini söylüyordu. Papanın kendisince o da egemenliğini cinayet ve yangın üstüne kurmuş olan, kiliseyi zorlayan, dürüstlüğü ezen ve başkalarının kasasını boşaltarak kendi kasasını dolduran bir kimseydi. Roma' da halkın Arnold'a karşı sevgisi öyleydi ki papa ona karşı hiç bir harekete girişmeye cesaret edemedi. Sonunda İmparator olarak taç giymek için Roma'ya gelmiş olan Frederic Barbarousse, Curie'nin (din işleri kurulu) isteği üzerine, Arnold'un kendisine teslimini sağlamayı başarabildi. Arnold asıldı ve vücudu alevlere atıldı. Halkın ona tapmasını önlemek için de külleri Tiber nehrine döküldü. Başarısının karşılığı olarak da Frederic Barbarousse, halkına bilgi bile verilmeksizin papa IV. Adrien'in eliyle, imparator olarak taç giydi.

Arnold tarafından yayılan fikirler şunlardı: İsa'dan artakalan miras, papazların ve keşişlerin yoksulluğu sevmesini gerektiriyordu. Kilisenin cismanî gücü, zenginliklerden, imtiyazlardan, dokunulmazlıklardan, kavgalardan, anlaşmazlıklardan, politik çekişmelerden, davalardan, diplomatik entrika ve kurnazlıklardan; bir kelimeyle, İsa'nın göstermiş olduğu yoldan ayrılmasından başka bir sonuç vermemiştir. Bu gibi papazlar insanlarla Tanrı arasında aracı rolü oynamaya ve din törenleri yapmaya lâyık değildirler. Arnold, görüş ve düşüncelerini yayan birçok çömez bıraktı. Bu görüş ve düşünceler, din toplulukları ve yardımlaşma sandıkları kurarak örgütlenmiş bulunan gelişme yolundaki Lombardiya şehirleri işçi tabakalarında çok iyi karşılandı. Bu işçi dernekleri, katılanları başlıca, Lombardiyalı dokumacılar arasından gelen Rafızî humilite tarikatının doğmasına yol açtılar. Verona din işleri meclisinin kuruluşunun (1184) başından beri bu kimseler Rafızî olmakla suçlandırılarak kovuşturmaya uğradılar. Arnoldiste'lerin tarikatıyla birlikte Cathare hareketine katıldılar ve bu yüzden de Kilise'nin karşı saldırısına katlanmak zorunda kaldılar.

Arnold'un, İsa'nın gerçek bir halefinin sulh içinde yaşaması gerektiği yolundaki temel düşüncesi açıkça, François d'Assise'in öğrettiklerine dayanır. François d' Assise'in Kiliseye bağlı kalmış olduğu ve bundan ötürüde acı çekmekten kurtulmayı başarmış olduğu doğrudur. Ama onun tarafından kurulmuş olan tarikat ona önderlik etmiş olan temel düşünceyi kısa bir süre sonra yitirdi. Sol kanatlarının dışında kalan diğer bütün Franciscain'ler her türlü uzlaşmaya girdiler, tarikatın kuralına uymayı büsbütün bir yana bıraktılar ve Kiliseyle barış kurdular. Tarikatın kuralından ayrılmakta olduğunu görerek memnun olmayan kimseler, kuruluşunu sağlamış olan temel düşünceye geri dönülmesini gerçekleştirmeye çalıştılar. Sonra da, Gerard Segaralli başkanlığında "Freres Apotrfes" tarikatını kurdular.

1248 yılında, bilgisiz bir genç köylü, Parme'daki Franciscain manastırına başvurarak tarikata kabulünü istedi. Franciscain olmaya elvermeyecek kadar basit bir kimse olduğu gerekçesiyle isteği reddedildi. Geri çevrilmekten dolayı cesaretini kırmayarak kendisine, resimlerde İsa'nın çömezlerine giydirilmiş olduğunu gördüğü bir kıyafet yaptırdı. Beyaz bir manto ve sandal ayakkabılar, saç ve sakal bıraktı. Ondan sonra da şöyle vaazlar vermeye başladı: "Pişmanlık getiriniz ve inancınızı düzeltiniz; zira Tanrı saltanatı devri yakındır." Bütün mallarını sattı.

Parasını bir kesenin içine koydu. Pazar meydanına giderek vaaz vermeye başladı. Çevresine kalabalık toplanıncada elindeki paralarını orada bulunanlara doğru şunları söyleyerek attı: "Kim isterse alsın." Çevresine, Hıristiyanları istiğfara çağıran; bozulmuş olan Kiliseyi suçlayan ve saltanatının yakın olduğunu söyleyen bir miktar taraftar topladı. Bu adamların adlarına Freres Apotres (Havari Kardeşler) dendi. Yoksulluk içinde yaşıyorlar ve kendilerini istekle dinleyen halka vaaz vererek ülkeyi boydan boya dolaşıyorlardı. İstekle dinleniyorlardı, çünkü halk yığınlarının duygusal yaşantısına Franciscain'lerden çok daha yakındılar. Bu durumda kısa bir süre sonra dinci tarikatlarının ve kilise adamları sınıfının kıskançlığını doğurdu. Bundan sonra artık, kilise için bir tehlike gibi görüldüler. Lyon din işleri meclisi 1274 yılında, papa tarafından tanınmayan bütün dilenci tarikatlarını yasakladı. Onlarda ya düzenli olarak kurulmuş olduğu tanınan tarikatlara katılmalı ya da hiç değilse aralarına yeniden kimse almamayı taahhüt etmeliydiler. Freres Apotres tarikatı bu karara rağmen durmaksızın gelişti. Öyle ki, 1286 yılında yayınlanan bir papalık buyruğu Kilisenin bütün yetkililerine, bu kimselerin yok edilmeleri için gerekli bütün tedbirlerin alınmasını bildiriyordu. Aralarında bazıları hakkında Rafızîlik suçlamaları yapılmağa başlanmıştı bile. Halk, onlardan uzak durmaya çağrıldı.

1294 yılında, Dominicain'ler onlara karşı işkenceye başladılar. Segarelli tutuklandı ve (yaklaşık olarak 1300 yılında) ateşe atıldı.

Yerine, Segarelli'nin tutuklanmasından beri fiilen şef olan Dolcino geçti. Dolcino, gerçek bir şefin özelliklerine sahipti. Savaşmak için yapılmış bir kimse gibi mert ve enerjikti. Papalığın ona karşı Haçlı Seferi açtığı güne kadar, bütün papalık buyruklarını ve kararlarını hiçe sayarak yılmaksızın çalıştı. Haçlılara karşı giriştiği savaş, aradaki oranlar gözden kaçırılmaksızın, Spartacus'ün Romalılara karşı yaptığı savaşlar kadar dikkat çekicidir. Dolcino hakkında bize kadar gelmiş olan raporların neden o kadar romantik olduklarını ancak bunu göz önünde tutarak açıklayabiliriz. Denildiğine göre, soylu aileden gelen bir papazın oğluydu. Rahip olmak için girdiği bir manastırda deneme devresi geçirmekte olan Margharita adındaki sevgilisinin aşkı uğruna Trident'deki bu manastıra, hizmetkâr olarak girmeyi başarmış ve yaptığı bu hile sayesinde de sevdiği kadını oradan kaçırmıştı. Bundan sonrada onunla birlikte Trentin ve Dalmaçya'da, malların ve kadınların ortaklaşalığı konusunda vaazlar vermişti. Kesin olarak bildiğimiz, Novare bölgesinde doğmuş olduğu; teoloji öğrenimi gördüğü ve Joachim de Flore'un kitaplarını okumuş olduğudur. Dante ve İtalya'nın birçok önemli kişileri gibi belki o da Gibeiin Cermen soyundan (Roma İmparatorlarından yana olan kimse Ç.N.) idi.

Dolcino, İncil'e dayanarak, 1303 ile 1306 yıllan arasında insanlık tarihinde çok önemli bir olay geçeceğini hesaplamıştı. İmparator, papalığı tam olarak yenecek ve Tanrı, Saint Pierre'in tahtına barışçı bir papa geçirecekti. Onun çevresine, İsa'nın çömezlerinin sayısından yana olanlar kümelenecekler ve Tanrı onların üstüne kendi ruhunu yayacak, sayıları çoğalacak, yeni imparator ve öldürülen papanın (Beniface VIII.) yerine geçecek olan barışçı papa, Saint Jean'ın söylemiş olduğu gibi, Tanrının büyük düşmanının son olarak kalkacağı ve son yargının yapılacağı güne kadar saltanat sürecekler. Sonuç olarak Dolcino'nun davranışına ilham veren o eski Bin Yıllık Devlet rüyası; bir barış, erdem ve kardeşlik devri hayaliydi.

Gerçekten papa, VIII. Boniface'nin, Fransa kralı Philippe Le Belle yaptığı çekişmenin aleyhinde sonuçlanması yüzünden trajik bir şekilde ölmesinden sonra artık Dolcino'nun ününün ne derecede artmış olduğu kolayca tahmin edilebilir. Fransa kralıyla çekişmesinin aleyhinde sonuçlandığını gören papa, kederinden cinnet getirmişti. Bir gün, uşakları onu Tanrıya küfürler ederken, şeytanı çağırırken ve tahtaları kemirir bir halde buldular. Kafasını, kırlaşmış saçlarını kan içinde bırakarak duvarlara vuruyordu. 11 Ekim 1303 tarihinde Vatikan'da öldü. Dolcino bu feci ölümü, Seragelli daha hayatta iken söylemiş ve tarihinide papalığın yıkılmasıyla aynı tarih olan 1303 yılı olarak belirtmişti. Doğrusunu söylemek gerekirse, papalığı yenen, Alman İmparatoru değil, Fransa kralı olmuştu. Bu olay Dolcino'nun taraftarlarının daha da artmasına yol açtı. Bunun üzerine Dolcino doğduğu yer olan Novare'a gitti. Orada Cathare'lar kitle halinde yanına koştular. Az sonra da Engizisyon'un kovuşturması başladı ve onu şehirden şehire kaçmak zorunda bıraktı. Dostları ve taraftarları pek çok zarar gördüler. Evleri yağma edildi, mallarına el kondu. Ama Dolcino her yerde kendisini Engizisyon'un planlarından tam zamanında haberdar eden gizli dostlar buluyordu. Milano'nun Kuzeybatısındaki dağda gidiş gelişler 1305 yılında son buldu. Dolcino, Engisizyona karşı savaşa girişmeye karar verdi. O sırada Novare bölgesinde Campertolio kasabasında bulunuyordu. Taraftarlarından bir kısmıyla, dağda gizlenmek için hareket etti. Freres Apotres' lar orada bir koloni kurdular; erzak topladılar ve savaşa hazırlandılar. Lyon'da oturan papa V. Clemen da Novare'lı Rafızîlere karşı bütün dindarları bir Haçlı Seferi düzenlemeye çağırıyordu. Dolcino, düşman ordusunun hareketini zamanında haber aldı. Savaşı kabul etmemeye ve oradan, ordusunun başından gizlice ayrılmaya karar verdi. Haçlılar, dağa tırmanarak Rafızîlerin ordugâhına saldırmaya hazırlandıkları zaman orada kimsenin kalmamış olduğunu gördüler, dağıldılar. Dolcino, Varal Le bölgesinde yeni bir koloni kurdu. Ordugâhını tahkim ederek sağlamlaştırdı. Dağlar arasındaki bu yerin durumu zapt edilmesini olanaksız kılacak kadar iyiydi. Savoie'dan Lombardiya'dan, Languedoc'tan ve Salzburg eyaletinden birçok Rafızî koşarak ona katıldılar. Ama Haçlılar yeniden toplanmışlardı. Rafızîlerin ordugâhına hücuma geçtiler. Kayıp vererek çekilmek zorunda kaldılar. Karşı tarafın eline tutsak düşenleri kurtarmak için de yiyecek vermeleri gerekti. Yaptıkları ikinci bir saldırıda aynı sonucu verdi. Çevrede Rafızîlerin yenilmez oldukları söylentileri kısa zamanda yayıldı. Ama Dolcino'nun ordusu yiyecek bulmakta güçlük çekiyordu. Haçlılarla Rafızîler arasındaki savaşın geçtiği bölge baştanbaşa yakılıp yıkılmış olduğu için Dolcino'nun ordusunda duyulan yiyecek noksanlığı gerçek bir açlığa dönmüş bulunuyordu. 1306 yılı ilkbaharında Dolcino'nun taraftarlarından büyük bir kısmı yorgunluk ve bitkinlikten öldüler. Hastalık ve ölümlerin görülmeye başlamasıylada 1306 yılı martında ordugâhı terk etmek gerekti. Savaş, aynı yılın Ağustos ayına kadar sürdü. Dolcino, Haçlı ordusunu ardarda iki kere daha bozguna uğrattı. Bu durum papayı, savaşı sürdürebilmek için dindarlara yeni çağrılar yapmak zorunda bırakmıştı. Novare ve Savoie eyaletlerinin din adamları ve mülkî yetkilileri, komutası iki şövalyeye verilmiş olan birkaç bin kişilik bir ordu topladılar. Bu ordu Rafızîlere saldırdı ve büyük bir bozguna uğradı. Haçlılar paniğe kapılarak kaçtılar ve civar kasabalarıda bırakarak çekildiler. Rafızîlerin ordusu da buraları yağma etti. Dolcino" nun askerlerinden en çok, kiliseler ve papazlar zarar gördüler.

Ama bütün bu başarılar onları, dış dünyadan kesilmiş oldukları ve hiçbir yardım göremedikleri süre boyunca kurtaramazdı. 1306-1307 kışı onlara, daha büyük yokluklar çektirdi. Açlık ve soğuk, sayılarını azaltıyordu. Bu arada da Haçlılar yeniden toplanıyorlar; erzaklarını yeniliyorlar ve yeni takviyeler alıyorlardı. Kesin savaş 23 Mart 1307'de başladı. Bütün bir gün boyunca sürdü. Savaşa girişmeye gücü kalmış olan 1150 Dolcino'cunun 1.000'i savaş alanında kaldı. Açlık ve soğuktan bitkin olan diğerleri de teslim oldular. Bunların arasında Dolcino ile karısı Margharita da bulunuyorlardı. Galipler onları işkencelerle öldürdüler.

3 — Fransa'da Rafızî Hareketi

Charlemagne imparatorluğunu birçok parçalara bölmüş olan Verdun antlaşması (843), Fransa'nın coğrafî bakımdan çekirdeğini yarattı. Charlemagne'ın halefleri bu topraklar üstünde 987 yılına kadar saltanat sürdüler; ama güçleri, kendilerine bağlı olan vasal dükleri ve kontları tarafından öylesine zayıflatılmıştı ki Orta Çağ'ın başında artık bir Fransız krallığından söz etmek güçtü. Gerçek krallar, feodal baronlardı. Carolinge hanedanının yıkılmasından (987) sonra saltanat Capetien'lerin eline geçti. Bunlar zamanla, şehirlerin gittikçe artan gücünü Kiliseye ve feodal senyörlere karşı kullanmayı öğrendiler. Sağlam bir Fransız devleti kurmayıda böylelikle başardılar. Güney Fransa'nın endüstri çalışmaları, Akdeniz şehirleri ve limanlarının gelişmesi Fransa'nın kuzey, merkez ve güney bölgelerini gittikçe daha sıkı bir biçimde birbirine bağlayarak ortaya Capetien'lerin merkeziyetçi ulusal politikalarının ekonomik temelini sağlamış olan birleşik bir coğrafî alan çıkarmış oldu.

Devlette ve Kilisede ekonomik çıkarlarla elde edilmiş olan üstünlük, başka yerlerde de olduğu gibi, yoksul halk tabakaları arasında canlı bir karşı akım yarattı. Bu akım İncil'e dayanıyordu ve kısa bir süre sonra Rafızî hareketine katıldı. Daha önce görmüş olduğumuz gibi Fransa'da Cathare etkileri kendini, XI. yüzyılın başında göstermeye başlamış bulunuyordu. Buna Arnold ve Brescian'ın birçok kimselere, sosyal ve ahlâki bir reformun gerekli olduğunu anlatan propagandası eklendi. Ama Fransa'da ancak Lyon'lu tacir Pierre Valdes'ın ortaya çıkışıyla bağımsız bir Rafızî hareketi kurulabildi. Bu hareket kısa bir süre içinde çok büyük bir gelişme gösterdi ve kolları İtalya'ya, Almanya'ya Bohemya'ya yayıldı. Harekete, kurucusunun adından dolayı Vaudois adı verildi. Bu adam, İncil'in gerçeklerini öz kaynaklarında öğrenmeye çalışan, tahsili az, zengin bir Lyon'lu tacirdi. Bilginler tarafından İncil'i ve Kilise Babalarının yazdıklarından bazı bölümleri kendi okuması için çevirttirip, uygulamak için bunları, canla başla incelemeye koyuldu. Yoksulluk içinde yaşamaya karar verdi. Mallarının bir kısmını karısına bıraktı, kalanını yoksullara dağıttı ve ilkel Hıristiyanlığın, Kilise Babalarının derslerini vaazlarıyla yaymaya başladı. Lyon Yoksulları adıyla anılan birçok taraftar topladı. Özel bir giyim seçen bu kimseler şeflerinin peşi sıra gittiler. Görüldüğü gibi, Vaudois hareketinin başlangıcı, bir çeyrek yüzyıl sonra İtalya'da Franciscain tarikatının kurulmasıyla sonuçlanan hareketin başlangıcına çok benzemektedir. Ama o hareketin Kilise tarafından meşru sayılmış ve papa tarafından resmen tanınarak Kilisenin bütünleyici bir parçası kabul edilmiş olmasına karşılık Kilise Meclisi Curie Vaudois'ları tanımayı reddetti ve Rafızîlik yoluna sapmalarına sebep oldu. Hatta denebilir ki Curie' yi François d'Assise'in hareketine karşı daha diplomatça davranmaya yöneltmiş olar sebepde belki, Vaudois hareketinin gelişmesi olmuştur.

Vaudois'lar 1179 yılında, propagandaları için papanın onayını almak amacıyla, Latran din işleri meclisine delegeler gönderildiler. Bu delegeleri, Walter Map adındaki bir İngiliz prelat (yüksek dereceli papaz Ç. N.) kabul etti ve sorguya çekti. Bilgisizlikleriyle alay ederek istedikleri papalık onayının reddedilmesini savundu. Kiliseden kötü davranış gören Vaudois'lar da Cathare'larla ilişki kurdular ve bu hareketin bir bölümü oldular. Frederic Barberousse'un katıldığı Verone Din İşleri Meclisi onları Rafızî olarak suçladı. Dominicain tarikatından Bernard Guidonis, Cathare hareketi tarihinin en belli başlı kaynaklarından biri olan Pratique de l'lnquisiton (Engizisyonun tatbikatı) (1131) adını taşıyan kitabında bu kimselerin öğretilerini uzun uzun anlatır. Bunlar: Saf' lar, Dost'lar ve İnanan'lar olarak bölünmüşlerdi. Birinciler, öğretmen ve şef görevi yapıyorlardı. Harekete girerken mallarını, topluluğun üyelerine gerekli yaşama araçları sağlayan ortaklık kasasına bağışlardı. Merkez kasasının bu görevi sağlamaya parası yetmezse o zaman da basit üyelerin verdikleri paralara başvuruluyordu. Bu üyeler kendilerinden istenen bağışları hiç bir zaman reddetmezlerdi. Zira Vaudois'lar, yüksek ahlâk nitelikleriyle kendilerini gösteren kimselerdi. Engizisyon tarafından öğretisi konusunda sorguya çekilen Toulouse'lu bir Vaudois şöyle cevap vermiştir: "Kötü söylememek, kötülük yapmamak. Bize yapılmasını istemediğimizi başkasına yapmamak. Hiçbir zaman ne yalan söylemek ne de yemin etmek." Bunun gibi bir cevap 1394 yılında Pomeranyalı Vaudois'lar tarafından verilmiştir. Vaudois'Iarın en azılı rakipleri bile onların davranışları konusunda beğenilmeyecek bİr yan bulamamışlardır. Onları iyi tanıyan bir engizisyoncu haklarında şöyle konuşmuştur: "Rafızîler, yalnız ahlâklarından ve konuşmalarından bile tanınırlar. Zira alçakgönüllüdürler ve düzenli bir hayat yaşarlar. Basit ve temiz giyinirler. Yalan söylememek, yemin etmemek ve aldatmamak için hiç ticaret yapmazlar ve yalnız el emekleriyle yaşarlar. Zenginlikler biriktirmeye çalışmazlar ve yalnız en gerekli ihtiyaçlarını karşılamakla yetinirler. Namuslu ve alçakgönüllüdürler. Ne lokantalara, ne balolara ve diğer eğlence yerlerine giderler. Hiçbir zaman öfkelenmezler, daima çalışırlar, öğrenirler ve öğretirler. Dolayısıylada pek ender dua ederler. Yalnız alçakgönüllülükleri ve özenli konuşmalarıyla bile tanınırlar. Her türlü kabalıktan, iftiradan ve havaî sözlerden özenle kaçınırlar. Vaudois'lar'ın bulunduğu her yerde İncil çevirileri vardı ve birçok bölümlerini baştanbaşa ezberlerlerdi. Passau engizisyoncusu, Job'un kitabını baştanbaşa ezbere bilen köylü bir Vaudois bile tanıyordu. Bu tarikatın üyeleri işlerini bitirdikten sonra akşamlarını inceleme ve öğrenimle geçirmek amacıyla toplanmak alışkanlığındaydılar. Aralarından bazıları öğretimi izlemek konusunda güçlükle karşılaştıkları zaman, öğretmen şöyle söylemeyi alışkanlık haline getirmişti: "Her gün bir kelime öğrensen yıl sonunda 365 kelime öğrenmiş olursun. Ve böylece, yeneceğiz." Kanılarına sonuna kadar bağlı olan Vaudois'lar, odun yığınlarının üstüne neşeyle çıkarlardı. İmanlarını yaymak için, zindanın ve işkence odalarının korkunçluğuna stoacı bir tutumla katlanırlardı.

XIII. yüzyılda, Fransa'da ve özellikle Languedoc'ta en çok yayılmış olan tarikat işte bunlardı.

XI. ve XII. yüzyıllarda Languedoc, bütün Avrupa'nın en özgür ve en müreffeh yeriydi. Endüstri ve ticaret; sanatlar ve bilimler pek gelişmişti. Sorbonne, Toulouse, Albi, Bezierds, Careassonne bilim ve felsefenin merkezleriydi. Arap felsefesinin hazineleri, Yahudi çevirmenler tarafından yayılmıştı. Bütün dinci akımlar buralarda barınak ve yardım buluyordu. Şehirler, büyük iç bağımsızlıklardan yararlanıyorlardı. Aquitaine dükleri ve Toulouse kontları Kiliseye ve krallığa karşı haklarını kıskançlıkla savunuyorlardı.

Cathare'lar, bu bölge halkı arasında kendilerine çabucak katılan birçok kimse buldular. Bunlara iyi adamlar deniyordu. Vaudois'lar burada, gerekli propaganda özgürlüğünü de kazandılar. Öğretimlerini oradan Lombardiya'ya, Tyrope, Salzburg bölgesine ve Güney Almanya'ya yaydılar.

Ayrıca öyle görünüyor ki öğretileri, toplumsal olmaktan çok dinsel nitelikteydi. İçinde yaşadıkları özgürlük ve işbirliği havası içinde Languedoc'un soylular sınıfı büyük bir çoğunlukla Vaudois'cı düşünceleri benimsemişlerdi ve birçok yerde din adamları sınıflarıyla savaşa tutuşmuş bulunuyordu. Propagandaları sosyal sorunlara, din sorunlarından daha az önem veriyordu. Hareketin başlıca merkezi Albi şehriydi. Bunun için de adlarına Albigeois deniyordu.

Vaudois hareketinin Languedoc'taki gelişmeleri din yetkililerini endişelendirdi. Ne var ki o sırada, geniş bir bastırma hareketine girişmek düşünülemezdi. Zira hemen hemen halkın hepsi, eveklerin kendilerine karışmaklarına karşıydı ve fazla işgüzar engizisyoncuları kovuyorlardı. İşte bundan ötürü Kilise, Haçlılar silahına başvurmaktan başka çıkar yol bulamadı. İman sahiplerinin hepsi, günahlarının bağışlanacağı söylenerek Rafızîlere karşı kutsal savaşa çağrıldılar. Birinci Haçlı Seferi 1180 yılında oldu. Hiçbir sonuç vermedi. 1195 yılında Toulouse kontu VI. Raymond papa tarafından aforoz edildi. Ama bu tedbir de sonuç vermedi. O zaman Kilise, Rafızîlere inançlarını değiştirmek için Languedoc'a misyonerler yolladı. Bunların en tanınmışı Dominicain tarikatının kurucusu Dominique de Guzman'dı. Bütün bu çabalar da sonuç vermedi. Bunun üzerine papa yeniden Haçlı silahına başvurdu ve Haçlılara şu direktifi verdi: Saltanat sürmek (yönetmek) için bölmek. Savaşa güçlü Toulouse kontuna saldırarak başlanmalı, ilkin en zayıf bölgeleri ele geçirmeliydi. Kutsal savaş, 1209 yılında Kont Simon de Montfort'un komutasında başladı. Bu adam büyük bir enerji gösterdi. Beziers ve Garcassonne ele geçirildi. Gerek Vaudois gerekse Katolik binlerce kişi savaşta öldü. Haçlıların saldırı sırasında Katoliklerinde kurban gideceklerini gösterdiklerini gören papanın temsilcisi onlara şöyle bağırdı: "Hepsini öldürün. Tanrı, kendinden olanları elbet tanıyacaktır.

Ama bununla savaş bitmiş olmaktan uzaktı. Vaudois hareketi yeniden kalkındı. Rafızîlere karşı yeni Haçlı Seferlerine girişildi. 1224 yılında, Fransa kralıda savaşa girdi. Onun çıkarıda hemen hemen bağımsız duruma gelmiş olan Toulouse kontlarının gücünü yok etmek ve bütün bölgeyi buyruğu altına almaktı. 1232 yılından başlayarak artık ülkede, Dominicain'lerin yönetimi altında düzenli bir Engizisyon kurmak mümkün olmuştu. Haçlılarla Dominicain'lerin, birleşik çabaları sonucunda Rafızî hareketinin üstesinden gelindi ve hareket tam olarak ezildi. Ama ne var ki bu başarı Güney Fransa'nın baştanbaşa yıkılıp yakılması pahasına kazanılmıştı. Languedoc kontlarının gerçek mirasçısı da Kilise değil, Capetien hanedanı oldu. Yarım yüzyıl sonra papayı esir ederek haleflerini Avianon'da oturmak zorunda bırakmış olan Fransa kralları da bu hanedandan gelen kimselerdi.

Lea, Albigeois'Iara karşı Haçlı Seferlerinin sonucunu, Engizisyon Tarihi adındaki kitabında şöyle anlatır: XII. yüzyılda, Fransa'nın güneyi bütün Avrupa'nın en müreffeh bölgesiydi. O zaman, Haçlılar buraya girdiler ve onların ayakta bıraktıktan sonra Engizisyon tarafından yıkıldı. Engizisyon arkasında, yoksullaşmış, yıkılmış, endüstrisi ve ticareti harap durumda bir ülke bıraktı. Müsadereler ülkenin soylular sınıfını dilenciliğe düşürdü. Onların yerinede ülkenin saray tarafından edinilmiş geniş yurtluklarına, Kuzey feodalizminin katı geleneklerini, ya da Roma Hukukunun despotça ilkelerini sokan yabancılar geçti. Bir yüzyıldan daha uzun bir süre, en zengin niteliklerle bezenmiş olan bir halk, işkenceye, hakarete ve yağmaya uğradı. Avrupa kültürüne yol göstermeyi vaat eden uygarlık kaybolmuştu ve Rönesans'ı yaratmak şerefine kavuşan ülke İtalya oluyordu. Ama iman birliği kurtarılmıştı.

Engizisyonun çalışması öyle olmuştu ki Rafızîlik ülkeye artık yüzyıllar boyunca bir daha ayak basamadı.

Ama Vaudois'ların Kilise ve halk kitleleri üstündeki etkisi az olmadı. Gerçekten, günümüzde Hıristiyan - sosyalist hareketin sosyalist işçi hareketinin sonucu gibi görünmesine benzer bir biçimde o zaman da dilenci tarikatlarının çıkışlarının nedeni, Vaudois'ların propagandası olmuştur. Vaudois'ların etkisi kendini özellikle Bohemya' da duyurdu. Bu ülkenin ihtilâlcilerine, Hussite savaşlarında (XV. yüzyılın başında, Jean Hus adında birinin kurduğu tarikattan olanlar Ç.N.) kullanacakları fikrî silahları sağlamış olan bu etkidir.

4 — Flandre'da Rafızî Hareketi

Flandre'daki Rafızî hareketi konusunda ilk bilgilerimiz bu hareketin Lombardiya'da ve Fransa'nın güneyinde varlığını bildiğimiz tarihten çok daha sonra yani XII. yüzyılda ortaya çıktığını gösteriyor. Ama ne var ki bundan, Rafızî hareketinin Flandre'da geç başlamış olduğunu çıkarırsak yanılırız. Flandre'da bu hareket konusunda bilgimizin daha eski tarihlere kadar gitmemesi, harekete o çağa kadar hoşgörüyle bakılmış olmasıdır. Bu yüzden de o çağa kadar bu konuda hiç bir dava açılmamış; dolayısıyla biz de bu hareket konusunda bilgi edinememişizdir. Liege eveki Vazo'nun bundan önce sözünü ettiğimiz mektubunda o çağda Flandre'da Rafızîlere kötü davranılmasının istenmediğini biliyoruz.

Bununla birlikte Rafızî öğretiler, o zamanlar yeni gelişmeye başlayan bir endüstrinin ve pek geniş bir ticaretin merkezi olan Flaman sitelerinde çalışan halk arasında erkenden, elverişli bir alan bulmuştu. Daha XI. yüzyılda Cathare'ları anlatmak için kullanılmış olan tisserand adı Flandre'dan gelir. Flaman Cathare'ları Ahd-i Atik'teki Tanrı ile Ahd-i Cedid'teki Tanrı arasında kesin bir ayırım yapıyorlardı. Birincisi ile yani Yasa'nın Tanrısı ile hiçbir alış verişleri olmamasını istiyorlardı. Onlar için gerçek Tanrı yalnız Ahd-i Cedid'in Tanrısıydı ve o da kendisine, insanlar tarafından yapılmış evlerde yakarılmasını ve törenler, ayinler yapılmasını değil, düşüncede tapılmasını istiyordu. Buna karşılık hayır işlerine büyük bir ciddiyetle önem verirler ve Dağın Üstündeki Öğüt' ün sözlerine uygun olarak yemini ve ölüm cezasını kabul etmezlerdi. Namuslu olmak en başta gelen erdemlerinden biriydi. İdealleri, ilkel Hıristiyanlıktı.

Rafızîlik alanında yarattıkları en değişik ve kendine özgü Flaman kurum ise Beguine ve Boguard hareketidir Bu tarikatın kökü ve adı konusunda çok yazılmış ve tartışılmıştır. Kimi yazarlar, hareketin Lambert le Begue adında Liege'li bir papaz tarafından kurulmuş olduğunu öne sürerler. Bu kimselerin dediklerine göre Liege'li papaz Lambert le Begue yaklaşık olarak 1180 yılı dolaylarında, Kilisenin bozulmasına ve papazların rüşvet almalarına karşı sert bir tepki uyandırmıştı. Papazlarda onu öldürterek kendisinden kurtulmuşlardı. Ayrıca bu kimsenin, ölümünden bir kaç yıl önce evlenmemiş bazı kadınları bir çeşit Cenobie derneğinde toplamış olduğuda söylenir. Ama akla en yakın gelen açıklama, Boguine ve Beguard kelimelerinin, Sakson dilinde yakarmak ya da dilenmek anlamına gelen Beg sözünden gelmiş olduğu yolundaki açıklamadır. Beguine' ler, İncil'in yoksulluk anlayışına uygun biçimde yaşayan kadınlardan oluşmuş kadınlar arasında bu çeşit örgütlerin kurumuş olması ya bir takım erkeklerin Cathare öğretisinin etkisiyle evlilikten yüz çevirmiş olduklarını; ya da Haçlı Seferleri boyunca verilen ölü sayısının çokluğunu gösterir. Erkeklerin sayısının azalması dolayısıyla da tabii ki kadınların oranı artmıştı. Bu iki etkenin de aynı zamanda rol oynamış oldukları ve kadınları, bu çeşit örgütler kurmaya zorladığı da düşünülebilir. Bu örgütlerin kurulması o çağda ancak din temeli üstünde olabilirdi. Cenobie yöntemi bu kuruluşlara örnek olmuştur. Bu örgütlere katılan kadınlar, ortak yaşayacakları süre boyunca namuslu olacaklarına, itaatsizlik etmeyeceklerine, çalışarak ya da dilenerek topluluğun geçimine yardımcı olacaklarına, her yerde konukseverlik göstereceklerine ve hastalara yardımlarını esirgemeyeceklerine and içerlerdi. Ama onlardan, Cenobie hayatının gereklerine tam olarak uymalarını istemek biraz güçtü. Çünkü bu kuruluşlar, isteyenlerin gönüllü olarak katıldıkları örgütlerdi.

Zamanla, erkeklerde bu kuruluşların örneğinden yararlandılar ve onlarda Beguard evleri kurdular. Dine bağlı ve kardeşçe bir hayat sürmek isteklisi bekâr erkekler, buralarda, birlikte yaşamak, kendilerini İncil'i incelemeye vermek, Tanrı ve Dünya konusunda düşünmek amacıyla bir araya toplanıyorlardı. Bu kimselerde Vaudois'lar gibi, iş konusunda ciddiyetleriyle, tok gözlülükleriyle ve tutumlu davranmalarıyla göze çarpıyorlardı. Herkesin saygısını kazanıyorlar ve özellikle, şehirlerde yaşayan yoksul halk tabakaları tarafından seviliyorlardı. Ama kimi Beuguine'ler ve Beguard'lar da az çok işbirliği üstüne kurulu bir yerleşik düzenin yeterli olmadığını düşünüyorlardı. Çünkü bunlara göre kooperatif anlayışı üstüne kurulu bir ekonomi düzeninde bir ortaklaşa mülkiyet vardı. Çeşidi ne olursa olsun bu da işin ucunda bir mülkiyetti ve İsa'nın öğretisine, çömezlerinin yaşama biçiminden daha az uygundu.

Franciscan tarikatının içinde de aynı anlaşmazlıklar ortaya çıkmıştı. Böyle düşünmekte olan Beguine'ler ve Beguard'lar, gezerek dilenmek ve propaganda yapacakları bir yaşama biçimini yeğ tuttular.

Kilise yetkilileri bu iki çeşit Beguine ve Beguard' a birbirinden çok ayrı davranışlar gösterdiler. Yerleşik bir yaşama düzeninde olan Beguine ve Beguard'lara kolaylık gösterildiği ve hatta sert bir disipline girmeyi kabul ettiklerinde maddî yardım bile yapıldığı halde, gezici Beguard' lar kısa bir süre içinde, Rafızîler gibi görülmeye başlandılar ve amansız bir baskı altında bırakıldılar. Onlarda haklarında bu kararın alınmasından kısa bir süre sonra birçok Cathare tarikatıyla ilişki kuldular ve papaya karşı yürütülen akıma katıldılar. Amalric'in düşüncelerini ve Franciscan'lerin sol kanadının Bin Yıllık Devlet anlayışını benimsediler.

Beguard' lar ve Beguine'ler, Rhin havzasına hızla yayıldılar. XIII. Yüzyılın ortasında Kolonya'da, Mayence'da, Strasbourg'da ve Metz'de sayıları pek çoktu. Onlara karşı baskı hareketleride ilk olarak bu şehirlerde başladı. Tarihlerinin geri kalan bölümü Almanya'da geçmiştir. Onun için biz de o konuyu gelecek bölümde inceleyeceğiz.

Lotlard' lara gelince, onlar da Beguard'lara ve Beguine'lere yakınlığı olan bir tarikattı. İlk olarak, 1300 yılına doğru Anvers'de ortaya çıktılar. Kendilerini hastalara yardıma ve dertlerle ilgilenmeye veriyorlar; bunun yanı sırada özellikle, ölülerin gömülmesiyle uğraşıyorlardı. Yaşamalarına gerekli kaynakları el emeğiyle ya da dilencilikle sağlıyorlardı. XIV. yüzyılın sonunda, İngiltere'de sosyal Rafızî harekette çok önemli bir rol oynadılar.

5 — Almanya'da Rafızî Hareketi

Almanya, bağımsız bir sosyal ve Rafızî hareketi yaratmadı. Bu ülkede kendini göstermiş olan bütün sosyal ve Rafızî hareketler yabancı kaynaklıydı. Ama bu hareketlerin Alman anlayışına geçmekle derinleştikleri ve zenginleştikleride doğrudur. Alman din yetkililerinin ve diğer yöneticilerinin başlangıçta, Engizisyon mahkemeleri kurmak konusunda istekleri var: İnanç konusunda birbirinden değişik düşüncelere hoşgörüyle bakılmasının, Inverstitures anlaşmazlıkları ve genel olarak papa ile imparator arasındaki çekişmelerin bir sonucu olduğu düşünülebilir. Her ne olursa olsun şurası kesin olarak bellidir ki Fransa'da ve İspanya'da olduğu gibi, Almanya'da birkaç istisna bir yana bırakılacak olursa, papazlar ve keşişler arasında Rafızîlere karşı bağnazlık gösterilmemiştir. Bu devrin Alman kanun kitaplarıda Engizisyon'un varlığından söz etmezler.

1230 yılında yazılmış olan Le Miroir Saxon adındaki Kuzey Almanya yasaları derlemesi sihirbazlar, büyücüler ve dinsizler için ateşte yakılarak ölüm cezasını öngörürse de Engizisyon'un yönettiği özel bir yargı biçiminden söz etmez. Kuzey Almanya ülkeleri yasalarının derlemesi sayılabilecek olan Le Miroir Saxon (yaklaşık olarak 1270) da Rafızîlerin, kilise mahkemelerinde yargılanmalarını öngörüyorsa da onları, kendilerinden öç almak için verilmiş olmaları ihtimaline karşı koruyor ve muhbirleri, iddialarını ispat edemeyecek olurlarsa ateşte yakmakla tehdit ediyordu.

Bulgar - Lombardiya Cathare'cılığı ancak XI. ve XII. yüzyıllarda Goslar'da taraftar bulabildi. Onlarda inançlarını canlarıyla ödediler.

Buna karşılık, Vaudois'lar, Beguine'ler, Beguard'lar ve Freres du Libre Espri tarikatından olanlar daha derin bir etki yaptılar,

Daha 1199 yılında Papa III. İnnocent, Metz Vaudois'larını, halk dilinde yazılmış yazılarını teslim etmeye zorladı. Onların bu isteğe sevap vermekte tereddüt ettiklerini görünce de papa, Metz'e üç delege yolladı ve bu adamlar söz konusu yazılara el koymayı başararak yazıları yaktılar. Ama Vaudois'lar propagandalarını sürdüre-bildiler. Birkaç yıl sonra, Metz eveki Bertrand, onların aleyhine vaaz verdi. Ama halk onun öğütlerinden yana dönmedi ve Vaudois'ları himayesine aldı.

1213 yılında, diğer suçlamaların yanı sıra aralarında mal ortaklığı ve serbest aşk kurmakla da suçlandırılan

Strasbourg Vaudois'ları için ise durum çok daha başka oldu. Bir kısmı odun yığınları üstünde öldüler. 1292 yılında Strasbourg'da yeniden, uzun zaman devam eden baskılardan önce Vaudois'lara karşı açılan davalarla karşılaşıyoruz. İnançlarını değiştirmeyi kabul etmeyen Rafızîler yayıldılar; diğerleri ise az çok ağır cezalarla kurtuldu.

Ama ne var ki Conrad de Marburg, engizisyonculuk görevine başlamıştı bile. Uzun zamandan beri, Rafızîlerin azılı düşmanı olarak tanınan bu kimse 1227 yılında, Papa IX Gregoire'dan Almanya'da Rafızîliği ortadan kaldırmak ve Kiliseyi düzeltmek görevi almıştı. Papa, Conrad'a mektubunda Alman din adamları sınıfının dürüstlükten uzak taşmasından, bozulmasından yakınır ve yapılması gerekli olan reform konusunda onu görevlendirir.

Conrad tarafından gerçekleştirilen reformların neler olduğunu bilmiyoruz. Bütün enerjisini, Rafızîlere karşı giriştiği savaşta harcamış olduğu anlaşılıyor. Kısa bir süre sonra Rafızîler topluca ele geçirildiler ve Alman evekleri papadan, Rafızîlere karşı yönetmeliklerin acımaksızın uygulanması yolunda bir buyruk aldılar. Conrad, geniş yetkilere sahip olarak işe koyuldu. Kurbanların toplamı sayılamayacak kadar çoktu. Eziyetlere karşı halkın hiçbir tabakasının garantisi yoktu. Basit bir ihbar, aileleri bütünüyle mutsuz kılmaya yetiyordu. Rafızîlikle suçlandırılan kimseleri odun yığınlarının üstüne ya da işkence sıralarına götürmeyi sağlayabildikten sonra en aptalca hikâyeler bile Conrad'ın gözünde güven kazanıyordu. O biçimde davrandı ki Traves ve Kolonya arşövekleri bile bu çeşit önemli bir görevde biraz daha ihtiyatlı ve alımlı davranmasını kendisinden rica ettiler. Ama o, ölçü tanımıyordu. 1232 yılında işi, basit bir ihbara dayanarak Traves piskoposluğu sınırları içinde bulunan Arnsberg, Looz ve Sayn konutlarını Rafızîlikle suçlamaya kadar götürdü. Conrad belirli bir biçimde, güçlü Toulouse kontlarını dize getirmiş olan Languedoc engizisyoncularının başarılarına özeniyordu. Ama durumun Almanya'da, Fransa'dakinden çok başka olduğunu göz önünde tutmuyordu. Fransa'da feodal senyörlerin merkezleşmeleri ve bağımlılıkları günden güne artmakta olduğu halde Almanya'da bunun tam tersi bir durum görülüyordu. Almanya'da, prenslerin ve kontların imtiyazları artıyor; buna karşılık krallığın gücü günden güne zayıflıyor ve krallık, Fransa kralının Toulouse kontlarına yapmış olduğu gibi feodal baronlar üstünde etki yapamıyordu. Bunun için de Arnsberg kontları, kendilerine karşı yapılan suçlamanın altında ezilmeyerek Mayence arşövekini, meseleyi incelemekle görevli bir din işleri meclisi tonlamaya razı ettiler. Söz konusu kimseler yüksek ve güçlü senyörler oldukları için kral Heinrich ile birlikte çok sayıda prens ve arşövek kendilerine yapılan çağrıya uydular. Öyle ki, 1233 yılı Temmuzunda gerçekleşen toplantı bir din işleri meclisinden çok bir Reichtag'a (Alman meclisi) benziyordu. Sayn kontu, suçsuz olduğunu ve kendisine yapılan suçlamanın yanlışlığını ispat edeceğini bildirdi. Engizisyoncu Conrad, rolünün artık bitmiş olduğunu hemen anlamıştı. Kendisi tarafından gösterilen tanıklar hiçbir şey bildiremediler ve suçlamayı sadece Conrad'dan korkuları yüzünden desteklemiş oldukları söylediler. Bunun üzerine, din işleri meclisi, engizisyoncuyu yargılayan bir mahkeme durumuna geldi. Mesele, papaya bir rapor göndermek için ertelendi. Uğradığı yenilgiyle kendini yitirmiş olan Conrad din işleri meclisini terk etti ve Mayence sokaklarında, Rafızîlere karşı Haçlı Seferi vaazları vermeye başladı. Ondan sonra da oturduğu yer olan Marburg şehrine doğru yola çıktı. 1233 yılının 30 Temmuz günü, şehrine varamadan, şehrin detaylarında gizlenerek onun gelişini gözlemekte olan bazı soylular üstüne atıldılar ve Conrad'ı öldürdüler. Bütün Almanya, korkunç bir zorbadan kurtulmuşçasına rahatladı ve derin bir nefes aldı.

1248 yılında, Schwabisch HaII tepelerinde kaygılandırıcı olmayan bir Rafızî gösterisi yapıldı. Vaudois hareketi, Doğu Bavyera ile (Bohemya'dan Styrie'ye) Kuzey Avusturya'yı içine alan Passau piskoposluğunda çok yaygındı. Vaudois'ların bu bölgede başlıcaları kasabalarda olan 41 okulları ve toplulukları vardı. Aralarına katılanlar hemen hemen yalnız köylü ve zanaatçı çevrelerinden gelen kimselerdi. Hareket bu bölgede, XIII. yüzyılın sonunda Engizisyon'un karşı saldırısından çok zarar gördü. Ondan sonrada tam bir yüzyıl boyunca artık Vaudois'lardan söz edildiğini duymuyoruz. Çünkü o sıralarda Kilise, Beguine'ler ve Beguard'larla uğraşıyordu. Bu süre içinde Vaudois'lar piskoposluğun hapishanesine atıldılar. İşkence altında, arkadaşlarından bazılarının adlarını verdiler ve onlarda cismanî iktidara teslim edildi. 1392 yılında Bingen'de 36 Vaudois yakıldı. Aynı çağda Avusturya'da, Bohemya'da, Moravya'da, Macaristan'da Bavyera'da, Souabe'da, Styrie'de, Saksonya'da ve Pomeranya'da da Rafızîler ele veriliyordu. 1315 yılına doğru Vaudois'ların sayısı Avusturya'da seksen bin idi. Krems'de öldürüldü. Yirmi yıl sonra 1338'de kovuşturmaya uğramış olan Vaudais'ların aileleri, maiyetleriyle birlikte pek çok sayıda engizisyoncuyu öldürdüler. 1397 yılında bin Vaudois tutuklandı ve bunların yüz kadarı odun yığınları üstünde öldüler.

XIV. yüzyılın başında Beguard'lara karşı zulüm başladı. 1330 yılında, bu kimselere karşı sert baskı tedbirleri taşra din işleri meclisleri Traves ve Mayence'ta toplandı. Bu çağda, Rhin havzasında sayıları pek çoktu. Özellikle, Kilise tarafından tanınmış olan dilenci tarikatlarına

(Dominicain'ler ve Franciscan'ler) saldırıyorlar; bunlarla görünüşe göre büyük bir başarıyla savaşıyorlardı. Zira Franciscan'ın tarikatının başı, 1308 yılında Kolonya'ya, onlara karşı, propagandayı düzenlemek üzere tarikatın en iyi liderlerinden biri olan Jean Duns Scot'u göndermiştir. Ama Scot kısa bir süre sonra öldü. Böylece Beguard'lar da hiç tasaya düşmelerine yer kalmaksızın karışıklık çıkarmayı sürdürebildiler. Paris'te ise durum büsbütün başka oldu. Margarete de Bennegau adındaki bir kadın alevlere atıldı ve işkenceyi kahramanca karşıladı.

Papa V. Giâment, Rafızîlere karşı, kendisinden sonra papa olan XXII. Jean tarafından 1317 yılında uygulanan birçok karar çıkardı. Beguine kadınlara ait birçok ev kapandı; içindekiler sokağa atıldı ve mallarına el kondu. Yoksul ve desteksiz kalmış olan bu kadınların birçoğu kendilerini satmaya başladılar. Bu olaydan birkaç yıl sonra da Mayence piskoposluğu bölgesinde Beguard'lara karşı büyük işkenceler başladı. Papa XXII. Jean 1317 yılında Strasbourg'da, selefinin buyruklarının yerine getirilmemiş olmasından şikâyet ediyordu. 1321 yılında ise, Almanya'nın bazı bölgelerinde çok sayıda beguine kadının oturmakta olduğu ve bunların bir arada yaşadıkları, özel bir kıyafet taşıdıklarına dikkati çekti. Ayrıca bu vesileylede tarikat mensuplarının dindar davranışlarının ikiyüzlülükten başka bir şey olmadığını ileri sürüyordu. Bu tarikatın dağılmasınıda bu sebepten istiyordu.

1320 yılında Kolonya şehri Beguard'larına karşı sert işkenceler başladı. Rafızîlerin buradaki rakibi, Eckhart'ı da ele veren arşövek Heinrich de Colongne'du. İçlerinden birçoğu 1325 yılında, sözde Rafızî dersleri ve serbest aşk için vaaz verdikleri iddiasıyla Kolonya şehri din mahkemesinin önüne çıkarıldılar. Sanıklardan elli kadarı düşüncelerinde cesaretle direndiler ve bir kısmı yakılmak, bir kısmı da Rhin nehrine atılmak üzere cismanî güce teslim edildiler. Ama en çok heyecan yaratan dava, Hollandalı bir Rafızî olan Walter'e karşı açıldı. Bu kimse, çok büyük yetenekleri olan bir insandı. Halk diliyle yazılmış olan söylevleri ve yazıları yüksek bir kültürü ve çok yüksek bir ikna gücü olduğuna ortaya koyuyordu. Eckhart'ın ölüm yılı olan 1327'de tevkif edildi ve akla gelmez işkencelere uğradı, ama hiç gerilemedi. Hiçbir bilgi vermedi; kimsenin adını ağzından kaçırmadı. Mahkûm edildikten sonra da sükûnetle ölümü bekledi. Odun yığınlarının üstüne neşeyle çıktı ve alevler arasında can verdi. Öyle anlaşılıyor ki Kolonya'daki bütün bu mahkemelerin, arşövek'e Eckhart'ı odun yığınlarının üstüne götürmek için gerekli malzemeyi sağlamaktan başka amacı yoktur.

Zamanla Beguard'lar, gerçekte kendilerine büsbütün yabancı olan ve Amalric'in öğretisine yakın bazı düşünceleri benimsemeye başladılar. Beguard olarak mahkûm edilen bazı Rafızîler aslında "Freres du Libre Esprit" tarikatındandılar. Bu tarikat, hep tanrıcıydı (panteist) ve her türlü sosyal düzenlemeye karşıydı. Kendilerini iyinin ve kötünün dışında sayan, her baskıdan uzak olduklarını öne sünen kimselerden kuruluydular. Doğrusunu söylemek gerekirse, Rafızîlerle ortak yanları, ancak bugün anarşizmle sosyalizm arasında bulunan ortak yanlar kadardı. Bununla birlikte, daha önce gördüğümüz gibi XIII. yüzyılın başında Paris'te ortaya çıkmış olan hep tanrıcı anarşist akım, Alman mistikliğini bu çağın herhangi bir akımından çok daha büyük bir güçle etkilemiş gibidir. Bu anlayışın, öğretimini Almanya'ya götürmüş olan kimse, Ortlieb adında Strasbourg'lu biridir. Ortlieb kültürlü çevrelerde taraftar buldu.

Amalric'in öğretisinin, Tanrının bütün Doğa'ya işlediğini ve evrenin bütün varlıklarını yaratıcı bir güç gibi etkilediğini öngördüğünü söylemiştik. İnsan ruhu tanrısal kıvılcımdır. Bunun için de insan, yeryüzüne can veren yaratıcı gücün bir parçasıdır. Başka bir deyişle, Kilise'nin gösterdiği zavallı ve kötü yaratık değildir. O halde, ne kendisiyle Tanrı arasında din törenlerine, ne kadar özel aracılara, törenlere, dinsel doğmalara ve diğer korku araçlarına ihtiyacı vardır. Tanrısallığın parçası olarak ruh, geldiği yere ölümden sonra geri gider; ama geri dönüşü sırasında Araf (purgatoire) ve Cehennem adı verilen o gerçek dışı yerlerden geçmez. İnsan, Tanrının birimi olduğunun bilincine erdiği anda artık günah işleyemez. Zira tanrısallığı günahı kendisinden uzaklaştırır. Saf olan kimse kimse için her şey temiz ve saftır. Böyle bir kimse, her bakımdan özgürdür; zira dilekleri saf bir kaynaktan gelmektedir. Böyle bir insan yasaların üstündedir.

Ortlieb'in taraftarları, kendini Ahdi Atik'in yasasından kurtarmak için yaptığı savaşta "İsa'da yaşayan ve maddeyi değil ruhu arayanlarda mahkûm edilecek hiçbir şey yoktur. Zira İsa'da yaşayan ruhun yasası beni günahın ve ölümün yasasından kurtardı."Diyen Aziz Paulus'ur sözlerine dayanıyorlardı. Biraz daha ilerde de: "Sizi ruh yönetiyorsa yasaya boyun eğmiş değilsiniz." Ve son olarak da "Bil ki yasa, doğru olan kimse için değil, doğru olmayan kimse için yapılmıştır." Diyordu Aziz Paulus.

Bu çeşit bir yasa özü anlayışı, Eckhart gibiler için tehlikeli olmayabilirdi ama daha aşağı düzeydeki insanları en ölçüsüz bireyciliğe (ferdiyetçiliğe) götürebilirdi. Frerse du Libre Esprit (Özgür Ruh Yanlısı Kardeşler) ya da Ortlieb taraftarlarının öğretilerinin de pek çok Beguine yoksulunun ve birçok Beguard'ın başını döndürmüş olması mümkündür. Engizisyon tarafından bazı Rafızîlere karşı yapılmış olan cinsel aşırılıklar suçlamasının bir gerçek temeli bulunduğunu düşünmek doğru olabilir. Ama bu kimseler tarafından bu alanda yapılmış olan yanlışlıklar, her şeyden önce Amalric'çilerin ve Ortlieb'in çömezlerinin etkisine verilmelidir.

Ortlieb'çilerin ve Freres du Libre Espit' çilerin öğretisinin komünistlikle hiçbir ilgisi kesin olarak yoktu. Özel mülkiyete karşı olmaları, kolektif mülkiyetten yana oldukları için değildi. Zira kendileri için sadece, yeryüzünün bütün ürünlerinden hiçbir çalışma yapmak zorunda kalmaksızın yararlanmak özgürlüğü istiyorlardı.

Eckhart'ın öğretisi, Freres du Libre Esprit taraftarlarının vaazlarında yaydıkları düşüncelere çok yakındı. Eckhart bütün hayatını, kendindeki her türlü maddî isteği yenmiş olduğuna sevinç duyarak ve İsa'nın çömezlerinin yoksulluk anlayışına uydurarak yaşadı. Başlıca çömezleri olan iki Alman mistiği, yani Heinrich Suss ve Johan Tauler' de büyük bir özentisizlik içinde yaşadılar. İnsanın Tanrıyla birleşmesinin ancak, insanın geçici olanı her şeyi reddetmesini bilmesiyle gerçekleşeceğine inanıyorlardı. Hollandalı dindaşları Jean de Ruysbroek (1294-1381) da buna benzer bir öğreti yaydı.

Freres du Libre Esprit taraftarlarının Amalric'çı hep tanrıcı öğretiden çıkardıkları anarşist bireyci sonuçların tersine, Ecktart'a yakın mistikler ya İsa'nın çömezlerinin yoksulluk anlayışını ya da Cenobie hayatını doğru buluyorlardı. Ruysbroek'in yolundan giden Gerthart Groot de Deventer (1340-1384), Freres du Libre Esprit (Özgür Ruh Yanlısı Kardeşler) tarikatına karşı koyabilmek amacıyla komünist Freres de la Vie Commune (Ortak Hayat Kardeşleri) tarikatını kurmuştur. Mia Groot, hoşgörürlüğün tam tersi bir yaradılıştaydı. Engizisyon 1370 yılında tırnaklarını yeniden göstermeğe başladığı zaman bazı Freres du Libre Esprit taraftarları, sığınacak bir yer ve propagandalarına elverişli bir alan bulacaklarını umdukları Hollanda'ya kaçtılar. Ruysbroek hayatı boyunca onlarınkine benzer anlayışları savunmamış mıydı? Ama Groot onları açıkça, Rafızîlikle suçladı; bağnaz bir sertlikle kovuşturmaya koyuldu. Hollanda'da Engizisyon'un korkunçluklar yapmasını ancak, onun zamansız ölümü önleyebildi. Kurmuş olduğu tarikat, yerini alanların yönetiminde gelişti. Freres de la Vie Commune tarikatına katılmış olanlar hiç bir andla bağlı değildirler ama mal ortaklığı düzeni içinde ve ortak çalışarak yaşıyorlardı. Kendilerini teoloji incelemelerine veriyorlar, eski el yazmalarını kopya ediyorlar ya da din adamı görevlerine hazırlanıyorlardı. Bu topluluklar bütün Hollanda toprakları üstüne ve Almanya'nın Kuzeyine yayıldılar. Bu topluluklardan Succession du Christ (İsa'nın Mirası) adındaki eserin yazarı tanınmış Thomas de Kempen bu topluluklardan birinde öğrenimlerini yapmışlardır. Magdebourg'da bulunan bir başka topluluk ise bir yıl boyunca genç Lüter'i içinde barındırmıştı.

ÜÇÜNCÜ KİTAP

YAKINÇAĞ

(14-18. yüzyıl)

BÖLÜM I

ORTAÇAĞIN SONU

1 — Papalığın ve İmparatorluğun Çöküşü

Roma İmparatorluğu, üzerinde temellendiği toplumun ekonomik çözülmesinin sonunda yıkılmıştı. Bunun tam tersine, Ortaçağın sonu da yeni bir ekonominin ortaya çıkıp genişlemesinin sonucu olarak gerçekleşti. Daha XIV. yüzyılda çözülüşün belirtileri açıkça başlamıştı. Bütün Ortaçağ boyunca savaşıp durdukları görülen papalık ve Roma İmparatorluğu gibi dünya çapında iki kuvvetin yine dünya çapında yeni bir gücün ortaya çıkması karşısında kökünden sarsıldığı görüldü. Bu yeni kuvvet Ulusal Devletlerden ve egemen prensliklerden başka bir şey değildi. Bu iki organizma içinde yeni tohumlar belirdi ve bu tohumlar daha küçük ekonomik ve kültürel toplulukları doğurdular. Ne var ki bu küçük topluluklar adamakıllı güçlüydüler ve kendi başlarına bağımsız bir şekilde yaşamaya başlamışlardı bite. Yine bu topluluklar, merkezî iktidardan ayrılmak için gittikçe şiddetlenen bir çaba göstermeye başladılar. Bu sözünü ettiğimiz yeni ekonomik hayat merkezleri şehirlerdi. Şehirler, dünya çapındaki iki kuvvete yeni Roma İmparatorluğu ve Papalığa daha iyi direnebilmek için prenslere ve krallara yanaştılar. İtalya'da şehirlerin, düşman olarak karşılarında kimi zaman papalığı, kimi zaman da Roma İmparatorluğunu görmelerine karşılık, Fransa, İngiltere ve Almanya gibi ülkeler, biricik düşman olarak sadece Papalığı görüyorlardı. Bağımsızlık uğruna yapılan bu savaşlar sırasında çeşitli ülkelerin edebiyatları o güne kadar genel dil olarak kabullenilmiş olan Latinceyi bir yana atarak kendi öz dillerini yarattılar. Avrupa'da ulusal dilleri yaratan büyük kişilerin hepsi birer papalık düşmanıydı. Devlet adamları, adına konuştukları ulusun çıkarlarını koruyacak bir ulusal politika gütmeye başladılar. Çeşitli ulusal kâseleri temsil edenler, din reformlarının temellerini attılar. Bu durumun özellikle İngiltere'de, Bohemya'da ve Almanya'da gerçekleştirildiğini biliyoruz. Fransa'da da Calvin'cilik aynı rolü oynadı. Papayı esir eden ve din adamlarını laik iktidarın boyunduruğu altına alan ilk insanın bir Fransız Kralı olduğunu belirtmek isteriz. XIV. yüzyıldan XV. yüzyıla kadar Papa, sadece çeşitli Ulusal Devletlere karşı değil, Papa üzerinde denetim yapmak hakkına sahip olduklarını iddia eden din adamları topluluklarına karşı da mücadele etmek zorunda kaldı.

Roma İmparatorluğunun kaderi daha da feci oldu. Bu İmparatorluk sömürgeciliğinin fazla şişirilmiş ve genişlemiş olmasından ötürü yıkılıp gitti. İmparatorluğun sömürgeciliği sınırsız derecede geniş topraklar üzerinde egemenliğini sürdürüyor ama gerçek bir politik iktidara sahip durumda bulunmuyordu. Çünkü egemenliği altında bulunan ülkelerin ulusal çıkarlarını büsbütün savsaklamış evrensel bir egemenlik kurmak hülyasıyla yaşayan Roma İmparatorluğu, doğup gelişmekte olan yeni ekonomiye hiç dikkat etmemişti. Sözgelimi, sadece sermayeye muhtaç olduğu zaman hatırladığı ve elde ettiği sermayeleri sadece yabancı teşebbüslerde kullanmak için harcadığı Güney Almanya'nın yeni gelişmekte olan kapitalizmine gereken önemi vermiyordu. Ulusun en enerjik grupları, yani yeni doğmakta olan şehir ekonomisinin elebaşılar, geniş ticarî ilişkiler kurmak istedikleri halde, etkinliklerini belediye işlerinde göstermekten başka olanağa sahip değillerdi. Bu gruplar, ulusal bilince vardıkları zaman, şehirlerarası birlikler kurmağa başladılar ve başlarındaki kralı, Papa'ya karşı desteklemeye koyuldular. Ama evrensel bir egemenliğin gerçekleştirilme amacına yönelmiş olan Roma İmparatorluğu politikası ulusal enerjiyi dağıtmaktan ve politika bakımından merkezileşmeyi önlemekten başka bir şey yapamıyordu. Louis de Baviere'ın ölümünden sonra (1347), İmparatorluk bir korkuluk haline geldi. Ulusal ufuklardan tamamen çekildi ve merkezini topraklarının en doğu kesimlerine yani Avusturya'ya, Viyana'ya ve Prag'a götürdü. İşte o zaman prensler, çoktandır bekledikleri bir durumun doğduğunu gördüler ve bağımsızlıklarını pekiştirerek Almanya'nın yüzyıllarca sürecek olan parçalanmışlığının ilk temellerini attılar. Bu olay Batı'da, Fransız Devletinin gittikçe daha merkezileştiği ve sürekli bir ordu kurarak Almanya'nın parçalanmışlığını politikasının temeli yaptığı bir çağa rastlamıştı. Ayrıca, bir toplumdan bir başka topluma geçişin zorunlu olarak getirdiği sınıf çatışmaları ve korkunç anlaşmazlıklarda bu genel durum içinde kendini göstermeye başlamıştı.

2 — Toplumsal Uzlaşmazlıklar (Antagonizmalar)

Şehirlerin gittikçe çoğalması, nüfusun artması ve sanayi ile ticaretin gelişmesi burjuvazi ile feodal aristokrasi arasında derin bir uzlaşmazlığın (antagonizmanın) orta ya çıkmasına sebep oldu. Zanaatkâr korporasyonlarından ve loncalardan doğarak gelişmiş olan yeni üretim biçimi kendi gelişmesine kesin şekilde set çeken şeyin feodal sistem olduğunu kavramıştı. Yeni ekonomi, halk kitlelerinin serbest bir şekilde yer değiştirmesinin serbest bir şekilde anlaşma yapmasının ve istediği her işe özgür bir şekilde girişerek herhangi bir müteşebbise kol gücünü kiralamasının kendisine yararlı olduğunu ve buna muhtaç bulunduğunu biliyordu. Oysa feodal sistem yani derebeylik sistemi, sınırlamalar, toprakların zaman zaman değiştirilmesi ve bazı yükümlülüklerin karşılığı olarak askerî bir güvenlik sağlamak gibi esaslar üzerine kurulmuştu. Feodalite, köylülerin büyük bir kısmını toprağa bağlı tutuyor; onların yer değiştirmesini önlüyor ve şehirlerin ürettiği ürünlerin ancak pek az bir kısmını satın alabilmelerine yol açacak şekilde köylü kitlelerinin elinde avucunda bulunanı alıyordu. Böylece, emekçilerin şehre kitleler halinde gitmelerini önlüyor ve mamul ürünlerin talebini hissedilir ölçüde sınırlıyordu. Bundan ötürü, şehir ekonomisinin gelişmesinde çıkarı olanların hepsi, feodal sistemle savaşmak durumunda bulunuyorlardı.

Bu durumdan etkilenen sadece emek ve tüketim değildi. Üretim de o günkü ekonomik rejimin kökünden değişmesini gerektiriyordu. Çünkü şehir zanaatkârlarının ve sanayisinin muhtaç olduğu ham maddeler feodalite mensuplarının elinde bulunuyordu. Ormanlar, yani odun ve kürk gibi maddeler ve öte yandan hayvanlar yani deri ve yün gibi maddeler feodal sınıfın elindeydi. Şehir ekonomisinin muhtaç olduğu maddeler (keten ve hint keneviri) onların topraklarında yetişiyordu. Feodalite mensupları, yollardan ve köprülerden ayakbastı parası aldıkları için, ulaştırma konusunda sözlerini geçiriyorlardı. Feodalitenin emek gücü, ham maddeler ve ulaştırma konularında tekel sahibi olması şehir burjuvazisi ile feodal sınıf arasında derin uzlaşmazlıkların (antagonizmalara) hızlı bir biçimde doğup gelişmesine yol açmıştı. Bundan ötürü, şehirler, köylülerin toprağa bağlılığı (köleliği) üzerine kurulmuş olan feodal rejimin ortadan kaldırılmasından ve bunun sonucu olarak toprak köleliğinin sona erdirilmesinden yana olduklarını açıklamak zorundaydılar. Böylece şehirler, kaçak köylülerin sığınağı haline geldiler.

Ayrıca, tarım ürünlerinin satılabileceği pazarlarda yine bu şehirlerdi. Köylüler, paraya ihtiyacı olan asillerin elinden kurtulmak ve toprak köleliği durumundan çıkabilmek için, bu şehir pazarlarında ürünlerini satmak olanağını ele geçirdiler.

Doğrusu silah satın almak, keyif çatmak ve gezip dolaşmak için asillerin adamakıllı paraya ihtiyaçları vardı. Haçlı Seferlerinde dünyayı görüp tanıma olanağı bulan asîller bu seferlerden sonra, hayatın zevklerini ve gösterişini tattıkları için paraya daha çok düşkün olmuşlardı.

Köylülerin durumu adamakıllı iyileşecek gibi görünüyordu. Oysa aslında bütün bu olaylar ve şartlar, köylülerin maddî ve toplumsal durumunu daha da kötüleştirmekten başka bir işe yaramadı. Paraya muhtaç olan asiller, gelir kaynaklarını daha korkunç bir şekilde sömürmeye, yani toprak kölelerine daha fazla baskı yapmayla, onların görevlerini arttırmaya, ilkçağlardan beri topluluğun kolektif malı olarak kabul edilmiş olan ormanları, ırmakları, otlukları ve tarlaları yani ortak mülkleri zorla alıp kendilerinin öz malıymış gibi kullanmaya başladılar. Bu konuda öyle ileri gittiler ki, sonunda sayıları gittikçe tartan köylüler yaşama olanağı kalmadığını gördüler. İşlenen tarlaların boyutlarının küçültülmesi de işe yaramadı. İşleyecek toprak bulamayan köylülerin sayısı yine bir hayli kabarıktı.

Bu durum, köylerde büyük bir kaynaşmanın ortaya çıkmasına yol açtı ve XIV. yüzyıldan başlayarak bütün batı ve merkezî Avrupa'yı kaplayan bir ihtilalci çalkanışa sebep oldu. Eski köy topluluklarının ve demokrasinin yeniden kurulmasını isteyen kimseler gittikçe çoğalmaya başladı.

Şehirlerdeki çeşitli zümrelerin arasında çatışmalar bu durumun daha da şiddetlenmesine yol açtı. Tarım köylerin doğmasına sebep olmuştu; ticaret ve sanayi de şehirlerin doğmasına sebep oldu. Dinî ve idarî toplulukların bulunduğu yerler bu yerler yolların kavşak noktalarında bulunuyordu, sanayi ve ticaret merkezleri halini aldı. Bu merkezlerin üzerinde geliştiği topraklar asilzadelerin elindeydi. Bundan ötürü, kendilerini kendi başlarına yönetebilmek ve serbest hareket edebilmek için, bu merkezlerde bulunanlar yerlerini asillerden satın aldılar. Bu iş de pek kolay olmadı. Tüccarlar ve zanaatkârlar, loncalar ve korporasyonlar halinde örgütlendiler. Bu topluluklar ya kendileri ya da müşterileri için çalışıyorlardı. Üyeleri bakımından, korporasyonlar, rekabeti ortadan kaldıran ve fiyatlarla ücretleri belirleyen birer kooperatif gibi işliyorlardı. Başlangıçta yani XIV. yüzyılın ortalarına kadar, ustalar ile yanlarındaki işçiler (arkadaşlar) arasındaki ilişkiler genel olarak fena değildi. Ama bu çağdan başlayarak, ustalar ve işçiler arasında çatışmaların başladığını ve hatta grevlerin ortaya çıktığını görüyoruz. Bununla birlikte, sözü geçen çatışmaların bir sınıf uzlaşmazlığı (çatışması) anlamını kazanmadığını söylememiz gerekir. Zenginliğe kavuşmuş korporasyon ustaları (şefleri) ile yoksul korporasyon ustaları arasındaki çatışma çok daha önemliydi. Eski aileler, idarî yerleri birer birer ellerine geçirmeğe başlamışlardı. Bu aileler zamanla, içlerinden konseyler ve idareci kadroyu çıkaran efendiler haline geldiler. Öte yandan geri kalanlar ellerinden seçim haklarının bile alındığını görmek zorunda kaldılar. XIV. ve XV. yüzyıllarda seçim konusunda büyük mücadelelerin olduğunu görüyoruz. Bu mücadelelerin bir kısmı demokratik kuvvetler tarafından kazanılmıştır. Sözü geçen mücadeleler, zamanla toplumsal bir karakter kazanmağa başladı. Çünkü özel teşebbüs ekonomisinin gelişmesi, halkın birbirine karşı iki bölüme ayrılması sonucunu doğurmuştur. Bu bölümler mülk ve servet sahibi olanlarla olmayanlardı. Korporasyonlar çeşitli nizamnameler, şiddetli toplumsal uzlaşmazlıkların ve çatışmaların önüne geçemiyordu. XV. yüzyılda daha başlangıcından itibaren, hemen her yerde, şehirlerin yoksul zümrelerinin mücadele etmekte oran köylüleri desteklediklerini görüyoruz. Hatta köylü savaşları denilen şeyin, o çağlarda bütün emekçi kitlelerin başkalaşmasını dile getiren bir şey olduğunu söyleyebiliriz. Bunlara köylü savaşları denmesinin nedeni, bu savaşları yapan temel topluluğun köylüler olmasıdır. Daha ilerde göreceğimiz gibi, köylü savaşlarında reform talepleri ve komünist diyebileceğimiz düşünceler önemli bir rol oynamıştır.

Bu mücadelelerin dinsel bir kisveye bürünmelerinin sebebi köylü hareketlerinin fikrî liderliğini yapanların hemen hepsinin din adamları zümresine mensup olmaları; daha doğrusu reform hareketinde gördüğümüz gibi bu mücadelelerin hepsinin kiliseye karşı yöneltilmiş olmasıdır.

BÖLÜM II

KÖYLÜ İSYANLARI

1 — Flandra Ayaklanması

Çoğunlukla Cermen kökenli olan Flaman halkı, batı Avrupa'nın en savaşçı ve özgürlüğüne en çok düşkün halklarından biriydi. Charlemagne'ın imparatorluğunu parçalara bölen Verdun (843) ve Mersen (870) antlaşmaları sonunda Flandra, Dazlak Charles'a bırakılmıştı. Bu bırakılan topraklar daha sonra Fransa diye bilinecek olan ülkenin çekirdeğini teşkil etmiştir. Fransa krallığına bağlı bütün beyler gibi, Flandra beyleri de başlarındaki insanın zayıf anlarını yakalayarak bağımsızlıklarını gerçekleştirmek için savaştılar. Capetien'ler iktidarı ele aldıkları ve merkezî iktidarı kurmak için çalışmaya başladıkları zaman, ilk önce Flandre'ı Fransa'ya sağlam bir şekilde bağlamayı amaç edindiler. Böylece, Fransa Kralları ile Flandra kontlukları arasında çetin savaşlar yapıldı.

Bu politik uzlaşmazlık Flandra halkının sınıflara ayrılmasıyla daha şiddetlenmeğe başlamıştı. Flandra'daki kumaş sanayinin, dokuma ve ticaretinin gelişmesi ve ayrıca Brugesr, Oand, Ypres, Cassel, Furnes ve başka şehirlerin büyümesi, şehirlerde bulunan halkı birbiriyle uzlaşması kabil olmayan çeşitli sınıflara bölmüştü. Bu sınıflar, büyük mülk sahipleri, orta burjuvalar ve işçi sınıfıydı. Şehirlerin dışında köylüler asillere belli bir para vererek özgürlüğüne kavuşuyor ve yarıcı haline geliyorlardı. Öte yandan bu ülkenin kuzeybatısında (buralarda feodalite diye bir şey yoktu) özgür köylülerin sayısı gittikçe artıyordu. Şehirlerin gelişmesi köylülerin maddî şartlarının daha iyi bir hale gelmesi sonucunu doğurmuştu. Çünkü köylüler bu şehirlere besin ürünlerini ve muhtaç oldukları ilk maddeleri getiriyorlardı. Aradan biraz zaman geçince, feodal sistemin ortadan kalkmasıyla vergi koymak ve yükümlülük vermek olanağını yitirmiş olan asillerin bu eski haklarını yeniden geçerli kılmak istemeleri karşısında köylüler asillerin hak iddialarına ve imtiyazlarına karşı isyan etmeye başladılar. Büyük mülk sahipleri ve asiller (bunların sayısı köylülerin ve zanaatkârların yanında pek önemsiz kalıyordu.) Fransız Krallığına yanaşmaktan başka çare bulamadılar. Bunlar genel olarak Fransa devletinden yana çıkıyorlar öte yandan köylüler ve zanaatkârlar yani emekçi sınıflar, bağımsızlıktan yana oldukları için Fransa'ya karşı yaptıkları mücadelede Flandra kontluklarını tutuyorlardı. Bazı tarihçiler, bu mücadeleleri, Cermen ırkı ile Latin ırkı arasındaki bir savaş olarak görmek istemişlerdir. Oysa aslında bu mübadeleler, bir sınıf mücadelesiydi ve ancak kral sülâlelerinin tutkularıyla, aradan pek uzun bir zaman geçmeden ulusal bir karakter kazanmıştı.

XVIII. yüzyılın sonunda, Fransa ile Flandra arasındaki ilişkiler gerginleşmiş ve sonunda savaş patlak vermişti. Fransız Kralı Güzel Philippe (Philippe le Bell) ordusunun başına geçip Flandra'a girdi. Asiller ve zenginler Fransız askerî kuvvetlerinin gelişini sevinçle karşıladılar. Ama zanaatkâr ve köylüler karşı koyma hareketine başladılar. Çok geçmeden Courtrai savaşında (1302) Fransız şövalyelerini bozguna uğrattılar. Savaşın çeşitli değişikliklerinden sonra halka çok ağır vergiler yükleyen At-his antlaşması, (1304) yapıldı. Fransızları seven asiller ve zenginler, kalkınma komisyonları kurmaya başladılar. Bu işte kendilerine Fransız Valisi Jacqujes de Chatillon yardımcı oluyordu. Ama halk ağır yükler altında ezilmeye devam ediyordu. Şurada burada ayaklanma hareketleri görülüyordu. Sonunda Bruges şehri genel ayaklanmanın işaretini verdi ve bu ayaklanma 1323'den 1328'e kadar sürdü.

Batı Flandra'ın özgür köylüleri ve doğu Flandra'ın yarıcıları, Avrupa emekçi halkının yaptığı bu ilk kurtuluş savaşında büyük yararlıklar gösterdiler. Bruges, Cassel, Ypres köylülerden yana, Gand asillerden ve zenginlerden yanaydı. Ayaklanmış olan köylüler, hem Papalık hem de Fransa krallığına karşı savaşmak zorunda kaldılar. Papa, ayaklananları aforoz etmiş; Kral, zenginlerin ve asillerin korunması için askerî birlikler göndermiş ve ayaklananların bulunduğu bölgelerle bütün ticarî bağlantıların kesilmesini emretmişti.

O çağdaki kayıtlara bakarak, bu ayaklanmanın temelinde dinsel isteklerin mi yoksa toplumsal isteklerin mi bulunduğunu kesin olarak söylemek olanaksızdır. Ama yapılan şikâyetlere bakınca, emekçi kitlelerin egemen sınıflar tarafından yapılan baskı ve sömürüye karşı geldikleri ve emeğin sonucu olmayan her türlü geliri mahkûm ettikleri anlaşılıyordu. Hareketin belli başlı yöneticileri köylü Nicolas Zannekin ve zanaatkâr Jacop Peyt'ti. Zannekin, egemen sınıfların, Flaman halkı geleneklerini ve eski törenleri küçümsediklerini söylüyor, Peyt ise açıkça sosyal karakter taşıyan fikirler ileri sürüyordu. Kiliseye ve zenginliklere karşı çıktığı gibi mücadelesinide inanılmaz bir enerjiyle sürdürüyordu. Halktan yana çıkmayan bir kimse halkın düşmanı olarak görülüyor ve bunun gerektirdiği şekilde muamele görüyordu. Egemen sınıflara seslenirken şöyle diyordu Peyt: "Yaşamanızı borçlu olduğunuz topluluğun iyiliğinden çok, prensiplerin sevgisini kazanmakla meşgul oluyorsunuz." Peyt, Papanın aforozunun küçümsenmesi gereken bir şey olduğunu, papazları tanımamak gerektiğini ve öğretisini izlemek gereken çarmıha gerilmiş İsa'yı gönül gözüyle sevmenin ve kutsallaştırmanın doğru olduğunu söylüyordu halka. Peyt, alçakça ele verilip Furnes'de öldürüldü. Papazlar Peyt'i bir Rafızî olarak görüp ateşe atılmasını-emrettikten sonra, halk onu tanrılaştırdı.

Ayaklananlar, başlangıçta parlak zaferler kazandılar. Bütün bölgeler, onları destekliyor gibiydi. Ama Paris'e kaçmış olan asiller ve zenginler, toplum düzenini tehlikeye soktuklarını söyledikleri asilere karşı silahlı bir müdahale yapmaları hususunda IV. France Charles (1321-28) ve Philippe de Valois (1328-1350) gibi kralları ikna etmek için dalavereler çeviriyorlardı. Philippe de Valois, tahta çıkar çıkmaz 1328 yılının Haziran ayında büyük kuvvetler toplayıp Flandra üzerine yürüdü. Gand şehrinin verdiği askerlerin de yardımıyla asilleri Cassel'de yenilgiye uğrattı (28 Ağustos 1328). Dokuz binden fazla köylü ve zanaatkâr savaş alanında öldü. Yenilginin tardından, asilerin bulunduğu şehirlerin birer birer teslim olduğu görüldü. Hayatta kalanlara karşı Fransız ve Flaman asilleri korkunç bir misillemeye giriştiler. Çocuklar ve kadınlar bile öldürülmekten kurtulamadı. Savaşta ölen asillerin mallarına el konması, elebaşıların ve mücadeleye katılanların öldürülmesi, ayaklanmış şehirlere yüklenen ağır savaş tazminatları Flaman halkının cesaretini belli bir süre için kırmıştı. 1328 yılında eski düzen yeniden kurulmuş ve hiç istemediği halde Papa, aforozu kaldırdığını bildirmişti.

2 — Jacquerie

Philippe de Valois'nın Flandra'da zafer kazanması, Fransa ile İngiltere arasında bir savaşın çıkmasıyla sona erecek olan ekonomik uzlaşmazlıkları biraz daha şiddetlendirmişti. 1339'da başlayan bu savaş bir iki kere durmakla birlikte aşağı yukarı yüz sene devam etmişti. Flandra'dan yün alan ülkelerin başında gelen ve bu ülkenin çuha ticaretinde büyük kârlar sağlayan İngiltere, Fransızların Flandra üzerinde hak iddiasına kalkışmalarını hoş karşılamıyordu. Cassel savaşından sonra, Fransa Kralı bu ülkede egemen olunca, İngiltere'nin hoşnutsuzluğu daha da arttı. İngiliz deniz politikasının ve ekonomisinin kurucusu sayılabilecek olan III. Edouard, Fransa tahtında hak iddia etmeğe başladı. 1328 yılında, Capetien'lerin sonuncusu olan Charles IV. ölmüş ve tahta Philippe çıkmıştı. Philippe Capetien'lerin küçük bir bölümü olan Valois'lardan geliyordu. Güzel Philippe'in torunu olan III. Eduard' da Capetien sülâlesine mensuptu. İngiltere'nin deniz kuvvetini kurmasına ve ekonomik gücünü pekiştirmesine, öte yandan başlangıçtaki başarısızlıklardan sonra Fransa'nın ordusunu tamamen yenileştirerek, Fransız militarizminin temellerini atmasına yol açan Yüz Yıl Savaşlarının sebebi işte buydu. Bu savaştan önce çeşitli dalavereler çevrilmiş ve siyasî anlaşmalar kurulmuştu. Louis de Baviere'in kayınbiraderi olan Edouard ile Almanya bir anlaşma yapmak istemiş ama bunda başarıya ulaşamamıştı. Ama Flaman şehirleriyle kendisi için hem askerî hem de ekonomik bakımdan çok yararlı olan bir anlaşma yapmıştı. Ne var ki savaş, iki ülkenin karşılıklı durumlarında bir değişiklik gerçekleştirmedi. Zaferler ve yenilgiler birbirini ortadan kaldırıyor, sonuç pek değişik olmuyordu. Bu savaşların bütün yükünü yine emekçi halk kitleleri çekiyordu. Yıllar süren siyasî ve askerî dalaverelerden sonra Kral IV. Edouard, 1339 yılında Fransa'ya savaş açtı. Ertesi yıl Sluys'de (Bruges' un limanı) büyük bir savaş oldu. Çarpışma bütün gün sürdü ve ancak Flaman donanmasının işe karışmasıyla İngilizlerin lehine çevrildi. Savaşta bütün Fransız donanması yakılmış ve yirmi bin askeriyle birlikte denizin dibini boylamıştı. Fondre, Philippe de Valois'dan intikamını böyle aldı.

1346 yılında Crecy savaşında, İngiliz okçuları, Fransız şövalyelerinin büyük bir kısmını öldürdüler. Bir yıl sonra İngilizler, Calais şehrini ele geçirmişler ve bu yüz yıl boyunca bu şehri ellerinde tutmuşlardı. 1356 yılında Poitier savaşında bir İngiliz ordusu kendisinden sayıca beş misli fazla bir Fransız ordusunu yenilgiye uğrattı. Kral iyi Jean, tutsak edilip İngiltere'ye götürüldü.

Bu savaşlar, yenilgiler, yağmalar ve yakıp yıkmalar asillerin umutsuzluğa düşmelerine ve Kuzey Fransa'nın emekçi kitlelerinin görülmemiş bir yoksullukla karşılaşmalarına yol açmıştı. Krallığın prestiji adamakıllı azalmıştı. O güne kadar krallığın en sağlam dayanakları olan şehirler bağımsızlıklarını elde etmek için çaba harcamağa başlamışlardı. Çoğu zaman yoksullaşmış asiller tarafından yönetilen düzenli haydut çeteleri bu bölgelerde cirit atıyor ve önlerine gelen her şeyi yakıp yıkıyor ve yağmalıyordu. Haydutluk para getiren bir meslek faaline gelmişti. Sanki bunlar yetmiyormuş gibi derebeylikleride köylülerin ellerinde katan son kaynakları sömürmeye devam ediyorlardı. Ülkenin üzerinde bir ayaklanma havası esmeğe başlamıştı.

Ayaklanmanın işaretini başşehir verdi. Tacir loncaları ve zanaatkâr korporasyonları başlarında bulunan Etienne Marcel adındaki çok değerli bir kimsenin yönetiminde tahtın vârisi olan prensten bir kararname koparmayı başardılar. Bu kararname gereğince hükümet iktidarı, krallıktan meclislere geçiriyordu. Ama bu kararname uygulanamayarak kâğıt üzerinde kaldı. Çünkü öteki iki meclis yani asiller ile din adamları, burjuvaziyi desteklemekten kaçındılar. Paris kaynayıp durduğu sırada köyler ayaklandı. 1358 yılı Mayıs ayında Compiegne'de bir köylü ayaklanması oldu. Ayaklanma Paris ile Amiens arasındaki bölgede hızla yayıldı ve şehirlerin emekçi halkının sempatisini kazandı. Umudunu yitirmiş, aciz ve çapulcu asillerin yönetimine son vermek için Etienne Marcel kendisi bu ayaklanmanın elebaşlarıyla ilişki kurdu.

Köylüleri "Jacque" diye adlandıran asillerin kullandığı bu kelime dolayısıyla "Jacquerie" diye tanınan bu ayaklanma, baskı altında bulunan ve sömürülen köylülerin kendilerini baskı altında tutanlara karşı giriştikleri başıboş ve ilkel bir ayaklanmaydı. Jacquerie, herhangi bir eşitlik ve özgürlük fikrinden mülhem olmadığı gibi, bir toplumsal ya da Rafızî akımın etkisinin altında bulunduğunu gösterecek özellikler de taşımıyordu. XIV. yüzyılın ilk yarısındaki Engizisyon, Fransa'da yapacağını yapmıştı. Ülkede büyük bir sefalet ve adaletsizlik vardı ama köylüler ve şehir emekçi halkları arasında devrimciler, Rafızîler ve hatta reformcular kalmamıştı artık. Burjuvalar karasında, burjuvazinin özgürlük anlayışının gerçekleşmesini isteyen zümreler vardı. Ama bunlar da hiçbir destek bulamıyorlardı. Asiller ise, dış düşmana karşı mücadele edemeyecek kadar zayıflamakla birlikte, bir iç ayaklanmayı bastıracak kadar güçlü ve dayanışmalı bir halde bulunuyordu. Umutlarını yitirmiş olan egemen sınıflar, özellikle askerî iktidarla ilintili bir durumdaysalar ya da kendileri askerî kuvvetle bütünleşmişler ise, organize olmayan halk ayaklanmalarını bastıracak kuvveti her zaman gösterirler. Halk ayaklanmalarının, başlangıçta kazandıkları başarılardan sonra, hareketi bir plana göre yürütebilecek olan değerli şeflerin ardından gitmeyi çoğu kez sürdüremeyişleri sınıfların bu ayaklanmaları kolayca bastırmalarının bir başka sebebidir.

Köylüler, bu ayaklanmada asillere karşı çok sert davranmışlar ve korkunç misillemelere girişmişlerdi. Ama çok geçmeden asiller üste çıkmaya başladı. Ayaklanma Paris ile Amiens arasındaki bölgenin dışına taşamadı. Haziranın üçüncü haftasında, Kraldan da yardım gören asiller karşı saldırıya geçmek durumuna girmişlerdi bile. Meaux' da ve Clermont-en-Beauvoisis'de köylülerle iki kez savaştılar. İyi silahlanmamış olan köylülerin binlercesi bu savaşlarda kırıldı. Jacguerie, 21 Mayıstan 24 Haziran 1358'e kadar topu topu beş hafta sürdü. Bastırma hareketi korkunç bir gaddarlıkla yapıldı. O çağda yazıldığı gibi, Krallığın can düşmanı olan İngilizler bile, asillerin köylülere davrandığı kadar acımasızca davranamazdı. Mütareke yapmak bahanesiyle tahtın vârisi Charles tarafından Paris'e çağırılmış olan köylü elebaşısı Guillame Calle, korkunç işkencelerden geçirildikten sonra öldürüldü. Köylülerin kralı olduğu söylenerek, Calle'ın başına ateşle akkor haline getirilmiş üçayaklı bir taç geçirildi. Sonra başı vurularak öldürüldü. Oise, Seine ve Marne ortasındaki tüm köyler ateşle ya da kılıçla ortadan kaldırıldı. Kadınlar ve çocuklar da kılıçtan geçirildi. Böylece Jacquerie, bir kan seli içinde boğuldu.

BÖLÜM III

İNGİLTERE'DE KÖYLÜ AYAKLANMALARI

1 — Ulusal, Toplumsal ve Dinsel Mücadeleler

İngiltere'de, Bohemya'da ve Almanya'da Ortaçağlardan, Yakınçağlara geçiş, bir seri dinsel, toplumsal ve ulusal savaşlarla olmuştur. Dinsel savaşlar reform ile toplumsal savaşlar köylü ayaklanmaları ile ulusal mücadeleler ise dış savaşlarla sonuçlanmıştır. İngiltere ile Fransa'yı, Bohemya ile Almanya'yı birbirinin karşısına çıkaran savaşlar, ulusal mücadelelerin örneklerindendir.

Bu akımların belli başlı yöneticileri, İngiltere'de Jean Wiclef, Bohemya'da Jean Huss ve Almanya'da Martin Luther'di. Wiclef hepsinden daha bilgiliydi. Çağının bilgilerini içinde toplayan skolâstiği ve teolojiyi çok iyi biliyordu. Bu üç kişi arasında komünist diyebileceğimiz kimse de yine odur. Huss enerjik bir kimseydi ama fikir bakımından Wiclef'in tamamen etkisi altında bulunuyordu. Aslında Huss, komünizmin yeniden kurulmasından çok siyasî ve dinî reformların yapılmasını istiyordu. Luther ise mücadeleci doğmuş, şaşılacak kadar güçlü ve savaşkan bir kimseydi. Üstelik ağırbaşlı bir karaktere sahipti. Luther, Alman ulusçuluk akımının en tipik örneğidir. Luther'de zevk düşkünlüğü ile ahlâkiliğin garip bir karışımının bulunduğu, tutuculuğun frenlenmiş bir coşkunluğu içinde taşıdığı;

işine çok düşkün ama sınırlı bir düşünceye sahip olduğu, fikir bakımından pek kuvvetli olmadığı için önüne çıkan herhangi bir otoriteye hemen bağlanan bir yaradılışta olduğu görülür. Luther'de, Ortaçağın toplumsal düşüncesinden bir iz bile bulunmaz.

Bu üç kişinin hepsi de ister istemez çağlarının toplumsal mücadelelerinin içinde bulunmuşlardı: Wiclef, 1381 İngiliz köylü ayaklanmasının, Huss kendi adıyla anılan savaşların (1419-1436) ve Luther Alman köylü savaşlarının (1524-1525) çağdaşlarıydı.

Bu akımların benzerliği ve bu üç ülkede, dinsel, toplumsal ve ulusal mücadelelerin birbiri içinde erimesi, tarihsel gelişmenin sağlam yaftalara boyun eğdiğini gösteren apaçık örneklerdir. Tarih sırası bakımından İngiltere en başta gelmektedir. Wictef'in dinsel ve ulusal alanlarda yakın zamanların gerçek öncüsü olduğu söylenebilir. Ama mücadelenin şiddeti, genişliği ve korkunçluğu bakımından Bohemya ve Almanya, İngiltere'yi geride bırakmaktadırlar.

2 — İngiltere'nin Ekonomik ve Toplumsal Durumu

Yeni ekonomik ve toplumsal faktörler, İngiltere'de XIII. yüzyılın ortalarına doğru kendilerini göstermeye başlamışlardı. O çağda, ticarî ve sınaî etkinliklerinden ötürü, birçok şehir ün kazanmıştı. Bu şehirler, köyün besin ürünleri için birer pazar ödevi görüyorlardı. Öte yandan, Flandra çuha sanayi için gerekli olan yünü bu şehirler sağlıyordu. Dokumacılık önemli gelişmeler göstermişti. Bu gelişme nasıl olsa toplumsal yapı üzerindeki etkisini gösterecekti. Tarım ürünleri değerlendikçe laik ya da kiliseye mensup derebeyleri sadece kendilerinin mülkü olduğunu söyleyerek ortaklaşa topraklardan birçoğunu ele geçirip arazilerini genişlettiler. Köy toplulukları, geleneksel durumlarını yavaş yavaş yitirdiler ve yarıcı köylüler toprak kölesi haline geldiler. Köylülerin hakkına karşı girişilen bu saldırı, köylü kitlelerinin durumlarını iyileştirir gibi oldukları bir zamanda ortaya çıkmıştı. Köylüler, köy topluluklarının üyeleri olmak bakımından tahıllarını ve sebzelerini para ya da sanayi mamulleri ile değiştirebiliyorlar ve tarım işçisi olarak da yüksek ücretler alabiliyorlardı. Kara veba hastalığı 1349 yılında yayılıp emekçi halkın büyük bir kısmını ortadan kaldırdığı zaman el emeğine duyulan ihtiyaç daha da arttı. İşçilerin bu durumdan yararlanarak ücretlerini ayırabilmelerinin önüne geçmek için, hükümet yani asillerin egemenliği altında bulunan meclis bir yasa çıkararak 1350 yılı ücretlerini 1348 yılı ücretlerinin düzeyine indirdi. Ücretlere karşı alınan bu tedbir emekçiler arasında büyük bir hoşnutsuzluk yarattı ve bu hoşnutsuzluk bir isyan şekline bürünmeye başladı. Franciscan'lerin sol kanadı kilisenin baskısından kurtulmak için Flandradan İngiltere'ye gelmiş olan Lollard'lar ve bazı Rafızî papazlar, köylülerden yana çıkarak onların arasında ilkel Hıristiyanlık ve doğal hukuk öğretilerini yaymağa başladılar.

3 — İhtilâlci Kaynaşma

XIV. yüzyılda köylü kitleleri ve özellikle İngiliz köylü emekçileri devrimcilerden ya da hatiplerden yoksun değildi. O çağlarda İncil ilk olarak İngilizceye çevrilmeye başlanmıştı. Yazarlar, Norman diliyle ya da Latince yazmayı bırakarak düşüncelerini kendi ana dilleriyle açıklamaya koyuldular. Bu çağın en göze çarpan yazarları arasında şair Geoffroy Chauser ve Köylü Pierre adlı eserin yazarı William Langland vardı. Chauser, egemen sınıfların, Langland özgür köylülerin şairiydi. Her ikisi de komünizme karşı oldukları halde konuşmalarına gelince, bunlardan Wiclef'in Latince halkın diliyle yazıyorlardı. Rafızî kışkırtıcıların (ajitatörlerin) yazı ve eserleri bir yana günümüze ancak ufak tefek parçalar kalmıştır. Bu kaynaşmanın merkezi Oxford Üniversitesiydi. Rafızîlerin öğretileri buradan köylere yayılıyordu. Bütün bu kaynaşmanın temelinde ilkel Hıristiyanlığın ahlâk görüşü ve kilise büyüklerinin ilkel Hıristiyanlık anlayışı bulunuyor gibi görünmektedir. Nitekim Langland şöyle yakınmaktadır: "Platon üzerine nutuklar çekerek ve düşüncelerini Senegue'e dayayarak yeryüzündeki her şeyin kolektif olması gerektiğini ileri sürüyorlar." Başka bir yazısında da şöyle diyordu: "Kutsal yazılardaki gibi her şey kolektif ise, Tanrı, on emrinde nasıl olur da hırsızlığı yasaklardı? Çünkü hırsızlık olması için özel mülkiyetin bulunması gerekmektedir. Demek ki, özel mülkiyet tanrısal bir kurumdur." Bu itirazlar, komünist mücadelenin ne derece şiddetle yürütüldüğünü açıkça göstermektedir. Ne var ki, bu konularda, yalnız İngiltere'de değil yabancı ülkelerde de em büyük etkiyi, Jean Wiclef'in eserlerinin göstermiş olduğundan şüphe edilemez.

4 — Jean Wiclef

Ortaçağ'dan Yakınçağ'a fikir bakımından geçişi hazırlayanlar arasında Jean Wiclef ön planda yer almaktadır. Wiclef, reformun ve kiliseye karşı ulusal direnmelerinin gerçek öncüsü olmuştur. Ama Wiclef, ekonomik görüşler bakımından hâlâ Ortaçağ düşüncesinin içinde bulunuyor ve özel ekonomiye karşı ortaklaşa (Kolektif) ekonomiyi savunuyordu. Jean Wiclef, Oxford'da teoloji okumuş ve zamanının bütün skolâstik ve teolojik bilimini öğrenmişti. Occam'ın eserleri, Wiclef üzerinde derin bir etki yapmıştı. Occam'ın Avrupa sahnesi üzerinde yapmış olduğu şeyi Wiclef 1360 ile 1380 yılları arasında İngiltere'de yapmaya çalıştı. Yani, İngiltere'yi Papa egemenliğinden kurtarmak, İngiliz Krallığının mevcudiyetini haklı çıkarmak ve özel ekonomiye karşı kolektif ekonomiyi savunmak istedi. Karşısına çifte bir problem çıkmıştı. 1) İngiliz Devletini, Papa egemenliğinden kurtarmak ve İngiltere'deki merkezî iktidarın bağımsızlığı için çalışmak. 2) Köy topluluklarını asillerin ve kilisenin açgözlülüğüne karşı korumak. Kutsal kitaplarda sözü geçen yoksulluk lehine (kilisenin yoksulluğu lehine) yapmış olduğu propaganda din adamlarının malına mülküne el koyup bunu cismanî iktidara yani krallara, asillere ve şehirlere vermeyi öngördüğü için bu unsurların sempatisini kazanacaktı. Ama Wiclef, aynı zamanda köy topluluklarının haklarını toprak bakımından komünizmi de savunuyordu. Kilisenin maddî bir servete sahip olmaması gerektiği hakkında Wiclef'in ileri sürdüğü tez cismanî iktidar tarafından kilisenin arazi ve mallarından Krallık ve asiller lehine feragat etmesi şeklinde yorumlandı. Bundan dolayı sadece bu talebe bağlı kalan reformcular (Huss gibi) ne komünizmi ne köylülerin haklarını savunuyorlar ne de Luther gibi bunlara tamamen karşı durarak asillerin desteğini sağlıyorlardı. Oysa Wiclef'in durumu daha değişik oldu. Asiller ilk başta Wiclef'i tuttular ama onun gerçek amacının ne olduğunu fark edince yanından uzaklaştılar. Yapmak istediği dinsel reformdan ötürü Wiclef önce kiliseyle sonra da asillerle çatıştı. Kiliseye karşı yaptığı mücadele sırasında Wiclef Rafızî oldu; kutsamalara, günah çıkarmalara, papanın affına ve azizlere yapılan tapınaklara karşı geldi. Tezlerinden birçoğu Papa XI. Gregoire (1377) tarafından mahkûm edildi ve Lyon Din Meclisi (1382) tarafından Rafızî olarak nitelendirildi. Ama Wiclef'in komünizmi savunması tamamen teorik bir plandaydı ve köy topluluklarının haklarını korumak için yaptığı savaş en sonunda krallığın toplumsal yanının savunulması şeklini almıştı. 1381 yılındaki köylü ayaklanmasından sonra Wiclef, komünist inançlarını ileri sürerken çok ihtiyatlı davranmağa başladı. Kendisini izleyenler ise, laiklerin özel mülkiyetine saldırmaktan kaçındılar ve sadece Papa ile kilisenin maddî servetlerden vazgeçmesini ve papazlarla keşişlerin kolektif bir ekonomi içinde yaşama olanağını sağlamalarını istediler.

Wiclef, kendisine yüklediği görevleri teorik bakımdan çözmek konusunda büyük güçlüklerle karşılaşıyordu. Ortaçağ'ın teolojisi genel olarak doğal hukuk geleneği ve Nazianie'lı Gregoire'ın, krallık kurumunun temelinde ilk günahı bulan görüşlerinin etkisi altındaydı. Ortaçağ'ın sonunda yaşayan teoloji bilginleri, krallığı ve devleti, üzerine çöken bu kusurdan kurtarmaya çalışmışlardı. Bunu daha önce, Thomas d'Aquin'de, Marsiie de Padaue'da ve Occam'da görmüştük. Thomas d'Aquln' in açıklaması tutucu bir nitelik taşıdığı halde Marsiie de Radoue'nun ve Guillaum d'Occam'ın açıklamaları, demokratik bir nitelik taşıyordu. Thomas d'Aquin'e göre, devlet insanın o günkü durumuna ve toplumun genel gelişimine uygun bir haldedir. Oysa öteki iki düşünüre göre krallık, halkın iradesinden geliyorsa geçerli sayılabilir. Wiclef bu tezlerden hiç birine katılmıyordu. Wiclef'e göre, krallık daima günahkârlığı içinde taşıyordu ve bu kusurdan ancak reformcu ve komünist işler yaptığı ya da köy topluluklarını bütün saldırılardan koruyabildiği zaman kurtulabilirdi. Yani, krallık ancak komünizmi benimseyebilirse geçerli sayılabilirdi. Wiclef komünizmi ulusal güçlülüğün en iyi temeli olarak görüyor ve bundan ötürü Platon'un komünist düşüncelerini Aristoteles'e karşı savunuyordu. "Komünizm, Hıristiyanlığa karşıt değildir" diyordu Wiclef. Komünizmin özel mülkiyete olan üstünlüğü genel fikirlerin tikeli (cüzî) gerçeklere olan üstünlüğüne benzer. Platon tarafından ileri sürülen malların kolektifliği öğretisine Aristoteles'in karşı olduğu doğrudur ama bu itirazlar ancak kadınların kollektifliği söz konusu olduğu zaman geçerlidir. Komünizm, devleti zayıflatma şöyle dursun, tam tersine kuvvetlendirir, çünkü mülkiyetle ilgilenen vatandaşların sayısı ne kadar çoksa onların topluluğun servetine duydukları ilgi de o kadar çok olur. Ortaklaşalığı birlik doğurur, birlik ise kuvvetin kaynağıdır. Ama Wiclef, komünizmin, ancak ahlâkî yollarla, halkın eğitilmesiyle gerçekleşebileceğini ve şiddet kullanılarak ya da ayaklanarak bu amaca varılamayacağını söylüyordu. Özel mülkiyet ancak erdemli (faziletli) ve temiz bir hayat var olduğu zaman haklı çıkarılabilirdi. Günahkâr bir kimsenin mülkiyet sahibi olmaya hakkı yoktu. Aziz Augustin'in düşüncelerine uygun düşen bu öğreti, ilk bakışta sanıldığından çok daha ihtilâlci bir öğretiydi. Çünkü köylü hareketinin elebaşıları, bu sözlere dayanarak, adaletsiz ve günahkâr kimseler olan asillerin, kendi mallarına sahip çıkmaya hiç bir hakları olmadığını ve şiddete başvurarak asillerin ellerindekini almanın doğru olacağın ileri sürebilirlerdi. İngiliz köylü ayaklanmasının sözcüsü John Ball da böyle yapmıştı zaten.

5 — John Ball

Pek sağlam görünmeyen bir geleneğe göre John BalI, Wiclef'in tilmizlerinden biriydi. Çağdaşları, Ball'ın doğru sözler yanında yanlış şeyler de söyleyen bir vaiz olduğunu ileri sürmüşlerdir. Ball'ın konuşmalarının ana konuları, özgürlük, eşitlik, demokrasi ve komünizmdi. İnsanlığın ilkel çağlarına baktığı zaman şu soruyu soruyordu BalI:

"Âdem çift sürüp Havva yün eğirdiği zaman kibarlar neredeydi acaba?"

Doğal hukuk, anlayışına uyarak, insanın doğa içindeki yaşantısından söz ediyordu BalI. Başlangıçta bütün insanlar eşitti, diyordu. Efendi ile köle arasındaki ilişki, Tanrının isteğine aykırı olarak ahlâksız insanların başkalarını baskı altına almak istemelerinden doğmuştu. Esirliğin boyunduruğunu kırmak çağı gelmişti artık. Halk kitleleri bunu gerçekten istiyorlarsa kendilerini hemen kurtarabilirlerdi. Toplumsal yaşantı Ball'a göre bir tarlaya benziyordu. Akıllı bir çiftçi, bu tarladaki asalak otları temizleyip toprağı ve tohumları zararlı bitkilerden kurtarabilirdi. Derebeyleri, avukatlar ve yargıçlar birer kötü ottan başka şey değillerdi. Toplumun bütün güçlerini emip bitiren bu asalak otlardan kurtulmak gerekiyordu. O zaman tarlalarının meyvelerinden sadece çiftçiler yararlanabilir ve mutlu bir yaşantı sürebilirlerdi. Böylece bütün insanlar özgürlüğe kavuşabilirdi.

Bu çağın Fransız tarihçilerinden biri olan ve köylüleri sevmediği için Jacguerie'nin tarihini yazarken iftiralarda bulunmaktan çekinmeyen Froissart, John Ball'ın bir konuşmasına eserlerinde yer vermiştir. İngiltere'de uzuN zaman yaşamış olan ve İngiliz hayatını yakından incelemek fırsatını ele geçirmiş bulunan bu tarihçi, John Ball'ı şöyle konuşturmaktadır:

"Dostlarım! İngiltere'de işler kötü gidiyor; servet ortaklaşalığı olmadıkça, efendiler ve toprak köleleri ortadan kalkmadıkça, insanlar arasında eşitlik kurulmadıkça da kötü gitmeye devam edecektir. Efendiler diye adlandırdıklarımız, hangi hakla bizi egemenlikleri altında tutuyorlar? Bu hakkı elde etmek için ne yapmışlardır? Bize niçin baskı yapıyorlar. Hepimiz Âdem ve Havva'dan geldiğimize göre, onlar bizden daha fazla hakları olduğunu nasıl ileri sürebilirler? Onların yiyip içtiklerini üreten biz değil miyiz? Onlar ipekli elbiseler, kürkler giyiyorlar oysa bizim sırtımızda kaba urbalar var. Onlar bol bol şarap içip en güzel yemekleri tıkınıyorlar, oysa biz kara ekmek yiyip su içiyoruz. Onlar saraylarda ve şatolarda oturuyorlar, biz rüzgâra ve soğuğa göğüs gerip kulübelerimizde ömür tüketiyoruz. Oysa içinde yaşadıkları lüksü bizim emeğimiz sayesinde elde ediyorlar. Bizi köle olarak kullanıyorlar ve emirlerine uymadığımız zaman cezalandırıyorlar.»

O çağın ihtiyaçlarına uygun olarak Ball, köylülerin çıkarlarını koruyabilecek kuvvetli bir merkezî iktidarın bulunmayışına esef etmektedir. III. Edouard elli yıl hüküm sürdükten sonra 1377 yılında ölmüştü. Ondan sonra tahta, 11 yaşındaki torunu III. Richard çıkmıştı. Ball şöyle diyor: "Kral olarak 11 yaşındaki bir çocuğu karşısında bulan ülkeye yazık!"

Wiclef, her çeşit halk hareketinin uzağında durduğu halde, Ball halkın içinde yaşıyordu. Din adamı olduğu için bu niteliğinden yararlanıyordu. Ama baştan çıkarıcı vaazlarından ötürü birkaç ay hapse de mahkûm edilmişti. Köylü hareketini Lollard'ların kışkırttığını ileri süren Froissart, John Ball'ın da bir Lollard olduğunu ileri sürüyordu.

6 — Köylü Ayaklanmaları

1381 yılının haziran ayında ilk köylü ayaklanması başladı. Bu hareketin tamamen komünist amaçları gözönünde tutarak başlamış olduğunu ileri sürmek yanlıştır. Köylüler, sadece kendi topluluklarının, asillere ve din adamlarına karşı korunmasını istiyorlardı. Köylülerin istediği, emek güçlerini istedikleri şekilde kullanabilmek ve toprak ağaları için bedava çalışmalarına sebep olan yükümlülüklerin ortadan kaldırılmasıydı.

Fransa ve Flaman köylü hareketlerinde olduğu gibi, İngiltere'de de güney şehirlerinin yoksul halkının büyük bir kısmı köylülere yakınlık duyuyor, zenginler ise asilleri tutuyorlardı. Londra'da yaşayan işçiler ve küçük zanaatkârlar, zenginlerden nefret ettikleri gibi, yerli tacirlerle rekabet eden ve sözgelimi Londra'da bulunan ve atölyelerine İngiliz işçi kabul etmeyen Flaman kumaş tüccarları gibi yabancı tacirlere karşı da düşmanlık gösteriyorlardı. Bununla birlikte o çağdan kalan kayıtlardan bazılarında Flamon kumaş tacirlerinden bir kısmının köylü ayaklanmasını desteklediklerini öğreniyoruz.

1381 yılında patlak veren ayaklanma İngiltere'nin bütün güneydoğu bölgesine hızla yayıldı. Bu mücadelenin bir ölçüye kadar organize olduğu bile görüldü; çünkü ayaklanma başlar başlamaz, Londra'nın kuzey ve güney bölgelerindeki köylüler de hemen isyan ederek başlarında Wat Tyler, Jack Straw, John Ball, John Littlevood ve Richard Walingford gibi şefler olduğu halde Londra'ya yürümeğe koyulmuşlardı. Yürüyüş sırasında şehirlerin yoksul balkının kendilerine yardım ettiğini gördüler. Londra'ya vardıkları zaman atölye işçileri ustalarını öldürmeğe, bankerlerin evlerini yağma etmeye ve yaklaşmakta olan köylülere kolaylık olsun diye şehrin kapılarını tutmağa başladılar. 11 Haziran günü ayaklananlar Londra'nın güneydoğusundaki Blackheath'e gelmişlerdi. John Ball burada bir konuşma yaparak halk kitlelerini ayaklanmaya hazırladı. Yeterli derecede erzak olmadığı için buradaki kuvvetlerin bir kısmı geri gönderildi. Ayaklananlar, ertesi gün Londra'nın en yakın banliyölerine varmışlardı. Genç kral, danışmanları, birtakım asiller ve arşövek, köylülere karşı direnmek gücünde olmadıklarını düşünerek, kaleye sığındılar. Ayaklananlar şehri işgal ettiler ve korkunç misilleme hareketlerinde bulundular. Saraya mensup kimseleri, bakanları, avukatları, memurları ve bankerleri vb. cezalandırdılar. Lancaster Dükünün sarayına girdikleri zaman önemli miktarda altın yemek takımlarıyla ve değerli eşya ile karşılaştılar. O çağın tarihçileri, bütün şahsî çapulculuk hareketlerinin yasaklanmış olduğunu yazmaktadırlar. Hırsızlık yaptığı saptanılan bir asi, hemen oracıkta ateşe atılmıştı. Ayaklananlar, "Biz adaletin ve hakikatin savunucularıyız, hırsız değil" diyorlardı. Daha sonra, avukatlar Ghilde'in bulunduğu yere girerek bütün protokolleri, kanunları ve adlî evrakı yaktılar. Clerkenwell'deki Maliye Bakanlığı binasınıda tahrip ettiler. Önemli kişilerin evlerinin birçoğunuda tahrip ettiler ve yüksek memurlardan bir kısmını öldürdüler. 14 Haziranda kaleye yürüdüler ve Kralla şahsen görüşmek istediklerini ve bu amaçla Londra'nın doğusunda bulunan Mile End'e gelmesini bildirdiler. Kral bu öneriyi kabul etti. Kalenin kapıları açılır açılmaz köylüler içeri girip kralın danışmanlarını dövmeye başladılar ve arşövek Sudbury ile Hazine şansölyesini öldürdüler. Sıra korkudan titreyen genç Kral Mile End'e geldi.

Ne var ki daha önce belirttiğimiz gibi ayaklananlar bir merkezden yönetilmediği için köylü şeflerin hepsi kralla yapılan konuşmada hazır bulunmamıştı. Köylü temsilcileri halkın şikâyetlerini krala açıkladılar ve köylülerinde eşit ve özgür olmasını, ayrıca ayaklanma sırasında işlenen suçların hepsinin bağışlanmışını istediler. Danışmanlarınında fikrini alarak kral, köylülerin isteklerine boyun eğmenin ve bütün taleplerini yazılı olarak belgelemenin doğru olacağını düşündü. Ama şart olarak, ayaklananlardan çoğunun hasat için şehri terk ederek köylerine dönmelerini ve köylülere özgürlük bahşeden kararnamenin yazılmasına kadar silahlı ufak bir birliğin Londra'da kalmasını şart olarak ileri sürdü. Temsilciler bu öneriyi kabul ettiler ve çoğu Londra'nın kuzey bölgelerinde oturan köylüler, Kral tarafından imzalanmış belgeye inanarak evlerine döndüler. Kralın imzaladığı bu belgede şunlar yazılıydı: "Bu belgede imzası bulunan ben, İngiltere, Fransa ve İrlanda Kralı Richard, bu kararnameyi duyacak bütün tebaama selâmlarımı gönderir ve şunu buyururum: "Bütün tebaamızı ve başka bağımsız kimseleri özgür ilân ediyoruz. Onları her çeşit kölelikten âzad ediyoruz ve işledikleri bütün suç ve cürümleri bağışlıyoruz. Genel olarak hepsine: ve özel olarak herkese merhametimizi bağışlıyoruz."

Köylülerin büyük bir kısmı şehri terk eder etmez, asilzadeler cesaretlenerek meseleyi kuvvete başvurmak yoluyla halletmeye karar verdiler. Genç kralda çektiği bütün korkuları unutmuştu. Danışmanları kendisine gerekli bilgiyi vermişler ve bu durum karşısında nasıl davranması gerektiğini açıklamışlardı. Olayın son perdesi 17 Haziran 1381'de Smithfield Markte'de oynandı. Wat Tyler, bir köylü grubunun başında kralın huzuruna çıkmıştı. Kral, yanında şövalyeleri ve zenginler olduğu halde görüşmeye geldi.

Köylülerin şefi Tyler, krala yaklaşarak, köylülere özgürlük bağışlayacak olan kararnamenin, yürürlüğe konmasını rica etti. Tam bu sırada, kralın şövalyelerinden biri yaklaşarak kuvvetli bir darbeyle Tyler'i atının üzerinden yere devirdi. Öteki şövalyeler de saldırıya geçerek Tyier'ı orada öldürdüler. Köylüler, şeflerinin yardımına koşmak istediler ama bu seferde kralın sözlerine inanarak aldatıldılar. Kral, oradaki köylülere kendilerinin gerçek şefi olduğunu ve vaat ettiği özgürlükleri bahşedeceğini söyledi. Bu sözlerden memnun kalan köylüler mücadeleden vazgeçtiler.

Bundan sonra asillerin işi bir hayli kolaylaşmış oldu. Köylülere vaat edilen özgürlükleri ortadan kaldırdılar ve ayaklanmanın elebaşılarını yakalayıp idam ettiler. Jack Straw ve John Ball gibi şefler ya idam edilerek ya da başları vurulmak suretiyle öldürüldüler. Ayaklanmaya katılanların hepsi gaddarca cezalandırıldılar. Kral bu sefer köylülere şöyle dedi: "Köleydiniz, köle olarak kalacaksınız. Ama şimdiye kadar olduğu gibi değil, çok daha kötü şartlar altında yaşayacaksınız."

Ne var ki, ekonomik gelişmenin gerekli olması bu bastırma hareketlerinin sona ermesine yol açtı. Köy topluluklarının ortadan kaldırılması olayı devam etti ama toprak köleliği de yavaş yavaş ortadan kalktı. Çünkü ticaret ve sanayi geliştikçe köylerde yaşayanlar şehirlere akın etmeğe başladılar. Öte yandan, toprak sahibi asillerin köylülere karşı sert hareket ettiği ve yasaların kötü bir şekilde uygulandığı yerlerde yeni ayaklanmalar ortaya çıktı. Bunlar arasında, Londra'nın güneydoğusunda Kent'ten çıkan bir ayaklanmayı sayabiliriz. Bu ayaklanma sırasında köylüler şefleri Jack Cade'ın yönetiminde 1450 yılında başkente yürüdüler ve kralın müşavirlerine karşı korkunç misilleme hareketlerinde bulundular. Daha sonra Cornwallis'de 1500 yılında ve 1549'da İngiltere'nin büyük bir kısmında ayaklanmalar oldu. Ama bu ayaklanmaların hiçbiri 1381 yılı ayaklanmasının şiddetine ve genişliğine ulaşamamıştı.

7 — Shakspeare ve Komünizm

İngiltere'nin en yakın zamanların yetiştirdiği en büyük piyes yazarlarından biri olan Shakespeare, demokratların düşmanı ve bilinçli bir anti komünistti. Shakspeare'in piyesleri ve eserleri kendileri için yazmış olduğu egemen sınıfların düşünce ve duygularını açığa vurur. VI. Henri adlı trilojisinde (İkinci bölüm) egemen sınıfların köylü ayaklanmaları hakkında neler düşündüğünü açıklar. Bu eser çok önemlidir. Çünkü bu eserde Shakspeare, 1450 yılı köylü ayaklanmasının elebaşısı Jack Cade'ı bir komünist ve diktatör olarak gösterir. Yazarın Cade'ı gülünç hale düşürmek istemesi ya da halk kitlelerini cahillikle ve maddiyata düşkünlükle suçlandırması Shakspeare'i tanıyan bir kimseyi pek şaşırtmaz. Aristophanes'den günümüze kadar, dram yazarları, kendileri için yazdıkları egemen sınıfların görüş açılarını dile getirmişlerdir. Shakspeare gibi bir dahi bile bunun dışına çıkabilmiş değildir.

Savaşçı Kral Edouard'dan sonra tahta II. Richard'ın geçmiş olduğunu ve bu kral zamanında ilk köylü ayaklanmalarının patlak verdiğini görmüştük. Bu krallardan sonra tahta Lancaster hanedanından IV. Henri (1399 -1413) ve III. Edouard'ın Fransızlara karşı izlediği saldırgan politikayı benimseyerek Fransızları Azincourt'da büyük bir yenilgiye uğratan ve Normandie'yi ele geçiren V. Henri (1413-1422) geçmişti. Ondan sonra da tahta VI. Henri (1422-1461) geçti. Bu Kral zamanında ikinci köylü ayaklanması patlak verdi (1450) ve selefinin Fransa' da ele geçirdiği toprakların elden çıktığı görüldü. VI. Henri'nin egemenliğinin son yıllarında iki Gül savaşı yapıldı. 1459'dan 1485'e kadar süren bu savaş sırasında eski asiller sınıfı ortadan kalktı ve onun yerini ticaret ya da sanayi ile ilgilenen yeni bir asiller sınıfı aldı.

Shakspeare'in VI. Henri trilojisi bu çağın önemli olaylarını dile getirir. Eserin ikinci bölümünde, ikinci köylü ayaklanması ve York hanedanı ile Lancaster hanedanı ortasındaki mücadele ele alınır. İkinci perdenin ikinci sahnesinde, emekçi halkın şikâyetleri ve Jack Cade'ın kişiliğine bağlamış olduğu umutları anlatmıştır. Georges ve John Bewin adında iki asi hazırlanmakta olan ayaklanmadan söz ederler. Georges şöyle der: "Dokumacı Jack topluluk rejimini yeniden kurmak istiyor." John bu sözlere şöyle cevap verir: "Bu yapılması gereken bir iş, İngiltere'yi boyunduruklarına aldıklarından beri bu ülkenin neşesi kalmadı." Georges' da şöyle cevap verir: "Şu yaşadığımız çağ gerçekten ne kadar sefil. Zanaatkârların erdemine saygı duyan kalmadı artık." Daha sonra, çeşitli mesleklere mensup kimselerin, debbağların, dokumacıların, kasapların sahneye çıktığını görürüz. Sonra Cade'da ortaya çıkar ve yapmayı tasarladığı şeyleri hemen açıklar: "Bütün krallık kolektif yönetilmelidir." Yazar, bundan sonra afetlerin maddî istekleriyle alay eder. Ona göre bu istekler şunlardır: Ucuz ekmek ve bira, serbest aşk vs.

"Dostlarım, halkın dostları, arkamdan gelin! Birer erkek olduğunuzu gösterin. Artık ne lord kalmalı ne de asil.

Ayakkabıları yırtık olanlardan başkasını koymayın. Çünkü bunlar, mümkün olsa bize katılacak olan mert emekçilerdir!" Bu sözlere, arkadaşlarından biri olan Merten şöyle cevap verir: "Onlar düzene girdiler bile, bize katılmaya hazırlanıyorlar." Cade: "Biz bütün düzenlerin dışında olmadıkça bir düzenin içinde olamayız." O zaman Merten, hapishanelerin kapılarını açarak bütün mahpusları serbest bırakmasını salık verir.

Savaştan biraz önce yazar, Cade'ın diktatörlüğe geçtiğini gösterir bize. Merten, Cade'a diktatörlüğünü ilân etmesini öğütler. Cade şöyle cevap verir: "Düşündüm, bunu yapacağım. Krallığın bütün belgelerini yakın. Gelecekte, İngiliz Parlamentosu benim sözlerim olacak. Her şeyi ortaklaşa hale getireceğiz."

Ayaklanma bastırılır ve Cade kaçarken yakalanıp öldürülür. Yenilginin sebebi, köylülerin kral tarafından verilen sözlere kanmalarıdır yine. Bir bakıma da ulusal duygulardır. Shakspeare, burada köylülere hitap eden ve yurtseverlik duygularına dokunarak onları Cade'dan yüz çevirmeye zorlayan Lord Cilifford'ı sahneye çıkarır:

Cade, Beşinci Henri'nin oğlu mu ki

Onun ardından gitmeye söz veriyorsunuz?

Sizi Fransa'ya mı götürecek

Kiminizi Kont, kiminizi Dük mü yapacak?

Ne utanç verici şey! Siz birbirinize düşmüşken

Yenilgiye uğrattığınız korkak Fransızlar

Denizi geçip sizi yenilgiye uğratıyorlar:

Bırakın binlerce Cade gebersin

Bir Fransız'ın merhametine muhtaç olmaktan iyidir bu.

Haydi Fransa'ya, haydi koşun!

Yitirilmiş zamanı ele geçirin!

İhtilâle karşı askerî şeref ve yurtseverlik duyguları çıkarılıyordu. Cade, V. Henri adının köylüleri coşturmasından ve kendisini felâket içinde bırakmalarına sebep olmasından yakınır.

Böylece, Yakınçağ'ın başlangıcında, bir yandan ihtilâl ve komünizmin, öte yandan yurtseverlik ve askerî şerefin karşı karşıya geldiğini görüyoruz. Shakspeare, geleceğin devletini "Fırtına" adlı eserinde de bir kez daha gülünç düşürmeğe çalışmıştır. Ne var ki; bu alaycı eser komünizm ile tembellik ve hazır yiyiciliğin birbirine karıştırılmasından ibarettir. Nitekim Napoli Kralının yaşlı danışmanı Gonzalo'nun ağzından ideal devleti şöyle alaya alır Shakspeare: "Benim kurmak istediğim devlet, bugünün toplumuna taban tabana karşıt bir toplum olacak. Ticareti de imtiyazları da ortadan kaldıracağım. Silim diye bir şey bırakmayacağım. Ne zenginlik, ne yoksulluk, ne kontrat, ne miras, ne mülkiyet, ne tarım ne de bağ yetiştirme diye bir şey kalacak. Ne buğday, ne şarap, ne zeytinyağı kullanılacak. Madenlerden de yararlanılmayacak. Meslek diye bir şey kalmayacak. Hiç kimse çalışmayacak. Ama herkes saf ve masum olacak. Doğa, hiç bir çalışma gerekmezsizin herkese bol bol meyve verecek. Bizim toplumumuzda ne hıyanet, ne aldatma, ne silah, ne de silah taşımaya gerek kalacak." Gonzalo'yu dinleyen senyörler, alaycı sözlerle ona cevap verirler.

Bütün bunlar, o çağlarda komünizmin insanların düşüncesini hangi ölçüde ilgilendirdiğini göstermektedirler. Thomas More'un Ütopya'sı İngilizceye, Almancaya ve Fransızcaya çevrilmişti. Bundan, alay yoluyla kurtulmak pek mümkün değildi. İleriki bölümlerden birinde bu konudan daha uzun söz edeceğiz.

BÖLÜM IV

HUSSİTE HAREKETİ

1 — Bohemya'nın Politik ve Toplumsal Durumu

Coğrafya bakımından Alman devinin böğrüne sokulmuş bir Sav yumruğu gibi duran Bohemya'nın Alman prensleri tarafından üzerinde dikkatle durulan bir konu olması zorunluydu. Nitekim ülkeleri ekonomik pasifliğinden çıkar çıkmaz Çek prensleri de üstün bir kültüre sahip olan Almanlarla ilişki kurmağa başlamışlardı. Göç devirlerinden sonraki yüzyıllar içinde Frank'ların, Carolingien'lerin, Saxon'ların doğu sınırlarını sağlamlaştırmak için giriştikleri teşebbüslerden sonra merkezî ve Doğu Avrupa'da süren kararsızlık ve dengesizlik eninde sonunda Çek prensleri ile Alman İmparatorları arasında kanlı savaşların çıkmasına yol açacak ve durum Bohemya'da Almanlara karşı düşmanlık ve kuşku duygularının ortaya çıkmasına sebep olacaktı. Ama ekonomik ve coğrafi şartlar en sonunda, kuşku ve düşmanlık duygularından daha ağır bastı. 895 yılında Çek Prensleri Alman İmparatorluğuna katıldılar ve şehirlerin kültürel düzeyini yükseltebilmek için ülkelerine Alman tacirlerini ve zanaatkârlarını yavaş yavaş getirmeğe başladılar. Guttenberg' de gümüş yataklarının ortaya çıkmasından sonra, XIII yüzyılın ortalarına doğru, Bohemya ekonomik bakımdan büyük bir kalkınma gösterdi. Bu maden ocakları sayesinde Bohemya Kralı İkinci Ottocar (1257-1278), büyük bir krallık kurmak için gerekli kaynakları ele geçirmiş oldu ve böylece yalnız Bohemya'yı değil Moravya'yı, Avusturya'yı, Striya'yı, Karinti'yi ve Karnivol'u içine alan bir devlet kurdu. Ve Habsburglar hanedanını kurdu. Przemislide hanedanının ortadan kalkmasından sonra Bohemya 1310' dan 1473'e kadar Luxembourgh kontlarının egemenliğine girdi. Bu kralların en önemlilerinden biri I.Charles'dir. (1346-1378). Charles, Almanya İmparatoru Louis de Bavıere'e karşı IV. Charles adıyla Kral seçilmişti. Charles aydın bir prensti. Bologne ve Paris Üniversitelerinde öğrenim görmüştü. Çek, Alman, Latin, Fransız ve İtalyan dillerini çok güzel konuşuyor ve yazıyordu. 1348 yılında ilk Alman Üniversitesini Prag'da kurdu. Tanınmış bütün bilginleri bu üniversiteye çağırdı ve binlerce öğrencinin bu okula girmek için Prag'a geldikleri görüldü. Prag Üniversitesi çok geçmeden Oxford, Paris ya da Bologne Üniversiteleri kadar ün kazandı. İyi yönetim, zenginlik, yüksek bir kültür düzeyi ve hem ticaretin hem de sanayinin gelişmesi Bohemya'yı XIV. yüzyılın ikinci yarısında Avrupa'nın en görkemli ülkelerinden biri haline getirmişti. Bu gelişmenin sonucu, çok geçmeden, toplumsal yapı ile çeşitli sınıfların durumu ve ideolojisi üzerinde etkilerini göstermekte gecikmedi. Şehirlerin gelişmesi ve buralara tacirlerin, zanaatkârların, memurların, duvarcıların dokumacıların vb. akın etmesi sonunda tarım ürünlerinin fiyatı yükseldi. Büyük toprak sahibi köylüler zenginleşip özgürlüklerini elde ettiler. Tarım emekçilerinden birçoğu şehirlere geldiler ve toprak köleliği eski önemini yitirdi. Bu durumdan, ya köylüleri daha fazla sömürmek zorunda kalan ya da daha yüksek ücretler vermek zorunda kalan küçük asiller zarar ettiler. Masraflar her tarafta arttığı için bu iki zorunluluk da yerine getirilemez hale gelmişti. Küçük asillerin yardımına ancak toprak vermek suretiyle koşulabiliyordu. Bundan ötürü, küçük asiller, din adamlarının elinde bulunan toprakların cismanî yönetime verilmesi fikrini tutmağa başladılar. Köylülerin üzerindeki yükümlülüklerin arttırıldığı her yerde hoşnutsuzluk ve kargaşalık belirtileri görülmeye başladı. Küçük asillerin ve yoksul köylülerin içinde bulunduğu durum Rafızîliğin gelişmesine elverişli bir ortam hazırladı. XIII. yüzyıldan itibaren özellikle Vaudois karakteri taşıyan Rafizîlik Bohemya'da ve Silezya'da yayılmaya ve din adamlarının kudretlerini kötüye kullanmalarına karşı tavır almaya başladı. İsa'yı izleyenlerin kutsal kitaba uygun bir yoksulluk içinde yaşamaları gerektiği hakkında ileri sürülen fikir yani başka bir deyişle kiliselerin ve manastırların topraklarına asillere verilmek üzere elkonulması gerektiğini ileri sürenlerin tezi gittikçe daha açık bir şekilde söz konusu edilmeye başlanmıştı.

Yakın zamanların başlangıcında bütün ülkelerde görüldüğü gibi, Bohemya'da da burjuva ekonomisi geliştiği ölçüde ulusal bilinç ve duygu da gelişmeğe başladı. Üstelik Bohemya'da buna bir de Alman ve Çek gruplarını karşı karşıya getiren uyuşmazlığa, ekonomik bir uyuşmazlığın eklenilmiş olduğu görülüyordu. Gerçekten de, Almanlar, Kuttenberg gümüş madenlerinde olduğu gibi şehirlerde de ekonomik egemenliği ellerine geçirmişlerdi ve hem zenginlikleri hem de prestijleri hızla artıyordu. Üstelik Almanlar Rafızîliğe karşı Roma kilisesinin en sağlam desteklerinden biriydiler. Prag üniversitesinde Alman profesörlerin ve öğrencilerin büyük bir etkisi vardı. Prag'da önemli bir zengin Almanlar topluluğu bulunuyordu. Bundan ötürü, Çek milliyetçiliği Almanlara karşı çıkmak ve kendini ortaya koymak için gerekli sebeplen bulmuştu. Bu akım, Çek tarihinin en önemli faktörlerinden biri olmuştur.

Böylece, XIV. yüzyılda Bohemya'da, tavizler ya da uzlaşmalarla hafifletilmediği takdirde eninde sonunda korkunç bir patlamayla ortaya çıkacak olan bir ulusal toplumsal ve dinsel kaynaşma vardı. Almanların, Papalığın ya da asillerin tavizler vermesini beklemek gerekmiyordu.

2 — Jean Huss ve Selefleri

Gerçekleşecek olan patlamanın belirtileri IV. Charles devrinde görülmeğe başlamıştı bile. Ortodoks papazlar (Conrad Von Waldhausen, Militch Van Kremsler ve Matthias Von Janov gibi), din adamlarına ve dilenci tarikatlarına karşı saldırıya geçmişlerdi. 1380 yılından itibaren, Çek teoloji bilginleri, azizlere tapınma, kutsal eşyaların ve İsa'nın resim ya da heykellerinin değeri gibi konuları ele almaya başlamışlardı. Bunlar arasında en ilgi çekeni, IV. Charles'ın özel yazmanı olan önemli kilise rütbe ve unvanlarına sahip Başdiyakos Militch Von Kremer idi. Bu din adamı, 1362 yılında bütün görevlerinden isteğiyle ayrıldı ve kendini politik harekete verdi. Papazların Kutsal Kitaplara uygun bir yoksulluk içinde yaşamaları ve topluluk hayatını sürmeleri için özel mülkiyet sahibi olmamaları gerektiğini söyleyerek ticareti ve kilisenin mülkiyetini mahkûm etti. Bu din adamının Joachim ve Flore'un yazılarını okumuş etkileri altında kalmış olması muhtemeldir. Toplumsal eleştirileri daha az açık olmakla birlikte, Mathias Von Janov'da atılganlık bakımından ondan geri kalmıyordu. IV. Charles'ın özel günah çıkarıcı papazı olan bu din adamı, kilisenin bir reforma tâbi tutulmamasından ötürü Papalığın kendi ödevine hıyanet ettiğini ileri sürüyordu. Bu din adamlarının hepsi çağlarının düşüncelerini dile getirmişler ve Jean Huss'ün yolunu hazırlamışlardı. Huss, Wiclef'in öğretilerine dayanarak, kendi kişiliğinde Çeklerin ulusal ve reformcu eğilimlerini topladı ve bunları savunmak için mücadeleye girişti.

XIV. yüzyılın sonunda, İngiltere ile Bohemya arasında fikir bakımından sağlam ve sıkı bağlantıları vardı. III. Edouard'ın torunu II. Richard, IV. Charles'ın kızlarından biriyle evlenmişti. Büyük oğlu Wenzei kendisinden sonra tahta çıktı. (Wenzei Almanlarında İmparatoruydu ama 1400 yılında tahttan indirildi.) Wiclef'in öğretisini yaydığı ve ilk köylü ayaklanmasının patlak verdiği yıllarda tahtta bulunan II. Richard Wenzei'in kayınbiraderiydi. Çok seyahat etmiş ve hemen her yerde okumuş olan Praglı Heironyme, Oxford'u ziyaret etmiş ve Wiclef'in ana yazılarını ülkesine getirmişti. Bu yazılar, Bohemya' da reform hareketinin teorik temelli ödevini görmüşler ve Prag Üniversitesinde hem okunmuş hem de tartışma konusu olmuşlardı.

Prag'da, Wiclef'in öğretisinin öğretilmeğe başlandığı yıllar, Huss'ün ortaya çıkışının ilk yıllarına rastlar. Huss, 1369 yılında, Hussnetz'de yoksul bir ailenin evlâdı olarak dünyaya gelmişti. Bununla birlikte, öğrenimini yapmış, Prag Üniversitesine gitmiş ve bu üniversitede Magister derecesi de dahil olmak üzere bütün dereceleri almıştı. İki yıl sonra da yine bu üniversitede ders vermeye başlamıştı. 1400 yılında papaz oldu. 1401 yılında felsefe fakültesinin dekanı, 1402 yılında hem rektör hem de Betieem kilisesinin vaizi oldu. Burada verdiği vaazlarla tutku dolu güzel konuşması herkesin dikkatini çekmişti. Bir yıl sonra kilisenin reforma tâbi tutulması konusunda propaganda yapmaya başladı. Bir kilise toplantısında, din adamlarının yüzyılın hayat biçimine uymuş olduklarını ve bu yüzyılın yaşama biçimini benimsedikleri şaşırtıcı bir şekilde ortaya koydu.

Wiclef'in yazılarının etkisinde Kutsal Kitaplara uygun bir yoksulluktan yana çıktı ve din konusunda bütün insanların eşit olması gerektiğini savundu. Kiliseye mensup olanlarla lâikler arasında bütün farkların kaldırılması gerektiğini ve Hıristiyanların ancak ahlâkî üstünlüklerine göre yargılanmalarının doğru olduğunu ileri sürüyordu. Papazların günah çıkarmasına ve azizlere tapınılmasına da karşıydı. Kutsal Kitaba olan bu bağlılığı kilise adamlarından birçoğunun hoşnutsuzluğunu çekti. Bu kilise adamları 1407 yılında, Evek'e Huss'ün Rafızî öğretiler yaydığını söyleyerek şikâyette bulundular. Bundan sonra, Huss Prag Üniversitesinin bütün Alman filozoflarını ve teoloji bilginlerini karşısında buldu. Bu düşmanlığın skolâstik, dinsel ve ulusal sebepleri vardı.

Wiclef'in düşüncelerini benimsemiş olan Huss "Gerçekçiydi". Oysa Almanlar "Nominalizm" i tutuyorlardı. 1408 yılında Alman fikir adamları Wiclef'in temel düşüncelerini mahkûm ettiler. Bunun üzerine Huss, Kral Wenzel'den Üniversitedeki Almanların sayısının azaltılması konusunda bir emir çıkarmayı başardı. Bu durum karşısında Alman profesörleri ve öğrencileri Prag Üniversitesinden çıkarak Leipzig'e gittiler ve rakip bir üniversite kurdular.

Bu olaylar Çeklerin Huss'e karşı daha fazla saygı duymalarına ve onu ulusun manevî hayatının şefi gibi görmelerine yol açtı. Huss'ün katıldığı çeşitli dinsel tartışma ve mücadelelerin hepsini açıklamamız gerekli değildir. Bizi asıl ilgilendiren, bu fikir adamının komünizm karşısındaki davranışıdır. Komünizmden yana olduğunu açıkça söylemekle birlikte, Huss'ün bu konuda da ustası Wiclef'in yolundan yürümüş olduğunu tahmin edebiliriz. Huss'ün bütün gayreti, kilisenin reformla düzeltilmesi ve Çeklerin ulusal çıkarlarının savunulmasına yöneltilmişti. Bu yüzden başınla neler geldiği bilinmektedir. Huss, 1413 yılında Papa tarafından aforoz edildi. Aynı yılın sonunda, Constance'da toplanan dinsel kurulda fikirlerini savunmak için bu şehre geldi. Rafızî olduğuna karar verildi ve 6 Haziran 1415'de ateşe atılarak yakıldı. Bir yıl sonra Prag'lı Hieronyme' de aynı akıbete uğradı. Bundan sonra Almanlar ve birkaç Çek zengini istisna edilecek olursa, bütün Bohemya, Huss'ü ve Hieronyme'i ulusal çıkarlar uğruna canlarını yitirmiş kimseler olarak kabul etti ve fikirlerini benimsedi. Papalığa karşı durarak, Papa tarafından gönderilen buyrukları ve yasaları küçümseyerek reddetti.

3 — Hussıte Savaşları

1415 ve 1416 yılında Constance şehrinde Huss ve Hieronym'i yakmak için ateşe verilen odun yığınlarından sıçrayan kıvılcımlar Hussite savaşlarını alevlendirdi. Bu savaşlar 1419'dan 1436'ya kadar sürdü ve ulusal, dinsel, toplumsal duygularla beslendi.

Roma karşısında sağlam bir dayanışma göstermesine rağmen, Çek ulusu kendi içinde sınıflara ayrılmıştı ve bundan ötürü yapılması gereken reformların amacı ve karakteri üzerinde anlaşmaya varamıyordu. Halk arasında sadece kilisenin reformu ile yetinemeyecek olan ve derinlere inen toplumsal bir değişikliğe muhtaç bulunan grupların var olduğu gittikçe daha açıkça beliriyordu. Asiller ve zenginler din adamlarının mallarına elkonulmasını ve ancak iki şekilde komünyon yapılmasını yani din adamları ile laikler arasındaki eşitliği gösteren şarap ve ekmek komünyonlarının geçerli olmasını talep ediyorlardı. Ayin sırasında içine şarap konan kadehe hak iddia etmek, demokratik eşitliğin ve ilkel Hıristiyan topluluklarının basit hayatına dönüşün sembolü gibiydi. Bu akımdan yana çıkanlara "utra quiste" ya da "caixtimen" deniyordu. Bunlar din adamlarının mallarına el konmasını istiyorlardı. Ama akım içinde, toplumsal düzenin kendisine dokunulmasını istemeyen ılımlılar grubunu teşkil ediyorlardı. Ayni akımın öbür kanadında ise halkın yoksul tabakaları yer almıştı. Küçük köylüler ve tarım işçileri, Çek zanaatkârları ve işçileri, yoksullaşmış asiller, vb. Bunlar, Wiclef'in ilkelerinin tam anlamıyla uygulanmasını yani köklü toplumsal değişiklikler istiyorlardı. Çok daha radikal olan bu akımın mensupları, Prag'ın güneydoğusunda bir tepe üzerine yerleştikleri ve buraya İncilden aldıkları Tabor adını taktıkları için Taborite diye tanınmışlardı. Ilımlılara zıt olarak radikallerin hareketi birlik halinde değildi. Gerçi hepsi de kilisede ilkel Hıristiyanlık anlayışına uygun düşecek köklü bir reform yapılması gerektiğini söylüyorlardı ama yapılması gereken reformlar konusunda fikir birliğine varmış değillerdi. Kimi birer ılımlı reformcu kimi de tam anlamıyla komünistti. Bu iki eğilim, görüşlerini sonuna kadar savunuyor ve birbiriyle çatışıyorlardı. Ama ortak düşmanla savaşmak için de birlik oluyorlardı.

Komünyonu iki şekilde yapan Taborite'ler kendilerine katılanların kısa zamanda arttığını gördüler. Bayram günleri Tabor, halkın akın akın gittiği bir ziyaret yeri oluyordu. Nitekim başka ülkelerden kovularak sığınacak yer arayan Beguard'lar, Vaudois'lar ve başka Rafizî tarikat mensupları da Tabor'a gelmişler ve burada öğretilerini yaymağa başlamışlardı. Böylece Tabor belli bir süre için Avrupa'nın bütün Rafızî ve toplumsal hareketinin merkezi oldu.

Hussite'ler hareketi geliştiği ölçüde, Taborite'lerin sertliği de artıyordu. Hatta bir aralık Kral Wenzei devirmeyi bile düşünmüşlerdi. Ama çok saydıkları Papaz Koranda, Kralın değişmesinin onlara hiç yararı olmayacağını göstererek bu tasarıdan vazgeçmelerini öğütledi. Ayrıca, Wenzei'in içkiye çok düşkün olduğunu ve bundan ötürü kendisine her istenilenin yaptırabileceğini söyledi.

Ne var ki, çoğu kez görüldüğü gibi, kral din adamlarının ve asillerin etkisi altına giriyordu. Bunlar en sonunda, bütün reformlara karşı durması ve komünyonu taşıyan dinsel alayları yasaklaması konusunda kralı ikna ettiler. Bu yasaklama ayaklanmaya yol açtı. 30 Temmuz 1419'da Neustadt-Prag'ın halk kitleleri dini yasaklamaya kalkanlara karşı şiddetli bir tepki gösterdi ve ılımlı Taborite'lerden Jean Ziska adında enerjik bir adamın yönetiminde belediye binasını ele geçirdiler. Orada bulunan danışmanları pencereden aşağı attılar. Danışmanlar halk tarafından öldürüldü. Kral Wenzei bu haberi duyunca öyle üzüldü ve öfkelendi ki, ansızın gelen bir felçten kurtulamayarak iki hafta sonra öldü.

Wenzei ölünce, onun yerine 1410'dan beri Almanya Kralı olan ve Jean Huss aleyhine Constance'da yürütülen davada karanlık bir rol oynamış olan kardeşi Sigismond geçti. Sigismond'un tahta geçişinin hussiteler için pekiyi şey olmadığını ve üstelik Alman Kralı olması bakımından Çeklere emniyet telkin etmediğini anlamak zor değildir. Bununla birlikte, tahta çıkmak için Bohemya'ya gediği zaman herhangi bir kargaşalık çıkmadı.

Zenginler ve önemli kişiler krala bağlılıklarını belirttiler. Halk daha sonra neler olacağını merak ederek bekliyordu. Sadece Tabor şehrini tahkim etmekle ve bu şehri içine girilmesi güç bir karargâh haline getirmekle yetindi. Nitekim Katolikler Hussite hareketini bastırmak için harekete geçtiler ve Papazın Kardinali 1420 yılı Mart ayında Bohemyalı Rafızîlere karşı Haçlı Seferi tavsiye ettiği zaman ortalık karıştı. 3 Nisan 1420'de Calixtinien'ler birlikte savaşmak üzere Taborite'lerle birleştiler. Birliğin hemen gerçekleştirilmesi gerekiyordu. Çünkü Avrupa' nın bütün ülkelerinden, Papa'nın buyruğuna uyarak Haçlılar akın akın gelmeğe başlamışlardı. Günahlarının bağışlanacağını düşünerek 150.000 kadar şövalye, paralı asker, maceraperest ve dindar Katolik, hussite Rafızîliğini ortadan kaldırmak için Bohemya'ya akın etmişti. Haçlı Ordusu beş kere saldırdı ve her seferinde de büyük kayıplar vererek geri çekilmek zorunda kaldı. Savaş her iki taraf için de korkunç oldu. Ziska 1424'de öldü, yerine daha radikal kimseler olan Büyük Procop ve Küçük Procop geçtiler. Hussite'ler, 1427'de savunmadan karşı saldırıya geçerek çevredeki Alman ülkelerini yakıp yıktılar. Böylece Bavyera'da, Avusturya'da, Franconie'da Saxe' da, Siiezya'da, Lusace'da ve Brandebourg'da üzerlerine gönderilen imparatorluk ordularını peş peşe yenilgiye uğrattılar. İki yüz yıl sonra İsveçlilerin olduğu gibi, o yıllarda hussite'ler Alman ülkelerinin kâbusuydu.

1413 yılında Taus savaşında Haçlı Seferi başarılı bir sonuç atamayınca Papa ve İmparator uzlaşma yolunda bir sonuca varmayı düşündüler. Bâle din kurulunda yapılan uzun görüşmelerden sonra, 1433'de barış kuruldu. Bu anlaşmaya göre, Hussite'ler iki şekilde komünyon yapma ve kendi dillerinde vaaz verme hakkını elde ediyorlardı. Ayrıca elkonmuş kilise malları da asillere bırakılıyordu.

Bu tavizler Calixtinien'leri ve ılımlı Taborite'leri tatmin ettiği halde, Hussite ordusunun çekirdeğini teşkil etmiş olan ve hem savunmada hem de hücumda davaya büyük yararlıkları görülmüş bulunan radikal Taborite'leri memnun etmemişti. Bundan ötürü, 1433 barış anlaşması Hussite hareketini ikiye böldü ve sol kanadın tek başına kalıp zayıflamasına yol açtı. Böylece hareketin kaderi de belirlenmiş oldu.

4 — Taborite'lerin Yenilgiye Uğraması

1418'den 1431'e kadar ve hatta daha sonraları Tabor, bütün Avrupa'nın toplumsal ve Rafızî hareketinin gerçek merkezi olmuştu. Başlangıcın coşkun havası içinde Tabor'a sanki Filistin'in Hıristiyan topluluklarına gidilir gibi gidiliyordu. Kardeşlik duygusu bütün Taborite'lerin yüreğine yerleşmişti. Aralarındaki bütün sınıf farkları ve toplumsal eşitsizlik kaldırılmıştı. Bütün mal mülk ortaklaşaydı. Dindarlık ve neşe, topluluk için çalışmak, açık havada yapılan toplantılar ve kutlanan bayramlar, Taborite'lerin hayatının belli başlı özelliklerindendi. Savaş zamanı gelince Taborite'ler, sivil ve askerî topluluk olmak üzere ikiye ayrıldılar. Askerî topluluk savaş yaparken sivil topluluk iaşe işleriyle uğraşıyordu. Bu, Sezar'ın Suevelerde ve Cermenlerde gördüğü iş bölümüne benziyordu.

Avusturyalı şair Alfred Meissner (1882-1885) Taborite'lerin savaşlarını ve özlemlerini dile getirmiştir. Birbirine benzeyen evlerde otururlar. Hepsi bir örnek elbise giyinirler. Tek bir masanın çevresinde oturmuşlardır. Onlarda ne senin ne benim vardır. Bütün mallar ortaktır. Kimi toprağı işler kimi gülerek gider savaşa, dünyayı ele geçireceklerini umarak.

İşte Hıristiyanlığın kurtuluş düşünceleri ve Kutsal Kitap'taki kehanetlerin gerçekleşeceği duygusu ile dolu böyle bir atmosfer içinde 1419 yılına doğru halkı derinden derine etkileyen ve coşturan bir akım ortaya çıktı. Bu akım, Ortaçağ'da Joachim de Flore ve Amalric de Bene gibi fikir adamlarının öğretilerinin etkisiyle ortaya çıkmış komünist düşünceleri halkın kolayca benimsemesine yol açtı. O çağda, Rafızî harekete katılmış olan Beguard' lar Tabor'da İsa'nın ortaya çıkacağını, Bin Yıllık Krallığı yani geleceğin komünist toplumunu kuracağını söylediler. Komünizm ve Rafızîlik uğruna ölmüş olanların hepsi, bu arada Jean Huss ve Hleronyme yeniden hayata döneceklerdi. Bu ne kral ne de herhangi bir toplumsal kural tanımayan mutlak eşitlik ve özgürlük çağı olacaktı. Devlet, kilise teoloji ve bütün skolâstik bilimler ortadan kalkacaktı. Bu aşırı akımı benimseyen ve yayan Çekler arasında güzel konuşan lâkabı ile ün salmış olan Papaz Martinek Huska' da vardı.

Huska, en radikal kimselerle birleşerek birden fazla kadın almayı uygulayanlardan oluşan bir topluluk kurdu. Uygarlığın bütün kurallarına karşı küçümseme gösterdikleri ve çırçıplak yaşadıkları için bu gruba mensup kimselere "adamite "deniyordu.

1421 yılının sonunda, Ziska'nın yönetimindeki ılımlı Taborite'ler bu gruba karşı harekete geçtiler ve hepsini kılıçtan geçirerek ya da yakarak öldürdüler.

Calixtinienleri ve ılımlı Taborite'leri tatmin etmiş olan 1433 barış anlaşması, radikal Taborite'ler için tehlikeli bir durum yaratmıştı. Teslim olmak, inançlarına ihanet etmek olurdu. Muhalefete geçmeye kalksalar, eski dostlarına savaş açmak durumuna düşecek ve hem sayı bakımından kendilerinden fazla hem ekonomik bakımdan daha güçlü olan ve ayrıca artık Katoliklerden ve İmparatordanda yardım görecek durumda bulunan bu eski dostlarla boğuşmak zorunda kalacaklardı. Gerçektende 1433 barış anlaşması, asillerle burjuvalar arasında, Taborite akımın komünist militanlarına karşı duran bir dostluğun kurulmasını sağlamıştı. Ama aşırı Taborite'ler yine de muhalefette bulunmayı seçtiler. Savaş kaçınılmazdı artık. Üstelik savaşın sonucu önceden belliydi. Anlaşmanın imzalanmasından altı ay geçmemişti ki çarpışmalar başladı. 18.000 solcu Taborite, 25.000 kişilik bir orduyla karşılaştı. Kesin sonucu veren savaş Brod yakınında Lipar' da 30 Mayıs 1434 pazar günü yapıldı. Savaş bütün gün sürdü ve pazartesi günü sabahın üçüne doğru Taborite' lerin yenilgisiyle sonuçlandı. Taborite'lerin on üç bini, aralarında şefleri Procobe' da olduğu halde savaş alanında can verdiler. Bu korkunç yenilgiye rağmen, solcu Taborite'lerden yana olanlar aynı yılın aralık ayında yine silaha sarıldılar, ama artık önemli bir kuvvet olmaktan çıkmışlardı.

Ilımlı Taborite'ler in Hussite hareketinden bu şekilde yüz çevirmeleri şu sonuçları doğurdu: Kilise vermek zorunda kaldığı tavizlerden birer birer vazgeçti. 1433 barış anlaşması hiç bir reformla sonuçlanmadı. 1483 yılında toprak köleliği Çek köylülerine zorla kabul ettirildi.

Taborite'lerden geriye kalanlar 1457'de Bohemya Kardeşleri ve Moravya Kardeşleri adını taşıyan gizli tarîkatları kurdular. Bu tarikatlar daha sonra ortaya çıkan

C-juaker'ler tarikatını andırıyordu. Tıpkı onlar gibi barışçı, toplumsal reform taraftarı ve hem çalışkan hem de merhametli kimselerdi bunlar.

Hussite savaşlarının biricik etkili sonucu, Wiclef ve Huss öğretilerinin Almanya'da yer etmesi olmuştur. Bu öğretiler reform hareketine kaynaklık etmişler ve 1525 köylü ayaklanmasını etkilemişlerdir.

BÖLÜM V

ALMANYA'DA TOPLUMSAL AYAKLANMALAR

1 — Birinci Alman Devrimi

1516 ile1535 yılları arasındaki devrede ortaya çıkan dört büyük hareket yani Luther'in yaptığı reform, Sickingen'in yönettiği asiller ayaklanması, Thomas Münzer'in elebaşılığını yaptığı köylü isyanı ve Sebastian Frank ile Jean de Leyde'nin katıldığı anabaptiste komünist hareket Alman ülkesini öylesine derinden sarsmıştı ki, Alman halklarının tarihinde ilk devrimci çağın bu olduğundan şüphe edilemez. Almanya'nın tarihinde bunca rol oynamış olan bu yirmi yılın taşıdığı önemi bu hareketlerden yalnız birisine yüklemek mümkün değildir. Bu çağın önemini ve büyüklüğünü, sözü geçen hareketleri birbiriyle ilintisi ve bağlantısı içinde ele aldığımız zaman kavrayabiliriz. Wittenberg'den Bâle ve İnnsburck'a, Tyrol'dan Souabe ve Hollanda'ya kadar devrim ateşi Alman halkının ruhunda görkemli bir biçimde yanmaya başlamıştı. Politik ya da dinsel olsun, çoğın bütün kurumları ve düşünceleri köklü bir revizyona tâbi tutulmuştu. Asiller, yoksul din adamları, köylüler, şehirlerin ve köylerin yoksul halk kitleleri muhalefete geçmişler ve kendi özlemleriyle çıkarlarına uygun olarak toplumsal ve dinsel isteklerini (programlarını) ortaya koymuşlardı.

Bu ilk devrim çağı Luther tarafından açılmıştı. Luther, başlangıçta çok şeyler vaat eden bir kimse olarak ortaya çıktı. 1516 yılında, Alman Teolojisi adı altında eski Alman mistiklerinden birinin eserini yayınladı. Mistik, hep tanrıcı (panteiste) ve ılımlı bir komünizm anlayışı ile dolu olan bu eserin önemini, Luther pek anlamamıştı. Luther bu eserin daha çok yazılış biçimine hayran olmuştu. Ne var ki bu eserin yayınlanması Luther'ın o sırada manevî bakımdan bir buhran ve sıkıntı içinde bulunduğunu gösteriyordu. Luther'in asıl görevi, Wittenberg' de 31 Ekim 1517'de Papa'nın aflarıyla ilgili olarak ileri sürdüğü 95 tezi açıklamasıyla başlar. Luther, her şeyden önce Kilise'nin reformdan geçirilmesini savunuyor ve Alman çıkarlarını korumaya çalışıyordu. Bu ilk Alman devriminin bir bölümünden başka bir şey değildi. İleride bu konuya döneceğiz. Burada üzerinde durmamız gereken nokta Luther'in davranışının kendinde ele alındığı zaman devrimci bir karakter göstermemesine rağmen, közlenmiş eğilimleri canlandırmış olması ve büyük bir alevlenmeye yol açmış bulunmasıdır. Böylece, politik ve toplumsal kurumların radikal bir reformdan geçirilmesiyle ilgili tasarılar ve kitapçıklar halk arasında elden ele dolaşmaya başlamıştı. Bu tasarıları uygulamak için teşebbüslere bile girişilmişti. Büyük tarihî olayların gerçekleşmek üzere olduğunu ileri süren bütün kehanetler geniş halk kitlelerinin hayal gücünü kışkırtmağa başlamıştı. 1519 yılından itibaren halkın büyük bir kısmı korkunç bir değişikliğin gerçekleşebileceğini bekleyerek yaşamaya başladı.

2 — Ekonomik ve Politik Durum

XV. ve XVI. yüzyıllarda Almanya, Hıristiyan ülkeleri arasında en zenginlerinden biriydi. Alman ulusunun zenginliği, maden ocaklarından, zanaatkârlarının ustalığından, tacirlerinin girişkenliğinden ve köylülerin yorulmak bilmeden çalışmalarından geliyordu. Hartz, Saxe, Bohemya, Styrie ve Tyrol; altın, gümüş, demir, kurşun, bakır ve tuz üretiyorlardı. Ocaklarda, tamirhanelerde ve atölyelerde, o günkü tekniğe uygun olarak binlerce kafa ve kol çalışıyordu. Eski üretim biçimlerinin ıslah edilmesi ve yeni metotların ortaya konulması, özellikle baskı yapılmaya başlanması, Nuremberg, Strasbourg ve Bale gibi şehirlerin ününü her tarafa yaymıştı. Güney ve Kuzey Almanya'nın tacirleri, dünya ticaretinin genişlemesi, yeni ticaret yollarının bulunması ve Portekizlere İspanyolların kurdukları sömürgeler dolayısıyla ortaya çıkmış olan yeni ekonomik şartlara kendi işlerini ve teşebbüslerini intibak ettirecek ölçüde tecrübe ve sermaye sahibi olmuşlardı.

Daha XIII. yüzyılda, Nuremberg, Augsborg ve Ulm tacirleri, Venediklilerin ve Cenevizlilerin İtalya ve Akdeniz kıyılarından getirdikleri malları Almanya'nın kuzeybatısına göndermeğe başlamışlardı. Güçlü Hanse örgütü içinde toplanmış olan Kuzey Almanya tacirleri, Lübeck'den Novgorod'a kadar kuzey denizinin bütün ticaretini ellerinde tutuyorlardı. Ama Ortaçağ'ın sonuna doğru Hanse örgütünün etkinliği Güney Almanya tacirleri karşısında önemini yitirmeye başlamıştı. Bunun sebebi, Güney Almanya tacirlerinin yerli üretime gittikçe bağlanmaları, buna karşılık Kuzey Almanya tacirlerinin sadece ticaretle uğraşmalarıydı. Ayrıca güney tacirleri, sanayi, ticaret ve malîye bakımından çok gelişmiş olan Kuzey İtalya ile bağlantı kurdukları için önemli tecrübeler edinmişlerdi. Oysa Hanse örgütüne bağlı Alman tacirleri sadece ham madde üreten ve uygarlık bakımından gelişmiş olmayan sömürge toprakları ile iş görüyorlardı. Güney Almanları yeni durumlara uyabilmek yatkınlıklarını ve üstünlüklerini, dünya ticareti Akdeniz'den Atlantik Okyanusuna ve Kuzey Denizine kaydığı zaman gösterdiler. Türklerin ilerleyişinin 1453'de İstanbul'un alınması ve Akdeniz ticaretinin ortadan kalkması gibi sonuçlar vermesi Avrupa halklarının kendi kıtaları ile Asya arasındaki yeni ticaret yolları aramaları zorunluluğunu doğurmuştu. Bu durum, Afrika'nın güneyden dolaşılması, Amerika'nın keşfi ve Portekiz, Hollanda, İngiltere gibi devletlerin ekonomik bakımdan gelişmeleri gibi sonuçlar doğurdu. Lizbon, Anvers ve Londra, dünya ticaretinin merkezleri haline geldiler ve din adamlarının etkisiyle Engizisyon kurumu dolayısıyla ekonomik bakımdan gelişemeyen İspanya, politik alanda varlık göstererek XV. yüzyılın sonunda ve XVI. yüzyılın başında, Katolik Ferdinand (1479-1516) ve İsabella çağlarında dünyanın en güçlü devleti haline geldi. Ferdinand, evlenmeler ve politik anlaşmalar dolayısıyla Alman İmparatorlarının yani Habsburg hanedanının müttefiki olduğu için, ölümünden sonra (1516) İspanyol tahtı ve üç yıl sonra İmparatorluk, torunu Charles'a kaldı. Charles 1516'dan 1556'ya kadar I.Charles adı altında ispanya Kralı ve Charles Ouint adı altında da Alman İmparatoru olarak hüküm sürdü. Bu kral, Almanya'da kapitalizmin ortaya çıkışını, Alman prensliklerinin birleşmesini, köylü savaşlarını, anabaptiste hareketini, kısacası Almanya'nın bütün ekonomik, politik ve kültürel devrimlerini görmüştü. Bu devrime, Güney Almanya tacirlerinin bilmeyerek de olsa, kuvvetli bir şekilde yardım etmiş oldukları doğrudur. Bunlar, malî bakımdan olduğu gibi sınaî bakımdan da Almanya ile İspanya arasındaki bağlantılardan kar etmesini bildiler. Augsburg ve Nuremberg ticaret kurumları arasında Fugger'ler ve Welser'ler özellikle dikkati çekiyorlardı. Alman maden sanayi, İspanyol ve Macar maden ocakları, Lizbon'la ve Anvers'le yapılan ticaret, İmparator Charles Ouint ile varılan malî anlaşmalar bunların elinden geçiyordu. Güney Almanya'nın birçok ticaret kurumları maden ve baharat alım satımıyla uğraşıyor, küçük zanaatkâr üretimi ele geçiriyor ve büyük çapta tefecilik yapıyorlardı. Güney ve merkezî Almanya'nın şehir hayatı, genel olarak Yakınçağın bütün Alman kültürü üzerinde derin etkiler yapmıştır. Ama çok geçmeden bu hayat, Kilise büyüklerinin ahlâk anlayışı ve ilkel Hıristiyanlığın ekonomi anlayışı ile çatışma haline girdi. Yapılan işlerle kurtuluşa ulaşmak olanaksız hale geliyordu artık.

3 — Toplumsal Uzlaşmazlıklar

Almanya'nın kapitalist gelişmesinin çeşitli ve değişik sonuçları olmuştur. Ufukların genişlemesi, ulusal zenginliğin artması, servet kazanma konusunda genel olarak gösterilen ihtiras, halkın yoksul tabakalarında, daha şiddetli bir özgürlük ve eşitlik isteğine, yeryüzü nimetlerine daha fazla katılma arzusunun doğmasına yol açtı. Bütün halk kitleleri kendilerinin baskı altında bulundurulduğunu ve gadre uğradığını düşünmeye başlamıştı. Bu duygu, toplumun sınıflara ayrılmış olmasının alt tabakalara yapılan baskıyı gittikçe arttırmasından ötürü daha da şiddetle hissediliyordu. Büyük toprak sahibi zenginler, büyük tacirler, bankerler ve din adamları ile küçük zanaatkârlar, küçük çiftçiler, yoksullaşmış asiller ve işini kaybetmiş askerler arasındaki uzlaşmazlık (antagonizma) gittikçe derinleşiyordu. Tedavülde bulunan kıymetli madenlerin nicelik bakımından fazlalaşması ve bunun sonucu olarak ödemenin artması öte yandan monopollerin ortaya çıkması yüzünden hayat pahalılığı gittikçe yükseliyor ve bu yükseliş özellikle halkın yoksul tabakaları üzerinde etkisini gösteriyordu. Vergiler de artmıştı. Çünkü İmparatorluğun gittikçe kuvvetten düşmesi ve asillerin umutsuzluğa kapılmasından ötürü şehirler, askerî kuvvetler besleyebilmek için gittikçe daha fazla masraf yapmak zorunda kalıyorlardı. Kilisede, her fırsatta vergi koymaktan çekinmiyordu; vaftizler, evlenmeler, ölümler ve günah çıkarmak için vergi ödemek gerekiyordu. Böylece, her yıl büyük meblâğlar Roma'ya gönderiliyordu. Halkın gittikçe geniş bir bölümünün hoşnutsuzluğa kapıldığı sırada Almanya'dan yıllık olarak Papalık tarafından alınan ve altınla ödenen bu haraç, genel hoşnutsuzluğu bir kat daha arttırmaktan ve kaynaşmaya yol açmaktan başka bir sonuç veremezdi.

Ekonomik değişikliklerin sonuçlarını, köylüler, herkesten daha kesin bir şekilde hissediyorlardı. Ham maddeleri ve besin ürünlerini yetiştirmeleri bakımından, köylülerin, özgür olabilseler, ulusal zenginlikten daha fazla pay almaları mümkün olacaktı. Ama onların büyük toprak sahipleri ile aralarındaki ilişki bir toprak köleliği ilişkisi olduğu için bu zenginliklerden pay olamıyorlardı. Efendilerine, tohumun büyük aşarını, hayvanların küçük aşarını ve kimi zaman üçüncü demet diye adlandırılan ekin aşarını vermeleri gerekiyordu. Ayrıca efendilerine karşı birtakım angaryaları da yerine getirmek zorundaydılar. Bundan başka, aile babası öldüğü zaman ölüm durumu diye adlandırılan bir miras vergisi de veriyorlardı. Besin ürünlerinin ve toprağın fiyatının gittikçe arttığını gören köyüler, büyük toprak sahibi senyörlerin, aslında köy topluluğuna ait olan otlak ve meraların birçoğunu zorla almalarının ve ayrıca o güne kadar herkese açık olan av ve balık tutma yerlerini tekelleri altına geçirmelerinin sebebini anlamaya başlıyorlardı. Gerçekten de, XIV. yüzyıldan itibaren asiller daha fazla paraya ihtiyaç duymaya başlamışlar ve bu parayı elde edebilmek için köylüleri daha şiddetli bir şekilde sömürmeğe koyulmuşlardı. Eski Alman kolektif hukuk gün geçtikçe ortadan kalkmaya başlamış ve bu pastayı elde edebilmek için köyleri senyörlere veren ve yarıcı köylüleri toprak kölesi gibi gören Roma Hukuku almaya başlamıştı.

Bu durumdan, olağanüstü şiddette ve genişlikle bir toplumsal kaynaşma doğdu. Bu kaynaşma içinde üç akım beliriyordu:

1. Toplumsal reformlardan yana olan köylü akımı,

2. Komünizmi gerçekleştirmek isteyen bir proletarya akımı,

3. Kilisenin reforma tâbi tutulmasından yana olan bir burjuva akımı.

Bu akımların yanında, özellikle politik amaçları göz önünde tutan bir dördüncü akım da vardı. Bu akım, bir Alman İmparatorunun otoritesi altında Almanya'nın birliğinin sağlanmasından yanaydı. Akımı tutanlar, programlarını "Alman Ulusunun Sefaleti" adlı bir kitapçıkta açıklamışlardı. Akımın temsilcileri şövalyeler (yoksullaşmış asiller), köylüler ve burjuvazinin belli bir bölümüydü. Akıma karşı çıkanlar da büyük asiller ve prenslerdi.

Köylüler, köy toplulukları haklarının geri verilmesini, kilisede ve topluluklarda demokrasiye dönülmesini ayrıca bireysel özgürlüğün gerçekleştirilmesini istiyorlardı. İlkel Hıristiyanlığın komünizm anlayışına bağlı olan proleterler ve teoloji bilginleri komünizmin yeniden kurulmasını talep ediyorlar ve köylülerin isteklerini destekliyorlardı. Bu akımın en aşırı şekilde dile gelişini anabaptism hareketinde görüyoruz.

Burjuvazi ise Hıristiyanlığın, yani ekonominin çıkarlarına ve bundan doğan bireyci (ferdiyetçi) ahlâkın gereklerine uygun bir hale getirilmesini ve ulusal bir kilisenin kurulmasını istiyordu. Burjuvazi, kâr etmekten başka bir amacı olmayan bir yaşama biçiminin, tefeciliğin, ürünlerin tekele alınmasının ve başkasının emeğinin sömürülmesinin ilkel Hıristiyanlık gelenekleri ile taban tabana zıt olduğunu iyice biliyordu. Ama yeni ortaya çıkan ekonomik kuvvetler karşısında, Hıristiyan ahlâkın uygun bir şekilde yaşamasının ve yaptığı işlerle ruhunu kurtarmasının mümkün olmadığını da hissediyordu. Burjuvazi gerçekten sıkıntılı bir durumdaydı. Ekonomik buhranlar ve toplumsal kargaşalıklar olduğu zaman, kilisenin ve manastırların kendisine karşı girişmiş oldukları rekabete kızıyor ve Papalığın her yıl ülkeden aldığı haraca sinirlenerek, toplumsal felâketlerin bunlardan doğduğunu ileri sürüyordu. Öte yandan, Almanya'daki ulusal ideolojiyi burjuvazi temsil ediyor ve bundan ötürü Papalığa karşı çıkmak zorunda kalıyordu. Daha Loris de Baviere zamanında şehirler Papalığa karşıydılar ve bir ulusal İmparatorluğun kurulmasını istiyorlardı. Aslında Luther'in reformu burjuvazinin fikrî özleyişlerini dile getirmekten başka bir şey yapmamıştı.

Reform hareketi, burjuvazinin içine düşmüş olduğu manevî buhranı halletmek için yapılmış bir girişim olarak görülebilir. Bu buhran, ilkel Hıristiyanlığın gelenekleri ile yeni ekonomik hayatın şekilleri ve Hıristiyan ahlâkı ile bu yeni ahlâkın gittikçe daha hızla geliştirdiği bireyci ahlâkın arasındaki çelişmeden doğuyordu. İsa çağında da, Musevi toplumunun orta tabakaları aynı buhrana düşmüşlerdi. Rharisien'lerin etkisi altında bu dinsel kurallara ve yasalara kesin bir şekilde baş eğerek ve yaşamının bütün ayrımlarını belirleyen dar bir geçerliliğe bağlanarak bu buhranı atlatabileceklerini düşünmüşlerdi. Yasaların sayısı arttırılmış ve ağırlıkları gittikçe artmıştı. Öyle ki; bunun sonucu, insanın ahlâkî iktidarsızlığının acısını daha şiddetle duyurmaktan başka bir şey olmamıştı. Bu buhran içinde, Aziz Pau, bir pharisien bağnazı olarak, Musevi yasalarının ağırlığını herkesten daha iyi duymuş ve Museviliğin insanın ahlâkî gücünü felce uğratan bu geçerlilik anlayışını bir tarafa atmış ve güçsüz zamanlarında kullandığı bu koltuk değneklerini kırarak, yeni kuvvetler, yeni bir özgürlük ve yeni bir insanî onur bulabilmek için İsa'nın önünde diz çökmüş, çarmıha gerilen bu adamın büyüklüğünde, acı dolu feragatinde ve tanrısal seçilmişliğinde bu kuvveti, özgürlüğü ve onuru bulmak istemişti. Alırvan burjuvaları da aradıkları Aziz Paul'u, Martin Luther'de buldular. Uygarlığın ancak sınırlarında yaşayan bu kaba ve güçlü Alman, Paul'un ruhunun sadece bir kısmını kavrayabilmişti. Gerçekten de Paul'un ruhu, çok zengin bir kültürün ahlâk anlayışı ve mistisizmi ile doluydu.

Öte yandan reform, Papalıktan bağımsız ulusal bir kilise kurmak çabasından başka bir şey değildi. Ama burada da, ancak yarı yola kadar gelinebildi. Ulusal bakımdan Luther'in Sickingen'den ya da Nutten'den çok daha zayıf olduğu besbellidir. Bu sonuncular ulusal bir imparatorluk kurmak istedikleri halde Luther, prenslerin hükümranlığı ile yetiniyordu.

4 — Köylü Savaşlarının Temelleri

Hussite savaşlarının sona erişinden iki yıl sonra (1438), Alman köylü kitlelerinin duyduğu hoşnutsuzluğun ilk belirtileri ortaya çıkıyordu. "İmparator Sigismond'un Reformu" adlı bir kitapçık elden ele dolaşmaya başladı. Bu kitapta Alman köylülerinin istekleri ve şikâyetleri dile getirilmişti. Kitabın yazarı toplumsal düşünce bakımından Ortaçağ anlayışının dışına çıkamamıştı, toprak köleliğinin kaldırılmasını, din adamları ve asiller tarafından zapt edilen ormanların, meraların ve ırmakların köy topluluklarına geri verilmesini, halkı sömüren ticarî şirketlerin ve korporasyonların lâğvedilmesini istiyordu. Düşüncelerini, yoksullarla ezilenlerin bu durumdan kurtulacağını ve güçlülerin zenginliklerini ve güçlerini yitirecekleri bir gelecek toplumdan söz eden İncil'den aldığı cümlelere dayandırıyordu. Bu kitapçıkta, Wiclef taraftarlarının ve Taborite'lerin etkisi açıkça görülmektedir. Hussİteler aleyhine Haçlı Orduları toplamış olan Sigismond'un bu kitaba imza atması akıl alacak şey değildi tabii. Ne var ki, İmparatorun adı halk kitlelerinin düşüncesinde hâlâ o kadar büyük bir saygı ve saygınlık uyandırıyordu ki, kitabın yazarı böyle bir çareye başvurmayı yararlı görmüş ve eserin başlığına Sigismond'un adını koymuştu.

Kırk yıl sonra, 1476'da Niklashausen'li bir genç çoban (bu gencin lâkabı Niklashausen dümbelekçisi idi) gelecek eşitlik çağı üzerine yaptığı konuşmalarla Würzburg bölgesinde ün saldı. Köylüler bu genci dinlemek için akın akın bulunduğu yere geliyorlardı. Sonunda bu kaynaşma öyle şiddetlendi ki, Mayence arşöveki, genç çobanı yakalattı ve Rafızî olduğunu söyleyerek ateşe attırdı.

1493 yılında, Alsace'da, Bundsohuh adında bir gizli köylü örgütü kuruldu. Bu örgüt, tanrısal hukuku (ya da doğal hukuk), insanî hukuku (ya da pozitif hukuk) yerine geçirmek ve emekçileri üzerlerine çöken yükümlülüklerden kurtarmak istiyordu. Örgüt, sonunda ortaya çıkarıldı ve şefleri idam edildi. 1514 yılında, Wurtemberg düklüğünde; asillere ve zenginlere karşı yoksul köylüler ve şehirliler tarafından Yoksul Conrad adında bir örgüt kuruldu. Bu örgüt de, senyörlerin dalavereleri ya da kuvvet kullanılmak suretiyle ortadan kaldırıldı.

Köylüler arasındaki bu devrimci harekete paralel olarak, şehirlerdeki zanaatkârlar arasında da komünist karakter taşıyan bir kaynaşma göze çarpıyordu. Erfurt'da (1509), Alm ve Schwabisch-Hall'de (1511), Brunswick ve Cologne'da (1513) yoksul emekçilerin ayaklandıkları görüldü. Az para alan ve din adamlarının mevkii bakımından alt kademelerine mensup olan şehir vaizleri aynı zamanda halkın en yoksul zümrelerinden geldikleri için İncil'de, Musa'nın toplumsal yasalarında ve ilk Hıristiyan topluluklarının yaşayış biçiminde, o günkü toplumsal hayatın kusurlarına ve aksaklıklarınla bir çare arıyorlardı. Bu vaizler bir yandan komünistlerle reformcular, öte yandan şehirlerle, köylerin emekçileri arasında bir aracı rolü oynuyorlardı. Vaizlerin oynadığı bu rol, toprak sahiplerini, zengin burjuvaları, yüksek asilleri ve Luther, Melanchton vb. gibi din reformcularını kızdırıyordu. Rotenburg arşivcisi Thomas Zweifel, bu konuda şöyle şikâyetlerde bulunuyordu : "Böylece, Kutsal İncil ve Tanrının Kelâmı kötü bir yanlış anlamaya konu oldu. Hıristiyan sevgisi hakkında konuşulduğu zaman halk, bütün malların kolektif olmasını, otoritenin, asillerin ve her çeşit baskının kalkmasını istiyordu. Birisine borç para verilecek olsa, geri alınmaması gerekiyordu. Otoriteler mukavemet gösterdikleri zaman, halk onları Tanrının kelâmını söylemeye engel olmakla suçlayacak kadar küstahlık gösteriyordu.

5 — Hümanizma Ve Anabaptism

Ortaçağın sonu ve Yakınçağların başlangıcı yani orta ve batı Avrupa'da köylülerin ayaklanmağa başladıkları çağ, Avrupalıların düşüncesi ve duygusu üzerinde derin etkiler yapan üç büyük hareketle damgalanmıştır. Bu hareketler şunlardır:

1. Rönesans (yani antik çağların düşünce ve sanatının yeniden doğuşu),

2. Hümanizma (yani Grek ve Latin edebiyat ve dillerinin sistemli bir şekilde incelenmesi),

3. Reform (yani kilisenin ulusal bir reforma tâbi tutulması).

Rönesans ve Hümanizma, Katolik eleştirinin yanında, serbest incelemenin, antik düşünce ve duygunun, aklın otoritesinin gittikçe daha fazla önem kazanmasına yol açtı. Ortaçağın Grekler ve Latinler hakkınca bildikleri kilisenin otoritesine tabi kılınmış ve onun hizmetine verilmişti. Buna karşılık XV. yüzyıldan sonra, antikite bağımsız bir otorite gibi ele alınarak hayranlık uyandırdı ve apayrı incelemelerin konusu haline geldi. Türk istilâsından kaçan ve o çağın fikir bakımından en gelişmiş ülkesi olan Floransa'da (İtalya) yerleşerek orada dillerini öğretmeye başlayan Grek bilginleri kendi edebiyatlarının eserlerini İtalyanca, Almanca, Flemenkçe, İngilizce ve Fransızcaya çevirmeye başladılar. Thomas de Kempis öğrencilerinin en iyilerinden altısını, Grek dilini incelemek üzere Floransa'ya gönderdi. Nitekim Ortak Yaşama Kardeşleri'nin öğretimlerinde Hümanizmaya büyük bir yer ayırdıklarını görmüştük.

Ortaçağın çökmesi aynı zamanda, skolâstiğin ve bu düşünce biçiminin belli başlı felsefî otoritesi olan Aristoteles'in etkisinin ortadan kalkması anlamına geliyordu. Skolâstiğin yerini serbest inceleme ve akla karşı duyulan inanç almış, Aristoteles'in yerine de Platon geçmişti. Platon, üslûbunun güzelliği ile olduğu gibi felsefî ve politik düşüncenin zenginliği ile ve ayrıca anlayış gücünün yüksekliği dolayısıyla hümanistlerin en fazla beğenip sevdikleri yazar olmuştu. Floransa'da açılan Platon akademisine büyük sayıda yabancı öğrenci gelmişti. Pek az zaman önce gerçekleştirilmiş olan baskı tekniği bulgusu klasik antikitenin kültür hazinelerinin merkezî ve Batı Avrupa'ca yayılmasına hizmet etmişti. Platon'un "Devlet" ve "Yasalar" adlı eserleri, toplumsal reformlardan yana olan hümanistlere, bu düşünürün komünizm anlayışını tanıtmıştı. Erasmus (1467 -1536) ile İngiliz Thomas Morus (1480-1535) komünizme taraftar görünüyorlardı. Morus, ilerde üzerinde duracağımız Ütopya adlı eserin yazarıdır. Çağında, büyük saygı gören ve etki yapan Erasmus teoloji bilginlerinin Eski Ahit kutsal kitabının Grekçe metnine ve Kilise Babalarının yazılarına ilgi duymalarında büyük rolü olmuştur. Erasmus, Exegese' inde İsa'nın öğretisini, stoacıların ve Platon'un anlayışı içinde yorumlamıştı. Teolojiyi basit bir ahlâk felsefesi haline getirmişti. Bir Hıristiyan özel olarak hiçbir şeye sahip olmamalıdır diyordu Erasmus. Çünkü bir kimsenin sahip olduğu her şey, yeryüzü nimetlerini tek tek insanlara değil, insanların içinde yaşadığı topluluğa veren Tanrıdan geliyordu. Morus, Ütopyasını yayınladığı zaman, Erasmus bu kitabın yayınlanma haberini dostu Ulrich de Hutten'e yetiştirmekle gecikmemişti. İsviçreli hümanistler 1518 yılında Bâle'de Ütopyanın bir ikinci baskısını yapmışlar ve 1524'de Almancaya çevrilmesin sağlamışlardı. Bu olaylar, o çağda komünizme duyulan ilgiyi açıkça göstermektedir.

Genel olarak, Katolik kilisesine bağlı kalan bütün hümanistlerin komünizme karşı sempati duyduklarını, hiç olmazsa toplumun köklü bir reformdan geçirilmesi gerektiğini düşündükleri ve iyi işler yaparak insanın ruhunu kurtarabileceğine inandıklarını söyleyebiliriz. Buna karşılık, Lutherci hümanistler antikomünist kimselerdi ve dar bir küçük burjuva zihniyetinden mülhem oluyorlardı. Wittenberg'in en önemli Grek ve Latin dilleri uzmanı Melanchton bunlardan biriydi. Melanchton, Latin edebiyatında, Kilise Babalarının yazılarında ve Yeni Ahit'te komünizm ve doğal hukuk lehindeki metinlere karşı çıkabilmek için büyük bir çaba harcıyordu. Bundan ötürü, özel mülkiyetten yana olan Aristoteles'i, Kudüs Hıristiyan topluluğundan ve Aziz Ambroise ile Chrysostome'dan daha önemli buluyordu.

Reform hareketinin o çağın burjuvazisinin içine düşmüş olduğu manevî buhrandan doğmuş olduğunu açıklamıştık. Bundun ötürü, komünist proleter nitelik taşıyan her şey, reformun tiksintisini çekiyordu. Luther, Aziz Jacques'in söylediklerini, proleterlere uygun düşünceleri dile getirdiği ve gelecekte kurulacak bir devletten söz ettiği ve ayrıca insan ruhunun kurtuluşunun iyi işlerden geleceğini söylediği için kabul edemiyordu.

Occam'ın komünist skolâstik tilmizleri, Alman düşüncesinde derin izler bırakmışlardı. Tübingen teoloji profesörü Gabriel Biel, özel mülkiyetin günahtan doğduğunu ileri sürüyordu. Aynı zamanda, bütün insanların aslında eşit oldukları hakkındaki Hıristiyanlık öğretisini benimsemişti.

Luther'in faaliyetlerinin başladığı anda ortaya çıkan ve köylülerin devrimci hareketlerine paralel olarak gelişen anabaptiste hareketin etkisi çok daha derin olmuştur. Anabaptiste hareket, ilk olarak Thuringe'de, Saxe'da ve İsviçre'de ortaya çıktı. Buralardan güney Almanya'ya, Avusturya'ya Moravya'ya vb. yayıldı. Bu harekete mensup olanlar Hıristiyanlık topluluğuna girişin sembolü olanak Aziz Jean Baptiste'i kabul ettikleri ve yeni doğmuş çocukların vaftiz edilmesini hiçe sayıp yetişkin insanların vaftiz edilmesinin (Baptiste) bir anlam taşıdığını ileri sürdükleri için Anabaptiste diye adlandırılmışlardı. Zaten vaftiz edilmek onlar için bir sembolden başka şey değildi. Bu akımda bizi ilgilendiren şey, kitabımız bakımından İncil metinlerine dayanan komünizmdir. Bu akımın içinde, Ortaçağ'ın bütün Rafizî hareketinin kaynaştığı görülür. Anabaptiste'ler, Yeni Ahit'in toplumsal ahlâk anlayışını ciddiye alıyorlardı. Böylece, Dağ Üzerinde Öğüt'ün buyurduklarını uygulamaya, havariler çağına dönmeye ve Tanrı'nın krallığının kuruluşunu hazırlamaya çalışıyorlardı. Anabaptiste hareketini tutanların birçoğu zanaatkârlardı. Şeflerinin birçoğu ise, hümanizmayı ve teolojiyi iyice bilen kimselerdi. Nasıl gerçekleşeceği üzerinde anlaşmaya varmamış olmakla birlikte, hepsi de mal mülkün ortaklaşalığı ilkesini kabul ediyorlardı. Anabaptiste'ler iki kola ayrılmışlardı. Hans Denk, Conrad Gabriel, Felix Manz, Balthazar Hubmeir gibi şeflerin yönetiminde olan İsviçre anabaptisteleri şiddete başvurmayı doğru bulmadıkları ve her çeşit devlet baskısını reddettikleri halde, nerdeyse patlak verecek olan köylü isyanlarının doğurduğu elektrikli hava içinde yaşayan Alman anabaptisteleri, bütün araçların kullanılmasının ve bu arada şiddete başvurmanın geçerli olduğunu kabul ediyorlardı. Sözgelimi Thomas Münzer'in davranışı bunun en iyi örneğiydi. Bunla karşılık, erişilmesi gereken amaç konusunda Thomas Münzer'in fikirlerini kabul eden Karlstadt ve Sebastian Franck, şiddet kullanılmasının aleyhindeydiler. Ne var ki, bütün Alman ve İsviçreli anabaptisteler ve komünistler, genel olarak Luther, Zvwingli ve Calvin gibi reformculara karşıydılar.

6 — Sebastian Franck Ve Thomas Münzer

1500 yılında Donauwörth'de doğan ve 1542'de Bale' de ölen Sebastian Franck, Münzer'in çağında yaşamıştı ve andan on ya da on iki yaş ufaktı. Franc ve Münzer'in her ikisi de Luther'in başlatmış olduğu harekete heyecanla katılmış olan teoloji bilginleriydi. Ama Luther'in küçük burjuva dogmatizminden ve anlayışsızlığından bıktıkları için ondan ayrılmışlar ve kendi yollarını çizmeğe koyulmuşlardı. Münzer devrimci bir şef, Franck ise mistik ve komünist bir yazar oldu. 1528 yılında Franck papazlık mesleğinden vazgeçerek, kimi zaman matbaa işçisi kimi zaman da sabun atölyesi işçisi olarak yalnız el emeğiyle hayatını kazanmağa ve kitaplarını yazmağa başladı. Franck'ın komünist inançlarını dile getiren kitabı 1534'de yayınlandığı "Paradoks" lardır. Bu kitap, Franck'ın Kilise Babalarının ve Alman mistiklerinin eserlerini çok iyi tanıdığını göstermektedir. Yazar, önce Paradoks sözünün anlamını açıklamakla işe başlar. Bu kelime aslında doğru olan forma herkesin yanlış diye kabullenmiş olduğu bir şeyi anlatmaktadır. Franck'ın kitabı 280 paradoksu ihtiva etmektedir. 153. paradoksta şunları okuyoruz:

"Ortaklaşa temizdir, senin ve benim ise pistir. Franck, genel olarak kabul edilmiş olan bir fikre yani ortaklaşa olanın kötü olduğu fikrine saldırır. Kullanılan dilin aslında ortaklaşa hayatı ve yaşamayı dile getiren ortaklaşa kelimesini kötü, aşağılık ve gayri ahlâkî kavramlarıyla karıştıracak kadar burjuvalaşmış olduğunu söyler.

Franck bu karışıklığa karşı çıkmaktadır. Tıpkı ışığa, havaya, kara ve yağmura ortaklaşa malik olduğumuz gibi, her şeye ortaklaşa sahip olmamız gereklidir. Ortak Tanrımız her şeyi ortaklaşa, temiz ve bir şekilde yarattı. İşte bundan ötürü, sadece ortaklaşa olan temizdir; buna karşılık benim ve senin insanın kulağını yadırgatan bir şeydir. Çünkü bu insanın yüreğine yerleştirilmiş bir duygudur. Her şeyin ortaklaşa olması gerektiği Tanrı'nın kendisi tarafından belirlenmiş ve kurulmuştur. İnsanların pis dedikleri ortaklaşayı Tanrı biricik temiz şey olarak görür. Buna karşılık insanların, istemeye istemeye iyi diye düşündükleri benim ve senin ise Tanrı tarafından kötü bir şey olarak görülmüştür. Bundan ötürü, ilk Hıristiyanlık topluluklarında her şey ortaklaşaydı. Hıristiyanlar arasında her şeyin ortaklaşa olması da bundan dolayı gereklidir. Bir şey ne kadar ortaklaşaysa o kadar asildir. Ne kadar asilleşirse o kadar ortaklaşa hale gelir. Özel mülkiyet tabiata aykırıdır.

Franck, çağının mücadelelerine katılmamıştı. Sayısı bir düzineyi geçen eserlerini yazmaya vermişti kendini.

Thomas Münzer ise bambaşka mizaca sahip bir kimseydi. Münzer, doğuştan devrimci bir kimse ve bir eylem adamıydı. Daima, zenginlerin ve senyörlerin karşısında ya da ılımlı reformlara karşı çıkarak baskı altında bulunan kitlelerin yanında yer alıyordu. Ufak tefek, esmer, siyah saçlı, gözleri alev alev yanan, çok güzel konuşlan ve halk tarafından sevilen bir kimseydi. Münzer, herhangi bir görüş ve topluluğa bağlanacak bir adam değildi. Daha ziyade anarşist tabiatlı, bağımsız, sadece kendi aklına eseni yapan ve şaşılacak kadar gözü peklikle davranan bir kimseydi. Hartz'da, Stolberg'de doğmuştu. Çok iyi bir öğrenim görmüş, Leipzig'de ve Francfort'da teoloji okumuş (1506), bir süre Halle'de yaşamış, 1519'da Leipzig'de Luther ile tanışmış ve Eck ile açık bir tartışmaya girişmek için Karlstad ile bu şehre gelmişti.

Luther'in faaliyetlerinin etkisinde kalan Münzer, başlangıçta reform yönünde çalışmalarda bulunmuştu. Luther'in tavsiyesi üzerine Zwickau'da dinsel bir görev almış ve orada anabaptistelerle ilişki kurma olanağını bulmuştu. Bundan sonra, Münzer'in mistisizme yöneldiğini, Alman Teolojisi' ni okuduğunu, Tauler'in ve Joachim de Flore'un eserlerini incelediğini ve toplumun, mistik komünist bir temel üzerinde köklü bir şekilde değiştirilmesi gerektiği fikrini savunduğunu görüyoruz. Luther Papa'dan İncil'e dönmüş olduğu halde, Münzer İncil'den bütün doğayı ışığı ile dolduran ve her şeyi herkese ortaklaşa olarak vermiş olan Tanrısal ruha ve derunî (içsel) aydınlığa dönüyordu.

Böylece, Luther'den ayrılması kaçınılmaz hale gelmiş oluyordu. Hayatının geri kalan son dört, beş yılını sıkıntılarla, oradan oraya dolaşmakla ve mücadeleyle geçti. Zwickau'daki vaizlik görevinden çıkarılmış, daha sonra Prag'a gitmiş, oradan Nordhausen'e geçmiş ve bir aralık Alstaedt'de rahat eder gibi olmuştu. Bu son şehirde, tapınma konusunda getirdiği yenilikleri ortaya koymuş ve komünist eylemlerde bulunmuştu. Prensler, senyörler ve zenginler aleyhine yaptığı konuşmalar o bölgenin köylü ve işçi kitleleri tarafından büyük bir coşkunlukla dinleniyordu. Etkisi o kadar büyümüştü ki, Luther'in kışkırttığı Saksonya prensleri bile Münzer aleyhinde tedbir almaya cesaret edememişlerdi.

Almanya'nın güney batısında hazırlanmakta olan köylü ayaklanmasının yankıları Thrungin'e kadar ulaşmıştı. Münzer sabırlı davranılmasını öğütlüyor, ama aynı zamanda "İncilin Düşmanları" adlı bir gizli topluluğu da örgütlendiriyordu. Komünist düşüncelerini, sadece İncil'den, Kilise Büyüklerinin yazılarından ve mistiklerin öğretilerinden değil, Platon'un Devlet'inden de çıkarıyordu. 1524 yılında kendisine bağlı olanlara, yakında dünyanın kökünden değişeceğini ve iktidarın halka geçeceğini söylüyordu. Bu inanç o çağlarda Almanya'da adamakıllı yaygındı ve birçok prensler için bu düşünceye bağlanmışlardı.

Mansfield bölgesinde konuşmalar yaptıktan sonra, Münzer Thuring'de Mulhausen'e geldi. Çok zengin bir sanayi şehri olan Mulhausen'de, 1523 yılından beri, Heinrich Pfeiffer adında bir vaiz halkı, toprak sahipleri ve zenginler aleyhinde kışkırtıyordu. Öyle ki, bu durum karşısında Konsey, şehrin yönetimini adamakıllı demokratlaştırmıştı. Münzer burada kendine elverişli bir ortam bulmuştu. Ama Konsey'e etki yapan Luther, hem Münzer'in hem de Pfeiffer'in faaliyet göstermekten men edilmeleri ve şehri terk etmeleri hakkında karar almıştı. Münzer ve Pfeiffer, anabaptiste Hans Hut'un yanına Bebre'ya gittiler. Burada arkadaşından ayrılan Münzer, Luther aleyhinde bir kitapçık yayınlamak üzere Nurenberg'e geçti. Daha sonra bir süre İsviçre sınırına yakın yerlerde kaldı ve anabaptistelerle dostluk kurarak genel köylü ayaklanmalarının ilk belirtilerini gözlemek olanağını buldu. İsviçre sınırı yakınında Hegau kantonunda, köylüler daha 1524 yılında ayaklanmışlardı. Münzer bu bölgede bir süre kalarak Eski Ahit, toprak ve tarım reformu üzerine vaazlar verdi. Genel ayaklanmanın yaklaştığını sezince, Thuringe'de ve Mansfield bölgesinde devrimci hareketin başına geçmek üzere hemen eski faaliyet yerine döndü.

7 — Köylü Savaşı

1525 yılının mart ayında devrimci hareket adamakıllı genelleşmişti. Allgau'dan Hartz'a; Wasgau'dan Bohemya'ya kadar köylüler ve şehir halk kitleleri topluca mücadeleye girmeye başlamışlardı. Kimisi demokrasinin ve toprak reformunun gerçekleşmesini kimisi de komünizmin eksiksiz bir şekilde uygulanmasını istiyordu. Bununla birlikte, devrimci hareketin çekirdeğini köylüler temsil ediyordu. Bu köylülerin gerçekleşmesini istedikleri program şu on iki maddeyi ihtiva ediyordu:

Madde 1- İlk isteğimiz bugünden itibaren, bütün köylü topluluklarının kendi papazını kendisi seçmek hakkına sahip olması ve kötü bir hareketini görünce görevine son verebilmek yetkisine sahip bulunmasıdır.

Böylece seçilen papaz bize, Kutsal Kitabı olduğu gibi açıklamak, herhangi bir insanî geleneği açıklamalarına katmamak ve gerçek inancı tanıtmak zorundadır. Tanrının bize inayetini istemek arzusu vermesi, bu inancı yüreklerimize yerleştirmek konusunda istek göstermiş olmasından doğmaktadır. Bu inayetini bahsetmemiş olsa, Kutsal Kitabın açıkladığı gibi, bizler hiç bir işe yaramayan bir et ve kan yığınından başka şey olmayız. Gerçekten de, ancak hakikî inançla Tanrıya ulaşabilir ve onun rahmetini elde edebiliriz.

Madde 2- Eski Ahit'in buyurduğu ve Yeni Ahit'in ortadan kaldırdığı aşarı vermeğe hazırız, ama bunu doğru bir şekilde yani Tanrı'ya verir gibi vermek istiyoruz.

Bundan ötürü aşarın, Tanrı sözünü açıkça bize anlatan papaza verilmesinin doğru olduğunu düşünüyoruz. Nitekim seçtiğimiz kimseler, aşarı almak ve bunun bir kısmını kendisinin ve ailesinin geçimini sağlamak üzere papaza vermekle görevli olacaklar.

Aşarın geri kalan bir kısmı, seçtiğimiz kimselerin belirlediği miktarda, köylerde yaşayan yoksul kimselerin durumları göz önünde tutularak bu yoksullara dağıtılacaktır.

Bir ya da daha fazla topluluk, zorunlu olarak, bu aşarı satacak olursa, satın alan namuslu kimse, kâğıtlarını gösterdiği takdirde hiçbir zarara uğramayacaktır Böyle bir kimse ile dostça ve Hıristiyan adalet ve hukuk anlayışına uygun olarak uzlaşmaya çalışacağız. Ama bu belgeleri göstermeyen ya da bizzat kendisi ya da ataları zorla ve gayri meşru bir şekilde bu hakkı elde etmiş olan kimseler, Kutsal Kitap aşarı sadece papazlar ve yoksullar için meşru gördüğünden bizim tarafımızdan haksız bulunacak ve davasını kaybetmiş olacaktır.

Küçük aşara gelince, bunu ödememeye kararlıyız. Tanrı, hayvanları, insanlar onlardan serbestçe yararlansınlar diye yaratmıştır. Bundan ötürü küçük aşarı insanlar tarafından icat edilmiş haksız bir şey olarak görüyor ve bu aşarı bundan böyle veremeyeceğimizi açıklıyoruz.

Madde 3- Bugüne tadar bize acınacak toprak köleleri gözüyle bakıldı. Oysa İsa, büyük toprak sahipleri için olduğu kadar çobanlar için de, yani bütün insanlar için o kıymetli kanını dökerek bizi kurtardı ve affettirdi.

Kutsal Kitaba göre bizler özgür doğmuş bulunuyoruz. Öyleyse özgür insanlar olalım. Ama biz hiç bir kayıtta olmayan mutlak bir özgürlüğe sahip olmak istemiyoruz. Tanrı bize böyle olmamızı söylemiyor.

Bundan ötürü biz Tanrının yasasına göre yaşamak, otoriteye baş eğmemiz gerektiğini belirten sözlerine uymak, herkese karşı alçakgönüllülükle davranmak istiyoruz. Öyle ki, bütün doğru ve Hıristiyanca işlerde, seçtiğimiz ve kurduğumuz otoriteye yani Tanrı'nın bize verdiği otoriteye isteyerek baş eğiyoruz.

Bunların sonucu olarak, iyi ve gerçek Hıristiyanlar gibi bize de özgür insan niteliği vereceğinizden ve bu niteliği kabul edeceğinizden şüphe etmiyoruz. Kabul etmezseniz, bize Kutsal Kitap'ta nasıl açıklanmış olduğumuzu ve kim olduğumuzu gösterin.

Madde 4- Bugüne kadar köylülerin av hayvanı avlamak, kümes hayvanı bakmak ve balıkçılık yapmaları yasak edilmiş ve bu bir gelenek halinde süregelmiştir. Bu karar bizce, Tanrı'nın sözleriyle uyuşmayan, adaletsiz, bencil ve kardeşçe olmayan bir karardır.

Hatta bazı toprak sahibi senyörler, av hayvanlarının bize verdikleri zararı bile kabul etmiyorlar ve biz, Tanrı'nın insanlar tarafından yararlanılsın diye anlattığı tarlaların çakıldan yoksul hayvanlar tarafından harap edilmesine ses çıkarmamak zorunda kalıyoruz. Bu, insanlığın deliliği ve zorbalığı demektir. Çünkü Tanrı, insanı yarattığı zaman, ona toprağın hayvanları, havanın kuşları ve suyun balıkları üzerinde egemenlik hakkım tanımıştı. Nitekim meyveler de insanların malıdır ve açlığını gidermek isteyen her yoksulun meyve toplamak hakkına sahip olması gerekir.

Bir kimse su birikintilerine sahipse ve bunları namuslu bir şekilde satın almış olduğunu belgelerle gösterebiliyorsa, biz onun elinden bunların zorla alınmamasını ve kendisine Hıristiyanlığın gerektirdiği şekilde davranılmasını isteriz. Tasarruf hakkını yeterince ispat edemeyen kimse ise, mallarını bunlardan herkesin yararlanabilmesi için topluluğa satmak zorundadır.

Madde 5- Şimdi de orman meselesinden şikâyet etmek istiyoruz. Senyörlerimiz her şeyi kendileri almışlar ve köylüler oduna ihtiyaçları olduğu zaman bunu parayla satın almak zorunda kalmışlardır.

Din adamı olan ya da olmayan senyörlerin satın almadan sahip oldukları ormanlar varsa, bu ormanların bakımıyla görevli olan ilgili kimseye haber verdikten sonra odunu bedava alabilmelidir.

Odun satın alındığı takdirde topluluk, bu odunu tasarrufunda bulunduranlarla kardeşçe ve Hıristiyanlığa uygun bir biçimde anlaşmalıdır. Belli bir zamanda satın alınmış odunlar daha sonra yeniden satılacak olursa, duruma göre ve kardeşlik sevgisi ile Kutsal Kitapların buyrukları gözden uzak tutulmaksızın anlaşmak gerekir.

Madde 6- Altıncı olarak, günden güne artan baskılardan şikâyette bulunmak ve bize karşı daha insanca davranılmasını, baskı yapılmamasını ve tıpkı babalarımız gibi Tanrı'nın kelâmına uyarak hizmette bulunduğumuzun hoşgörüyle kabul edilmesini talep etmek istiyoruz.

Madde 7- Yedinci olarak, bugünden itibaren senyörlerin bize çok iş yüklemesini istemediğimizi açıklıyoruz. Senyörler, bir köylüye, herhangi bir şey kiraladıkları zaman, köylü bu şeyi senyörle arasındaki anlaşmaya uygun olarak tasarrufu altında bulundurmalıdır. Senyörde, köylüden angarya, bedava hizmet ya da başka bir şey istememelidir. Öyle ki, köylü fazla yük altında kalmayarak malından yararlanabilmelidir.

Öte yandan, senyör bir hizmet istediği zaman, köylü bu hizmetin makul karşılığını alarak istenilen şeyi yerine getirmeli ve sadakatle davranmalıdır. Ama bu durumdan bir zarar görmemelidir.

Madde 8- Bizler ve özellikle aramızda mal mülk sahibi olanlar, konulan vergilerin ağırlığından şikâyetçiyiz. Bu köylülerin servetlerini kaybetmelerine yol açmaktadır.

Bundan ötürü, senyörlerin sözü geçen mal mülkü inceleyerek âdil vergiler koymalarını ve böylece aldığı ücrete lâyık olan her emekçinin boşu boşuna çalışmamasını istiyoruz.

Madde 9- Şikâyetimizin konularından biride, peş peşe çıkarılan yeni yasaların bize verdiği zarardır. Çünkü bugün bize artık mevcut şartlara dayanılarak ceza verilmemektedir. Ama cezalandırılmamızın sebebi, kimi zaman bize duyulan nefret, kimi zaman da bazı insanların korunması ve bu korunmadan cesaret almalarıdır. Bundan böyle, bize ceza verilirken otoritelerin himayesinde olmaktan değil yazılı yasalara dayanmaktan ve şartları göz önünde tutmaktan hareket ekileceğini tahmin ediyoruz.

Madde 10- Onuncu olarak topluluğa ait olan meraların ve tarlaların bazı adamlar tarafından mülk edinilmesinden şikâyet ediyor ve bu tarlalarla meraların yeniden topluluğa verilmesini istiyoruz. Yeter ki, sözü geçen tarla ve meralar meşru bir şekilde satın alınmış olsun.

Satın alma meşru bir şekilde yapılmamışsa, satanlarla alanların, duruma göre, dostça anlaşmaları gerekir.

Madde 11- Ölüm Durumu diye adlandırılan olayla ilgili bütün hükümlerin kaldırılmasını istiyoruz.

Dul kadınların ve yetimlerin, birçok kez görüldüğü gibi, ellerindeki mal mülkün şerefsizcesine alınmasını kabul edemeyiz ve bu duruma boyun eğemeyiz.

Bunları korumakla görevli kimselerin, bu zavallıların her şeyini aldıkları ve geriye kalan en önemsiz şeylerden bile onları yoksun kıldıkları görülmüştür. Tanrı, ortadan kalkması gereken böyle bir töreyi kabul edemez. Bize gelince, Ölüm Durumunda, elimizde kalan az ya da çok serveti hiç bir zaman veremeyeceğimizi açıklarız.

Sonuç - On ikinci maddemizde vardığımız sonuç yazılıdır. Bundan önce yazdığımız maddelerden biri ya da daha fazlası Tanrı'nın kelâmına uymuyorsa, bu uymazlık gösterildiği taktirde, sözü geçen maddeden vazgeçmeyi kabul ediyoruz. Kutsal Kitaplardan deliller getirilerek ispatlanmış olsun.

Alman köylülerinin bu on iki maddesi büyük bir ustalıkla yazılmıştı. Bu maddeler, akla uygun, ılımlı, saygılı ama aynı zamanda kesindiler. Bu maddeleri okuduğumuz zaman, sözü geçen maddeler aracılığı ile taleplerini dile getiren köylülerin, haklarının, onurlarının ve ödevlerinin bilincinde olduklarını görürüz. Onlar, kilisenin demokratik bir şekilde yönetilmesini, din adamlarının keyfî davranışlarına son verilmesini, İncil'e dayanmayan bütün vergilerin ortadan kaldırılmasını, toprak köleliğinin lâğvedilmesini, sular ve ormanlar üzerinde köy topluluklarının kullanım hakkının tanınmasını, derebeylik haklarının eski çağlardaki ölçülere göre belirlenmesini istiyorlardı. Bundan başka taşınmaz mallarla ilgili makul bir verginin tarh edilmesini, keyfî bütün cezalandırmaların kaldırılmasın, tarafsız bir yargı müessesesinin kurulmasını ve nihayet asillerin haksız yere gasp ettikleri toprakların köy topluluklarına geri verilmesini talep ediyorlardı.

Köylüler Savaşı, tıpkı İngiltere'deki köylü ayaklanması gibi cereyan etti. Başlangıçta, köylüler büyük başarılar elde ettiler ama tek amacı asillere askerlerini toplamak ve karşı saldırıya geçmek olan görüşlerin bir sonuç vereceğine kanmaktan kurtulamadılar. Zaten, köylülerin örgütlerinin olmaması, birlikten ve tek bir yönetimden yoksun bulunmaları son zaferi kazanmalarını olanaksız kılıyordu. Köylülerin çeşitli grupları peş peşe yenildiler. 1525 yılının sonbaharından itibaren köylü ayaklanması bastırılmıştı. Luther, prenslerden ve ayaklanan köylülere karşı duran otoritelerden yana çıkmıştı tabii. Luther'de, Aziz Paul'ün ruhunun küçücük bir parçası vardı, hem de iyi olmayan bir parça. Luther, hemcinslerine karşı derin ve coşkun sevgi duyan bir kimse değildi. Hele Aziz Pau'lün ya da herhangi bir Alman mistiğinin yüksek ahlâkî vicdanından eser yoktu kendisinde.

Köylü ayaklanması korkunç bir şekilde bastırıldı. Yurtsever bir yazar, bu olay hakkında şöyle yazıyordu: "Köylüler, yenildikleri her yerde sopayla değil akreplerle cezalandırıldılar." Bastırma hareketinin korkunçluğu, ayaklanmanın dehşetini kat kat geçmişti. Öldürülen köylülerin sayısının 130.000'i geçtiği tahmin edilmektedir. Zamanında kaçamayan köylü elebaşıları korkunç işkencelerle öldürüldüler. Köylülerin büyük bir kısmı topraklarından kovuldular. Senyörler bu kaçan köylülerin topraklarına sahip çıktılar ve geriye kalan köylüler toprak köleliği boyunduruğunu yüzyıllarca taşımak zorunda kaldılar. Bu durumda halkın kötümserliğe düşmesine ve Luther ile şöyle alay etmesine şaşmamak gerekir: "Bize Tanrı'dan söz etmeye kalkışan şu pis papaz da kim? Tanrının kim olduğunu ye da var olup olmadığını bilen mi var?"

8 — Anabaptiste Hareketin Bastırılması

Egemen sınıflar zafer kazanınca bastırma hareketini mutlaka sonuna kadar götürürler. Kazandıkları başarıyı sonuna kadar kullanırlar ve karşılaşmış oldukları tehlike ne kadar büyükse, yenilenleri o kadar şiddetle cezalandırırlar. Köylü isyanı bastırıldıktan sonra, anabaptiste hareketine, karşı geniş bir ortadan kaldırma kampanyası açılmıştı. Binlerce anabaptiste komünist yakıldı, başı kesilerek öldürüldü ve ortadan kaldırıldı. 1527 ile 1536 yılları arasında, Avusturya'da, İsviçre'de ve Hollanda'da bulunan anabaptiste'lerin kaderi, Ortaçağın Cathare'lardan farklı olmadı. Barışsever anabaptiste'ler bile bundan kurtulamadılar. İçlerinden birçoğu, hapse atıldı, ülkesinden, kovuldu, öldürüldü ya da malından mülkünden oldu. Anabaptiste'ler kendilerini bekleyen ölüme büyük bir huzur içinde gittiler. Hollandalı ve Alman anabaptiste'lerin hayatlarını kurtarmak için silaha sarılmaları sayılmayacak olursa, hiç birisinin direnmeye kalkışmadığı görüldü.

Alman şehirlerinde, XV. ve XVI. yüzyılda genellikle görüldüğü gibi, Münster'de de halkın yoksul tabakalarının çoğu, uzun zamandan beri zengin toprak sahipleri ve din adamları ile çatışma halindeydi. Köylü ayaklanmaları bu şehirde, geniş bir isyan hareketine yol açtı ve hem Konsey, hem de din adamları ancak bir takım tavizler vererek bu isyanı yatıştırabildiler. Ama Cologne arşöveki duruma müdahale ederek eski düzeni yeniden kurdu. Bu müdahale, anti katolik hareketi kuvvetlendirmekten başka işe yaramadı ve 1531 yılında Münster, kutsal kitap öğretisine (evangelisme) döndü ve bunu kabul etti. Bu hareket, Melancthon okuluna mensup Brent Rothmann adında bir teoloji bilginince yönetildi. Halkın hoşnutsuzluk duyan bütün zümreleri, yani zanaatkârlar, işçiler vb. bu din adamlarının çevresinde toplandılar. Bu kaynaşma hali, Hollanda'dan gelen birçok anabaptiste'in de katılması ile daha kuvvetlenmişti. Bu anabaptiste'ler arasında, özellikle emekçi Jean Mathys ve Leydel. Terzi Jahann Bockerson güzel konuşmaları ve enerji dolu davranışları ile dikkati çekiyorlardı. Yerli anabaptiste'ler arasında en çok ilgi çeken kimse kumaş taciri Bernhard Knipperdolling 'di.

Çok geçmeden, anabaptiste'ler şehirde iktidarı ellerine geçirdiler. Bunun üzerine, Münster Evek'i, onların üzerine askerî kuvvetler gönderdi ve 1534 yılında savaş ilân etti. Başlangıçta, anabaptiste'ler büyük başarılar kazandılar. Bazı yerlerde, Evek'in kuvvetlerini püskürttüler ve bazı yerlerde de geri çekilmeye ikna ettiler. Ama bu başarısızlıklardan umutsuzluğa kapılmayan Evek, şehri kuşattı. Bu sırada, şehirde yeni bir Konsey'in seçilmesi gerekiyordu. Anabaptiste'ler seçimleri kazandılar ve şehrin yönetimini ellerine aldılar. Böylece, savaşa girişmek ve mümkün olduğu ölçüde, anabaptiste ilkelerini uygulamak gerekiyordu. Bu konuda, elimizde, sadece anabaptiste'lerin Ortaçağdaki Rafızîlerle aynı akıbeti paylaştıklarını görüyoruz. Yani onlar hakkında bildiklerimiz sadece düşmanlarının verdikleri bilgilerden gelmektedir.

Seçimlerde iktidarı kazanınca anabaptiste şeflerden olan Mathys, Jean de Leyde. Knipperdolling ve Krechtıng yönetimi ellerine aldılar. Evek'in kuvvetleri ile çevrilmiş olan şehre herhangi bir hainlik yapılmaması için anabaptiste'lerin düşmanı olarak iyice tanınmış olanlar dışarı çıkarıldı. Böylece, şehrin içi hem düşmanlardan temizlenmiş oluyor hem de içerdekilerin sayısı azaltılarak iaşe (geçindirme) bakımından ekonomi sağlanmış oluyordu. Düşmanla anlaşmaya varmak isteyen ve şehrin içinde bulunan anabaptiste düşmanları kılıçtan geçirildi. İçinde bulunulan durumdan dolayı, anabaptiste'lerin gerçek bir komünist yönetim kurmaları olanaksızdı. Şehirde oturanların elinde bulunan bütün altın, zorla ya da ihtiyarî (sistemli) bir şekilde ortak hazineye devredildi. İncil'in metinlerine dayanılarak, ticarethane sahiplerinin ticaret yapmamaları zorunlu kılındı. Buna karşılık zanaatkârlık ve tarım teşvik edildi. Bütün şehir halkının ihtiyaçları genel fonlara dayanılarak karşılanıyordu. İncil'den bölümlerin okunduğu genel yemek yeme usulü konuldu.

Münster'deki hayatın Eski ve Yeni Ahit'e göre düzenlenmesi gerekiyordu. Topluluğa Yeni İsrail topluluğun şefine de Kral adı verildi. Konsey, On iki Kabilenin İhtiyarları, Münster de Yeni Kudüs diye adlandırıldı. Tanrının krallığının yeryüzünde gerçekleştirilmesi söz konusuydu. Eski Ahit'in hükümlerine dayanılarak çok karılı evlenme yeniden geçerli oldu. Bir erkek artık birkaç kadınla evlenebiliyordu. Bu durumun, anabaptiste'lere düşman olanlar üzerinde yapmış olduğu tepkiyi tahmin edebiliriz. Çok karılı evlenmenin gerçekleştirilmesi, anabaptiste'lerin ahlâksızlığının en sağlam delili olarak görüldü ve herkesi onlara düşman etmeye yetti.

On beş ay boyunca, şehri savunanlar, kendilerinden çok daha kalabalık olan düşmana karşı kahramanca mukavemet ettiler. Bu arada Hollandalı anabaptiste'ler Münster'i kurtarmak için aralarında kuvvet topladılar ama Hollanda hükümeti kuşatılmış olan şehre yardım etmek isteyenlerin bütün faaliyetini şiddetle bastırdı. Sonunda, yiyecekleri ve askerleri kalmamış olan, içerden hıyanetlerle, dışarıdan Evek'in askerlerinin saldırılarıyla zayıf düşmüş bulunan Münster şehri, 1535 yılı haziranında teslim oldu. Jean de Levde, Knipperdolling ve Kreohting, zafer kazanmış olan düşmanlarının eline düştüler.

Korkunç işkencelere tâbi tutulduktan sonra, 22 Ocak 1536'da idam edildiler.

9 — Son

Münster'in düşüşü ilk Alman devriminin sonunu göstermiştir. Senyörler her bakımdan zafer kazanmışlardı. Almanya, uzun bir duraklama devresine, hatta ekonomik, politik, toplumsal ve fikrî bakımdan bir gerileme çağına girdi. Şehir kültürünün çiçekleri solmuştu. Kapitalizm gelişmesi içinde donup kaldı. Köylüler, toprak köleliğine (serfliğe) mecbur edilmişler ve birçok bölgelerde topraklarını da yitirmişlerdi. Reform hareketi durdu. Çeşitli bakımlardan yenilgiye uğrayan bu hareket, Almanya'nın içinden bitkin, alçalmış ve paramparça olmuş bir halde çıktığı Otuz Yıl Savaşları felâketinin sebeplerinden biri olmuştur. Ama "Düzen" zafer kazanmıştı. Devrim yenilgiye uğratılmış ve Alman halk kuvvetleri uzun bir süre için ortadan kaldırılmıştı. 1850'den günümüze kadar süregelen Alman sefaleti, prenslerin ve asillerin ilk Alman devrimi üzerinde kazandıkları zaferin sonucundan başka bir şey değildir. Böylece, Almanya yüzyıllarca geriye döndürülmüş oldu. 1750 yıllarına doğru uyanmaya başladığı zaman da gelişmesi, geç kalmış meyveler vermekten başka bir şey yapamadı. Bundan ötürü, Goethe ve Winkelmann, Rönesans'ı, Francfort'taki Saint Paul Kilisesi Almam burjuva devrimini, Bismarck Alman Birliğini, Guillame II ve Bulow Alman dış politikasını tek başlarına temsil ederler. Bir yüz yıl içinde, Almanya, birkaç yüzyılın geri kalmışlığını telâfi etmek zorundaydı. Ama her şey geçti artık. Bu geç kalmış gelişmenin meyvelerini olgunlaştıracak olan güneş artık görünmüyordu. Ama ne olursa olsun, "Düzen" zafer kazanmıştı.

BÖLÜM VI

ÜTOPYALAR ÇAĞI

1 — Rönesans ve Hümanizme

Ütopyaların yazılma çağı, XVII. yüzyılın başından XVIII. yüzyılın sonuna kadar uzanır. Bu çağ, büyük keşiflerin, doğa bilimlerinin gelişmesinin, "Aydınlık" felsefesinin yayılmasının, aklın ve ahlâkın egemenliğinin çağıdır. Bu çağda, dogmatik düşünce serbest araştırmalara ve incelemelere, teoloji ve skolâstik de yerini felsefe ve doğa bilimlerine bırakmıştı. Mekanik en ön planı işgal ediyor ve matematik bu bilime yardımcılık ediyordu. Bilginler, bütün evreni, belirli kurallara göre hareket eden eksiksiz bir mekanizma, bir evrensel makine ya da şaşmaz bir saat gibi görüyorlardı. Ama bir mekanizmanın yapıcısının da mevcut olması gereklidir. Bu yapıcı Tanrıdan başkası değildir. İnsan aklı, bu yapıcının eserlerini saygı ve hayranlıkla seyrederek onun sırlarını öğrenmeğe çalışır. Din artık, Hıristiyan, Musevî ya da puta tapar bir nitelik taşımıyordu, ama deiste'dir. (Bu kelime Tanrı anlamına gelen 'Latince deus kelimesinden türemiştir).

Bu yenidünya görüşünü, Ortaçağ sonlarına doğru, Nominalizme' in gerçekçilik üzerinde kazandığı zaferler hazırlamıştı. Bu iki felsefî akım arasındaki mücadele, şehir ekonomisi ile feodal (derebeylik) ekonomisi, ya da yeni ve eski düzenler arasındaki mücadeleyi yansıtıyordu. Bu mücadelenin amacı, aklın durumunun ne olduğunu belirlemekti. İdelerin (genel fikirlerin) maddî dünyanın dışında var olduğunu söyleyen gerçekçiler aklın dine tâbi kılınmasından yanaydılar. Onlara göre, aklın görevi serbest araştırmayı mümkün kılmak değil, imanın hakikatlerine (rasyonel) aklî bir temel sağlamaktı. Tanrı ile dünyanın, iman ile düşüncenin birleştirilmesi gerekiyordu. Buna karşılık, Nominalist'ler, aklın, tanrısal şeylerle hiçbir ilgisi olmadığını söylüyorlardı. Tanrı ve ruh gibi bütün metafizik gerçekler, onlara göre, ancak imanın konusu olabilirlerdi. Bu konular, aksi dışı bir alana aittiler. Akıl bunları ne savunabilir ne de çürütebilirdi. Bundan dolayı akla üstesinden gelemeyeceği işler yüklemek doğru değildi. Akıl, günlük hayat ve zaman içindeki dünyada işe yarayan bir araçtı. Bundan ötürü, aklı, kendisine ait olan zaman içindeki dünya alanında çalışmaya bırakmalı ve kilisenin otoritesinden kurtarmalıydı.

Gerçekçi'ler yalnız bir çeşit hakikat tanıyorlardı. Dinde doğru olan şeyin, zaman içindeki hayatta da doğru olması gerekir diyorlardı. Buna karşılık, Nominalist' ler iki çeşit hakikatin yani imanın ve aklın hakikatlerinin var olduğunu kabul ediyorlardı. Dış görünüş bakımından birinciler, daha düşük bir düzeyde bulunuyorlardı; çünkü ancak bir çeşit hakikat tanıyorlardı ama bu hakikatler dine tâbi kılınmıştı. Bir bilgin, imanın hakikatleri ile çatışma haline girdiğinde, ya yanıldığını kabullenmek ya da Engizisyon'a gitmek zorunda kalıyordu. Ya da incelemelerini saklı tutmak ve ancak öldükten sonra açıklanmasını sağlamak zorundaydı. Abelard'ın, Copernic'in Galile'nin ve Giordano Bruno'nun başına bu çeşit olaylar gelmişti. İki ayrı çeşitten hakikatin var olduğunu kabul eden Nominalist' ler aklın denetiminden geçirmeksizin imanın hakikatlerine bağlı kalıyor ve gerçek birer Hıristiyan olma niteliği taşımaktan geri kalmıyorlardı. Ama maddî dünya söz konusu olduğu zaman, aklın gerektiği gibi araştırmalar yapmasını sağlıyorlardı. Copernic'in dünyanın güneşin çevresinde dönmesi ile ilgili bulgusu, bir Nominalistin kutsal kitaplara duyduğu inancı hiç sarsmadı. Bu skolâstik akımın çok önemli sonuçları olmuştur. İmanın hizmetkârı görevinden kurtulmuş olan akıl, doğa bilimlerinin gelişmesine ve yeni ekonomik düzenin yalanlarına serbest bir şekilde çalışabilirdi artık. Ama akıl, yavaş yavaş Nominalist'lerin kendisini sokmak istedikleri sınırların dışına taşmış ve dini sorguya çekmeye koyulmuştu. Akılcılık (Rasyonalizm) büyük gelişmeler göstermişti. Aklın, doğa bilimleri alanında yarattığı mucizeler, prestijini çok yükseltmiş ve dertlerine çare bulunmasını isteyenler gittikçe akla başvurmaya başlamışlardı. Hatta akım yaratıcı bir gücü olduğu bile kabul edilmeye başlanmıştı. Akıl, büyük filozofların ve kentin yapıcıların zihinlerinde faaliyete geçerek mükemmel topluluklar ve erdemli, mutlu halklar yaratabilirdi. Bundan ötürü, Fransız Devriminde olduğu gibi akla âdeta tapılacak derecede hayranlık duyulmasına şaşmamak gerekir.

Nominalizme' in zaferi, Rönesans'la yani antik edebiyat ve sanatların yeniden doğusuyla birlikte gerçekleşti. Ama Rönesans bundan daha fazla bir şeydi. Rönesans, Ortaçağ Doğu anlayışına ve bu anlayışın aklı küçümsemesi ve dünyanın maddî güzelliklerinden yüz çevirmesi aleyhine, Avrupa Batı anlayışının ortaya çıkması sonucunu vermişti. Avrupa, antik dünyanın bıraktığı yerden gelişmesini sürdürmeye ve Ortaçağ'ı barbarlık ya da cehaletle dolu bir çağ olarak görmeye hazırlanıyordu. Avrupalılar,

Ortaçağ bilincinin (şuurunun) boyunduruğundan kurtulmak için çırpınıyorlardı. Politikacılar ve İtalyan sanatçılar bu durumun en güzel örneklerini veriyorlardı. Buna karşılık, antik dünyanın mirasçısı olan Roma İmparatorluğu ile ilişkileri pek de yumuşak olmayan Alman ülkelerinde, reform hareketleri Rönesans'ın ilerlemesini ve gerçekleşmesini durdurdu ve hatta engelledi. Oysa İtalya'da, şehir hayatının ve ekonomisinin çok eski ve köklü olması, ayrıca antik dünya ile ilişkilerin kurulmuş bulunması, bu ülkede daha önce reform ile ilgili olarak sözünü ettiğimiz manevî buhranın pek hafif hissedilmesine yol açmıştır. Papalar, ruhanî şefler olmaktan çok cismanî hükümdarlardı. Papa VI. Alexandre (14921502) ve çocukları olan Lucrece, Borjiya ve Cesar Borjiya tamamen maddî hatta gayrı ahlâkî bir hayat sürüyorlardı. Cesar Borjiya, Makyavel'in "Prens" adlı eserinde sözünü ettiği prensin ta kendisiydi. Yani bütün peşin hükümlerden ve ahlâkî gerçeklerden sıyrılmış bir devlet adamıydı. Bu duruma isyan etmiş olan bağnaz bir Dominicain, yani Savonarole 1498 yılında öldürülmüştü. VI. Alexandre ve selefleri; Papa II. Jules (1503-1513), X. Leon (15131521) ve VII. Clemen (1523-1534) antik sanat ve edebiyatın yeniden doğuşunu yani Rönesans'ını teşvik ettiler. Çağlarının ünlü sanatçılarını korumaktan geri kalmadılar. Bunlar arasında Leonardo da Vinci, Raphael, Correge ve Michelange vardı.

Hümanistler, Nominaliste'lere Rönesans'ın temsilcilerinden daha yakındılar. Grek edebiyat ve dilini bilmeleri; özellikle Platon ve stoa felsefelerini tanımış olmadan, teorik de olsa, onlara din ve ahlâk üzerinde geniş görüşlere sahip olma olanağını vermişti. Ama yine de, bilerek ya da bilmeyerek, iki çeşit hakikatin yani dinî ve aklî hakikatlerin var olduğu görüşünü tutarlar. Platon'u seviyorlardı ama

İsa'yı ondan daha fazla seviyorlardı. Hem felsefeyi hem de dinin dogmalarını saygıyla ele alıyorlardı. Bunlar, bir yandan geçmişe bir yandan da geleceğe bağlı olan, geçiş çağı aydınlarıydı. Aralarında en ilgi çekenlerden biri Thomas Morus olmuştur. Morus, komünist bir ütopya yazmış ve papaya bağlı bir katolik olarak darağacında can vermişti. Büyük İtalyan ütopyacısı Thomas Campanella da hem akla hem de bilimlere karşı büyük bir saygı duyuyor ama Papanın otoritesine ve kutsal törelere saygı duymaktan da geri kalmıyordu.

2 — Maddecilik ve Doğal Hukuk

Pozitif dinden yüz çevirdikleri zaman, hem bireyleri hem de halk topluluklarının bu dinin yerine akılcı bir ahlâkı koymaları, fikrî gelişmenin her zaman rastlanan bir yasası gibi görünmektedir. Nitekim eski Yunanistan'da da durum böyle olmuştu. Grek mitolojisi gücünü yitirdiği zaman, felsefe, ahlâkî ve akılcı bir nitelik kazanmıştı. Bu işi gerçekleştiren İsa'dan önce 469-399 yılları arasında yaşamış olan Socrat'dı. İsa'dan önce Birinci yüzyılda Romalılarda, stoacı felsefenin gelişmesi de aynı şartlardan doğmuştu. Skolâstik teolojinin sarsılmasından sonra da aynı durumun ortaya çıktığı görülmüştür.

Akıl üzerine temellendirilen ahlak, saygınlık kazanmada başta yer almış ve hem XVII. hem de XVIII. yüzyılda felsefî düşüncenin temel konusu haline gelmişti. Hatta Hıristiyanlık bile, ahlâkın akla tamamen uygun olması bakımından haklı çıkarılmaya ve doğru bulunmaya başlamıştı. Ahlakî hakikatlerin herhangi bir dinî desteğe ihtiyacı olmayan sağlam hakikatler olduğu ve ahlâkın tıpkı yazı yazma ya da hesap yapma gibi kolaylıkla öğretilebileceği ve ahlâklı insanların tıpkı birer hekim ya da mühendis gibi yetiştirilebileceği düşünülüyordu. Aklın sınırsız bir gücü olduğu ve buna uygun olarak düşüncenin iradeyi belirlediği kabul edildiği takdirde, yukarda sözü geçen sonuçların birer doğal sonuç niteliği taşıdıklarını ve geçerli olduklarını söylemekten başka çıkar yol yoktu. Eğitim yoluyla her şeyin gerçekleştirilebileceği düşüncesi, XVIII. yüzyılda mutlak ve temel bir hakikat olarak kabul edilmişti. Ve eğitimin sadece okulda değil, hayatta akla uygun kurumlar, yasalar ve töreler aracılığı ile saklanabileceği ve bunların da komünizmin yaratacağı kurum, yasa ve töreler olduğu söyleniyordu.

Felsefe, doğa bilimlerinin etkisi altında, duyumcu ve maddeci olmaya yüz tutunca, yani aklımızın içinde doğuştan getirdiğimiz herhangi bir fikrin bulunmadığını, zihnimizin bir beyaz kâğıt gibi olduğunu ve bütün izlenimleri (intibaları) duyularımızın aracılığı ile dışarıdan edildiğini ve bundan ötürü fikirlerin dış dünyanın yansımalarından başka bir şey olmadığını ileri sürdüğü zaman, ahlâk ve adalete uygun fikirlerin edinilmesi için dış dünyayı ve toplumu aklın buyruklarına uygun düşecek biçimde değiştirmek gerektiği sonucuna kaçınılmaz bir biçimde varıldı. Devleti ve kısacası bütün insanî düzenleri de buyruklara uygun bir biçimde düzenlemek gerekiyordu. Buna göre, iyi vatandaşların ortaya çıkması, yani genel çıkarı özel çıkarların üstünde tutan kimselerin var olabilmesi için toplumu komünizm ve genel çıkarlar üzerine kurmak gerektiği düşünülüyordu. Dış dünyanın bu değişikliğinin insan zihni üzerinde doğal bir biçimde yansıyacağına inanılıyordu. İnsan düşüncesinin ve faaliyetlerinin, nedensellik yasasına göre nedenin etkiyi doğurduğu ölçüde, zorunlu olarak komünist bir anlayışa ulaşacağından kuşkulanılmıyordu.

Bu düşünceye, yeni keşfedilmiş ülkelerde, (Amerika) yapılmış olan gözlemlerin pekiştirdiği doğal hukuk anlayışıda ekleniyordu. Gerçekten de bu yeni ülkelerde, devletsiz ve özel mülkiyetsiz toplulukların yaşadığı görülmüştü. Bu gözlemlerden, insanların doğaya ne kadar yakınsalar özel mülkiyeti ve devlet baskılarını o kadar az tanıdıkları sonucu çıkarılmıştı. Bundan ötürü, Ütopya'lar bütün erdemlerin gerçekleşmiş bir halde bulunduğu uzak ülkelerden ortaya çıkmış gibi gösterildiler. Bu olgunun, daha önce Büyük İskender'in, Asya seferinden sonra ortaya çıkmış olduğunu görmüştük. Modern hukukçuların ve filozofların birçoğu, ilkel olarak yani doğal durumunda, komünizmin şu ya da bu biçim altında gerçekleşmiş olduğuna ve bundan ötürü komünizmin doğaya uygun bir şey olduğuna kesin olarak inanmışlardı. Bu konuyla ilgili kitaplardan alınacak cümlelerle koskoca bir eser oluşturabileceğinden eminim. Biz, sadece yakın zamanların en ünlü hukukçularından birinin yani Hugo Grotius'un düşüncesini buraya almakla yetineceğiz. Grotius (1583-1645) "Savaşın ve Barışın Hukuku Üzerine" (1625) adlı eserinde şöyle der: "Dünyayı yaratır yaratmaz Tanrı, bütün daha aşağı dereceden şeyler üzerinde insana hak tanıdı. Bundan ötürü, ilk zamanlarda, herkes her istediğini alabiliyor ve gücü yettiği her şeyi tüketebiliyordu (istihlâk edebiliyordu). Ama bu durum insanların ancak çok basit bir şekilde yaşadıkları ya da birbirlerine çok sağlam karşılıklı bir sevgiyle bağlı oldukları sürece devam edebilirdi. Birinci duruma, bu şekilde yüzyıllar boyunca yaşamış olan bazı Amerika halklarında rastlıyoruz. İkinci duruma ise Essenien'lerde ve Kudüs'ün ilk Hıristiyanlarında rastlıyoruz."

Komünizm doğa durumuna uygun olduğuna göre, aynı zamanda doğal (yani insan tabiatına uygun) ve aklî (rasyonel) bir şey de olmalıydı. Bundan dolayı, toplumu, aklî ve tabii (doğal) bir temel üzerinde kurmak gerekiyordu artık. Özel mülkiyet temeline dayanan toplumdan gelen kötülüklerin kaçınılmaz olduğu düşünülüyordu. Bunlar, doğaya aykırı ve akla uymayan bir ekonomik düzenin sonuçlarıydılar.

Bu komünizm anlayışı ile Ortaçağın komünizmini karşılaştırmak görüş noktasının ne kadar değiştiğini açıkça ortaya koyar. Ortaçağ'da mücadele genel olarak ahlak ve din alanında devam ediyordu. Bu mücadele iyi ile kötünün mücadelesiydi. Oysa burada mücadele fikrî bir alanda yapılıyordu. Yani bu hakikat ile yanılgının, bilim ile cehaletin mücadelesiydi. Burada ahlâkî uzlaşmazlık (antagonizma) ikinci dereceden bir rol oynuyordu ve ancak fikrî çatışmanın sonucu olarak ortaya çıkıyordu. Çünkü yanılgının iyiliği ya da kötülüğü hakikatten çıkan bir sonuçtu.

BÖLÜM VII

İNGİLİZ ÜTOPYALARI

1 — Thomas Marus

Thomas Morus, 1476 yılında Londra'da doğdu. Babası yargıçtı. Oğlunun iyi bir eğitim yapmasını sağladı. Thomas, Latin okuluna gitti, daha sonra o çağda İngiltere'de skolâstik ve hümanist bilimlerin merkezi olan Oxford'a devam etti. Babasının isteği üzerine, Londra'da hukuk okudu ve avukat oldu. Ama asıl merak ettiği konulara eğilerek felsefe, teoloji ve sosyoloji okudu; ayrıca Platon'un ve Aristoteles'in eserlerini inceledi ve çok geçmeden çağın en önemli hümanistlerinden biri olarak ün kazandı. Büyük selefleri Düne Scott ve Occam gibi o da Franciscaine tarikatına girmek istiyordu. Ama ruh ve beden bakımından temiz kalacağı konusunda vereceği sözü tutabileceğinden kuşku duyduğu için bu tarikata girmekten caydı.

Evlendi, aile babası oldu ve kendini mesleğine vererek çok geçmeden Londra'da herkesin saygı duyduğu bir insan haline geldi. Meclise girdi, Londra tacirlerinin danışmanı oldu ve Alman Hans tacir örgütü ile İngiliz tacirleri arasındaki anlaşmazlığı halletti. 1515 yılında, Kral VIII. Henri, Morus'u, İngiltere ile Flandra arasındaki ticari sorunları halletmek üzere Anvers'e gönderdi. Morus orada, Ütopya adındaki eserinin bir bölümünü yazmak zamanını buldu. 1518'de devlet hizmetine girdi ve Krallığın en yüksek görevi olan Lordşansölyeliğe atandı. Bu yeni görevde, İngiliz toplumunun zararını gördüğü kötülükleri yakından tanımak olanağını ele geçirdi. Bu kötülükler, köy topluluklarının ortadan kaldırılması, ekilebilecek toprakların mera olarak kullanılması ve Flandra ile yapılan yün ticaretinden ötürü zenginleşebilmek için senyörlerin, hayvan yetiştirmeğe merak sarmaları ve bu amaçla köylüleri topraklarından kovmalarıydı.

Thomas Morus, kesin olarak doğal hukuktan yanaydı. Amerika'nın keşfi ve buradaki yerli halkın yaşama sınırlarının öğretilmesi, onca doğal hukukun doğru olduğu konusunda en kesin delilleri vermişti. Ünlü kâşif Americo Vespuçi'nin seyahatlerini anlattığı sekiz sayfalık bir kitapçıkta yazdıklarını büyük bir ilgiyle okumuştu. 1501 yılının mayıs ayında Lizbon'dan hareket eden yolcular, Kanarya adalarından geçmişler ve Verde burnuna varmışlardı. Burada insanlar doğa durumuna uygun bir şekilde yaşıyorlardı. Hiç birinin özel mülkiyeti yoktu. Her şeyi ortaklaşa kullanıyorlardı. Herkes orada kendisinin efendisiydi. Thomas Morus, doğal durumunda yaşayan insanların ahlâkî mükemmeliyetinden bir an bile şüphe etmiyordu. Masumluk ve doğa durumu onun için bir ve aynı şeydi. En büyük İngiliz hümanistlerinden biri olan dostu Jean Colet'ye yazdığı bir mektupta, köy hayatının erdemlerinden büyük bir hayranlıkla söz eder: "Köyde, şehrin tam tersine, toprağın yüzü güleç, gökyüzünün görünüşü alımlıdır. Her tarafta doğanın kutsal yerleri ve masumluğun kutsal izleri görülür." Morus, Ütopya'sında doğanın yasalarını ve doğaya göre yaşamanın sözünü sık sık eder.

Bu çeşit görüşleri benimsemiş olan Thomas Morus'un, zorba bir kral olan VII. Henri ile şiddetli bir çatışmaya girmesi kaçınılmaz bir şeydi. Bu çatışma, inanmış bir Katolik olan Morus'un, kralın özel hayatıyla ilgili bir olayı yani arka arkaya boşanmasını doğru bulmamasıyla su yüzüne çıktı. Vatana hıyanetle suçlandırıldı ve 1553 yılında idam edildi.

2 — Ütopya

Thomas Morus'un 1518'de yayınlanan Ütopya adlı eseri, Kilise Büyüklerinin ahlâk anlayışının ve hümanizma felsefesinin büyük bir toplumsal meseleye uygulanmasıdır. Bu mesele, genel olarak insan toplumunun, özel olarak da feodal ekonomiden burjuva ekonomisine geçmekte olan İngiliz toplumunun organizasyonu meselesidir. Eser iki kısma bölünmüştür: Birinci bölümde, toplumsal bir eleştirme yapılmakta ve özel mülkiyet üzerine dayanan toplumun kusurları ve özellikle XV. yüzyıl İngiliz toplumunun kötü yanları sayılıp dökülmektedir. İkinci bölümde örnek bir komünist toplum tasvir edilmektedir. Kitap, hikâye şeklinde yazılmıştır. Kitabın en önemli kahramanı Raphael Hyaloideus, büyük bir seyyah ve hümanist filozoftur. Ayrıca, eski Yunan düşüncesinin en iyi ürünlerini yakından tanıyan bir bilgin ve inanmış bir komünisttir. Ütopya'yı keşfeden ve toplumsal organizasyonun kusursuzluğunu gösteren Raphael Hyaloideus'tür. İkinci kahraman Thomas Morus'un kendisidir. Raphael'in yaptığı eleştirmeleri tüm olarak kabul eder ama komünizmin pratik olanakları, söz konusu olduğu zaman ve özellikle Hyaloideus' un öğütlediği yöntemlerle, sözgelimi bütün uzlaşmaların bir yana bırakılması düşüncesi ile hemfikir değildir. Üçüncü kavramları, bilgili ama tutucu bir kimse olan ve vatandaşlık ya da Hıristiyanlık bakımından kimseden aşağı kalmayan tacir Peter Egidius ticareti çok iyi bilmekte ve Hyaloideus'un eleştirmelerine karşı savunduğu mevcut düzenden memnun olduğunu belirtmektedir. Ama bu kahramanın rolü pek önemli değildir; çünkü mevcut düzen teorik bakımdan savunulamayacak bir şey olarak gösterilmiştir. Mevcut düzen Hyaloideus'a bir çeşit kendi eleştirmelerini değerli kılan bir gerçek hizmeti görmektedir. Böylece Ütopya, iki and akımı dile getirmektedir: Bunların birincisi tam bir komünizm, ikincisi toplumsal reformculuktur. Hyaloideus, "Özel mülkiyetin ve paranın her şeyin ölçüsü olduğu bir yerde, topluluğa âdil bir hükümet ve genel bir refah ihlalinin sağlanmasının zor ya da olanaksız" olduğuna kesin olarak inanmıştır. Buna karşılık, Thomas Morus, Hyaloideus'un söylediklerinin hepsine katılmamakla birlikte Ütopya'da, kendi ülkesinde görmeyi arzu ettiği birçok şeyin bulunduğunu kabul etmek zorunda kalmış haldedir.

3 — Toplumsal Eleştiri

Asillerin, bankerlerin ve saraya mensup kimselerin büyük gelirler elde ettikleri halde, köylüler, tarım işçileri ve zanaatkârlar için; yani mevcut olmasalar topluluğun yaşamasını sürdürmesinin olanaksız hale gireceği halk kitleleri için herhangi bir emniyetin bulunmadığı ülkelerdi hukuktan ya da adaletten söz edilemez. Emekçilerin kaderi, yük hayvanlarınkinden bile daha kötüdür. Çalışabilecek güçte oldukları sürece yoksulluktan başka bir şey elde edemezler. Yaşlandıkları ve hastalandıkları zaman da yoksulluğun ve sefaletin kucağına düşerler. Yaslalar her zaman onların aleyhinedir. Bütün bu olayları göz önünde tutunca, mevcut eski düzenleri zenginlerin kendi servetlerini korumak amacıyla kurdukları ve sürdürdükleri bir çeşit anlaşma olarak görmemek olanaksızdır. Gurur ve para bütün kötülüklerin kaynağıdır. Bunu zenginler de biliyor ve toplumsal düzeni değiştirmek için her şeyi yapmaya hazır bulunuyorlardı. Ama gururları bundan alıkoyuyordu onları. Onların mutluluğu başkalarının sefaletiydi.

İngiltere'de görülen bir başka kötülük kaynağı da ekilebilir arazinin sürüler için mera haline getirilmesiydi. Bir zamanların uysal hayvanları olan koyunlar birer canavar haline gelmişlerdi artık; köylünün kendisini ve toprağını yiyip bitiriyorlardı. İyi yün elde edilen yerlerde asiller, sabanın işleyeceği bir karış toprak bırakmıyorlardı. Emeğin kendilerine sağladığı gelirlerden ve tarımın sağladığı zevklerden memnun olup yetinmiyorlar; zenginlik peşinde koşuyorlardı. Ülkeyi, üzerinde yaşayan insanlardan yoksun kılmak ve her tarafı koyun sürüleriyle kaplamak hırsına kapılmışlardı. Çeşitli aldatma usulleri ve yasal ya da yasa dışı şiddet araçları kullanarak amaçlarına varıyorlardı. İşlenen toprakların azalması fiyatların yükselmesini kaçınılmaz bir şekilde gerektirdi. Bunun sonucu olarak da hizmetkârlar işten çıkarıldılar ve emeklerinden oldular. Ülkenin bütün serveti birkaç kişinin elinde toplandı. Yoksulluk ve işsizlik, hırsızlıkla serseriliği günlük olaylar haline getirdi. Toplum; hırsızların ve serserilerin çıkmasına önce sebep oluyor, sonra da onları cezalandırıyordu. Bu adil bir şey miydi? Hayatlarını kazanma olanakları verilmesi ve hiç kimsenin önce hırsızlaştırılıp daha sonra idam edilmemesi gerekirken, bu çeşit suçları işleyenlere korkunç işkenceler uygulanıyordu.

4 — Reform mu Yoksa Devrim mi?

Krallara ve hükümetlere toplumsal reformlar önermek yararlı mıydı? Bu soruya, Raphael kesin bir şekilde cevap verir: Hayır. Raphael'e göre bu tamamen yararsızdır. Ama Thomas Marus, kralların ve hükümetlerin reform yapabilme ihtimalinin kesin olarak reddedilmesini doğru bulmamaktadır. Yönetilmiyor diyerek, fırtına içindeki geminin dümenini bırakmak doğru değildir. Bundan ötürü, bir krala kabul edemeyeceği önerilerde bulunmakda doğru değildir. Akla uygun ve diplomatça davranarak, en iyi şeylerin gerçekleşmesi sağlanamazsa bile en kötüden kaçınabilmek olanağı sağlanabilmelidir. Çünkü insanlar kusursuz hale gelmedikçe, toplumun kusursuz hale gelmesi mümkün değildir. Bu ideal duruma varabilmek için aradan birçok yılların geçmesi gerekmektedir. Raphael bu düşüncelere şöyle cevap verir: "Krallar ve hükümetler, sadece savaş yapmakla, yabancı topraklar elde etmekle, ordularını kuvvetlendirmekle ve maiyetlerini kalkındırmakla uğraşırlar. Bakanları ve danışmanları onların bu tasarılarının gerçekleşmesine yardım etmekten başka iş görmezler. Bundan ötürü onların varlığına katlanılır. Mevkilerini elde tutabilmek amacıyla, bu adamlar, prenslere dalkavukluk eder ve onların çok bilge kimseler olduklarını söyleyip dururlar. Kralların sevgisini ve güvenini kazanmak için halkı baskı altınla alır ve sömürürler. Bu çeşit prenslerin yanında bir filozof ne yapabilir ki? Filozof, bu durumda gülünç bir insan, hatta daha kötü bir insan rolünü oynamak zorundadır. Filozof da hükümet kadar ahlâk dışı bir duruma düşecek ve halk onu böyle değerlendirerek fikirlerini küçümseyecektir. Herhangi bir kral, iktidarın kendisine bireysel çıkarı için değil, bütün yurttaşların yararı için verilmiş olduğunu söyleyen bir bakanı dinler mi? En küçük bir krallığın bile tek bir insanın egemenliği altına girmeyecek kaçlar büyük olduğunu, bir kral anlayabilir mi? Hayır. Bu çeşit işlerde diplomatlık yapmak iyi değildir. Toplumsal kötülüklere, ustaca tedbirlerle çare bulmak çabalarının hiç biri sonuç vermez. Asıl çare, bütün toplumsal sistemin kökten değiştirilmesidir. Platon, özel mülkiyetin hüküm sürdüğü bir ülke için yasalar yapmak istememekte tamamen haklıydı. Çünkü böyle bir ülkede hukuk bilginlerinin bile bilmediği yığınlarca yasa yapılabilir ama mutluluk ve barış yine de sağlanamaz. Çünkü özel mülkiyet var oldukça, ulusun en büyük ve en değerli bir bölümü aşırı çalışmaya ve yoksulluğa mahkûm olacaktır. Reformlar bu yaranın bir kısmını iyileştirebilirler ama aynı zamanda öteki kısmının durumunu daha da kötü hale getirirler, öyle ki ulusun belli bir kısmı bir başka kısmına tanınmış olan avantajlar yüzünden zarara girer."

Morus, bu komünist anlayışa şu şekilde karşı çıkar. "İnsanoğlunun elinden kişisel kazanç ve kişisel çaba harcama olanağı alınacak olursa (kolektif mülkiyet rejiminde bu böyle olacaktır), bu durum genel bir yoksulluk ve tembellik doğuracaktır. Öte yandan, üretim araçlarını ve insan hayatını koruyan yasalar ortadan kalkacak olursa, bu korkunç mücadeleler ve çatışmalar ile sonuçlanmayacak mıdır?"

Raphael, bu itirazlara, akıl, erdemli bir din ve iyi kurumlar sayesinde kusursuz bir hayat süren Ütopyalılardan söz ederek cevap verir. Raphael'e göre, komünizme yapılan itirazlar, iyi kurumların var olmasına engel olan ve akla uygun bir din ya da düşünce tarzına aykırı olan özel mülkiyetin üzerine temellenmiş bulunan bir düzenden çıkarılmaktadır. Buna karşılık; ütopyacıların karakteri, komünist alışkanlık ve komünist bir hayat biçimi aracılığı ile oluşturulmuş ve geliştirilmiştir.

5- Ütopyanın Kurumları

Platon'un ve hümanistlerin istediği gibi bir kral olan Utopus, kurak ve çorak bir yarımada olan Abraxa'yı ele geçirir ve verimli bir hale koyar. Bundan sonra Abraxa yarımadası, kralın adıyla anılmaya layık olur. "Eutopia" yani mutluluk ülkesi adını taşımayı hak eder. Aslında cahil yoksul ve dinsel anlaşmazlıklar yüzünden birbirlerine düşman kesilmiş olan halk bu kral sayesinde yüksek bir kültüre ulaşır ve insanlık duyguları, iyi ahlâkları, erdemleri, bilgileri ve maddî zenginlikleri bakımından yeryüzünün bütün öteki uluslarını geçerler. Eutopus'un bu amacı gerçekleştirmek için kullandığı araçlar eğitim ve komünizmdir. Eğitim, burada en geniş anlamında ele alınmış ve sadece okuldaki eğitim olarak değil dış dünyanın sağladığı tecrübeler, çalışma, töreler ve yasalar olarak düşünülmüştür. Ütopya adası, 54 bölüme ayrılmıştır ve bu bölümlerin her birinde yönetim, eğitim, ticaret ve sanayi merkezi olarak güzel ve büyük bir şehir bulunmaktadır. Hastaneler, şehrin çevresinde yer almaktadırlar. Buralarda oturanların hepsi aynı dili konuşmakta ve aynı törelere aynı yasalara boyun eğmektedirler. Bu eşitlik, aralarında anlaşma ve barış olmasını sağlanmaktadır. Bölümlerden hiçbiri 32 kilometre kareden daha geniş değildir ve hiçbiri kendi toprağını genişletmek istememektedir. Çünkü buralarda oturanlar, kendilerini toprak sahipleri olarak değil çiftçi olarak görmektedirler. Adanın ortasında başkent bulunmaktadır. Bu şehir, Amaurote, yani ulusal meclisin merkezidir. Ütopya Cumhuriyeti, bağımsız vilâyetlerin demokratik bir federasyonudur. Yasalar az ama yeterlidir. Böylece burada oturanlar, bu kanunları iyice bilemekte ve kanunlar üzerinde ince yorumların yapılması gerekmemektedir. Merkezî hükümet, her vilâyetten seçilen üç üyeden teşekkül eden 162 kişilik bir Senato ya da Konseydir. Bu Senato her yıl, genel meseleleri görüşmek üzere Amaurote'da toplanmaktadır. Senato, kimi zaman, bölge meclislerinin halledemediği sorunları çözmek için de toplanır. Yine Senato, kamu maliyet işleri ile ilgilenmektedir. Ama gerçek kamu yönetimi bölge hükümetlerinin elinde bulunmaktadır. Her vilâyette altı bin aile ya da çiftlik bulunmaktadır. Bunların her birinin en az kırk üyesi ve iki toprak kölesi vardır. Yine bunların her biri bir pater ve materfamifias tarafından yönetilmektedir. Otuz ailenin her biri her yıl bir phylarque ya da belediye reisi seçmektedir. Otuz ailenin on tanesi bir araya gelip bir üst phylarque seçmektedirler. Phylarque'lar meclisi, prensi ya da vilâyet başkanını seçer. Bu vilâyet başkanı ancak diktatörlük kurmak istediği konusunda kuşku uyandıracak olursa ödevinden geri alınabilir. Üst Phylarque'lar vilâyetin meclisini oluştururlar. Her iki günde bir toplanır ve toplantılarına iki phylarque çağırırlar. Genel sorunlar, Konseyin ya da seçim binalarının dışında tartışılamaz. Bu kuralı bozanlar ölümle cezalandırılır.

Tarım, topluluğun ekonomik temelidir. Ütopya adasında yaşayanların hepsi, teorik ya da pratik bakımdan tarım öğrenmek zorundadırlar. Her yıl, şehirlilerden bir kısmı çiftçilerin bir kısmının yerini alır ve onların işini yapar. Böylece, şehir ile köyün birbirine yabancı kalmaması sağlanmış olur. Tarımın dışında, Ütopya'da yaşayan herkesin bir meslek öğrenmiş olması gereklidir. Ütopya' da yaşayanlar, dokumacılık, marangozluk, demircilik ya da duvarcılık mesleklerinden birini seçmek zorundadırlar. Hayatın basit ve lüksün bulunmadığı Ütopya adasında bunlardan başka meslek yoktur. Genel olarak, herkes babasının mesleğini öğrenir. Phylarque'lerin ana görevi, herkesin kendi işini yerine getirmesine bakmaktır. Tembeller ve üşengeçler topluluktan kovulurlar. Çalışma günü 6 saattir. Herkesin çalıştığı yerde fazla çalışma diye bir şey yoktur. Ütopyalılar, yaşlı, hasta ya da öğrenci oldukları takdirde kol gücüyle çalışmak zorunda değillerdir.

Boş zamanlarında çalışan ve topluluğa bilim konusunda daha yararlı olacağını gösteren bir Ütopyalı çiftçi ya da zanaatkâr, bilginler arasına katılır.

İğrenç ve ağır işlerin hepsi kölelere yüklenmiştir. Bunlar başka yerlerde ölüm cezası yiyecek olan ama Ütopya'da sadece mahkûm edilmiş olan forsalar ya da yoksul yabancı emekçilerdir. Birincilere çok kötü davranıldığı halde, ikincilere yumuşak davranılmaktadır. Bunlar isterlerse kendi ülkelerine dönebilirler. Döndükleri zaman da mutlaka bir şeyler götürmeleri sağlanır.

Çok kadınla evlenme kesin olarak yasaklanmıştır Evlilik hayatında sadakatsizlik köleliğe mahkûm edilmek suretiyle cezalandırılır. Evlilikten önce saf ve temiz olmaya çok dikkat edilir. Evlilik, çok önemli ve kutsal bir kurum olarak kabul edilmiştir. Bundan ötürü, Ütopyalılar, birbirleriyle evlenmek isteyen kadınla erkeğin, evlilikten önce tanışmaları gerektiğini düşünürler. Yine bu sebepten ötürü, Ütopyalılarda, evlenmeden önce ihtiyar ve saygı değer bir kadının damada evleneceği nişanlısını göstermesi ve bugün bir ihtiyar erkeğin de geline müstakbel kocasını çıplak olarak takdim etmesi yerleşmiş bir töredir.

Ütopyalılar, zaman zaman birlikte yemek yemek için toplanırlar. Bu amacı gerçekleştirmek İçin, Ütopyalılara sağlığa yararlı besinlerin, yemeklerin verildiği büyük yapılar yapılmıştır. Her yemekten önce, erdemli olmaktan söz eden bir metin okunur. Yemek boyunca, yaşlılar can sıkmayan ciddî bir konu üzerinde konuşur ve gençlerin bu konuyla ilgili düşüncelerini açıklamaları için onları yüreklendirirler. Öğle yemeği kısa, akşam yemeği ise uzundur ve bu yemekten sonra, müzik parçalarının çalınması ve temiz eğlencelerin yapılması alışkanlık haline gelmiştir. Sabah dörtte kalkmak üzere herkes gece sekizde yatağına girer. Sabah ve boş zamanlar bazı metinlerin hep birlikte okunmasına ve incelemelere ya da oyunlara ayrılmıştır. Ütopyalılar, savaşı korkunç bir barbarlık hareketi olarak görürler. Ama bununla birlikte, düşmanların saldırılarından korunmak ya da zorbalık altında inleyen yabancıları kurtarmak amacıyla askerlik eğitimi görürler. Nitekim Ütopya adasının fazla nüfusunun işine yarayacak işlenmemiş toprakları olan ve bu halkın sözü geçen topraklara yerleşmesini engelleyen bütün uluslara da savaş açarlar. Çünkü Ütopyalılar, böyle bir yerleşmenin engellenmesini doğal hukukun çiğnenmesi olarak görürler.

Ütopya Cumhuriyetin kuruluşu, çalışma gününün kısaltılmasına ve vatandaşlara, fikri çalışmalarla ilgilenebilmek olanağını sağlayabilecek boş zamanları vermeye eğilimli bir kuruluştur. Onlara göre mutluluk burada aranmalıdır. Ütopyalılarda eğitim zorunludur. Çocuklar, müzik, mantık, aritmetik, geometri, astronomi ve coğrafya öğrenirler. Kendilerini gösteren öğrenciler, bütün kol çalışmalarından muaf (bağışık) tutulurlar ve sadece bilimsel çalışmalarla ilgilenirler. Bu çeşit öğrenciler bilginler arasında yer alırlar.

Ütopyalılar ahlak ve metafizik meseleleri üzerinde tartışmaktan hoşlanırlar. Ruhun ölümsüz olduğuna ve Tanrı'nın iyiliğini sonucu olarak mutluluğu tanımak amacıyla yaratıldığına ve öbür dünyada kötülüğün ceza gördüğüne, erdemli bir hayatın ise ödül kazandığına inanırlar. Aklın sınırlarını aşan bu dinsel gerçekleri, mantık yardımıyla ispat etmenin mümkün olduğuna inanırlar. Ama onların üzerinde en fazla tartışmayı sevdikleri konu mutluluk konusudur. Onlara göre, mutluluk, şehvet düşkünlüğünden ayırt edilmesi gereken zevkten yani ılımlı ve doğru zevklerden gelir. Mutluluğun kaynağını sadece erdemli olmakta gören stoacıların düşüncesine katılmazlar. Akla ve doğaya uygun hayat dedikleri zaman hem, başkasına ve hem kendilerine neşe sağlayan bir hayatı kastederler.

Ütopyalılar arasında mutlak bir dini serbestlik vardır. Eutopus, ancak bu durum sayesinde (yani dinin serbestliği sayesinde) insanların başına felaketler getiren dini çatışmaları ortadan kaldırabilmiştir. Düşünce serbestliği, onlara, dini meseleleri tartışabilmek; aleyhteki ve lehteki delilleri tartabilmek ve böylece dini özü hakkında genel bir anlaşmaya varabilmek olanağı sağlamıştı. Ütopyalıların çoğu, çeşitli şekiller içinde üstün bir manevi güce tapınmaktadırlar. Bu güç, evrenin yaratıcısı ve bütün eşyanın ilk sebebi olan şeydir. Ama tanrıtanımazlara iyi gözle bakmamaktadırlar.

Özet olarak, Hyaloideus şunları söyler: Ütopya, bu nama layık olan biricik topluluktur, gerçek bir cumhuriyettir. Bütün öteki ülkelerde, tek tek insanlar, başkalarının çıkarlarına zarar verecek biçimde kendi öz çıkarlarını düşündüğü halde, genel iyilikten söz edilip durulur. Hiçbir şeyin özel olmadığı Ütopyada durum bambaşkadır. Burada herkes kamu işleriyle (çıkarlarıyla) ilgilenmektedir. Ulusal zenginlik ne olursa olsun, hiçbir insanın yoksulluk ve açlığa karış bir güvenliğe sahip olmadığı başka ülkelerde, herkes salt kendisiyle ilgilenmek ve genel çıkarları savsaklamak zorundadır. Ama her şeyin kolektif olduğu yerde, kamuya ait depolar besinle dolu olduğu sürece hiç kimse aç kalmak korkusuyla karşı karşıya değildir. Bundan ötürü, topluluğun servet ile ilgilenmek herkesin çıkarlarının gerektirdiği bir şeydir. Böylece bir cumhuriyette, özel mülkiyet olmadığı halde herkes zengindir. Bu toplumsal rejim ebediyen süre gidecektir. Çünkü gururun ve paranın kaldırılması, Ütopyalıların, hırs duymaları için gerekli olan temeli de ortadan kaldırış aynı zamanda onları isyan etmek isteğinden ve bütün kötülüklerden uzaklaştırmıştır. Bu istek ve hırslar, öteki ülkelerde iç çatışmalara ve savaşlarla yol açmakta ayrıca en sonunda ulusların ve imparatorlukların çöküp yıkılmasına sebep olmaktadır.

6 — Yemi Atlantide

Thomas Morus'un trajik ölümü, İngiltere'de Katolikliğin gerilemesinin başlangıcının ve reform için yapılan mücadelenin sembolü olarak görülebilir. Eski ve yeni kilise arasındaki bu mücadele XVI. yüzyılın sonuna kadar sürdü.

İngiltere, sömürgeci İmparatorluğunun temellerini bu çağ içinde kurmuştur. 1584'de Walter Raleigh, Virginia sömürgesini kurdu. 1588'de İngiliz donanması, İspanyol donanmasını tamamen yenilgiye uğrattı. 1600 yılında Doğu Hindistan ticaret şirketi kuruldu. Yakın Çağların anlayışı, manevî ve doğa bilimler, tecrübe ve tümevarım (istikra) mantığı (yani deneylerden hareket ederek yasalar bulan düşüncenin kullandığı bilimsel yöntem) gittikçe daha fazla taraftar kazanmağa başladı. Yeni Çağın habercisi Francis Bacon, (Bacon de Verulam adıyla tanınmış ve 1560 ile 1626 arasında yaşamıştır). Galile ve Teesius gibi İtalyan bilginlerinin öğretilerine dayanarak "Novum Organum" adlı eserinde ampirik metodu (yani tecrübeye dayanan bilim metodunu) açıkladı ve "Yeni Atlantide" adlı eserinde bilimsel bir Ütopya ortaya koydu.

Aralarında ortak bir nokta bulunmamakla birlikte Yeni Atlantidc'in, Thomas Morus'un ütopyasının etkisinde yazılmış olduğu kuşkusuzdur. Bacon, insan mutluluğunu Morus gibi mülkiyet ilişkilerinin değiştirilmesi üzerine değil, bilimin üretime uygulanması üzerine temellendirilebileceğini düşünüyordu.

Yeni Atlantide, Güney Denizinde bulunan bir adadır. Bu ada, doğa bilimlerinin doğru bir şekilde uygulanması yoluyla, gelişmiş ve mutlu bir topluluk kurmuş olan bir bilge kanun yapıcı tarafından yönetilmektedir. Yeni Atlantide toplumunun merkezi, Süleyman'ın Evi ya da Altı Gün Üniversitesi' dir. Bensaiem başkentte bulunan bu kurumun amacı, nesnelerin gizli sebeplerini incelemek ve bilimin sınırlarıyla insanoğlunun güçlerini mümkün olduğu kadar genişletebilmektedir. Burada teknik ve fizik denemeleri yapabilmek için gerekli her çeşit imkân ve âlet, yani toprağın derinliğini incelemek için mağaralar, organik ve inorganik maddeleri yapmak için laboratuarlar, tarım denemeleri için çiftlikler, tıp araştırmaları yapmak için deneme yerleri, zanaat ve sanayi atölyeleri, yüksek ısıların sağlanması için fırınlar, ışığın ve sesin incelenmesi için yerler bulunmaktadır. Burada çalışan bilginler kuşların uçuşlarıyla ilgili deneyler yapabilirler. Su altında giden gemiler vardır. Ayrıca, elde edilen sonuçları inceleyen, onları bir araya getirip sonuçlar çıkartan felsefeciler de vardır. Bu mutlu topluluğun üyeleri, mucitlere karşı derin bir sevgi ve saygı duyarlar. Herhangi bir önemli keşif ya da icat yapan bilginin adına bir anıt dikilir ve bu bilgine büyük ödüller verilir. Dinsel törenler Tanrıya hayranlık duyulan eserlerinden davayı övmekten; bilimsel çalışmaları kutsaması için dua etmekten ve insanlara yaptıkları keşifleri iyi bir şekilde kullanma isteği vermesi için yalvarmaktan ibarettir. Laboratuarlar, icatlar ve keşifler, üretimin arttırılması; zenginliğin fazlalaştırılması ve adada yaşayanların hepsinin mutlu bir hayat sürmesini amaç edinen güçlerin çoğaltılmasını sağlarlar.

7 — Özgürlüğün Yasası

Kraliçe Elizabeth'in çağı (1558-1603) ticaret ve sanayi burjuvazisi ile birlikte onun müttefiki olan asillerin maddî ve fikrî bakımdan kuvvetlenip geliştiği bir çağ olmuştur. Elizabeth, burjuvazi ile anlaşarak herhangi bir çatışmaya girmekten kaçınacak kadar akıllıca hareket etmişti. Ama hedefleri olan Birinci Jacques (1603-1625) ve Birinci Charles (1625-1649) onun gibi davranmadılar. Özellikle bu sonuncusu, Yeniçağın getirdiği değişiklikleri hiç anlamadığı için mutlakıyeti kurmaya çalıştı ve ekonomik hayatı devlet hazinesi yararına işleyen bir şey sandı. Bundan dolayı, burjuvazinin dinî ve fikrî özgürlüğüne müdahalede bulundu ve şehir ekonomisinin, reformun, Rönesans'ın ve doğa bilimlerinin doğurduğu yeni akımlarla mücadele etmeye koyuldu. Böylece, 1642 yılında bir iç savaş patlak verdi. İhtilalci burjuvazi Olivier Cromvvell, 1649 da Kral Birinci Charles'ı boynunu vurdurmak suretiyle öldürdü.

Devrim olayları, komünizm ve doğal hukuk fikirlerinin yeniden ortaya çıkmasına yol açtı. Bu fikirleri kabul edenler kendilerine eşitleştiriciler ya da mezar kazıcıları adını verdiler. Bunlar sadece politik özgürlük ve cumhuriyetin kurulmasıyla yetinmeyip, toprağın millileştirilmesini ve her vatandaşın ekeceği küçük bir toprağının olmasınıda istiyorlardı. Buna yine kendileri önayak olarak ekilmemiş toprağı işlemeye başladılar. Sözcülerinin en önemlisi Gerard Winstansley'di. Bu adamın yazıları, Kilise Büyüklerinin toplumsal ve tarihsel görünüşü çok iyi bildiğini ve ayrıca kilise hukukunuda bildiğini göstermektedir. O günkü düzeni, bu teorik temele dayanarak eleştiriyordu. Winstansley, Tanrı'nın ya da aklın dünyayı yarattığı zaman doğal komünist hukukun geçerli olduğunu söylüyordu. Daha sonra bencillikten doğan ilk günahı, özel mülkiyet içgüdüsü ve ticarî ilişkiler ortaya çıkmış böylece insanlığın acı dolu tarihi başlamıştı. Egoist içgüdüler, ancak toprak mülkiyetini topluluğa vermek suretiyle önce hafifletilebilir daha sonra da tamamen ortadan kaldırılabilirdi. 1625 yılında yayınlanan "Özgürlük Yasası" adlı eserinde, herkese özgürlüğü ve ekmeğini sağlayacak olan bir toplumu; demokrasi ve komünizm üzerine temellenmiş bir yeni toplumun planını açıkladı. Bu topluluk şu şekilde yönetilecekti: Topluluğun başında ödevi, doğa hukukuna ve akla uygun yasalar yapmak ve bu yasaları uygulamak olan bir meclis bulunacaktı. Bu yasa, toprağın kolektif mülkiyetini sağlayacak, çalışmanın zorunlu olduğunu bildirecek, ticareti kesin olarak yasaklayacak ve zorbalığa ya da dine dayanan bütün yasa ve törenleri ortadan kaldıracaktı. Toprağın ürünleri ve zanaatkârların atölyelerinde yapılmış olan mamuller kamu mağaza ve depolarında toplanacaktı. Bütün tüketim malları, genel olarak komünizm düşüncesine uygun bir şekilde yönetilecekti. Her aile kendi gücüne uygun olarak üretim yapacak ve kamu mağazalarından ihtiyacı olan şeyleri alacaktı. Yasaların uygulanması işi ile halk tarafından seçilmiş memurlar meşgul olacaktı. Bu görevler için sakin ve düşünceli oldukları gibi, ayrıca zorba yönetimlerin acısını çekmiş olan ve bundan dolayı zorbalıktan nefret eden kimseler, ya da daha önceki hükümetlerin yönetimi sırasında cesaretleri, içtenlikleri ve fedakârlıkları ile kendilerini gösterdikleri halde bu yüzden hapse atılmış ya da cezaya çarptırılmış kimseler seçilecekti. Ayrıca bu görevlilerin, yapacakları işe gerekli tecrübeyi edinmiş olabilmeleri için kırk yaşından fazla olmaları da gözetilecekti. Bundan başka, her topluluk, vatandaşlar arasındaki anlaşmazlıkları çözecek olan barış yargıçları ve hakemler de seçecekti. Topluluklar, ürünlerin dağıtımına ve zorunlu çalışmanın uygulanmasına bakan görevli kimseler de seçeceklerdi. Bu görevlilerin altmış yaşından fazla olması gerekiyordu. Ayrıca, her topluluk, tembellikleri yüzünden çalışmaya, mahkûm edilmiş olan vatandaşları çalıştırmakla görevli kimseler de seçecekti. Eğitim zorunlu olacaktı. Bilim ve deney yöntemi iman ve metafizik ile ilgili problemlerin tartışılmasının yerini alacaktı. Çok karılı evlenme kesin olarak yasaklanacak ve vatandaşların törelere uygun yaşamalarına dikkat edilecekti.

8- Chamberlen ve Bellers

Devrim çağı ve daha sonraki yıllar, bir takım reformcuların ortaya çıkmasına sebep oldu. Bunlar arasında en önemlilerinden ikisi Pierre Chamberlen ve John Bellers'dir.

Chamberlen, 1649'da yayınlanan "Yoksulun Avukatı" adlı eserinde, emeğin her çeşit zenginliğin kaynağı olduğunu ileri sürer. Emekçiler her yerde, ulusun temel gücüdürler, çünkü topluma gerekli olan çalışmaların hepsini yapan ve çeşitli ülkelerin ordularında yer alıp dövüşen onlardır. Demek ki onlar da zenginler kadar hak sahibidirler. Hatta zenginlerin tükettiği her şeyi üretenler de onlardır. Bundan ötürü, zenginler kendilerini, zenginliklerin sahibi olarak değil yöneticisi olarak görmelidirler. Zenginliklerin yaratılmasının amacı, zenginlerin bundan yararlanması değil, sefaletin ortadan kaldırılmasıdır. Chamberlen, kiliseye ve krallığa ait arazilerin halkın yoksul kitlelerinin lehine olarak millileştirilmesini istemektedir.

John Bellers (1655-1725) bir quakerdı. 1936'da yayınlanan "Çalışma Toplulukları" adlı eserinde, zenginlerin, hayatlarını sürdürme konusunda doğrudan doğruya yoksulların emeğine borçlu olduklarını gösterir. Yoksulların emeği zenginlerin servetidir. Yine zenginlere, her birinde üç yüz kişi bulunan kooperatif niteliğinde topluluklar kurmalarını önerir. Bu üyeler, bütün tarım işlerinin gerekleştirilebilmesini sağlayacak şekilde seçilmelidirler. Her topluluk, aksiyonlar aracılığıyla sağlanabilecek olan 18 bin İngiliz liralık bir sermayenin yatırılmasını gerektirmektedir. "Bu topluluklarda yoksullar ilk Hıristiyanlık örneğine uygun olarak bir arada yaşayacaklardır." Değerin ölçüsü para değil, emeğin belli bir niceliği (kemiyeti) olacaktır.

9- Burjuva Toplumsal Teorileri

Daha önce gördüğümüz gibi, bütün Ortaçağ düşüncesini etkilemiş olan doğal hukuk anlayışı Yeniçağlarında toplumsal teorilerinin temelinde bulunmaktadır. İlkel komünizmden özel mülkiyete nasıl geçilmiş olduğu üzerinde o çağların en güçlü kafaları uzun uzun düşünüyordu. Bu geçişin sadece şiddet kullanmak, kurnazlık ve tefecilik etmek yoluyla gerçekleşmiş olduğu ispatlandığı zaman, burjuva toplumu ahlâkî bakımdan mahkûm etmek zorunda kalınırdı. Bundan ötürü, Occam'ın ve Wiclef in krallığı meşru bir şey olarak gösterdikleri gibi, özel mülkiyeti de meşrulaştırmak gerekiyordu.

Bu meşrulaştırma yine aynı biçimde yapıldı. Toplumsal ilişkilerin görüşmeler ve kontratlarla gerçekleştirildiği şehir ekonomik hayatının gelişmesinin etkisiyle, başlangıçtaki ilkel ve toplumsal durumun gittikçe daha karmaşık bir hal aldığı (bu halkın nüfusunun ve ürün talebinin ve komşu halklarla yapılan mübadelelerin artmasından doğmuştu) ve o güne kadar hepsi eşit ve özgür olan insanların toprağı bölüşmek, herkese yaşama ve özgürlük olanağı tanımak ve böylece kurulan düzeni sürdürmek için bir Devlet yaratmak amacıyla, gizli ya da açık bir biçimde anlaştıkları (sözleştikleri) kabul ediliyordu. Demek ki, özel mülkiyet ve Devlet, şiddet kullanılmak yoluyla değil, sözleşmenin (kontrat) yapılmasıyla ortaya çıkmıştı. Bu sözleşmenin sonucu olarak eski yasa kadar değerli olan bir yeni yasa ortaya çıkmıştır.

Eserlerini, İngiliz Devrimi sırasında vermiş olan tutucu İngiliz sosyoloğu Thomas Hobbes, başlangıçta her şeyin kolektif olduğunu ama bu durumun herkesle herkesin savaşmasına yol açtığını söylüyordu. Bundan ötürü insanlar, özel mülkiyet ve devleti kurmak ve bu devletin başına bir hükümdar getirmek konusunda anlaşıp sözleşmişlerdi. Bu çağdan sonra, halk şunu ya da bunu söylemek hakkını yitirmiştir. Çünkü başına bir kral seçmekle özgür bir şekilde karar vermek hakkını yitirmiştir.

İngiliz devrimini tutan ve 1689'da İngiliz burjuvazisinin kazandığı zaferi büyük bir coşkunlukla karşılayan Locke, Hobbes'in krallığın kökü ile ilgili olan yukarıda açıkladığımız teorisini reddetmiş ama özel mülkiyetin sözleşmeden daha önce, yani doğa halinde bile var olduğunu ileri sürmüştür. Demek ki, özel mülkiyet iki kat meşrulaşmış bir şeydi. Locke bu düşüncesini şöyle temellendiriyordu. Doğa'nın verdiği şeylerin ve zenginliğinin, bütün insanlara kolektif olarak ait bulunduğu besbellidir, ama doğanın ürünlerine ancak bireysel (ferdi) emek bir değer sağlamaktadır. Bundan ötürü, insanın üretmiş olduğu değerler, özel mülkiyet olarak yine bu insana aittir. İnsan doğadan aldığı şeylere kendi kişiliğinin parçası olan ve emeğinden doğan bir şey ekler. Ve bu "bir şey" ile onu kendi mülkiyeti haline getirir. İnsanın yaptığı nesneler ile doğanın el değmemiş nesneleri arasında fark işte bu bireysel emektedir. Bu emek, ürünlere doğanın onlara vermemiş olduğu şeyi ekler ve böylece ürünler insanın özel mülkiyeti haline gelir. Emek, mülkiyetin hukuki sıfatıdır. Doğa durumunda da aynı şey geçerliydi. Bundan ötürü özel mülkiyet, Locke'a göre, bu durumda da mevcuttu. Demek ki, özel mülkiyetin temeli doğal hukuktadır. Ama bu sadece bireysel emeğe dayanan özel mülkiyettir. Locke bunları söylerken, komünizmi değil, feodaliteye karşı burjuvaziyi savunmak istiyordu. Burjuva mülkiyetinin, emek sonucu olduğu halde, feodalitenin (derebeyliğin) mülkiyetinin yağma ve hırsızlık sonucu olduğu düşüncesinden hareket ediyordu. Mülkiyetin temelinde emeğin bulunduğunu ileri süren Locke'un bu tezi daha sonrakin sosyalistler tarafından ele alınmış ama bu sefer burjuvaziye karşı kullanılmıştır.

İktisatçı Adam Smith, "Ulusların Zenginliği" adlı kitabında ilkel kolektif mülkiyetin emekçiye emeğinin ürününü sağladığını ama yalnız özel mülkiyetin, emeğin verimliliğini sağladığını ve bundan dolayı haklı bir şey olarak görülmesi gerektiğini söylüyordu.

W. Paley de Ahlakçı ve Siyası Felsefe (1785) adlı eserinde aynı tezi savunuyordu. Bu kitap daha sonra İngiliz üniversitelerinde el kitabı olarak okunmuştur. Paley, özel mülkiyetin ahlâk bakımından olduğu gibi mantık bakımından da doğru bulunmayabileceğini söyler. Ama özel mülkiyetin, emeğin verimliliği için zorunlu olduğunu hemen ekler. Ünlü Güvercinler Hikâyesi' ni ortaya atan Paley'dir. Şöyle diyor:

"Bir tarlada yüz tane güvercinin bulunduğunu kabul edelim. Bu güvercinlerin hepsi toprağın verdiği şeyleri istedikleri gibi yemeyip, aralarından doksan dokuz tanesi hububatı bir yere toplamakta ve kendilerine sadece çöp ve saman gibi işe yaramaz şeyleri ayırmaktadırlar. Ayrıca başlarına, belki de içlerinde en zayıf ve kötü olan güvercini seçmişler ve hububatın hepsini ona bırakmışlardır. Kış boyunca, doksan dokuz güvercin açlık çektikleri halde hiç bir şey yapmaksızın başlarına seçtikleri güvercinin hububatı yiyip bitirdiğini seyretmektedirler. Sonunda aralarında cesur ve ötekilerden daha fazla acıkmış bir güvercin çıkıp hububat yığınından yemek üzere ileri atılır. O anda, doksan sekiz güvercin onun üzerine atılır ve cesur güvercini paralarlar. İşte, insan toplumunda da her gün bu olay cereyan etmektedir. Yüz kişiden doksan dokuzunun çalışmaktan ölecek hale geldiğini ve böylece aralarından birinin lüks ve bolluk içinde yaşamasını sağladığını görüyoruz. Doksan dokuz kişi yarı aç yarı tok yaşamaktadır. Üretim yapanlar onlardır ama emeklerinin meyvesini aralarından belki de en zayıf ve en kötü olana, bir çocuğa, bir kadına ya da bir deliye yedirmektedir. Sonra bu bir kişinin, kendileri tarafından yaratılmış ürünleri ziyan edip ortadan kaldırmasına sakin bir şekilde bakarlar. İçlerinden biri, kendi yarattıkları bu ürünlere dokunmaya yaklaşacak olursa hemen üzerine üşüşür ve onu hırsızlıktan dolayı idam ederler."

Bu durumun ne kadar mantıksız ve haksız olduğu bellidir. Özel mülkiyet, emeğin verimliliğini ve serveti arttırdığı söylenerek de haklı çıkarılamazdı.

İngiltere'de özel mülkiyetin haklı çıkarılması yukarıda açıkladığımız biçimde yapılmak istenmişti.

BÖLÜM VIII

İTALYAN ÜTOPYASI

1 — Tommaso Campanella

XIV. yüzyılın ikinci yarısında Roma İmparatorluğunun çöküşünden sonra, İtalya'nın başına gelenler Almanya'nınkinden daha acıklı ve hüzünlüydü. Yerli ve yabancı zorbalar, Papalığın ihtirasları, bölünme hareketleri ve şehirler pasif mücadeleler, ülkeyi tehlikeli bir duruma getirmişti. İtalya, edebiyat ve sanat alanında olduğu gibi bilim ve din alanında da yaratmış olduğu ölümsüz eserler sayesinde, Almanların öfkesinden, genişleyici Fransız politikasından, İspanyolların çevirdiği dalaverelerden ve daha sonraları Avusturyalıların budalalığından kendini kurtaramamıştı. Halk birkaç kere ayaklanmak teşebbüsüne geçmiş; gizli örgütler kurmuş, ama bunların hiç biri sonuç vermemişti.

Büyük İtalyan ütopyacısı Tommaso Campanella'nın, İspanyolların boyunduruğundan kurtulmak amacını güden böyle bir bahtsız ayaklanma teşebbüsüne karıştığını biliyoruz.

Campanella, çağının en göze çarpan insanlarından biriydi. 1586 yılında Calabre'da yoksul bir ailenin çocuğu olarak dünyaya geldi. Daha küçük yaşlarda felsefeye olan yeteneğini gösterdi. Albert le Grand'ın ve Thomas d'Aguin'in eserlerini iyice incelemişti ama Aristoteles'e karşı çıktı. Ve bütün hümanistler gibi oda Platon'a yöneldi. Daha sonra Platon'un "Devlet" adlı eserini Aristoteles'in saldırısını gözüne alarak savundu, öğrenmeye karşı duyduğu açlık öyle kuvvetliydi ki bir yandan eski Musevi mistisizmini incelerken bir yandan da doğa bilimleriyle uğraşıyordu. Dominicain'ler tarikatına girdi ama politika ile uğraşmaktan da geri kalmadı. Hümanistlerin iki yanlı kimliği Campanella'da açıkça ve iyi bir örnek şeklinde görülür. Dinî dogmalara ve akılcı düşünce biçimine bağlılık; hem papalığa hem de serbest araştırma anlayışına saygı duymak, çeşitli batıl inançlara ve büyücülüğe inanışla birlikte geniş bilimsel bilgilere sahip oluş, bir tarikata bağı olmakta birlikte politik konulara derin bir ilgi duymaktan da geri kalmayış.

Campanella'nın küçücük yurdunda ortaya çıkan politik mesele İspanyol egemenliğinin ortadan kaldırılması ve bağımsız bir devletin kurulmasıydı. Campanella, İspanyollara karşı girişilen mücadelenin ruhuydu sanki. Ayaklanma 1599 yılında yapılacaktı. Ama gizli örgüt bu tarihten önce de ele verilmiş ve Campanella, 1600 yılında tutuklanmıştı. Yirmi yedi yıl hapishanede yattı ve korkunç işkencelere tâbi tutuldu. Ama daha sonra Papanın müdahalesiyle hapis hayatının şartları hafifletildi ve hücresinde çalışmaya başladı. Campanella "Güneş Devleti" adlı ütopyasını işte bu sırada yazdı. Bu eseri ve başka yazılarını bir Alman'a verdi; bu adam kitabı Francfort surle-Main'cle 1620 ille 1623 yılları arasında yayınladı. Campanella, hapisten çıktıktan sonra Fransa'ya gitti ve Kral XIV. Louis ile nazırları tarafından büyük bir saygıyla karşılandı. Son yıllarını, Paris Dominicaîn manastırlarının sessizliği ve huzuru içinde geçirdi ve bu şehirde 1639'da öldü.

2 — Güneş Devleti

Platon, Devlet ve Yasalar adlı eserlerini vatansever, aristokrat ve filozof bir kimse olarak yazmıştı. Asıl amacı, iyi bir yöneticiler kadrosu, bir filozof kral ve işlerinin ehli memurlar ortaya koyabilmekti. Thomas Morus'un eseri Ütopya ise bir devlet adamının; Katolik ve demokrat bir yazarın eseridir. Campanella'nın da söylediği gibi, Thomas Morus'un Ütopya'sı model tutularak yazılmış olan Güneş Devleti, soyut bir düşünürün, bir keşişin ve bir akılcı filozofun eseridir. Campanella eseri için şöyle diyordu : "Felsefî bir topluluk fikri". Bu topluluğun temel nitelikleri arasında Devletin yönetiminde manastır yönetimi gibi sert davranmak, mutlakıyetçi yöntemlerle yöneticilik yapan filozof konseyleri, toplum hayatının aklî bir şekilde düzenlenmesi yer alıyordu. Morus, kötülüğün özel mülkiyete dayanan bir ekonomik hayattan geldiğini söylüyordu. Campanella' da özel mülkiyetin ve bireyciliğin kötü sonuçlarını Morus kadar şiddetle ortaya koyar ama asıl kötülüğü eğitimin kötülüğünde ve böyle bir eğitimle yetişen insanların kötülüğünde aramak gerektiğini söyler. Bundan ötürü, Campanella'ya göre toplum hayatındaki kötülükleri ortadan kaldıracak olan çare, manevî ve maddî bakımdan kusursuz bir eğitimde ve bu eğitimle erdemli ve iyi insanların yetiştirilmesinde aranmalıdır. Campanella, Platon ve Thomas Morus'dan başka Lycurgue' den de ilham alıyordu.

Güneş Devleti, Hospitalier tarikatının üstadı ile dünyanın birçok yerlerini gezmiş ve bu arada Güneş Devleti'ni de ziyaret etmek olanağını bulmuş ve bu devletin kurumlarını incelemiş olan bir Cenovalı seyyah arasında geçen konuşmalar şeklinde yazılmıştır.

Seyyah, Pasifik Okyanusunda bir adada dört site devletinin bulunduğunu, bunların üçünün Avrupa devletleri örnek alınarak kurulmuş olduğunu, dördüncünün ise Güneş Devleti olduğunu anlatır. Güneş Devleti, öteki üç devletin saldırılarına karşı durmak için siteyi yedi kat surla çevirmiştir. Bu devletin uyrukları kolektif yaşamaktadırlar. Hatta kadınlar bile şu ya da bu erkeğin özel mülkiyeti altında değildir. Evlilik özel bir iş değil bir devlet işidir. Campanella, özel mülkiyetin, bireysel aile mülkiyetinden doğmuş olduğuna inanıyordu. Belli bir kadından zevk alan erkekler, bu kadını yanlarında tutuyor ve onun doğurduğu çocuklara servetlerini ya da şereflerini miras bırakmak yoluyla sevgilerini gösteriyorlardı. Demek ki, bazı insanların belli bir takım malları kendilerine ayırmalarına ve yine kendi çocuklarına iyi şartlar hazırlamak için miras hakkını ortaya çıkarmalarına, bireysel (ferdî) babalık duygusu sebep olmuştu. Bu da ilkel komünizmi sona erdirmişti.

Güneş Devleti'nin başında, bir filozof papaz bulunmaktadır. Bu filozof papazın adı "Güneş" tir. Bu yüce kanun adamı, bütün manevî ve cismanî problemleri çözmek yetkisini taşımaktadır. Filozof papaz'ın üç bakanı vardır: Kuvvet, Bilgelik ve Aşk Bakanı. Bu bakanların birincisi savaş işleriyle uğraşır. İkincisinin işi bilim ve sanatla ilgili bütün problemlerle uğraşmaktır. Eğitim işleriyle de bu bakan ilgilenir. Üçüncü bakan da, fizik bakımdan olduğu gibi manevî bakımdan da sağlıklı, kusursuz insanlar yaratmakla görevlendirilmiştir. İnsanların okul ve örnek gösterilerek yetiştirilmesi, eğer daha önce bir takım eğilimler ve yetenekler bu insanlara verilmemişse büyük bir önem taşımaz. Bundan ötürü, birleşecek olan çiftçilerin seçilmesi önemli bir konudur. Bilgi ve eğitim, temeli iyi insanlar ortaya çıkarılabildiği takdirde başarılı sonuçlar verir. Bugüne kadar insanlar, sözü geçen konuda yalan yanlış düşünceler edinmişler ve bu düşünceleri benimsemişlerdi. Kuvvetli hayvan ve bitki türlerinin, yetiştirme ve eğitme aracılığı ile elde edilebileceğini çok iyi biliyorlardı ama kendi birleşmeleri yani insanların çiftleşmesi, eğilimlere ve bencil çıkarlara uygun olarak rastgele yapılıyordu. İnsanların seçilmesi ve eğitilmesi, Güneş Devletinin en önemli görevleri arasında yerdir. Cinsel hayatın amacı zevk almak ya da şehvet duymak değil, toplum yararına yeni insanlar ortaya çıkarmaktır. Bu amaçla, Aşk Bakanlığı şu kararnameyi çıkarmıştır: Çocuk yapma hakkına sahip olan erkekler sadece, fizik ve manevî bakımdan kusursuz olanlardır. Kusurlu ya da zayıf erkekler sadece kısır ya da gebe kadınlarla birleşebilirler. Kadınlar on dokuz, erkekler yirmi bir yaşından itibaren cinsel birleşme yapma hakkını kazanırlar. Yirmi yedi yaşına kadar cinsel hayata girmemiş kimseler özel olarak ödüllendirilecek ve onlar için yüceltici şarkılar bestelenecektir. Geçerli yaşa gelmeden önce, cinsel birleşme yapmak konusunda önüne geçilmez istekler duyan bir delikanlı, bu durumunu başındaki görevli kimselere, memurlara ve doktorlara açıklayacaktır. Bunlar, sözü geçen delikanlıya kısır ya da gebe bir kadın bulacaklardır. Evli çiftler, yıkandıktan ve Tanrı'ya kuvvetli çocukları olması için dua ettikten sonra haftada iki kere cinsel birleşmede bulunacaklardır. Yatak odaları, ünlü erkeklerin güzel heykelleri ile süslenmiş olacak ve kadınlar bu heykelleri seyredeceklerdir. Birleşme saati doktor ve müneccim tarafından belirlenecektir. O saate kadar karı ve koca ayrı odalarda yatacaklardır. Belirlenmiş saatte ihtiyar ve tecrübeli bir kadın odaları ayıran kapıyı açacak ve erkeği kadının yanına götürecektir. Evlenme hakkına sahip olan erkek ve kadınları birleştirenler, hepsi papazlık niteliğine sahip yöneticiler olacaktır. Bunlar, iri kadınları iri ve güçlü erkeklerle, şişman erkekleri zayıf kadınlarla ve zayıf erkekleri şişman kadınlarla birleştireceklerdir. Zihnî çalışmadan ötürü cinsel güçleri azalmış olan erkekler ateşli ve güzel kadınlarla birleştirilecektir. Öfkeli ve sinirli erkekler, sakin ve uysal kadınlarla, hayal düşkünü erkekler, gerçekçi anlayışa sahip kadınlarla çiftleşeceklerdir. Kısacası, mizaçlarla karakterlerin ve fizik ya da manevî yakınlıklarla özelliklerin dengeli ve uyumlu bir insan tipi ortaya çıkarması konusunda duyarlık gösterilecektir.

Gebeliği boyunca, kadın tıbbî gözlem altında tutulacaktır. Doktor yapılması gerekli perhizi açıklayacak ve ilâçları verecektir. Doğumdan sonra, anneler çocuklarını iki yıl emzirirler. Doktor gerekli görürse, bu süre daha da uzatılabilir. Memeden kesilince, erkek çocuklar erkek muhafızların, kız çocuklar da kadın muhafızların özenine bırakılır. Daha sonra eğitim başlar. Erkekler de kızlar da çırılçıplak olarak fizik çalışmalar yani beden eğitimi yaparlar. Zaten, her iki cins için de aynı eğitim uygulanır. Dersler kapalı yerlerde değil, açıkta yapılan gezintilerde ve özellikle üzerlerine coğrafya, astronomi, zooloji, botanik ve mineraloji ile ilgili levhalar asılmış ilan ve şehri çeviren yedi sur boyunca yürürken verilir. Öğretmenler, öğrencilerinin özel yeteneklerini ve yatkınlıklarını yakından gözleyerek otoritelere bu konuda raporlar yazmakla görevlidirler. Bu raporlara dayanılarak, çocukların ne gibi bir meslek seçmeleri gerektiğine karar verilir. Eğitimin amacı, her şeyden önce, üretici emekçiler yetiştirebilmektir. Bundan ötürü tarım ve meslek eğintimi geneldir. Bütün yetişkinler görevlerini isteyerek yerine getirirler, çünkü bilinçli bir etkinlik için yetiştirilmiş olan bir bedende mutlaka sağlam ve sağlıklı bir ruh bulunur. Herkes çalıştığı için çalışma günü dört saatten fazla değildir. Bütün meslekler aynı şekilde takdir edilir. Güneş Devletinde oturanların elbiseleri de yiyecekleri gibi sadedir. Kolektif mülkiyet ile aklî bir seçim ve eğitime dayanan bu düzen, ateşli bir topluluk ruhuyla ve büyük bir çalışma aşkıyla harekete gelmiş bir toplumun doğmasına yol açmıştır. Bu, bilimi seven, Tanrıya gerektiği gibi saygı duyan ve erdemli hayat süren bir toplumdur. Güneş Devletinde yaşayanlar, ölümsüz hayatı Tanrı'da ve mutlu yeryüzü hayatını da kolektif yaşamda arayan kimselerdir. Onlarda ne zenginlik, ne yoksulluk, ne tembeller, ne köleler vardır. Her şey ölçülü ve uyumludur.

3 — Komünizme Yapılan İtirazlar

Campanella, Aristoteles'den beri, kolektif mülkiyete karşı olanlarda rastlanan itirazlarla yani komünizme karşı ileri sürülen itirazlarla da ilgilenmiştir.

Birinci İtiraz: Komünizm insan doğasına aykırıdır. Cevabı: Campanella'ya göre komünizm sadece kabul edilebilir bir şey değil ama aynı zamanda mümkün olan bir şeydir. Havarilerin yönetimindeki Kudüs topluluğu komünistti. Nitekim Mark'ın yönettiği İskenderiye topluluğu da böyleydi. Papa Urbain'in zamanına kadar din adamları da komünizm düzeni içinde yaşamışlardı. Platon'un Devlet'i aziz Clement, aziz Ambroise ve Aziz Chrysostome tarafından beğenilmiş ve övülmüştü.

İkinci İtiraz: Komünizm insanı çalışmaya teşvik eden şeyleri ortadan kaldırır.

Cevabı: Özel menfaat ancak mülkiyetin insanlarda bencil içgüdüleri geliştirdiği yerde çalışmayı teşvik edici bir nitelik kazanmıştır. Çünkü özel mülkiyet, Hıristiyanların sevgi ve acıma duygusuyla topluluk duygusunu ortadan kaldırmıştır. Özel mülkiyet tutkusu, tefeciliği, insanın komşusuna karşı hınç duymasını kıskançlığı ve başka birçok kötülükleri doğurur. Bencil bir kimsenin sadece kendi özel menfaatinde, çalışmasını sağlayan teşvik edici bir yan bulması kolayca anlaşılabilen bir şeydir. Ama insanların, topluluk, çalışma şevki, iyilik ve erdem amaçları göz önünde tutularak yetiştirildiği ve üstelik her emekçinin hakkı olan ücreti aldığı ve her mesleğin aynı ölçüde saygıyla karşılandığı Güneş Devleti gibi bir toplumda, topluluk sevgisi, çalışmayı teşvik eden en önemli güdülerden biridir.

Üçüncü İtiraz: Güneş Devletinde kadınların ortaklaşa olması ahlâka ve doğaya aykırıdır.

Cevabı: Ancak bireye ve türe yakın olan şey doğaya aykırıdır. Cinayet, hırsızlık, zina, homoseksüellik vb. doğaya aykırıdır, çünkü bu davranışlar başkalarına zarar verir ve insan ırkının çoğalmasını engeller. Oysa kadınların kolektif olması, kimseyi gücendirmez ve kimseye zarar vermez. Ayrıca insan türünün gelişmesini de engellemez. Bu kolektivizm ahlâka aykırı da değildir. Çünkü bu, cinsel isteğin ilkel bir sonucu değildir. Cinsel istek tarafından değil, hesaplanmış ve ahlâkî bir topluluk çıkarı tarafından dikte edilmiştir. Topluluk yasaklarına ve bilim ile felsefenin kurallarına uygun olarak gerçekleştirilmektedir. Bundan ötürü Güneş Devletinde, cinsler arası rastgele birleşmeler yoktur. Herhangi bir anda, herhangi bir kadınla çiftleşmek olanaksızdır. Bu devlette cinsel hayat topluluğun çıkarlarına sıkı sıkıya ilintilidir. Ne var ki, bu cinsel hayat kilisenin buyrukları ile değil filozofların buyrukları ile düzenlenmiştir. Doğaya aykırı olmayan bir hareket, ancak, şehveti ya da bencil bir şekilde zevk duymayı amaç edindiği zaman kötüdür. Genel olarak, bireysel çıkarlar göz önünde tutularak gösterilen davranışlardan başkası kötü değildir.

BÖLÜM IX

FRANSA'DA TOPLUMSAL ELEŞTİRİ

1 — Fransa'da Ekonomik ve Toplumsal Durum

İngiltere ile Fransa arasındaki Yüz Yıl Savaşından (1320-1421) sonra, Fransa kralları merkezîleştirme politikalarını sürdürdüler. Bir bakımla, köylülerle zanaatkârların çıkarlarını savunarak asillerin, kilisenin ve korporasyonların imtiyazlarını kısıtladılar. İçerdeki durumlarını kuvvetlendirmeleri, dışarıda bir genişleme politikası gerçekleştirmeleri sonucunu doğurdu. XIII. Louis (1498-1515), Milano Düklüğü üzerinde hakkı olduğunu ileri sürdü ve Katolik Ferdinand'ın yardımıyla Napoli krallığını ele geçirdi ama sonra bırakmak zorunda kaldı. Charles Ouint' in rakibi ve çağdaşı olan I. François (1515 - 1547) İsviçrelilerle ve Alman İmparatorluğu ile savaştı. Ayrıca, eveklerin ve papazların atanması konusunda Fransa Kralının onayının şart olduğunu Papa'ya kabul ettirdi. Fransız reformcusu Jean Calvin (1509-1564) bu kralın çağında yaşamıştır. Katoliklerin misilleme hareketlerine maruz kalan burjuvaların bir kısmı ve bazı bilginlerle asiller, Calvin faaliyet alanını Cenevre'ye aktardı. II. Henri (1547 -1559) II. François (1559 - 1560) ve IX. Charles (1560-1574) çağlarında Fransız Calviniste'leri (Huguenot'lar) sık sık cezalandırıldılar ve öldürüldüler. Bu baskı en yüksek noktasına

Saint Barthelemy katliamında ulaşmıştır. Bu katliamda bir gece içinde tam 20.000 Calviniste öldürülmüştür. Dinin reforma tâbi tutulmasından yana olan Kral III. Henri (1574 - 1589) Keşiş Jacques Clement tarafından öldürüldü. Böylece Valois hanedanı sona ermiş ve Fransız tahtına Bourbon'lar geçmişti. Bu hanedanın ilki, proteston olduğu halde dininden dönen ve Katolikliği kabul eden IV. Henri'dir (1589 - 1610). Bu Kral, "Paris dinsel bir ayin kadar kıymetlidir" diyordu. Dinsel hoşgörü politikası (Nantes Fermanı 1598) ve köylüler lehine alınan tedbirler ülkenin ekonomik bakımdan gelişmesinde etki gösterdi. Bakanlardan Sully'nın de yardımıyla, IV. Henri, manüfaktürlerin (atölye, elyapımı sanayi), özelikle ipek, halı ve dantel üretiminin, zanaatların ve dış ticaretin gelişmesini sağladı. Ayrıca Kanada'da sömürgeler kurdu. IV. Henri, Habsbourg'ların Avrupa'daki egemenliğini yıkmak için muazzam bir plan hazırladı. Ne var ki; IV. Henri, Ravillac adında bağnaz bir adam tarafından öldürüldü. Halefleri olan XIII. Louis (1610 - 1634) ve XIV Louis (1643 -1715) ve yardımcıları Richelieu ve Mazarin ile birlikte, bir otorite rejimi kurdular, asillerin son iktidarını yıktılar. İspanya ve Almanya'ya karşı peş peşe savaşlar açtılar ve Fransa'da Calvinciliği baskı altında tutarken iç savaşı canlandırmak amacıyla Almanya'da Protestanlığı teşvik ettiler. Fransız politikası Almanya'da 1618'de patlak vermiş olan din savaşını uzattı. Gerçekten de, Fransa, Alman ulusunun gücünü kırmak amacıyla sürdürmemiş olsaydı, bu savaş 1635 yılında sona emiş olacaktı. XIV. Louis, daha sonra Hollanda'ya, İngiltere'ye, İspanya'ya ve Avusturya'ya karşı savaşlar açtı. Bu davranışı İspanya Veraset Savaşında (1701 - 1714) yenilgiye uğramasına kadar devam etti. Utrecht anlaşması ile (1713) sömürgelerinden birçoğunu İngiltere'ye bırakmak zorunda kaldı.

XIV. Louis çağında özellikle XVII. yüzyılın sonunda ve XVIII. yüzyılın başında Fransa'nın durumu çok parlak hale geldiği ve başkanların (özellikle Colbert gibi bakanların) ticaret ve sanayiyi geliştirmek için harcadıkları çabalar gerçekten çok fazla olduğu halde, istilâ savaşları, en sonunda ülkenin ekonomik hayatını berbat etti. Asiller Paris'e ve Versailles'a gelmişler, topraklarını kâhyalarına bırakmışlardı. Bu adamlar, işlettikleri topraklardan mümkün olduğu kadar kar sağlamaktan başka şey düşünmüyorlardı. Köylülerin sırtına binen vergi yükü gittikçe ağırlaştı ve bu sınıfı adamakıllı ezmeye başladı. Nantes fermanının yürürlükten kaldırılması Calvin taraftarı zanaatkârların Fransa'dan çıkmak zorunda kalması sonucunu doğurdu. Sarayın ısrarı, savaşlardan zarar görmemiş ne varsa hepsinin harcanmasına yol açıyordu. Zenginleşenler, sadece büyük burjuvazi, spekülatörler, vergi alanlar ve tefecilerdi. Bunların çocukları, büyük paralar vererek, yargıçlık görevlerini ve yüksek memurluk ödevlerini satın alıyorlardı. XIV. Louis'in ölümü sırasında, Fransız köylüsü yoksullaşmış, asiller kolayca para kazanmaya alışmış, burjuvazinin yüksek tabakaları zenginleşmiş ve bu burjuvazinin bir bölümü asilleşmişti. Ülkenin, bütün yükünü çekmek zorunda kaldığı savaşlar, yine bu ülkede yaşayan insanların çalışma ve tasarruf etme konularında duyduğu inancı kökünden sarsmıştı. Herkes bedavadan zengin olmak istiyordu. Bu çağ, kötü maliyecilerin çağıdır. John Law adında biri, aksiyonlar ve banknotlar çıkararak bütün Fransa'yı altüst etmiş ve korkunç bir malî buhranın eşiğine getirmişti. (1720) XV. Louis'nin çağı, 1750'den itibaren, sanayi devrimi ortaya çıkmayla ve özgürlük ihtiyacı kendini gittikçe daha şiddetle hissettirmeye başlamıştı. İktisatçılar, devletin ekonomik hayata katılmasının ve zamanı geçmiş geleneklerin etkilemesinin gittikçe aleyhinde bulunmaya ve doğal yasalara yer açılmasını savunmaya başlamışlardı. "Kilisenin otoritesi de, mutlakıyetçi ve feodal imtiyazlar da, köylülerin topluluk hakları da, eski korparasyonlar ve üretime engel olan çeşitli kısıtlamalar da kahrolsun!" diye bağırıyorlardı. Şehirlilerin, pozitif hukuk ve doğal hukuk teminatı altında serbest bir şekilde üretim yapmaları gerektiğini söylüyorlardı. Burjuva özgürlüğünün yarattığı sarhoşluk içinde, toplumsal hayatı eleştirenler, özel mülkiyet rejiminin parçalanması yönünde çalışmaya başlamışlardı.

Büyük ve gözü pek düşünürlerin ortaya çıktığı bir çağ açılmıştı, 1750'den 1793'e kadar Fransız düşüncesinin bütün dünyayı aydınlattığını söyleyebiliriz. Bu düşünce Devrim'in çok yakında gerçekleşeceğini haber veriyordu.

Mevcut düzeni eleştiren bu yazarları üç ana bölüme ayırabiliriz. İlk bölümde, komünizme karşı az çok eğilimli yazarlar, ikinci grupta burjuva yazarlar, üçüncüsünde de ütopyacı yazarlar bulunuyordu. Burjuva yazarlar, özel mülkiyetin yarattığı kötülükleri kaderci bir anlayışla kabul ediyorlar ya da reformlar yaparak bu kötülüklerin hafifletilmesi gerektiğini ileri sürüyorlardı. Ütopyacılar ise, gerçeğe sırt çevirerek hayal âlemlerine sığınıyorlardı. Fakat bu ayırmayı kesin bir şey gibi kabul etmemek gerekir. Çünkü birinci ve üçüncü bölümde bulunan yazarların birçok noktalar üzerinde birleştikleri görülür. Ne var ki, böyle bir ayırım, durumu kaba hatlariyle görmek bakımından yararlıdır.

2 — Toplumsal Eleştiriciler: Meslîer, Morelly, Mobty

Corneîlle'in, Racine'in ve Molîere'in trajedilerini ve komedilerini saray ve asiller için yazdıkları, La Fontaine' in masallarını ortaya koyduğu, Boussuef'in vaaz verdiği ve başka birçok yazarların XV. Louis çağını, Fransız edebiyatının altın çağı haline getirdikleri sıraca, Etrepagny köyünün yoksul bir papazı 1692 yılından beri görevinin başında bulunarak, köylüleri Hıristiyanlık yolunda yönetiyor ama için için bu dinin tepeden tırnağa saçma olduğunu düşünüyor ve mevcut düzeni, komünizm açısından ele alarak kesin bir şekilde mahkûm ediyordu. İçlerinde yaşadığı zavallı köylüleri sevdiği ya da yeterince cesur olmadığı için, bu papaz, devrimci düşüncelerini açığa vurmuyor, sadece yazı haline getiriyordu. Belki de ihtilâlci gerçeklerin söylenmesi zamanının henüz gelmemiş olduğunu ve bir kurban daha verilmesinin hiçbir işe yaramayacağını düşünüyordu.

Bu papazın adı Jean Meslier'di. 1664'de Champagne'da doğdu ve Etrepagny'de 1729 ya da 1733 yılında öldü. Voltaire tarafından açıklanmış şekliyle, yüz yıl boyunca eksik ve yanlış bir şekilde tanınmış olan eseri, 1864'de Amsterdam'da "Jean Meslier'nin Vasiyeti "adı altında üç cilt olarak eksiksiz bir şekilde basıldı. Bu kitap dini, halk kitlelerini şaşkınlık ve itaat altında tutmak için icat edilmiş bir şey olarak gören ve Hıristiyanlıktan tiksinen bir insanın eseridir. Meslier, korkunç bir sertlikle asillerin, krallığın, din adamlarının, militarizmin, memurların ve vergi mültezimlerinin ne olduğunu bu kitapta açıklamıştı. O çağın kurumlarına, hiçbir Tanrı tanımaz düşünür ya da demokrat Meslier kadar şiddetle hücum etmiş değildi. Bu hücumlar her şeyden önce XIV. Louis'nin Fransa'sına çevrilmişti ama aynı zamanda genel olarak monarşiyi, dini ve mutlakıyetçiliği de göz önünde tutuyordu. Bizi burada ilgilendiren yan,

Meslier'nin toplumsal eleştirileridir. Bakın bu konuda, neler söylüyor:

"Her yerde rastladığımız ve sürdürüldüğünü gördüğümüz kötüye kullanmalardan biri de, toprağın ürünlerini ortaklaşa (kolektif) kullanmak yerine buralara bireysel (ferdî) olarak sahip çıkmaktır. Her topluluğun üyelerinin kendilerini bir ailenin üyeleri gibi görmeleri ve herkesin çalışarak, herkese hayat için gerekli şeyleri üretecek biçimde emek vermeleri doğru olur. Topluluklar, egemenlik kurmak isteyen kimseler tarafından değil, en akıllı ve en iyi insanlar tarafından yönetilmelidir. Bu toplulukların, barışı sürdürmek ve karşılıklı yardımlarda bulunmak için birleşmeleri gereklidir. Küçüklerle büyükler, açlarla toklar, yoksullarla zenginler arasındaki uzlaşmazlığı yaratan şey, yeryüzü nimetlerinin bölüşülmesi yani özel mülkiyettir. Bu adaletsizlikler göz önüne alınırsa, yani bir yanda bulunan lükse ve öte yandaki yoksulluğa bakılırsa, bunların temelinde bir yanda erdemli bir hayat, öte yanda kötülük bulunmadığı görülür. Ayrıca Tanrının varlığına inanmak da olanaksızdır. Çünkü adaletin böyle tepe taklak edilmesine razı olacak bir Tanrı düşünülemez. İlk Hıristiyanlar kolektif bir hayat sürüyorlardı, ama mugalâtacı papazlar malların kolektifliği yerine komünyonu, yani hayalî zenginliklerin ortaklaşalığını koydular. Ama kendilerine gelince, keşişler, yeryüzü zenginliklerinin kolektif olmasını takdir eder ve hiç bir zaman yoksulluktan kor kaçak durumda değildirler. Pascal, "Pensees" adlı eserinde, bu konuya dokunarak, toprağın özel mal haline getirilmesinin ve bundan doğan kötülüklerin, kolektif olması gereken şeylerin tek tek insanlar tarafından mülk edinilmiş olmasıyla açıklanabileceğini söylemiştir. Nitekim tanrısal Platon' da, özel mülkiyetin yer almayacağı bir Devlet yaratmak istemişti.

Eşitsizlik, doğal hukukun ihlâl edilmesidir. Bütün insanlar eşit doğarlar. Yaşama için gerekli araçları üretmek amacıyla çalışarak, insanlar, aynı yaşama hakkına, doğal özgürlüklerinden aynı biçimde yararlanma ve toprağın ürünlerinden eşit pay alma hakkına sahiptirler. Ama toplum halinde yaşadıkları ve bu yaşama biçimi bazı tâbi olma ilişkilerinin varlığını gerektirdiği için insanların bunları kabul etmesi gerekli olabilir. Ama bu tâbi olma gerekliliğinin eşitsizlik haline girerek yozlaşmasının önüne geçmelidir.

İnsanlığın kurtuluşu, halkların zorbalara karşı birleşmesinde ve malların kolektifliği ile herkesin çalışmasını gerektiren doğa yasalarının bilinip kavranmasında aranmalıdır.

"Le Code de la Nature" (Doğa'nın Yasası) adlı eserin yazarı Morally komünist düşünce üzerinde Meslier' den daha derin bir etki bırakmıştır. Bu yazarın hayatı hakkında hemen hemen hiç bir şey bilmiyoruz. Vitry le François'da doğmuştu. 1753'de; "Yüzer Adaların Batışı" adlı bir eser yayınlanmıştı. Destan şeklinde yazılmış olan bu dört şarkıdan oluşan eserde, serbest aşk ve komünizm üzerine kurulmuş olan bir toplumu tasvir etmektedir. İki yıl sonra, Diderot'nun eseri olduğu yanlış yere ileri sürülen "Doğa'nın Yasası" adlı eseri yayınlanmıştı Morelly, bu eserde şu düşünceleri ileri sürer:

"Toplumsal sefalet, filozof kral ve devlet adamlarının, doğa yasalarını anlamamış olmalarından ya da onlardan yanlış sonuçlar çıkarmalarından doğmuştur. Doğa, insanlara ihtiyaçlarını ve güçlerini veren şaşılacak ölçüde zeki bir makinedir. Doğa, insanları, öyle bir ortam içine yerleştirmiştir ki, eğer insanlar bu doğanın yasalarını anlayıp ona göre hareket ederlerse mutlaka mutlu ve erdemli olurlar. İnsan ne iyi ne de kötü doğar. Doğuştan içinde getirdiği ne fikirler ne de yatkınlıklar vardır. İnsan dünyaya, tepeden tırnağa ilgisiz bir varlık olanak gelir İnsanı bu ilgisizliğinden kurtaran şey kişisel güçlerinden daha kuvvetli olan doğal ihtiyaçlarıdır. Nitekim bundan ötürü, tek başına kalmış olan bir insan bu doğal ihtiyaçlarını hiç bir zaman tatmin edemez, ihtiyaçlar ile güçler arasındaki bu uzlaşmazlık (antagonizma) insan bakımından çok mutlu sonuçlar doğurmuştur. Çünkü insan, ancak bu sayede çalışmak, düşünmek, hemcinsleri ile birleşmek ve kısacası, kendini toplumsallaştırmak zorunda kalmıştır. İhtiyaçlarını gidermeyi mümkün kılmak için doğa, insanlara bütün zenginlikleri ile birlikte toprağı bağışlamıştır. Bundan ötürü, toprak kolektif olarak bütün insanların malıdır. Toprak, insanların yaşayışının ortak temelini teşkil eder. Bu temel üstünde filozofların, yasa koyucuların ve devlet adamlarının doğa yasalarını inceledikleri ve bunlara uydukları takdirde, meşguliyetlerinin çeşitliliği ve farklılığı, yükümlülükleri ve birliğiyle hayranlık uyandıracak bir makine gibi dengeli şekilde işleyecek olan toplum yer alacaktır. Ama yazık ki, filozoflar, yasa koyucular ve devlet adamları böyle yapmamışlardır. Bunun yerine, toprağı özel mülkiyet konusu yapmışlar, çıkarların paylaştırılmasına, bölünmesine ve çatışmasına yol açmışlardır. Böyle bir durum sonucu da, doğanın niyetlerini boşa çıkarmış ve yine doğanın yarattığı ihtiyaçlarla kuvvetlerin yozlaşmasına sebep olmuştur. Günümüz toplumunun maruz kaldığı ve insanî çarelerle, ya da ister demokratik, ister aristokratik, ister monarşî olsun herhangi bir devlet biçimi uygulanmakta çaresi bulunmayan kötülükler işte bu durumdan doğmuştur. Tek çare, doğanın yasalarına dönmektedir. Bu yaşananı şöyle özetleyebiliniz:

Hiçbir şey özel olarak ve sadece bir kimsenin olamaz. Herkesin günlük kullanma için muhtaç olduğu şeyler bunun dışındadır.

Her vatandaş aynı zamanda toplumun bir memurudur ve ihtiyaçlarının genel fonlardan karşılanması gerekir.

Her vatandaş, yeteneklerinin ve gücünün elverdiği ölçüde zenginliği arttırmaya yardımcı olmalıdır. Vatandaşın toplum içindeki ödevlerini, toplumsal ekonomik yasalara uygun olarak düzenleyen işte bu ilkedir. Toplumsal ekonomik yasalar ise şunlardır:

Her halk, aileler, aşiretler, topluluklar ve mümkünse eyaletler halinde bölünecektir. Her aşirete, eşit sayıda aile bulunacaktır. Ailelerin ürettikleri bütün ürünler kamu ambarlarında toplanacak ve daha sonra belli tarihlerde, bütün vatandaşlar arasında bölüştürülecektir. Ambarlarda saklanamayan ürünlerin, dağıtılmak üzere genel yerlere götürülmesi gereklidir. Ürünlerin saklanabilen fazla kısmı kıtlık yılları göz önünde tutularak bir köşeye konulacaktır. Komşu halklarla ticaret, ancak, mübadele esası üzerinden yapılacak ve halkın kontrolü altında bulunacaktır.

Vatandaşların hepsi, 20 ile 25 yaş arasında tarımla uğraşacaklardır.

Devletin yönetimi, elli yaşını geçmiş aile reislerinin her yıl seçtiği üyelerden kurulan bir Senato'ya verilecektir.

Evlilik on yıllık bir süre için akdedilir. Evliliğin meşru olması için belediye senatosu tarafından onaylanması gereklidir.

1709'da Grenoble'da doğan ve 1785'de ölen Mobty' nin hayatı hakkında çok daha fazla şey bilinmektedir.

Mobty iyi bir öğretim gördü, teoloji okudu ama çok geçmeden politikaya yöneldi ve Dışişleri Bakanlığında yazman oldu. Politika soruları üzerinde olduğu gibi antikite ve Fransa tarihi üzerinde de eserler verdi. Başlangıçta mevcut düzeni savundu ama çok geçmeden eleştirel bir tavır takındı ve "İktisatçı Filozoflara Sunulan Bazı Kuşkular" adındaki polemik eserini yayınladı. Bu eser, özellikle Mercier de la Rivier'e ve özel mülkiyeti en doğal ve en iyi kurum olarak gören ve ayrıca despotik bir hükümete dayanması gerektiğini ileri süren bütün iktisatçılara karşı yazılmıştı. Mobty, bu teorilerin karşısına, komünist doğal hukuku, Lycurgue'ün yasalarını Platon'un Devletini çıkardı ve özel mülkiyet ile toplumsal eşitsizliğe bunların üstünlüklerini gösterdi. Mobty, Morally'nin derinden derine etkisi altında kalmıştı. Bir başka eserinde |öyle yazmıştı:

"İklimi tatlı bir ıssız adadan söz edildiğini duyduğumda, oraya gitmek ve herkesin eşit olduğu, herkesin aynı ölçüde zenginlik ya da yoksulluk içinde bulunduğu ve dostça, serbestçe yaşadığı bir cumhuriyet kurmak arzusuna kapılırım. Bu cumhuriyetin ilk yasası şu olacaktır: Kimse özel mülk sahibi olamaz. Orada oturanlar, emeklerinin ürününü kamu depolarına götürecekler. Her yıl, aile reisleri, herkese gerekli yaşama araçlarını verecek ve toplumun kendisinden istediği işi gösterecek olan yöneticileri seçeceklerdir."

Bununla birlikte, Mobty, o günün toplumu içinde yetişmiş insanların genel çıkarları, etkinliklerinin temeli yapamayacak kadar bencil olduklarını kabul ediyordu. Bencillik, toplumsal dayanışma duygusundan çok daha güçlüydü. Bundan ötürü, Mobty, şimdilik, özel mülkiyetin haklarını kısıtlayacak, bencilliği gemleyecek ve ancak kişisel emekle kazanılmış mülkiyetin başkasını teşvik etmeyecek, yasaların yapılmasını öneriyordu. Miras hakkının kısıtlanması, en ağır vergilerin toprak ve sermaye sahiplerinden alınması, böylece emekçilerin payına düşen verginin mümkün olduğu kadar azaltılması düşünüyordu. Ayrıçta memurların maaşları arasındaki fark ortadan kaldırılmalı ve ücretlerin eşit olmasına çalışılmalıydı. Çünkü Mobty'e göre, ortaklaşa (kolektif) bir çalışma içinde, insanlarda gördüğümüz doğal eşitsizlik ortadan kalkacaktı.

3 — Burjuva Eleştiriciler: Rousseau, Linguet, Necker, Brissot.

XVIII. yüzyılın ikinci yarısında doğal hukuk teorisi Fransa'da o derece yıkılmıştı ki komünizme düşman yazarlar bile özel mülkiyete karşı eleştirici bir tavır takınıyorlardı. Bunlar arasında en tutarlı olmasa da en ünlü olanı Jean Jacques Rousseau'ydu (1712-1778). 1753'de yayınlanmış olan ve "İnsanların Arasındaki Eşitsizliğin Kaynağı" adını taşıyan kitabında Rousseau şöyle diyordu:

"Bir tarlanın çevresini çitle çevirerek, "bu tarla benimdir" diyen ve buna inanacak kadar safdil kimseler bulan ilk adam, insan toplumunun gerçek kurucusu olmuştur. Bir başkası, çakılan kazıkları kaldırıp, kazılan çukuru yeniden doldurarak hemcinslerine, "bu sahtekâra aldanmayın! Meyvelerin herkese ait toprağın hiç kimseye ait olmadığını unutursanız mahvoldunuz demektir!" diye haykırışıydı. İnsanoğlu nice cürümlerden, savaşlardan ve cinayetlerden, sefaletlerden ve felaketlerden kurtulmuş olacaktı."

Rousseau "Emile" (1762) adlı bir başka eserinde, bu çeşit düşünceleri dile getiren çeşitli bölümler yazmıştır:

"Toplum hayatının sağladığı bütün yararlanmalar, emekle ödenmelidir. Çalışmak her insanın ödevidir. Zengin ya da yoksul, güçlü ya da zayıf olsun, çalışmayan her vatandaş namussuzdur."

Tutucu hukukçu Simone N.H. Linguet (1736-1794), "Medenî Hukuk Teorisi" adlı eserinde (1767), burjuva toplumunun insanın doğal özgürlüğünü ortadan kaldırdığını söyleyip yakınır. İnsan, daha doğduğundan itibaren, toplum denilen o korkunç zincire vurulmuştur. Dünyaya ilk bakışında, zincirlere vurulmuş olan ve bir yeni gelenin kendi köleliklerini paylaşacağını düşünerek sevinen hemcinslerini görür. Hırs ve şiddeti kullanmayı kabul edenlere mülkiyet sahibi olmak iznini verirler. Adalet, herkese kendi hak ettiğini vermek amacını güden ebedî bir iradedir. Hukukçular böyle konuşur. Ne var ki, yoksul olanın yoksulluğundan başka bir şeyi yoktur. Üstelik yasalar ona başka bir şey de sağlayamaz. Çünkü yasalar, zenginlik içinde yaşayanları, yaşamak için gerekli şeylere bile sahip olmayanların saldırılarından korumak için yapılmıştır. Yasalar zenginler tarafından oluşturulmuştur. Bundan ötürü yasalardan en fazla yararlananların zenginler olması doğaldır. Onları, zenginlerin düşman ülkelerinde inşa ettirdikleri kalelere benzetmek doğru olur. Savaşlar da yasaların sonucudur. Çünkü savaşların kaynağı mülkiyet sevgisidir. Oysa mülkiyet, yasalardan başka şeye dayanmaz. Burjuva toplumunun amacı, zenginleri her türlü çalışmadan kurtarmaktır. Özgür işçinin durumu, köleninkinden çok daha kötüdür. Çünkü köle, çalışmadığı zaman da yiyecek bir şey bulur. Buna karşılık, iş bulamayan özgür işçinin durumu nedir?

Böyle bir işçi açlık ve sefalet yüzünden ölürse, onunla kim ilgilenir?

Linguet'in eserlerinde bu çeşit düşüncelere sık sık rastlanır. Bununla birlikte, Linguet ölene kadar bir tutucu olarak kalmıştır. Çünkü Linguet, toplum hayatı istenince, eşitsizliğin ve bundan doğacak her şeyin kabul edilmesi gerektiğini düşünüyordu.

XIV. Louis'nin Maliye Baklanı Jacgues Necker, hububat ticareti ile ilgili eserini şu cümlelerle bitiriyordu: "Topluma göz atılınca, bütün toplumsal kurumların, zenginlerin servetini arttırmak amacıyla kurulduklarını düşünmemek kabil değildir. Yasa kitapları açılınca, her sayfada bu gerçeğin bir delilini görüp korkmamak olanaksızdır. Bir avuç insanın toprağı paylaştıkları ve ellerinde hiç bir şey olmayan kitlelere karşı kendilerini korumak için yasalar koydukları söylenebilir. Bu aynı adamların, yabanî hayvanlardan korunmak için ormanları engellerle çevirmelerini hatırlatmaktadır."

Son olarak, Brissot'nun (1736-1794), "Mülkiyet ve Hırsızlık Üzerine Felsefî Araştırmalar" adlı eserinden aldığımız şu ilgi çekici bölümü verelim:

"Eşitlik yeryüzünden kalkınca, zenginlerle yoksullar arasındaki uzlaşmazlık gittikçe daha kesin bir şekilde ortaya çıkmaya başladı. Toplum iki sınıfa bölündü. Birincisinde mülkiyet sahipleri, ikincisinde halk kitleleri bulunuyordu. Ve mülkiyetin gaddar hakkını pekiştirmek için gaddar cezalar konuldu. Bu hakkın ihlâl edilmesine hırsızlık deniyor. Oysa doğal durumu açısından, hırsız olması gerekenden fazla mala mülke sahip olan zengindir. Oysa toplumda, bunun tam tersine, hırsız denilen kimse, zenginden bir şey çalan kimsedir. Görüş açıları ne kadar değişiyor değil mi?"

Bu düşüncelerine rağmen, Brissot'un bir ihtilâlci, bir Jacobin değil, bir Girondin yani ılımlı bir cumhuriyetçi olduğunu söyleyelim. Nitekim Jacobin'ler böyle olduğu için onu giyotine göndermiş ve kafasını kestirmişlerdi.

4 — Vairasse d'Allais'in Ütopyası

Komünist bir toplumu tasvir eden ilk Fransız ütopyası Denis Vairasse d'Allais tarafından yazılmıştır. "Histoire des Sevorambes" adlı eseri önce Londra'da İngilizce olarak 1765'de, sonra Paris'te 1777-1778'de yayınlandı

Vairasse'in gençliği hareketli geçmişti. Önce Fransız ordusunda, sonra İngiliz donanmasında hizmet görmüş, Londra'da bir süre kalmış ve sonunda Paris'e yerleşerek dil öğretmenliği yapmağa başlamıştı. Histoire des Sevarambes'in yayınlanmasından biraz sonra Almanca ve Felemenkçeye de çevrilmişti. Vairasse, bu eserinde, Avustralya'nın bir adasında yaşayan Sevarambes'ların hayatını anlatmaktadır. Sevarambes'lar, Sevaris adındaki akıllı bir kimse tarafından organize edilmişlerdir. Sevaris'in halkını organize ederken göz önünde tuttuğu ilkeler şunlardı:

İnsan toplumunun maruz kaldığı kötülüklerin üç ana kaynağı vardır: Gurur, açgözlülük ve tembellik. Bunların birincisi insan topluluklarının eşitsizliğini yaratmış, yani asillerle halkın, efendilerle kölelerin ortaya çıkmasına yol açmıştır. İkincisi de toplumu zenginler ve yoksullar olmak üzere ikiye bölmüştür. Üçüncüsü ise, aşırılıklara ve entrikalara sürükler insanı. Ayrıca, doğanın ve insan ruhunun zenginliklerini ihmal ettirir. Sevaris, toplumsal kötülüklerin bu üç kaynağını kurutmaya karar vermiştir. Önce her türlü kasıt ya da toplumsal sınıf farkını ortadan kaldırmakla işe başlamış ve sadece insanların manevî özelliklerinden gelen farkları bırakmıştır. Daha sonra, her çeşit özel mülkiyeti ortadan kaldırmıştır. Bütün mal mülk ve topraklar devletin malı ilân edilmişlerdir. Böylece yeryüzüne çeşitli belâlar getiren, açgözlülüğü, davaları, gümrükleri, vergileri, hayat pahalılığı ve yoksulluk gibi şeyleri ortadan kaldırmıştır. Bu yasalar yürürlüğe konduktan sonra bütün Sevarambes'lar kendilerine hiçbir şey ait olmadığı halde, zengin insanlar haline gelmişlerdir. Ne var ki, devlet malları onların kolektif mülkiyetinde olduğundan, aralarından her biri kendini dünyanın en zengin kralı kadar mutlu sayılabilir. Malların kolektif ligi herkesin çalışmasını gerektirdiğinden, Sevaris' de herkesin çalışması gerektiğini söylemiş ve günü üç parçaya bölmüştür. Üç saat çalışma, üç saat dinlenme, üç saat uyku. Çalışmayanlar, sadece ihtiyarlar, gebe kadınlar, hastalar ve çocuklardır. Ama tembellik en fazla utanılacak şey olarak görüldüğünden, çalışma zorunda olmayanlar bile bir meşguliyet bulmak için çaba harcarlar.

Çocukların öğrenim ve eğitimine çok önem verilir. Yedi ile on bir yaş arasında ilk eğitimden geçerler. Bu eğitim, onların hem zihnini hem bedenini geliştirmek amacını güder. Daha sonra, çalışma süresinin günde dört saat olduğu tarım okullarına ve meslekî okullara giderler. Çocuklara ılımlı olmak, yasalara, yaşlı kimselere ve dine karşı saygı duymak gibi manevi meziyetler aşılanır. Sevarambes'lar genel olarak tek karılı evlenme yapabilirler. Yalnız memurlar birden fazla kadın atabilirler. Hükümetin biçimi Heliocratique' dir. Yani, güneş en büyük Tanrı olarak tanınmaktadır. Tanrı'nın yeryüzündeki temsilcisi Devletin en yüksek memurları arasından seçilir. Ama bütün öteki memurları halk seçer.

Sevarambes'lar, büyük binalarda bir arada yaşarlar. Her binada bir ambar vardır. İhtiyaç duyulan her çeşit erzak bir belge ile alınabilir.

5 — Büyük Ütopyaların Taklit Edilmeleri

Vairasse tarafından açıklanan fikirlerin hemen hepsinin, Thomas Morus'un ya da Campanella'nın eserlerinden alınmış olduğu görülmektedir. Ne var ki, daha sonra ortaya çıkan ütopyaların XVIII. ve XIX yüzyılda Fransa ve İngiltere'de bu çeşit bir yığın ütopya çıkmıştı çoğunlukla yüzeyde kalan taklitler olduğu görülür. Bunları birbirlerinden ayıran, önce evlilik meselesidir (kimisi tek karılı evlenmeyi, kimi belli bir süre için evlenmeyi, kimi de serbest aşkı doğru bulmaktadır). Daha sonra, hükümetin biçimi meselesidir (kimi krallığı tercih ettiği halde, kimi de demokrasiyi ve anarşiyi tercih etmektedir).

Bu konuyu bitirmek için bu ütopyalardan bazılarının adlarını verelim: Gabriel de Foigny'nin "Terre Australe Gannue" sü (1676), Foigny anarşist komünistti. Komünist-deist bir yazar olan Jiacques Masse'nin "Voyage et Aventures" ü (1710). Campanella ve Vairasse'i taklit eden Berington'ın "Les memoires de Gaudence de Lacgues" (1746) adlı eseri, Fontenelle'in, kölelik üzerine dayanan tanrıtanımaz bir komünist toplumu tasvir eden "La Republiqe des Philosophes" u (1768). Komünist ahlâkçı Restif de la Bretonne'un serbest aşk üzerine dayanan bir komünist toplumu anlatan "Histoire natürelle et çivile des Galligenes" (1770) ve ayrıca "Decouverte Australe»"adlı eseri (1781).

Yunan antikitesini idealize ederek ele alan Fenelon' un "Telemlague" (1689) adlı eseri de ütopik nitelik taşıyan taklitlerin ortaya çıkmasına yol açmıştır.

EK

AMERİKA'DA DİNÎ KOMÜNİST TOPLULUKLAR

Ütopya yazarları ideal toplumlar tasvir etmeğe çalıştıkları sırada, Hıristiyanlar arasında, (özellikle Almanya ve Fransa'da) Rafızî-komünist gelenekler sürüp gidiyor ve bu gelenekleri benimsemiş olanlar otoritelerin baskısı altında her çeşit cezalandırılmalara maruz kalıyorlardı. Ne var ki Engizisyon çağı geçmişti. Ülkelerinde istedikleri gibi yaşayamayan bu Rafızîler, başka yerlere göç etmek zorunda kalıyorlardı. Bundan ötürü, düşüncelerini uygulamak amacıyla, Amerika'ya gitmiş ve orada topluluklar (koloniler) kurmuşlardı. Böylece Amerika, ideallerine uygun bir hayat sürmek isteyen Rafızîlerin sığındığı bir yer haline geldi. Bu topluluklara, daha sonra, Owen'ın, Fourier'in ve Cabet taraftarının kurdukları topluluklar da eklendi. Sözünü ettiğimiz bu son toplulukları, bir başka çağa ait oldukları için şimdilik bir yana bırakıyoruz.

Amerika'da gördüğümüz ilk dinî-komünist topluluk "Shakers" topluluğudur. 1776'da Newyork eyaletinde Watervliet'de kurulan bu topluluk Ann Lee adında bir İngiliz kadını tarafından yönetiliyordu. Kısa zamanda üyelerin sayısı o kadar arttı ki, aynı örnek üzerinden başka topluluklar kurmak gerekti. Shakers' lar tam bir manastır hayatı sürüyorlardı. Namusluluğa, sert ve kısıtlayıcı bir ahlâka, dinî kurallara, az ve sadece yemek yemeye çok önem veriyorlardı. Kısa zamanda zengin olmuşlardı. Her topluluk, malları kolektif yönetilen ailelere bölünmüştü.

Shakers'den sonra en önemli topluluk, 1803 yılında, George Rapp yönetiminde Amerika'ya komünist bir topluluk kurmak için gelen Alman köylüleri tarafından Pensilvanya'da teşkil edilen Harmony topluluğuydu. Bu toplulukta eşitlik ve uyuşma egemendi. 1814 yılında, 100.000 dolar karşılığında kolonilerini satarak yeni bir topluluk kurmak üzere Indiana eyaletine gittiler. Burada kurduktan yeni koloni de gelişti ve kısa zamanda büyük bir zenginliğe sahip oldu. Ama yeni kolonilerinin iklimi kendilerine uygun gelmediği için, bunu da Robert Owen'a 150.000 dolar karşılığında sattılar. Economy adını verdikleri bir üçüncü koloni kurdular. Bu topluluk da kısa zamanda gelişti. Topluluğun arasına karışmış olan ve bölünmelere yol açan serüvencilerin varlığına rağmen koloni adamakıllı zenginleşmişti. Bu kolonide yaşayanlar, 1807'ye kadar evliliği geçerli sayıyorlardı ama daha sonra bekârlık zorunluluğu koydular. Petrol sanayinin ortaya çıkışı ile birlikte Pensilvanya eyaletinin hızla gelişmesi, bu komünist hayaline son verdi. Bugün George Rapp'ın öğretilerini benimseyenler, geniş topraklara, petrol kuyularına ve fabrikalara sahip olanların kurduğu büyük bir şirket haline gelmişlerdir.

Bu arada Zoar topluluğundan da söz etmek gerekir. Bu topluluk da dinî inançları yüzünden ülkelerinde rahat edemeyen bazı Alman köylüleri tarafından kurulmuştu. Bunlar, İngiliz Ouaker'lerinin para yardımı sayesinde, başlarında Joseph Baumler olduğu halde Amerika'ya gelmişler ve komünist bir koloni kurmuşlardı. Büyük bir refaha kavuşan bu topluluk 1898 yılınla kadar devam etti. Keil adında bir doktor tarafından kurulan ve üyelerinin çoğu Alman ırkından gelen Mîssicur'deki Bethol ve Oregon'daki Aurora adlı topluluklar şeflerinin ölümüne kadar refah içinde devam ettiler.

Son olarak, bir Alman komünist tarikatının üyeleri tarafından kurulan Amana kolonisinden söz edelim. Bu tarikatın bin kadar üyesi 1842 yılında Amerika'ya göç etmişti. 1901 yılında bu kolonide yedi köye ayrılmış olan ve hem tarım hem de zanaatkârlıkla geçinen 1767 kişi vardı. O çağda servetleri 1 milyon 647 bin dolar tutuyordu. Değirmenleri, demirhaneleri, sabun ve kumaş fabrikaları vardı. Ama atölyeleri çok temiz olduğu gibi, çalışma da hızlı değil yavaş yapılıyor ve sık sık dinlenme veriliyordu. Komünist bir düzen içinde, sade bir hayat sürülüyordu. Bu hayat ilk Hıristiyanların hayatına benziyordu.

Genel olarak, bu kolonilerin başarısı, üyelerin dinî İdeale bağlılık derecesine ve şeflerinin bireysel üstünlüklerine dayanıyordu.

DÖRDÜNCÜ KİTAP

YENİÇAĞ

BÖLÜM I

İNGİLTERE'DE ENDÜSTRİ İHTİLÂLİ

1. Burjuva ihtilâlinin sonuçları:

1642 yılında başlayan burjuva ihtilâli değişik biçimler ve yollarla 1689 yılına kadar sürdü. Mutlakiyetin bozguna uğraması ve burjuvazinin zaferiyle de son buldu. İngiltere, mutlakıyet özelliği taşıyan bir cumhuriyet olmuştu. Nüfus henüz nispeten azdı. Beş milyonluk nüfusun bir buçuk milyon kadarı zanaatçılar ya da tacir sınıfından olanlardı. Endüstri ya evlerde ya da atölyelerde yapılıyordu. Bundan başka da birçok ücretli zanaatçılar toplayan ve ticarî sermayenin egemenliği altımda bulunan dev mekanizmaların parçaları durumunda işyerleri vardı.

İngiliz politik hayatında daha ihtilâl sırasında, ticaret ve endüstrinin çıkarları, ağır basan bir etki yapmaya başlamış bulunuyordu. Bu durumun sözcüsü Olivier Cromwell oldu. Bu etki, XVIII. yüzyıl boyunca durmaksızın arttı. İngiliz hükümetinin politikasının, ticaret ve sanayiye geniş pazarlar açmaktan başka bir amacı yoktu. İngiliz asiller sınıfı ve İngiliz maliyesi işte bu amaçla Hollanda ve Fransa'yla çatışmaya giriştiler, İrlanda'nın sınaî rekabetini ezdiler; Kuzey Amerika'nın rekabet çabalarını henüz yeşermekte olduğu sırada önlediler ve Hint İmparatorluğunu kurdular. Bankalar, denizcilik ve yapımevi kumpanyaları kurmaları, pek çok sayıdaki küçük köylü yığınlarını topraklarından ederek yollar ve kanalların yapımında kullanılan emekçiler durumuna getirmeleri, o çağda hemen her yanda belirmekte olan yapımevlerinde kullanmaları da bu amacı güdüyordu. Uğradıkları tek yenilgi, İngiliz hükümetinin kısa görüşlü politikası yüzünden Kuzey Amerika Birleşik Devletlerinin kaybı oldu.

2. Teknikteki Gelişmeler

Pazarların genişlemesi ve işlenmiş maddeler talebinin genel artışı, üretimin ve taşıma biçimlerinin tam bir dönüşümünü gerektirdi. Mühendisler, mucitler, bilginler, pazarın ihtiyaçlarına karşılık vermek için işe koyuldular. İngiltere kısa bir süre içinde sık bir kara ve deniz yolları ağıyla örüldü. Buhar makinesi geliştirildi. Maden endüstrisinde, gitgide daha çok antrasit kömürü kullanılmaya başlandı. İplik makinesinin ve makineyle dokumanın bulunmaları, modern tekstil endüstrisinin doğuşuna yol açtı. Makinelerin uğultusu, yüksek fırınların ateşli çalışmaları, fabrika bacalarından yükselen duman sütunları bütün dünyaya, kömür ve demir çağını haber veriyordu.

Tarım ülkesi İngiltere, kısa bir süre içinde bir endüstri ülkesine dönmüştü. Kasaba toplulukları yerlerini geniş fabrikalara ve endüstri merkezlerine bıraktılar. Nüfus, baş döndürücü bir hızla yükseldi. Şehirler her yana yayıldılar, İngiltere'nin Gal ülkesinin nüfusu 6,5 milyon kişiden 12 milyonun üstüne çıktı. 1760'dan 1816'ya kadar, Manchester'in nüfusu 40.000'den 140.000'e; Birmingham' ın nüfusu ise 30.000'den 90.000'e; Lîverpool'unki de 35.000'den 120.000'e yükseldi. 1750 ile 1816 yılları arasında ithalât ve ihracatın toplamı 20 milyon sterlinden 92 milyona çıktı.

Bu olaylar, bütün dünyayı yavaş, yavaş peşine takan endüstri ihtilâlinin sonuçlarıydı. Elde edilenler, geçmişteki bütün ihtilâllerde varılmış olanlarla karşılaştırılamayacak kadar geniş ve derin sonuçlardı. Endüstri ihtilâli, yeni bir toplum düzeninin temellerini attı; yoksulluğu, baskıyı ve sınıf ayrımlarını ortadan kaldıracak araçları yarattı. Sözün kısası, modern proletaryanın ve sosyalizmin doğuşuna yol açtı.

Bu dönüşümü başaran ve böylece zenginliklerin üretimini sonsuza kadar arttıran kimselerin hemen hepsi de işçiler ve zanaatkârlardı. Her çeşit engeli aşmak zorunda kalmışlardı. Ama sosyal gerekliklerle öne doğru itilerek, çalışmalarının kendilerini vardıracağı sonuçlardan korkmaksızın ve içlerinde hiçbir kişisel karşılık bekleme isteği bulunmaksızın çalıştılar. Makineyle iplik yapılması konusundaki çalışmalarda payı olanlar Saatçi Kay, marangoz Wyatt, Berber Arkwright, Dokumacı Hargreves, Makinist Crompton'du. Dokuma tezgâhının mucitleriyse Saatçi Kay ve Teoloji Bilgini Cartwright idi. Yeni kara yolları ve suyolları da şöyle böyle okuma, yazma bilen Brindiey ve Metcalf adlarında iki kaba işçi tarafından yapıldı. Buhar makinesini ve lokomotifi geliştirenler ise Demir Taciri Neweomen, Camcı Cravvley ve Makinist Watt ile Stephenson'du.

Endüstri ihtilâlinin gerçekleştirdiği büyük kazançlardan ne mucitler ne de bilginler yararlandı. Bütün kazanç, onların çalışmalarından yararlanmayı bilen gözü açık tüccarların ve bankacıların cebine gitti.

Bu kimseler genellikle, mekanik alanda yapılmış ve hizmetlerine verilmiş olan icatlardan hiçbir şey anlamıyorlardı. Ama başkaları tarafından yaratılan üretici güçleri harekete geçirmek ve maddî konularda başarı kazanmakta tek kural olan titizlik yokluğu konusunda en yüksek derecede bir elverişlilik ve yatkınlıkları vardı. Onları iyi tanıyan Robert Owen, yeni efendilerin büyük bir çoğunluğu yalnız iş anlayışı bakımından bazı bilgilere sahiptiler ve biraz da hesap biliyorlardı. Teknik gelişmenin sonucu olarak zenginliklerin kısa sürede halkın en bilgisiz ve en kaba çevrelerinden gelenlerinin elinde biriktirdiği bir kapitalistler sınıfı yarattı, diyor. Endüstrinin başları, kapitalist ekonominin düzenleyicileri işte bu kimselerin arasından çıktı. Kendilerini, erişmiş oldukları refahın yapıcısı sayıyorlar, başarılarını kendi yetenekleriyle açıklıyorlar, devletin işlerine karışmasını kabul etmiyorlar, genel olarak bütün yetkililerin ekonomik hayata el atmalarını zararlı buluyorlardı.

Smith, Bentham ve Ricardo Devletin ekonomik hayata karışmasına, zamanın endüstri çevrelerinin anlayış ve çıkarlarını yansıtan bu karşı tutum, yeni üretici güçlerden yana olan ve eski, bayatlamış nizamlara sert bir biçimde karşı çıkan iktisatçıların değerli bir dayanak bulmaları sonucunu doğurdu. Zanaat, ev endüstrisi, lonca çıraklığı, ithalâtın kısıtlanması ve tarımdaki üçlü ekim düzeni demek olan eski düzen, teknik gelişme ve büyük işletme temeli üstüne kurulu yeni üretim biçiminin yanında, kabul edilmesi gitgide daha güç bir engel oluyordu. Özgürlük; parola artık buydu. Bireysel özgürlük ve sermayeye, çıkarlarına en uygun davranmak özgürlüğü herkesi yöneten, kişilerin her birini elinden gelen çabayı göstermeye ve çalışmasından en iyi kazancı çıkarmaya iten, ne devlet ne de polis; ama sadece bireyin kişisel çıkarıydı.

Endüstri ihtilâli yüzyılı olan bu çağ, kapitalist sınıfın çıkarlarının ve anlayışının kendini gösterdiği liberalizmi doğurdu. Liberalizmin İngiltere'de başlıda temsilcileri Adam Smith (1723-1790), Jeremie Bentham (1748-1832) ve David Ricardo (1772-1823) oldular. Bu kimselerin son ikisi, kişi olarak işçilerden yana olmalarına rağmen, teorisyen olarak sermayenin çıkarlarını temsil ediyorlar ve genel olarak da sosyal hayatın en emin temeli saydıkları özel mülkiyetin temsilcileri olarak ortaya çıkıyorlardı.

Adam Smith'e göre ulusların zenginliklerinin başlıca kaynağı, endüstri ya da tarım üretimidir. Eğer toprak ve toprağın ihtiva ettiği ham maddeler, kolektif mülkiyette bırakılmış olsaydı işçiler, malların üreticisi olarak zenginliklerin sahibi kalacaklardı ve bütün değer artışları da onların olacaktı Zira bir şeyin değeri sadece o şeyin yapılmasındaki emekte, iş gücündedir. Ama bugün artık kolektif mülkiyet mevcut olmadığı için işçi sadece, geçimine yetecek biçimde hesaplanmış olan bir ücretten başka bir şey almamaktadır. O şeyin üstüne emek dökülerek arttırılan değeri ise üretim araçlarını işçiye sağlayan kapitaliste aittir. Bununla birlikte devlet, ekonomik hayata karışmamalı, kişisel çıkarın oyununa serbesti tanımalıdır. İş, sermaye ve özgürlük ekonomik refahın üç başarı aracıdır. Devletin rolü sadece mülkiyeti savunmak olmalıdır. Kapitalistlerle işçiler arasındaki ilişkiler konusunda ise kapitalistler, işçileri insanlık ve adaletle yönetmeye bakmalı, böylece işçilere iyi ücretler ve iyi çalışma şartları vermelidirler.

Adam Smith'in en önemli eseri 1776 yılında, "Ulusların Zenginlikleri" adıyla yayınlandı.

Bentham ise, aynı zamanda hem devlete hem de komünistlere karşı çıktı, Başlıca tezi, politik ya da toplumsal her kuruluşun şu açıdan incelenmesi gerektiğidir. En çok sayıda kimsenin mutluluğuna yarıyor mu, yoksa yaramıyor mu? Oysa devlet hiçbir zaman bu amacı gütmemiştir. Tam tersine, devlet hep genel çıkarları gözettiği bahanesiyle gerçekte küçük bur topluluğun imtiyazlı bir topluluğun çıkarlarınla hizmet etmiştir. Genel çıkar diye bir şey yoktur. Sadece özel çıkarlar vardır; zira toplum, bir bireyler topluluğundan başka şey değildir. Bunun için de komünizm çoğunluğa mutluluk getirebilmekten uzaktır. Çünkü malların eşit bölüşülmesini ister ve bu isteğiyle de üretici çalışma için gerekli olan itme gücünü ortadan kaldırmış olur. Doğa insanları iki efendi arasında bölmüştür: acı çekmek ve zevk, ya da yararlılık ve zararlılık. Ne yapmamız gerektiğini bize öğreten onlardır. Zevk ya da mutluluk sağlayan her şey iyi, tersi de kötüdür. Toplum, her biri elinden geldiği kadar çok kolaylık, zevk ve mutluluk elde etmeye çalışan bireylerden kurulu olduğuna göre hükümete katılmaya herkesin hakkı vardır. Bir hükümet, gerekli olduğu ölçüde demokratik olmalıdır. Ama demokratik hükümet de temel olarak kendini, sınırlamalı ve bireyin mutluluğa doğru çabasına karşı çıkan engellerle savaşmayla çalışmalıdır.

Bentham'ın, 1789 yılında yayınlanmış olan Ahlâkın ve Yasaların İlkeleri'nde açıkladığı bu teorisi; utilitarisme (faydacılık öğretisi) adıyla tanınmıştır. Bentham, İngiliz reform hareketi üzerinde büyük bir etki yaptı.

Ricardo ise her şeyden önce bir iktisatçıydı. İngiliz halkına, endüstri ihtilâli sonucunda ortaya çıkan değer, fiyatlar, ücretler, kazanç toprak geliri ve burjuvazi ile toprak aristokrasisi arasındaki uyuşmazlığı anlatmayı kendine ödev bildi.

Ricardo'ya göre toplumda başlıca üç sınıf vardır. Kapitalistler, işçiler ve toprak sahipleri. Birinciler en önemli sınıftırlar. Üretimi yöneten ve ekonomik hayatla dürtücü gücü veren onlardır. Gelir kaynakları kârdır. İşçiler sadece, yük hayvanları, aletler, makineler gibi bir üretim aracıdırlar. Gelir kaynakları ücrettir. Toprak sahipleri ise toplumun asalak sınıfıdırlar. Onların gelir kaynaklarıda toprağın sağladığı gelirdir.

İşgücünün ve sermayenin çıkarları, ücretin artışı kazancın eksilmesi sonucunu doğursa da sonunda yine birdir. Bu ahenk ancak, kapitalistin çıkarlarına yarayan ve rekabet olanaklarını arttıran, ama işgücünden tasarruf sağladığı için de işsizlik yaratarak işçinin aleyhine sonuçlanan yeni makinelerin kullanılmasıyla bozulur. Bu durumun sonucu olarak bir yandan işgücü ile sermaye; öte yandan da tahıl ürünleri konusunda gümrük vergilerinin sağladığı kolaylıklardan yararlanan toprak sahipleri sınıfı arasında sert bir uyuşmazlık ortaya çıkar. Zira endüstrinin ve şehirlerin gelişmesi besin ürünlerine talebin artmasına yol açar. Dolayısıyla bu ürünlerin fiyatları ve toprak kirası sürekli olarak artar. Sonunda da sermayenin kazancının ve işçi ücretlerinin büyük bir kışımı toprak sahibinin cebine gider. Bu uyuşmazlığın daha derin bir ekonomik sebebide vardır. Zira bir malın değeri, o malın meydana getirilmesi ve tüketicinin emrine verilmesine kadar harcanan işgücüne bağlıdır. Belli bir malın yapılmasına gerekli olan işgücü artarsa o malın değeri de artar demektir. Eksilirse, malın değeri de aynı ortanda eksilir. Teknik gelişmeler, fiyatların düşmesi sonucunu doğurur. Çünkü belli bir nesnenin yapılması için gerekli işgücü, yeni buluşlar sonunda gittikçe azalır. Tarımda ise durum bunun tersinedir. Endüstrinin gelişmesi besin ürünlerine ihtiyacı arttırır. Bu durumda tarım, daha az gelir getiren alanlara yayılır. Alanın daha az gelir getirmesi de daha çok işgücüne ihtiyaç duyulması demektir.

Oysa daha çok işgücü, daha yüksek değerler elde edilmesi demektir. Değerlerin yükselmesi ise fiyatların yükselmesiyle bir anlama gelir. Toprak gelirini, aşağı kaliteli toprakların verimi belirlediğine göre sonuç olarak da yüksek kaliteli toprakların değerleri bu durumda artmaktadır. Besin ürünlerinin fiyatlarının artışı ise kaçınılmaz bir biçimde, işçilerin ücret artışı isteklerini doğurur. Zira ücret, işçinin yaşaması için gerekli olan belli bir miktardan başka bir şey değildir. Ücret artışı istekleri de müteşebbislerle işçiler arasında anlaşmazlıklar, grevler, halk yığınlarında genel bir hoşnutsuzluk; kısaca üretimde aksaklıklar doğurur. Ücretlerin artışı, kazancın azalması sonucunu verir; zira ücret ne kadar artarsa kazanç da o kadar azalır. Ücretle kazanç birbirleriyle ters orantılıdır. Ayrıca, işçinin daha yüksek ücretler almakta hiç bir çıkarı yoktur. Çünkü yaşamasını sürdürmek için gerekli malları satın alabilmek amacıyla kazancının bütününü vermek zorundadır. Demek oluyor ki endüstri, alanındaki gelişmeden en çok avantaj sağlayan tek sınıf, toprak sahipleri sınıfıdır. Burjuvazi ile toprak aristokrasisi arasındaki sınıf çatışması da işte bundan dolayıdır.

Ricardo'nun, en önemli eseri Ekonomi Polotik'in İlkeleri' dir ve 1817'de çıkmıştır. Bilimsel açıdan yaptığı sınıflar değer, ücret, toprak rantı ve sınıf uyuşmazlıkları açıklamalarıyla Ricardo, sosyalizme alan hazırlamak bakımından çok büyük bir iş görmüştür. 1820 yılından başlayarak, aralarına Marx' da dahil bütün sosyalist yazarlar, toprak reformundan yana bütün teorisyenler Ricardo' ya sıkıca bağlanırlar. Birinciler onun değer teorisine, diğerleri ise gelir teorisine dayanırlar. Başlıca kanıtları da, toprak gelirinin artışı toprak sahiplerinin kişisel işgücünün artması sonucu değil de endüstri uygarlığının genel gelişmesi sonucu olduğu için hak edilmemiş bu değer artışının paylaşılması gerektiğidir.

BÖLÜM II

ENDÜSTRİ İHTİLÂLİNİN BİRİNCİ SAFHASIBOYUNCA İNGİLTERE'DE TOPLUMCU ELEŞTİRİ

1. Robert Wallace: Komünizm ve Nüfus Fazlalığı

İngiltere'de toplumcu eleştiri, endüstri ihtilâlinin başlangıcından beri görülmeye başlandı.

Sosyalist örgütlenme meseleleriyle ilk ilgilenenlerden biri, teoloji bilgini Robert Wallace'tır (1679 - 1771). 1761 yılında çıkan "Perspective Varies (Çeşitli Görüntüleri) adındaki kitabında şu soruyu soruyordu: İnsan nasıl oluyor da bütün yeteneklerine ve elindeki bütün doğa hazinelerine rağmen bu kadar aşağı bir kültür düzeyinde bulunuyor? Ne ahlâk ne de felsefe alanında; ne doğal bilimlerde ve ne de hayat alanında elde edilmiş olan sonuçlar hoşnut kalınacak gibi değildir. Komünizm bu duruma çare bulabilir mi? Wallace bu soruya evet diyor. Komünizm doğaya hiç de aykırı değildir. Zira insanlığın ilkel çağında mutlak eşitlik ve malların kolektivizmi hüküm sürüyordu. Bu durum, bugünkü rejimin kendilerine sağladığı kolaylıklardan yararlanan büyükler ve küçüklerin sert bir biçimde karşı koymak isteyecek olmalarına rağmen yine de geri çevrilebilir ve ilkel çağın eşitliğine geri dönülebilirdi. Sonuç olarak da komünizm sefaleti, işgücü fazlasını, bilgisizliğe ve ahlâksızlığı ortadan kaldırırdı. Ama bu olanaksızdır. Asıl engel hızlı nüfus artışındadır. Nüfus, komünist bir toplumda durmaksızın artacak ve sonunda, insanların yaşamlarını sürdürmeğe yarayan araçlar nüfusla aynı oranda artmayacağı için herkesin herkesle savaşı başlayacaktır.

Komünizme karşı olan bu kanıtın ne kadar eskimiş olduğu görülüyor. Bu kanıt XIX. yüzyılın son çeyreğinden beri değerini yitirmiştir. Zira o zamandan beri bütün ülkelerde daha çok, kendini her ülkede duyuran çocuk sayısının azlığıyla savaşılmaya çalışılmaktadır.

2. Thomas Spence ve Toprak Reformu

Thomas Spence, toprak reformundan yana ilk teorisyendir. Önce kunduracılık, sonra muhasebecilik, onun arkasından da öğretmenlik yaptı ve sonunda sosyal meselelerin incelenmesine doğru döndü. 1775 yılında Newcast Felsefe Derneği'nde, toprağın özel mülkiyetinin gayri meşru olduğu konusunda bir konferans verdi. Konferansının metnini bastırdı ve birkaç kuruş karşılığında bizzat sattı. Bunun üzerine dernekten çıkarıldı. Bundan sonra, bastırdığı broşür, her seferinde değişik bir adla birkaç kez daha basıldı. Gerçek İnsan Hakları (1793) Özgürlüğün Meridyeni (1796), Toprağın Millileştirilmesi (1882). Spence'in ve haleflerinin hemen hepsinin temel düşünceleri şunlardır: İnsanlığın ilkel durumunda toprak mülkiyeti kolektifti. Öyle ki herkes doğumuyla birlikte, toprağın bir parçası üzerinde, geri alınmaz bir hakka sahip bulunuyordu. Aynı zamanda, insanlar, bu çağda ne çeşitten olursa olsun hiçbir baskı ve zorlama olmaksızın yaşıyorlar, tam anlamıyla özgürlük içinde bulunuyorlardı. Demek ki ekonomik eşitlik ve özgülük, doğuştan kazanılan haklardır. Bu düşüncelerin, eski doğal hukuk teorisinden alınmış olduklarını biliyoruz. XVIII. yüzyıldan beri, demek ki bilimin insanı hayvan soyuna soktuğu ve bir hayvan türünden geldiğini öne sürdüğünden beri, diğer hayvan türlerinin yaşama alanının ormanlar, ırmaklar, göller ve denizler olması gibi insan türünün yaşama alanı da (yeryüzü) sayıyordu. İnsanlığın bu ilkel durumu yavaş yavaş, ya nüfusun artışı ve bunun sonucu ortaya çıkan her çeşit güçlükler, ya da birtakım kimselerin, gözleri doymak bilmediği için ve sert, kaba davranmaları sonucunda ellerine geçirdikleri büyük toprak parçalarını yalnız kendi yararlarına kullanmaları dolayısıyla son buldu. Özel mülkiyet kavramı, insanların emekleriyle yarattıkları ya da başka biçime dönüştürdükleri nesneler konusunda da yine aynı nedenlerden ötürü doğabilmiştir. Böylece aç gözlülük ve sertlik yavaş yavaş, uygarlık öncesi ilkel insanın doğal durumuna son verdirir ve toprağın özel mülkiyetini yaratırken kişisel çalışma da taşınabilir malların düzen artık sürdürülemezdi. Özellikle belli amacı olan ya da zımnî bir sözleşmeyle yeni bir düzen konarak bu düzenin temeli üstüne de güçlükleri, karışıklıkları ortadan kaldırmak, bireylerin sertlik ve kötülüğünü gemlemek amacıyla devletin özel mülkiyeti getirildi.

Bugünkü uygar toplum işte böyle kuruldu. Bu toplum şüphesiz zenginliği arttırdı. Tarımın, ticaretin ve endüstrinin; sanatın ve bilimin gelişmesine yardımı oldu ama insanlığı da zenginler ve yoksullar olarak böldü. Sert sınıf uyuşmazlıklarına, bencilliğe, hükmetme isteğine, aldatmaya, insanın insanı sömürmesine ve cinayetlere, kısaca bugünkü sosyal sefalete de yol açtı. İşte bunun için, uygarlık öncesi insanlık durumunun avantajlarının (eşitlik ve özgürlük) bugünkü rejiminkilerle (zenginliklerin artması; bilimlerin, sanatların v.b. gelişmesi) birleştirmeyi sağlayabilecek bir reform gereklidir.

Bu reform, toprağın bucakların mülkiyetine verilmesidir. Açık bir kurul olarak toplanan ulus, toplumsal sözleşmeyi bozduğunu bildirmeli ve toprakları, köylülere ölçülü fiyatlarla kiralayacak olan bucakların eline vermelidir. Yönetim ve yurttaşların eğitimi için gerekli giderler, toprakların kiralanmasından sağlanacak gelirlerle karşılanmalıdır. Diğer bütün vergiler kaldırılacaktır. Buna karşılık, ticaret ve sanayi serbest kalacaktır.

Toprak reformundan yana bütün hareketlerin temel düşünceleri günümüzde de bunlardır. Bu düşüncelere daha sonra, Ricardo'nun toprak faizi teorisi de eklenmelidir. Bu hareketin değişik eğilimleri birbirlerinden pek az ayrılırlar. Dolayısıyla, bu konuyu özel bir bölümde incelemek ve başlıca temsilcileri Ogilve, Paine, Dove, Henry George'un teorileri ile onların Belçikalı, Fransız ve Alman haleflerini ayrıntılarıyla gözden geçirmek de yararsızdır. Hepsi de sosyalizmle liberalizm arasında bir yer tutarlar. Aslında sosyalistten çok liberal bir takım liberal-sosyalist oldukları söylenebilir. Ama bu kimseler içinde yalnız, hayatının sonuna kadar bütün devrimci işçi hareketlerine katılmış olan açık yürekli, candan tabiatlı, zorlu Spence için durum bu değildir.

3. Godwin ve Anarşist Komünizm

Çağdışı, anarşist komünizmin kurucusu William Godwin (1756-1836) entelektüel bakımdan ondan çok üstün, karakter bakımından ise çok aşağıdaydı. İşe, din bilgini olmakla başlamıştı. Ama daha papaz okulundayken Fransız Ansiklopedicilerinin (XVIII. yüzyılda, kısaca Büyük Ansiklopedi adıyla anılan 33 ciltlik bir ansiklopedinin yazılmasında katılmış olan yazarlar ve bilginlere verilen ad Ç. N.) kitaplarını okumuş bulunuyordu ve bundan öylesine etkilenmişti ki sonunda, vaizlik görevini bırakmak zorunda kaldı. 1793 yılında, Sosyal Adalet adında iki ciltlik bir kitap yazdı. Bu kitapta kurulu düzenin baştanbaşa ahlâka aykırı olduğunu göstermeye çalışıyordu. Ona göre genel mutluluk ancak, kurulu düzenin adaletin buyruklarına uygun bir dönüşümüyle elde edilebilirdi. Kitap heyecan yarattı. Bu kitapta geliştirdiği düşünceler şunlardı: İnsan zihninin en başta gelen özelliği muhakemedir. Bütün davranışlarımız onun buyruğundadır. Politika, teriminin kaynak anlamı bakımından; demek oluyor ki insanın, bir insan topluluğunun, hükümetin, vb. ister ahlâki, ister ahlâka aykırı bir etkinliğinden ibaretti. Dolayısıyla, politika, öğreti olarak ahlâkla birdir. İnsan etkinliğinin amacı mutluluktur. Mutluluk ise ancak erdem, adalet ve ahlâkî etkinlikle kazanılabilir. İnsan, olgunlaşmaya son derece elverişli, ilerleyici bir varlıktır. Yalnız bütün iş aklın, gerçek adalet bilincine varmasını engelleyen her şeyi ortadan kaldırmak ve onu insan etkinliğinin dürtücü gücü yapmaktır. Ama akıl, bilgisini, dış dünyadan edindiği izlenimlerden çıkardığına göre, iyi izlenimler olabilmesi ve bu izlenimleri doğru, ahlâkî güdülere dönüştürebilmesi de ancak, dış dünyanın ya da toplumsal hayatı kendisinin de iyi ve doğru olmasıyla mümkündür. Dolayısıyla mesele toplumsal hayatı, adalet ilkelerine göre dönüştürmeye dayanır.

Adalet ilkeleri temeli üstüne kurulu bir toplumsal hayat örgütlenmesine karşı çıkan başlıca engeller, özel mülkiyet ile devlet; ikinciden çok da birincisidir. Bir basit toplumun (hükümetsiz ve özel mülkiyetsiz toplum) sonuçlarını hangi noktaya kadar anladığımız ve bizi karmaşık topluma (özel mülkiyetin, devlet baskısının, polisin, ticaretin, fiyat oyunlarının geçerli olduğu toplum) bağlayan ön yargılarla savaşmayı öğrenmemiz meselesi, bu konudaki görüşümüzün doğruluğuna ya da yanlışlığına, bağlıdır. Bugünkü zenginlik bölüşme düzeni adalete aykırıdır. Emeğin ödenme biçimi adaletsizdir. Lüks ve yoksulluk, baskı ve keyfe bağlı davranışlar, kendini büyük görme ve boyun eğmek, bugünkü toplumsal öğütlenme biçimimizin çekmekte olduğu tehlikeli hastalığın en açık ve belirleyici örnekleridir. Özel mülkiyet devri, bencilliği, insan etkinliğinin en başta gelen dürtücü gücü durumuna koymuş bulunuyor. Bunun sonucu da sefahat, ahlâksızlık, bilgisizlik, cinayetler ve savaşlar, insanlar arasındaki kin olmuş ve insan bugün, amacı olan mutluluğa erişebilmekten artık yoksun kalmıştır.

İşte bundan ötürü bugünkü duruma bir çare bulmak ancak ekonomik eşitliği kurmakla mümkündür. Bunu başarmak ise özel mülkiyeti kaldırmaksızın yapılamaz. Buna, sertlik ve baskıyla değil, eğitim ve kafaların aydınlığının artmasıyla varılabilir. Halk yığınları, özel mülkiyetsiz ve hükümetsiz bir toplumun mümkün olduğu kanısına ulaşabilirler ve ulaşmalıdırlar. Bu kanı bir kere başarı kazandıktan sonra, artık aklın yolu açılmış olacak ve akıl, insanlığı yüksek bir uygarlık ve erdemlilik derecesine götürebilecektir. Geleceğin toplumunun çok dar bir örgütü olmayacak; bu toplum insanlara, davranışlarında' tam bir özgürlük sağlayacaktır. Herkes üzerine düşeni sosyal adalet yönünde yerine getirecektir.

Godwin 1796 yılında, kadınların özgürlüğü hareketinin savunucusu ve Kadın Haklarının Savunması adındaki kitabın yazarı Mary Wollstonskraft ile evlendi. Bu evlenmeden, gelmiş geçmiş bütün devirlerin en büyük ihtilalci şairlerinden biri olan Shelley'in Karısı May Goawin doğdu.

4. Charles Hall, Sınıflar Çatışmasının Teorisyeni

İngiltere'de endüstri ihtilâlinin birinci safhasında en çok dikkati çeken toplumcu eleştirmen, su götürmez bir biçimde Charles Hall'dur (1740-1820). Bu kimse, "Uygarlığın Gerçekleştirdikleri" (1805) adındaki kitabında emek ile sermaye arasındaki giderilmez uyuşmazlığı (antagonizmayı) bilimsel bir yoldan açıklamaya ve formül biçiminde söylemeye çalışmıştı. O da ilkel toplumun ne özel mülkiyet ne de devlet tanımadığı düşüncesinden kalkar. Bu iki kurum ancak uygarlık içinde, toplumu zenginler ve yoksullar, sömürülenler, senyörler ve onların yükümlüleri biçiminde bölerek gelişmiştir. Zenginlik, güç demektir. Onu elde edenlere devlet de güç sağlar, yoksulları iş yerlerinde ve maden ocaklarında çalışmak zorunda bırakır, en aşağılık, en tehlikeli işlere mahkûm eder. İşçiler değer yaratır, ama yalnız ücret alırlar. Toprak sahiplerinin, müteşebbislerin ve tacirlerin aralarında paylaştıkları kazancı doğuran, değer ile ücret arasındaki farktır. Kapitalistlerin, işçinin emek gücünün bir bölümünü kapıp götürmesini sağlayan araç, sermayedir. Ya da daha açık bir deyişle müteşebbisin, işçilerin kullanmaları daha yüksek bir miktar üretebilmeleri için yararlanmaları amacıyla onlara üretim ciroları, ham maddeler ve ücretler biçiminde bıraktığı bir kısım mallardır. Ayrıca şu var ki, sermayeyi yapan mallar da yoksulların emeklerinin ürünüdür.

İşçiler böyle bir durumu neden kabul ederler? Çünkü başka türlü yapamazlar. Onları bağlayan sözleşme, özgür bir biçimde yapılmış değildir. Seçme hakları yoktur. Ya kapitalistlerin şartlarını kabul etmek ya da aileleriyle birlikte açlıktan ölmek. Demek ki, kapitalistlerin yönünden mutlak zorlama; işçilerin yönünden de mutlak zorunluluk. Varlıklılar ve varlıklı olmayanlar, kapitalistler ve işçiler tam bir karşıtlıkla bölünmüşlerdir.

İngiliz işçisinin ortalama ücreti yılda 25 sterling'di. İşçilerin nüfusu, yaklaşık olarak ülkenin nüfusunun onda sekizine kadar yükselmektedir. Demek ki nüfusu on milyon olan bir ulusun sekiz milyonu çalışan sınıfa aittir. Bu miktar 1.600.000 işçi ailesi demektir. Dolayısıyla, 1.600.000 i 25 sterlin'le çarpacak olursak elde edeceğimiz sayı 40 milyon sterlin'dir. Oysa yıllık millî gelir nedir? 1770 yılında İngiltere'nin toprak faizi (geliri) 20 milyon sterlin olarak değerlendirilmişti. Dolayısıyla bugün (1804'de) 30 milyon sterline varmış demektir. Adam Smith'e göre toprak rantı, toprağın verimimin üçte biri kadardır. O halde toprağın verimi 90 milyon sterlindir. Bazı başka hesaplara göre ise 112 milyona kadar çıkar. Endüstriye geçelim. Başbakan Pitt'in bildirdiğine göre endüstri maddeleri ihracatı 1804 yılında 50 milyon sterline yükselmişti. Yerli pazar da bunun iki, hatta üç katı kadarını emer. Bütün bu bölümler yıllık işgücü ürününü meydana getirir ve toplam olarak 312 milyon sterlin'dir. Üreticiler, ya da yoksullar bu toplamın 40 milyon sterlin'ini alırlar. Bu sayı, emekçilerin ürününün sekizde biri demektir. Uygarlık yayıldıkça zenginlik, onu elinde bulunduranların avuçlarında birikir. Zenginliğin artması, toprak faizinin yükselmesinde, devleti, paralıların gitgide bağımlılığı altına sokarak devlet borçlarının çoğalmasında sınaî ve ticarî iş kurumlarının sayısının artmasında görülür. Ve zenginliğin artması, sefaletin artmasıyla paralel olarak sürüp gider. Nispi bir geçim kolaylığıyla, daha ayakta durabilmekte olan orta tabakalar gitgide yoksullaşırlar. Yoksullara gelince, onlar için durum daha da kötüdür. Zenginliğin artmasının zenginlerin ihtiyaçlarını arttırması sonucunu vermesi dolayısıyla bu durum kaçınılmaz bir biçimde, işin uzamasını ve zorlaşmasını gerektirir. Zenginlerle yoksullar arasındaki uyuşmazlık öylesine tehlikeli bir biçimde artmaktadır ki sonunda yoksulların, üstlerine çökmüş olan dayanılmaz boyunduruktan kurtulmak amacıyla umutsuz denemelere girişmelerinden korkulur. Bu çeşit denemelere zenginler, önleme ve bastırma tedbirleriyle karşılık vereceklerdir. Bu iç savaş da devletin militaristleşmesi sonucunu verecek ve belki de Roma biçimi bir diktator-yaya yol açacaktır.

Zenginler, savaş meşalesini yakmaya daha şimdiden fazlasıyla hazırdırlar. Bütün savaşların güttüğü amaç ya ticaret ve endüstrinin yayılması ya da yeni topraklar kazanılmasıdır. Ticarî ya da sınaî bütün ulusların pazarlar ele geçirmek için giriştikleri kavga kaçınılmaz bir biçimde ve zenginlerin, halkın yararına çalıştıkları yolundaki yüzsüzce iddialarına rağmen, yoksullara hiç bir yararı dokunmayan savaşlarla sonuçlanır. Aynı zamanda onları, yabancı halklara boyun eğdirmeye iten de egemenliklerini yaymak isteğidir ve bu durum daha başka kanlı çatışmalar doğurur. Zenginlerin büyüklenmeleri öyledir ki en küçük direnme karşısında, sözde ulusal şerefi savunmak için hemen silaha sarılırlar. Ama her zaman ve her yerde, savaşın bedelini ödemeye yoksullar katlanır. Yabancı halklara saldırmak söz konusu olduğunda neden böylesine eli tez olduklarının açıklanması da budur. Bütün bunların yanı sıra zenginler için, daha başka savaş nedenleri de vardır. Yoksulların, haklarını istemek ve kaderlerini değiştirmeyi denemek üzere olduklarını gördükleri anda ufukta birden herhangi bir uluslararası çatışma beliriverir ve yoksullar birbirleriyle boğazlaşmak zorunda kalırlar. Fransa'da uzun yıllardan beri yapmakta olduğumuz savaş, öyle umulur ki bu gibi nedenlerden ötürüdür. Fransız halkı politik eşitliği kurmak ve bir takım ekonomik reformlar yapmak için ayağa kalktığı zaman bütün ülkelerin yöneticileri ve zenginleri korkuya kapıldılar. Fransızların çabalarının başarıyla sonuçlanması halinde ihtilâlin, hiç belli etmeden bütün Avrupa'ya yayılacağından korktular. Bunu önlemek amacıyla Fransa'ya savaş açtılar ve yoksulları, kaderlerini düzeltmek için savaşmaktan caymak zorunda bıraktılar. İnsan bunu düşündükçe yüreği parça parça olur. Yoksullar yalnız kaderlerinin değişmesi yolunda bütün umutlarını bir yana bırakmakla kalmamalı, ürküntü veren bu teşebbüsün bütün yüküne de katlanmalıdırlar. Zenginler, savaşın yararlılığını, hayran olunacak kadar iyi bilirler. Bunun için de daha okuldayken çocukların kafasına militarist anlayışı sokmaya çalışırlar. Ellerine verilen tarih kitapları savaş hikâyeleriyle doludur. Bu kitaplar savaşı, kahramanca ve imrenilecek bir kimliğe sokarak anlatırlar. Kahramanları ve kahramanca davranışları, yani savaşları, insanların öldürülmesini ve cellâtları överler. Buna karşılık, savaşın vahşiliğini anlatmaktan özenle kaçınırlar, top mermileriyle parça parça olmuş insan gövdeleri, son nefesini verenlerin yürekleri parçalayan inlemeleri, ceset yığınları, hastalarla, yaralılarla dolu hastaneler.

Aklı ve bütün insanca duyguları hiçe sayarak halkların üstüne savlasın kudurganlığını boşandırabilen bu gücün ürküntü veren bir şey olması gerekir. İşte bu güç, zenginlik ve sermayedir. Vahşî denilen halk topluluklarında da şüphesiz savaş vardır. Ama orada savaşın nedeni, hayatı sürdürmeye gerekli araçların yetersizliği ya da herkesin ihtiyaçlarını karşılayabilen araçlar yaratabilecek olan tarım çalışmalarının yetersizliğidir. Oysa uygar denilen halklarda ise tersine, savaşın amacı, yoksulların üstündeki baskıyı ve onların sömürülmesini arttırmaktan başka bir işe yaramayan şeylerin elde edilmesi ve lüks avcılığıdır. Şurası kesin olarak söylenebilir ki halk toplulukları yaşayışlarının temel meselelerini kendileri kararlaştırabilecek olsalardı artık hiç bir zaman savaş olmazdı.

Üstelik bir de bu sözlerin bundan 125 yıl önce yazılmış olduklarını düşünelim.

Ama Hall'un, devrinde geçerli kurumlara karşı giriştiği eleştiri ne kadar zorluysa reform teklifleri de o kadar ılımlıydı toprağın millileştirilmesi, zanaatkârlığa dönüş, geleneklerin özentisizliği, lüksün kaldırılması vb.

BÖLÜM III

FRANSA'DA EKONOMİK DÖNÜŞÜM

1. Vesayetten Özgürlüğe

Fransa'da XVII. yüzyılın başından beri birbirlerinin ardı sıra iktidara geçmiş olan hükümetler ülkenin ekonomik hayatını, çok sayıda yapımevleri kurarak geliştirmeye çalıştılar. Devlet organları eliyle kurulmakta olan bu iş yerleri kaçınılmaz bir biçimde, bürokratik nitelikteydiler. Kuşkusuz müteşebbisler hükümetten büyük bir destek görüyorlardı ama çalışmaları da sıkı bir düzen altına sokulmuştu. Zaten IV. Henri zamanında kurulmuş olan yapımevleri (manüfaktürler) kısa zamanda iflâs etti ve ancak Jean Baptiste Colbert'in dikkati çekici hareketlendirme çabası sonunda XVII. yüzyılın son yirmi beş yılı boyunca yeniden canlandıktan sonra da XIV. Louis'nin yıkıcı savaşları sırasında tekrar kayboldular.

Ülkenin ekonomik hayatı XVIII. yüzyılın ortasına doğru yeniden hareket gösterdi. Kısa süre içinde büyük önem kazanan endüstri merkezleri kuruldu. Le Creusot, Les Forges de l'Est, Firminy, Saint Etienne, Carcasson, Lyon, Roubaix ve Abbeville'de tekstil endüstrisi gelişti. Yalnız Lyon yapımevleri 48.000 ipekçi, Carcasson'unkiler ise 30.000 kişi çalıştırıyordu. Paris'te Le Havre'da, Rouen ve Limoge'da da yapımevi merkezleri kuruldu. Endüstri ve ticaret şehirlerinde mahalleler baştanbaşa değişti. Yaklaşık olarak 1760'da Fransız endüstri üretiminin değeri 930 milyon Frank olarak hesaplanıyordu. Doğal bilimler uzmanları, fizikçiler, kimyagerler, yazarlar endüstri meseleleriyle ilgilenmeye başladılar. İcat anlayışı uyandı.

Burjuvazi ve burjuvaziye bağı serbest meslek sahipleri kısaca, Tiers-Etat (Eski Fransa'da soylular ve papaz sınıfı dışında kalan kuvvetler, Ç.N.) gitgide çıkarlarının bilincine vararak devletin vesayetini her geçen gün biraz daha çekilmez bir ağırlık gibi duymaya başladılar. Sanayiciler özgürlüklerinin tamamını istemeye başladılar ve devletin ekonomik hayata karışmasının zararlı olduğu düşüncesi gitgide yayıldı. Şehirlerin gelişmesi, şehir dışında yaşayan halk tabakalarına, ellerinde daha fazla toprakları olsaydı ve soylularla papaz sınıfına karşı mecburiyetleri bulunmasaydı tarımdan ne kadar büyük bir avantaj sağlayabilecek olduklarını gösterdi. Şehirler, daha çok özgürlük ve politik güç; köylüler, feodal yükümlerin kaldırılmasını ve papazlar sınıfıyla soylular sınıfının mallarının paylaşılmasını istediler.

Bu politik değişiklikler ekonomik bilim üstünde derin bir etki yaptı. Ama ekonomi biliminin sözcülerinin sarayda yaşayan François, soylular sınıfından Mirabeau markisi, Mercier de la Riviere gibi bir yüksek devlet memuru olması ya da tarımdan yana olmak için önceden etkilenmiş bulunmaları ya da endüstri hayatıyla dolaysız bir bağları olmaması yüzünden, işledikleri ekonomik öğreti, tarımın önemine pek aşan değer biçiyor ve endüstrininkini de gerektiği kadar değerlendirmiyordu ama yine de mutlakıyetçiliğin devrilmesi ve kapitalizmin zaferinde payı oldu. Bu ekonomik öğreti dikkate değer ve o devirde Fransa'nın kendisinin de olduğu gibi çelişmelerle doluydu.

2. Fizyokratlar ve Ekonomik Özgürlük

Fransa'da XVIII. yüzyılın son yirmi beş yılı boyunca işlemiş olan fizyokratçı öğreti tam bir burjuva öğretişidir ve burada ancak ekonomik hayat üstünde ve Fransız İhtilâli'nde etki yapmış olduğu ölçüde sözü edilebilir. Bu öğretinin başlıca iki temel düşüncesi şunlardır: 1) Ekonomik hayatın doğal bir düzeni vardır. 2) Yalnız toprağın işlenmesi üreticidir; yani işe yatırılan değerden daha yüksek bir değer üretir. Ya da başka bir deyişle, yalnız tarım bir artık ürün (net ürün) yaratır ve bütün toplumu yaşatan da bu fazlalık ya da artık değerdir. Bu iki noktayı daha yakından görelim: I) Fizyokratlar, toplumun, ekonomik hayatı düzenleyen, dolayısıyla devletin müdahalesini gereksiz kılan doğal bir düzeni olduğu düşüncesindeydiler. Bu doğal düzenin temelleri şunlardır: 1 - Mülkiyet, 2 - Güvenlik, 3 - Özgürlük. Fizyokratlar, doğal düzenin bu üç temelini, geri alınmaz haklar olarak görüyorlardı. Görüldüğü gibi, fizyokratların doğal düzeninin, komünistlerin ve toplumcu eleştiricilerin her zaman dayanmış oldukları eski doğal hukukla ortak bir yanı yoktur. Burjuva düzeninin savunucuları olarak fizyokratlar gerçekten, özel mülkiyeti, bütün hakların en doğal olanı sayıyorlar ve bu hakkın, ekonomik özgürlükle birleşerek insanların refahını sağlayabileceğini düşünüyorlardı. Sonuç olarak da en iyi politika: "Bırakınız yapılsın, bırakınız geçilsin" idi. Başka bir deyişle, mal sahiplerine, müteşebbislere ve tacirlere tam bir davranış özgürlüğü veriniz, bireyin yararı, genel yarardan çıkacaktır. Ekonomik hayat kendi öz yasalarına uyar ve dolayısıyla devletin müdahalesine hiç ihtiyacı yoktur diyorlardı.

II) Yalnız, toprağı işletmek üreticidir. Buna karşılık, ticaret ve sanayi üretici değildir. Onların bütün işi tarım ürünlerinin değişmesine ve bu ürünleri başka biçimlere dönüştürmeye dayanır. Toplum şu başlıca üç sınıftan kuruludur 1 - Üretici sınıf (tarımcıların sınıfı); 2 - Egemen sınıf (toprak sahipleri ve yüksek devlet memurları sınıfı) ve 3 - Verimsiz sınıf (üretken olmayan çalışanlar sınıfı: tacirler, işçiler, müteşebbisler, serbest meslek sahipleri, hizmetçiler, vb.) Üretken, yalnız tarım olduğuna göre vergilerin yükünü de yalnız o kaldırmalıdır. Diğer sınıflar ise bütün bütüne vergi dışında tutulmalıdırlar. Tarıma verdikleri aşırı öneme ve mutlakıyete saygılarına rağmen fizyokratların, bilinci uyanmakta olan ve politik gücü eline geçirmeye çalışan burjuvazinin çıkarlarını savunmaktan başka bir şey yapmadıklarını görmek hiç de güç değildir. Gerçekten, onların hak iddiaları da burjuvazininkinin eşiydi. Özel mülkiyetin savunması, güvenlik, bireysel özgürlük, ticarî ve sınaî özgürlük. Fizyokratların gerçek değerleri aslında işte buradadır. Adam Smith'in üstünde derin bir etki yaptılar ve adlarına iktisat uzmanları dendi. Öğretilerindeki çelişmeler ise Fransız İhtilâli tarafından çözülecekti. İhtilâlci burjuvazi J.J. Rousseau'nun siyasal özgürlük fikirlerine başvurarak mutlakıyeti devirdi ve toprak aristokrasisinin egemenliğine son verdi. Doğal hukuk teorisinden, burjuvazi yalnız, mutlakıyetin egemenliğine ve soylular sınıfının imtiyazlarına karşı çıkarmak için, politik özgürlük ve eşitlik düşüncesini aldı. Fizyokratçı doğal hukuk düzeyinden ise, sadece komünistlerin iddialarına karşı çıkarmak için, ekonomik özgürlüğü ve özel mülkiyetin dokunulmazlığını almıştır.

BÖLÜM IV

FRANSIZ İHTİLÂLİ

1. Sınıflar ve Anayasa Çekişmeleri

XIV. Louis ve XV. Louis tarafından İngiltere, Avusturya ve Prusya'ya karşı sürdürülen uzun, yıkıcı savaşlar, sarayın israfı, gözde kadınlar; düzensiz ve kötü malî yönetim yüzünden artmış olan devlet borçlarını daha da ağırlaştırmış ve bütçeyi sarsarak sürekli vergi artışları getirmişti. Açık gittikçe büyüdü ve öyle bir zaman geldi ki bu açığı artık burjuvaziyi yardıma çağırmaksızın kapatmak olanaksızlaştı. Bu malî sefalet mirasını yüklenmiş olan XVI. Louis (1774 - 1793) sonunda, 1789 yılında Etats-Generaux'yu toplantıya çağırmak zorunda kaldı. 5 Mayıs günü Versailles'da toplandılar. Üç hafta sonra Tiers-Etat ve temsilcileri artık duruma egemendiler. Etats-Generaux'yu bir Millî Meclis durumuna getirdiler ve bu meclise Fransa'ya bir anayasa, yani ulusun içinde kurulmuş olan yeni kuvvetler dengesini anlatan bir ilke hazırlamak görevini verdiler.

İhtilâl başlamıştı. Eski düzen devrildi. Halk yığınları harekete geçtiler; Bastille'i zorla aldılar. Millî Meclis'i Paris'e taşınmak zorunda bıraktılar. Başlamakta olan savaşta üstlerine düşen rolü oynamak üzere, 1740'dan beri işlemekte olan teorilerin hepsi iş başına çağırıldı.

Millî Meclis, iki boyunda Fransa'ya verilecek olan anayasa üstünde görüşmeler yaptı. Bu arada da ülke baştanbaşa yeniden örgütlendirildi. Kilisenin malları elinden alındı ve piyasaya kâğıttan, yeni bir para (assignaflar) sürüldü.

İhtilâlin kâr düşkünleri arsa ve hisse senetleri, tahvilat vurguncuları ortaya çıktılar. İhtilâlci teoriler halk yığınlarını heyecanlandırarak sarsarken vurguncular da ceplerini dolduruyorlardı. 1791 Anayasası bu durumu tam olarak yansıtır. Başlangıcı, bir ilkenin bildirilmesidir: Bütün insanlar, yasalar önünde özgür ve eşittir. Toplumun amacı, insanın zaman aşımına uğramayan özgürlük, mülkiyet ve güvenlik haklarına göz kulak olmaktır.

Ama bu genel bildirinin hemen ardından anayasa, yurttaşları aktif yurttaşlar ve pasif yurttaşlar olarak ikiye ayırır; yalnız birincilere seçim hakkı verir ve yaşama organına yalnız zenginlerin girmesini sağlayan iki dereceli seçim sistemi getirir, hükümdarlığı da sadece meşrutî olmasını isteyerek yine yerinde bırakır.

Tabii ki, cumhuriyetçi ve demokratik anlayışla kaynaşan ve geniş sosyal reformlar isteyen alt sınıflar bu anayasayla tatmin olamazlardı.

Anayasanın oylanmasıyla, Millî Meclisin görevi bitmişti (Eylül 1791). Yerine, yeni kimselerden kurulu ve aralarında bazı demokratlar, küçük burjuva cumhuriyetçiler bulunan Yasama Meclisi kuruldu ve yeni meclisin bu üyeleri Paris'in halk yığınlarının baskısı, hayatın durmaksızın pahalılaşmasının etkisi ve dış tehlikeler dolayısıyla daha gözü pek bir politika istemeye başladılar. 10 ağustos 1792 günü Parisli bazı aşırı kimseler İhtilâlin güttüğü davayı ele alarak kral ailesinin tutuklanmasına giriştiler. Halk yığınlarının bu ayaklanması İhtilâlin ikinci ve en önemli safhasını açtı. İhtilâlciler daha o zamandan, birbirinden kesinlikle ayrı olarak ikiye bölündüler. Bir yanda burjuvazi ve öte yanda halk yığınları, küçük zanaatçılar ve işçiler. Bir yanda ılımlı cumhuriyetçiler, meşrutiyetçiler, geçimi yerinde burjuvalar; beri yanda da solcu cumhuriyetçiler, sosyal reformlardan yana olanlar ve emekçilerden (proletarya) yana ihtilâlciler. Artan sefalet sonunda, sosyal mesele gitgide birinci sırada görünmeye başladı. Yönetici Jakoben'ler (solcu cumhuriyetçiler ve demokratlar) ise bu mesele konuşunda ne çeşitten olursa olsun hiç bir anlayış göstermediler. Zanaatçı ve işçi kulüplerinde sosyal reform planları tartışılmaya başlandı. Besin ürünleri kıtlığı, hayat pahalılığının artması, ulusal malların har vurup harman savrulması, bir toprak reformunun gerekliliğine, besin ürünlerinin fiyatlarının düzen altına alınmasına ve nihayet komünist bir toplum kurulması konusuna dikkati çekti.

İhtilâlci güçlerin bölünmesi, karşı ihtilâli ve dışarıdaki dostlarını cesaretlendirdi. Yaşama Meclisi, bu unsurlara etkili biçimde karşı koymak için gerekli gücü kendinde bulamayınca, 1792 Eylülünde dağıtıldı ve yerine, bütün erişkin Fransızların tek dereceli seçimle seçtikleri Millî Konvansiyon kuruldu. Cumhuriyet ilân edildi, kral ölüme mahkûm edilerek cezası uygulandı. Konvansiyon, karşısında güç birliği yapmış olan Avrupa gericiliğine karşı etkinlikle savaşa girişti ama özel mülkiyete karşı sosyalist saldırıları da püskürttü. Konvansiyon 18 Mart 1793 günü, geçerli mülkiyet ilişkilerini ortadan kaldırmak amacı güden her karışıklığa ölüm cezasıyla karşılık vermeyi karar altına aldı. 31 Mart 1793 günü Paris halkı ayaklandı ve Ağustos 1793'de Konvansiyon yeni ve bu sefer tam demokratik bir anayasa kabul etti. Bu, biçimsel demokrasinin eksiksiz ifadesiydi. Ama mülkiyet dokunulmaz olarak ilân ediliyordu. Halk yığınlarının yürekten dileklerini bilen Robespierre, mülkiyet konusuyla ilgili maddesi sosyalistlerin de kabul edebilecekleri biçimde yazılmış bir anayasa tasarısı sunmayı denedi (Mülkiyet, yasanın her yurttaşın yararlanmasını sağladığı haktır.) ama tasarının kabul edilmesi için hiç bir şey yapmadı. Ayrıca şu da var ki, 1793 Anayasası hiç bir zaman yürürlüğe giremezdi. (Bunun nedenini gelecek bölümde söyleyeceğiz). Robespierre Avrupa gericiliğine karşı çıkardığı birçok ordular kurdu, besin ürünleri için tavan fiyatları belirledi, yüksek öğrenimi yeniden düzenledi, metre sistemini getirdi ama Danton tarafından temsil edilen sağcı cumhuriyetçi akım ve Hebert tarafından temsil edilen solcu akımla da var gücüyle savlaştı. Her yandan sıkıştırılan Robespierre ve taraftarları, özellikle ihtilâlci unsurları vuran dehşet yollarına başvurdular. Küçük burjuva demokratlığının darlığı içinde Robespierre, yılmaz ve en gözü pek ihtilâlcileri giyotine göndermekle hem kendisinin hem de ihtilâlin mezarını bizzat kazmış oldu. Uğursuz işi bittikten sonra da 1794 Temmuzunda devrildi ve başı kesildi. Küçük burjuva diktatoryası yerini, karşı ihtilâle bilinçli biçimde yol açan, Parisli ihtilâlcileri güçsüz bırakan Direktuvar diktatoryasına bıraktı. Direktuvar 1795'de, yurttaşların ödedikleri bir vergi sonucu seçmen sayıldıkları "censitaire" seçim düzeni temeli üstüne kurulu ve millî malların çarçur edilmesini kolaylaştıran, borsa oyunlarını arttıran yeni bir anayasayı meclisten geçirdi.

1792 ile 1795 arasındaki yıllar üç bakımdan önemlidir: 1) İhtilâlciler bir diktatoryanın işleyişini gördüler; 2) Geniş sosyal reformlarından yana bir muhalefetin gelişmesini gördüler; 3) Babeuf olayını doğuracak olan tohumları yeşerttiler.

2. İhtilâlci Diktatörya

1793 Anayasasının yürürlüğe konmamış olduğunu yukarıda söylemiştik. Bu anayasanın yürürlüğe girmesi, barışın imzalanmasına kadar geciktirildi. Anayasanın uygulanması yerinede bir diktatörya kuruldu. Bu davranışın nedenini, Buonarroti'nin "Babeuf Fesadı" adındaki kitabında buluyoruz.

Jakoben yöneticilerinin dostu bir demokrat sosyalist ve yüksek düşünceli, manevi bakımdan soylu bir kimse olan Buonarroti bize, bu demokratik anayasayı hazırlayanların birçoğunun politik reformların ne kadar önemli olursa olsunlar, ekonomik ve ahlâkî bir dönüşümden sonra gelmeyecek olursa halkı mutlu kılmaktan uzak kalacağı düşüncesinde olduklarını anlatır. Bu kimseler ayrıca, biçimsel demokrasiden ancak zenginlerin yararlanacağını düşünüyorlardı. Her şey bugünkü durumunda kaldığı sürece en özgür politik reformdan bile yalnız, çalışmaya ihtiyacı olmayanlar yararlanacaklardır. Halk topluluğu, yoksulluğun zoruyla dayanılmaz, ardı kesilmeyen çalışmalara, varlığı zenginlere bağlı olduğu için katlanmak zorunda kaldıkça zenginler, aldatıcı hükümetlerin halka zorla kabul ettirecekleri kararları kolaylıkla verdirebilecek durumda olacaklardır.

Ayrıca şunu da söylemek gerekir ki; Robespierre ve taraftarları, Buonarroti'nin istediği gibi bir toplum yaratmayı hiç bir zaman düşünmemişlerdi. Bununla birlikte, reformlar sayesinde çalışkanlıklarda bir düzelme ve bencilliğin azalmasını getirebileceklerini umuyorlardı. Robespierre, bencilliği ahlâkla, soyluluk şerefini hukukla, modanın zorbalığını aklın egemenliğiyle, kendini beğenmeyi ruh büyüklüğüyle değiştirmek istiyoruz, diyordu. Buna da söylevlerin, dinî vaazların ve polis yönetmeliklerinin yardımıyla varabileceğini umuyordu. Dolayısıyla da diktatörya, demokratik ilkelerin reddi demek değildi. Tam tersine, diktatoryanın amacı demokrasiye elverişli alanı hazırlamak ve insanların, onu herkesin yardımına hizmet edebilecek duruma getirmelerini sağlamaktı. Robespierre, bu çeşit bir ahlâk durumumun sadece ideoloji propagandası yollarıyla yaratılamayacağını ise hesaba katmıyordu. Aklın yüce gücüne inanıyor, düşüncelerimizin ve hele halk yığınlarının düşüncelerinin toplumsal ortamın etkisinin sonucu olduğunu; sonuç olarak da diktatoryanın başlıca görevinin her şeyden önce geniş sosyal reformlara girişmek olduğunu bilmiyordu. Tarih de bu anlayışsızlığının ve onun küçük burjuva dair görüşlülüğünün öcünü aldı. Robespierre'in 1794 başından beri bütün davranışları bilinçsiz bir biçimde karşı ihtilâlciydi. Ayrıca, bugüne kadar bütün demokratik ihtilâlcilerde, iktidardaki partinin daima ihtilâlcileri kırıp geçirerek bu davranışıyla karşı ihtilâle yol açtığı da bilinen bir olaydır.

3. 1793 Anayasası ve Toplumcu Eleştiri

Daha 1793'de, toplumcu reformlardan yana bütün ihtilâlcilere, bu çekişmenin yalnız bir zengin ve yoksullar; varlıklılar ve varlıklı olmayanlar çekişmesi olduğu açıkça görünüyordu. O devirde, İhtilâlin başındakilerle ilişiği olan Buonarroti bu konuda şöyle yazıyor. "Fransa'da cumhuriyetin ilânından beri geçenlerin hepsi bana göre, bir yanda zenginlik ve imtiyazlardan yana olanlarla, öte yanda eşitlik dostları, çalışanların dostları arasında var olan uyuşmazlığın kendini göstermesinden başka bir şey değildir." Tabii ki zenginlerin ve imtiyazlıların 1793 Anayasası konusundaki tutumları karşı bir tutumdu. Çünkü onlar, politik eşitliğin kesinlikle karşısındaydılar. Buna karşılık eşitlikten yana olanlar arasında ise düşünceler birbirinden değişikti. Babeuf Bounarroti ve arkadaşları tabii ki demokratik anayasayı, mülkiyeti dokunulmaz ilân ettikten sonra yetersiz bulmaktaydılar ama bununla birlikte yine de politik demokrasinin, ekonomik eşitliğe varmak için iyi bir yol olduğunu düşünüyorlardı. "Demokrasiden sonra, diktatoryadan geçerek komünizme." Parolaları buydu. Robespierre'i ve demokratik anayasayı işte bunun için tutuyorlardı. Ama onların bu görüşü, ilkin mülkiyet ilişkilerinin tam bir dönüşümünü isteyen ve halkı aralarında Robespierre ve Saint Jüst'ün de bulunduğu demokratların hayallerine, aldatmacalarına ve kurnazlıklarına karşı uyaran Jacques Roux ve Hebert'çiler tarafından paylaşılmıyordu. Bunlar anayasayı, halkın çıkarına karşı bularak saldırıyorlardı. Zira anayasa ne savaştan yararlananlara, ne vurguncülara ne de istifçilere dokunuyordu. Jacques Roux, "Bir sınıf, diğerini aç bırakabiliyorsa; zengin, kurduğu tekelle yoksulun ölümü ya da kalımı konusunda söz sahibi alabiliyorsa o zaman özgürlük, hayalden başka bir şey değildir" diyordu. Karşı ihtilâl, yurttaşların dörtte üçünün, gözyaşları dökmeksizin parasını ödeyemedikleri besin ürünlerinin fiyatlarının sürekli olacak artmasına yol açıyorsa, cumhuriyet sadece bir hayaldir, Sansculotte'ların Fransız İhtilâli sırasında gösteriler yapan halkla verilen ad. Ç.N.) ihtilâle ve anayasaya katılmaları, istif çilerin gördükleri işe son verilmedikçe başarılamayacaktır. İçerde zenginlerin yoksullara karşı yürüttükleri savaş, yabancıların Fransa ile yaptıkları savaştan daha korkunçtur. Dört yıldan beri İhtilâl'den zenginleşen, burjuvalardır. Bizi ezmekte olan yeni ticaret asilleri, toprak sahibi asillerden beterdir. Çünkü fiyatlar, nerede duracakları görülmeksizin yükselip duruyor. İstifçilerin malları insanların hayatından daha mı kutsal?

Jacques Roux'nun bu sözlerinin, bir komünistin sözleri olduğu kuşkusuz söylenebilir. Ama Buonarroti'nin ve Babeuf'ün davranışı acaba daha doğru değil miydi? Bütün ihtilâlcilerin, halk yığınlarına bir yandan tam bir toplumsal dönüşümün gerekliliğini anlatarak, Robespierre'i tutmak için tek bir cephe kurmaları daha doğru olmaz mıydı? Girodin'lerle îhtilâl'de, Konvansiyon sırasında Montagnard'lara karşı olan bir siyasî parti. Ç.N.) savaşmak için Robespierre'in halk yığınlarına ihtiyacı vardı. Eğer bütün bu ihtilâlciler, Robespierre'le savaşmak yerine onu tutmuş olsalardı o da onlara taviz vermek zorunda kalırdı.

4- L'Ange ve Dolivîer

Fransız İhtilâli'nin ilk yılları sırasında Lyon'da, yazılarını "L'Ange" adıyla imzalayan sosyalist bir yazar yaşıyordu. Michelet onu, düşünce adamı olmak bakımından Fourier'nin babası sayar. Bu esrarengiz "L'Ange" ın kim olduğu öğrenilene kadar yarım yüzyıl geçmesi gerekti. Onun gerçek kimliğini bulan Jaures'tir. Bu adam, L'Ange adında bir almandı. Kehl'de doğmuş, Munster'de yaslamış ve sonra da on altı yaşındayken Fransa'ya' gitmişti, 1793'de Lyon belediyesinde memur olarak çalışıyordu. 1790 yılında, daha sonra 1791 Anayasası olacak olan anayasa tasarısını çelişmeli saydığı için bir broşür yayınladı. Tasarıyı, insanın genel haklarını açıklamakla başladıktan sonra yurttaşları aktif yurttaşlar ve pasif yurttaşlar olarak ikiye ayırdığı için suçluyordu. Bu anayasa varlıklıları aktif yurttaşlar, çalışanları ise pasif yurttaşlar sayar. Oysa değer yaratanlar ötekiler değil, berikilerdir. Zenginlerin mülkiyetinde bulunan ise, onların kapıp götürdükleri artan kısımdan başka bir şey değildir. (Bugün buna artık değer diyoruz). L'Ange, insanlığın büyük dostlarının ve kralın yardımını umuyordu. Sonra, kıtlıkla savaşmak ve ürünlerin istifçiliğine son vermek amacıyla tarımsal kooperatifler kurmakla uğraştı. Onun bu tasarısının, o sırada Lyon'da ticarethane memuru olan Fourier'nin üstünde derin bir etki yapmış olması muhtemeldir. Fourier hiçbir yerde L'Ange'ın adını anmaz, ama birinci kitabı olan "Dört Hareketin ve Sosyal Alın Yazılarının Teorisi" nin (1808) önsözünde, çalışmasının temel düşüncesini bir tarım kooperatifi planından almış olduğunu kabul eder. L'Ange'ın başlıca düşünceleri şunlardır: belli bir ülkede üretilmiş olan tahıl ürünlerinin toplamı değeri, işçilerin toplam kazancından daha çok olamaz. Dolayısıyla her işçi ücretiyle yaşayabilmelidir. Durum böyle olmadığına göre kusur aracılardadır. Sertlikle hiçbir şey elde edilemez. Tek çare, ülkeyi tarım kooperatifleri ağıyla örmekti. 100 ailelik her grup bir kooperatif kuracaktır. Bu kooperatifler, karşılığını ödemeyi devletin üstüne aldığı ve devletin çıkaracağı hisse senetlerinin yardımıyla kurulurlar. Kooperatifçilik yoluyla yapılacak olan kolektif üretimin ve tüketim kooperatiflerinin o kadar büyük kolaylıkları olacaktır ki buna zenginler de katılmak isteyeceklerdir.

Bir diğer reformcunun, bir toprak reformu öne süren papaz Dolivier'nin de adını analım. Eserinin eleştiri bölümünde öne sürülen düşünceler, Spence'inkilere benzer. Mirasın kaldırılmasını ve büyük yurtlukların köylüler arasında bölüştürülmesini doğru bulur. 1794 yılında çıkmış oran kitabının adı "İlkel Adalet Üstüne Deneme" dir.

BÖLÜM V

EŞİTLERİN DEVLETE KARŞI GİZLİ BİRLEŞMELERİ

1.Gizli Birleşmenin Nedenleri ve Amacı

Robespierre'in 1794 Temmuzu sonunda düşmesi, Konvansiyon'da karşı ihtilâlci unsurların zaferi ve antidemokratik 1795 Anayasasının oylanması, İhtilâl'e bağlı kalmış olan unsurları (Jakobenler ve aşırı sol ihtilâlcileri) Direktuar'a karşı birleşmek kararına vardırdı. Jakobenler, derin bir ekonomik dönüşüm yapılmaksızın demokrasinin olanaksız olduğunu, politik ihtilâlin, eski mülkiyet ilişkilerinin ortadan kaldırılmasıyla, toprağın kolektif mülkiyetinin herkes için zorunlu çalışma ilkesinin ve sosyal adaletin getirilmesiyle tamamlanması gerektiğini anladılar. Basit, erdemli bir yaşama biçimi; bencilliğin, başkalarını egemenliği altına almak anlayışının yok edilmesi, yeni toplumun temellerini sağlamlaştırır ve Fransa'yı bütün uluslar için bir örnek durumuna getirirdi. Bu hareketin, Babeuf'ün adına bağlanmış olmasına karşılık o, hareketin ne ilham edicisi ne de başı değildi ve yalnız sözcüsüydü.

2. Philippe Buonarrotî ve İhtilâlci Diktatorya

Philippe Buonarroti, devrinin en soylu kişilerinden biridir. Bilgi bakımından zengin, ahlâk değerleri bakımından daha da zengin, ihtilâlci sosyalist bir François d'Assise'dir.

Piza'da, soyunda tanınmış heykeltıraş Michel-Ange' ın da adını taşıyan bir İtalyan ailesinden doğmuştu. Devlet hizmetinde, kısa zamanda yüksek bir göreve geçti. Ama Fransız İhtilali çıkar çıkmaz bu görevinden ayrıldı. Önce Korsika'ya gitti ve 1790'dan 1792'ye kadar kaldı. Burada bulunduğu sırada genç Napolyon ona içten bir dostluk gösterdi. Daha sonra, Paris'e yerleşti ve orada Konvansiyon kendisine birçok özel görevler verdi. Robespierre'in çok yakın arkadaşı oldu ve Konvansiyon'dan kendisine verilen Fransız yurttaşlığı unvanını aldı. Birçok kez fikir değiştirmiş olan Babeuf'ün tersine, Buonarrot daha başından beri, ihtilâlin değişik iki safhadan geçmiş olduğunu görmüştü. İhtilâl, 1789'dan 1792'ye, kendine yalnız burjuva hükümetli bir meşrutiyet kurmak amacını vermişti. 1792'de, varlıklılarla varlıklı olmayanlar arasında çekişme başladı. İşte bundan dolayı 1793 Anayasası, sosyal bakımdan ne kadar eksik olursa olsun, varlıklı olmayanlara, komünizmin kurulması bakımından eğitimleri eksik de olsa yardım edebilirdi. Robespierre'in düşüşünden kısa bir süre sonra Buonarroti, (kulübün toplantı yerinden dolayı adına böyle denilen) Panteon Kulübü'nü kurdu. Üyelerin sayısı kısa zamanda arttı. Kulübün üye sayısı 1796'da, 17.000 kişiye yakındı ve Paris garnizonunda birçok taraftarı bulunuyordu.

Kulübün başkanı Buonarroti'ydi. En iyi kimseleri çevresinde toplayarak, Direktuvar'ı devirecek ve 1795 Anayasasını kaldıracak olan halk ayaklanmasını hazırlamak için gizli bir merkez komitesi kurdu. Ama Direktuvar yıkıldıktan sonra yerine hangi hükümet biçimi konacaktı? 1793 Anayasasının hemen yürürlüğe konamayacağı konusunda herkesin düşüncesi birdi. Buonarroti bu konuda şöyle yazıyor:

"Fransız İhtilâli denemesi ve özellikle Millî Konvansiyon'un karışıklık ve değişmeleri, düşünceleri eşitsizlik ve zorbalık rejimi altında oluşmuş bir halkın, onu yönetmek ve işlerin yürümesi için kullanmakla yükümlü kimseleri oylarıyla belirlemeye, yenileştirici bir ihtilâlin başlangıcında, pek az elverişli olduğunu ortaya koyduğu görülüyor. Bu ödev ancak bilgili ve yürekli; kendini vatan ve insanlığa güçlü bir aşkla vermiş; kamu alanındaki bütün kötülüklerin nedenlerini uzun zaman, derinlemesine araştırmış, genel eksiklikler, kusurlar ve önyargıları aşarak çağdaşlarının bilgi ışığından öne geçmiş olan; altını ve bayağı büyüklükleri önemsemeyen, hor gören ve mutluluklarını, eşitliğin zaferini sağlayarak kendilerini ölümsüzleştirmeye bağlayanların ödevi olabilir. Hatta belki de, barışçı bir ihtilâlin doğuşunda, halkın gerçek egemenliğine karşı saygı dolayısıyla, ulusun oylarını kazanmakla ilgilenmekten çok, egemenlik yetkisinin, bilgili ve güçlü bir biçimde ihtilâlci olan ellere düşmesi gereklidir."

Diktatoryanın iyi yanları ve sakıncalarının tartışıldığı uzun görüşmelerden sonra, Direktuvar'ın devrilmesinin ardından, en yüksek güçlerle donatılacak olan bir Milli Meclis seçilmesine, Merkez Komitesinin yerinde tutulmasına, yeni Meclisin çalışmalarını denetlemekle görevlendirilmesine karar verildi.

3. Gizli Birleşmenin Sonu

Birleşmenin gizli görevlileri arasında bulunan Yüzbaşı Griesel adında biri tasarlananların hepsini Direktuvar'a bildirdi. Millî Savunma Bakanı Carnot, genç general Bonabarte'ı Penteon Kulübünü dağıtmak ve yöneticilerini tutuklamakla görevlendirdi. Şubat sonunda kulüp dağıtıldı, Mayısın onunda da önderleri tutuklandı. Soruşturma 11 aydan fazla sürdü. Parisli işçi halkın ayaklanması korkusuyla Direktuvar, sanıkları ve Vendôme'a gönderttti. Dava, bu şehirde görüldü. 26 Mayıs 1797 günü, Babeuf ile Darthe'nin ölüme Buonarroti ile bazı, suçlularında sürgüne mahkûm edilmeleriyle sonuçlandı. Kararın bildirilmesinden sonra Babeuf ile Darthe, gizlemeyi başarmış oldukları bir hançerle kendilerini öldürmeyi denediler. Ama bunu yapmaları önlendi ve yargılama salonundan, ertesi gün giyotinle öldürülmek üzere kanlar içinde çıkarıldılar.

Muhbir Griesel, daha sonra, Babeuf'ün büyük oğlu Camille tarafından bir tabanca kurşunuyla öldürüldü. Buonarroti ise Cherbaurg'ta mahpus olarak kaldı. Birkaç yıl sonra, eski hayranı ve eski arkadaşı Napolyon ona yüksek bir devlet memuriyeti sunmak için oraya geldi. Bounarroti bu öneriyi aşağılayıcı bir davranışla reddetti. 1807'de serbest bırakıldı. Bir zaman Fransa'nın Güney Batı sınırında yaşayarak İtalyan ihtilalcileriyle ilişki kurdu. Sonra İsviçre'ye gitti; orada dil ve müzik dersleri vererek yoksulluk içinde yaşadı. İsviçre'den sınır dışı edildi ve Brüksel'e gitti. Brüksel'de, "Babeuf Olayı" konusundaki kitabını yaymadı. Bu kitap, 1828'den 1840'a kadar geçen yıllar boyunca ihtilâlci hareket üstünde pek büyük bir etki yaptı. Temmuz ihtilâlinden sonra Buonarroti, Paris'e gitti ve gerçek bir hayranlık konusu durumuna geldi. Öğrencilerinden biri Auguste Blangui idi. 1834'de polis onu sınır dışı etmeyi denedi; ama kendisine Konvansiyon tarafından verilmiş olan Fransız yurttaşlığı Buonarroti'yi yeni bir sürgünden korudu. Ondan sonra da Raymond takma adıyla, müzik öğretmeni olarak yaşaadı. 1837'de Paris'te öldü.

BÖLÜM VI

FRANSIZ İHTİLÂLİNİN ALMANYA'DA YANSIMASI

1. Ekonomik Gelişim ve Politik Baskı

Yüz Yıl Savaşlarının sebep olduğu yıkım Almanya'da XVIII. yüzyılın başında kendini duyurmaya devam ediyordu. Bazı bölgeler iyiden iyiye ıssızlaşmıştı. Birçok şehir içinde hemen hemen kimsenin yaşamadığı yerler durumuna gelmiş bulunuyordu. Ticarî çalışmalar ancak Hamburg ve Leipzig'te tutunabilmişti. Bu iki şehir, yıkılmış ulusal yaşantının çölü içinde birer vaha gibiydiler. Alman halkı yaralarını sarmak için büyük güçlükler duyuyordu. Prenslerin israfı, taşra soylularının açgözlülükleri, bürokrasinin otoriter ve bilgiç yöntemleri, durumun düzelmesini güçleştiriyordu. Her şey, antik XVIII. yüzyılın yarısından sonra iyiye gitmeye başladı. İngiltere ve Fransa'daki endüstri ihtilâli, Hollanda'da, İngiltere'de tarımın gelişmesi, Fransa'da Ansiklopedicilerin hareketi ve ekonomi biliminin gelişmeler, Almanya'nın üstünde etki yapmaksızın kalamazdı. Ekonomik hayat yeniden canlandı. Üretim alanında yeni yöntemler kullanılmaya başlandı, dokuma endüstrisi geliştirildi, tarım alanında ilerlemeler oldu.

Hamburg'ta, bir "Yararlı Sanatlar ve Endüstrileri Geliştirme Derneği" kuruldu. Bu şehrin limanı öteden beri hareketliydi. Bu durum özellikle, Amerika Birleşik Devletlerinin bağımsızlığının ilânından sonra (1776) daha da gelişti. Zira Amerikan gemileri İngiliz limonlarına girmekten kaçınıyor ve Alman limanlarından yararlanmayı tercih ediyorlardı. Böylece Hamburg limanına yılda yalnız 150 ya da 160'ı Alman bandırası taşıyan 2.000 kadar gemi giriyordu. Ayrıca Hamburg'da, deniz sigorta kumpanyaları da kuruldu. Bu kumpanyaların bir yılda kestikleri sigorta poliçelerinin toplam değeri 60 ile 120 milyon taler arasında değişiyordu.

Keten endüstrisi, taş kömürü çıkarılması ve maden endüstrisinde önemli gelişmeler oldu. Almanya'da, genel olarak XVIII. yüzyılın sonuna doğru ekonomik çalışmalarda yeni bir canlılık göze çarpar.

Bu ekonomik dirilişin yanı sıra, edebiyat ve felsefede de liberal ve ilerleyici bir anlayışın canlandırdığı yeni bir gelişme görülür. Bu çağın Alman yazarları politik hayatın geri durumunu, prenslerin ve asiller sınıfının, Alman halkını içinde tuttukları kölelik anlayışını ve baskıları acıyla duyuyorlardı. Devrin en dikkati çeken yazarlarından biri olan Wieland, Altın Ayna'da bu durumun son derece çarpıcı bir tablosunu çizer. Küçük zorbaların gözünde halkın hiçbir hakkı, prenslerin hiç bir ödevi yoktur. Onlar halkı, kendileri için çalışmaktan başka varoluş nedeni bulunmayan, dinlenmeye, konfora ve mutlu olmaya hiçbir hakkı olmayan bir canlı makineler yığını sayarlar. Doğaya bu kadar aykırı bir düşünme biçimini hayal etmek için ne kadar zorluk duyulursa duyulsun yine de, prenslerin kendilerini kimseye hesap vermek zorunda olmayan ve her şeyi yapmakta özgür sayan bir üstün varlıklar sınıfı saydıkları kesindir. Halkın kölelik ruhu öyledir ki insanlığın genel haklarından yararlanmasına istisnaî olarak izin verildiğinde, bunu her seferinde, hak edilmemiş bir iyilik sayar. Bu karamsar tabloda hiçbir çizginin koyulaştırılmasına çalışılmış değildir.

Wieland'ın, daha çok Güney Almanya'da hüküm süren durumu ima etmek istemesine karşılık Prusya'daki durum da bundan daha iyi değildi. Yürekli bir kişi olan Lessing bu konuda arkadaşı Nicola'ye şöyle yazıyordu: "Sarayın aşağılık seçkinlerine Berlin'de, gerçeği söylemeyi hele bir deneyin. Bugün Fransa'da ve Danimarka'da yapıldığı gibi, baskı ve despotluğa karşı sesinizi yükseltmeyi bir deneyin, Avrupa' nın en çok ezilen halkının hangisi olduğunu o zaman anlayacaksınız."

Klasik Alman edebiyatı, gücünün büyük bir kısmını, ekonomik refah ile politik baskı arasındaki bu aykırılıktan çıkarmıştır. Bununla birlikte, özü bakımından yine de burjuva niteliğinde kaldı. Bunun en tipik örneği Schiller'dir. Oluşma devresi boyunca, Alman burjuvazisinin isteklerini dile getirdi. Oysa Goethe'nin dehası, Rönesans' tan XIX. yüzyılın ortasına kadar, yüzyılları kapsıyordu. Winckelmann gibi diğer bazıları ise estetikle ilgilendiler ve Rönesans döneminden öteye geçemediler. Almanya, Batı Avrupa'nın XV. yüzyılın başından beri yapmış olduğu entelektüel gelişmenin bütün safhalarını, o devirden beri birikmiş gecikmesinin açığını bir hamlede kapatmak istiyormuş gibi, onar yıllık birkaç devre içinde aşmak zorundaydı.

2. Wieandfda ve Heinse'de Komünizm

Bu çağın Alman düşüncesi ve edebiyatı, İngiliz ve Fransız düşünürlerinin, yazarlarının iyice etkisi altında kaldılar. Alman yazarları, XVIII. yüzyılın ortasından beri, felsefe, dram, roman, hukuk, politik ve sosyal eleştiri gibi bütün düşünce alanlarında Locke, Shaftesbury, Richardson,

Fielding, Hume ve Rousseau'dan etkilendiler. Kant'ın felsefesi bile Occam, Locke, Berkeley, ve Hume olmasaydı düşünülemezdi. Fransız etkisi yerini İngiliz etkisine bırakarak gerilemekteydi.

Alman burjuvazisinin henüz zayıf kaldığı sürece Fransız etkisi ağır basıyordu. Zira küçük prensliklerin sarayları kendilerini birer küçük Versailles sayıyorlardı. Her prens, XIV. Louis'i taklit ediyordu. Paris'ten gelen her şey onlara mutlakiyetin bir dayanağı gibi görünüyordu. XVIII. yüzyılın ortasından sonra ise artık durum değişti. Alman burjuvazisi kaynaşmağa başladı. Tragedyaya ve genellikle bütün Fransız edebiyatına karşı savaşa girişilerek, onun yerine, burjuva niteliğinden dolayı, İngiliz edebiyatı tercih edildi. Bütün Fransız yazarları içinde yalnız Rousseau etkisini korumuştu; çünkü o, sosyal eleştirisinin bütün atılganlığına rağmen burjuva bir yazardı.

Bütün bu gelişme özellikle G. E. Lessing'in eseriydi.

Prenslerin zorbalığına, bürokrasinin keyfî yönetimine ve asayiş düzeninin yalan dolanına karşı yapılan edebî muhalefet, politik ve sosyal meseleler konusunda genel bir ilgi uyandırdı. Bu akımın başlıca temsilcilerinden biri, Christof-Martin Wieland (1773 - 1813) idi. "Miroir d'Or" (Altın Ayna) ve "Oeuvres Posthumes de Diogene de Sinope" (Sinoplu Diyojen'in Ölümünden Sonra Yayınlanan Eserleri) adındaki kitaplarında devrinin bütün sosyal ve politik meselelerini Fransız Ansiklopedicileri'nin anlayışı içinde inceler. O da Ansiklopediciler gibi, ideali "Doğa'ya göre yaşayış" da görüyordu. Yine onlar gibi, tam bir özgürlük ve eşitlik içinde yaşayan bir toplum anlatır, ama komünist idealinin ancak, nüfusu az bir toplumda gerçekleştirebileceğini, oysa nüfusu çok olan toplumlara bilge bir prensin yönetiminde bir hükümet aygıt (cihazı) ve insanî yasalar gerekli olduğunu söyler. Bundan dolayı, komünist toplumun bir üyesine şu sözleri söyletir: "Yaklaşık olarak 500 aileden kurulu olan küçük ulusumuz tam bir eşitlik içinde yaşamaktadır. Aramızda, kendisi de eşitliği seven doğa'nın insanlar arasında kuracağından başka hiç bir ayırım tanımayız. Bizde dirlik düzenlik ve karşılıklı anlayışın meyveleri olan düzen ve rahatlığı sürdürmek için temel yaslaya saygı yeter. Hepimiz kendimizi, küçük bir aile sayarız ve aramızda çıkabilecek olan küçük çekişmeler, sevdalıların kavgaları ya da kız ve erkek kardeşler arasında zaman zaman çıkan çatışmalar gibidir. Çocuklarımız sekiz yaşından on ikinci yaşlarına kadar sadece, kendileri toplumumuzun mutlu üyeleri olarak yaşayabilmeleri için gerekli olan eğitimi görürler. 20'den 60'a kadar ise erkekler kendilerini tarıma, altmış yaşından sonra da bahçıvanlığa verirler. Kadınlara gelince, onlar yün ve ipek yapımıyla çiçek yetiştirmekle ve ev işleriyle uğraşırlar. Nüfus artınca yeni koloniler kurulur. Ün ve şöhret kazanmak istekleri gösteren gençlere, dünyayı görmek ve yeteneklerini yabancı ülkelerde değerlendirmek olanağı verilir. Çünkü bizim komünist toplumumuzda bu eğilimler, ölçülülük ve özentisizlik, eşitlik ve kardeşlik alışkanlıklarımızı bozar."

"Oeuvres Posthumes de Diogene de Sinope' ta, Philomedon adındaki genç Korentli'ye aylak yaşamasının devlete zararlı olduğu; yoksul bir su taşıyıcısının, topluma en zengin aylaktan daha çok yararı dokunduğu anlatılır. Cevap olarak, Philomedon'un şu kadar köle ile şu kadar işçi kullanmakta olduğu ve onlara iş verdiği yolunda ileri sürdüğü kanıta karşı Diyogene şöyle söyler: "Sana, doğada eşitin olan kimseleri malın saymak hakkını kim verdi? Yasalar, diyeceksin. Ama her halde doğanın yasaları değil, insanlar tarafından yapılmış olan yasalar.

Yoksa öylesine büyük bir güç altında baş kaldıramayacak durumda olmasalardı onları bu yasalara uymak zorunda kim bırakabilirdi? Senin için ücret karşılığında çalışan özgür adamların arasında, gönüllü kölelerin olan bu kimselerin, yoksul olmasalardı bir tekinin bile yanında kalacağını düşünebiliyor musun? Sanıyor musun ki pek çoğu, yorucu bir çalışmayla sana gelirlerinin on binde birini sağlamak yerine, senin gibi tadına doyulmaz bir yatakta, gülümseyen bir Venüs'le zevk ve eğlence tanrısı Baküs'ün arasında uzanmış olarak kalmayı ve kendileri için on bin kişi çalıştırmayı tercih etmezlerdi? Evet, hiç kuşku yok ki içlerinden pek çoğu, eğer yapabilselerdi, aralarından bazıları birleşecek ve servetini senin elinden alacak olursalar bu eziyetten kurtulacaklarını düşünürlerdi. Polisten ve yasalardan başka seni bu tehlikeye karşı kim koruyor?

Pek akla yakın ve günün birinde gerçekleştiğini görmeyeceğimizden hiç bir zaman emin olmadığımız bir başka durum düşünelim. Onbin kişinin, yüz kişinin kollarının sayısından 19.800 daha fazla kolu olduğu su götürmez. Böyle olunca, Yunanistan'da, senin cinsinden her yüz kişiye karşılık, bir rejim değişikliğinde kaybından çok, kazancı olacak en azından on kişi vardır. Bu on binlerin bir gün, kaç kişi olduklarını sayarak sayıca üstünlüklerini gördükten sonra bundan yararlanmayı ve sizin mallarınızı ele geçirerek yeni bir paylaşmaya giriştiklerini düşün. Devlet yıkılır yıkılmaz, uygarlık öncesi insan durumuna, ilkel eşitliğe dönülecektir. Kısaca söylemek gerekirse, ayakkabılarını yapan ayakkabıcıdan daha çok bir pay almayacaksın. Bu da seni, ya çalışmak ya da Diyogene'in yetindiği kadar azla yetinmek zorunda bırakacaktır. Sanırım, bu iki ihtimalin birincisi gibi ikincisi de sana tatsız gelecektir. Korent'den gelmiş olan ilk su taşıyıcısının senden yüz kere çok değeri olduğunu göstermek için daha başka bir kanıta ihtiyacımız yok. Zira o, toplumdan aldığı bir lokma azık için yararlı bir çakışma yapmıştır. Ama sen, toplum sana her yıl tıkınacağın yirmi taient verdiği halde bu toplum için ne yaptın?"

Wieland'ın çömezi, J. J. Wilhelm Heinse (1749-1803) idi. Ardinghello (1787) adındaki kitabında, Lycurgue ve Platon örneğine uygun olarak kurulmuş komünist bir toplum anlatır. Bu toplumun üyelerinden birine, "Toplumumuza Platon'un tasarladığı, yurttaşların, biri yönetici görevleriyle, diğeri tarım işleriyle yükümlü iki takıma bölünmeleri ayrılığını sokmaktan özenle kaçındık. Bununla birlikte, Aristo'ya rağmen, malları ortadan kaldırmış olduk. Ama mülkiyeti tam olarak kaldırmadık ve özellikle, genel ödüller verme usulünü koyduk. Her yurttaş, birlikte getirdiğini son gününe kadar kendine saklamak hakkına sahip oldu. Ayrıca, erkekler ve kadınlar da ortaktı. Herkes kendini özgür bir biçimde kullanabiliyordu ve her sert davranış ağır ceza görüyordu. Düzenin bozulmaması önemle gözetiliyordu. Kadınlarla erkekler ayrı ayrı olarak oturuyorlardı" dedirtir. Kamu işlerinde kadınların yüzde onu oy hakkına sahipti. Kadınları ilgilendiren konularda ise her şey onların oylarına bağlıydı. Bu komünist devlette hala köleler vardı. Gençlik de savaş amacına uygun olarak eğitiliyordu. Tıpkı İlkçağ'ın komünist cumhuriyetlerindeki gibi.

Wieland ve Heinse'de en baş yeri İlkçağ ile Rönesans'ın tutmasına karşılık Weishaupt ile Lessing'te bu yer dinsel düşüncenindir. Onlarda söz konusu olan artık iyi ve kötü arasındaki savaş değil, insanlığın daha yüksek bir düzeye; baskı organlarının ekonomik ve entelektüel köleliğin yok edilmesiyle ruhanî eksiksizliğe ulaşmasıdır.

lllumine'ler tarikatının temel düşüncesi buydu. Bu tarikat, masonlarınki gibi ve masonlarla benzerlikleri olan gizli bir tarikattı. Tarikatın adı önceleri Perfectibiliste' ler (Yetkinleşiciler) idi. Çalışmaları 1776'dan 1784'e kadar sürdü. Bu tarikatın kurucusu, Ingolstadt Üniversitesinde Kilise Hukuku öğretmeni Adam Weishaupt'tu (1748-1830). Önceleri Cizvit tarikatındandı. Sonra bu tarikattan ayrılmış ve Cizvitlerinkinin eşi araçlarla resmî kiliseyle, zorbalıkla, bilgisizlik ve baskıyla savaşmayı ve bütün insanlar arasında en üst görevlerine ancak en yetenekliler verilmişti. Tarikata girmek gizli tutuluyordu ve yalnız bilginler, yazarlar, papazlar, öğretmenler, yüksek devlet memurları, prensler ve diğer etkili kimseler girebiliyorlardı. Tarikatta birbirinden ayrı üç sınıf vardı ve bu sınıflar arasında en üst görevlere ancak en yetenekliler varabiliyordu. Tarikata katılanların başlıcaları şunlardı: Herder, Goethe, tanınmış Berlin'li kitapçı Nicolai, Gothe, Weimar, Brunswick dükleri. 1780'den 1783'e kadar tarikatın en iyi propagandacılarından biri, o zamanlar çok yaygın olan "İnsanlarla Yaşamak Sanatı" adını taşıyan kitabın pazarı Knigge Baronudur. Lessing'in, İlluming'ler tarafından savunulan düşünceleri, arkadaşı Nicola'nın aracılığıyla öğrenmiş olması muhtemeldir.

Knigge, papazların sahtekârlıklarının hemen herkesi Hıristiyan dini aleyhine çevirdiğini söyleyerek zamanının ahlâkının tanıtıcı bir tablosunu çizer. Prenslerin zorbalığı da her tarafta, ateşli bir özgürlük isteği yaratmıştı. Weishaupt, kurtuluş planını uygulamak için bu akımlardan yararlandı. Kendine Spartacus takma adını almıştı ki bu da amacını anlamak bakımından ilgi çekicidir. Halk yığınlarının örgütlendirilmesini düşünmek o çağda olanaksız olduğuna göre barışçı bir ihtilâli gerçekleştirebilmek için yalnız devrin entelektüel önderlerinin onun düşüncelerini tanımaları gerekliydi.

Weishaupt'un fikirleri şunlardır: Doğa, aşağıdan yukarıya doğru giden bir evrime girmiştir. Doğadaki değişik türler ve biçimler hep, bir tek ve aynı varlığın çeşitli değişmelerinden başka bir şey değildir. Bize en yüksek bir aşamaya doğru yeni bir gelişmenin en alt derecesinden başka bir şey değildir. Durmaksızın sürüp giden bu dönüşüm sürecinin (vetiresinin) itici gücü, ihtiyaçtır. Her yeni ihtiyaç, yeni gelişme safhaları yaratır. Tatmin edilen ihtiyaç, yeni bir ihtiyaç yaratır. Böylece, sonuç olarak insan soyunun tarihi, onun her biri bir öncekinden çıkmış olan ihtiyaçlarının tarihinden başka bir şey değildir. İhtiyaçlarının yayılması yavaş yavaş hayat tarzını, ahlâki ve politik durumu, mutluluk kavramlarını, insanların aratandaki ilişkileri; kısaca devrin dünyasının durumunu baştanbaşa dönüştürür.

İnsan soyunun en alt derecesi vahşî hayattı. İhtiyaçların alanı o devirde pek sınırlıydı. Buna karşılık, insanlığın en yüksek iki özelliğinden yani özgürlük ve eşitlikten bol bol yararlanılıyordu. Ama insanları daha yüksek bir kültüre yükseltmek Tanrı'nın ve tabiatın tasarısında vardı. İnsan soyunun artmasıyla, yaşamayı sürdürmeye gerekli araçların eksikliği duyulmaya başlandı. İnsanlar göçebe hayatı bırakarak toprağa bağlandılar, kendilerini tarıma verdiler ve özel mülkiyeti getirdiler. En güçlüler ve en akıllılar, en zayıfların üstünde egemenliklerini kurdular. Özgürlük ve eşitlik, aynı zamanda da küfürlere ve hakaretlere karşı güvenlik işte böyle yok oldu. Güvenlik ihtiyacı insanları devletler kurmaya ve bütün güçlerini bu devletlerin başına getirdikleri birkaç kişiye bırakmaya zorladı. Bu durum, insanlara özgürlük ve güvenlik vermek şöyle dursun, onları baskı altına sokan ve içlerini korkuyla dolduran zorbalığa yol açtı. Birbirine düşman devletlere bölünmüş olarak insanlar, milliyetçiliğin boyunduruğu altına düşerler. Bundan sonra artık, başka bir ülkede bulunsalar da insanların kendi soylarından olanlardan, benzerlerinden nefret etmeleri, onları öldürmeleri bir erdem sayılmaya başlandı. İnsanlar, aynı ülkede bile aralarındaki her çeşit kısmî menfaatlerin özellikleriyle bölünmüşlerdir. İnsanlar bu zavallı durumdan, kendi güçleriyle kurtulamazlar. Yalnız Mümine' lerin, insan soyunun yetkinleşmesine çalışan gizli bir örgütü böyle bir girişimi başarabilecek yetenektedir. Dolayısıyla insanları, ilkel özgürlüğe, başlangıçta bulundukları vahşîlik ve barbarlık durumuna değil, ama ondan yüksek bir toplum düzeyine geri götürmek gerekir. Dinin tarihinin anlamı da böyledir. Yeryüzü Cenneti Eden Bahçeleri, kendini özgürlük ve eşitlikle belirleyen uygarlık öncesi insan durumunun bir simgesidir. İnsanlığın Âdem' in kişiliğinde işlemiş olduğu günah, köleliğin ve devletlerin kurulmasının başlangıcı demektir. İsa'nın amacı aklın hukukunu, insanları sevmek; özgürlüğü ve eşitliği sevmekti. Zira insanlar ancak ruhlarının devrimiyle iyi ahlâklı özgür ve eşit olabilirler.

Illumine tarikatı 1784'de Bavyera Hükümetine gizlice haber verildi ve Hükümet tarikatı dağıttı. Kaçamayarak ele geçen üyelerini acılar çektirerek öldürttü. Weishaupt'a gelince, o da Weimar'a sığındı ve orada sarayın danışmanı olarak yaşadı.

4. Gotthold Ephraim Lessîng

Lessing, kilise havası içinde yetişti. Başlangıçta, kendisini teolojiye vermek istiyordu. Felsefe ve edebiyat konularındaki çalışmaları sonucunda ve akılcılarla, deistlerle ilişkileri dolayısıyla ilk amacından döndükten sonraları birkaç kere dinsel ve teolojik çalışmalarıyla yeniden ilgilendi. Kilise Babalarını ve muhtemelen Alman mistiklerini de sık sık okudu. Yaptığı ilk teoloji çalışması olan ve Hıristiyan erdemlerini uygulamayı bütün bilgeliklerin ve Skolâstik vicdan muhasebesinin üstünde tuttuğunu açıkladığı "Freres Moraves Tarikatı Savunması" adındaki çalışması bu bakımdan birçok özellik taşır. (Freres Moraves Tarikatı, 1457 yılında Bohemya'da, Jean Huss'ün din öğretisine bağlı kimseler arasında ortaya çıkmış olan bir din tarikatıdır. Ç. N.). Bu çalışmada bize, zenginliklerden yüz çevirmeyi, hatta kaçmayı, kendine karşı sert başkalarına karşı hoşgörü olmayı, değerli kimseyi, mutsuz olsa bile saymayı ve güçlü budalalığa karşı savunmayı öğütleyen, Hıristiyanlığın ilk devrinden bir Hıristiyan'ı tanıtır.

Yukarıda dikkati çekmiş olduğumuz gibi Lessing'in, İllumine'lerin fikirlerini bilmiş olması muhtemeldi. Sosyal ve dinsel fikirlerini, Farmasonlarla Konuşmalar'da ve özellikle İnsanlığın Eğitimi adındaki kitabında açıklamaktadır. Bu iki kitabın yayınlanmaları İllumines tarikatının çalışmalarının başlangıcıyla aynı zamana rastlar. Birinci kitap ilgi çekici bir biçimde, tarikattan olduğunu söylemiş olduğumuz Ferdinand de Brunswick'e ithaf edilmiştir. Lessing ithaf yazısında "Ben de kaynakta bulunuyordum ve bilgimin temelini oradan aldım" der. İkinci Konuşmada yazar devletin yıkıcı yanını anlatır. Devletler insanları bölerek birbirinden ayırır. Yalnız çeşitli uluslar arasında değil, aynı ulusun insanları arasında da ayırma duvarları kurar. İşte bunun için her ülkede, geçerli ön yargıların üstünde kalabilen ve yurtseverliğin nereden sonra artık bir erdem olmadığını anlayabilen kimseler bulunması, özlenecek bir şeydir. Bundan başka, gerekli olan acıma değil, acımayı gereksiz bırakacak bir durumdur der. Başka bir deyişle, herkesin gerekli olana sahip bulunduğu bir özgürlük ve eşitlik durumudur.

İnsanlığın Eğitimi'nde ise Lessing, insanlığın gelişmesi düşüncesini ilkel vahşîlikten kusursuzluğa doğru geliştirir. Tarih, insanlığın kendini üçüncü çağa hazırladığı tanrısal sürecin düzenli etkisidir.

Daha önce, üçüncü çağın Joachim de Flore'un ve Ortaçağ Rafızîlerinin düşüncesi olduğunu görmüştük;

Leasing, Yeni İncil devrinin geleceği kesindir, der. XIII. ve XIV. yüzyılın birtakım hayal perestleri bu sonsuz İncilin bir ışığını yakalamayı belki başardılar. Ama yalnız bir bakımdan, Yeni İncil devrinin yakın olduğunu bildirirken ve çocukluktan daha yeni çıkmış olan eğitimsiz çağdaşlarını, sanki bir hamlede üçüncü çağın insanları yapabileceklerini hayal ederken yanıldılar. Hayalperest olmaları da işte bundan dolayıdır. Hayalperestlerin, doğru bir gelecek görüşüne sahip oldukları söylenebilir; ama bu geleceğe varamazlar. Doğanın, başarmak için binlerce yıl vermiş olduğu şeyi onlar hemen gerçekleştirmek isterler. Belirsiz gidişinle yürü, sonsuz Tanrı izliyor. Göründüğün yol, geriye dönermiş gibi olsa da senden kuşkulanmıyorum. Düz çizginin en kısa yol olduğu artık gerçek değil. Sonsuz yürüyüşünde, taşıyacağın pek çok şeyler var. Yapacağın pek çok dönüşler. İnsan soyunu eksiksizliğe doğru götüren büyük tekerlek sanki daha küçük ve daha hızlı giden tekerleklerle harekete geçirilmiyormuş gibi. Ve bütün bu tekerleklerin harekete geçirilmeleri ve (bütün dirençlere rağmen) onların da ilerleyişin büyük tekerleğini harekete geçirmeleri için gerekli zamana ihtiyaç vardır."

5- Fichte ve Sosyal Ekonomisi

J. G. Fichte (1762-1814), Lessing'in yurttaşıydı ve yaman bir ulusal demokrat, Alman filozoflarının en ateşli mizaçlarından biriydi. Hatip ve politika adamı olarak 1848' in Alman Cumhuriyetçilerimin asıl öncüsü olarak görünür. Yetişme yılları, genel bir hoşnutsuzluk ve karışıklık devresiyle aynı zamana rastlar. Dolayısıyla, ilkin enternasyonalci ve dine karşı olmasında, Fransız İhtilâlini heyecanlı karşılamasında ve Fransa'ya karşı savaşı, başka ulusların aralarındaki ulusal bir savaş değil, zorbaların özgürlüğe karşı olan bir saldırısı saymasında şaşılacak bir yan yoktur. Fichte, sansürü kötüledi. Fransız İhtilâlini savundu ve ideal bir devlet meselesiyle ya da kendisinin dediği gibi, (aklî) rasyonel bir devlet meselesiyle candan ilgilendi. Bu devirde gerçekten Jakobendi. Gerçi sonraları birkaç kere, İhtilâlcilik hevesleri oldu ama genel olarak denebilir ki; 1794'ten sonra Fichte gitgide daha mistik ve milliyetçi olmuştur. Bu arada şunu da unutmamak gerekir ki, kişiliği düşüncelerinden daha büyüktü. Çünkü tabiatının bütün güçlüğüne rağmen o devir Almanya'nın küçük burjuva karakteri, ağırlığını onun üstünde iyice duyuyordu.

Alman Ulusuna Söylevler inde şöyle der: "Bugün hâlâ bütün halklarda, adalet, akıl ve hakikat çağının boş bir hayalden başka bir şey olmadığını kabul edemeyen ve bugünkü demir devrinin, daha iyi bir duruma varmak için bir geçiş dönemi olduğunu düşünen kimseler vardır. Eski dünya, bütün büyüklüğü ve göz kamaştırıcılığıyla olduğu gibi, bütün zayıflıklarıyla da kendi değersizliğinin ağırlığı altında yıkıldı. Silahlarla savaş bitti. Yeni bir savaş başlıyor. Fikirlerin savaşı. Alman halk ancak, akıl ve hakikat devrinin kuruluşuna çalışarak kalkınabilir ve kendisiyle birlikte uygarlığı da kurtarabilir." Bununla birlikte Alman Ulusuna Söylevler baştanbaşa, ateşli bir milliyetçilik anlayışına bulanmıştır. Zira bu söylevlerin amacı, Alman halkının millî bilincini pekiştirmek ve onu gerek yerli gerekse yabancı zorbalara karşı kesin savaşa hazırlamaktı.

Politik bakımdan demokrat ve cumhuriyetçi olan Fichte, sosyal düşünce bakımından bir küçük burjuva reformcusuydu. Fikirleri, 1800'de yayınladığı "Kapalı Ticarî Devlet" adını taşıyan kitabında açıklanmıştır. Bu kitapta kendi kendine yeten, kapalı ve meslekî bakımdan örgütlenmiş olarak her emekçinin az ama emin bir gelirinin olacağı bir topluluk yaratmayı öne sürüyordu. Görüldüğü gibi, Platon'un ideal devletiyle Fichte'ninki arasındaki fark büyüktür.

Fichte serbest rekabete, serbest mübadeleye, ekonomik alanda enternasyonelciliğe karşıdır. Aldatmaların, ekonomik çatışmaların, halklar arasında kin ve nefretin, savaşların kaynağını bunlarda görür. Asıl istediği emin sınırlar içinde, yabancılardan bütünüyle bağımsız ve en önemsiz ihtiyaçlara kadar her şeyin üretilebileceği ve mübadele edilebileceği bir kapalı ekonomidir. Toprak fiilen, dünyanın yaratıcısı olan Tanrı'nındır. Toprağı işleyenin hakkı ise yalnız ondan yararlanmaktır. Fichte'e göre nesnelerin kendileri için değil, yalnız kullanılmaları için olan bu mülkiyetin kaynağı yurttaşlar arasındaki bir sözleşmedir. Demek oluyor ki elde bulundurma hakkını doğuran bir şeye sahip çıkmak değil, o şeyin üretken ya da yalnız yararlı kullanımıdır.

Sosyal örgütlenmenin kendisine gelince, Fichte bu konuda yurttaşları üç ayrı sınıfa böler. Birincisinde tarımcılar, ikincide zanaatçılar ve üçüncüde de tacirler vardır. Her sınıfın üyeleri kendilerini yalnız sözleşmenin belirlediği mesleklere verebilirler. Tarımcı, hiçbir sınaî çalışmaya ya da ticarî işe girişemez. Kısaca söylemek gerekirse bütün meslekler açık ve kesin bir biçimde sınırlanmıştır. Bu şuurların aşılmamasına devlet göz kulak olur. Ayrıca, şu ya da bu mesleği uygulayacak olan kimselerin sayısını da yine devlet belirler ve her meslekte, gerekli sayıda kimseden fazlasının bulunmamasını, böylelikle de sınıflar arasındaki dengenin bozulmamasını sağlar. Tarım, toplumun temelini oluşturur. Toplumun ihtiyaçlarına gerekli miktarda ürünü sağlamak zorundadır. Üretken olmayan bir uğraşıyla ilgilenebilecek olan kimselerin sayısının belirlenmesi tarımın verimine bağlıdır. Eğer tarım bir besin ürünleri ve ham madde fazlası üretebilirse, o zaman daha çok sayıda zanaatçıya, öğretmene, memura kendi meslekleriyle uğraşmaları için izin verilebilir. Çeşitlik meslek üyeleri arasında ürünlerin mübadelesi, sayıları, mübadelesi yapılacak olan ürünlerin miktarına göre devlet tarafından belirlenen tacirlerin işidir.

Mübadele hangi temel üstüne olacaktır?

Değer birimi belirli bir miktar ekmekle temsil edilmektedir. Sözgelimi bir kimsenin günlük tayını iki kilo un ise, değer birimi bu miktar un olacaktır. Dolayısıyla, bir ürünün besleyici değeri ne kadar büyükse ekonomik değeri de o kadar büyük olur. Bu durumda, belli miktardaki etin değeri, aynı miktardaki ekmeğin değerinden yüksektir. Bir adamı yirmi dört saat boyunca beslemeye gerekli miktar, aynı adama aynı sürede gerekli olan un miktarıyla eş değerdedir.

İşlenmiş mallar konusunda ise bu malların mübadelesi, ihtiva ettikleri ve eğer tarıma uygulanacak olsaydı üretecek olduğu buğdayın elde edilmesinde gerekli olan işgücünün miktarına göre yapılır.

Ama değerleri birbirinin eşi olan malların mübadelesini yapacak olurlarsa tacirler neyle yaşayacaklardır? Fichte bu soruya şöyle cevap veriyor: Devlet onlara, mübadelesini yaptıkları ürünlerinin belli bir fazla kısmını, kendi gelirleri olarak ayırmak hakkını verecektir.

Bu durumda, Fichte'e göre mantıkî olarak malların, değerinden yükseğe satılacakları sonucu çıkar ki bu da açık bir saçmalıktır.

Mübadele aracı konusunda ise Fichte, Ticarî Devleti'nde sadece, ticarî değeri olan (kâğıttan ya da herhangi bir ucuz maddeden) itibarî bir para kabul ediyor. Tedavüle sürülecek olan para miktarı devlet tarafından belirlenecektir.

Devletin bütün dış ilişkileri gibi (diplomatik ilişkiler, savaş, barış v.b...) dış ticaret de devletin tekelindedir. Fichte bütün dünyanın her biri kendi kendine yeten kapalı devletlere bölünmesini diliyor. Ona göre, o zaman artık ne savaş ne de halklar arasında çatışmalar olacaktır. Bu kapalı devletler, sınırları içinde, millî özelliklerini özgür bir biçimde geliştirebileceklerdir. Kapalı devletler arasında barış hüküm sürecektir. Sadece sanat ve bilim uluslararası özellikte olmaya devam edecektir. "Yabancı edebiyatın hazineleri, özel akademilerin aracılığıyla ülkeye getirilecek ve yerli edebiyatınkilerle değişecektir. Ayrıca, bütün ülkelerin bilginlerinin ve sanatçılarının aralarında özgür bir biçimde ilişkiler kurmalarına hiçbir engel yoktur. Bundan sonra gazeteler artık okurlarına savaşlardan, diplomatik anlaşma ve birleşmelerden değil, bilimsel gelişmelerden, yeni keşiflerden vb. söz edecekler ve herkes kendi ülkesinde başkasının icatlarını uygulamaya çalışacaktır."

Fichte, küçük burjuva ütopyasını işte böyle bitiriyor.

BÖLÜM VII

NAPOLEON DEVRİ VE RESTORASYON

I. Burjuvazi ve Napoleon

İhtilalci Fransız hareketi, Babeuf ile Darthe'nin öldürülmeleri ve Buonarroti'nin hapsedilmesinden sonra politika alanından uzun bir zaman için silindi. Direktuar, muhalif her hareketi ezdi ve yolu Napoleon'un egemenliğine açtı. Napoleon, 1799'da Direktuarı devirdi ve 1804'de kendisini imparator ilân etti. Fransızlar, zorbalık karşısında eşitlikten yararlandılar, ama zorbalık yönetimi de onların hayal gücünü, askerî şereflerle beslemeyi ve ceplerini bol kazançlarla doldurmayı bildi. Gerçekten ihtilâl ve Napoleon savaşları yıllarında tacirler, spekülasyoncular, tefeciler ve borsa adamları için verimli ve hareketli yıllar olmuştu. Kilisenin ve göçmenlerin mallarını satın almak; Fransız limanlarının İngiliz gemileri tarafından abluka altına alınmaları dolayısıyla ham madde tekelleri kurmak, bütün bunlar I. Napoleon devrini Fransız burjuvazisi için büyük bir refah devri yapmıştı.

Dış politika, bütün iç politika meselelerini ikinci plana attı. Dışarıdaki müesseselerin başarılı sonuçlarının, ekonomik gelişmenin, askerî başarıların, denizlerde egemenliğin coğrafî şartları ciddiyetle incelenmeye başlandı. Fichte'nin Kapalı Ticarî Devlet'inde bile, bu durumun ortaya çıkmasından önceki bir tarihte yazılmış olmasına rağmen İngiltere ile Fransa arasındaki karşıtlık konusunda, durumu her şeyden önce İngiltere'nin coğrafi durumu bakımından açıklayan pek ilgi çekici gözlemler bulunur. Charles Fourier'nin, Japonya'nın coğrafî durumunu incelerken bu ülkenin gelecekte, gerek denizcilik bakımından gerekse ekonomik bakımından birinci derecede önemli bir rol oynayacağı sonucuna varması ve Japonya'yı, Çin'le ilgili olaylarda Rusya'nın gelecekteki rakibi görmek yolundaki gözlemleri ise daha da ilgi çekicidir. Fourier, askerî harekâtın gelişmesi konusunda yalan haberler yaymanın devlet bonolarının değerlerini düşürmek ya da yükseltmek bakımından geçerli bir yol olduğu bütün bu devre boyunca vurgunculuğun vahşî âlemlerini, işadamlarının ve para sahiplerinin çevirdikleri borsa dalaverelerini anlatır.

Fransız burjuvazisi zenginleşti ve bir önceki devrenin devrimci savaşlarını en azından, Napoleon'un yıldızının politika semasında parlamaya devem ettiği süre boyunca, yani yaklaşık olarak 1811 yılına kadar unuttu.

2. Charles Fourier

Charles Fourier, (1772 - 1837) bu son derece çalkantılı devrenin ürünüdür. Fourier, taşkın bir hayal gücünü, sınırsız bir iyimserliğe ve çılgınca bir kendini beğenmişliği keskin bir zekâyla, dikkat çekici gözlem yetenekleri ve büyük içtenlikle bağdaştıran bir kimseydi. Lyon' da ticarethane memuru olduğu sırada, bu şehirde pek çok küçük müessesenin yıkılmasına yol açan ekonomik kriz sonucunda dikkati erkenden sosyal meselelere çekildi. L'Ange tarafından bu devirde yayınlanan ortaklık planları ona karışıklığın (kaosun) dışına çıkaran yolu gösterdi.

Fourier düşüncelerini, 1808'de yayınlanan "Dört Hareketin Teorisi" adındaki kitabında ortaya koyar. Başlıca eseri budur. Bundan sonra yazmış olduklarının hepsi, bu birinci kitapta bulunan düşüncelerin yorumlanmasından ve açıklanmasından ibarettir. Öğretisinin genel ana çizgileri şunlardır: 1. İnsan tutkularının ve içgüdülerinin hepsi de iyidir ve onlara, gerekli hareket özgürlüğü verilecek olsaydı insanoğlunu mutluluğa götürürlerdi. O halde yapılması gereken iş, onlara bu gerekli hareket özgürlüğünü verebilecek iyi sosyal kuruluşlar bulmaktır; 2. Ticaret, manevî ve maddî bakımdan zararlıdır; çünkü insanın doğal eğilimlerini bozar. Yıkılmaya doğru giden ve yerine işbirliği ile ortaklaşalığın konacağı şey, bugünkü rejimin kirli ruhudur; 3. Evlilik bir ikiyüzlülüktür, çünkü her yerde kadının köleliğiyle sonuçlanır. Bunun için de yerine özgür birleşme safhası, kendinde her türlü kötülüğü toplamıştır. Ama bununla birlikte insanlığı, insanın içgüdülerinin gerekli hareket özgürlüğünü bulacağı ve zenginliği, sevinci, barışı yaratacak olan işbirliği ve ahenk safhasına yükseltmek için gerekli güçleri ortaya çıkarır.

Fourier, kendisini çağdaşlarına, doğanın ve tanrısal yaradılışın sırrına nihayet erişmiş bir kimse olarak tanıttı. Christophe Colomb, Copernic ve Newton'un maddi dünyanın tanınması için yapmış olduklarını, o organik ve sosyal dünyanın gelişme yasaları için yapmıştı. İşte bundan dolayı da buluşunu, insan soyunun ortaya çıkışından beri bütün bilimsel çalışmalarından daha önemli sayıyordu.

Politikacılara ve ahlâkçılara, son saatin çaldığını; sonsuz kitap dehlizlerinin hiçliğe düşeceğini; Plüton'ların

Seneque'lerin, Rousseau'ların, Voltaire'lerin ve gerek eski, gerekse yeni belirsizliğin sivrilmiş bütün yıldızlarının hep birlikte unutulmuşluk ırmağına gideceğini bildirmek için uzun yas elbiseleri giymek mi gereklidir? O halde filozofların bütün çabası neye yaradı? Düşüncelerin mekanizmasını bilmeyen, ne Locke'u ne de Condillac'ı hiç okumamış olan ben, sizin 2.500 yıllık bilimsel çabalardan sonra ancak dördüncü dalını keşfetmiş olduğunuz evrensel hareketin tüm sistemini icat etmek için yeterince düşünce çabası göstermedim mi? Bugünün ve geleceğin kuşakları sonsuz mutluluklarının inisiyatifini bir tek bana borçlu olacaklardır. Kader tanrısının kitabını elinde tutan kimse olarak, politik ve ahlâkî karanlıkları dağıtmaya geliyorum ve belirsiz bilimlerin yataklarının üstüne Evrensel Ahengin Teorisini dikiyorum.

Bilindiği gibi Fourier, bu yeni hakikatlere 1793'de L' Ange (Lange) tarafından işlenmiş olan tanımsal ortaklık tasarısı üstüne düşünerek varmış bulunuyordu. İnsanın mukadderatının matematik sırrını keşfetmiş olduğunu sandı. İnsanlığın kurtuluşu, ortaklıktan geçmeye bağlıydı. Ve bu geçiş de yakında gerçekleşecekti. Her kürede ancak bir kere görülebilecek olan bir seyrin tanıkları olacağız. Geçiş, tutarsızlıktan sosyal uyuşmaya doğru gitmektedir. Bu durum, hareketin Evrende gerçekleşebilecek olan en parlak sonucudur. Bu bekleyiş günümüzdeki kuşağın bütün mutsuzluklarını avutmalıdır. Bu başkalaşma boyunca geçecek her yıl, yüzyıl değerini taşıyacaktır.

Fourier'nin doğa anlayışı, XVII. XVIII. yüzyılların anlayışıdır. Ona göre olaylar, mekanik yasalarına uyan hareketlerdir. Bu hareketlerin sayısının dört olduğunu söyler: Sosyal, hayvan, organik ve maddî. Maddî hareketin yasası Nevvton tarafından keşfedilmiştir. Evrensel Çekim Yasası adını taşır. Şimdi mesele sosyal hareketin yasasını keşfetmektir. Sosyal hayatta, içgüdüler ve tutkular hareketin yasasını gözden kaçırır. İçgüdüler bazı amaçlara doğru yönelirler. Bu amaçlar, sosyal mukadderattır. İçgüdülerimiz gerekli hareket gücünü kazanacak olurlarsa onlara uymamız gerekir; zira Fourier'nin dediği gibi, derin gayemizi ve en soylu isteklerimizin tümüyle karşılanışını, onların tutkulu çekiciliğinde bulacağız. İşte bunun için, ahlâkçıların ve filozofların, içgüdülerimizi ve tutkularımızı önlemek gerektiği yolundaki sözleri son derecede zararlıdır. Ayrıca bu sözler hiçbir şeye yaramadı. Hepsi etkisiz kaldı. Ve ortaya yığınlarla, olsa olsa ateşe atılmaktan başka şeye yaramayan bir sürü kitap çıkarmaktan başka sonucu olmadı. Buna karşılık, ahlâkçıların yerine iktisatçılar geldi ve ticareti canlandırdılar, böylelikle de hırsızlığı, sahtekârlığı, spekülasyonu teşvik ettiler. Toplumun tam olarak ahlâksızlaşmasına yol açtılar ve sayısız yıkımlara sebep oldular.

İnsanî tutkuların yöneldikleri üç odak noktası ya da çekici merkez vardır: 1) Benlikle ilgili tutkuların merkezi (beş duygu), 2) Entelektüel tutkuların merkezi (dostluk, saygı, aşk, aile duygusu), 3) Arınmış, ince duygular (ilerleme, başkalarını aşma duygusu, değişiklik sevgisi, güçlerin bir noktada toplanması).

Demek ki; birinci bölümde beş ikincisinde dört ve üçüncü bölümde de üç içgüdü vardır ki, hepsinin toplamı on iki eder. Bunlar, ruhu o başlıca odaklara ya da çekici merkezlere doğru iten üç iğne gibidirler. En önemlisi üçüncü bölümdür; çünkü bu sonuncu bölüm genel ve sosyal birliğe doğru uzanır. Yalnız bu bölümdeki içgüdülerin tek tek kimselere değil de toplulukların içinde çıkmaları ve orada tam bir hareket özgürlüğünden yararlanmaları gereklidir.

Bu on iki içgüdünün bir araya gelişi, sayıları 800 dolaylarında olan birbirinden değişik hareketlerin doğuşuna yol açar. Öyle ki 800 kişilik bir toplulukta, her türlü eksikliğin filizlerini bulmak mümkündür. Ve bu kimselere çocukluktan beri, aklî bir eğitim verilecek olursa aralarında bulunanların birçoğundan, en büyük istidatlar yetiştirebilir. Homeros, Sezar, Newton vb. gibi kimseler. Söz gelimi Fransa'nın 36 milyon kişi kadar olan nüfusu 800'e bölünecek olursa Fransa'da, bir Homeros, bir Demosthene, bir Moliere'in düzeyine yükselebilecek 45.000 kişi olduğu bulunacaktır. Tabii bu içgüdülerin ve istidatların birlik ve ortaklaşalık temeli üstüne kurulu bir yaşama biçimi içinde özgür olarak gelişmeleri gerekir.

Ve bu yeni kuruluş düzeni ilerlemektedir. Sonuna doğru gittikçe açıkça görülen bu uygarlık safhası ardından ortaklaşalık safhası gelmektedir. İnsanlık şimdiye kadar şu safhalardan geçmiştir:

1) Uygarlık öncesi insan durumu: Özgürlük ve eşitliğin hüküm sürdüğü, balık, av ve meyvelerin yeterinden bol bulunduğu Yeryüzü Cennet Bahçelerindeki cennet devri. İnsanlar bu devirde küçük topluluklar olarak yaşıyorlardı ve her şey kolektifti. Bireycilik ve tek kadınla evlilik bilinmiyordu.

2) Vahşilik devri: İnsan soyunun çoğalması ve bilinçli aklî birleşmelerin yokluğu, her çeşit değişme ve çatışmalara yol açan bir besin ürünleri kıtlığı doğurdu.

3) Ataerkil safha ki bu safihada en güçlüler ve en kabalar aile reisi katına yükseldiler, kadını esirleştirdiler ve özel mülkiyeti getirdiler.

4) Barbarlık devri: Ortaçağ ki bu devirde feodalizm gelişti ve feodalizmin yalnız bir tek özelliği vardı, o da bazı kadınları onurlandırmış olmasıdır. Ayrıca olan ticaret ve endüstri de feodalizm altında gelişti.

5) Uygarlık devri: Bu düzende insanların herbiri karşısındakini düşman saydı ve birbirlerine öyle davrandı. Tam bir örgüt yokluğu devresidir bu. Ticarî anlayış yüksek her duyguyu yok eder. İnsanlık, yurt, adalet, dayanışma anlayışı ortadan kalkar. Tahıl ürünleri spekülasyonu, borsa oyunları düzencilik, ikiyüzlülük, zenginlerin, zenginleştirilmeleri, yoksulların daha da yoksullaştırmaları varlıksızların küçümsenmesi, rekabet, ekonomik anarşi, aile anlayışının yok olması, babanın oğula, işçinin kapitaliste karşı savaşı, emeğin sermaye tarafından sömürülmesi, hükümette zenginlerin egemenliği, yoksulların başkaldırmaları ve ihtilâlleri uygarlığın belirleyici nitelikleridir. Bu durumdan acı çeken de daha çok kadındır. Evlilik bu amaca çocukluktan beri hazırlanan bir genç kızın satın alınmasından başka bir şey değildir. Ama cinsel içgüdü, kendini önlenmeye bırakmaz. Dürüst kadınların âşıkları, erkeklerin ise metresleri vardır. Sefahat ve fuhuş, tek eşli evlilik ikiyüzlülüğünün kaçınılmaz sonuçlarıdır.

Bununla birlikte, uygarlığın yalnız kötü sonuçları olduğunu söylemek de doğru değildir. Uygarlık, bilim ve tekniği geliştirmiş, emeğin verimliliğini yükselten araçlar yaratmış ve zengin müteşebbislere, tarım ve endüstri alanına daha aklî işletme çeşitleri sokmak olanağı yaratmıştır. Yeni ticarî ve sınaî feodalizm hazırlanıyor.

Az sayıda bir zengin topluluğu ülkenin ekonomik güçlerini yönetimleri altına alacaklardır. Devlet, içinde belli bir örgüt bulunacak olan ve işçilerin hayatlarını sürdürmelerinin sağlanacağı geniş tarımsal iş kurumları yaratacaktır. Dolayısıyla uygarlık ardından altıncı bir safha gelecektir. Fourier buna "garantimse" (garanticilik) adını vermektedir. Bu safha bireycilikle, Fourier'nin "sociantisme" dediği ve insanları tam ahenk ve mutluluğa götürecek olan ve bireycilikle sosyalizmin tarafında, insanlığın geçireceği yedinci ve son safhadır. İnsanlar "phalanstere" lerde, yani kooperatif ortaklığı biçiminde yönetilen büyük yapılarda oturacak ve iş ortaklığı temeli üstüne kurulu, 1600 ile 1800 kişi arası değişen topluluklar olarak çalışacaklardır. (yani iki kere 800 ve en iyi karakter karışımını elde etmek için de biraz daha çok) İncelmiş, arınmış üç tutku, yani ilerleme, başkalarını aşma duygusu, değişiklik sevgisi ve güçlerin bir noktada toplanması buralarda her türlü hareket özgürlüğüne sahip olacaktır.

Üretim araçlarının sosyalizasyonu konusunda ise Fourier bir tek kelime söylemez ve sözünün edilmesini istemez. Phalanstere' ler özgür birer kapitalist, işçi ve yönetmen ortakları olacak, emeğin ürünü de şu biçimde paylaştırılacaktır: İşçiler için 5/12, kapitalistler için 4/12 ve yönetmenler için 3/12.

Özgür birleşme; masrafı topluluk tarafından ödenerek çocukların eğitimi, günde beş öğün yemek, istenildiği zaman opera ve tiyatro. Bütün bunları phalanstere mümkün kılacak; bu durumun sonucu olarak da insanlar daha iyi ve daha bilgili, daha akıllı olacaklar, ortalama yaşları 144 yılı bulacak, boyları ise 7 ayak (33 santimetre uzunluğundaki eski bir Fransız ölçü birimi) yüksekliğine varacaktır.

Fourier'nin belirli bir politik tutumu yoktu. İhtilâl'den ve tasarılarını uygulaması için kendisine gerekli kaynakları sağlamayı kabul edecek zengin bir yardımsever bulmak amacıyla sürekli bir arayış içindeydi. Kitapları, birkaç bölümünün dışında bugün artık okunur durumda değildir. Fourier'ciliğin en iyi açıklaması Victor Considerant tarafından, bu yazarın "La Destinee Sociale" (Sosyal Alın Yazısı) adındaki kitabında yapılmıştır. Kitap, Fourier'nin öldüğü yıl olan 1837'de yayınlanmış, Fransa'nın efendisi ve en büyük sahibi Kral Louis - Philippe'e ithaf edilmiştir.

3. Saint-Simon

Saint-Simon ile Saint-Simoncular arasında, Kant ile Yeni-Kant'çılar arasındaki ayırımın eşini yapmak gerekir. Saint-Simon da Kant kadar az sosyalistti. Onların her ikisi de liberal fikirler dünyasındaydılar. Kant, liberal bir filozof, Saint-Simon ise liberal bir iktisatçıydı. Her ikisi de dini, pratik ahlakın öğretisi sayıyordu.

Fourier'in teorilerinden, İngiltere'deki işçi kavgalarından, İngiliz toplumcu eleştirisinden ve Bounarati'nin sosyalist fikirlerinden yararlanarak, 1829'dan sonra, demek oluyor ki ustalarının ölümünden dört yıl sonra onun düşüncelerine sosyal reformcu bir eğilim vermiş olanlar, Saint-Simon'un çıraklarıdır. Tıpkı, modern bilimsel sosyalizmle tanıştıktan sonra ustalarının öğrenimini Marksizm'e kaynaştırmak için çaba göstermiş olan Yeni-Kant'çılar gibi.

Kant Henri 'de Saint-Simon, Fransız aristokrasisinin yüksek tabakasından olan bir aileden geliyordu. XIV. Louis'nin yönetimi altındaki devrede yaşamış olan ve "Memoires Celebres" (ünlü Hatırat) yazarı Saint-Simon dükünün akrabasıydı. Sınıfının toplum içindeki yerine uygun bir eğitim gördü. Genç bir subay olarak Latayette'nin saflarında Amerikan bağımsızlık savaşında dövüştü ve Birleşik Devletlerin burjuva kuruluş yapılarını yakından incelemek fırsatını buldu. Daha bu devirde, Panama kanalının açılış tasarısını kafasında oluşturmuştu. Sınaî ve ticari olaylar konusunda genellikle pek bilgiliydi. Fransa'ya dönüşünde, ihtilalle hiç ilgilenmedi, buna karşılık ihtilalin yarattığı durumu, eğitimdeki eksiklikleri gidermek amacıyla, ulusal mallar konusunda spekülasyon yaparak yeteriyle para kazanmak ve çok masraflı bir hayat yaşamak için kullandı. Böylece bütün parasını aristokratik bir biçimde harcadıktan sonra büyük bir yoksulluk hatta çok zaman tam bir sefalet içinde yaşadı. Bu durum, Yahudi banker Rodrigues'e rastladığı güne kadar böyle devam etti. Bundan sonra ise Yahudi banker ona, diğer bazı kapitalistlerle birlikte, hayatını sükûnet ve rahatlık içinde sona erdirme olanakları sağladı 1802'den 1825 yılına, yani ölümüne kadar büyük bir ebedî çalışma gösterdi. Fikirleri, sınaî burjuvazinin çıkarlarına uygun düşüyordu. O devirdeki duruma kısaca bir göz atmak, bunu açıklıkla gösterecektir.

İhtilal yıllarında ve ardından gelen imparatorluk devri boyunca zenginleşmiş olan Fransız burjuvazisi, Napoleon Elbe adasından döndüğü zaman karşısında, taviz vermek zorunda kaldığı güçlü bir anayasa hareketi buldu. Waterloo bozgunundan ve imparatorun tahttan çekilmesinden sonra iktidara Bourbon'lar geçti. İhtilâl sırasında geçmiş olanları bilmiyormuş gibi davranmak istediler ve soylular sınıfı ile din adamları sınıfına eski imtiyazlarını geri verdiler. Bunun üzerine burjuvazi baş kaldırdı. Ekonomik bakımdan, 1789'da olduğundan daha da güçlüydü; zira aradan geçen zaman boyunca teknik ve sanayi çok gelişmişti. Bundan dolayı burjuvazi, devletin içindeki gerçek güç olduğunu her zamankinden daha çok duyuyordu. Bourbonlar'da kendisini politik güçsüzlüğe mahkûm ettiği için halk yığınlarının sempatisini kazanmaya çalıştı ve krallık ile mutlakıyetçi gericiliğin karşısına halkın temsilcisi olarak çıktı.

Saint-Simon'un ve özellikle Saint-Simon'cuların çalışmaları işte bu genel durumla açıklanabilir. Saint - Simon'culuk sahnede 1830 Temmuz İhtilâli öncesinde göründü. Burjuvazi bu sırada Bourbon'lara karşı sert bir çatışmaya girişmişti. Oysa Saint-Simon bu çatışmanın ancak başında bulunmuştu ve tersine, krallıkla burjuvazi arasında bir uyuşma düşünüyordu.

Saint-Simon'un öğretisinin çekirdeği, toplumun en başta gelen ödevinin zenginliklerin üretiminin arttırılması olmak gerektiği düşüncesindedir. Bundan dolayı da sanayiciler (Saint-Simon bu sözle imalâtçıları teknisyenleri, kiracı çiftçileri, zanaatçıları, bankacıları tacirleri kastediyordu) toplumun, asiller ve din adamları sınıflarından daha önemli bir sınıftırlar. Demek oluyor ki, ülkenin yönetimini burjuvazinin ele alması gerekmektedir. "Toplumun refahı üstünde en büyük etkiyi yapan, politik kuruluş değil, mülkiyet hakkıdır. Mülkiyet hakkı, varlıkları, üretimi mümkün olduğu kadar çok arttırmaya teşvik edecek biçimde kurulmalıdır. Bu hak zenginliğin ve bireyin özgürlüklerinin artışı temeli üstüne kurulmalıydı. Mülkiyeti temellendiren yasa, diğerleri arasında en önemli olanıdır; zira sosyal yapının temeli odur. Kuvvetlerin ayrılığını ve işleyişini belirleyen yasa (yani anayasa) önemi ancak ikinci derecede olan bir yasadır."

Saint-Simon hukukla mülkiyet hakkını birbirinden ayırır ve ikincisini ilerlemiş sayar. İnsan aklı gelişmeler gösterdiğine göre mülkiyet yasası da ebedî olmamalıdır. Ayrıca, feodal mülkiyetin temelinin sertlik ve gasp üstüne oturtulmuş olduğunu, oysa sanayicilerin mülkiyetinin emek üstüne kurulmuş olduğunu öne sürer. Aristokratların politik hak iddialarıyla savaşmasının nedeni budur. 1819' da yayınladığı ve Ağır Ceza Mahkemesine verilmesine sebep olan Mesel tanınmış bir eseridir. Yargılanması sonunda jüri tarafından beraat ettirilmiştir.

Saint-Simon bu eserinde şöyle der: "Fransa'nın en iyi elli fizikçisini, en iyi elli kimyagerini, en iyi elli fizyolojicisini, en iyi elli bankacısını, en iyi elli demirhane sahibini (ve böylece, başlıca sanayi mesleklerini sayarak devam eder) yitirdiğini düşünelim. Bu kimseler en özlü üretici Fransızlar; en önemli ürünleri verenler olduğuna göre ulus onları yitirdiği anda ruhsuz bir gövde durumuna gelecektir. Bugün rakibi olan diğer ulusların karşısında aşağı bir duruma düşecek ve bu kaybın yerini doldurmadığı süre boyunca, kendine yeni bir kafanın filizini sürdürerek yetiştirmedikçe de onların altındaki bir sırada kalacaktır."

Bir diğer varsayıma geçelim. Fransa'nın bilimlerde, güzel sanatlarda, uygulamalı sanat ve mesleklerindeki deha sahibi adamlarının hiçbirini yitirmemiş olduğunu kabul edelim. Buna karşılıkda, aynı gün içinde, kralın kardeşini, Angouleme Dükü Monsenyörü (Saint-Simon böylece bütün kral ailesinin fertlerini sıralar) ve onlarla birlikte aynı zamanda Sarayın bütün yüksek subaylarını, sorumluluklarına bakanlık verilmiş ya da verilmemiş bütün bakanlarını, bütün Danıştay üyelerini, bütün maître de requete' leri (eskiden Fransa'da bazı devlet görevlerinden sorumlu olanlara verilen ad) bütün mareşalleri, bütün kardinalleri, arşövekleri, evek yardımcılarını ve piskoposluk meclisi üyelerini, bütün valileri ve kaymakamları, bakanlıklarda görevli bütün memurları, bütün yargıçları ve bütün bunların üstüne asil olarak yaşamakta olanlar arasındaki en zengin on bin mülk sahibini yitirilmiş sayalım. Tabii ki bu kaza, Fransızları acılar içinde bırakacaktır; çünkü Fransızlar iyi insanlardır. Yalnız ne var ki devletin en önemli kişileri olarak tanınmış olan bu otuz bin kişinin kaybı sadece duygusal bakımından acı verecektir. Zira bu durumdan devlet için hiç bir kötü politik sonuç doğmayacaktır.

İşte bundan dolayı Saint-Simon, Kral XVII. Louis'e sanayicilerle bir ittifak yapmayı ve burjuva bir kral olmayı öğütler. Zaten bu, Fransız burjuvazisinin de isteğiydi ve bu isteğin 1830 İhtilâlinden sonra Louis Philippe, Bourbon'lar tarafından boş bırakılmış olan tahta çıktığı zaman gerçekleştirilmiş olduğunu biliyoruz.

Saint-Simon aynı zamanda felsefe tarihi alanında da geçmişi kendi anlayışlarının ışığında açıklamayı deneyerek uzmanlığı dışında birkaç çalışma yapmıştır. Bu çalışmaları gelecek bölümde, Saint-Simon'culuğun yanı sıra inceleyeceğiz. Onun için burada şimdilik sadece Saint-Simon'un, özü bakımından kesinlikle burjuva olduğunu söylemekle yetinelim. "Cenevre'de Oturan Bir Kimsenin Mektupları" (1802) adını taşıyan ilk kitaplarından birinde toplumu üç sınıfa ayırır: 1) Liberaller (bilginler, sanatçılar ve ilerici fikirlilerin hepsi). 2) Hiç bir değişiklik istemeyen varlıklılar. 3) İşçiler ve genellikle eşitlik parolasının çevresine toplananların hepsi. Ekonomik eşitlik isteyen işçilere Saint-Simon şöyle der: "Zenginler, yoksullar üstündeki iktidarlarını mülkiyetlerinden dolayı değil, fikrî üstünlükleri dolayısıyla elde ettiler."

Biraz ilerde de "Arkadaşlarınız iktidardayken Fransa'da ne olduğuna bir bakın; kıtlık yarattılar." Saint-Simon bu sözüyle, Konvansiyon devrini (1792-1774) ima etmektedir. Anlaşılan, o devirde iktidarda olanların hiçbir zaman işçiler olmadığını bilmiyor görünüyor ve kıtlığında Jakobenlerin düşmanları istifçilerin, tefecilerin, spekülatörlerin eseri olduğunu görmezlikten geliyordu. Zaten Saint-Simon, Konvansiyon devrini en kötü anarşi sayar. Konvansiyon XVI. Louis'i insanların bu soylu dostunu öldürttü ve mutlakıyeti, Fransa teşkilâtının bu temel kuruluşunu yok etti. Halkın en yoksul ve en geri tabakalarında üstünlük veren bir demokratik anayasa yarattı."

Saint-Simon kuşkusuz bir liberaldi; yani sanayicilerin egemenliğinden yanaydı. Ama işçi hareketinin gelişmelerini de dikkatle izliyordu. Kendisi de yoksul olduğu ve ahlâkî dinî duyguların güçlü etkisi altında bulunduğu için ülke Hıristiyancılığın sosyal öğretisini savundu. Lessing'in "İnsanlığın Eğitimi" adındaki kitabı onun üstünde büyük etki yapmıştır. 1819 yılından sonra, işçilerin yardımına koşmak gerektiği konusunda gittikçe daha çok dirençle durmaya başladı. "Catechisme des İndustrieis" adlı eserinde müteşebbislere, işçilerin kaderine ilgi duymayı öğütler. "Müteşebbisler, doğuştan koruyucu ve işçi sınıfının tabii önderleridir. Onlar işçilerle bir ittifak yapmadıkça işçiler politik gücü ellerine geçirmek için ihtilâl yapmak üzere her çeşitte entrikacılar ve demagoglar tarafından kışkırtılmaya karşı koyamayacaklardır" tezine dayanak olarak İngiltere'de İşçi Hareketi örneğini gösterir. Hayatının son yıllarında, işçiler konusundaki ilgisi artık her şeyden üstün gelmeye başladı. Konuyla ilgili fikirlerini, ölümünden kısa bir süre önce yayınlayan "Le Nouveau Christianisme" (Yeni Hıristiyanlık) adındaki kitabında açıklamıştır. (1825)

Saint-Simon'a göre, sermaye ile emek arasındaki ilişkiyi yeni Hıristiyanlık, en yoksul sınıfın durumunu en çabuk düzeltecek biçimde düzenlemelidir. Yeni Hıristiyanlık, dinî dogmalardan ve ayin usullerinden yüz çevirmeli; temeli insanların birbirlerini kardeş saymaları olan sosyal ahlâkın alanı içinde kalmalıdır. Yeni Hıristiyanlık, Avrupa ve Amerika Rafızî öğretileriyle genel olarak aynı amaca dönecek olan birçok kısımlardan meydanla gelecektir. Daha önceden ilkel Hıristiyanlık için olduğu gibi yeni Hıristiyanlık da ahlâkın ve kamuoyunun gücü tarafından savunulacak, korunacak ve geliştirilecektir. Bundan sonra Saint-Simon, önce zenginlere seslenmesinin, bu düşüncelerin çıkarlarına hiç de aykırı olmadığını göstererek zenginleri de kazanmak ve yoksulların kaderini iyiye doğru gitmesinin ancak zenginliğe de hayatın tadını arttıracak garantiler sağlayan yolların yardımıyla mümkün olabileceğini göstermek için olduğunu bildirir. "Sanatçılara, bilginlere ve büyük müteşebbislere, işin temelinde çıkarlarının talk yığınlarının çıkarlarıyla bir olduğunu, çünkü ilkin onların kendilerinin de işçi sınıfından ve bu sınıfın tabii önderleri olduklarını, sonra da halkın onlar tarafından yapılmış olan hizmetlere karşı kadirbilirliğinin, şanlı çalışmalarının tek ödülü olduğunu anlatmak zorunda kaldım." Bundan başka, Mukaddes ittifak (1815'te Rusya - Avusturya ve Prusya arasında mutlakıyet yönetimini korumak amacıyla yapılan anlaşma Ç.N.) devletlerine ve diğer prenslere, krallara da seslenir. "Hıristiyanlık adına birleşin ve güçlülere düşen ödevi yerine getirin. Hıristiyanlığın güçlülere, bütün güçlerini mümkün olan en kısa zamanda yoksulların sosyal mutluluğunun arttırılmasına vermelerini buyurduğunu bilin."

Saint-Simon, bu Yeni İncil'in ilânından kısa bir süre sonra öldü. Kısaca söylemek gerekirse ne bir sosyalist ne de demokrattı. İleri bir liberaldi ve yüksek entelektüel düzeyi, çıkarını gözetmeyi aklına getirmeyen bir kimse olması liberal ahlâk teorilerini tutarlı bir biçimde geliştirmesini sağlamıştı. Bu durum özellikle onun mülkiyet teorisi için geçerlidir. Saint-Simon'un mülkiyet teorisi daha sonraları (işçi hareketinin ilerlediği sırada) burjuva mülkiyet anlayışına karşı bir yorum kazanacaktır. Bu değişikliğe varılması ise her şeyden önce Saint-Simon'cuların eseri olmuştur.

4. Saint - Simoncular

Saint-Simon'un ardında bırakmış olduğu ve sayıları pek az olan birkaç çırağının hemen hepsi, halkın geçimi yerinde ve bilgili tabakalarından gelmiş kimselerdi. 1827 yılından başlayarak milletvekili seçimleri sırasında Meclise kısmî seçimler sonucu olarak gitgide daha çok sayıda muhalefet milletvekili girmeye başladı. Ama daha 1827' den beri, Paris'in entelektüel gençleri Bourbon'ları iktidardan düşürmek ve halkın egemenliğini kurmak amacı güden gizli örgütler kurmaktaydılar. Bu gizli örgütlerin üyeleri, İtalyan carbonari' lerle (İtalya'da XIX. yüzyılın başında kurulmuş ve amacı İtalya'yı birleştirmek, liberal fikirlerin yayılmasını sağlamak olan gizli bir politik topluluk Ç.N.) ilişkiye geçtiler; onların hükümeti devirme metotlarını benimsediler. Fransız İhtilâli'ni kendilerine inceleme konusu olarak aldılar, İngiliz sosyal teorileri üstünde çalıştılar ve genellikle bütün yeni fikirlere açık bir duruma geldiler. Bu genç adamlar arasında, düşüncesi açık ve duru Saint Amant Bazard (1791-1832) ve daha sonraları kendini üretim kooperatifleri konusunda propagandaya verecek olan

J. Buchez (1796-1865) de bulunuyordu. Bazard, Saint-Simon'un fikirlerine 1825'te katıldı. 1828'de, Buonarroti'nin yeni yayınlamış olduğu Babeuf Olayı konusundaki kitabını okudu. Ertesi yıl Saint-Simon derneklerinde, ustasının öğretisi konusunda konferanslar vermeye başladı. Olağanüstü zengin bir hayal gücüyle büyük bir canlılığı ve keskin bir zekâyı kişiliğinde toplayan B.P. Enfantin (1794-1864) ona değerli bir yardımcı oldu. Onlarla birlikte, daha sonra büyük bankalar kurmuş olan Pereire kardeşler; Süveyş kanalını açacak ve Panama berzahının açılması için yapılan ilk çalışmaları yönetecek olan Ferdinand de Lesseps' de bulunuyordu. Saint-Simon'un öğretisi böylece, gerçekte olduğuna inanan bir ticari endüstriyel liberalizm durumuna gelecekti. Ama bu durum ortaya çıkıncaya kadar, bu öğretinin sosyal yanı ön planda göründü. Saint-Simon'cuların, kısa bir süre sonra neden birer sosyalist sayıldıklarının açıklaması da budur.

Bazard tarafından verilmiş konferansların derlemesi olan "Saint-Simon'cu Öğretinin Açıklaması" nda şu fikirler vardır:

Saint-Simon, insanlığın tarihinde organik dönemlerle eleştirmeli dönemlerin birbirini kovaladığını öğretiyordu. Birincilerde, düşünceyle iman birliği ve bazı çıkar ortaklıkları hüküm sürer. İsa'dan önce V. yüzyıla kadar çoktanrıcılığın kesinlikle hüküm sürdüğü Yunanistan'da ve kilisenin entelektüel bir birlik oluşturduğu ortaçağda durum özellikle buydu. Organik dönemlerin ardından, düşünce birliğinin yok edilmiş olduğu ve her türlü sosyal çatışmaların ortaya çıktığa eleştirmeli dönemler gelir. Sözgelimi Yunanistan'da V. yüzyıldan başlayarak değişik politik sistemlerin belirmeye başladığı devre ile Batı Avrupa ülkelerinde Reformdan sonra değişik düşünce sistemlerini yaratan ve birçok politik ve sosyal ihtilâillerle devam eden dönem böyledir. Bu eleştirmeli dönemin ardından yeni bir organik dönem gelecektir. Bu dönemi hazırlamak kesinlikle Saint-Simon'un işi olmuştu. Formülünü Yeni Hıristiyanlıkta bulan bu iş, Luther tarafından açılmış olan eleştirmeli döneme son vermek sonucunu doğuracaktır.

Saint-Simon'un bu düşüncelerini geliştirerek Bazard bu organik ve eleştirmeli dönemlerin sırasıyla, kendilerini ortaklık ve uyuşmazlıkla belirlediğini bildirir. Ama ne var ki uyuşmazlıklar geçicidir. Oysa ortaklık, insanlığın başlıca çabası ve tarihin temel yasasıdır. Ailelerle siteler arasındaki uyuşmazlıkların, karşıtlıklarının amacı ulusun meydana gelmesiydi. Çeşitli uluslar arasındaki çekişmeler ve aykırılıkların amacı ise tek bir inancın entelektüel bir birliğin egemenliğini altında üstün bir düzenin kurulmasıdır. İnsanlık, içinde sevgi ve barışın, bilim ve zenginliğin hüküm süreceği büyük evrensel ortaklığa doğru gidiyor.

Karşıtlıklar ve çatışmalar bugüne kadar her zaman, insanın insan tarafından sömürülmesine varan zorbalık yönetimi yüzünden ortaya çıkmıştır. Ama bu zorbalığın etkisi gitgide daha zayıf olmaktadır. Bu zayıf ama ilkçağın kölesini, bu günün işçisi yapmış olan ilerlemeyle ölçülür. Bu gelişmenin çeşitli dönemleri şunlardır: Kölelik, toprak köleliği ve ücretlilik. İnsanın insan tarafından sömürülmesinin nasıl azar azar hafiflediği burada açıkça görülmektedir. Köle bütünüyle sahibinin malıydı. Toprak kölesi, az bir özgürlükten yararlanıyordu. Bu günün işçisi ise politik bakımdan özgürdür. Onda şimdi hâlâ eksik olan, ekonomik bakımdan özgür olmaktır. Ortaklık geliştikçe orayada varacaktır. Yalnız bu gelişmeler bu gün de hâlâ mal, mülk sahibinin çalışmadan yaşamasına izin veren ve onlara varlıklı olmayanlar üstünde egemenlik kurduran mülkiyet yasasıyla kösteklenmektedir. Her sosyal düzenin temelinin mülkiyet olduğu iddia ediliyor. Biz de (Saint-Simon'cular) genel olarak bu fikirdeyiz. Ama mülkiyet sosyal bir olaydır. Dolayısıyla bütün diğer sosyal olaylar gibi gelişmenin yasasına bağlıdır. Demek oluyor ki mülkiyet, çeşitli devirlerde, birbirinden değişik biçimlerde anlaşılabilir, tanımlanabilir ve düzenlenebilir. Saint-Simoncuların istediklerinin mülkiyeti kaldırmak değil, sadece tanımlamak olduğunu söyleten budur.

Bununla birlikte Saint-Simoncular verasetin bütün bütüne kaldırılmasını istiyorlardı. Ölmüş kimselerin malları, emekçilerin basit bir ortaklığı durumuna gelmiş olan devlete aittir. İflastan yararlanan, ölünün ailesi değil bütün ulus olmalıdır. Başka alanlarda nice sınırlamalara uğramış olan doğum imtiyazları bütün bütüne kaldırılmalıdır. Bir kimse neden sadece babasının oğlu ya da herhangi bir kimsenin akrabası olduğu için zenginliğe kavuşmalıdır? Zenginlik için tek hak, o zenginliği üretebilecek yetenektir. Geleceğin ortaklık devletinde herkes yeteneklerine uygun olan yeri alacak ve her yetenek, ortaya koyduğu işin ödülünü kazanacaktır. Devlet, basit bir ekonomik yönetim aracına dönüşecek ve başına da en iyi işleyen kafalar getirilecektir. Bu gün, iyi generaller yetiştirmek için kurulmuş subay okulları ve askerî akademiler olduğu gibi Ortaklık Devletinde de iyi endüstri âmirleri yetiştirmek amacıyla kurulacak okullar ve akademiler olacaktır. Bu kimselerin görevi ekonomiyi yönetmek, emekçileri yeteneklerine göre sınıflandırmak, onları kendilerine uygun yerlere koymak ve onlara değerliliklerine göre ödül vermek olacaktır. Ekonomik hayatı düzenleyecek olan, bir demokrasi değil hiyerarşi temeli üstüne örgütlenmiş bir yönetim olacaktır. Aylaklık, işgücü fazlası, yoksulluk, insanın insan tarafından sömürülmesi ancak böylelikle ortadan kaldırılabilecek ve yeni örgütlenme dönemi sosyal uyuşum çağı kurulabilecektir.

Politik bakımdan özgür olan günümüz işçisi aynı zamanda ekonomik bakımdan da özgür olmalıdır. Ama bu kurtuluş zorbalıkla yapılmamalıdır. Saint-Simon'un öğretisi hiçbir zorbaca çöktürme, hiç bir ihtilâl istemez, ağır bir dönüşüm, oluşum diler. Bu da yeni bir eğitimin ve bütün bir ahlâkî yeniden doğuşun sonucu olacaktır. Bugüne kadar bütün sosyal dönüşümler sert, yıkımlı bir biçimde gerçekleşmişlerdir. Çünkü insanlar gelişmenin yasalarını bilmiyorlardı. Evrimleri, devrim biçimine bilgisizlik dönüştürüyordu. Şimdi insanlık ilerlediğini biliyor. Sosyal buhranların yasasını daha şimdiden fark etmiştir. Dolayısıyla, dönüşümleri hazırlamak ve beklenmedik sert olaylardan kaçınmak kolaydır. Bildirdiğimiz sosyal organizasyon dönüşümleri (sözgelimi, bugünkü mülkiyet düzeninin yerini yeni bir düzene bırakması) ne birdenbire ne de sertçe değil, ağır ve barış yoluyla olacak bir dönüşüm sonunda gerçekleşecektir. Ortaklık Devletinde ilk yer dinin olacak (Yeni Hıristiyanlığın vaizleri), ikinci yeri bilginler alacaklar, üçüncü yer de sanayicilerin olacaktır. Ahlâkî ve dinî heyecan açık ve disiplinli bir akıl ile iyi bir endüstri tekniği insanlığı kurtaracaktır.

Bazard'ın aydınları, sanatçıları ve ilerlemiş liberalleri ayartmak için iyi hazırlanmış olan bu konferansları büyük başarı kazandı. Ama kısa bir süre sonra Saint-Simoncular arasında bir bölünme oldu ve etkili bir propaganda olanaksız duruma geldi. Bazard ve Rodrigues'le tam bir anlaşmazlığa düşen Enfantin, Fourier'nin kadınların özgürlükleri konusundaki düşüncelerine katıldı ve özgür aşk ilkesini Saint-Simonculuğun içine katmaya çalıştı. Saint-Simoncuların pek çoğu buna karşı çıktılar. Enfantin, taraftarlarıyla birlikte Menilmantant'a çekildi ve orada topluluğunun başında bir süre yaşadı. Bundan sonra artık Saint-Simonculuk bir hareket olarak yok oldu; ama 1830 -1848 arası yıllarının ihtilâlci hareketine, zihinlerde büyük etki yapan zengin bir düşünce hazinesi bıraktı.

BÖLÜM VIII

İNGİLİZ İŞÇİ HAREKETİNİN BAŞLANGICI

1. Fransız İhtilâli'nîn Etkisi

Nice ekonomik, politik ve sosyal sistemlerin doğduğunu görmüş olan ve Fransız İhtilâlinin patlamasıyla baştanbaşa sarsılan o çalkantılı devrin ortasında, İngiltere' de ilk ihtilâlci işçi hareketi baş gösterdi. Bu hareketin ilham vericisi, 1772'de Londra'ya yerleşecek o devirde pek yayılmış olan demokratik fikirlere katılan İskoçyalı kunduracı Thomas Hady idi (1752 - 1832). 1791'e doğru, "Londra Yazışma Derneği" adını verdiği bir dernek kurdu ve derneği Fransız Jakobenleriyle temasa geçirdi. Sheffield'te, Goventry'de, Leeds'te, Nottingham'da, Norwich'te ve Edinbourg'da da benzeri dernekler kuruldu. Bu dernekler birbirleriyle yazışmalar yapıyorlardı. Adları olan Yazışma Dernekleri sözü de buradan gelmektedir. O devirde, politik derneklerin ulusal federasyonlar olarak gruplaşmaları yasak olduğu için aralarında bir çeşit birlik kurabilmek amacıyla, birbirleriyle yazışma yoluyla ilişki kurmak zorundaydılar. Bu derneklerin amaçları şunlardı: 1) Demokrasiyi ele geçirmek. 2) İşçi koruma yasalarının oylanması. 1792 Nisanında Londra Yazışma Derneği'nden yayınlanan bir bildiride şunlar yazılıdır:

"Özgürlük, insanın doğarken kazandığı bir haktır. İşte bundan dolayı onu ülkelerimizin ve bizden sonrakilerin yararı için özgürlüğü kurmak ödevimizdir. Yönetime katılmak her yurttaşın hakkıdır. Bu hak olmaksızın kimse özgür olduğunu söyleyemez. Büyük Britanya halkının büyük kısmı Parlamentoda temsil edilmemektedir ve dolayısıyla ülkenin yönetimine katılmanın dışında tutulmaktadır. Yurttaşların bir kısmına oy hakkının tanındığı bu seçim düzeni ve seçim konusundaki bozuklukların sonuçları şunlardır: Ezici vergiler, adaletsiz yasalar, özgürlüğün kısıtlanması ve devlet gelirlerinin saçılıp savrulması. Bütün bu kötülüklerin tek çaresi bütün yurttaşlara oy hakkı tanınmasıdır. Londra Yazışma Derneği bu amaca varmak için var gücüyle çalışmaya kararlıdır. Ama her sert hareketi ve her türlü düzensizliği mahkûm eder. Kullanmak istediği silahlar sadece, aklın delilleri, kararlılık ve karşılıklı anlaşmadır."

1792 Eylülünün bitiminde, Fransa'da cumhuriyetin ilânından sonra Londra Yazışma Derneği Konvansiyon'a şu mesajı gönderdi:

"Fransızlar!

Özgürlüğü elde etmiş bulunuyorsunuz. Biz de, Büyük Britanya'da özgürlüğün zaferini sağlamak amacıyla hazırlanıyoruz. Siz özgürlüğün zaferi sağlamak amacıyla hazırlanıyoruz. Siz özgürlüğün şampiyonları olmanın imrenilen zaferinin zevkini çıkarırken biz de insanlığı bekleyen mutluluğu düşünüyoruz. Zaferi, bizim de bütün heyecanımızla dilediğimiz gibi, kesin olarak kazanırsanız kralların değil, Amerika, Fransa ve Büyük Britanya halklarının üçlü birliği, Avrupa halklarına özgürlük ve bütün dünyaya barış getirecektir.

Dostlar! İnsanın hakkı uğrunda savaşıyorsunuz."

Demokratik fikirlerden yana çok sayıda politikacı, Londra Yazışma Derneği'ne girdiler. Spence bu dernek için büyük bir çalışma gösterdi. Godwin'in Sosyal Adalet'i çıktığı zaman, eser işçi derneklerinin üyeleri tarafından okundu. Derneğe üye olanların sayısı o kadar artmıştı ki, 1793'ten beri Fransa'yla savaş halinde olan İngiliz Hükümeti, Londra Yazışma Derneğinin liderlerini tutuklayarak vatana ihanetten yargıç önüne çıkardı. Birçokları jürinin kararıyla beraat ettiler. Ama bu durum, derneğin 1799'da çalışmasını büsbütün durdurmasına kadar hükümetin zulmünden kurtulmasını önleyememişti. 1810 ile 1820 yılları arasında önemli roller oynamış olan işçi liderlerinin çoğunluğu Londra Yazışma Derneği'nin eski üyeleriydi.

2. Luddiste'lerin Hareketi

Büyük endüstrinin gelişmesinin yarattığı modern proletarya en değişik unsurları kendine kattı: Yapımevi işçileri, zanaatçılar, evlerinde çalışan işçiler, topraklarından sürülmüş köylüler vb. Endüstri ihtilâlinin etkileri bu kimselerin üstünde birbirinden değişik biçimde olmuştu. Bir kısmı loncalar devrini acı duygularla anarken, diğerleri de geleceğe doğru döndüler ve demokrasiden, sosyal reformlardan ve toprağın kolektif mülkiyetinden yana olduklarını bildirdiler. Aralarından pek çoğu müteşebbislere ve genellikle bütün endüstri cihazına büyük bir kin duyuyordu. Kapitalizmin tekerleği altına ilk olarak Büyük Britanya proletaryasının atılmış olduğunu ve bu durumun açıklamasının

XIX. yüzyılın en güçlü kafalarını uğraştırmış olduğunu söylemek gerekir. Endüstri ihtilâlinin ilk on yıllık devreleri boyunca tam bir karışıklık hüküm sürmekteydi ve yeni makineler bu karışıklığın üstünde, garip ve korku veren varlıklar gibi dikiliyorlardı.

Dört bir yanı bilimin ve tekniğin harikalarıyla çevrilmiş olarak, kendisi için her gün kullanılan nesneler durumuna gelmiş makinelerin ortasında yaşayan XX. yüzyıl insanı, makineleşmenin birden ortaya çıkışının ilk kurbanlarının üstünde yarattığı ruh halini pek kolaylıkla tasarlayamaz. XIX. Yüzyılın ortasında İngiltere'de hâlâ makineleri insan aklının korku verici ürünleri gibi gören ve İngiltere'nin gerilemesinin belirtisi sayan kültürlü kimseler bulunuyordu. Chartiste'lerin merkezi organı da şöyle yazıyordu: "Makineleşme meselesini işlemeye cesaret edecek birini bulmak bugün pek güç olacaktır. Bu konu sanki dehşet veriyor. Herkes bu konunun, toplumun içinde sınıfların ilişkilcrini tümüyle dönüştürerek devrimlerin en büyüğünü yapmakta olduğunu anlıyor ama işe karışmaya kimse cesaret edemiyor."

Zanaatkârların ve yapımevi (manüfaktür) işçilerinin XV. yüzyıldan beri korktukları onları birden XVII. yüzyılın ortasına doğru yakaladı. Demirden canavarların, bütün gelenekleri alt üst eden en becerikli elleri hareketsiz bırakan ve çevresine zenginlikle yoksulluk saçan istilâsı gerçekleşti. Sefalet çukuruna gitgide daha çok gömülmüş olan proletarya, bu pek çok kollu, yorulmak ve güçleri tükenmek bilmez gibi görünen varlıkları şaşkınlık ve dehşetle seyrediyordu. Kısa bir süre sonra, parola ağızdan ağıza dolaştı: "Sayıları iyice çoğalmadan onları ortadan kaldıralım. Çoğalmalarına göz yumarsak bizi kendilerine köle yapacaklar."

İngiltere'de makinelerin ve fabrika yapılarının tahribine karşı ilk yasa 1769'da hazırlanmıştır. Bu yasa, bu çeşit hareketleri, ölüm cezasını gerektiren suçlar olarak görüyordu. Bununla birlikte, makine tahripçilerinin çarptırıldıkları şiddetli cezalara rağmen sayıları hissedilir derecede arttı. Nottingham'da Ned Ludham, ya da Ned Ludd adında biri, bir çorap dokuma tezgâhını tahrip etti. Kısa bir zaman sonra, ilkin Lancashira'da, sonraları da İngiltere'nin bütün diğer bölgelerinde taklitçileri ortaya çıktı ve yavaş yavaş adlarına "luddiste"ler denmeye başlandı.

1811'den 1812'ye "luddisme", aynı zamanda politik ve ekonomik amaçlar güden bir kitle hareketi oldu. Bu hareket, burjuvaziye öyle bir korku verdi ki, sonunda hükümet, makinelerin tahribi konusunda, bu çeşit hareketleri ölümle cezalandıran bir kanun tasarısı getirdi. Tasarının Lordlar Kamarasında ikinci okunuşunda Lord Byron bu tasarıya karşı ve işçinin savunmasını yapan ateşli bir söylev verdi.

Tasarı1812 Martında kanun hükmünü aldı. Fakat ne bu yasa ne de 1769 tarihli olanı, şiddetli bir sertlikte uygulanmalarına rağmen makinelerin tahribi hareketini durdurmadı. Fabrikalara ve makinelere yapılan saldırılar sırasında birçok kereler insan ölümleri oldu, ama suçluları yakalamak pek güçtü. Bu, ancak hareketin elebaşılarının kellelerine büyük miktarlarda ödüller konarak (hatta bir keresinde 50000 Frank'a kadar) başarılabildi ve suçlar ihanet sayesinde ele geçirilebildiler. Yalnız York Mahkemesi "luddiste"lere ölüm cezası hükmü verdi. 13 Ocak 1813'te, aralarında "luddiste" lider Georges Mellor'un da bulunduğu üç işçi idam sehpasına çıktı. Sonuna kadar, cesur bir tutum gösterdiler. Hatta Mellor idamı görmek için gelmiş olan halka kısa bir söylev bile verdi. "Annual Register"in muhabiri, Mellor ile arkadaşlarının kötülük yapan bayağı kimselere hiç benzemediklerini ve başka bir durumda bulunsalardı kusursuz yurttaşlar olabilecek olduklarını yazdı. Bundan üç gün sonra da sıra, yedisi sabah diğer sekizi de öğleden sonra idam edilen 15 kişiye geldi. Başlangıçta bu idamlar, hareketi biraz zayıflatmak sonucunu verdi, bununla birlikte daha sonraları hareket yine gelişmeye devam etti. 1816'da gelişme yeniden başladı. Aslında bu, henüz başlangıçta bulunan bir ihtilâl hareketiydi. Şair Byron' da bu düşüncedeydi ve bu hareketin şerefine luddiste'lerî, Amerikan Bağımsızlık Savaşında dövüşenlerle karşılaştırdığı bir şiir yazdı.

3 — Sosyal Karışıklıklar

Napoleon savaşları 1815'de son buldu. Onar yıllık iki devre boyunca İngiltere'nin tanımamış olduğu barış, ülkeye geri döndü. Ama onun dönüşünü selâmlayan şenlik ışıkları, yürekler acısı bir baş kaldırma ve yoksulluk manzarasının üstüne kederli parıltılar saçıyordu. Zira ne çeşit olursa olsun, her türlü iyiye gidiş umudu yok olmuştu. Ücretlerin düşmesi, hayatın pahalılaşması, işsizlik ve vergilerin ezici ağırlığı, politik özgürlüğün itam olarak yok olması genel hoşnutsuzluğu son derece arttırmıştı. İngiltere, 1816'dan başlayarak, yararsız olduğu kadar da kanlı ayaklanma denemelerine varan bir baş kaldırma devresine girmiş bulunuyordu. "Luddisme" yeniden canlandı. Nottingham'da, dokumacılar 30 makine tahrip ettiler. İngiltere'nin Doğu bölgelerinde tarım işçileri kuru ot ambarlarını ateşe verdiler, ot yığınlarını dağıttılar ve üzerinde "Ya ekmek ya da, kan!" yazılı bayraklarla gösteri yaptılar. Birmingham'da,

Preston'da, Newcastle'da işsizler topluca gösteriler yaptılar. Dundee'de, Glasgow'da gösteri yapanlarla asker arasında kanlı kavgalar patlak verdi. İngiltere'nin merkezinde, gizlice hazırlanmış ve 23 kişinin hayatına ya da özgürlüğüne mal olan bir ayaklanma denemesi oldu. 1819'da Manchester'de bütün yurttaşlara oy hakkı tanınması ve işçi haklarından yana dev bir gösteri yapıldı. Gösteri sırasında asker, halkın üstüne ateş açarak yüzlerce kişiyi öldürdü ya da yaraladı. 1820'de Londra'da bir isyan denemesi patlak verdi ve beş kişinin idamıyla sonuçlandı.

İngiltereliler, sizleri ayaklarının altında tutan lordlar için çift sürmek neden? Zorbalarınızın giydiği elbiseleri emek ve özenle dokumak neden?

Sizin alın terinizi tüketmek isteyen bu nankör eşek arılarını beşikten mezara kadar beslemek, giydirmek, geçimini sağlamak neden?

İngiltere'nin bal arıları, o iğnesiz eşek arılarının, emeğinizin zoraki ürününü yağma etmesi için bu kadar çok silahın, zincirin ve kamçının demirini dövmek neden?

Boş Romanınız, konforunuz, sükûnetiniz, barınağınız, yiyeceğiniz var mı? Aşkın tatlı mağarasına sahip misiniz? O halde uğradığınız dehşetler ve üzüntülerinizle bu kadar pahalıya satın aldığınız nedir?

Ektiğiniz tohumun ürününü bir başkası devşiriyor, bulduğunuz zenginliği bir başkası alıkoyuyor, dokuduğunuz elbiseleri bir başkası giyiyor, doldurduğunuz silahları bir başkası taşıyor.

Tohum ekiniz, ama ürününüzü hiç bir zorba toplamasın, hazineler bulunuz, ama onları hiç bir sahtekâr istif etmesin, gördekler dokuyunuz, ama hiç bir tembel onları kullanmasın, silahlar dövünüz, amacınız onları kendi savunmanız için taşımak olsun.

İngiltere'de modern sosyalizmin ortaya çıkışı da bu devreye rastlar.

4. Robert Owen

İngiltere'de modern sosyalizm Robert Owen'le başar. O aynı zamanda, modern sosyalizmin genel olarak en dikkate değer kişilerinden biridir. Bütün burjuva iktisatçılardan ve politika adamlarından önce, endüstri ihtilâlinin anlamını kavramış ve bu ihtilâlin getirdiği kazançları sosyal ilerlemenin hizmetine veren kimse olmuştur. Üretime kendisi de katılarak kapitalist rejimin mekanizmasını Fourier ve Saint - Simon'dan daha iyi anladı. Diğerleri onu ancak tarihî bilgileri ve geniş düşünce anlayıştan bakımından çok geride bırakırlar.

Robert Owen 1771'de, Gal ülkesinde Newton'da doğdu. Küçük burjuva bir ailedendi. Babası önce saraçlık, sonra demir tüccarlığı ve ondan sonra da posta arabalarının yolları üzerinde hancılık yaptı.

On yaşına kadar ilkokula gitti ve keskin zekâsıyla dikkati çekti. Sonra Stainfortta, Londra'da ve Manchester'de ticarethane memuru olarak çalıştı. Daha başlangıçtan beri, dikkat çeken örgütleyici ve insanları yönetici yeteneğini gösterdi. Maddî ve fikrî yeteneklerini göze çarpıcı uyumluluğu, düzen anlayışı, iş konusundaki titizliği, kararlı, hatta denebilir ki sarsılmaz karakteri demir gibi bir iradeyle, hiçbir şeyin sarsamayacağı bir kendine güvenle ve olağanüstü bir karar verme çabukluğuyla birleşerek onu daha önceden, insanları yönetme görevi için seçmiş bulunuyordu. Owen, entelektüel çalışması hiçbir karışıklık ve takılmaya uğramaksızın süren dolayısıyla ivedi ve kesin kararlar almasını bilen ender yaratılışta insanlardan biriydi. İnsanların bu çeşidinden, büyük askerler, üzerinde durulmaya değer devlet adamları ve büyük ihtilâlciler çıkar.

1790'da Owen, Manchester'da 500 işçi çalıştıran bir tekstil fabrikasının direktörü oldu. Genç olmasına ve silik görünüşüne rağmen kısa zamanda, emri altındaki işçilerin üstünde büyük bir etki yaptı. Kazandığı paranın yılda üç yüz lira (İngiliz) olmasına ve kendisine işletmeden bir ortak payı verileceği umudunun da belirtilmiş olmasına rağmen bu işte ancak bağımsızlığına yeniden kavuştuğu 1795 yılına kadar kaldı. Endüstri ihtilâlinin dalgaları, fırsatlardan yararlanmayı bilen iş adamlarını zenginliğe yükseltiyor; yeni şartlara uymayı bilmeyenleri de tersine yoksulluğa doğru çöktürüyordu. Owen, kendi hesabına çalışmaya karar verdi ve o zaman en çok kâr sağlayan pahalı kumaşların yapımı işine atıldı. İşi o kadar büyük bir gelişme göstermişti ki, 1797'den sonra İskoçya' da New-Lanark'ta birkaç ortakla birlikte, 60.000 İngiliz lirasına bir tekstil fabrikası setin alabildi. Reformcu çalışmalarına işte orada başladı ve bu çalışmaları endüstri alanındaki başarılarına eklenerek onu kısa zamanda zamanın en tanınmış kişilerinden biri durumuna getirdi. 1800'de bütün işin yönetimini eline aldı ve aynı zamanda da New-Lanark halkını bütünüyle değiştirmeye çalıştı.

Robert Owen'in New - Lanark'ta gerçekleştirdiği reformlar şunlar olmuştur:

Hayat bilgisi dersleri temeli üstüne öğretim yapılan okullar kurdu. Cezaları ve ödülleri kaldırdı. Erkek çocuklara beden eğitimi, kız çocuklara ev işleri dersleri verdirdi.

On yaşından küçük çocuklar artık fabrikaya kabul edilmediler. Normal işgününün süresi 10 -12 saat olarak belirlendi.

Fabrika bölümleri güzelleştirildi ve sağlık koruma (hijyen) kurallarına uygun biçimde düzenlendi. Owen ayrıca bütün kasabanın temiz olmasına ve halkı temizliğe, düzene, işini vaktinde görmeye alıştırmaya da çalıştı. İyi nitelikli malların ucuz fiyatlarla satıldığı kooperatif usulünde bir mağaza ve gerek lojmanlar gerekse çalışma yerlerinin güzelleştirilmeleri sonucu sağlığa elverişli, temiz bir duruma getirilmeleriyle içkili yerler yavaş yavaş işçiler üstündeki çekici güçlerini yitirdi. Alkollü içkilerin tüketimi hatırı sayılır derecede azaldı, ayyaşlık ve kötü sonuçları yok oldu.

Hastalık ve ihtiyarlık fonları kuruldu. Kriz ve işsizlik yılı 1806'da Owen işsiz işçilere kriz geçinceye kadar tam ücretlerini ödedi. Owen'in bütün reform planları, kötülüklerin ancak sebebi ortadan kaldırıldıktan sonra yok olacaklar temel düşüncesine dayanıyordu. İnsanlarda toplu yaşama içgüdülerini geliştirecek hayat şartları yaratmak gerekir. Zira insanın karakteri bütünüyle, yaşadığı çevreye bağlıdır. O halde yapılacak iş, bu çevreyi insanın iyi olmasını, toplumu hayatına uygun bir şekilde uymasını ve davranmasını sağlayacak biçimde dönüştürmektir.

Owen 1812'den sonra, öğretimin ve işçilerle ilgili yasaların düzeltilmesinden yana olduğunu bildirerek düşüncelerini savunmak için toplantılarda söz aldı. 1817'de sosyalistti. Yoksullara yardım yerine işsizler için tarımsal ve sınaî kooperatifleri kurulmasını istiyordu. İşçilere, üretim kooperatifleri biçiminde örgütlenmeyi ve onlara sermayenin egemenliği altında uğursuzluk getiren teknik icatları kendi öz çıkarlarına kullanmalarını öğütlüyordu. İşçilerin durumlarının kötüleşmesinin ve issizliğin artmasının başlıca sebebi olarak makineleşmenin, kapitalistlere artan zenginlikler sağlayan, işçilere ise işsizlik ve çalışma saatlerinin azalmasını getiren ve fabrikalara kendileriyle birlikte karılarını ve çocuklarını iten akıl almaz gelişmesini görüyordu. Owen 1818'den 1821'e kadar gazete makalelerinde, risalelerde, hükümete verdiği dilekçelerde şu düşünceleri savundu:

İhtilâlin İngiliz ekonomisini baştan aşağı dönüştürmesinden önce, aşağı yukarı 1790 yılına kadar üretici çalışma yalnız erişkinler tarafından yapılmaktaydı. Kadınların ve çocukların çalışması bir istisnaydı. 1792 yılına doğru Büyük Britanya ve İrlanda'nın nüfusu 15 milyona, üretici nüfus da 3.750 000 kişiye varıyordu. Bilimsel üretici güç (mekanik ve kimya ile ilgili) bu devirde bedenî işgücünün üç katıydı. Yani 11.250.000 idi. Demek oluyor ki toplam işgücü 15 milyon kişi ediyordu. Dolayısıyla İngiltere'nin üretici güçlerinin toplamı, nüfusun miktarına tam olarak uygun düşüyordu.

Bundan sonra, mekanik icatlarda gittikçe daha yorgun bir işletme görülmeye başlandı. Sonunda bu icatlar, bütün üretim kollarını birbiri ardından kendilerine boyun eğdirdiler. Ortaya çıkmasına yol açtıklar değişiklik pek büyük olmuştu. Fabrikaları kadınlar ve çocuklarla doldurdular ve işgününün süresinin uzaması sonucunu doğurdular. Bu durumun sonucu olarak üretici güçlerin sayısında pek büyük bir artış ortaya çıktı. 1817'de Britanya Adalarının nüfusu, üçte biri 6 milyonu doğrudan doğruya üretici çalışmaya katılmakta alan 18 milyon kişiye yüksekli. Ama bu arada, mekanik üretici güçlerin sayısı da daha büyük ölçüde artmış bulunuyordu. Bu miktar bugün (1817'de) en az 200 milyon kadardır. Bu 200 milyon mekanik üretici güç bugün durmaksızın, gittikçe artan bir hızla ve pek az masrafla, hesapsız zenginlikler üretmektedir. Bugün her Britanyalı için 10'dan fazla mekanik işgücü, gece ve gündüz her çeşitten ürün yaratmaktadır. Demek oluyor ki bugün Britanyalı her işçi 30' dan çok mekanik emekçinin rekabetine karşı savaşmak zorundadır ve üstelik bu mekanik emekçilerin, diğerleri gibi hiç bir İhtiyacı yoktur.

Nüfus 15 milyondan 18 milyona yükseldi.

Canlı üretici güçler 15 milyonun dörtte birinden 13 milyonun üçte birine yükseldi, 6.000.000 oldu. Yeni yaratılan mekanik üretici güçler 200.000 000'a yükseldi.

Eski bilimsel üretici güçler 11.250.000'e çıktı.

Ülkenin üretici güçlerinin toplamı bu durumda, 1817' de 217.250.000'e yükseliyordu.

Britanya halkının her birimi için 1817' de 12'den çok canlı ya da mekanik üretici güç bulunuyordu. Buna göre, Büyük Britanya'nın üretim yeteneği 1792'den beri on iki katı kadar artmış demektir. Zenginliklerin arta kalan bu pek büyük bölümümü ülke ya savaşlar ve o çeşitten yararsız teşebbüslerde saçıp savurabilir ya da emekçi halkın kaderini iyiye doğru götürmek yolunda kullanabilir. İngiliz hükümetine, bütün bir kuşak boyunca Napoleon'a karşı çok masraflı bir savaşı sürdürmek ve sonunda onu devirmek olanağını vermiş olan işte bu zenginliklerdir.

Bununla birlikte, bu pek büyük zenginlik artışı ülkenin olanaklarıyla karşılaştırılacak olursa önemsiz kalır. Zira bu ülke bugünde, el emeği gücünün sayısını görülmemiş ölçüde arttıran üretici güçleri boşandırabilecek yeterlikte kullanılmayan ya da kötü kullanılan sermayelere sahip bulunmaktadır.

Bugün bile Büyük Britanya, 18 milyonluk bir nüfus ve sadece kör kişisel çıkarlarla yönetilen üretici güçlere dayanarak iç pazarını tatmin edebilmekte ve bunun yanı sıra dünya pazarınıda her çeşit işlenmiş mala doyurabilmektedir. İşte bundan dolayı İngiliz hükümeti, başarabildiği her yerde yeni pazarlar açmaya çalışmakta; hatta bunun için yeryüzünün en ücra bölgelerine bile gütmektedir. Şurası kuşkusuz söylenebilir ki, eğer Vön bir dünya yaratabilseydi, İngiliz hükümeti bu yeni pazarın isteklerini karşılamak bakımından da güçlük çekmezdi.

Buna karşılık, yoksulluk da günden güne artmaktadır. El emeğinin ücreti günden güne azalıyor. Yoksullar zenginlere karşı kinle dolu bulunuyor ve sert davranışlara girişiyorlar. İnsanlığın dosttan, çevrelerinde günden güne artmakta olan yoksulluktan ürkmüşlerdir. Buna bir çözüm de bulamamaktadırlar. Gerçekten, iş bu güne kadar kullanılmış olan yollarla olanaksızdır. Bu yollar tersine, durumu daha da kötüleştirmekten başka sonuç vermez. Zira durumu kötüye götüren, bilimin gelişmeleri, mekanik üretici güçler ve zenginliklerin artışıdır ve bugünkü rejimi içinde kalındığı sürece daha da kötüye götürmeye devam edecektir. O halde, yığınların yoksulluğunun sebebi nedir? Bu sebep, toplumun yararlı biçimde kullanılması için şimdiye kadar hiçbir şey yapmamış olduğu yeni üretici güçlerin hızlı artışıdır. Toplum, bütün üyelerine bilimin ve tekniğin avantajlarına katılmak olanağını sağlayabilecek olan kuruluşlar yaratmayı ihmal etmiştir.

O halde zamanımızın büyük sorunu, üretimin örgütlenmesinde değil, bölüşülmesindedir. Kötülüğün gerçek nedeni, toplum tarafından bilimin ve tekniğin ilerlemesi sayesinde yaratılmış olan pek büyük zenginliklerin akıllıca kullanılmasının bilinmemiş olmasıdır. Yoksulluk, bilgisizlik, aylaklık, cinayetler, şiddetli cezalar ve kanlı savaşlar; toplumun bugün acısını çekmekte olduğu derin hastalığın bütün bu belirtileri bundan çıkmaktadır. Bugüne kadar ne iktisatçılar, ne devlet adamları, ne bilginler, ne de kanun yapıcılar bu durumu anlamak ve bir çare bulmak yeteceğini gösterebilmişlerdir.

Sonunda Owen sosyalist oldu. Ama işçi yığınlarının o zaman içinde bulundukları geri durum dolayısıyla onların kendi araçlarıyla savaşabileceklerine ve kurtulabileceklerine inanmadığı ve kendisinin de yalnız eğitim ve barışçı gelişmeye inancı olduğu için ütopyacılığa düştü. Emekçi sınıfların durumuna çare olarak sadece, komünist topluluklar (koloniler) kurtulmasını ileri sürdü. 1820' de ortalıktan tam olarak çekildi. Amerika'da ve İngiltere' de hepsi de başarısızlığa uğrayan komünist topluluklar kurdu ve işçi hareketinden uzaklaştı. Zaten aradan geçen zaman içinde işçi hareketi, işçi koalisyonları yasağının kandırıldığı tarih olan 1824'ten beri gitgide daha ihtilâlci bir nitelik kazanmıştı. İşçi hareketi Owen'in fikirlerinden yalnız eleştirmeli bölümünü ve kooperatif fikrini aldı ve daha sonraları tüketim kooperatifleri kurarak uygulama olanına koydu.

5. Owenciler

Abraham Combe (1785 - 1827) Owen'in yetiştirmesidir. 1820'de binlerce benzeri gibi, New-Landark'ı gezdi ve Owen'in fikirlerine katıldı. Üç yıl sonra "Eski ve Yeni Sistemin İstiareli Taslakları" adında küçük bir kitap çıkardı ve 1825 yılında, Glasgow yakınlarında, ölümünden sonra dağılmış olan Orbiston komünist topluluğunu kurdu.

Orbiston komünist topluluğunun ilk ortaklarından biri olan John Gray (1798 - 1850) mübadele ve sürüm aralarında reform yapılmasından yanaydı. 1825'de "İnsan Mutluluğu Üstüne Konferans" adında, hemen bütünüyle Owen'in fikirlerinin sınırı içinde gelişen ve içindeki istatistiklerden, üretici sınıfın emeğinin ürününün yalnız beşte birini aldığı, buna karşılık asalak sınıfın, kalan beşte dördü kapıp götürdüğü sonucu çıkan bir broşür yayınladı. Rekabet yalnız yararlı olmaktan çıkmış değil, hatta zararlı bile olmuş bulunuyor.

1831'de Sosyal Sistem adındaki sosyal reformun bütününü mübadelenin organize edilmesi temeli üstüne dayanan ve içinde şu düşüncelerin bulunduğu bir kitap yayınladı.

Madeni parayı büsbütün ortadan kaldırmak gerekir. Para mübadele aracı olarak, mübadelesine yarayacak fiyatlar kadar kolaylıkla imal ve elde edilmelidir. Değer ölçüsü olarak, bir karış ya da bir livre (489,5 gr. ağırlığında eski bir Fransız ölçüsü. Ç. N.) kadar değişmez olmalıdır. Altının ne kolay elde edilebilir ne de değişmez bir değeri vardır. İşte bundan dolayı ne mübadele aracı olarak ne de değerlerin ölçüsü artarak işe yarayabilir. Altın için doğru olan bu durum, banknotlar için de doğrudur; çünkü onlar da birer değer alâmetidirler. Toplam değeri, temsil ettikleri paranın değerinden yüksek olan teminatların temeli üstünde durmaktadırlar. Bundan dolayı da sürekli olarak mübadele aracı yokluğu çekiyoruz, zira bu mübadele araçları hiçbir zaman, mübadele edilecek malların toplam değerine varamıyor.

Oysa paradan amaç, insanlara herhangi bir zamanda herhangi bir nesneyi, başka olmakla birlikte aynı değerde bir diğer nesneyle değiştirmek olanağı sağlamaktır. Bu amaca varabilmek için paranın kendi kedimde hiçbir değiştirme değeri olmaması ve sadece, onu elinde bulunduran kimsenin ulusal zenginliğe belli bir miktarda değer eklemiş olduğunu gösteren ve aynı miktarda değeri temsil eden malları alabilmesini sağlayan basit bir senet olması gerekir. Mübadele işi düzensiz bir biçimde yapılmamalı, aklî (rasyonel) olarak organize edilmelidir. Gray'in birinci kitabında sözünü ettiği kooperatif sistem ilkesi bütünüyle, mübadele alanının sınırları içinde kalmaktadır. Owen ile onun arasındaki başlıca ayırımda işte buna dayanır. Gray'e göre malların üretimi, özel olmak niteliğini korumalıdır. Buna karşılık mübadele, merkezi kooperatif kuruluşlar aracılığıyla yapılmalıdır. Bu amaçla piyasaya para sürmeye yetkili tek bir ulusal banka kurulacaktır. Bundan başkada ulusal bankayla sürekli bağlantıları olan acentelerin yönetecekleri mağazalar kurulacak ve bu acenteler bankadan kâğıt paraları alacaklar, karşılığında da bankaya, piyasaya sürülmüş olan malların miktarını gösteren raporlar gönderecekler. Çeşitli üreticiler, kendileri tarafında üretilmiş olan mallar ulusal mağazalara teslim edecekler. Özel görevliler, maliyet fiyatını (ham maddeler, makinelerin yıpranması, ücretler) hesaplayacaklar ve bulacakları miktara, ulusal ticaret odası tarafından saptanacak olan bir fazlalık ekleyecekler. Maliyet fiyatı ile fazlalık olarak konan miktarın toplamı malların perakende fiyatını oluşturacaktır. Bundan sonra ise üreticiler, teslim ettikleri malın değerince kâğıt parayı alacaklar ve bu paralarla diğer mağazalardan, kendilerine gerekli olan malları edinecekler. Böylelikle, kâğıt paranın miktarı her zaman, piyasaya sürülmüş olan mallarla aynı oranı koruyacak. Böyle olunca da üreticiler mallarına, aynı değerde başka mallarla değiştirebilecek durumda olacaklar ve bundan başka da ayrıca, arz ve talep konusunda genel bir fikirleri olabilecek. Ulusal bankanın saymanlığı böylece her zaman, sürülmüş malların miktarını bilecek ve bu da fazla üretimi önleyecekti. Burada en önemli şey üretimdir. Ne kadar üretilirse, talepleri karşılamak olanağıda o kadar artacaktır. Üretim, talebi belirleyecek ve bu günkü gibi durum tersine olmayacak.

Owen'in sosyalizminden ekonomik bireyciliğe ferdiyetçiliğe geçen Gray'in tersine, William Thompson (1785 - 1833) başlangıçta utilitarisme'den yana oldu. Sonra da komünizme katıldı. Birinci kitabı "İnsan Mutluluğunu Kurmaya En Elverişli Zenginlik Bölüşümü İlkeleri Üstüne Araştırma" adını taşır. Teceddütlerinin izleri bu kitapta hâlâ, açıklıkla görülmektedir. Kendini inanmış bir Owen'ci olarak 1827'de yayınlanan "Ödüllenmiş Emek" adındaki kitabında gösterir.

Bentham'ın tilmizi olarak, toplumun amacının mutluluk ve zenginliklerin üretiminin de bunun startı olduğunu, bu satışın ise ancak özel mülkiyet sağlayacak olursa mümkün olabileceğini düşünüyordu. Zenginlikler üretilmeden insanların ihtiyaçlarını karşılamak olanaksızdır. Emeğin ürünlerine sahip olmaksızında hiçbir üretim mümkün değildir.

Ama endüstri ihtilâli, tek başına üretimin, mutluluğu getiremediğini gösterdi. Yalnız üretim değil, malların doğru olarak bölüşümü de gereklidir. Durum bugün böyle değildir. Zira zenginliği yaratanın işçi olmasına karşılık bu zenginliğin en büyük parçasını olan kapitalisttir. Dolayısıyla ortaya sürekli bir güvensizlik çıkmakta ve mutluluğu olanaksız kılmaktadır. Bu günkü durum kötüdür ve doğru değildir. Elde bulundurmanın ve yararlanmanın olmadığı yerde zenginliklerin üretimi artamaz. Sonuç alarak, zenginliklerin durmaksızın üretim izni sağlayan, biricik araçlar ve en büyük mutluluk tutarı güvenlikle eşitlikse, adelet temeli üstüne olandan başka, mümkün hiçbir bölüşüm yoktur. Herkese emeğinin ürününden, özgür bir biçimde yararlanma yetkisi verilsin. İşçilerin hak olarak diledikleri de budur. Enerjilerini ve bedenî güçlerini bu nesneleri üretmek için kendi öz ihtiyaçlarının karşılanması amacıyla kullanmış olan işçiler emeklerinin bu ürününü, kendi mülkiyetleri olarak istemektedirler. Ama işçi hepsini mi almalıdır? Ona çalışmak imkânını sağlamış olan üretim araçlarını işçinin yararlanmasına bırakan kapitalistin hiçbir hakkı yok mudur? Thompson buna şöyle cevap veriyor: İşçi tabii ki üretim araçlarının kullanılması için, eğer bu araçlar onun mülkiyetinde değilse bir şey ödemelidir. Mesele bunun ne kadar olduğundadır. İşçiye göre, onun ödemesi gereken ancak, Kapitalistin kullanılmış alan sermayeyi tekrar yerine koymasına gerekli miktar ve üretici işçilerin ücretine, eşit bir emek karşılığıdır. Kapitaliste göre ise tersine, sermayenin kullanılması sonucunda elde edilen değer fazlası kendisine aittir. Bu değer fazlası, sermayeyi tekrar yerine koymasına gerekli miktar ile üretici işçilerin ücretine eşit bir emek karşılığıdır. Kapitaliste göre ise tersine, sermayenin kullanılması sonucunda elde edilen değer fazlası kendisine aittir. Bu değer fazlası, sermayeyi biriktirmek ve işçinin yararlanmasına bırakmak için gösterdiği çabayı karşılamak üzere kendisine aittir. Bu iki görüş arasında pek büyük bir fark vardır. Birinci görüş hemen hemen tam bir eşitlik istemektedir. İkincisi ise tersine, günlük eşitsizliğin sürüp gitmesinden yanadır.

Son olarak da kısaca, Hıristiyan Owen'ci John Minter Morgan'ın (1782 - 1854) adını analım. Bu kimse 1826 da "La Revolte des Abeilles' i (Arıların Ayaklanması); 1834'te de "Hampden in the Nineteenth Century" adlı iki eser yazmıştır. Bu iki kitap, şairane üslûbundan dolayı İngiliz işçileri aracında büyük bir başarı kazandı.

Owen'ciliğin en iyi açıklamasını "Plaintes des Travailfeurs" (1839) (Emekçilerin Yakınmaları) kitabimin yazarı J. F. Bray'e borçluyuz.

6. Bireyci Eleştiriciler: Ravenstone ve Hodgskin

Sosyalist eleştirmecilerin yanı sıra bireyci eleştirmecilerinde sözünü etmek gerekir. Bunlar, kapitalizmde ve endüstri ihtilâlinde, sosyal hayatın hastalıklı bir halini görürler. Bundan dolayı da amacı bir bağımsız sınaî ve tarımsal emekçiler toplumun yaratmak olan ve emeğin ürünlerine kapitalist biçimde sahip çıkılmasını olanaksız kılan bir reform öne sürerler. Toprak gelirine (faizine), kapitalistçe kazanca, tekellere, gümrük rüsumuna, yüksek vergilere karşı çıkarlar ve genel olarak, devletin ekonomik hayata ne türlü olursa olsun karışmasını reddederler. Bu kimseler, ya serbest mübadeleden yana liberaller ya da düşünceleri sosyalistlerin düşüncelleriyle karşı karşıya konduğu zaman onlarla ortak yanları sadece, geçerli kapitalist düzeninin eleştirisi olan anarşistlerdir. Locke A Smith'e, Ricardo'ya ve bir parçada Godwin'e dayanırlar. İnsanin ya da tabiatın, kaçınılmaz biçimde mutluluğa götüren yasalarla yönetildiklerini, ama devletin sunî düzenlerinin, tabiat yasalarını engellediğini düşünürler.

Bu eğilimin başlıca temsilcileri Piercy Ravenstone ile Thomas Hodgskin'dir. Aynı düşüncelere, birçok ilerici dergilerde imzasız yazılar yazmış olan başka yazarlarada rastlanır. Ravenstone'un 1821' de çıkmış olan en önemli eserinin adı "İktisat Alanında Geçerli Düşünceler Konusunda Bazı Şüpheler" adını taşır. Bundan üç yıl sonra, devlet borçları konusunda bir broşür yayınladı. "Artık değer Teorileri" adlı eserinde Marx bu broşürü ayrıntılarıyla incelemiştir. Bu kitaplarda şu düşünceleri savunuyordu:

Toplumun başlıca güçleri, insanların üretimi ve malların üretimidir. İnsanların gitgide daha çoğalmaları doğanın bir yasasıdır ve doğa onların her birine, yaşamalarını sürdürmeye gerekli araçları emekle elde etmelerini sağlar. Dolayısıyla, nüfusun artması, üretimin artması sonucunu doğurur, üretimin artışı da sosyal yapıda değişikliklere yol açar. Güçler normal bir biçimde işleyecek olsa nüfusun artışı her zaman, zenginliklerin artışı ve toplumun gerçek amacı olan mutluluğun olması demek olacaktı. Çünkü yalnız nüfusun artışı geniş bir iş bölümüne izin verir ve bu da insanların zenginlikleri elverişli bir biçimde geliştirmelerini bilginlere, mucitlere işlerinde gerekli itme gücünü ve varlığından geçilmez boş zamanları sağlar. İcatlar sadece, adını taşıdıkları kimselerin eseri değil, bütün toplumun kolektif çalışmasının ürünüdür. Ama ne var ki toplumun temel güçleri çalışmalarında, kötü sosyal kuruluşlar tarafından kösteklenmiştirler. Üretici sınıfların acısını çektikleri yoksulluk ve baskının açıklamasıda budur. Bu kuruluşlar hangileridir? Bunlar, mülkiyet (sermaye), gelir (faiz) ve yüksek vergilerdir. İşçilerin çalışanlarının ürününe tabii olarak sahip oluşlarını ortadan kaldıran ve işçilerin emeğinin ürününden gitgide daha büyük paylar kapıp götüren, üretici olmayan unsurların önemini durmaksızın arttırırlar.

Sermaye, biriktirilmiş emekten başka bir şey değildir. Oysa ondan bir fetiş, sosyal hayatın bütün başarıları kendisine mal edilen metafizik bir varlık yapılmış; sermayenin gerçek yaratıcısı emek ise sadece, ancak sermayenin lûtfuyla yaşayan bir dilenci sayılmıştır. Biriktirilmiş, onu gerçekleştirmiş olanların elinden koparılıp alınmış olan emek, üretici olmayan sınıfın elinde korkunç bir güç durumuna gelmiştir. Mal sahipleri başlangıçta sadece, halkın geçmiş olduğu şeflerdi. Ama bunlar zamanla, bekçiliğini yaptıkları zenginlikten dalavereyle ele geçirdiler ve politik iktidara sahip çıktılar. Zira ekonomik iktidar her zaman, politik iktidarla at başı gider. Bir ulusun karakterini, geleneklerini ve yönetimin biçimini, mülkiyetin bölüşüm biçimi belirler. Politik gücü elinde tutan kapitalistler, emeğin değerini gitgide düşürmeye koyuldular. Sermaye ile emek arasındaki aykırılık aşılmaz bir uçurum oldu. İşçilerden gelecek her türlü direnme faydasızdır. Zira bu güçsüzlükle güç, mahmuz takmış, biniciyle at arasında bir savaşmadır. Bu çırpınmalı savaşta bütün ulus acı çeker ve parçalanır. İşçi sınıfı tek başına güçsüzdür. İşte bundan dolayı, ulusun iyiliğini yürekten dileyen herkes ona yardıma koşmalıdır.

Ulusu sermayenin boyunduruğundan yalnız bir ihtilâl kurtarabilir.

"Lord John Russel'a Açık Mektup" olarak 1820'de kalmış olan imzasız bir yergi yazısında da bunun eşi düşüncelerin işlenmiş olduğu görülür.

Bu yerginin yazarı, makineleşme çağının ortaya çıkışından beri emeğin olağanüstü bir biçimde üretici olduğunu söyler. Sermaye ya da biriktirilmiş emek, bol bir biçimde üretilebilir. Bununla birlikte, üretim araçtan ve ham maddeleri kullanabilmek için işçiler, kapitalistlere emeklerinin ürününün yedide altısını bırakmalıdırlar. Demek oluyor ki, sermayenin faizi pek yüksektir. O ne kadar yüksekse işçilerin kendi emeklerinin ürünündeki paylarıda o kadar az, üretici sınıf o kadar yoksul olur. Sermayenin faizinin yüksek olması, pek kolayca üretmekle birlikte henüz yetersiz olduğunu gösterir. Bunu nasıl açıklamalı? Her gün kullanılan malların yabancı lüks maddelerle mübadelesi; kâğıt para emisyonları, savaşlar, tahıl ürünlerine konan gümrük vergileri, endüstrinin zorunlu kılındığı yasal sınırlamalar, bütün bunlar sermayenin hızlı artışını önleyerek faiz oranının düşmesini ya da yine aynı şey demek olan bir sonuçla işçilerin emeklerinin ürünündeki emek payının artmasını önler. O halde bu duruma bir çare bulmak için bütün bu engelleri ortadan kaldırmak ve ek olarak da çalışma özgürlüğünü getirmek gereklidir. İlkin bu yapıldıktan sonra diğer engeller ortadan kolaylıkla kaldırılabilecektir. O zaman sermaye hızla artabilecek, sermayenin yüzde oranı düşecek ve işçilerin, emeklerinin ürünündeki paylarıda yükselecektir. İşçilerin ekonomik durumlarının düzelmesi ise iş gününün kısaltılmasına yol açacaktır. Ve kısa bir iş günü, yüksek ücretler bir ülkenin en emin refah belirtileridir.

Er ya da geç, yararlanmak için sermayeye hiç kimsenin faiz ödemeyeceği zaman gelecektir. Sermayenin faiz yüzdesi sıfıra düştüğü zaman da insanlığın kurtuluş saati çalmış olacaktır.

Thomas Hodgskin'in başlıca kitapları şunlardır: 1825 te, yazar adı konmaksızın yayınlanmış olan Emeğin Savunması, Halk Yığınları Bakımından Ekonomi Politik, Londra İşçi Kültürü Okulu'nda 1826'da verdiği konferansların derlemesi ve yazar adı konmaksızın 1823'de yayınlanmış olan Doğal ve Yapay Mülkiyet Hakları. Bu kitaplarda şu düşünceleri işlemiştir:

Toplum, bazı belirli kurallara uyan doğal bir olaydır. Bu kuralları, doğru bir dünya düzeni kurmak amacıyla, en yüksek ahlâki güç ya da Dünya Ruhu diyebileceğimiz güç koymuştur. Ekonomi politiğin ödevi oluşmuş bir ödevdir. Bu kuralları koymaya ve bozulmasını önlemeye çalışır sadece. Doğal yasalar iyidir; ama insanın yasaları kötüdür. Başlangıçta tüm eşitlik hüküm sürüyordu. Emek, mülkiyetin ve zenginliğin biricik hak belgesi sayılıyordu. Yer yuvarlağının nüfusu arttıkça, maddî ihtiyaçlar da artarak daha yoğun bir fikrî çalışma gerektirdiler. Bunun sonucu, insanların yeteneğinim ve bilgisinin artması oldu. Eğer işin doğal gidişine, insanların yarattıkları kuruluşlara para verilmeseydi, insanlığın aidiyet yolundaki ilerlemesi sürekli olacaktı. Ama sertlik, olayların bu doğal gidişini kesti. Emekle zenginliği birbirinden ayırdı. Bunun sonunda iktidar toplumun üretici olmayan unsurlarının eline geçti. Bunun sonuçları da eşitsizlik, baskı, sefalet, lüks, emek fazlası, aylaklık, savaşlar ve cinayetler oldu. Yalnız ne var ki insanın yasaları doğal yasaları büsbütün atamadılar. Onları yine insanın bütün yasalarına rağmen ağır ağır baskı altındakilerin kurtuluşuna çalışıyorlar. Toprak kölesi kendini köleliğin zincirlerinden kopardı ve emeğinin ürününe hak kazandı. Ardından, toprak sahibini kendisine haraç vermek zorunda bırakan kapitalist geldi. Orta sınıflar zamanımızda gitgide çoğalıyorlar. Emek ile mülkiyetin birleşmesi bu sınıflarda yeniden ortaya çıkıyor. En yorucu işlerin gitgide daha çoğunu makinelerin yapısına yol açan mekanik icatların yayılması sayesinde orta sınıf insanlığı kurtaracak ve insanların arasında eşitliği kuracaktır.

Hodgskin, sermayenin üretici olmadığını, sabit sermayenin (üretim araçları) işçiler tarafından yaratılmış ve yaratıcı bir güçle donatılmış olduğunu, mütedavil sermayenin (geçinme araçları olarak ücretler) ise her gün işçiler tarafından üretilmekte olduğunu göstermeye çalışır.

Malların üretimi için üç şey gereklidir:

1) Bilimsel bilgiler ve yaratıcılık,

2) Teknik yetenekler,

3) Âletleri kullanmakta ustalık.

İngiltere, mistik bir işaretten başka bir şey olmayan sermaye ile değil işte bu üç güç sayesinde zenginleşti. Müteşebbisler üretime katılırsa, yetişmiş işçiler olarak uygun bir ücret alacaklardır. Ama kapitalist olarak çıkarları işçilerinkiyle taban tabana zıt birer emek sömürücüsünden başka bir şey değildiler. Emekle sermaye arasındaki çekişmelerde işte bundandır. Bereket versin ki işçiler, dernekleri kuruyor ve gerek sayıca gerekse maddî üstünlükleri eğitimin aracılığıyla tamamlamak yolunda çaba gösteriyorlar. Ve emek ile mülkiyet aynı ellerde birleştirilmediği sürece yeryüzünde ne barış ne mutluluk olacaktır.

BÖLÜM IX

İNGİLTERE'DE İLK İHTİLÂLCİ İŞÇİ HAREKETLERİ (1825 — 1855)

1. Emekçi Sınıfı (Proletarya) ile Burjuvazinin, Bütün Yurttaşlara Oy Hakkının Tanınması İçin İttifakı

İngiltere'de ilk ihtilâlci işçi hareketinin tarihi 1825'e kadar çıkar. Bu konu başlıca üç safhaya ayrılabilir. Birincisi, bütün yurttaşlara oy hakkı tanınması için savaşmadır. Endüstri ihtilâli, 1760 ile 1825 arasındaki yıllar boyunca İngiltere'nin bütün sosyal hayatını baştanbaşa dönüştürmüş; özellikle İngiltere'nin kuzeyinde ve İskoçya'da büyük endüstri merkezlerinin ortaya çıkmasına yol açmış, burjuvazi ile emekçi sınıfında, politik güçsüzlüklerine son vermek amacıyla savaşa girişmek isteği doğmuştu. Birinci İngiliz İhtilâli sırasında (1642 - 1649) olduğu gibi Fransız İhtilâli'nin ilk yılları boyuncada kendini göstermeye başlamış olan demokratik fikirler ve XIX. yüzyılın ilk otuz yılında güçlerini tarttırdılar. Burjuvazi ile emekçi sınıfı, bütün yurttaşlara oy hakkı tanınması hakkını kazanmak için birleşti. Ama ikisini bölen aykırılıklar daha o zamandan, uzun süreli bir birleşmeye elvermeyecek kadar büyük bir açıklıkla beliriyordu. İşçi sınıfının en ileri unsurları Owen'in, Owen'cilerin ve kapitalizme karşı diğer yazarların öğretisini benimsemiş bulunuyorlardı. Ücretli çalışmayı biricik üretici çalışma sayıyorlar, ama savaşı bağımsız bir biçimde yürütmek için daha kendilerini yeterince güçlü bulmuyorlardı. İşte bundan dolayı, o zaman seçim hakkından henüz büyük çoğunluğuyla yoksun olan burjuvaziyle birleştiler. Çekişme, Paris'te Temmuz İhtilâlinden sonra, Toiry (İngiliz Muhafazakâr Partisi) hükümetinin kendini en sonunda yeni bir seçim kanunu tasarısı getirmek zorunda gördüğü ana kadar özellikle bu tasarı burjuvaziyi tatmin etmekle birlikte işçilere her türlü politik hakkı reddediyordu.

2. Parlamento Aleyhtarlığı ve Sendikacılık

Burjuvaziyle ortaklaşa yürütülen kampanyanın hayal kırıklığına uğratan sonucu işçi yığınları arasında güçlü bir parlamento aleyhtarlığı ve sendikacılık hareketine yol açtı. Bundan sonra artık parlamentoyla ilgili politik her hareket bir aldatmaca; işçi sınıfını gerçek görevi olan ekonomik savaştan başka yola çeviren bir taktik sayılmaya başlandı. Üretim araçlarının işçi sınıfına ya genel grevle ya da üretim kooperatifleri kurulması yolluyla teslimini kendine amaç edinen, sayıca pek güçlü sendikalar kuruldu. Bütün Britanya emekçi sınıfı, 1833'den başlayarak yavaş yavaş, bu harekete sürüklendi. XX. yüzyılın başında geçerliği olan sendikacılığın ve işçi konseylerinin görevi, Parlamento'nun bir Emekçiler Meclisi'ne dönüşmesi konusunda çeşitli fikirlerin hepsi, bu devrin İngiliz işçi basınında görülür. Pek geniş sınıf kavgaları, kitle halinde gösteriler ve grevler ortaya çıkar. Bu yıllarda kendilerine görev olarak emekçiler sınıfını kapitalizmin boyunduruğundan kurtarmak işini veren birçok kongreler ve konferanslar toplandı.

Büyük Britanya işçi sınıfının en ilgi çekici hareketi olan bu dikkate değer hareket kendini kısa bir süre sonra burjuvazinin, İngiliz hükûmeti yetkililerinin sert düşmanlığı karşısında buldu ve bunlar, sonunda hareketin hakkından geldiler. Bozguna yol açan bir başka nokta da Owencilerle sınıfların iş birliğinden yana olan sosyal reformcuları karşı karşıya getiren uyuşmazlıktı. Bu hareketin sonuncu belgesi 30 Eylül 1834 günü, sendikaların merkezî organı

"Pioneer and Official Gazete" de yayınlandı. İşte bu belgelerden bazı bölümler işçilerin bütün dünyada, birleşme konusunda gösterdikleri ilerleme üzerine düşünceler Avrupa'nın en ileri ülkelerinin işçileri arasındaki birlik anlayışı, nedenleri geçmişte çok uzaklara kadar çıkan güçlü bir doğal duygunun ifadesidir. Doğa bilinmeyen zamanlardan beri hareket halindedir. Sürekli olarak ileri gitmekte, durmaksızın davranarak bizimle birlikte etki göstermektedir. Şüphesiz, tecrit edilmiş bireyin davranışını, soyunu, bütün organik varlıkları her an diğerine, belirsiz yasalarıyla etkiler. Gerçekten hiçbir canlı varlığın şöyle ya da böyle olduğu söylenemez; zira her biri durmaksızın bir biçimden diğerine geçmektedir. İnsan toplumu için de böyledir. Toplum, sürekli bir dönüşüm sürecine girişmiş bulunmaktadır. Evrimin yasası burada kendini akıllı ve insanların insanlığın mutluluğu için savaşmalaşırıyla gösteriyor. Yeni çalışma düzeni hazırlanmaktadır. Yeni endüstri düzeni ve sınıflar arasındaki kavgalar, oluşan bir sosyal düzenin olumlu belirtileridir. Büyük müteşebbislerin yerine işçi komiteleri ya da endüstri bakanlıkları konacaktır. Bu kuruluşlar yavaş yavaş, özel mülkiyetin ortadan kaldırılışına yol açacaklardır. Bu arada da savaşma sürüp gidecek ve işçiler acı çekecekler. Ama bizim sabırlı olmamız gerekecek. Sendikalar var olmaya devam edecekler. Grev yapmayla ve yanlış üstüne yanlış yapmaya devam edilecek. Bize getirecekleri acılar ne olursa olsun gitgide daha iyi örgütler kurulacak zira savaşmalarımızda ve güçlüklerimizden ders alırız biz. Ağır ağır, yeni bir dünya kurulacak. Sosyal hayatı köstekleyen yanılmalar ve yanlışlıklar, herkesin açıkça görebileceği gibi ortaya çıkacak. Eski düşünce ve aksiyon (eylem) temelinin günümüzün teknik ve entelektüel başarıları için çok dar kalmış olmasından dolayı yeni bir bilim ve özgürlük ortaya çıkacak.

3. Chartisme

1836 yılının sonuna doğru İngiliz işçi hareketi yeniden tam bir ileri atılış halinde bulunuyordu. 1834 - 1835 yılları bozgunundan kendini toparlamıştı ve bundan sonra çok belirli bir politik sınıf hareketi niteliğine bürünerek, sosyalizmin kuruluşuna doğru bir aşama saydığı, bütün yurttaşlara oy hakkı verilmesi yolundaki çabasını sürdürüyordu. İşçi hareketi, aradan geçen zaman boyunca, bu süre içinde karşılaştığı deneyin sonucunu çıkarmıştı. 1825 ile 1832 arası yıllar ona burjuvaziyle ittifakın yararsızlığını; 1832-1835 arası ise yalnız ekonomik eylem sayesinde çabuk bir zaferin olanaksızlığını göstermiş bulunuyordu. Şimdi ise, daha sonra bağımsız işçi partisi olarak hem politik hem de ekonomik aksiyonla (eylemle) amaçlarının gerçekleştirilmesi yolunda çaba göstermekteydi.

Programı 1837-1838 yıllarında hazırlanmış olan ve aşağıdaki şu altı noktayı ihtiva eden Charter'ın(Temel Kural) içinde yazılanlar: 1) Bütün yurttaşlara oy hakkı tanınması, 2) Seçim bölgelerinin eşitliği, 3) Parlamentoya girecek adaylar için gerekli sayılan verginin kaldırılması, 4) Yıllık seçim, 5) Gizli oy, 6) Parlamento üyelerine tazminat. Charter' dan ötürü bu hareket Chartisme olarak adlandırılmıştır. Kelimenin tam anlamıyla sosyal demokrat bir hareketti; zira aynı zamanda hem ekonomik, hem de sosyalist amaçlar güdüyordu.

Chartisme 1837'den başlayarak, iktidarın ele geçirilmesi için bir kitle hareketi haline geldi. Ama sonuna kadar, önemli bir eksiklikten, halk yığınlarını sağlam bir şekilde, örgütlendirmek olanaksızlığından sıkıntı çekti. Gerçekten, derneklerle ilgili kanunlar, şubeleri bir araya toplayan ulusal bir örgütün kurulmasını yasaklıyordu. Bundan dolayı da Chartiste' ler, ancak aralarında hiç bir örgüt ilişkisi bulunmayan mahallî dernekler kurabiliyorlardı. Bunun sonucu, derneklerin içinde öteden beri mevcut olan gayri meşruluk eğilimlerini arttırmak ve dolayısıyla hükümet casuslarının durumunu daha da sağlamlaştırmaya yarayan ayaklanma eğilimlerini pekiştirmek oldu. Bu durum hükümete, Chartiste'lere karşı, çok sayıda kurban verdikleri vatana ihanet davaları açılması olanağını sağladı. Hareketin liderleri ve sözcüleri genellikle, mahallî örgütün çeşitli şubesi arasında aracı olarak iş görüyorlardı. Bu da onlara orada büyük bir rol oynamaları olanağını verdi. Ama onlar arasındaki ayrılıklar mahallî örgütün parçalanmasına, birçok gruplaşmalara ve şahıslara tapılmasına yol açarak Chartiste' lerin iyi bir kitle hareketini gerçekleştirmelerini olanaksız kıldı.

Chartisme hareketinde, birbirine sert bir biçimde karşı koyan başlıca iki eğilim görülüyordu. Bunların birincisi silahlı bir ayaklanmanın gizlice hazırlanmasını öngörüyordu. İkincisi ise politika ve sendikacılık çalışmaları ile eğitiminden yanaydı. Aradaki bu taktik farkları, Chartiste'ler tarafından yürütülen savaşta birçok kereler ve özellikle 1839 ile 1842 arasındaki yıllar boyunca, genel bir greve dönüşmekten pek uzak kalmamış olan büyük bir kitle görevinin görülmesine rağmen ortak her hareketi önledi ve doğrudan doğruya bir başarı kazanılmasına imkân vermedi.

Hareket aynı zamanda, teorici yokluğundan da sıkıntı çekti. Bu konuda başlıca önder, İrlandalı Feargus O'Connor idi. (1798-1855) O'Connor, toprak reformundan yana basit bir demokrattı. 1838'den 1852'ye Chartiste'lerin organı olan "Northern Star" Kuzey Yıldızı'nın hem sahibi hem de direktörüydü. Ne yazık ki fikrî nitelikleri etkili konuşma yeteneğinin çok altındaydı.

Chartiste hareketi 1848'den sonra, göz önünde tuttuğu amaca ulaşmadan ortadan kayboldu. Ama ardında zengin emekçi fikirler, reformlar ve başarılar hazinesi bıraktı. Çocukların çalışmaktan korunması için ilk yasa (1833) kadınların ve çocukların fabrikalarda çalışmasıyla ilgili ilk yasa (1842), on saatlik işgünü yasası (1847), basın yasası (1836), ceza yasasının reformu hakkındaki yasa (1837), hububat vergilerinin kaldırılması hakkındaki yasa (1846), siyasî dernekler yasası (1846) hep bu dönem boyunca kabul edilmiştir. Bütün bunlar, taşralı asillerin egemenliğine son veren ve sermayenin egemenliğini de sarsan tedbirlerdir. Bu devirden beri, bütün yurttaşlara oy hakkı tanınması yasası, 1918'de kesinlikle meclise getirildiği güne kadar İngiliz politik hayatının üzerinde durduğu önemli bir konu olmağa devam etti.

Chartisme İngiliz proletaryasına geniş bir kooperatif sistemi, güçlü sendikalar ve zorlu bir enternasyonal anlayış bıraktı. Bunu edebiyata ve ekonomiye soktu. Öte yandan,

Chartisme denemesinin, Marksist öğretinin oluşmasında payı pek büyük oldu ve John Stuart Mili, Disraeli, Cariyle, Kingsley, Maurice Ruskin gibi kimselerle genel olacak bu devrin bütün tutucu ya da Hıristiyan sosyalistlerinin üstünde büyük bir etki yaptı.

Owenci hareketin bıraktığı miras pek büyüktü ve bunu hiç kimse Manc'ın Uluslararası Emekçiler Derneğinin Açış Konuşması'ndakinden daha iyi belirlememiştir.

On üç yıl boyunca, hayran olunacak kadar ısrarla sürdürülen bir kavgadan sonra İngiliz işçileri, on saatlik iş gününü zorla kabul ettirmeyi başardılar. On saatlik işgünü yasası yalnız uygulama alanında bir başarı olmakla kalmadı, bir başlangıcın zaferi oldu. Tarihte ilk olarak, burjuvazinin ekonomi politiği, proletaryanın ekonomi politiği tarafından yenilmiş oldu. Ama emeğin ekonomi politiğinin, varlıklı sınıfların ekonomi politiğine karşı kazanacağı daha büyük bir zafer de vardı. Ortak hareketten ve özellikle üretim kooperatifleri hareketinden söz etmek istiyoruz.

Emekçi sınıfı tarafından sürdürülen sınıf savaşları hiçbir zaman boşuna değildir. Amaçlarına doğrudan doğruya varsalar bile, kesin zaferin yolunu hazırlarlar.

BÖLÜM X

1830'DAN 1848'E KADAR FRANSA

1. Burjuva Krallık

Feodaller ve din adamları sınıfı hükümetine 1827 yılından beri artmakta olan muhalefet kral X. Charles'a, bastırma tedbirleri almak kararı verdirdi. 25 Temmuz 1830 günü, bir kalem darbesiyle, basın özgürlüğünü kaldıran, seçim hakkını kısıtlayan ve muhalefetin kazançlı çıktığı son seçimleri hükümsüz kılan üç emirname imzaladı. Bu ayaklanmanın işareti oldu. Muhalefet, işçileri savaşa çağırdı ve Paris sokaklarında üç gün muharebeden sonra (Üç Şerefliler: 27,28, 29 Temmuz) X. Charles devrildi. Gelen Louis Philippe'in şahsında, Orleans'cı (Fransa tahtına Orleans ailesinden birinin geçmesini isteyen kimse, Ç. N.) burjuva krallık ve maliye hükümeti oldu. Marx, Fransa'da Sınıf Kavgaları'nda şöyle yazmıştır: "Temmuz İhtilâli'nden sonra liberal bankacı Lafitte, dalavere ortağı Orleans düküne Hotel de Ville'e (Paris'in, 1533 le 1623 arasında yapılmış olan belediye binası, Ç. N.) kadar refakat ettiği zaman ağzından şu sözler döküldü: Bu, bankacıların devri olacak. Bu sözüyle, İhtilâlin sırrını ele vermiş oluyordu. Louis- Philippe'in devrinde hüküm süren, Fransız burjuvazinin sadece bir kısmıydı. Bankacılar, borsanın kralları, demiryollarının büyük sanayicileri, fabrikaların sahipleri ve arazi sahiplerinin onlarla ittifak kurmuş (malî aristokrasi denilen) bir kısmı. Tam anlamıyla sınaî burjuvaziye gelince, o da resmî muhalefetin bir kısmını oluşturdu yani parlamento ancak azınlık olarak temsil edilmekteydi.

Louis-Philippe'in saltanat devrinde, ülkenin Napoleon devri savaşları ve *Restauration'la yavaşlamış olan ekonomik dönüşümü yeniden güçlü bir biçimde* canlanarak hem üretim araçları, hem de mübadele araçları pek çok gelişti. Fransa ekonomisinin gerçekleştirdiği ilerlemeler İngilizlerin gerçekleştirdikleriyle karşılaştırılamasa da sosyal ekonomik bilim ve işçi hareketi onlardan, pek çok etkilendi. Bu devrin en önemli iktisatçısı Constantin Peequeur, Sosyal Ekonomi'sinin (Paris, 1839) başına, pek dikkati çeker bir biçimde şöyle yazmıştır: "Buhar tek başına anılmaya değer bir ihtilâldir." Demiryollarının ve buharlı vapurların yapılması, taş kömürü ve maden üretiminin artışı, iç ve dış ticaretin gelişmesi, hisse senetli şirketlerin hatırı sayılır derecede çoğalması, sömürgelerin yayılması endüstri ihtilâlinin ilerlemesinin pek açık ve seçik belirtileriydi.

Ama işçiler ve küçük üreticiler için bu ekonomik dönüşüm sadece terslikler getiriyordu. Bütün politik haklardan yoksun, ekonomik bakımdan büsbütün güçsüz, ulusu sömüren ve her başkaldırma denemesini acımadan bastıran malî aristokrasinin elinde bulunan bir devletin içinde halk yığınları savunmasız olarak yoksulluğa bırakılmışlardı. Uzun işgünleri, sefil ücretler, son derece yüksek vergiler ve bütün bunların yanı sıra aydınların ve küçük burjuvazinin muhalif bölümü tarafından beslenen genel bir politik hoşnutsuzluk, büyük şehirlere endüstri merkezlerinin emekçi hakkını ihtilâlci fikirlerin ve sosyalist teorilerin etkisine açık hale getiriyordu.

1830'dan 1839'a Fransa'nın çeşitli bölgelerinde ister cumhuriyetçi, ister sosyalist birçok ayaklanma denemeleri oldu. 1837'den 1848'e kadar Fransa, gitgide daha çok sosyalist fikirlerin kendilerine edindikleri yurt oldu. Romancılar, teoloji bilginleri, iktisatçılar, hukukçular kapitalist rejimi mahkûm etmek konusunda âdeta yarışa girdiler. Jean Reybaud, tam Karl Marx'ın Paris'e geldiği yıl olan 1843'de çıkan kitabı Reformcular Üstüne İnceleme' de acı acı bundan yakınıyordu.

2. Toplumun Sınıflara Bölünmesi: Burjuvazi ve Halk

Bu ekonomik ilerlemenin sonucu, toplumun genel bir biçimde burjuvazi ve halk olarak adlandırılan birbirine aykırı iki sınıfa bölünmesi olmuştur. Louis Blanc, 1841'de yayınlanan On Yılın Tarihi'nde (1830-1840) şunları yazar: "Burjuvazi sözünden, sermaye ya da üretim aletlerine sahip, kendi öz aletleriyle çalışan ve başkasına bağlı olmayan yurttaşların tümünü anlıyorum. Halk, hiçbir sermayeye sahip olmayan ve varlıkları bütünüyle başkasına bağlı yurttaşların tümüdür." Bu sınıflara bölme işlemi o kadar tanınmıştı ki işçi Charles Beranger, 3 Şubat 1831 günü Milletvekilleri Meclisine verdiği bir dilekçede şöyle diyordu: "İçinizde halktan söz edildiğini işitmemiş olan muhtemelen pek azdır. Halk çalışanların, hiçbir şeye sahip olmayan ve kendi öz varlığını bile kullanmayanların tümüdür. Kimden söz etmek istediğimi biliyorsunuz, proletaryadan." Demek ki halk ve proletarya o devirde eşanlamdaydılar.

Bu tespitin (saptamanın) hangi bakımdan önemli olduğunu hemen göreceğiz. Gerçekten eğer halk ve proletarya eşanlamlı ise, halkın egemenliği ya da demokrasi, bugün bu sözden anlaşıldığı gibi, hükümdarlık yönetimine zıt olarak halkın egemenliği değil, fiilen proletaryanın egemenliği demektir. 1831 ile 1848 yılları boyunca demokrasi, burjuvazinin egemenliğine karşı halkın egemenliği anlamına geliyordu.

Böylece Marx'ın, Komünist Manifesto'nun bir bölümündeki, görünüşte çelişmeli sözlerinin gerçek anlamını kavramamız mümkün olmaktadır:

"İşçi ihtilâlinde, gerçekleştirilecek ilk adım proletaryanın egemen sınıf katına yükseltilmesi, demokrasinin fethidir."

Demek oluyor ki demokrasi burada, işçi sınıfının egemenliği anlamına gelmektedir.

Frederic Engels' de "Demokrasi bu gün komünizmdir." dediği zaman bunu düşünüyordu.

3. Gizli Dernekler

Restauration devri boyunca ve özellikle 1821'den sonra, kendilerine Bourbon'ların devrilmesi ve halkın egemenliğinin kurulması amacını veren bir takım gizli dernekler kurulmuş olduğunu görmüştük. Çalışmalarında örnek aldıkları kuruluş, "Carbonari" örgütüydü. Bu gizli bir İtalyan örgütüydü ve amacı yabancı egemenliğinin yıkılmasıydı. Carbonari'lerin tabiyesi, silahlı ayaklanmaydı. Her Carbonari, bir tüfek ve 50 mermi hazır bulundurmak ve ilk işarette koşarak şeflerin emirlerine sadakatle itaat etmek zorundaydı. Onları örnek alarak bir miktar Parisli öğrenci, Bazard ve Buchez'ün yönetiminde, "Les Amis de la Verite" (Hakikatin Dostları) adında ve amacı demokratik rejimin kurulması olan gizli bir dernekte toplandılar. Yeni gelenler, derneğe girişlerinde şu sözlerle and içmek zorundaydılar: "Özgürlük, eşitlik ve zorbalara kin ilkelerinin zaferi için bütün gücümü kullanacağımla and içerim. Eşitlik sevgisini her yerde yaymak için elimden geleni yapacağım." Bazard ve Buchez bu devirde, tıp öğrencisiydiler. O zamanın genç kuşakları içinde, sosyalizme ilk katılanlar onlar idi. Yukarda gördüğümüz gibi Bazard, Saint-Simon'culuğun en iyi yorumcusu oldu. Fransız Carbonari' leri, onların arasında Babeuf'çü fikirleri ta Brüksel'den yaymakta olan Buonarroti ile de ilişki kurdular. Louis-Auguste Blanqui onlara 1825 yılına doğru katıldı. Ama ne var ki genel olarak bu dernekler, liberal - burjuva ya da cumhuriyetçi - demokrat nitelikteydiler. Temmuz 1830 ihtilâlinden sonra, liberal unsurlar sahneden büsbütün yok oldular ve yerlerini, cumhuriyetçi demokratlarla işbirliği halinde çalışan proletaryacı unsurlara bıraktılar. Zaten kısa bir süre sonra da Blanqui'nin yönetiminde, ihtilâlci hareketin öncüsü oldular. Fransa'da 1831 Ağustosundan 1839 yılı Mayısına kadar dört büyük gizli dernek buluyoruz: "Les Amis du Peuple" (Halkın Dostları), "Societe des Saisons" (Mevsimler Topluluğu). 1839'dan sonra "Nouvelles Saisons" (Yeni Mevsimler) adında bazı küçük gizli örgütler kurtuldu ama oynadıkları rol çok önemsizdi. Zira başlarında artık bir Buonarroti ya da bir Blanqui bulunmuyordu. Birincisi ölmüştü, diğeri de hapisteydi ve orada 1848'e kadar kalacaktı. Bu gizli örgütlerin başlıca üyeleri olan Flocon, Raspail, Marrast, Blanqui, Barbes.

Demokratik - burjuva fikirlerin propagandasından proletaryacı komünist faaliyete geçiş bir yandan Buonarroti' nin etkisi altında, öte yandan da Lyon'lu dokumacıların 1831 ve 1834 ayaklanmalarının etkisiyle ve gitgide gelişerek oldu. Halkın Dostları topluluğu ile İnsan Hakları topluluğu henüz çoğunluğuyla demokratik - burjuva ya da cumhuriyetçi - sosyalistti. Buna karşılık Aileler Topluluğu ve Mevsimler Topluluğu proletaryacı - komünisti. Alman komünistleri Weitling, Schapper, Bauer ile daha sonralarI "Ligue des Communister"in (Komünistler Birliği) çekirdeğini meydana getirecek olan "Ligue Culturelle des Ouvriers Allemands de Londres" (Londra'daki Alman İşçileri Kültürel Birliği), komünist fikirleri işte bu son iki dernekte tanıdılar. Buaniarroti ve Eşitlerin devlete karşı gizli birleşmeleri konusundaki kitabı bu iki dernekte çok güçlü bir etki yaptı. İhtilâlci diktatörya düşüncesi işte orada gelişmiştir. Oradan da Weitling'e ve Komünistler Birliği'ne geçti.

Aileler Topluluğu'na girişte adaylara, şu biçimde cevap vermek zorunda oldukları bazı sorular soruluyordu:

"Hükümet hakkında ne düşünüyorsun? –Hükümet, sayısı pek az olan bir takım imtiyazlıların çıkarına işliyor.

Bugün aristokratlar kimlerdir? -Bankacılar, maliyeciler.

Hükümet, hangi hak temeli üstünde durmaktadır? - Zor kullanmak üstüne.

Topluma egemenliği kabul ettirmiş olan kötülük nedir? - Bencillik, bütün erdemlerin yerini olan servet avcılığı, zenginlik saygısı ve yoksulları aşağılamak.

Halk nedir? - Çalışanların tümüdür. Şartları, kölelerinkidir. Proletaryanın kaderi, toprak kölelerinin ya da zencilerinkinden değişik değildir.

Toplumun temeli ne olmalıdır? - Sosyal eşitlik. Yurttaşların haklan şunlardır: Güvenli bir yaşayış, parasız öğrenim, hükümet yönetimine katılma. Yurttaşlarına karşı kardeşlik.

Gelecek ihtilâl politik bir ihtilâl mi, yoksa sosyal bir ihtilâlî mi elmalıdır? - Sosyal bir ihtîlal.

Halk, ihtilâli'nin zaferinden sonra kendi kendini yönetebilecek midir? - Toplum manevî bakımdan basta olduğuna göre sağlam ve emin şartları toplum hayatına maledebilmek için kahramanca yollar gerekecektir. Bir zaman için, halkın ihtilâlci bir hükümeti olması gerekecektir."

İhtilâlci bir hükümet, bu o zamanlar Komünist bir diktatörya demeye geliyordu.

Mevsimler Topluluğu, daha da açık bir komünist nitelikteydi. Alman üyelerinde (Weitling, Schapper, v. b.) katıldıkları Mayıs 1839 ayaklanma denemesi başarısızlıkla sonuçlandı. Önderleri Blanqui ve Barbes tutuklanarak ölüme mahkûm edildiler, ama cezaları müebbet hapis olarak değiştirildi. Bu teşkilat ve çalışmalarını tanıyan Marx bu konuda şöyle der:

Liberal burjuvaların 1830'a kadar Restaurotion hükümetlerine karşı gizli birleşmelerin başında oldukları bilinmektedir. Temmuz ihtilâlinden sonra, yerlerini cumhuriyetçi demokratlara bıraktılar. Daha Restauration devrindeki gizli birleşmede oluşmuş olan proletarya, sokak kavgalarının başarısızlıklarından ürkmüş olan cumhuriyetçi burjuvalar gizli teşkilâtlara sırt çevirdikçe gitgide daha etkin bir rol oynadı.

1839 ayaklanmasını, Barbes ve Blanqui'nin kendisinden yararlanarak yaptıkları Mevsimler Topluluğu sırf proletaryacıydı. Marx genel olarak Modern ihtilâlde proletaryanın bu kısmının artık yetmediği ve ihtilâli ancak, İşçi sınıfının tümünün gerçekleştirebileceği düşüncesindedir.

4. Auguste Blanqui

Bu devrin en dikkati çekici kişisi Auguste Blanqui' dir. Son derece keskin bir zekâ, engin bir bilgi, boş söz etmeyen iğneleyici bir dil, sınırsız bir cesaret uğruna hayatının büyük bir kısmını hapiste ve sürgünde geçirdiği proletarya davasına mutlak bir fedakârlık ile Blanqui, büyük bir simadır. 1805'de Puget Theniers'de doğdu. Babası kaymakam, kardeşi ise tanınmış iktisatçı Adolphe Blanqui idi. Liseyi bitirdikten sonra Paris Üniversitesine girdi ve aynı süre içinde hem tıp hem de hukuk tahsili yaptı. Bazard'ın ve Buchez'in gizli ihtilâlci örgütlerine girdi. İlk denemelerini 1827'de sokak kavgalarında yaptı ve birçok kere yaralandı. 1829 yılı sonunda, o zaman solcu liberal ve daha sonra Saint-Simoncuların organı olacak olan La Globe (Küre) gazetesinin yazı kuruluna katıldı. 1829 yılının sonunda, barikatlar üstünde çarpışarak Temmuz İhtilali'ne katıldı. Sonuçlarından hayal kırıklığına uğrayarak Halkın Dostları topluluğuna katıldı ve bu topluluk hakkında açılan davaya o sıfatla karıştı. Bu vesileyle, yargıçlara şöyle söyledi: “Evet baylar bu, zenginlerle yoksullar arasında savaştır.

Zenginler öyle istediler, zira saldırgan onlardır. İmtiyazlılar emekçinin alın teriyle beslenirler. Bunu temsil eden makama, adına halk denen maddeyi, birkaç aylağın kasalarına durmaksızın dökülen milyarlarını emmek için ezen ve en temiz yanlarını çıkararak birkaç imtiyazının damarlarına aktarmak için yirmi beş milyon köylü ile beş milyon işçiyi teker teker öğüten acıma bilmez bir makine, emme-basma bir tulumbadır."

Bir yıl hapse mahkûm edildi. Serbest bırakıldıktan sonra, hemen İnsan Hakları Topluluğu'na katıldı ve buranın aşırı solunda yer aldı. Bundan sonra, Aileler Topluluğu'nu yönetti, yeniden tutuklandı ve iki yıl hapse mahkûm oldu. 1837 genel affıyla serbest bırakıldıktan sonra Mevsimler Topluluğu'nu yönetti ve 12 Mayıs 1839'da, başarısızlığa uğrayan bir ayaklanma denemesine kalkıştı. Yargılanarak ölüme mahkûm edildi, ama cezası ömür boyu hapse çevrildi.

1848 İhtilâli onu kurtardı. Derhal geçici hükümete karşı olduğunu söyledi ve bir zaman için uygun reformlarla (lâik okullar, parasız öğrenim, kooperatif örgütleri, toplumcu yasalar vb.) halkın yavaş yavaş, komünist bir toplum kurulmasına hazırlanmasını istedi. Zira komünizm, kararnameyle getirilmez, ancak uzun bir eğitimle gerçekleştirebilir. İhtilâl tek başına ne insanları ne de nesneleri değiştirir. Sadece idari ve ekonomik reformların yapılmasına olanak hazırlar. İhtilâlin zaferi kazanması halinde, yargıçlar ye yüksek dereceli memurlar derhal işlerinden çıkarılmalı ve yerlerine halk mahkemeleri getirilmelidir. Orta ve alt dereceli memurlara gelince, onları daha bir süre muhafaza etmek gereklidir. Ülke, demokrasi, cumhuriyet ve kooperatif ekonomisi için olgun hale gelinceye kadar işlerin yürütülmesi ile bir Paris diktatöryası yükümlü olacaktır. Bir ihtilâlde başta gelen, politik iktidarın ele geçirilmesi ve gerek kültürel gerekse ekonomik reform yararına kullanılmasıdır. İhtilâlciler kendilerini her ütopyadan uzak tutmalıdırlar, zira ütopyacılar büyük çoğunluğuyla gericidirler. Blanqui, Marx'ın Proudhon'la yaptığı kalem tartışması yani Felsefenin Sefaleti adlı eserini dikkatle okumuştu. Ve onun büyük bir hayranıydı.

Mayıs 1848'de Millî Meclis'e karşı mücadelesinden dolayı on yıl hapse mahkûm oldu. 1869'da III. Napoleon'a karşı genel memnuniyetsizliği körüklemek yolunda çaba gösterdi ve Cumhuriyet lehinde propaganda yaptı. 1870'de La Patrie en Danger (Vatan Tehlikede) adındaki bir dergi yayınlattı. Şubat 1871' de içinde yeni Cumhuriyetin yöneticilerini gerici ve vatana ihanet eden kimseler olarak suçladığı bir kitapçık yayınladıktan sonra Paris'ten ayrıldı. Taşraya kız kardeşinin yanına gitti ve Thiers hükümeti onu tevkif ettirdi. Bundan dolayı, Commune de Paris ve Commune' cüler onu bir miktar rehineyle değiştirmeyi teklif etmiş oldukları halde katılmadı. Zira Verailles'lılar (Commune sırasında Versailles'a geçici olarak taşınmış olan Thiers hükümeti. Ç.N) Marx'ın Guerre Ciivile en France'ında (Fransa'da iç savaş) dediği gibi, bunu yapmakla Commune'e bir önder vermiş olacaklarını pekiyi biliyorlardı. Blanqui neredeyse, bir askerî mahkeme tarafından ölüme mahkûm edilecekti. Sürgüne mahkûm edildi ve Paris'e ancak, 1879 genel affından sonra döndü. Döner dönmez de Ne Tanrı Ne de Efendi adında bir dergi yayınladı. 1 Ocak 1880 de Paris'te öldü.

5.Sosyalistler ve Sosyal Eleştirmeciler

(Proudhon, Cabet, Leroux, Louis Blanc)

Proletaryanın seçkinleri ihtilâlci oldukları ve iktidarı ele geçirecek sosyal ve ekonomik dönüşüm amaçlarını bu yoldan gerçekleştirmek yolunda çaba gösterdikleri halde bu devrin sosyalist teorilerinin (1830 -1848) hepsinde barışçı ve evrimci (tekâmülcü) bir nitelik görülür. İşçi sınıfı, hiç bir rol oynamaz. Sadece onun sefaletine acınır. Bu devrin Fransız sosyalizmi ya tamamıyla dinî - ahlâkî ya da ütopyacıdır.

Proletarya ile sosyalizm arasında ortak hiçbir yan yok gibidir. Bir yanda, komünist - Proletaryacı unsurların başında Blangui'leri ve Buanarroti'leri, öte yanda da ahlâkçı ya da ütopyacı sosyalistleri görürüz. Zaten bu sonuncuların birçoğu dikkate değer yazarlardı ama ya Saint-Simon' cuların ve Fourier'ci lerin ya da küçük burjuva düşünce ve anlayışların etkisi altındaydılar. Kurtuluşu, kapitalistlerin ve devletin iyi niyetinden veya kooperatiflerin itibarından ve gelişmesinden bekliyorlardı.

Saint-Simon'culuğun, Bazard'dan sonra en önemli temsilcisi Constantin Pecqueur (1801 - 1887) idi. Aynı zamanda da bu ticaret, endüstri, tarım ve genel olarak uygarlık üstündeki etkisini inceleyen Economie Sociale (Sosyal Ekonomi) (Paris, 1839) adındaki kitabı, en önemli eseridir. Bilimler Akademisi; buharın, demir yollarının ve buharlı gemilerin kültürel bakımdan etkisini inceleyen bir kitaba verilmek üzere bir ödül koymuştu. Pecqueur bu ödülü akademi onun sosyalist düşünceleriyle hemfikir olmamakla birlikte kazandı. Kitapta, modern tekniğin başarıları karşısında hayranlığını belirtir ve bu başarılarda şu olanakları görür: 1) Küçük işletmelerin bir araya gelmeleriyle zenginliği arttırmak, 2) Modern ulaşım araçları ve fabrikaların insanları birbirine yaklaştırmaları, bir arada çalışmaya zorlamaları ve gitgide daha dayanışmalı bir duruma getirmeleri sonunda eşitlik ve kardeşlik anlayışını geliştirmek. Bir kelimeyle, ortaklık ve bütün sosyal sonuçları. Lokomotif ve buhar makinesi, anarşinin karışıklığın ve dağılmanın yerine, düzeni ve merkezîleştirmeyi koymuştu. Watt ve Stephenson ekonomik anarşiye son vererek kolektivizmin temellerini attı. Devrimizin genel eğilimi ortaklıktır. Küçük, ferdî işletmelerin yok olmaları sonunda merkezîleşme ve hisse senetli ortaklıklar kurulması, çok sayıda işçinin aynı çatı altında toplanması, sermayelerin bir araya getirilmesinin, birbirine bağlı endüstri kollarının, küçük atölyelerin ve küçük endüstri merkezlerinin gitgide yok olmasının kaçınılmaz sonucudur. Endüstrilerin tecridinin doğurduğu bütün sonuçlar yerlerini, ortaklığın sonuçlarına bırakırlar. Bu yeni üretim biçimi sınaî, ahlâkî ve politik bir devrimi içinde taşır. Ekonomide iyi olan yan, zenginlik kaynaklarının, iş aletlerinin sosyalizasyonu, yani genel refahın şartlarının hazırlanmasıdır.

Geçmişte ve bugün her şey insanlığı, emek araçlarının sosyalizasyonuna, yani toprağın ve ham maddelerin topluluğa teslimine ve bunların gitgide, bölünmez ve geri alınmaz bir mülkiyete dönüşmesine yöneltiyor gibi görünmektedir. Bu amaca doğru ağır ağır, dolaylı bir biçimde, zorunluluğun dolambaçlı ve bilinmeyen yollarından yürüyoruz. Oraya doğru, dinle, politikayla, uygulamalı ekonomiyle, sınaî makineleşmenin gerçekleştirdiği dönüşümlerle gidiyoruz. Ve bütün bu yollarla, sosyalizasyonu organize edecek ve bu sosyalizasyonu geleceğin ekonomisinin temel yasası alarak koyacak olan kurumlara ulaşacağız. Yalnız ne var ki sosyalizasyonun süreci en son olarak kaba kuvvetlere değil, insanların kişisel çıkarları yerine kamu hayrına fedakârlığı koymalarına bağlıdır. Emeğin amacının dönüşümü kaçınılmaz bir biçimde gereklidir. Genel olarak, sosyalizasyon tümüyle ahlâkî ve dinî bir meseledir. Ve Tanrı insanları ağır ağır bu ahlâkî seviyeye götürmektedir. Çalışkan ve işine bağlı orta sınıf, gitgide daha zengin ve kültürlü olmaktadır. Öyle oldukça da işçilere daha iyi davranmaya ve onlara daha iyi para vermeye hazır görünüyor. İşçilerin kâra katılmalarına izin verecektir. Tabii ki yeni icatların bir takım sakıncaları da vardır. Zira yeni makinelerin sahipleri ilkin kendilerini imtiyazlı sandılar. Ama bu sakıncalar geçicidir Kader, sosyalizasyonu en iyi hangi yollardan gerçekleştireceğini, yani makineleri topluluğun çıkarına nasıl kuşanacağını pekiyi bilmektedir.

Pecqueur aynı zamanda ve uluslararası hakemlik mahkemelerini ve halklar arası barışı da savunmaktadır. Pecqueur, tam bir iyimser serbest mübadeleci zihniyetteydi. Saint-Simon'culuk ve Fourier'cilikle karşılaşması onu sosyalist yapmıştır. Sosyolizasyon sözünü ilk olarak kullanan muhtemelen odur. Bu söz kitaplarında sık sık geçer. Constantin Pecqueur'ün ideali, ahlâkçı sosyalist bir toplum, bir Tanrısal Cumhuriyet' ti.

P. J. Proudhon'un faaliyeti çok daha gürültülü ama daha az öğretici oldu. Fourier'nin doğum şehri Besançon'da doğmuştu ve onun kadar da kendini beğenmişti. Yoksul bir aileden gelmesine rağmen iyi bir öğrenim gördü. Her zaman düzenli bir biçimde olmamakla birlikte 19 yaşına kadar lisede okudu. 20 yaşında matbaacılık öğrendi; musahhih oldu ve yazmayla başladı. Önce filoloji kitapları sonra sosyal eleştiri kitapları yazdı. 1840'da, içinde "Mülkiyet, hırsızlıktır" cümlesi bulunan tanınmış "Mülkiyet nedir?" broşürünü yayınladı. 1846'da, Ekonomik Çelişmeler ya da Sefaletin Felsefesi adında ve Marx'ın Felsefenin Sefaleti ile cevap verdiği iki ciltlik büyük bir kitap yayınladı. Proudhon ve Marx, 1844 - 1845 kışında Paris'te tanışmışlardı. Sosyal ve felsefî olaylar konusunda birlikte çok tartışmışlardı. 1848'de Proudhon, sosyal meselenin çözümüyle ilgili hal şeklini açıkladı. Bu çözüm, küçük üreticilerin ucuza ve hatta parasız olarak kredi alabilecekleri bir halk bankasının kurulması ve ürünlerini eşdeğerlerle mübadele edebilmeleri idi. 1848 Haziranı ara seçimlerinde Millet Meclisi'ne seçildi. Gericiler tarafından saldırılara uğramasına yol açan bir dergi, birçok kitap ve broşür yayımladı. 1865'te Paris'te öldü.

Proudhon'un temel düşünceleri şu biçimde özetlenebilir: Mülkiyet adalete aykırı ve zararlıdır. Bir toprak malıyla uğraşılması, mülkiyet hakkını sağlamaz. Emek de toprak mülkiyetinin temelinde olamaz, zira toprağı hiç kimse yaratmamıştır. Ayrıca deney de emeğin mülkiyete varmadığını göstermektedir; zira işçiler yoksuldur. Tanınmış hak sadece, herkesin kendi öz emeğiyle yarattığı nesnelerin (mülkiyeti değil) elde bulundurulmalarıdır. Ama bugünkü mülkiyet rejiminde mallar eşit değerle mübadele edilmiş değildi. İşçi, kendine verilen ücretle, emeğiyle yarattığı malı, hiçbir zaman satın alamaz. Üretim araçlarını ellerinde bulunduranlar, başkasının emek ürününün bir kısmını toprak geliri (faizi) kazanç ve faiz olarak kendilerine mal ederler. Adalete aykırı bu durumu ortadan kaldırmak için hiçbir zaman ne komünizm ne de sosyalizm değil, emekçilerin kendileri tarafından yaratılmış olan değerleri aynı miktarda başka değerlerle mübadele edebilecekleri bir toplum gereklidir. Zanaatçılar, halk bankasından alacakları ucuz kredi yardımıyla bağımsız bir biçimde çalışabilecek;sonra el emeklerinin ürününü aralarında eşdeğerle mübadele edebileceklerdir. Karşılıklı kredi ve eşit değenlerin mübadelesi toplumlun temeli olmalıdır. Böyle bir topluma gerekli olan devlet değil, tam bir özgürlük ve eşitliktir. Proudhon tarafından öne sürülen sistem özetle, karışıklık ve anarşidir. Bu, temeli bakımından küçük burjuva bir teoridir; zira kapitalizmin gelişmesini, Constantin Pecqueur'ün çok iyi görmüş olduğu gibi, ortaklığı ve ekonomik güçlerin merkezileşmesine doğru güçlü bir eğilim gösteren gelişmeyi hiç hesaba katmaz.

Şimdi daha az önemli sosyalistler ve sosyal eleştiricilere geçelim. 1830 yılında Korsika Başsavcısı olan Etienne Cabet (1788 - 1856) ilkin bir cumhuriyetçi burjuvaydı ve bundan dolayı Louis-Philippe hükümeti tarafından Milletvekilleri Meclisine seçildi ve orada cesaretle fikirlerini savundu. 1843'te hapse mahkûm olarak Londra'ya kaçtı. Orada Owen'ci hareketle temasından ve Thomas Morus'un Ütopya'sını okumasından sonra komünist oldu. Fransa' ya döndükten sonra, ise 1842'de çok büyük bir başarı kazanan ve komünist fikirlerin ilerlemesinde rol oynayan Le Voyage en Icarie (Icarie'ye Yolculuk) adında ütopyacı bir roman yazdı.

Pierre Leroux (1797 - 1881) 1834'de Saint-Simon'culuğa katılan ilk işçi oldu. Mesleği mürettiplikti ve daha sonraları Saint-Simon'cuların organı Le Globe'u (küre) kurdu. Daha sonra, Saint-Simon'culuktan döndü ve sosyal, mistik, dinci bir reformcu oldu. O devirde sosyal eğilimli romanlar yazmakta olan Georges Sand'ın üstünde büyük bir etki yaptı.

Louis Blanc (1811 - 1882) çok başarı kazanan bazı tarihî kitaplar yazdı. Organisation duTravil 1848 İhtilâlinin parolası oldu. Rekabeti, modern sefaletin kaynağı olarak mahkûm ettikten sonra Louis Blanc şu çareleri öne sürüyordu: Demiryolları ve madenlerin millileştirilmesi, devletin yardımıyla işçilere üretim kooperatifleri kurulması. Louis Banc, 1848 İhtilâlinde önemli bir rol oynadı. Fikirleri Almanya'da da yayıldı. Bu fikirler o kadar tutuluyordu ki Lasalle onları kendine aktardı ve Alman işçileri arasındaki faaliyetinin temeli yaptı.

6. 1848 İhtilâli

1848 İhtilâlinin incelenmesi işçiler ve ihtilâlciler için, daha önceki herhangi bir ihtilâlden çok daha önemlidir. Zira proletarya ancak 1848 Şubatından beridir ki kendi istekleri ve birinci planda da politik ve ekonomik iktidarı efe geçirmek isteğiyle tarih sahnesine ilk olarak girer.

Bu ihtilâlin olayları gerek bugün gerekse gelecek için derin dersler taşır.

Küçük burjuva muhalefetin ilerlemeleri, maliyenin aşırı derecede düzensiz işleri, krallığın yüksek memurlarının bozulması, sosyalist ve ihilâlci fikirlerin gelişmesi, 1845 ve 1846 yıllarının devşirilen kötü ürünü ve 1847'nin hayat pahalılığı, bütün bu etkenler burjuva krallığının itibarını düşürdü. Burjuvazinin bir kısmı ve Paris küçük burjuvazisi, işçileri barikatlara çağırdılar. Onlar da 24 Şubat 1848'de bu çağrıya uydular ve askerle birkaç savaşmadan sonra İhtilâl başarı kazandı. Kral kaçtı. Halk, geçici hükümetin üyelerinin bir listesinin yapıldığı Le National ve La Reforme gazetelerinin önünde toplanarak bu listeyi kabul etti. Cumhuriyetçiler, yalnız cumhuriyetçilerden kurulu bir hükümet istiyorlardı ama barikatlarda dövüşenlerin verdiği korku onları hükümete şu iki sosyalisti almaya karar vermek zorumda bıraktı: Louis Blanc ve Albert. (Bu ikincisi bir işçiydi). Hükümetin başında bulunan, büyük şair ve cumhuriyetçi hatip Lamartine'di. O ve arkadaşları ise, ideallerine ihanetle başladılar. Cumhuriyeti ilân etmekte tereddüt gösteriyorlardı; ama yine de 25 Şubat günü, Raspail'in kendini sözcüsü yaptığı Paris işçilerinin baskısıyla buna karar verdiler. İşçi Marche' da hükümete çalışma hakkını zorla kabul ettirdi. Elinde dolu tabancasıyla Lamartine'in önünde, o işe hak formülünü hazırlayana ve imzalayana kadar durdu. Bu formül 1848 İhtilâlinde, 1918 Alman İhtilalinde sosyalizasyon formülünün oynadığı rolün eşi bir rol oynadı. Hükümet Louis Blanc'dan ve Albert' den kurtulmak için, Luxembourg'da toplanan ve iki sosyalist bakanın yönettiği bir İş Komisyonu tayin etti. Constantin Pecqueur komisyonun sekreteriydi. İşe hakkını fiilen sağlamak için gerçekte işçi isteklerinin değerini düşürmek ve sosyalist fikirlerin ütopyacı niteliğini ispat etmek amacıyla ulusal atölyeler kuruldu. Bu arada, hükümet çok istekte bulunan işçilerin gemini kasmak, sonunda da onları ezmek için silahlı bir kuvvet kurdu.

Blanqui, geçici hükümetin planının ne olduğunu anlamıştı. Bu hükümetin yerine, diktatöryayı uygulamak ve ülkeyi temel reformlara hazırlamakla yükümlü sosyalist bir hükümet getirilmesini istedi. Bu teklife karşı geçici hükümet, herkese oy hakkı tanınmasıyla kurulacak bir meclisin toplanmasını istedi. Bu tekliften memnun olan sosyal demokratlar teklifi desteklediler ve Blanqui ile taraftarlarından yüz çevirdiler.

Bundan sonra artık hükümet partiyi kazanmış oldu. Sözde komünistlere karşı ama aslında proletaryaya karşı olan silahlı kuvvetini arttırdı ve Blanqui 16 Nisan 1848 de geçici hükümetin devrilmesi için büyük bir gösteri düzenlediği zaman hükümet halkta yaman bir komünist korkusu uyandırmayı başardı. 16 Nisan günü, Paris sokaklarında, ellerinde yazılar ve yazılı bayraklarla, büyük bir silahsız adamlar topluluğu harekete geçti. Yazılarda şunlar vardı: İnsanın İnsanı Sömürmesinin Kaldırılması, İş Hakkı, Çalışmanın Organizasyonu. Ama hükümetin sosyalistlere değil komünistlere karşı savaştığı yolunda yaptığı propaganda ve ileri sürdüğü ustaca bir parola millî muhafızların gösteriyi "Kahrolsun Komünistler!" haykırışlarıyla karşılamaları sonucunu verdi. Sosyal demokratlarla küçük burjuvalar o kadar iyi ve sıkı bir ağız birliği ettiler ki bu yüzden gösteri başarısızlığa uğradı. Sonuç gericiliğin gücünün artması oldu. Nisan sonunda seçimler yapıldı. Hiçbir sosyalist aday kazanamadı. Rouen'da seçim kavgalarında bazı işçiler öldü.

Geçici hükümet, burjuvazi tarafından övgülere boğulmuş, bütün sosyalist ve komünistler tarafından lanetlenmiş olarak işten çekildi.

Millet Meclisi 4 Mayıs günü toplandı ve salt burjuva bir hükümet tayin etti. On bir gün sonra, Blanqui Polonya ve İtalya lehinde düzenlenmiş bir gösteriyi bu gösterinin yönetimini ele alarak Milletvekilleri Meclisine yöneltti. İçeri girdi, kürsüye çıktı ve oradaki baylara yerlerini sadece işçilerin fedakârlık anlayışına borçlu olduklarını, hükümetin kendilerini işçilerin öldürülmeleri suçuna bulamış olanları cezalandırmak için hiçbir şey yapmadığını ve asıl gerçek görevinin sosyal meselelerle uğraşmak olduğunu hatırlattı.

Blanqui'nin bu müdahalesi sosyalist unsurları bir an için birleştirdi. Bütün sosyalist eğilimlerin temsil edildiği bir bakanlar listesi yapıldı. Ama çok geç kalınmıştı. Gericilik sağlam bir biçimde yerleşmişti ve iktidarın dizginlerini elinde sıkıca tutuyordu. Yeni hükümet Lüksemburg komisyonunu görevinden aldı, ulusal atölyeleri kapadı ve işsiz kalmış olan işçilere orduya girmelerini ya da taşraya dönmelerini öğütledi. Böylece, halk yığınlarını, onların Haziranın son haftasında ayaklanmalarına kadar tahrik etti. Paris sokakları bir defa daha barikatlarla örtüldü. Cumhuriyetçi General Cavaignac, ayaklananlara karşı harekâta kumanda etmekle görevlendirildi. Üç günlük bir muharebeden sonra proletarya ayaklanması kanlı bir şekilde bastırıldı. Cumhuriyetçi burjuvazi böylece gerçek cumhuriyetçileri ezdi ve yolu Fransız Cumhurbaşkanı seçilen Louis Napoleon'a açtı. O da, 2 Aralık 1851 hükümet darbesiyle diktatöryayı kurdu ve bir yıl sonra kendini imparator ilân ettirdi,

Blanqui yeniden hapisteydi. Louis Blanc ve sosyal demokratların birçoğu ise hapisten kurtulmak için yurtdışına kaçmışlardı. Şubat 1848 İhtilâli işte böylece, sosyalistlerle işçilerin bölünmeleri ve tecrübesizlikleri sonunda kanlı bir bozgunla bitti.

BEŞİNCİ KİTAP

19. ve 20. YÜZYIL

BÖLÜM 1

1800'DEN 1848'E ALMANYA

1. Kurtuluş Savaşının Sonuçları

Alman politikasının en büyük hatalarından biri, Alman Devletlerinin Fransız İhtilâili'ne ve 1792 -1815 Napoleon Fransa'sına karşı savaşlara katılması olmuştur. Yüzyıl Savaşlarının kötü sonuçlarını düzeltmeye ancak 1750'de başlamış olan Alman halkı, yerli zorbalık ve gericilik yararına oluk gibi kan döktüğü sömürgeci ve sınaî İngiliz politikasını, çarlığın ve feodal sınıfın kazancı uğruna her şeyi yaptığı bir serüvene sürükledi.

Bütün bunlar Almanya'nın ekonomik ilerlemesinin ve Avrupa'nın demokratlaşmasının zararına oldu. Fransız İhtilâline karşı Avrupa devletlerinin güç birliği savaşları olmasa; ne Jakoben terörcülüğü, ne de Napoleon sömürgeciliği olurdu. Bozgundaki ya da Fransız İhtilâli'nin yozlaşmasındaki en büyük sorumluluk payını İngiltere kadar Alman Devletleri de taşır.

Doğrusunu söylemek gerekirse, Fransız halkının Avrupa gericiliğinin üstesinden gelmesine ve Alman burjuvazisinin politik ve ekonomik bakımdan ilerlemesine fırsat vermesine ramak kalmıştı. Eski Cermen İmparatorluğu, Napoleon'un şiddetli darbeleri altında yıkılmış, Prusya ile Avusturya tam bir iktidarsızlık içine düşmüş ve İngiliz rekabeti kıtada büyük bir başarısızlığa uğramıştı. Ama bu çok büyük olanağı kullanabilmek için, geniş görüşlü bir kuşak gerekliydi ve o da o zamanın Almanya'sında ne yazık ki yoktu. Alman burjuvazisinin kurulu düzene olan duygusal bağlılığı, dar milliyetçiliği (şovenizmi) kölece anlayışı onu yeniden gericiliğin kucağına attı ve ekonomik sefalete götürdü. Bununla birlikte, Prusya'da İena sonrasında Stein ve Hardenberg tarafından gerçekleştirilmiş olan birkaç reform, beledî rejim reformu ve toprak reformu (1807 - 1816) ancak Fransız İhtilâli'nin etkisiyle gerçekleşebilmiştir. Ulusal dayanışma ve birlik isteği, bütün felaketlere rağmen devam eden biricik şeydi. Prusya Kralı III. Frederic-Guillaume ve Qar I. Alexandre Napoleon'un Rusya seferinin (1812 - 1813) sebep olduğu başarısızlıktan sonra Alman halkına, Almanya'ya özgürlük ve bağımsızlık vereceklerini vaat ettikleri zaman bunu hesaba katmak zorunda kaldılar.

Alman halkı kendini baş döndürücü bir heyecanla, Kurtuluş Savaşı (1813 - 1815) denen savaşa attı; Napoleon'un ordularını yenerek İngiltere'ye, dünya pazarının ve sömürge imparatorluğunun egemenliğini, Alman prenslerine de taçlarını yeniden kazandırdı. Bunun cezasınıda Kutsal İttifak'ın kurulması, Metternich'in egemenliği, basının sesinin kısılması, Alman yurtseverlerinin hapsedilmeleri ve bölünmüş Almanya'nın olduğu gibi kalmasıyla çekti. Julius Mosen, "Leipzig'te Halkların Muharebesi" adını taşıyan şiirinde şöyle yakınır:

"Birçok yiğit arkadaş

Kendilerine bir yurt satın almak istiyordu

Leipzig'te, silahlarla

Özgür bir yurt...

Leipzig'te çoktur

Toprağın altında yatanlar

Mezarlarının üstünde fareler

Onlara bir ölüm türküsü söyler.

Ne istiyorsunuz arkadaşlar?

Orada yatan

Neden o kadar çok kırmızı kan

Aktı?"

Ama şairlerin sızlanmaları, entelektüellerin ve aydın burjuvaların protestoları Fransız halkının, 1820 ve daha sonra da 1848 İhtilâlleriyle Almanya'da yolu nihayet liberalizme ve sosyalizme açtığı güne kadar yararsız kaldı.

2. Ekonomik ve Politik İlerlemeler

Karşı ihtilâilci kampanyalardan ve sözde kurtuluş savaşlarından Alman halkı paramparça, zayıflamış ve yoksul düşmüş olarak çıktı. Fransız işgali ona bir milyar mark'a yakın harp tazminatına mal olmuştu. 1816 ile 1817 yıllan da kötü bir mahsul ve kıtlık getirdi. Halk yığınlarının tüketimi, mağazalar ve depolar mal dolu olduğu halde hemen hemen sıfıra düştü. Modern tekniğin bütün başarılarıyla donanmış olan İngiliz rekabeti, Silezya'nın tekstil endüstrisini ezerek dokumacıları korkunç bir yoksulluğa düşürdü ve Saksonya'nın tekstil endüstrisine karşı üstünlükle savaştı.

Gerçekten, ulusun yoksullaşması endüstrinin makineleşme temeli üstüne yeniden organize edilmesini olanak dışı kılıyordu. Çok düşük ücretlerde makine kullanılmasını zaten gereksiz kılmaktaydı. Yalnız, Fransız İhtilâli'nin daha özgür şartlar yaratmış olduğu ve Fransız politikasının, Ren havzasının muhtemel bir ilhakını tasarlayarak dostça bir tutum takındığı Ren - Vestfalya bölgesi ekonomik bakımdan ilerledi ve endüstri ihtilalinin genel gidişine katıldı.

Bununla birlikte, durum 1830'dan sonra düzelmişti. Temmuz İhtilâli, Alman burjuvazisine yeni bir cesaret vermişti. Brunswick dukalığında Hesse prensliğinde, Saksonya ve Hanofer'de, mahallî hükümetleri bazı tavizler vermek zorunda bırakan ayaklanmalar patladı. Güney Almanya devletlerinde politika hayatı kızıştı. Hatta bir Alman parlamentosunun toplantıya çağırılacağının söylenmesine kadar gitti. Ekonomik çalışmalar güç kazandı ve doğa bilimleri parlak bir ilerleme gösterdi. Albert Lange Maddeciliğin Tarihi'nde bize o devirde ekonomik ve entelektüel durumun ilgi çekici bir tasvirini yapar. Temmuz Mutlakıyetine ve Fransız Anayasacılığına o devrin burjuva çevrelerinde halkın sevgisini kazandıran, varlıklı sınıfların maddî çıkarlarına, verdikleri pek özel önemdir. Artık kamuoyunun kılavuzu, Hansemann gibi bir işadamı ve bir tacir olabilirdi. 1830 yıllarının başında, meslekî dernekler ve bu çeşitten diğer örgütler, yağmur sonrasında çıkan mantarlar gibi bitiverdiler. Öğretim alanında, çeşitli sanat ve bilim kolları olan birçok kurum, meslekî ve ticarî okullar kuruldu. Mahallî hükümetler, ulaşıma büyük önem verdiler. 1834'de, Almanya içinde mübadele, özgürlüğünü gerçekleştiren Gümrük Birliği kuruldu. Almanya'da ilk demiryolları da yine bu devirde ortaya çıkmıştır. 1835 yılı bu bakımdan çok önemli olmuştur. Bu yıl ilk demiryolunun kuruluşunu gördü. Stratuss'un o devir için çok atak din eleştirisi İsa'nın hayatı ve Gautzkow'un, kalebentliği mahkûm edilmesine yol açan Şüpheci Wally adındaki romanı yayınlandı. Bu romanda, dinî inanç bakımından özgürce bir anlayış savunuluyordu.

Doğa bilimlerinde, kimya Liebig'le, fizyoloji Johannes Muller'le, coğrafya Alexandre de Humbakf'la, matematik ve fizik ise Karla F. Gaus ile büyük bir ilerleme gösterdi.

Yazarlar ve şairler gitgide, idealizm ve romantizmden yüz çevirdiler. Maddeye göre ruhun üstünlüğünü öne süren idealist felsefenin yerine gerçekçi, maddeci ve varlığa düşünceden önce yer veren, nesneyi fikirden önceye kovan bir felsefe yayıldı.

Dinî incelemeler alanında, bu değişiklik önemli sonuçlar getirdi. O zamana kadar hep, insanın Tanrı tarafından yaratıldığı söylenmişti. Şimdi ise tersine, insanın kendi öz aklını tanrılaştırarak Tanrıyı yarattığı söyleniyordu. Tanrının varlığını bütünüyle inkâr eden bu yeni anlayış, Ludwig Feuerbach'ın 1841'de yayınlanan ve çağdaşlarının anlayışı üstünde büyük bir etki bırakan L'essence du Christianisme' le (Hıristiyanlığın Özü) yayıldı.

Bu anlayış, felsefî bakımdan da çok önemli sonuçlar getirdi. O zamana kadar dünyayı mutlak ruhun ya da Tanrının yarattığı ve yönetmeye devam ettiği veya Hegel gibi, mutlak bir ruhun, maddî dünyayı gelişmesi sırasında yavaş yavaş, bize göründüğü gibi yaratarak tarih boyunca etkilediği söylenmişti. Şimdi ise, maddenin her zaman için var olmuş olduğu, inorganik maddeden (madenler), organik maddeye (bitkiler ve hayvanlar) kendi kendine ve kendi iç yasalarına göre geliştiği söyleniyordu. Ruh, madde olmadan var olamaz. Ruh organik maddenin, mide ve bağırsakların gıdayı kana dönüştürmesi gibi, beynin bazı izlenimleri duyu verilerine dönüştürmesini sağlayan basit bir görevdir ya da maddede her zaman için vardır, ama kendini ancak organizmanın içinde olduğu zaman ve insanda, bilinçli akıl olarak belirince belli eder. Birinci varsayıma göre ruh, maddî hareketin bir ürünü olması dolayısıyla özel bir güç meydana getirmez. İkincisine göre gerçekten özel bir güç meydana getirir ama bu güç maddeye sıkıca bağlıdır ve ona paralel olarak davranır. Dolayısıyla ruh ile madde tek bir varlık, dünyanın gerçek özünü meydana getirirler.

Teolojik ya da idealist dünya görüşüne karşı bu hücum, Tanrıya ve meleklere karşı bu saldırı, mutlakıyetçi krallık ve kırtasiyeci (bürokrat) devlete karşı sürdürülen saldırıya paralel olarak sürüp gitti. Devleti yaratan ve sürdüren, ne bürokrasi ne de polis değil yurttaşlar, üreticilerdir. Bundan dolayı da hükümeti onlar kurmalı ya da hiç değilse, hükümete fiilen katılmalıdırlar.

Mutlakıyetçi seçime ve ulusun birçok egemen devlete bölünmesine muhalefet, Alman burjuvazisinin içinde bulunduğu, ulusal ekonomik güçleri bir araya toplamak gerektiği ve eski Cermen imparatorluğu temeli üstüne birlik kurmak isteğinden doğmuştu.

Kilise doğmaları yerine vicdan hürriyeti, skolâstik yerine düşünce özgürlüğü, zabıta düzenlemeleri yerine çalışma özgürlüğü, çok sayıda egemen devletler dağınıklığı yerine ulusal birlik. Alman burjuvazisinin programı 1830'dan beri buydu. Başlıca temsilcileri felsefe alanında genç Hegelciler (David Strauss, Ludwig Feuerbach, Bruno Bauer), edebiyatta da Genç Almanya Grubu (Boerne, Heine, Goutz kow Laube) idi. Bu bütün meselelerle ilgilenen pek hareketli, aydın kesimin pek azı yeteneklerini sonuna kadar geliştirmeye ve bir dereceye kadar önemli bir eylem yürütmeyi başarabildi. Ve bundan dolayı da ya Fransa'ya, ya Belçika'ya, ya da İsviçre veya İngiltere'ye kaçarak hapisten kurtulmak veya sansür rejiminin altında ezilmemek amacını güttüler. Özü bakımcından liberal olan bu akım, en aşırı ifadesini Max Sümer'in (Kaspar Schmidt), Tanrı insanlık, kolektiviste ahlâkçılık gibi bütün genel kavramları katkısız olarak aklın meydana getirdiği yapılar sayan ve gerçeği yalnız bireyde gören L'Unique et sa Propriete (Bireycilik ve Özelliği) (1845) adındaki kitabında buldu. Stirner, bireyci anarşizmin gerçek temsilcisidir. Kitabı gücünün büyük bir kısmını, tam o devirde kendini göstermeye başlayan komünist harekete karşı durmasından almıştır.

3. Başlıca Sosyalist Akımlar

Aşağı yukarı 1842'den beri Ren-Vestfalya'da, yani modern endüstri tekniğinin girmiş olduğu başlıca bölgelerde kendini göstermeye başlamış olan sosyalist akımlar dışardan gelmiştir. Bu devrin Alman sosyalizmi, Fransız sosyalizminin bir yankısından başka bir şey değildi. Ama sol Hegelci çevrelerde, sosyalizmi Alman felsefesinin içinden çıkartmak yolunda çaba gösterildi. Bu konuya daha ilerde döneceğiz. Burada sadece, 1842'den başlayarak Almanya'da sosyalist fikirlerin yayılmış olduğunu ve ulusal birlik hareketinin yanında sırf sosyalist bir hareketin kurulduğunu söylemekle yetinelim. 1844'de Bohemya ve Silezya dokumacıları arasında patlak vermiş olan işçi ayaklanmaları herkesin dikkatini sosyal meselelere çekerek büyük bir etki yaptı.

Denebilir ki; Aman sosyalizmi 1844'te doğmuştur. Gerçekten Marx, Paris'te öğretisini işlemeye 1844'te başlamıştır. O zaman Berlin'de öğrenci olan Lasalle'da babasına, Silezya ve Bohemya'daki işçi karışıklıklarının gerçekte, komünizmin ilk kıpırdanışları olduğunu 1844'te yazdı. Heine, başlangıç bölümü açıkça komünist olan Dokumacılar ve Almanya adındaki eserini 1844'te yazmıştır. Alfred Meissner 'de ihtilâlci ve sosyalist şiirlerini 1844'te yayınladı. Sosyalîst Alman gazeteciliğinin doğuşuda 1844'tedir. Kısaca şu adları sayalım: Fransız - Alman yıllığı (Paris, 1844), Van vaerts (Paris, 1844), Weser dampfboot (Bielefeld. 1844), Geşellshaftsspiegel (1845 - 1846), Rheinisohe Jahr bücher (1845 - 1846), Deutsches Bürgerbuch (1845 - 1846). vb.

4. İlk Alman Sosyalistleri: Gali ve Büchner

Almanya'da, sosyal durumu anlamak amacıyla ilk olarak çaba göstermiş olan kimse, 1824 yılma doğru Ludwig Gali (1791 - 1863) olmuştur. Bir yanda bütün toplumu uçuruma atmakla tehdit etmekte olan ve günden güne yakılan genel yoksulluk ile öte yanda, mağaralar ve depolarda yığılmış sınırsız zenginlikler arasındaki karşıtlık onu şaşırtmıştı. Almanya o zaman, Fransa ve İngiltere gibi tam bir üretim fazlası krizi içinde bulunuyordu. Gali her zaman zenginler ve yoksullar olduğunu ve insanların yaptığı kurumların eksiksiz olamayacağını söyleyemem der. Zira böyle bir söz, pek bayağı bir kaçamaktan başka bir şey değildir. Gerçekte toprak dünyanın bugünkü nüfusunun bir kat daha fazlasını geçindirmeye gerekli olandan daha çok beslenme aracı sağlamaktadır ve toplumun üst sınıflarıyla alt sınıflarının durumu arasında her zaman için, bugün gördüğümüz gibi bir uçurum olduğu da doğru değildir. Bu uçurum yıldan yıla, bilimler ve sanatlar ilerledikçe derinleşmiştir, zira bu ilerlemeler yalnız üst sınıflara yarar sağlamaktadır.

Bu yoksulluğun nedenini Gali, insanın emek gücündeki değer yokluğunda görür. Bundan açıkça anlaşılan işçi nüfusunun kapitalist sınıfa oranla güçsüzlüğüdür. Bununla birlikte, modern toplumun sınıflara bölünmesi konusundaki düşüncesi pek açık ve seçik değildir.

Gelirini faizden, kârdan, yıllık kiradan, aylık kiradan, görev aylıkları ve hizmet tazminatlarından sağlayanların hepsinin girdiği varlıklılar sınıfına karşı olarak köylüleri zanaatçıları ve ücretli işçileri bir sınıfın içinde toplar. Karşı çıkarlarla açık bir biçimde bölünmüş olan bu iki sınıf, birbirleriyle sürekli bir düşmanlık içimdedirler. Varlıklı sınıfın durumu, emekçi sınıfın durumunun kötüleşmesiyle aynı oranda düzelir. Bu tehlikeli süreç, bütün zenginliği varlıklı sınıfın elinde toplamaya, nüfusun kalan kısmını ise bu sınıfın hizmetine vererek dolayısıyla onları bir köle topluluğu yapmaya, gayreti ve ataklığı davranma gücünden yoksun bırakmaya, bütün kültürü yok etmeye, kısaca en yüksek bilgeliğin bile kendini önünde güçsüz saydığını itiraf edeceği bir durum yaratmaya yöneldiğine göre kaçınılmaz bir biçimde, felâkete götürür. Gali bu duruma, köylülerin yardımına koşmak için tahıl bonoları çıkararak çare bulmayı öne sürmektedir. Köylü nüfusun durumunun düzelmesi ticaret ve sanayi üstünde hayırlı bir etki yapacaktır.

Fransız ve İngiliz sosyalizm edebiyatını iyi bildiği (Fourier, Owen) anlaşılan Gali daha sonraları, sosyal bozukluğa çare olarak üretim kooperatifleri kurulmasını öne sürdüyse de sosyalist propagandasından bütün bütün yüz çevirerek kendini yalnız beslenme meselesinin incelemesine verdi.

Şair Georges Büchner (1813 -1837) ise sosyal dönüşümün nazarî meselelerinden çok, salt ihtilâlci eylemle ilgileniyordu, Darmstad kolejinden çıktıktan sonra, Strasbourg'ta tıp ve doğa bilimleri okudu. Amis du Peuple (Halkın Dostları) ve Droits de l'Homme (İnsan Hakları) çevreleriyle orada tanışmış olması mümkündür. 1834'de Giessen'e dönüşünden sonra, Doktor Weidig'in yönettiği gizli derneğe girdi ve Kutsal Kitaptan alınmış birçok sözlerle süslediği Şatolara Savaş, Kulübelere Barış başlığını yazdı. Büchner aynı yıl, gizli bir İnsan Hakları Cemiyeti kurdu. Tutuklanmak üzere iken Strasbourg'a, oradan da bir profesör yardımcılığı bulduğu Zürih'e kaçtı. Kısa bir süre sonra öldü. Kavga arkadaşı Weidig 1835'te tutuklandı ve kendisine çektirilen işkenceden kurtulmak için, Büchner'in ölümünden dört gün sonra 23 Şubat 1837'de hapishanede intihar etti.

Büchner'in, Danton'un Ölümü, Wozzeckf adındaki dramlarının belirli olarak sosyalist bir yanı yoktur. Olsa olsa, ezilen sınıflara büyük bir sempati duyduğu bu eserlerde görülür. Fransız gizli cemiyetlerinin düşüncesi üzerindeki etkisi ancak Goutzkow'a mektuplarında açıkça belli olur. Bunun gibi 5 Nisan 1833'de, Frankfurt polis merkezi baskını dolayısıyla ailesine şöyle yazmıştı: "Düşünceme göre, bu devirde yararlı bir şey varsa o da sertliktir." Ona göre, Alman prenslerini reformlara rıza göstermek zorunda bırakacak başka yol yoktu.

1835 Temmuzunda, Goutzkow'a Strasbourg'tan şöyle yazar: "Dünyada biricik ihtilâlci unsur, zenginlerle yoksullar arasındaki ilişkidir. Ancak açlık, özgürlük tanrıçası olabilir." Büchner, artık propagandanın etkililiğine inanmıyordu. 1 Ocak 1836'da ailesine Strasbourg'tan şöyle yazmıştır: "Ben zaten hiçbir zaman, Genç Almanya Grubundan Goutzkow ile Heine'nin ebedî grubundan olmadım. Dinî ve sosyal düşüncelerimizin tam bir dönüşümüne günlük edebiyat yoluyla varılabileceğini tasarlamak, sosyal ilişkilerimiz üstünde tam bir bilgisizlik göstermek demektir." Bunun gibi, Gputzkow'a da şöyle yazar:"Doğrusunu isterseniz, ne siz ne de dostlarınız bence doğru yolda görünmüyorsunuz. Fikir propagandasıyla toplumu yeniden kurmak mı? İmkânsız! Devrimiz tam anlamıyla maddecidir. Kültürlü sınıfla kültürsüz sınıf arasındaki uçurumu doldurmayı hiçbir zaman başaramazsınız. Ben varlıklı azınlığın hiçbir zaman kendi isteğiyle imtiyazlarından vazgeçemeyeceği kanısına varmış bulunuyorum."

Büchner, devrimizde ihtilâlci sınıfı yalnız proletaryanın oluşturduğundan bile kuşkulanan bir isyankârdır. Ama onu eyleme, yalnız açlığın ve peygamberce bir kehanetin sokabileceğine inanır. Sosyal meselelerde, mutlak bir hak ilkesinden hareket etmek gerektiğini bildirir. Düşünceleri, o zaman Fransa'da geçerli ve Lammenais, Leroux vb. tarafından temsil edilmekte olan reformcu akımların güçlü bir biçimde etkisi altındadır.

O zaman Paris'te yaşayan Alman mültecileri için durum büsbütün başkaydı. Bunlar, şimdi incelemesine geçeceğiniz ihtilâlci gizli derneklerin çalışmalarına büyük ölçüde katıldılar.

BÖLÜM II.

YABANCI ÜLKELERDE İHTİLÂLCİ ALMAN DERNEKLERİ

1. «Ligue des Proscrits» (Sürgünler Birliği)

Almanya'nın birliği ve özgürlüğü için çalışanların 1815' ten sonra uğradıkları zulüm ve ülkeyi kırıp geçiren ekonomik kriz birçok Almanı başka ülkelere sığınmak zorunda bıraktı. 1830 İhtilâli'nden ve özellikle 1832'deki 30.000 kişinin katıldığı Hambach demokratik gösterisinden ve Frankfurt polis merkezi baskınından (1833) sonra gitgide daha çok sayıda ihtilalci Paris'e giderek Fransız cumhuriyetçileri ve sosyalistlerinden destek gördüler. İlkin, Almanya'nın özgürlüğü ve birliğinden başka amacı olmayan Alman Yurtsever Derneği' ni kurdular. Bu dernek 1834 yılı başında, Jacob Venedey ve Dr. Thedor Schuster'in yönettiği Ligue des Proscrits' yi (Sürgünleri Birliği) meydana getirdi. Venedey, Heidelberg Üniversitesinin, polisin kovuşturmasından kaçmak için Fransa'ya sığınmak zorunda kalmış olan eski bir öğretim üyesiydi. Paris'te, iyi bir Alman demokratı olmakla birlikte Fourier'cilere karşı sempatisini de gösterdiği Le-Proscrit (Sürgün) gazetesini yayınladı.

1840'da yurduna döndü ve Frankfurt Millî Meclisi'ne üye seçildi. Arkadaşı Thedor Schuster, Göttingen Üniversitesinin eski bir öğretim üyesiydi ve ordada, Temmuz

1830 ihtilâli'nden sonra Dr. Ruschenplat ve Dr. Ahrens ile birlikte silahlı bir ayaklanma yönetmişti. Fransa'ya sığındıktan sonra gizli derneklere girdi. Sürgünler Birliği'nde Venedey'in demokratik fikirlerine, daha açık bir sosyal görüşle karşı çıktı. Daha o zamandan, toplumu bir varlıklılar azınlığı ve varlıklı olmayan çoğunluğuna bölünmüş olarak görüyordu. Kısa bir süre sonra Buchez'in etkisiyle, üretim kooperatifleri kurulmasını öne sürdü. Ama Buchez' in görüşünü hiçbir zaman aşmış değildir. Proletaryacı ihtilâlci akım daha güçlü duruma geldiği zaman, bu çatışmadan büsbütün uzaklaştı.

Sürgünler Birliği, Fransız İnsan Hakları Derneğiyle ilişki halinde idi. Birliğin tüzüğünde şu program yer almıştı: "Almanya'nın kurtuluşu ve Dedaration des Droits de l'Homme et du Citoyen'deki (İnsan ve Yurttaş Hakları Beyannamesi) ilkelerin gerçekleştirilmesi." Bu tüzük, alt dereceli üyeler içindi. Buna karşılık Montaigne Tüzüğü üst dereceli üyeler içindi ve programında şunlar vardı: "Almanya'nın özgürlüğü ve demokratik bir rejim kurulması. Buna da önce Alman dilini konuşan ülkelerde, sonra bütün dünyada sosyal ve politik eşitliği, özgünlüğü yurttaşlık haklarını ve halk birliğini kurarak varılabilir."

Sürgünler Birliği'nde tıpkı Fransız İnsan Hakları Derneğinde olduğu gibi, bir sağ kânat (Millî - Demokrat) ve bir sol kanat (Enternasyonalci — İhtilâlci) vardı. Bu sonuncusunda kısa bir süre sonra bir bölünme oldu ve Schuster'in yönetimi altında, 1847'de Ligue des Communiste (Komünist Birliği) dönüşecek olan Ligue des Justes (Doğrular Birliği) kuruldu. Karl Marx ve Engels, Komünist Manifestosu'nu bu birlik için yazmışlardır.

2.Ligue des Justes (Doğrular Birliği)

Ligue des Proscrits'nin (Sürgünler Birliği) 500 üyesinden yaklaşık olarak 400'ü Doğrular Birliği'ne geçti. Büchner'in "Sosyal meselede, mutlak hukuk ilkesinden hareket etmek gerekir" cümlesi; o zamanın çevrelerinde hüküm süren anlayışı pekiyi dile getiriyordu. Doğrular Birliği, sosyal adalet için bu anlayış içinde savaşmak istemekteydi. Birliğin üyeleri, Lamennais'nin 1834'de çıkmış olan ve Ludwig Boerne'nin hemen Almancaya çevirdiği "Paroles d'un Croyant" (Tanrıya İnanan Birinin Sözleri) adındaki kitabından derin bir biçimde etkilenmişlerdi. Bu kitap, Alman zanaatçı çevrelerinde çok tutuldu. Lamennais (17821854), kutsal kitap üslubuyla demokrasi ve sosyal adaletten yana yazan, Kiliseye başkaldırmış bir papazdı. Heine'in dediği gibi, Lamennais, Frikya Takkesini haça giydirmişti. (Hürriyeti tattırmıştı, anlamına bir deyim, C- N.). Onun bu kitabı öyle bir yankı yapmıştı ki; Boerne'nin çevirisinden başka, biri Rauschenplat'ın diğeri de Weitling'in olmak üzere iki çevirisi daha yapıldı.

Yukarda da söylemiş olduğumuz gibi, Schuster Birlik'te çalışmasını kısa bir süre sonra kesti. Yerine kuruculardan biri olan ve bu devrin komünist edebiyatını tamamıyla bilen Weitling geçti. Çok geçmeden Birlik'in gerçek başkanı oldu. Başlıca yardımcısı Kari Schapper'di. Bu kimse, 1833'te Frankfurt polis merkezi baskınına katılmış olmaktan dolayı kovuşturmaya uğradığı için Paris'e kaçmış ve orada Aileler Derneği'ne, sonra da Mevsimler Derneği'ne girmişti. Teorisyen değildi. Bir eylem adamı, baskına katılmaya her zaman hazır, hükümet devirmeyi sanki doğuştan tasarlayan, dinamik bir insandı.

Schapper'den başka, birliğin başlıca yöneticileri şunlardı:

1) Kunduracı Heinrich Bauer, Paris gizli örgütlerinin diğerlerinde de çalışan, olağanüstü enerjik bir adam.

2) Bir kaç yıl sonra, Bade ihtilâli sırasında ölen Saatçi Joseph Moll.

3) Uzun zaman Paris'te yazar olarak yaşamış ve ütopyacı komünizm safhasını aşamamış olan Doktor August Hermann (Cabet'in Icarie'sinin Almancaya çevirisini yapmıştır)

4) Doktor Germain Manuel, Berlinli bir eski öğretmen, bazı Alman gazetelerine yazmıştır. O da ütopyacı komünizm safhasını aşamadı.

Ama Birlik'in 1837 - 1844 yılları boyunca gerçek başı, Wilhelm Weitling olmuştur. Yapıcı bir zekâsı ve çıkar gözetmeyen bir kişiliği vardı. Marx'tan önceki yegâne gerçek komünisttir. Magdebourg'ta Fransız bir baba ve Alman bir anadan 5 Ekim 1808'de doğmuştu. Terzilik öğrendi. 1828'de doğduğu şehri terk etti. 1853'e kadar Saksonya ve Viyana'da çalıştı. Ondan sonra da Paris'e gitti. Ve orada Doğrular Birliği'ne, muhtemelen Aileler Derneği'ne de girdi. Kısa bir süre için Viyana'ya döndü; 1837'de burayı terk ederek Paris'te komünist propagandasına başladı. Olduğu Gibi ve Olması Gerektiği Gibi İnsanlık (1838) adındaki ilk kitabını Doğrular Birliği'nin isteği üzerine yazdı. Kitap Lamennais örnek alınarak Kutsal Kitap üslûbunda yazılmıştır ve metin dışı şu cümleyi ihtiva eder: "Ve ne zaman ki İsa halkı gördü, ona acıdı ve öğretisini benimseyenlere şöyle söyledi: Hasat bol, ama az hasatçı var. Weitling, hasat, yeryüzünde eksiksizliğe doğru olgunlaşan insanlık, ürünü de malların kolektifliğidir." Der. İnsanların kolektif yaşayışının temelinde doğa'nın yasası ve Hıristiyanca sevgi bulunmalıdır. Ama Weitling basit bir komünist nutkuyla yetinmedi. Geleceğin komünist toplumunun planını da hazırladı. İnsanlığın, çalışma ve kolektif yaşama amacıyla, aileler ve aile grupları olarak örgütlenmesi. Tarım ve endüstri, seçimle iş başına gelmiş kurullar tarafından yönetilmeli ve bütün ülkeyide aile gruplarının şeflerinden oluşmuş bir kurul yönetmelidir.

Weitling'in bu ilk kitabındaki fikirler, bütün propagandasının temelini oluşturur. Daha sonraki yazıları, Les Garanties de l'Hürmonie et de la Liberte (1842) (Ahengin ve Hürriyetin Garantileri) ve l'Evangile du Pcftuvre Pecheun (1843) (Zavallı Günahkârın İncili) sadece ilk kitabındaki fikirleri geliştirir. Weitling, Fourier'den, Blanqui'den ve Owen'den pek çok ilham almıştır. Ama kendiside çok düşünmüş ve bağımsız bir eylem göstermiştir. Alman işçilerine, geleceğin açık bir görüntüsü ile komünist bir organizasyon planı verdi ve özel mülkiyetten, çok doğru olarak komünizm adını verdiği kolektif mülkiyete geçiş sırasında, ihtilâlci diktatörya fikrini yaydı.

Bununla birlikte, politik savaşın önemini anlamamış olması, kendisinden önce Saint - Simon'un ve Fourier'nin de yapmış oldukları gibi, insanlığın kurtuluşu görevini gerçekleştirmek için krallara ve yeryüzünün güçlülerine başvurması, aksiyonunun değerini azaltmıştır. Gerçekten, Ahengin ve Hürriyetin Garantileri'nin vardığı sonuç, Saint -Simon'un Yeni Hıristiyanlık' ta vardığı sonucu ya da Considerant'nın Destinee Sociale' inin (Sosyal Alın Yazısı) başında Kral Louis Philippe'e yaptığı ithafıdır. Bu,

1842'deydî. Daha sonraları Weitling tamamıyla iıhtilâlci oldu. 12 Mayıs 1839'da Blanquî ve Barbes tarafından yönetilen baskına katılmış ama kaçabilmişti. Oysa Schapper, Bauer ve Moll bu baskına katılmış olmalarını uzun bir peşin tutuklamayla ödemişlerdi. Serbest bırakıldıktan sonra Londra'ya gittiler ve orada Birlik'in merkez komitesini kurcular. Weitling ise, kışkırtma hareketlerini "Le Cri d'Appel de la Jeunesse Allemande" adında bir aylık gazetede sürdürmek için İsviçre'ye gitti. Bu gazetenin program yazısında, diğer konuların yanı sıra şu sözler de vardı: "Biz Alman işçileri de kendi yararımız ve insanlığın yararı için çıkarlarımızı çok iyi bildiğimizin anlaşılmasını ve Yunanca ya da Latinceden aktarılmış sözlerle, kibirsizce sesimizi yükselterek, semerin nereden vurduğunu sezdiğimizi herkesin bilmesini istiyoruz."

İsviçre'de Weitling'den başka, ihtilâlci August Becker ve Sebastian Seiler' de vardı. Becker, Giessen'de okumuş ve orada Georges Büchner'in yakın arkadaşı olmuştu. Polisin kovuşturmasından kurtulmak için İsviçre'ye sığınmak zorunda kalmıştı. 1842'de, Cologne şehrinin Gazette Rhenane gazetesine İsviçre'den yazı yazdı. Seiler'e gelince, o Silezyalıydi. Paris'e sığınmış ve Mevsimler Derneği'ne girmişti. Fransa'dan sınır dışı edildikten sonra ise İsviçre' ye gitmişti. Oradan Brüksel'e, sonra yeniden Paris'e gitti ve orada Şubat İhtilâlinde bulundu. 1850'de Londra'ya sığınarak orada Marx, Engels, Willich, vb. ile birlikte çalıştı.

Komünist çalkantısı en sonunda tutucuların İsviçre'de yetkilileri müdahaleye zorlamasıyla sonuçlandı. 1843 Haziranında, Weitling İsviçre'de tutuklandı; yazıları ve mektuplarına el kondu ve bunlar, hükümete teslim edildikten sonra, başında tanınmış Kamu Hukuku

Profesörü Bluntschli'nin bulunduğu bir komisyona inceletildi. Başkan tarafından yazılan ve 1843'te yayınlanan rapor bundan sonra artık, fikirlerini halka devletin sayesinde tanıtabilmek için komünistlerin en iyi kışkırtma aracı oldu. Bununla birlikte Weitling bu rapora dayanılarak, kutsal konulara, iyiye, güzele aykırı davranış ve özel mülkiyete saldırmakla suçlandırıldı ve dört ay hapse mahkûm edildi. Yüksek mahkemeye başvurularak yapılan bir itiraz ise hapis cezasının altı aya çıkarılması ve Weitling'in sınır dışı edilmesi kararının alınmasından başka sonuç vermedi. Cezasını çektikten sonra Magdebourg'a gönderildi. Oradan Londra'ya daha sonrada Brüksel'e ve Birlik'in bir şubesinin bulunduğu New York'a gitti. Bu şubeyi yeni bir örgütün Ligue de LiberAtion'un (Kurtuluş Birliği) çekirdeği durumuna getirmeye çalıştı.

3. Weitling ve İhtilâlci Diktatörya

Bu yeni birliğin amacı, demokratik komünist Aileler Birliği'nin gerçekleştirilmesi olacaktı. Demokratikti, çünkü Weîtling'e göre gerçek demokrasi bütün yurttaşlara oy hakkı tanınmasına ve parlamento manevralarına değil çalışmanın ve eğlencenin hakların ve ödevlerin komünizmin ulaşacağı son amaç noktasına göre örgütlenmesine dayanıyordu. Demokrasi ancak ihtilâlle kurulabileceğine göre ihtilâle katılacak olanlar, ihtilâlci oy hakkını kazanacaklar ve yeni sosyal düzeni kurmakla yükümlü, ihtilâlci bir hükümet seçecekler, oy hakkından yalnız, yararlı bir sosyal görev yapanlar ve çabalarını, yeteneklerini, topluluğa bağlılıklarını gösterenler yararlanacaktır. Kapitalistler, tacirler, kilise adamları, uşaklar ve asalaklar oy hakkının dışında bırakılacaklardır.

Aileler Birliği ne bir hükümet ne de bir devlettir, sadece mamul ürünlerin mübadelesini sağlayan merkezi bir organizasyondur. Üreticiler tarafından seçilmiş kurullar, ekonominin çeşitli konularını yöneten ücretleri, çalışma saatleri vb. belirler.

İhtilâlin zaferinden sonra, ülkenin işlerinin yürütülmesi için yalnız Kurtuluş Birliği'nin ilkeleri geçerli olacaktır. Proletarya silahlandırılacak, zenginler ve karşı ihtilâlciler silahsızlandırılacak, mahkeme, polis kaldırılacaktır. Emekçiler, açık kalan görevlere, güvendikleri adamlarını geçirecekler, çalışmanın zorunlu olduğu ilân edilecek, israf ve aylaklık cinayet gibi cezalandırılacaktır. Para, kamu hizmetleri mağazalarında, ihtiyaç duyulacak her şeyin satın alınabileceği bonolar çıkarılarak ortadan kaldırılacaktır. Böylelikle zenginler, ne olursa olsun bir şey satın almaktan yararlanamayacakları için paralarını topluluğa (kolektiviteye) teslim edeceklerdir. Bütün emekçi halk, meslekî organizasyonlarda kümelenecek ve bu organizasyonlar, meslek komiteleri, sanayi odaları ve bir de çeşitli meslek temsilcilerinden kurulu bir parlâmento seçecektir. Bu organlar her bölgede, ürünlerin değerini belirleyeceklerdir. Sosyal savaşın devamı süresince geçici hükümet iş başında kalacaktır. Bu savaş ise, yeryüzünün herhangi bir köşesinde taçlar ve büyük servetler hüküm sürdükçe ve bunların yardımcıları halkı, daha iyi sömürmek ve köleleştirmek amacıyla aptallaştırdıkça devam edecektir.

1848 İhtilâli haberi üzerine Weitling Almanya'ya döndü ve Berlin'de harekete geçmek istedi ama herhangi bir sonuç elde edemedi. Bunun üzerine, birçok taraftarının bulunduğu

Hamburg'a gitti. Bu şehirden atıldı ve yine New York'a döndü. Orada daha yirmi yıl kadar her çeşitten tasarılar ve icatlarla uğraşarak yoksulluk içinde yaşadı ve 25 Ocak 1871 günü öldü. Hakkı yeterince teslim edilmiş değildir. Eylemin, kendine aşırı güveni yüzünden zayıflamış olduğu doğrudur, ama ne var ki bu kusur onun kadar Saint - Simon, Fourier ve Proudhon'da da vardır.

4. "Ligue Des Justes"den (Doğrular Birliği) "Lique Des Communistes"e (Komünistler Birliği)

Mevsimler Derneği tarafından düzenlenen baskına katıldıkları için tutuklanan ve aralarında Schapper ile Bauer' in de bulunduğu bazı Doğrular Birliği üyeleri 1839 yılı sonunda serbest bırakıldılar ve Londra'daki Alman işçileri arasında komünist kaynaşmanın merkezi durumuna gelen Alman İşçileri Kültürel Derneği'ni kurdular. Dernek, İngiliz hareketiyle ilişkiye geçti. Birkaç yıl önce, 1845'de Londra'da Democrats Fraternels (Kardeş Demokratları) adında, Londra'ya sığınmış sosyalist demokratların meydana getirdiği uluslararası bir dernek kurulmuştu. Bu dernekte İngilizler, Fransızlar, Almanlar, İtalyanlar, Polonyalılar vb. vardı ve dernek ihtilalci - sosyalist fikirler yayıyordu. Alman İşçileri Kültürel Derneği aynı zamanda, Londra'ya sığınmış başka uyruklu işçilerin ve zanaatçıların da katıldıkları toplanma merkezi oldu. Doğrular Birliği merkez komitesi buradan, Paris, Brüksel, İsviçre ve Almanya üyeleriyle etkin bir yazışma sürdürdü ve komünist fikirlerin, Marx ve Engels tarafından savunulan anlayışların gelişmesini dikkatle izledi. Daha önce,

1842'de İngiltere'de bir kitap meydana getirmiş olan Engels, Londra Merkez Komitesi ve Cabet'in, Proudhon'un ve Weitling'in düşüncelerinin ağır bastığı Paris şubeleriyle sıkı bir bağlantı sürdürüyordu. Paris'te aynı zamanda Everbeck ve ütopyacı komünizmle bilimsel komünizm arasındaki halka sayılabilecek olan Gründe çalışıyordu. Bu devir hareketinde onun tarafından oynanan role ilerde yeniden döneceğiz.

İsviçre'de, Doğrular Birliği'ne katılanlar yavaş dinî sosyalizmin etkisi altına düştüler. Demek ki, bu durumda komünist hareketin entelektüel merkezi Londra oluyordu. Marx tarafından Bürüksel'den Birlik üyelerine gönderilen mektuplar onların bilimsel sosyalizm yoluna yönelmelerine yardım etti. Bunun sonucu olarak Birlik'in merkez komitesi 1846 Kasımında, bütün üyelere komünizmin taktik ve amacını anlatan bir genelge gönderdi. Bunu 1847 Şubatında aynı konuda ikinci bir genelge izledi. Bu arada merkez komitesi Joseph Moll'u, Birlik'in çalışmasına yardımlarıyla katılmaları için Brüksel'e Marx ve Engels'e delege olarak göndermişti.

Kömünist Manifestosunun hazırlanmasının ve 1848 Alman İhtilâli'nin hikâyesine geçmeden önce kısaca, 1840 - 1848 dönemi boyunca Almanya'nın sosyal ve politik durumunu inceleyeceğiz.

BÖLÜM III.

1840'TAN 1848'E ALMANYA

1. İhtilâlci Şairler

Prusya'da 43 yıl saltanat sürmüş olan III. Frederic Guillaume 1840'ta öldü. Yerine geçen IV. Frederic Gullaume üstün yetenekli bir kimseydi ama kararsız yaratılıştaydı ve bütün akımları uzlaştırmaya çalışırken bunların her birini kendine karşı çeviriyordu. Çünkü kanısını sürdürecek tutarlılıktan ve ülkesinin içinde bulunduğu durunu kavrayacak anlayıştan yoksundu. Ya da doğduğu ve içinde yetiştiği çevrenin inançlarından kendini kurtaracak cesareti yoktu. İyi niyetliydi ama kararlı değildi. Bu çeşit insanlarda geleneksel ön yargılar her zaman yeni fikirlerin üstesinden gelirler. Genç Hegelcileri ve Genç Almanya grubunu taze bir güçle doldurmuş olan yeni bir çağ gerçekleşmesi umudunun ardından, acı bir hayal kırıklığı geldi. Bu duygu ifadesini Herwegh, Prutz, Sallet, Heine ve Freiligrath'ın şiirlerinde buldu. 40 yılları boyunca politik Alman şiiri en yüce noktasına erişmişti ve gücünü (XVIII. yüzyıl sonu klasik döneminden daha da çok) bir yandan Almanya'nın maddî alandaki ilerlemesinden, öte yandan da politik ve entelektüel baskıdan alıyordu.

Kari Grün' de 1845'te sosyal meselenin gitgide daha çok, günün konusu olduğunu yazıyordu. Bundan hiç söz etmemiş olan gazeteler birden, anlamı ağır şu sözler le görülüyorlar: "Ücretli işçiliğin kaldırılması, emeğin düzenlenmesi, sosyalizasyon, vb." Endüstri alanındaki gelişme şiirde, şaşılacak bir çabuklukla kendini göstererek yeni ekonomik rejimin elverişliliği olduğu kadar sakıncaları da dile getirildi.

Toplumcu eleştirinin etkisini şöyle böyle duyan şairler gitgide, modern sefaletten yana doğru döndüler. Akım bir kere daha, Fransa gar Alfgemeine Zeitung Fransa'nın politik ve sosyalizminden geldi. Henri Heine tarafından Fransa'dan Augsbur şartları konusunda gönderilen yazılar Fransız sosyalizminin derin incelemesine girişilmesine yol açtı. Henri Heine'nin her şeyden önce bir sanatçı ve soylu kişi olmasına rağmen, vicdan yönünden gelişmesi onu Fransız komünizmine büyük bir dikkat göstermeye sürüklemişti.

Paris'te yaşayan birçok Alman mültecisi de sosyalist edebiyatın ve sosyalist hareketin incelemesine koyuldular. 1842'de Lorenz von Stein'in "Çağdaş Fransa'da Sosyalizm ve Komünizm" adındaki kitabı çıktı. Bu kitapta, Fransa'da 1831'den beri bilinen burjuvazi ile halk arasındaki karşıtlık çok açık bir biçimde anlatılmıştır. Lorenz von Stein'in kitabının çeşitli bölümlerinin değeri birbirinden çok başkadır. Kitabın bazı bölümleri pek ustaca ve büyük bir kesinlikle yazılmıştır. Diğer bazı bölümler ise bir polisin kalemine yaraşır. Bununla birlikte yine de Almanya'da sosyalist fikirlerin yayılmasına yaramıştır. 1839'dan beri sosyalizmi gelecek bölümde göreceğimiz gibi Genç Hegel'ci akımla birbirine bağlamaya çalışan Moses Hess'in propagandası çok daha etkiliydi. Silezyalı dokumacıların 1844'teki ayaklanması Almanya'da sosyal şiire, bir aktüalite niteliği getirdi. George Weerth ve Ferdnand Freiligrath

İngiliz sosyal şiirinden yaptıkları çeviriler sayesinde Alman halkıyla, günümüzün tanrıçası olan sanayinin karanlık yanlarını tanıttılar.

Avusturya'da sosyal düşünceyi uyandıranlar, şair Alfred Meissner ve Kari Beck oldu. Meissner, Ziska'sında (Bohemya'nın millî kahramanı ve Jean Huss'ün din öğretisini benimseyenlerin askerî önderi: 1370 - 1424. Bu inançtan olanların başlıca yeri Bohemya'daki Tabor kalesiydi ve burada inançları uğruna savaşanlar Taborite'ler adiyle bilinmektedir. Ç.N.) Taborite'lerin sosyal düşüncesini güçlü çizgilerle anlatır. Bundan yararlanarak da insanlığın kesin olarak kurtuluşuna sarsılmaz inancını belirtir.

"Ve bütün kötü güçlerin Tanrının önünde yıkılacakları o adanmış gün gelecektir. Kutsal Ruh daha şimdiden, yoksulların ve ezilenlerin üstüne yayılıyor. Günahın ve sefaletin mirasını yok edecek ve emeği top: ağın bütün çocukları arasında eşitlikle bölüştürecek olan gün yaklaşıyor. O zaman, ışıklar saçarak, başında güllerden bir taç; Hıristiyan inancından daha parlak, dikileceksin."

Neden Yoksuluz adındaki şiirinde Kari Beck yoksulların ağzından şunları söyledi:

"Siz florinler biriktirdikçe biz borç yapıyoruz. Kiliseleri doldurarak yakarıyor ve sabırla katlanıyoruz. Bu sabır bizim sonsuz kusurumuzdur. Ve işte bundan dolayı yoksuluz." Manevî duyarlığıyla Musevî olan ölümsüz dâhi Heine, ötekileri fersah fersah geride bırakır.

15 Haziran 1843'te Augsburger Allgemeine Zeitung ta şöyle yazıyordu: "Neron devrinde Roma'da yaşasaydım ve diyelim ki, Beotie Postası gazetesine yazı yollasaydım

meslektaşlarımın eline benimle alay etmek için çok fırsat geçerdi. Zira onlara saray entrikalarından ve imparatoriçenin çapkınlık maceralarından söz etmek yerine durmaksızın şu Galile'lilerden, Filistin'in kuzeyinde ve İsa'nın Hıristiyanlığı ilk yaydığı bölgede o zaman yaşayanlar ki bu söz o zamandan beri ilk Hıristiyanlar anlamına da gelir. Onlar da benim, saray eğlencelerinden söz etmek yerine anlatacak bundan daha önemli hiç bir şeyim olmamasıyla pek eğlenirdi. Bu Galilelileri zifte bularlar ve imparatorluk sarayının bahçelerini aydınlatmak için meşale gibi yakarlardı. Ama anlatacak olduklarıma karşı bu meşaleler çevrelerine öyle kıvılcımlar sıçrattı ki Roma dünyası bu kıvılcımlardan, bütün kokmuş göz alıcılığıyla baştanbaşa yandı." Heine bu sözleriyle, Fransız komünist hareketi konusunda verdiği haberlerin önemini ima ediyordu.

2. Sosyal Eleştirme

Ücretli Alman zanaatçıları Fourieroi ieTt ve Saint Simon'cuların öğretilerini Almanya'ya getirirken Alman yazarlar da sosyalizmi, Hegel'in ve Feuerbach'ın Alman felsefesinden çıkartmaya ve bağımsız olan bir Alman sosyalizmi yaratmaya çalışıyorlardı. Bunlar arasında, Marx'ın ortaya çıkışına kadar en önemlisi Moses Hess olmuştur.

Hess, 21 Aralık 1812 de Bonn'da doğdu. Derin bir Musevî kültürü ve dindarlığı havası içinde yetişti. Babası onu iş hayatına yöneltiyor, ama genç Moses öğrenim yapmak istiyordu. İnancını yitirmekte olan genç Yahudilerin çoğunlukla okudukları Spinoza'nın kitaplarıyla erkenden tanıştı. 1830'da bir zaman için Bonn üniversitesinde okudu ve bu arada din konularıyla ilgilendi. İncil'i ve Kilise tarihini, kendini vererek inceledi; bunun sonucu olarak da ailesiyle bozuştu. Onun üzerine yurt dışına gitti ve kısa bir sure sonra parasızlık yüzünden geri döndü. Sosyalist teorileri, yurt dışına bu ilk çıkışı sırasında mı tanımıştı, bilinmiyor. Yalnız ne var ki, 1837 yılından başlayarak onu felsefî, dinî ve sosyal konuları incelemesiyle ilgili görüyoruz. Bu çalışmanın ürünü, İnsanlığın Kutsal Tarihi' dir. (1837) Bu eserde, tarihin çeşitli dönemlerinin her birini, insanlığın maddî ve entelektüel ilerleyişinin birer safhası olarak mistik bir anlayışla inceler. Dört yıl sonra, insanlığın kurtuluşunun, Alman felsefesi, Fransız ihtilâlci anlayışı ve İngiliz sosyal uygulamasının kaynaşmasına bağlı olduğunu göstermeye çalıştığı Triarchie Europeenne' i (1841) (Avrupa Üçlü Yönetimi) yayınladı. Feuerbach'ın Hess'in üstünde derin bir etki yapan ve ona Alman felsefesiyle sosyalizm arasında bir köprü atmak olanağını veren Hıristiyanlığın Özü adındaki kitabı işte bu yıl çıkmıştır. Yalnız bu köprü pek dayanıksızdı ve uzun zaman değil, ancak Marx, Hegel diyalektiğinden yararlanarak kendi öz öğretisini meydana getirdiği ana kadar dayanacaktı. Hess daha sonra, Feuerbach'ın fikirlerinden kalkarak sosyalizme nasıl varıldığını kendisi de göstermiştir. 1845'te şöyle yazıyordu: "Feuerbach'a göre Tanrının özü, insanın bilgi ve aksiyon ötesi aşkın özüdür ve tanrısal özün bilgisi, beşerî özün bilgisidir. Başka bir deyişle, teoloji antropolojiye irca olur. Bu kesindir, ama ancak kısmî olarak buna bir de insanın özünün sosyal varlık, çeşitli bireylerin aynı amaç için ortaklaşa eylemi ve insanın, gerçek hümanizmin, insanın toplumsal bilimi, yani antropoloji ve sosyalizm olduğunun eklenmesi gerekir." Başka bir deyişle anlatacak olursak; Feuerbach dinin sadece, insan kafasının tanrılaşması ve asıl Tanrı bilgisinin, gerçeğe uygun insan olduğunu söylüyordu. Hess buna şunu da ekler: İnsanın birey olarak değil sosyal insan olarak bilgisi. Gerçek teoloji insanlık sevgisi ve insanların toplumcu eylemdir.

1842 yılının sonuna doğru, Köln'de rastladığı genç Frederic Engels'i sosyalizme yönelten de özellikle o olmuştur. İkisi de o zamanlar Karl Marx'ın yönettiği Gazette Rhenane'a yazdılar. 1842 - 1843 kışında Hess, Paris'e gitti ve Doğrular Birliği'nin üyeleriyle temas kurdu. Bundan sonra çeşitli Alman dergilerinde yazdı. 1846 -1847'de Maoc'ın fikirlerine katıldı ve 1847'de Gazette Allemande de Bruxelles' de (Brüksel Alman Gazetesi), "Proletaria İhtilâlinin Sonuçları" başlığını taşıyan kusursuz bir yazı dizisi yazdı. Bu yazılar muhtemelen, Marx'ın 1847 güzünde Brüksel işçi kulübünde verdiği konferanslardan ve bu konferansların yol açtığı tartışmalardan esinlenilerek yazılmıştı. Ömrünün son on yıllık devresinde Hess hemen hemen bütün çalışmasını Musevîlik meselelerinin, sosyalizm ve doğal bilimlerin incelemesine verdi. Hoşgörülü barışçı, duygusal bir sosyalist; gerçek bir Nazareth'li (İsa'nın adının Nasiriyeli İsa olması dolayısıyla Yahudilerin ilk Hıristiyanlara verdiği ati Ç.N.) idi. Bir fahişeyle evlenmişti ve ona her zaman büyük bir saygı ve sevgi göstererek birlikte tam bir mutluluk içinde yaşadı. 6 Nisan 1875 günü Paris'te öldü.

Kari Grün (1813 - 1884). Hess'in yetiştirmesidir. Filoloji tahsili yaptıktan sonra gazeteci oldu ve sosyalizme katıldı. Göçmen olarak bulunduğu Paris'te Proudhon'a Alman felsefesini tanıttı ve Considerant'ı Cabet'yi sık sık gördü. Renanya'ya döndükten sonra bölgenin entelektüel hareketi üzerinde büyük bir etki yapmıştır. Sosyalizmi, insanlık sevgisine ve adalete bağlanıyordu. O da davranışının kaynağını Feuerbach'tan alıyordu. Hıristiyanlık Özü'nün verdiği ders, sevginin yerini inancın alması gerektiğidir. Hıristiyanlığın özü, aşktır, diyordu.

Otto Lüning'e gelince Alman filozoflarından çok Fransız sosyalistlerinden etkilenmişti. Bu Kitap Halka Aittir adındaki kitapçığında (1845), Louis Blanc'ın fikirlerini savundu. Malı üreten ve çok yetersiz bir pay alan işçinin, bu malın değerini gerçekleştiren yapımcıdan, ayrı tutulmasını istiyor ve rekabeti temel kötülük sayıyordu. O da tıpkı Louis Blanc gibi çareyi ancak, devletin yardımıyla üretim kooperatifleri kurulmasında ve sosyal reformlarda görüyordu. Bundan başka bir de 1844'te Sosyalist ve Komünist Hareket adında bir kitap yayınlamış olan ve bu kitabında emeğin, devlet sosyalizmi temeli üstünde organize olmasını öne süren Hermann Th. Oelckers'in (1816- 186?) adını analım. Oelckers, 1848 - 1849 İhtilâline katıldı ve bu ona, on yıl küreğe mahkûm edilmeye mal oldu.

BÖLÜM IV

KARL MARX

1. Entelektüel Gelişmede Marx'çılığın Rolü

Almanya'da Fransız sosyalizminin fikirlerini yaymak ve Alman sosyalizmine felsefî bir temel vermek için bu çalkantılar olurken Karl Marx Paris'te kısa sürede bütün diğerlerini eleyecek ve bütün sosyalistlerin ortak mirası durumuna gelecek olan öğretisini işlemeye çalışıyordu. İşte bu andan sonra sosyalizm, işçi sınıfının nesnesi ve işçi sınıfı da politika biliminin başlıca konularından biri durumuna geldi.

Marx'tan önce proletarya, politikanın külkedisi sosyalistler için basit bir acıma konusuydu. Marx onu, eski düzeni yıkmak ve yeni düzeni kurmak için iş başına çağrılan gelecekteki egemen sınıfın veliahdı katına çıkardı.

Sosyalizm Marx'tan önce bütün gücünü tarih öncesinin altınçağından, doğal hukuktan, insanlık düşüncesinden ve sosyal ahlâktan alıyordu. Marx'tan beri ise, ihtilâlci proletaryanın, üretici güçlerin sosyalizasyonuna (toplumsallaştırılmasına) çalışan ve sosyal yapının maddî ve zihnî bütün eğilimlerini geliştirmeyi amaç edinen politika öğreticidir. Marx'tan önce, sosyalizm sadece, belirsiz bir umut, çıkacağı umulan bir rüya idi. Marx'tan beri, sosyal özgürlüğü yolunda savaşmakta olan işçi sınıfının aksiyonunun metodu ve son amacıdır.

Marx'ın devrinde sosyalizm, basit bir inanç konusu sonsuz değeri olan donmuş, dogmatik bir öğretiydi. Marx, onu toplumun kolektif mülkiyete doğru ilerlemesine de bir kuvvet yaptı.

Proletarya ve sosyalizm Marx'tan önce ayrı, farklı iki şeydi. Marx onları sıkıca, beden ile gövde gibi birleştirdi. Gerçekten, soluğuyla proletaryaya bir ruh verdi. İşte bu bakımdan, modern proletaryanın fikrî bakımdan Marx'ın eseri olduğu söylenebilir.

O, bu eseri ancak nesnelerin ve tarihteki olayların derin sırrına nüfuz edebilmek konusunda sahip olduğu kudret sayesinde gerçekleştirebilmiştir. Marx'ın dehasını ve kendine özgü büyüklüğünü oluşturan şey, işte bu içe sızan ve önünde bütün maskelerin, bütün cümlelerin bütün iki yüzlülüklerin, ikinci derecede kalan bütün dış ayrıntıların silindiği işleyici bakış ve derin kavrayıştır.

2. Marx ve Hegel'ci Diyalektik

Marx, 5 Mayıs 1818'de Treves'de doğmuştur. Babası avukattı ve bir haham ailesinden geliyordu. 1824'te ailesi Hıristiyan oldu. Genç Kari tahsilini doğduğu şehrin orta öğretim okulunda, sonra Bonn ve Berlin üniversitelerinde yaparak 1841'de, İena üniversitesinde felsefe doktorasını verdi. Kendini Bonn üniversitesine öğretim üyesi (privat -doçent) olarak tayin ettirmeyi düşünüyordu. Ama kısa bir süre sonra anladı ki üniversite mesleği kendisine yasaktır ve ona açık olan yegâne meslek yazarlıktır. 1842'de Köln' de yeni kurulmuş olan Gazette Rhenane gazetesinin yazı kadrosuna girdi. Bir zaman sonra, gazetenin direktörlüğüne getirildi. Ama kısa bir süre sonra, yayınladığı makaleler, gazetenin üstüne sansürün şimşeğini çekiği için istifasını verdi. 1843 güzünde, sosyalizmi incelemek ve Arnold Ruge ile birlikte Annales France – Allemandes'ı (Fransız - Alman Yıllığı) yayınlamak için Paris'e gitti. İlk Marx'çı incelemeler ve özellikle Hegel'in Hukuk Felsefesinin Eleştirisi adını taşıyan işte bu ancak iki sayı çıkabilen dergide yayınlanmıştır.

Marx'ın kendisinden öncekilerden, sosyalizmi savaşan proletaryaya ve sosyal hareketin bütününe bağlaması ve bu üç etkeni tek bir sistemin içinde eritmesi dolayısıyla ayrılarak sivrilmiş olduğunu görmüştük. Buna nasıl varmıştı?

Marx 1843'te Paris'e geldiği zaman derin bir felsefe bilgisi ateşli bir savaş isteği ve sosyalizmi sonuna kadar incelemek için iradesi vardı. Kültürlü bir kafanın ayırt edici özelliği, yönelmekteki kolaylığı, olayların değişikliği ve çeşitliliği altında nesnelerin derin ilişkilerini kavramaktaki üstünlüğüdür. Marx bu yetkinliğe en yüksek ölçüde sahipti. O halde Paris'te neler buldu? Pek çok sayıda sosyalist teori, Fransız İhtilâli devrinden, Babeuf gizli birleşmesinden ve Blanqui'nin gizli derneklerinden kalmış, birçok ihtilâlci gelenek Chartisme'ini de tabii ki inceledi. Bütün bu olaylar, ona tarihî Ceremenin temel yasasını bildiren (o devirde buna daha inanıyordu) Hegel'ci diyalektikle bağlantı yerine soktu.

Hegel'in diyalektiği neye dayanır?

Diyalektik sözüyle eski Yunanlılar söz söyleme ve itiraz sanatını, karşı tarafın söylediğini çürüterek ortadan kaldırmak sanatını anlıyorlardı. Bu tartışma biçimine biraz yakından bakılacak olursa; inkârlara ve reddine rağmen yararlı olduğu görülür. Çünkü fikirlerin çarpışması yoluyla, hakikati ortaya çıkarmakta ve düşünceyi uyarmaktadır.

Alman filozofu Hegel (1770-1831), mantığa evrim tekâmül düşüncesini getirerek diyalektik teriminin benimsemiş ve bu kavramı kendi düşünce yöntemine uygulamıştır. Bu yönteme göre, kavramlarımızdan (mefhum) her birinin bir de zıddı vardır. Ya da günlük terimlerle konuşarak, her tez (tasdik) antitezini de (inkâr) birlikte getirir. Bu yüzeyde kalan bir bakışla görülmez. Yüzeysel bir bakış tabii ki, dünyanın, varlık ve yokluk, soğuk ve sıcak, aydınlık ve karanlık, sevinç ve keder, zenginlik ve yoksulluk, sermaye ve emek, hayat ve ölüm, iyilik ve kötülük, idealizm ve materyalizm, vb. gibi karşıt şeylerle dolu olduğunun farkına varır. Ama önümüzde bir uyuşmazlıklar ve karşıtlıklar dünyası olduğu hesaba katılmaz. Yalnız eleştirici akıl eşyanızı basit çeşitliliği altında uyuşmazlıklar, çelişmeler fark eder. Ancak bu çarpışma olduktan sonradır ki, ortaya daha yüksek bir şey çıkar. Hegel'in çelişmeden anladığı, kendi kendisiyle çelişen karışık bir düşünce, karışıklığın bir sonucu değil, zaman boyunca adaletin adaletsizliğe, aklın akılsızlığa, yararlılığın zararlılığa dönüştüğü o zamana kadar yararlı olan yasalar ve kuruluşların zaman aşımına uğrayarak yaşayan çıkarlar ve toplumun yeni kavramlarıyla çatıştığı, dolayısıyla, bu yasaları ve kuruluşları yeni çıkarlar ve yeni kavramlarla uyumlu duruma getirmek, toplumu daha ileri bir gelişme safhasına ulaştırmak görevini yerine getiren dış çelişmedir. Hegel bu üst aşamaya inkârın inkârı (olumsuzlamanın olumsuzlanması) ya da sentez der.

Hegel'e göre, hayat süresince (ya da fikirlerin ve eşyanın gelişmesinden) en önemli etken olumsuz, çelişmeli güçlerin ortaya çıkışıdır. Hegel, "çelişme, her hareket ve her hayatın köküdür" der. Bir şey ancak, kendi kendine bir çelişme taşıdığı ölçüde hareket eder ya da hayatı, etkinliği vardır. Gelişme sürecini (vetiresini) yalnız, olumlu ile olumsuz arasındaki çarpışma sağlar ve gelişmeyi daha yüksek bir safhaya yükseltir. Çelişmenin artmasında ve ilerlemesinde güç az gelirse, varlık yeni bir şeyin doğmasına yol açmadan, bu çelişmeden ölür.

Bu diyalektik dünya görüşünü anladıkça, Marksizm'in çekirdeğini de aynı anda kavradık demektir.

Tabii ki Hegel metodunu, bizim burada yaptığınız kadar basit bir biçimde açıklamıştır. Çünkü Hegel idealistti. Ona göre fikir, manevî, mutlak, tanrısal kendiliğinden hareket eden ve kendi dış zarfından başka bir şey olmayan bütün evreni harekete geçiren, insanda tanrısallık oluncaya kadar daha üst bir seviyeye yükselen bir ilk güç meydana getirir. Gerçekten Hegel'e göre tarihin çeşitli dönemleri mutlak ruhun, fikir safhasından tanrısallık safhasına o biçimde artarda gelişme süreci safhalarıdır ki, tarihte tanrısal oluşumdan söz edilebilir. Başka bir deyişle, bizzat Tanrı, en yüce biçimine insanda varan bir oluştur. Alman mistik inancının en üst noktası budur. Ama bu başka bir meseledir ve bizi burada ilgilendirmez, Burada bizi ilgilendiren sadece, Hegel'in diyalektik metodudur. Zira bu metot Marx'çı öğretinin temelindedir.

1830'dan beri idealizmden yüz çevirmiş olan ve yavaş yavaş materyalizme giden Alman hareketiyle birlikte Marx' da, 1840-1841 de materyalizme geçti. İlk unsur ve evrimin hareket ettirici gücü onun gözünden artık ruh değil, madde olmuştu. Ve bu gelişme çelişmelerin ortasında sürüp gitmekteydi.

Marx Paris'e geldiği zaman kendini sosyalizmin ve Fransız işçi hareketinin incelemesine verdi. Diyalektik incelemesinde, proletaryada, kurulu düzenin ret ve inkârını; proletaryanın sosyalizm için savaşında da sentezi gördü. Pozitif unsur burada, özel mülkiyet ve rekabet üstüne temellendirilmiş ekonomik düzendir ve çelişme ile proletaryanın savaşı işte bu düzene karşı yönelmiştir. Diyalektik ona aynı zamanda, sosyal hayatın üstün bir safhasını ortaya çıkaracak olan bu savaşı desteklemek gerektiğini de gösterdi.

Burada elimizde, Marx'ın sosyoloji bakımından temel fikirleri bulunmaktadır. Eski düzen taraftarlarıyla yeni düzen taraftarları arasında uyuşmazlık. Bu taraftarlar kimlerdir? Bunlar, az ya da çok dikkat çekici kimseler veya az çok ideal sebeplerle şu ya da bu görüşe eğilim gösteren insan kümeleri değil, belirti ve birbiriyle mutlak bir biçimde çelişen, çatışmak zorunda bulunan sınıflardır. Fransa'da daha bu devirde, burjuvazi ile halk, sermaye ile emek arasındaki uzlaşmazlık, sermayelerin bir araya toplanması olayı ve küçük üreticiler sınıfının gitgide yok olduğu biliniyordu. Marx, diyalektik sayesinde bütün bu olaylara sağlam bir felsefî ilinti sağladı ve öğretisinin temellerini attı. Bu iş bir kere sona erdikten sonra artık ona tamamıyla açık bir program vermiş oluyordu. Ekonomi politiğin incelenmesi, kapitalist rejimin mekanizmasının çözümlenmesi, proletaryanın rolünün ve eski toplumun kendi öz bağrında gelişerek birgün daha yüksek bir toplum yaratmak için onu ortadan kaldıracak olan güçlerin incelenmesi.

Maırx'ın, Fransız - Alman Yıllığı'nda (1844) yayınlanmış olan incelemelerinde daha o zaman, öğretisinin filizleri bulunmaktadır. Bunları bir yıl sonra Sainte Famille

(Kutsal Aile), daha sonra da Proudhon'a karşı yazdığı kitabı Misere de la Philosophie're (1847) (Felsefenin Sefaleti) ve nihayet, 1847 yılının sonunda Engels'le birlikte yazmış olduğu Komünist Manifestosu'nda genişletmiştir.

3. Materyalist Tarih Görüşü

Marx kendini gitgide, sermayenin teşekkülünün artışının ve ekonomi politiğin incelemesine verdi. Zira ekonomi politiğin burjuva toplumunun temelini oluşturduğu ve entelektüel ilerlemenin, sonunda ancak ekonomik ilerlemeyi yansıttığı kapısına varmıştı. Bu tarih görüşünü daha yakından görelim.

Tarihe şöyle bir göz atmak bize insanların değişik devirlerde hukuk, ahlâk, din, devlet, felsefe, tarım, ticaret, sanayi, vb. üstünde birbirinden farklı anlayışlara sahip olduklarını, kuruluşlarının ve toplum biçimlerinin başka başka olageldiğini, savaşlar ve her çeşitten çatışmalar dizisinden geçmiş olduklarını göstermeye yeter. İnsanların düşünce ve davranışlarının bu şaşırtıcı çeşitlerini nasıl açıklamalı? Marx bu soruyu kendi kendine sorarken amacı düşüncenin hukukun, din ve toplumun kaynağını bulmaya çalışmaktan çok, sosyal ve entelektüel hayatın dönüşümlerine yol açan nedenleri, hareket ettirici güçleri keşfetmekti. Kısacası Marx'ı ilgilendiren, nesnelerin kaynağı değil, diyalektik gelişmesi, başka bir deyişle tarihin ihtilâlci unsurudur.

Bu soruya Marx şöyle cevap verir. İnsan toplumunun itici güçleri, fikirlerin ve duyguların dönüşümüne yol açan, insan bilincinin ve kurumlarının değişmeleri idealist filozofların dediği gibi ilkin ruh ya da mutlak akıldan değil, maddî hayat şartlarından gelir. Demek oluyor ki insanlık tarihinin temeli maddîdir. Yaşamanın maddî şartları, insanların sosyal varlıklar olarak, kendilerini çevreleyen doğanın yardımı kendilerinin gerek maddî, gerek entelektüel yetenekleriyle öz maddî hayatlarını oluşturmaları, yaşamalarına gerekli araçları edinmeleri, ihtiyaçlarının giderilmesini sağlayan malları üretmeleri aralarında bölüşmeleri ve aralarında mübadele etmeleridir. Bunlar insanların maddî yaşama şartlarıdır.

Maddî hayatın bütün kategorileri içinde en önemlisi olan üretim, yaşamaya gerekli araçların yapımıdır. Bu da üretici güçlere bağlıdır. Bunlar iki çeşittir. Bir kısmı nesnel, diğerleri kişiseldir. Nesnel üretici güçler şunlardır: Toprak, su, iklim, ham maddeler, iş aletleri, makineler. Kişisel üretici güçler şunlardır: İşçiler, bilginler, teknisyenler ve nihayet ırk, yani bazı insan topluluklarının kazanmış olduğu nitelikler.

İşçiler, bütün üretici güçler arasında en ön sırayı alırlar. Bunlar, insan toplumunda değerler yaratan yegâne güçlerdir. Sonra da, en yüksek ölçüde bir ihtilâlci güç olan modern teknik gelir.

Üretici güçler, işçilerin daha büyük bir ustalığı, yeni ham maddeler, maden zenginlikleri ve yeni pazarların keşfi, yeni iş metotları, yeni makineler bulunması bilimin endüstriye uygulanması sonucu olarak artarsa, dolayısıyla maddî temel ya da toplumun ekonomik alt yapısı dönüşüme uğrarsa, eski üretim ilişkilerinin, üretimin çıkarına işleyişi durur. Zira üretim ilişkileri, yani eski sosyal organizasyon, eski yasalar, kuruluşlar, öğretiler vb. yok olma yolunda ya da artık yol olmuş bir üretici güçler durumuna uydurulmuş bulunuyordu. Sosyal ve entelektüel üst yapı, ekonomik alt yapıya artık uymaz. Üretici güçlerle, üretim ilişkileri çelişmeye girer.

Yeni muhtevalarla eski biçimler arasındaki bu çelişme yeni sebeplerle, zaman aşımına uğramış sebeplerin yok olmuş sonuçlar arasındaki bu çatışma, etkisini bilinç üstünde duyurmaya başlar. İnsanlar önlerinde yeni bir dünya bulunduğunun ve yeni bir çağın açılmış olduğunun farkına varırlar. Sosyal örgütlenme yavaş yavaş değişir. Daha önceleri hor görülen aşağılanan sosyal sınıflar ve tabakalar ekonomik ve sosyal güç bakımından kazanç sağlarlar. Vaktiyle üstün durumdaki sınıflar aşağı düşer. Ekonomik alt yapıda bu dönüşüm kendini gösterirken eski dinî, adlî, felsefî ve siyasî sistemler geleneksel durumlarına sarılarak, zaman aşımına uğramış olmalarına ve artık entelektüel ihtiyaçları karşılayamamalarına rağmen tutunmak isteğinde direnirler. Zira insan bilinci muhafazakârdır. Işınları bizim göz sinirlerimize varıncaya kadar belli bir zaman geçmesi gerektiği için güneşi gözümüzün gerçekte artık bulunmadığı bir yerde görmesi gibi bilincimiz de dış olayları ancak yavaş yavaş izler. Hegel'in güzel tasvirini hatırlayalım: "Minerva'ın baykuşu uçuşuna akşam alaca karanlıkta başlar." Kuşkusuz geç başlar, ama buna yine de girişir. Yavaş yavaş, yeni durumu anlatan, bu yeni duruma uygun yeni sosyal sistemler ve öğretiler getiren büyük düşünürler çıkar. Bu durum, kuşkular ve sıkıntı veren korkulu meseleler, çekişmeler, tartışmalar, bölünmeler, sınıf savaşları ve nihayet ihtilâller getirir.

4. Sınıf Savaşı

Marx'ın, tarihi anlamak bakımından getirdiği en önemli şey, sınıflar ve sınıf savaşı teorisidir. Üretimde belirli bir rol oynayan belli bir sosyal tabaka bir sınıf oluşturur. Başlıca gelir kaynağı, ücret olan kimselerden oluşan sınıf, işçi sınıfıdır. Başlıca gelir kaynağı kazanç faiz ve toprak geliri (rant) olan kimseler kapitalist sınıfı meydana getirirler. Bu iki sınıf, gerek geçimlerini sağlama, gerekse toplumun organizasyon biçimi bakımından, uzlaşmayan (antagonist) çelişmelerle bölünmüşlerdir. Zira ücretler ve çalışma süresi temeline dayanan esas çelişmeler, zamanla ve proletaryanın sınıf bilinci geliştikçe iki sınıfı, toplumun temellerinin çevresinde zorlu bir savaşa sürükler. Kapitalist sınıf, kurulu düzeni olduğu gibi tutmaya çalışır. Proletarya ise, ekonomik ve sosyal hayatın sosyalist yönde dönüşümünü sağlamak ister. Sınıf savaşı, belli bir şiddet ve genişlik derecesinde, kaçınılmaz bir biçimde politik bir niteliğe bürünür. Çatışmanın ilk amacı, kapitalist sınıfın, durumunu sürdürmek için iktidarı ele geçirmek istemesidir. Proletarya ise aynı şeyi, sosyalizmi gerçekleştirmek için ister.

Marx'a göre bu çatışma er geç, özel mülkiyetten kolektif mülkiyete geçiş döneminde bir diktatörya hükümeti kuracak ve toplumu gitgide dönüştürecek olan işçi sınıfının zaferiyle sonuçlanacaktır.

Marx, proletarya diktatöryası deyimini, Fransa'da 1840'da Sınıf Savaşı adındaki 1850'de yazılmış kitapta, ilk kullanan kimse olmuştur. Bundan iki yıl sonra Weydemeyer'e bir mektubunda; "Sınıf savaşının proletarya diktatoryasına vardığını" ilk olarak söyleyen kimsenin kendisi olduğunu bildiriyordu. Ve nihayet, Gotha

Programının Eleştirilmesi'nde Marx proletarya diktatöryasının, ihtilalci dönemin kendine özgü biçimini meydana getirdiğini bildirir.

5. Marx'ın Ekonomik Teorileri

Marx'ın kendine sorduğu başlıca ekonomik soru şuydu: Kapitalist ekonominin amacı ve itici gücü nedir ve sınırsız zenginlik artışı nereden gelir? En önemli eseri Kapital' de yer alan mesele budur.

Marx bu soruya şöyle cevap verir: Zenginlik, bir toplumun ürettiği kullanım değerlerinin bütünüdür. Normal zamanda, kapitalist ekonomi her yıl, bir önceki yıldan daha çok mal üretir. Bu fazla malı biriktirir, ardından yeni bir fazla kısım üretir ve böylece gider. Zenginlik işte bu yoldan artar.

Ama bu fazlayı üreten kimdir? Zenginliği arttıran hangi insan kümesi, hangi sınıftır?

Bu soruya cevap verebilmek için Marx ilkin değerin ne olduğunu araştırır. Zira zenginlik değerle ölçülür. O halde değer nedir? Marx, bulutlarda dolaşmaz ve fabrika sahibinin yazıhanesinde, değerlerin orda nasıl hesaplandığını araştırır. Ve görür ki fabrika sahibi, değerin temeline üretim masrafını koymaktadır. Üretim masrafı nedir? Ham maddelerin satın alınmasının, üretimde yararlanılan binaların makinelerin ve âletlerin kullanılmasının, ücretlerin ve görevli aylıklarının gerektirdiği masraflarıdır. Bundan başka da malın bırakması gereken cari kazançtır. Marx'a göre ise tersine, yalnız ham maddelerin ve malların üretimi ile naklinde kullanılan emek, değer yaratıcıdır. Ham maddelerin üretimi ve üretim yerine naklinde kullanılan toplumca gerekli fikrî ve bedenî çalışma. Değerin kaynağı ve ölçüsü işte buradadır. Bu değer yaratıcı emeğin aldığı ücret, yaratılan değerden daima daha azdır. Öyle ki, üretici emek fabrikacı için bu emeğe ücret olarak ayırdığı değerden her zaman daha çok değer getirir. Aradaki bu fark, fabrikacının kazancını sağladığı, bankacının faizlerini aldığı, toprak sahibinin toprak gelirini (rant) çıkardığa tacirin kârını elde ettiği değerin kaynağıdır. Bununla birlikte, tek başına düşünülen bir fabrikacı, fabrikasında üretilen artık değeri tam olarak almaz. Zira pazarı, rekabeti göz önünde tutmak gerekir. Onun fabrikasında üretilen artık değer, diyelim ki % 50 ise ve diğer fabrikacılarına da % 40 ve 30 ise piyasa % 45 dolaylarında bir kazanç sağlayacak demektir.

Bu durumda üretici emek değerin ölçüsü ise, mal, ne kadar az bedenî ve fikrî emek ihtiva ederse değerinin o kadar az olacağı açıktır. Bedenî çalışmanın yerini mekanik çalışma aldığı zaman durum özellikle böyledir. Normal zamanda, makineleşme yayıldığı ölçüde mallar ucuz olur. Bir malda ne kadar az emek olursa, artık değerin önemi o kadar az olur. Sonuç olarak da her üretim birimi için kazanç o kadar az olur ve kazanç yüzdesi düşer. Kazanç yüzdesinin bu düşüşünü üretimin tümü üzerindeki kazanç toplamıyla karşılayarak önleyebilmek için, pek çok sayıda ham madde, pek çok sayıda ve çok geliştirilmiş makineler ve çok daha geniş binalar gerektiren seri imalâta başvurulur. Küçük üreticileri gitgide daha çok ezen bu büyük çapta üretim için gerekli sermayeleri bir araya getirebilecek durumda olanlar sadece büyük kapasiteler ya da pek güçlü şirketlerdir. Ekonomik hayat böylece, gitgide artan bir birikim ve merkezîleşme süresine girmiş olur. Bunun sonucu da sınıflar arasındaki uçurumun derinleşmesi ve genişlemesi, toplumun birbirine karşı iki parçaya bölünmesidir. Bir yanda, bütün zenginliği elinde toplayan bir avuç, çok kudretli büyük sanayici, öte yanda da yaşamak için emek güçlerinden başka bir şeyleri olmayan büyük varlıksızlar yığını. Bu zenginliklerin toplanması olayının bir diğer sonucu da vardır. Sayısız proletarya yığınlarını büyük endüstri merkezlerine bir araya toplayarak örgütlenmelerini sağlaması ve sınıf bilinçlerinin artmasına yol açması, sınıf savaşını, bu savaşın kurulu düzeni tam olarak dönüştüreceği noktaya kadar ilerlemede budur. Bu dev dramın son perdesi, üretim araçlarının yönetimi ve denetimini topluluğun eline veren ve ekonomik demokrasiyi gerçekleştiren halk yığınlarının kapitalistlerin mülkiyet haklarını ellerinden almalarıdır. Bu amaca varılmasını beklerken, proletarya diktatöryasının ekonomik ve politik dönüşümü bilinci bir biçimde yöneteceği ve buna karşı duranları ortadan kaldıracağı geçici bir devrenin kurulması gerekir.

6. Evrim ve İhtilâl

Marx'ta evrim ile ihtilâl arasında hiçbir çelişme yoktur Hegel'de de öyledir. Komünist Manifestosu, Kapital'den daha az evrimci değildir. Kapital, Komünist Manifestosu'ndan daha az ihtilâlci değildir? Bu ne demeye gelir?

Hegel'in diyalektiği, çekişmenin ve çelişmelerin varlığını akıl yoluyla ortaya koyması bakımından bir evrimdir. Bu otomatik bir oluş, barışçı yolda bir uyarlama değil;

olumsuz, negatif unsurun, olumlu unsurun içinde ve onu yıkmakla biten ilerleyici bir gelişmesidir. Bütün olumsuzlama (inkâr, nefy) işi, olumsuzlamanın olumsuzlanması ya da sentezin sırası gelerek ortaya çıkmasına kadar, ihtilâlci bir iştir. Bu, Hegel diyalektiğinin çekirdeğidir. Yani, evrensel ve sosyal oluş içinde çelişmelerin keşfi ve bu çelişmelerin çatışması, olumlu (pozitif) unsuru ortadan kaldırır. Hegel diyalektiği, ihtilâlci yollarla bir evrimdir.

Marx'çı diyalektik için de durum bunun eşidir. Marx' ın bir kitabını okuyan herkes, söz konusu edilenin şu olduğunu bilmelidir: Maddî sürecin (ekonomik gelişme, kapitalist üretim ve dağılım) ya da proletaryanın çalışmasının incelenmesi.

Ekonomik süreç, evrim malzemesidir. Proletaryanın ve liderlerinin çalışması ise bu malzemenin ihtilâlci unsurudur.

Komünist Manifestosu'nda ya da Ligue des Communnistes'e hitaplarda incelemenin konusu proletaryadır. İhtilâlci etkene burada neden ayrı bir önem verilmiş olduğu böylece anlaşılmış olur. Marx burada karşımıza ihtilâl teoricisi olarak çıkmaktadır.

Buna karşılık Kapital'de incelemenin konusu kapitalist ekonomidir. Evrimci etkenin buradaki yerinin ve Marx'ın daha çok ekonomik gelişmenin teoricisi olarak ortaya çıkmasının açıklanması da budur.

Hegel'in Mantık'ında akla yüklediği rol olan çelişmelerin bilinçli keskinleşmesini, Marx ödevi proletaryanın sınıf savaşını (sunî değil bizzat ekonomik şartlardan ileri gelen bu savaşı) gerekli ve zorunlu sonucuna vardırmak olan ihtilâlci öncülüğe yükler.

Zira çelişmelerin çatışması uzlaşmazlıkların bilinçli keskinleşmesi Hegel gibi Marx'ta da evrenin güçlerinin açılması ve boşanması yolunda en etkili yoldur.

İhtilâlci yollarda evrim; ekonomik gerçeğin anlaşılması ve ihtilâlci eylem. İşte Karl Marx'ın bıraktığı öğreti, genel çizgileriyle budur

7. Frederic Engels

Karl Marx, Frederic Engels'in şahsında değerli bir çalışma arkadaşı buldu. Engels şüphesiz çok yetenekli bir kimseydi; ama sosyalizm tarihinde kapladığı birinci sıradaki yeri sadece, dehasını derhal anladığı ve çalışmalarını olağanüstü bir fedakârlık ve feragatle desteklediği, kendisine ölümüne kadar, hiçbir zaman değişmeyen bir dostluk gösterdiği Marx'a erkenden katılmış olmasına borçludur.

Engels 1820'de Barmen - Eperfielde'te doğmuştur. Babası, dar dinî düşüncelere sahip bir fabrikatördü. Doğduğu şehrin kolejinde (orta öğretim kurumu) mükemmel bir öğrenim gördü; fakat buradaki öğrenimini, ticaretle uğraşmak için yarım bıraktı. Önemli bir dinî kriz geçirdikten sonra Genç Hegelciler hareketine katıldı. Dinsiz (Tanrı tanımaz) oldu ve sonunda, Moses Hess'in etkisiyle sosyalizme katıldı. Yirmi yaşlarındayken, Rhin bölgesindeki gazetelerde Genç Almanyacıların anlayışında makaleler yazdı. 1842 yılı sonunda, babasının bir fabrika sahibi olduğu Manchester'e gönderildi. Oradan Gazette Rhenane gazetesi için,

İngiltere'nin sosyal durumu konusunda makaleler yazdı. Kısa bir süre içinde, Chartiste'ler ve Owen'cilerle ilgi kurdu ve onların yayın organlarında yazdı. Aynı zamanda da Fransız-Alman Yıllığı'nda 1843'te yayınlanan ve Marx'ın "dâhiyane deneme" olarak nitelendirdiği bir "Ekonomi Politiğin Eleştirisi" yazdı. İki genç adamı hayat boyunca birbirlerine bağlayacak olan dostluğun kökünde işte bu çalışma vardı. Bir yandan Paris, Brüksel ve Renanya'da komünist ajitasyon yaparken 1845'te "İngiltere'de Emekçi Sınıfların Durumu" adında bir kitap yayınladı. Liberalizm döneminde kalmış olan Genç Hegelcilerle kalem tartışması "Kutsal Aile" kitabının yazılmasına katıldı. 1847'de, Londra'daki "Ligue des Communistes" (Komünistler Birliği) için, Marx'ın, Komünist Manifestosunun her ikisinin de imzasıyla çıkan nihai metnini hazırlamak üzere yararlandığı bir program tasarısı yazdı.

Entelektüel çalışma bundan sonra artık hep Marx'ınkine bağlı kalmıştır. "Nouvelle Gazette Rhenane" da (Yeni Rhin Gazetesi) yazı yazdı (1848-1849) Bade ayaklanmasına katıldı ve 1850'de "Nouvelle Revue Rhenane" de (Yeni Rhin Dergisi) yazdı. Londra'ya dönüşünün üstünden bir süre geçtikten sonra, tekrar yeni bir devrim gelmesi umutlarının artık boş olduğu açıkça anlaşılınca babasının fabrikasında tekrar işinin dışında yalnız askeri konular ve doğal bilimlerle ilgilendi. Marx'a bir hayli para ve Amerikan basınında yayınlanmak üzere hazırlanmış birçok makale göndererek onu etkili bir biçimde destekledi. "Almanya'da ihtilal ve karşı ihtilal" adıyla ve Karl Marx imzasıyla çıkmış olan derleme de bunlardan biridir ve baştanbaşa, Engels'in kaleminden çıkmıştır.

1870'te iş hayatından bütün bütün çekildi ve Londra' da Marx'a çok yakın bir yere yerleşti. Berlinli Profesör Dühring'in teorilerine karşı bir kitap olan "Anti – Dühring" i (1877) orada yazmıştır. Association İnternationale des Travailleurs'ün (Uluslararası Emekçiler Birliği ya da I. Enternasyonal) genel meclisinde büyük bir rol oynadı ve Bakounine'e karşı yürütülen hareketi yönetti.

Marx'ın ölümünden sonra, Kapital'in II. ve III. ciltlerini yayınladı ve aralarında Origine de la Famille, de İ'Etat et de la Propriete Privee (Ailenin, Devletin ve Özel Mülkiyetin Kökeni) ile diyalektik materyalizmin en popüler açıklaması Ludwig Feuerbach' ın da bulunduğu bazı sosyolojik, felsefi ve politik eserler yazdı. Hayatının son yıllarında, kendilerine danışman rolü oynadığı bütün dünya sosyalistleriyle sıkı bir yazışma sürdürdü. Bütün sosyalistler tarafından işçi hareketinin babası sayılmakla şereflendirilerek 1895'te öldü.

8. Ligue des Communistes (Komünistler Birliği)

Kuruluş Yasası ve Tüzüğü Marx ve Engels 1845'ten sonra, yeni anlayışların Doğrular Birliği'nin üyeleri arasında yaydılar. Bu anlayışlarda yeni olan yan şuydu: Komünizm zengin insan severlerin yardımı ve koloniler kurulması yollarıyla gerçekleştirilecek bir sosyal organizasyon değil; amacı, iktidarı ihtilâl yoluyla, ekonomik düzeni komünist yönde dönüştürmek için ele geçirmek olan işçi sınıfının bağımsız bir siyasî parti olarak teşkilâtlanmasıydı.

Bu fikirler ilk olarak, o zaman Chartiste'lerin de sosyal reforma politik savaşla ulaşmaya çalıştıkları İngiltere'ye sızdı.

1847 yılı Ocak ayının sonunda Birlik Merkez Komitesi, durumu tartışmak ve Birlik'e katılmaya çağırmak için Joseph Moll'ü Brüksel'e Marx ile Engels'le gönderdi. Birlik, 1 Haziran 1847 günü için, Engels ile (Marx'ı temsil eden) Wilhelm Wolff'un katıldıkları bir kongre düzenledi. Birlik'in merkez komitesi Eylülde, Kari Scharpper'in yazı kurulu başkanlığında, Revue Communiste'in, (Komünist Dergi), başlık yazısının altında şu sözleri taşıyan ilk sayısını yayımladı: Proletaires de tous les pays unissez - vous! (Bütün ülkelerin proleterleri, birleşin!)

Doğrular Birliği Marx ile Engels'in öğütlemesi üzerine, Komünistler Birliği (Ligue des Communistes) haline geldi. Bu defa Marx kongreye katılmıştır. O ve Engels, Birlik'i programını teşkil edecek olan bir bildiri metni hazırlamakla görevlendirildiler. Kongre şu kararlan aldı:

Birlik'in amacı burjuvazinin devrilmesi, proletaryanın egemen sınıf katına yükseltilmesi, sınıf egemenliği üstünde eski toplumun ortadan kaldırılması ve yeni bir sınıfsız, özel mülkiyetsiz toplum kurulmasıdır.

Birlikten olabilmek için zorunlu sayılan şartlar şunlardır:

a) Birlik'in amacına uygun bir yaşama biçimi ve çalışma

b) Propagandada, gerekli enerji ve gayret

c) Komünizmin ilkelerine katılmak

d) Politik ya da ulusal hiç bir anti-komünist demene kakmamak

e) Birlik'in kararlarına uymak

f) Birliği ilgilendiren bütün işlerde sıkı ağızlı olmak

g) Birlik'in kollarına oy birliğiyle kabul edilmek

h)Birlik'in bütün üyeleri birbirini kardeş saymalı ve gerektiğinde birbirlerine yardım ve kolaylık göstermelidir.

Kongreden sonra Marx ile Engels Brüksel'e geri döndüler ve derhal Londra'ya gönderdikleri bildiriyi kaleme aldılar. Bildiri henüz baskıdan çıkmıştı ki Paris'te, 1848 İhtilâli patladı. Bu ihtilâl Almanya'da hemen yankılandı.

9. Almanya'da Komünist Hareketinin Başlangıcı

Brüksel'de, Paris'te ve Londra'da çalışmış olan bazı Alman işçileri, yeni öğretiyi yurtlarına getirdiler. Berlin, Köln ve Breslau, komünist fikirlerin sızdığı ilk Alman şehirleri oldu. Yabancı ülkelerden dönen lonca arkadaşları, zanaatçı derneklerine ve gezici zanaatçı loncalarına girerek buralarda yeni fikirlerin yayılması yolunda çaba gösterdiler. 1846 - 1847 arasında görülen Mentei davası ve 1848-1849'da Leipzig ve Berlin'de Marx'ın yönünde çalışmış olan Stefan Born'un çabaları bize bu hareket hakkında bazı değerli bilgiler sağlamaktadır. Stefan Born, Lissa'da bir Yahudi ailesinden geliyordu ve 1824'de burada doğmuştu. Öğretimine, doğduğu şehrin kolejinde başladı. Ama kısa bir süre sonra, işe girmek için burayı bırakmak zorunda kaldı. 1840'ta, Berlin'de bir matbaaya çırak olarak girdi. Öğrenimini sürdürmek için boş zamanlarından yararlandı ve bu da geniş bir kültür kazanmasını sağladı. Sonra Paris'e, ardından da (Gazette Allemande de Bruxeiles) Brüksel'e gitti. Orada Marx'la tanıştı ve bir yandan üretim kooperatifleri konusuyla hemen ilgilenirken onun fikirlerine katıldı. Yumuşak, ılımlı bir kimseydi. İyi bir konuşmacı ve teşkilâtçıydı. Daha sonraları, kendini iyi bir barikat dövüşcüsü olarak da gösterecekti. 1848'de Berlin, Leipzig ve Dresde'de pek büyük bir rol oynadı. Alman İhtilâlinin başarısızlığa uğramasından sonra hareketten çekildi ve İsviçre'de ilkin matbaacı, daha sonra yazı işlerinde gazeteci ve en son da Bale'de Fransız edebiyatı öğretmeni oldu. Hayatının sonuna doğru Souvenirs d'un Combattand de 48 (Bir 48 Savaşçısının Anıları) adında bir kitap yayınladı.

Born komünist fikirleri, ücretli Terzi Christian Friedrich Mentel sayesinde tanıdı. Mentel 1840'tan 1845'e kadar Batı Avrupa'nın çeşitli şehirlerinde çalışmış ve Berlin'e 1846'da dönmüştü. Bu şehrin zanaatçılar örgütüne girdi ve kendilerine yeni fikirlerini tanıtacağı arkadaşlar aradı. Bir 48 Savaşçısının Anılarında Born şunları yazar: "Bu gönderilenlerden Mentel adında biri, gizli örgütü için üye toplamaya çalışıyordu. Ben onun sırlarını, düşüncelerini benimsemiş olan ayakkabıcı Hertzel'den öğrendim. Weitling eğiliminde bir insan değildi, O daha çok, her şeyden önce kazanılması gerekecek olan politik özgürlükler yoluyla proletaryanın kurtuluşu amacına kendini verecek olan gizli bir işçi örgütü kurulmasını tasarlıyordu. Mentel'in bana biraz karışık bir biçimde anlattığına göre, söz konusu olan, baştanbaşa, Weitling gibi herhangi bir dikim işçisinin kafasından çıkmış yeni bir devlet değil; tarihsel bir zorunluğun ve bugünkü şartların gerektirdiği bir partinin kurulmasıydı. Bu parti liberalizmi, geçilmesi gereken ve kendisinin de teori bakımından zaten aşmış olduğu bir merhale olarak görmekteydi."

Mentel tarafından kurulmuş olan örgüt kısa bir süre sonra yetkililere ihbar edildi ve 1846 yılı sonuna doğru polis tarafından dağıtıldı. Yöneticileri hapse atıldı ve Berlin mahkemesinde adalet önüne çıkarıldılar. Bir kısmı kısa süreli hapis cezalarına çarptırıldı; diğerleri ise beraat ettiler.

BÖLÜM V

ALMAN TUTUCU SOSYALİSTLERİ

1. Bu Hareketin Romantik Niteliği

Demokratik sosyalizm ile Marx'çı komünizme paralel olarak, yalnız ve sadece bireyin çıkarı temeli üstüne kurulu olan ve liberalizm ile kapitalist üretim biçimini eleştirdiği halde; ideali komünizm değil de modernleştirilmiş bir Ortaçağ toplumu ya da bir sosyal monarşi olan tutucu - sosyalist bir hareket görülür. Otorite ve gelenek üstüne temellenmiş kuruluşlar tasarlayarak bunları öne süren teoloji bilginleri soylular, lonca başkanları, romantik düşünürler ve yazarlar, kilise, devlet ve kolektivite çıkarlarının hiçbirini umursamaksızın bireye tüm bir düşünce ve eylem özgürlüğü vererek fikirleri, hak isteklerini, üretim biçimlerini kabul edemezlerdi. İşte bunun için ortaçağ sonlara, Kiliseye dayanan sağlam teşkilâtı, ekonomik ve sosyal hayatı, ghilde'leri (Ortaçağ'da işçi, tacir ve zanaatçıların birlikte kurdukları dernekler. C. N.) ve loncalarıyla hayran olunacak kadar iyi yapılmış bir yapı, her Hıristiyan'ın, loncasının üyesi olarak yerinin iyice belirtilmiş olduğu ve besinini toplumun kendi öz toprağından aldığı, dalları sağlam bir organizma gibi görünüyordu. Proletaryanın sızlanmalarına, sosyalistlerin ve komünistlerin sert eleştirilerine, ihtilâlci hareketin homurdanmalarına büyük bir dikkatle kulak veriyorlardı. Bunlarda kokuşmanın belirtilerini, liberallerin ekonomik ve politik alandaki bozucu çalışmalarının kaçınılmaz sonuçlarını görüyorlar ve bunu bütün Hıristiyanlar, ahlâkçı iktisatçılar, mutlakıyetçi yazarlar için liberal kapitalist dünyaya karşı çıkmak, proletaryaya sefaletten çıkış yolunu göstermek ve toplumu yeniden Hıristiyan'ca ahlâkî, otoriter bir temel üstüne oturtmak için bir çağrı sayıyorlardı.

Bu sosyal - tutucu eğilim çok sayıda yazar, hukukçu ve tanınmış şairi bir araya getiriyordu ama aralarında, etkili iktisatçılar azdı. Birleşik hiçbir öğreti de sunmuyordu. İçlerinden bazıları Adam Smith'in ekonomik özgürlük fikirlerine, diğerleri her bağımsız birleşmeyi yasaklayan merkeziyetçi devlete karşı çıkıyorlardı. Diğer bazıları ise Ortaçağı, Cermen hukukunu, Katolik kilisesini idealize ediyorlar ve liberaller ile Yahudilere karşı nefret duyuyorlardı. Sosyal - tutucu bir ekonomik öğreti kurmayı yalnız iki kişi denemiştir: Kari Winkelblech (Marlo) ve Kari Rodbertus.

2. Marlo - Winkelblech

Marx insanlık tarihinin bütün geçmiş safhalarını, o devirler için haklı bir şey olarak görür ve kapitalizm ile serbest rekabeti mutlak anarşi değil, geçmişe oranla güçlü bir ilerleme, tarihsel bir gelişme ve dönüşüm etkeni gibi ele alarak gelecek sosyalist topluma doğru, ileriye bakarken Marlo, Ortaçağ Cermen Hukukunu ya da mesleklere göre örgütlenme temeli üstüne kurulu toplumu, bütün kötülüklerini ortadan kaldırarak modern şartlara uydurmaya çalışıyordu. Meslek özgürlüğü yerine ghilde, ekonomik bireyciliğin yerine lonca (mesleklerin ve endüstrilerin ekonomik topluluklar olarak kümeleşmesi) kurulması gerektiğini ileri sürüyordu. Ne bütün millî zenginliği eline geçirmek isteyen liberalizm komünizm ve burjuvazi ne de her şeyi eşit kılmak isterken toplumu yıkıma götüren proletarya... Ne her şeyi merkezîleştirmek isteyen devlet, ne de her şeyi aynı düzeye getirmek isteyen ve her inisiyatifi öldüren bürokrasi. Ama özgür bir biçimde çalışan ekonomik topluluklar. Marlo'nun ideali, düzeltilmiş bir Ortaçağ'dı. Burada bütün ekonomik hayatın organizasyonu ghildeler ve loncalarla yapılacak, bu örgütlerin yöneticileriyle üyeleri birbirleriyle eşitlik temeli üstünde bulunacaklardı. Fiyatlar ve ücretler, yöneticilerle üyelerden kurulu komiteler tarafından birlikte saptanacak, meslek odaları, ham maddelerin ve siparişlerin satışını, paylaştırılmasını düzene koyacak ve ghildelerle loncaların başkanlarından kurulu bir meslek parlamentosu ekonomik konularla ilgili bütün yasaları hazırlayarak onay için politik parlamentoya sunacaktı. Bir çalışma bakanı bütün işsiz kalmışlara iş bulmakla yükümlü olmalıydı. Zira bütün emekçilerin iş hakkının güvence altına alınması gerekirdi. Üretim araçlarının özel mülkiyeti sürdürülürse, bu hak artık Roma Hukuku anlamındaki gibi mutlak sayılmamalı ve Cermen - Hıristiyan hukukunda olduğu gibi bazı sosyal zorunluluklara bağlı olmalıydı. Ortaçağ'da olanın tersine, demokratik özgürlükler sağlanmalı ve bütün imtiyazlar kaldırılmalıydı. Bir ülkenin üretimi halkın ihtiyaçlarına uydurulmalıydı. Marlo, sistemine federatif sistem adını veriyordu. Çeşitli federatif organizmalar kendi kendilerini yönetmeli, aralarında federatif ilişkiler sürdürmeli ve devlet tarafından yukardan yönetilmemeliydi.

Marlo (Kari Winkeblech) 1810'da Bade dukalığında Ensheim'de doğdu. Marburg ve Giessen'de kimya okudu. 1836'dan 1839'a Marburg'ta kimya öğretmenliği görevlerinde bulundu ve 1839'da Cassel yüksek teknik okuluna öğretmen olarak tayin edildi. 1843'te Avrupa'nın kuzeyinde inceleme gezileri yaptı. Norveç'te, ünlü Modum boya fabrikasını gezdi ve bir Alman işçisi kendisine bu fabrikada çalıştırılan işçilerin sefaletini yazıncaya kadar işletmenin kuruluşuna hayran kaldı. Marlo, nice bilginler gibi, o zamana kadar insanlar için değil, yalnız makineler için, üreticiler için değil, insan çalışmasının ürünleri için ilgi duymuştum. Dolayısıyla, tellenip pullanmış uygarlığımızın sefaletinden habersizdim diyor. O işçinin sözleri bana bütün bilimsel çabalarının boşluğunu bir anda anlatmış oldu ve beşerî acıların nedenlerini incelemek, bunları dindirmek kararını aldım. Bu kararına sadık kaldı ve ondan sonra artık bütün çabasını Alman zanaatçılarını savunmaya verdi.

Marlo'nun iktisatçı olarak önemi, yaptığı ilkçağ'dan 1850'ye kadar çeşitli ekonomik sistemlerin incelemesinde kendini gösterir. Marx'ın komünizmini bilmiyordu; ama bilmiş olsaydı bile reddederdi. Çünkü öğretisinin temel ilkesi sınıf savaşı değil, ekonomik işbirliğiydi. Ona göre bütün işçiler yalnız sosyal meselelerle uğraşmalıdırlar. Tasarladığı sosyal örgütlenme bütün Hıristiyanlık dışı ilkeleri reddeder ve yalnız Hıristiyan ilkelerine dayanır. Bu tasarının içinde Ortaçağın bütün ahlâkî kuruluşları, ama daha yüksek bir seviyede olarak vardır. Tasarı, bu kuruluşların eksikleri ve kötü yanları olmaksızın yalnız iyi yanlarını ihtiva eder; barbar yanını bırakarak iyi yanlarını alır. Esnaf loncaları, toplulukları, aileleriyle, büyük ve herkesin çıkarlarının topluluğun çıkarlarıyla uyuştuğu daha küçük kooperatiflere giderek dallanıp budaklanan bir kooperatifler serisi oluşturur.

Marlo'dan, 1848 - 49 İhtilâli sırasında Alman zanaatçılarının hareketinde oynadığı entelektüel kılavuzluk rolü dolayısıyla yeniden söz etmek fırsatını bulacağız.

3. Karl - Johann Rodbertus

Rodbertus, derin fikir ayrılıklarıyla onlardan uzak kalmakla birlikte yine de hem Marlo hem de Marx'a yakındır.

Rodbertus, Marlo gibi Roma Hukuku, kapitalizm ve ekonomik bireyciliğe karşıdır. O da Marlo gibi topluluğu, insan toplumunun yaşayan gücü olarak görür. Yine onun gibi sosyal meseleyi politikadan kesinlikle ayırır. Öte yandan isle Marx gibi, temeli emek olan değer teorisinden yanadır. Bununla birlikte Marlo'dan loncaların yeniden canlandırılmasına karşı olmasıyla; devlete merkeziyetçiliğe ve devletin daha bu günden, ürünlerin bölüştürülmesini işçilerin çıkarlarına uygun bir biçimde başarabileceğini söyleyen düşünceden saygılıyla ayrılır.

Rodbertus 1805'de, babasının Roma Hukuku profesörü olduğu Greifswald'ta doğdu. Doğduğu şehrin kolejinden çıktıktan sonra hukuk okumak için Goettingen ve Berlin'e gitti. Memuriyete girdi, yabancı ülkelere yolculuklar yaptı ve Pomeranya'da, Jagetzow'daki malikânesinde kendini ekonomi tarihi öğrenmeye verdi. 1842'de Ekonomik Şartlarımızın Anlaşılması İçin adını taşıyan ve hiç başarı kazanmamış olan büyük bir kitabın ilk cildini yayınladı. 1848'de Dinsel İnançlar ve Millî Eğitim Bakanı tayin edildi fakat birkaç hafta sonra istifa etti. Bundan sonra, Bismarck'a katıldı ve aralarında Kirschmann'a Dört Sosyal Mektup adını taşıyan incelemede bulunan çok sayıda ekonomik incelemeler yayınladı. 1862den 1864'e kadar Ferdinand Lasaile'le bundan on yıl sonra da Lassaile'cıların lideri Hasençlever'le mektuplaştı. 1872'den itibaren, iç politikasını mahkûm ettiği ve sosyal politikasının tam bir başarısızlığa uğrayacağını önceden bildirdiği Bismarck'tan yüz çevirdi. Hayatının sonuna doğru, sosyalistlerin adayı olarak seçimlere katılmayı bile düşündü fakat bu tasarısının arkasını getiremeden 1875 Aralığında öldü.

Rodbertus'e göre toplumun başlıca itici gücü ne bireylerin kafasında ne de iradelerinde değil hayatın kendisindedir. Bununla söylemek istediği şudur: Toplum, bilinçli güçlerle değil; aklî olmayan maddî güçlerle hareket eder. Bu sosyal hayatın ruhu topluluktur. Konuşma ve bilim, aklın kolektifligi, hak ve ahlâk, iradenin kolektifliği, emek ve ekonomik çalışma, maddî güçlerin kolektifliği temeli üstüne kurulmuşlardır.

Toplumun ruhunu oluşturan ne birey ne de bireysel özgürlük değil, maddi, entelektüel mal ve mülkler üstündeki kolektif mülkiyettir. Bireysel özgürlük ya da liberalizmin, ancak olumsuz bir anlamı vardır. Özgürlük ilkel komünist biçimleri, yeni ve daha tam komünist biçimlere yer açmak için öldürür. İnsan toplumu, sonunda tek düzenli örgütlenmeye geleceğin toplumuna varmak için kolektif ekonomiye doğru ilerlemektedir. Bireylerin özgür etkenliği devrimizde bir yandan bir aylaklar azınlığının artan zenginleşmesi ve öte yandan da emekçi sınıfların artan yoksullaşmasıyla her çeşit çelişmeye yol açmaktadır. Zira ekonomik hayatta sözünü geçiren emek değil, mülkiyettir. Bencillik bir erdem olmuştur. Rekabet, en değerlileri değil, spekülatörleri mutluluğa götürüyor. Sermaye, sonunda devlet içinde gerçek bir devlet olan bir takım şirketlerin dogmasına yol açıyor, kamu gücünü eline geçirerek zanaatçıları ve işçileri sefalete mahkûm ediyor. Yoksullaşma kötülüğe bir de yoksullar için gerçek bir felâket olan periyodik ekonomik krizlerin kötülüğü eklenir. Üstelik ücretlerin sarsılmaz yasası gereğince işçi sınıfı ücret olarak, geçinmesine ancak yetecek bir asgari miktar alırken sermaye, artan prodüktivitenin bütün kazancını kapıp götürür. Günümüzün sosyal meselesini meydana getiren temel kusur işte fiilen budur. Artmayan bir iç tüketimin yanı sıra gittikçe artan miktarda mal üretimi. Dolayısıyla, dışarıda yeni pazarlar açmak zorunluluğu ve fazla malların ülke dışına ihracı zorunlu olur. Bu yeni pazarların açılması sosyal meselenin çözümünü bir zaman için ertelemeye imkân verir. Çünkü üretimin durması da aynı süre boyunca geciktirilmiş olur. Böylece Avrupa bir zaman için nefes almış olmaktadır. Ama bu ertelemenin de bir sınırı vardır ve işte bunun için kaçınılmaz bir biçimde, şu iki meselenin çözümü ya da toplumun yıkılması. Bu çözüm neye dayanır?

Yukarıdaki sözlerden anlaşıldığına göre Rodbertus' ün, komünizmin gerekliliğine karar vermiş olması gerekir. Bununla birlikte, o bu amacın, uzun bir zaman geçmeden gerçekleştirilemeyeceğini düşünmektedir. Ona göre, eğer sosyal mesele bir yandan ekonominin sürekli prodüktivite artışı, öte yandan da emekçi sınıflarının üretim yeteneklerinin durması ya da nispî azalmasının yol açtığı ahenksizliğe dayanıyorsa, sonuç olarak çözümün, işçileri sürekli artış gösteren bu prodüktiviteye katılmak gerekliliğine bağlı olması gerekir. Devletin rolü işte buradadır ve genel çizgileri şunlar olan bir plana göre davranması gerekir:

Çeşitli mallar, ihtiva ettikleri normal iş saatleri göz önünde tutularak ölçülmelidir. Bu normal iş saatleri, yapılmış ürünlerin değerini belirler. Zira emek, değerin kaynağı ve ölçüsüdür. Ürünlerin üleştirilmesi şu biçimde yapılmalıdır: %30'u işçilere (ücret), %30'u kapitalistlere (kazanç), %30'u toprak sahiplerine (toprak kirası), %10'u devlete (vergiler). Dolayısıyla işgücü, artan prodüktivitenin kârına katabilecek ve bütün toplum ilerleyecektir. Böylelikle uyuşmazlıklar önlenecek, sosyal çatışmalar tümüyle ortadan kaldırılacaktır. Sözgelimi, yapılmış ürünlerin toplam değerinin 100 milyona yükselmiş olduğunu düşünelim. İşçiler paylarına 30 milyon alacaklardır. Otuz yıl sonra prodüktivite %100 artacak olursa aynı işçiler iki katlı pay alacaklardır ki bu da milyon eder. Madenî para yerini, temsil ettikleri iş saatlerinin sayısına göre aralarında değiştirtebilecek olan iş bonolarına bırakacaktır. Ve devlet toprak geliri, sermaye, emek arasındaki bu bölüşüm oranının kesinlikle aynı kalmasını sağlayacak biçimde davranmalıdır.

Rodbertus'ün ne yazık ki görmediği, üretim araçları özel mülkiyette kaldığı sürece, kendine mal etme işinin de özel olarak kalması gerektiğiydi. Ayrıca, toplumu devletin değil, ekonomik gücü elinde tutan sınıfın, yani kapitalist sınıfın yönettiğinide görmüyordu. Dolayısıyla Rodbertus'ün kendini, sermayeye ve toprak mülkiyetine dokunmamalarını, sendikalardan, kooperatiflerden ve genel olarak politik her çalışmadan uzak durumlarını öğütlediği işçilere ve onlara olduğu kadar devlete de anlatmayı başaramamış olmasının şaşılacak bir yanı yoktur. Kısaca, Rodbertus proletaryanın bağımsız her hareketine karşıydı. Bu noktada ancak hayatının sonunda fikir değiştirerek sosyalist politikayı tasvip ettiği anlaşılıyor.

Marx, Marlo ve Rodbertus'ün, Almanya'da 1860 ile 1920 arasında ortaya çıkmış olan şu kimselerin hepsini etkilemiş oldukları söylenebilir: Lasalle, Kautsky, Bebel (sosyal-demokrat), Evek Ketteler, Monfang, Wogelsang, Schings, Hitze (sosyal-katolik), Hermann, Wagner, Rudolf Meyer (sosyal tutucu), Profesör Wagner, Profesör Schoenberg, Profesör Schmoller (Kürsü Sosyalistlerinden),Protestan Papazı Todt, Hofprediger, Stoeker (sosyal proteston). Sosyal demokrasi müstesna bütün bu hareketler az çok Yahudi düşmanıydılar. Bu günkü nasyonal sosyalizm bunların soyundan gelmedir. Bununla birlikte, ne Marlo'nun ne de Rodbertus'ün Yahudi düşmanı olmadıklarını söylemek gerekir.

BÖLÜM VI

1848 - 1849 ALMAN İHTİLÂLİ

1. Başlıca Politik Olaylar

Daha önce gördüğümüz gibi (III. Kitap: Yakınçağlarda Sosyal Kavgalar, XIV. yüzyıldan XVIII, yüzyıla kadar). 1516 ile 1536 arasındaki Birinci Alman İhtilâli, şehirlerdeki zanaatçı komünistlerin hak iddialarının az çok rol oynadığı bir köylü ihtilâliydi. Buna karşılık, 1848 - 49 hareketi bir burjuva ihtilâliydi. Proletarya bu ihtilâlde bağımsız bir faaliyet gösterdi. Cerman Federasyonu'nun başlıca iki devletinden biri Avusturya'da olduğu kadar diğeri Prusya'da da burjuvazi 1830'dan beri mutlakıyetçiliğe ve ulusal bölünmeye son vererek liberal bir rejim kurmaya ve Alman birliğini sağlamaya çalınıyordu. Bu hareket, küçük devletlerde ve özellikle Güney Almanya'dakilerde daha da güçlüydü. Hükümetlerin malî krizi burjuvazinin, hak iddialarına daha açık bir anlam vermesini sağladı. Muhalif hareket, daha 1847 sonunda bile çok güçlüydü. Şubat İhtilâli'nin haberi Almanya'ya geldiği zaman ise fırtına 13 Martta Viyana'da ve 18 Martta da Berlin'de patladı. Hareket, küçük devletlerde daha Şubat sonundan beri yola koyulmuş bulunuyordu. Prensler ve soylular fırtına yüzünden başlarını eğmeye başladılar. Ya kaçtılar ya da hayatlarını kurtarmak için katlanıyor göründüler. Ama kısa bir süre sonra burjuva ihtilâlinin dalgaları, gerek Alman burjuvazisinin doğuştan muhafazakârlığı, gerekse az sonra göreceğimiz gibi, kendi öz hak iddialarıyla sahneye giren proletaryadan korkuları sebebiyle yatışmaya başladı. Burjuva bakanlar Berlin'de, Anayasa konusunda uzlaşmaya varmak ve feodal-burjuva bir koalisyon hükümeti kurmak için hükümdarlıkla görüşmelere giriştiler. Viyana da burjuvazi imparatorluk kadrosunu geri getirmek ve işlerin iyi gitmesi için gerekli düzeni kurmak yolunda bütün gayretini gösterdi. Bütün yurttaşlara tanınan oy hakkı sonucu seçilerek 18 Mayısta Frankfurt'taki Saint Paul kilisesinde toplanan Alman Milli Meclisi bütün zamanını, bitmez tükenmez tartışmalarla boşuna geçirdi ve Alman halkının egemenliğini kurtarmak için hiçbir şey yapmadı. Aynı zamanda da proletaryanın sosyal konudaki hak iddialarına karşı olduğunu belirtti.

Prensler bu arada yeniden kendilerine güvenmeye başlamışlardı ve 1848 Haziranı sonunda, Paris proletaryasının bozguna uğramış olduğu haberi gelince gericilik kafasını kaldırarak eski rejimin yeniden kurulması için hazırlanmaya başladı. Ekimde, Windischgraetz Viyana'ya yürüdü ve üç gün muharebeden sonra şehri ele geçirdi. Bundan iki gün sonra General Wrangel, Prusya Meclisi'ni dağıttı. 1 Mart 1849'da Viyana'da eski rejim kuruldu.

1849 Martının sonunda Frankfurt Millî Meclisi Prusya kralına tahtı, Alman halkına da aradan geçen süre boyunca hazırlanmış olan Anayasayı sundu. Prusya kralı reddetti. Alman halkına gelince, o kendisine sunulan 'Anayasayı kabul etti ama hükümetler, Halk Meclislerini dağıttılar, Frankfurt'ta, sağ kanat Millî Meclisi terk etti. Gölge parlamento durumuna düşen sol kanat Frankfurt'a taşındı. Anayasanın yürürlükten kalkması Mayısta, Dresde'te bir ayaklanmaya, Bade dukalığı ile Palatinat Bavyera'sında,

Anayasa kampanyası denilen ve 23 Temmuz 1849'da Alman Meclisi Rastatt'ın teslim olmasıyla sonuçlanan kampanyaya yol açtı. Mahallî ayaklanmaları bastıranlar her yerde Prusya birlikleriydi.

İkinci Alman İhtilâli biraz yaşadı. O da birinci gibi prenslerin ve soyluların zaferiyle bitti. Bununla birlikte galipler, mağlûplarla uzlaşma kabul etmek zorunda kaldılar. Zira yenilenler ekonomik gücü ellerinde tutuyorlardı. Bu uzlaşmalar prenslerle soyluları, İhtilâli vasilik yoluyla gerçekleştiren kimseler durumuna sokuyordu. Ve tabii ki bu kimseler de yapılan işi 1848 anlayışı içinde sonuçlandırmak yeteneğinden büsbütün yoksundular. İşte bundan dolayı beş yıl boyunca pek az şey yapılabildi. Eksikleri, daha sonra 1918 İhtilâli tamamlayacaktı.

2. Sosyal Akımlar

İhtilâl yılları, az ya da çok sosyalist eğilimli pek çok gazete ve derginin ortaya çıkışını gördü. Bunlar arasında bazılarımın adlarını analım: Köln'de, Marx tarafından yönetilen ve Engels, Wilhelm Wolff, Freiligraih'in yandıkları La Nouvelle Gazette Rhenane (Yeni Rhin Gazetesi), La Gazette de Berlin (Berlin Gazetesi), yöneticisi G. Julius, Berlin'de L'Ami du Peuple (Halkın Dostu), yöneticisi Gustav Adolf Schloeffel, Le Peuple (Halk), Berlin'de, yöneticisi Stefan Born, La Fraternisaion (Kardeşçe Bağdaşma), Berlin - Leipzig'te, yöneticileri, Born ve Schweninger, L'Electeur, (Seçmen) Berlin'de yöneticisi Weitling, Les Feuiiles Volantes Breslaufda, yöneticisi F. Behrend vb.

Bundan başka da Fraternisation Ouvriere (İşçi Kardeşliği Bağdaşması) kuruluşu ile bağlantılı olarak, Promethee ve Concorde gibi sendika organları çıkmıştır.

Emekçi halk tabakalarının özlemleri ve hak iddialarının genel karışıklığı içinde, açık bir biçimde iki akımı görülebiliyordu. Bunlardan, Marlo tarafından temsil edilen bir tanesi ekonominin loncalar üstüne yeniden organize edilmesini öne sürüyor, Stefan Born tarafından temsil edilen diğeri de sermaye ile emek arasında temel bir sınıf uzlaşmazlığının varlığını belirterek işçi sınıfının örgütlenmesini ve devletin yardımıyla üretim kooperatifleri kurulmasını doğru buluyordu. Marlo'yla birlikte bulunanlar, zanaatçı kalfaları, Born ile birlikte olanlar da fabrika işçileriydi.

Bu iki tarafın sayı bakımından güçleri şu rakamlarla anlatılabilir: 1846'da Prusya'da, 385.000 kalfa ve çırak kullanan 450.000 kadar zanaatkâr usta vardı. Öte yandan da toplam olarak 551.000 işçi kullanan 79 000 fabrika ve sınaî işletme bulunuyordu. Avusturya da dahil olmak üzere Almanya'nın geri kalan bölümlerinde bu oranın zanaatçı İş yerleri bakımından daha da yüksek olduğu söylenebilir.

Dolayısıyla görülüyor ki zanaatçılık anlayışı her yerde önde geliyordu. Lonca sistemine bağlılık, bu sistemin yeniden gözden geçirilmesi gerekliliği duygusuyla karışmış olarak meslek özgürlüğüne muhalefet şeklinde kuvvetli bir akım olarak görülüyordu. Çünkü ekonomik hayatın yeni şartlar, kayıtsız şartsız bir ortaçağa dönüşü olanaksız kılmaktaydı. Bu akım, Cassel Halk Meclisi'nin delegesi olarak Hamburg Zanaatçıları Kongresi (Haziran 1848) İle Frankfurt Zanaatçıları Kongresi'ne (Temmuz –Ağustos 1848) katılan ve burada üstün bir rolü oynayan Marlo tarafından desteklendi. 116 delegenin katıldığı Frankfurt

Kongresi, meslekî bir yönetmelik ve sosyal meselenin çözümü için bir plan hazırlanmasını kendine amaç edindi. Kalfalar, buraya delege gönderdilerse de bu delegelerin kabulü reddedildi. Delegelerin sert itirazları üzerine içlerinden on tanesinin kabulüne karar verildi, ama yalnız görüşmelerde bulunabilecekler ve oy hakları olmayacaktı. Kalfalar bu teklifi reddettiler ve onlar da Frankfurt'ta zanaatkâr ustalarınkiyle aynı zamanda bir kongre topladılar. Ustalar, Marlo'nun teklifi üzerine, modernleştirilmiş bir lonca rejimi, bir lonca federasyonu, meslek odaları kurulması ve bir sosyal parlamento meydana getirilmesi isteklerinde bulundular.

Zanaatkâr - ustalar kongresinin sonucu, Millî Meclis' in ekonomik komisyonuna bir yazıyla bildirildi. Ama Millî Meclis gibi, liberallerin çoğunlukta oldukları bu komisyon, kendilerine hitaben yazılmış olan yazıdaki teklifleri reddetti.

Yine Marlo'nun etkisi altında bulunan kalfalar kongresi de loncalar rejiminin modernleştirilmesi, Meslek Odaları ve bir Çalışma Bakanlığı kurulmasından yana karar aldı. İstekleri arasında ayrıca, bütün yurttaşlara oy hakkı tanınması, genel öğrenim zorunluluğu, meslek okulları kurulması, işgücünün, yemek molaları da dahil olmak üzere on iki saat olarak belirlenmesi, asgarî ücretler, sakatlık sandıklan, sermayeden müterakki bir vergi, işlenmiş ürünlerin ithalinden koruyucu bir vergi alınmas, sarayın malikânelerinin bölünerek tarım işçileri ya da küçük köylere dağıtılması veya kiraya verilmesi ve fazla nüfus için koloniler kurulması da vardı. Bu arada, o zamanlar bir nüfus fazlası korkusunun çok yaygın olduğunu da söylemeden geçmeyelim. Bu tasaya Marlo da katılıyor ve nüfusun hızlı artışıyla savaşmak için düşündüğü diğer tedbirlerden başka ayrıca, varlık durumları elvermeyen kimselerin evlenmelerinin azaltılmalını da öne sürüyordu.

Büyük endüstri merkezlerinde hüküm süren ruhî durum büsbütün başkaydı. Daha ihtilâlin başlangıcından beri, emek ile sermaye arasında bir sınıf uzlaşmazlığından söz edilmeye başlandı. La Gazette de Berlin (Berlin Gazetesi) daha 23 Mart 1848'de şunları yazıyordu: "Gerçek odur ki Fransa ve İngiltere'de olduğu gibi bizde de burjuva sınıfı ile işçi sınıfı arasındaki kopma gerçekleşmiştir bile." Stefan Born tarafından yönetilen Peuple' ün (Halk) ilk sayısı şunu bildiriyordu: "Halk sözü edildiğinde herkes halktan olduğunu ileri sürer. Oysa bu gazete kendine, özellikle pek belirli bir sınıfın, yani ücretiyle geçinen ve baskı altında bulunan işçi sınıfının savunmasını amaç edinmektedir." İşçi mitingleri gitgide daha hareketli oldu. Kısa bir süre sonra, işçi örgütleri ve Stefan Born'un yönetimi altında, Alman işçi sınıfını politika ve işbirliği alanında organize etmek amacını güden bir Union Otıvriere Generale (Genel İşçi Birliği) kuruldu. Birlik organı, 1848 - 49'da Leipzig'te çıkan başlangıçta Stefan Born tarafından yönetilen Fraternisation (Kardeşçe Bağdaşma) idi. Born burada, söz konusunun ütopyalar yapmak ve filozofların kafasından baştanbaşa donatılarak çıkmış ideal toplumlar yaratmak değil, üretim araçlarının kolektiviteye teslimi amacını güden sınıf savaşını sürdürmek olduğu düşüncesini geliştirdi.

İşçi Birliği tartından düzenlenen en önemli gösteri 1848 ağustosunun son haftasında toplanan Berlin İşçi Kongresi oldu. Kongre, başlıca Alman şehirlerini (Berlin Breslau, Chemnitz, Dresde, Harbourg, Koenigsberg, Leipzig, Münich) temsil eden 40 delegeden meydana gelmişti. Frankfurt Kalfalar Kongresi de bir delege gönderdi. Başkanlık, yaşlı Profesör Nees von Esenbeck'e, İkinci başkanlık da Stefan Born'a verildi. Kâtip, o devirde çok popüler olan L. Bisky adında bir kuyumcu îşcisiydi. Kongre, işçilerin, politika, kooperatif ve sendika örgütleri kurmasını, üretim kooperatiflerini desteklemek için kredi bankaları meydana getirilmesini öne sürdü. Bundan başka da ayrıca, çalışma hakkı, bütün yurttaşlara oy hakkı, askerlik hizmeti süresinin bir yıla indirilmesi, vasıtalı vergilerin kaldırılması, 14 yaşından küçük çocukların çalışmalarının yasaklanması, okul öğrenimi zorunluluğu, çıraklar için, zorunlu meslek okulları kurulması, fabrikalarda, atölyelerde işçi başlarının tayinine işçilerin de katılması, vb. istendi.

Union Ouvriere (İşçi Birliği), Stefan Born, mimar Schwennihg'er ve kuyumcu işçisi L, Bisky'nin yönettiği Fraternisation Ouvriere (Kardeşçe İşçi Dayanışma) örgütünün doğmasına yol açtı. Bunlar, konferanslar ve kongreler düzenlediler; Marx, Wolff, Schapper, vb. ile ilişki kurdular ve ihtilâlin son buluşuyla, teşkilâtları da sona erene kadar hatırı sayılır bir çalışma gösterdiler.

3. «Ligue des Communistes» in (Komünistler Birliği) sonu

Almanya'da ihtilâlin patlamasıyla birlikte, Komünistler Birliği üyelerinin pek çoğu, çekişmeyi komünist yönde sürdürmek için memleketlerine döndüler. Basında olduğu kadar halk meclisinde, sokak kavgalarında ve her yerde kendilerini gösterdiler. Bununla birlikte hiçbir yerde, proletarya ihtilâlinden yana olduklarını söylemiyorlardı. Zira Marx ve taraftarları Almanya'da durumun böyle bir ihtilâl için henüz olgunlaşmamış olduğunu düşünmekteydiler.

Marx, Engels, Freiligrath, Wolff, Weertıh ihtilâlci hareketin o zaman en belli başlı organı olan "Nouvelle Gazette Rhenane" da yazıyorlardı. Born, hareketi Berlin ve Leipzig'ten yönetiyordu. Daha sonra, Mayıs 1859'da Dresde ayaklanmasının başında bulundu. Sokak kavgalarını ve Fribourg üstüne yapılan çekilme hareketini dikkate değer bir biçimde başarıyla yönetti. Engels, Willich ve Moll, Bade'da Anayasa kampanyasına katıldılar. Schapper Wiesbaden'da çalışıyordu. Diğerleri de hareketi taşra merkezlerinde yönetiyorlardı. İhtilâl bozgunundan sonra birçoğu Londra'ya sığındı ve bir zaman için enternasyonalci hareketin merkezi durumuna gelen Birliğin yeniden örgütlenmesine girişildi. Londra'ya sığınmış olan bir takım İngiliz Chartiste' leri Blanqui'ciler, Polonya ve Macar ihtiliâlcileri buraya katıldılar. İçlerinden pek çoğu 1850 yılının ortasına kadar, ihtilâlin yakında yeniden canlanacağını umuyor ve çok kısa bir süre içinde bekledikleri olaylara hazırlanıyorlardı. Buna karşılık Marx ve Engels, 1850 yazına doğru, bu umudun yersiz olduğunu ve proletaryanın, ne türlü olursa olsun, ihtilâlci rolünün önce daha uzun bir süre, bir propaganda ve örgütlenme devresinden geçmesi gerektiğini anlamakta gecikmediler. Bu görüş, Birlik'in Willich ve Schapper yönetimindeki sol kanat komünistleri grubunun direnciyle karşılandı. Bunun üzerine bir bölünme oldu ve Marx, Birlik'in merkezini Köln'e naklederek 1 Ocak 1850'de tüzüğü yeniden gözden geçirtti. Bundan sonra da artık Birlik'in amacı, eski toplumun her türlü propaganda ve politik eylem yollarıyla yıkılması, proletaryanın entelektüel, politik ve ekonomik kurtuluşu oldu.

Propaganda, bütün Almanya'da, Birlik'in delegesi Nothjung'un 10 Mayıs 1851 günü Leipzig'te tutuklanmasına kadar Köln' den yönetildi. Üzerinde bulunan adresler ve belgeler Prusya hükümetine, onlara karşı Kasım 1850 tarihinden ünlü Kolonya Komünistleri Davasını açmak olanağını verdi. Bu dava Birlik'in ortadan kaldırılmasıyla sonuçlandı.

BÖLÜM VII

1850'DEN 1880'E KADAR

POLİTİK VE EKONOMİK İLERLEME

1. Liberalizm Devri

1848 - 1849 İhtilâli bozgunundan sonra bir gericilik dönemi başladı. Fransa'da III. Napoleon İmparatorluk tahtına oturmuştu. Dış politikasıyla (Kırım Savaşı, İtalya Savaşı, Meksika Savaşı) ve işçi hareketini bastırma yolunu seçmiş olmasıyla burjuvaziyi kazanıyordu. Büyük Britanya'da, işçi sınıfı ihtilâlci fikirlere yüz çevirdi ve liberal partinin basit bir eki oldu. Prusya'da, bütün yurttaşlara oy hakkı üç dereceli olarak tanındı, basın susturuldu ve politika bilimi F, J. Sthal adında bir Musevi dönmesi tarafından otorite, Kilise ve mutlakıyet yolunda yürütülmeye başlandı. Avusturya, Çar I. Nicolas'ın yardımıyla Macar İhtilâlini ezdi ve Cermen Federasyonunu kurdu.

Ama bu gericilik devri yalnız on yıl, 1849'dan f8S9'a kadar sürdü. 1850'den başlayarak özellikle hızlı ilerlemeler gösteren kapitalist gelişme, gerici göçler tarafından kurulmuş plan engelleri yıkarak yok etti. Kaliforniya, Avustralya altın madenlerinin, Meksika gümüş madenlerinin bulunması, demir yollarının, telgrafın ve buharlı gemiciliğin gelişmesi, maden endüstrisinin, bankaların, borsaların hamleleri ve nihayet doğal bilimlerin, kimya, fizik, biyolojinin ilerlemesi ve İtalya'da, Almanya'da, Polonya'da

Balkan ülkelerinde ulusal hareketin uyanışı Batı Avrupa ile Orta Avrupa politik ve sosyal hayatının ritmini hızlandırdı. Rusya'da bile, liberal ve reformcu eğilimler belirdi. Bütün bunlara bir de, Avrupa gericiliğinin başlıca dayanakları Rusya ile Avusturya'nın uğradığı iki yenilgi, Kırım Savaşındaki Rus bozgunu (1854 - 1855) ve Avusturya'nın, İtalya Savaşında (1859) uğradığı bozgun eklendi.

1860'tan 1870'e kadar geçen devre, liberalizm dönemidir. Bu devre boyunca Büyük Britanya'da J. S. Mili, William E. Gladstone gerçek politik zaferler elde ettiler. Amerika Birleşik Devletleri'nde 1861'den 1865'e kadar, millî birlik ve kölelerin kurtuluşu taraftarları ile hasımları, sonunda liberal Lincoln'un galip çıktığı amansız bir iç savaşta karşı karşıya geldiler. Fransa'da, cumhuriyetçi -burjuva muhalefet kafasını kaldırarak III. Napoleon u, kendisine tavizler vermek zorunda bıraktı. Prusya'da, liberal burjuvazi Bismarck'ın politikasına muhalefetini gitgide daha çok belli etti ve sonunda Bismarck, gerek iç politika gerekse dış politika (Avusturya'ya karşı savaş, 1868) zorunlulukları dolayısıyla kendini, liberal tedbirlere başvurmak (1867'de, bütün yurttaşlara oy hakkı tanınması) zorunda gördü. Rusya'da, 1861'de köylülerin özgürlüklerine kavuşması uzun bir ihtilâlci dönemin açılışını yapmış oldu. Japonya, içine kapanmış olduğu ortaçağ inzivasından çıkarak modern ekonomi ve modern hayata açıldı.

Darwin'in başlıca kitapları; Süveyş Kanalının açılışı, Kuzey Amerika zencilerinin kurtuluşu, Rusya'da ekonomik dönüşümün başlangıcı, Cermen Federasyonunun 1866 Prusya-Avusturya Savaşı sonunda dağılışı, Prusya'da işçi koalisyonları yasağının kaldırılışı ve bütün yurttaşlara oy hakkı tanınması, İngiltere'de seçim hakkının şehir işçilerini de kapsamına alması, Almanya ve İtalya'da millî birlik hareketinin başlangıcı gibi pek çok şeyler getirmiş olan bu dikkate değer on yıl ayrıca, Avrupa kıtası proletaryasının sınıf olarak örgütlenmesi ve yeni bir toplum için savaşa girme yılları olması bakımından da dikkati çekmektedir.

2. Emperyalizme ve Sosyalizme Geçiş

1869'dan 1879'a kadar geçen yıllar, liberal devrin sona eriş yıllarıdır.

Almanya'nın Fransa'ya karşı 1870 - 1871'de kazandığı zafer, endüstri, ticaret ve nakliyatın görülmemiş ilerlemesi, tarımda, gerek endüstrileşme gelişmelerinin, gerekse Amerikan rekabetinin sonucu olan çöküş, mallarının nispi üretim fazlalığı kısa bir süre sonra, ancak bazı refah yıllarıyla kesintiye uğrayan uzun bir politik ve ekonomik kriz dönemi getirdi. Bu dönem, 90 yıllarına kadar sürdü ve emperyalist dönemin, sömürge pazarlarına doğru itilişin, kapitalist olmayan Afrika ve Asya ülkelerinin paylaşılmalarının, aynı zamanda da Batı ve Orta Avrupa'da sosyalist hareketin uyanışının en belli başlı nedenlerinden biri oldu. Liberalizm, 70 yıllarının sonunda, çökmüş bulunuyordu. Ortaya ön planda devletçi müdahalecilik, himayecilik ve sömürgeci politikanın, kısaca egemen sınıfların politikası olarak emperyalizmin, işçi sınıfının savaş politikası ve ülküsü olarak da sosyalizmin göründüğü yeni ihtiyaçlar ve yeni fikirler çıktı. Avrupa kendini bir anda, liberalizmin zapt etmek için kendini güçsüz bulduğu hızlı bir dönüşüm dalgası içinde buldu.

Aşağıdaki istatistikler 1850 ile 1880 arasındaki bu dönüşümün genel çizgilerini göstermektedir:

Demiryolları, gemicilik ve endüstride kullanılan mekanik güç (beygir kuvveti olarak)

Ülke	1850	1880
İngiltere	1.290.000	7.600.000
Fransa	370.000	3.070.000
Almanya	260.000	5.120.000
Rusya	20 000	1.740.000
Avusturya	100.000	1.560,000
Avrupa	2.240.000	22.000.000
A. B. D.	1.680.000	14.400.000

Ham Demir Üretimi (Ton olarak)

Ülke	1850	1880
İngiltere	2.250.000	7.780.000
Fransa	570.000	1.730.000
Almanya	402,000	2.780.000
Amerika	560.000	3.840.000
Dünya üretimi	4.422.000	18.140.000

Çelik Üretimi (Yıllık ortalama)

Ülke	1850-60	1880
İngiltere	2.600.000	25.100.000
Fransa	800.000	3.800.000
Almanya	1.300.000	12.000,000
A. B. D.	700.000	21.000.000
Toplam olarak	6.100.000	68.000.000

Kömür Üretimi (Ton olarak)

Ülke	1850	1886
İngiltere	49.000.000	440.000
Fransa	6.700.000	8.000.000
Almanya	81.400.000	147.000.000
A. B. D.	19.400.000	59.100.000
Dünya Üretimi	70.500.000	340.000.000

Mamul Eşya (Milyon Sterlin olarak)

Ülke	1840	1886
İngiltere	384	830
Fransa	264	485
Almanya	150	583
A. B. D.	96	1443

Avrupa'nın Nüfusu (yaklaşık olarak)

1780	110.000.000
1880	315.000.000

Londra (1851), Paris (1855), Londra (1862), Paris (1867) ve Filadelfiya (1873) sergileri, bütün bu dönem boyunca endüstri alanında gerçekleştirilen tek büyük ilerlemeleri gösterdi.

Nüfus artışı, özellikle dikkati çekicidir. Tarihin hiç bir devrinde XIX. yüzyıldaki kadar hızlı olmamıştır. Bu durum, hijyen alanında ilerlemelerin ve doğal bilimlerle nakliyat tekniğinde gelişmelerin yol açtığı yaşama şartlarındaki genel düzelmenin, doğal bilimlerin tarım ve endüstriye uygulanmasının sonucu idi. Nüfus artışından özellikle şehirler yararlandı.

Endüstri merkezlerinde pek büyük insan yığınlarının toplanması, fikir alış verişini kolaylaştırdı. Endüstri alanındaki gelişmenin dalgalarıyla sürüklenen insanların, bir takım kimseleri zenginliğe ulaştıran, diğerlerini de yoksulluğa atan yeni sosyal şartlar üzerinde başlıca tartışma konuları artık, ilerleme, hareket ve gelişme oldu. Hegel'in, Marx'ın ve Darvin'in teorileri büyük sosyal ve entelektüel hareketlerin temeli durumuna geldi. Ortaçağ'da dinî, Yeni Zamanların başında mihaniki olan insan düşüncesi gitgide daha çok, biyolojik ve toplum sorunlarının incelenmesine yöneldi. Din, mekanizma ve organizma ya da başka bir deyişle Tanrı, tabiat, beşerî ve sosyal hayat, Hıristiyanlık çağının dördüncü yüzyılından başlayarak Avrupa toplumunun tarihinde bölüm başları işte bunlardır.

BÖLÜM VIII

BİRİNCİ ENTERNASYONAL DEVRİ

1. Lasalle ve "Union Generale des Ouvriers Allemands"

(Alman İşçileri Genel Birliği)

Bağımsız işçi hareketinin ilk hamleleri, 1848 - 1849 yılları sosyal fikirlerin etkilerini sürdürmekte olduğu Leipzig'ten çıktı. Liberal politikayla uyuşmazlık içinde bulunan ve bağımsız bir politika gütmek isteyen işçi unsurlar bir işçi kongresi toplamak amacıyla 1862'de bir merkez kongre bir süre önce "Bugünkü tarihî dönemle işçi sınıfı düşüncesi arasındaki ilişkiler" konusunda verdiği konferans dolayısıyla tanıdıkları Lasalle ile de konuştular. Başvurdukları diğer kimselerin yanı sıra, klanlara, ünlü Açık Mektup' la karşılık verdi. Bu açıklamasında, liberaller tarafından öne sürülen yollar, işçi sınıfının durumunu düzeltmek bakımından hiçbir işe yaramadığına göre işçilerin ödevinin, bütün yurttaşlara oy hakkı tanınması ve devletin yardımıyla üretim kooperatifleri kurulması için mücadeleyi yönetecek bir siyasî parti kurulmasına dayandığını bildiriyordu. Ücretli işçilik sürüp gittikçe işçiler yoksulluktan kurtulamayacaklardı. Zira ücretlerin amansız yasası bütün düzeltme çabalarını boşa çıkardı.

Ferdinand Lasalle, Breslau'lu bir Musevî tacir ailesindendi. Doğduğu şehrin kolejinde öğrenimine başladıktan sonra Leipzig ticaret okuluna girdi ama burada yalnız birkaç ay kaldı. Bundan sonra, Berlin Üniversitesine gitti. Felsefe ve klasik filoloji okudu. Lasalle, en üstün entelektüel yetenekler, büyük bir enerji ve olağanüstü atılgan bir mizaçla dikkati çekiyordu. Bazı Alman milliyetçilik eğilimleri ve diktatorya hevesleri olmasına rağmen inançlı bir sosyalistti. Fransa'ya da İngiltere gibi bir ülkede, bir Disrael ya da Gambetta'nın oynadıkları çeşitten en ön planda bir rol oynayabilirlerdi. Ama o devrin Almanyasında oynayabileceği rol ancak, bir sosyalist militanın ya da sergüzeştçi aydından başka olamazdı Söylevleri ve yazıları bugün bile coşturucu bir etki yapmaktadır. Çağ dağlarının hayranlığını çekmesi kolay oluyor, ama onlara güven veremiyordu. Karakteri, kafa yapısıyla aynı düzeyde olmaktan uzaktı. Anlık başarıların adamıydı, kendini fikirlerine kurban edecek kimse değildi. Birçok noktada, entelektüel üstünlüğünü kendisininde kabul ettiği Marx'a boyun eğmiş olmasına rağmen, bağlı olduğu dünya görüşü, temeli bakımından tam idealistti. Hegel gibi, Fichte gibi, bir devlet hayranıydı. Gerçekte, eski Hegel'ci olarak kaldı. Maddî olayları ve tarih olaylarını Hegel gibi, tanrısal oluşun dış belirtileri sayıyordu. Aynı zamanda, ruhun ölümsüzlüğüne de inanıyordu. Bütün hayatı boyunca, kendisine büyük hayranlık duyduğu Marx'ın dostluğunu kazanmaya çalıştı. Ama yine de onunla dostluk ilişkileri kurmayı başaramadı. Rodbertus. Alexandre de Humboldt ve diğer Prusyalı bilginlerle bu bakımdan daha talihli çıktı. Bismarck' da ona büyük bir değer veriyordu. Kısaca söylemek gerekirse, Lasalle terimin en doğru anlamıyla bir Prusya Musevî'siydi. Franz von Sickingen adındaki dramı, Alman birliğinden yana ateşli bir savunmadır.

Leipzig merkez komitesiyle ilişkileri 1863'de, başkanı tayin edildiği Union Generale des Ouvriers Allemands'ın (Alman İşçileri Genel Birliği) doğmasına yol açtı. Bir yıl sonra öldüğü zaman Birlik'in 4.000 üyesi bulunuyordu. Lasalle'ın yerine hukukçu ve usta politikacı J. B. von Schweitzer geçti. Kısa bir süre sonra, Schweitzer ile Marx'ın fikirlerini savunan Wilhelm Liebknecht (1829 • 1900) ve Auguste Bebel (1840 - 1913) arasında anlaşmazlık çıktı. J. B. Schweitzer, İşçi Birliği'ni halefi gibi, Prusya - Almanya çerçevesi içinde tutmak istiyordu. Oysa Marx'ın taraftarları her şeyden önce enternasyonalci ve Prusya düşmanıydılar. Uzun çekişme yıllarından sonra Liebknecht ve Bebel 1869'da Eisenach şehrinde, Elsenach'lılar Partisi adıyla, 1864'te Londra'da kurulmuş Associatîon İnternationale des Travailleurs'e (Uluslararası Emekçi Birliği) dayanan ayrı bir parti kurdular.

1870 Fransız - Alman savaşı patladığı zaman, iki parti birbirinden değişik tutum takındı. Kuzey Almanya Meclisinde (Reichstag) Lasalle'cı Schweitzer, Fritsche ve Mende savaş ödeneklerine oy verdiler. Eisenach'lı Liebknecht ve Bebel ise çekimser kaldı. İki partinin temsilcileri ancak Sedan zaferinden sonra, Almanya'nın bir fetih politikasına girişmekte olduğunu anladıkları zaman savaş ödeneklerine karşı oy vermeyi kararlaştırdılar. Bebel ve Liebknecht, savaşa karşı tutumları için olduğu gibi Uluslararası Emekçi Birliğine katılmış olmaları dolayısıyla de mahkemelere verilerek kalebentliğe mahkûm edildiler. Üçüncü sanık Adolf Hepner beraat etti.

2. Birinci Enternasyonalin Kuruluşu ve Gelişmesi

1861 ile 1864 yılları arasında, Almanya'da olduğu gibi Fransa ve İngiltere'de de bir işçi hareketi uyanışı dikkati çeker. Bir Fransız işçi delegasyonunun, İngiliz işçi liderleriyle bir araya gelerek ilişki kurmasına yol açan 1862 Londra Sergisi ziyareti, Fransız proletaryası ve İngiliz proletaryası tarafından 1863 Polonya ayaklanmasına gösterilen yakınlık, İngiliz işçileri tarafından girişilen, bütün yurttaşlara oy hakkı tanınmasından yana mücadele. Bütün bu olaylar, 25 Eylül 1864 günü Association İnternationale des Travailleurs' ün Uluslararası Emekçiler Birliği kurulmasına yol açtı. Bu olayı hem kutlayacak, hem de teyit edecek olan umuma açık toplantı İngiliz, Fransız, İtalyan ve Alman işçi örgütlerinin katılmasıyla 28 Eylülde yapıldı. Karl Marx, Alman delegelerinin arasında bulunuyordu. Birlik'in entelektüel yönetimi ona bırakıldı. Manifestoyu, açış konuşmasını ve tüzüğü o hazırladı. Açış konuşmasında ortaya konan temel düşünceler şunlardır: Proletaryanın, sınıf partisi olarak örgütlenmesi, sosyal diplomasi ile mücadele, bütün ülkeler proletaryasının birleşmesi, sınıf egemenliğinin devrilmesi, işçi sınıfının ekonomik kurtuluşu. Birlik'in merkezi Londra'daydı ve başlıca üyeleri İngiliz ve Alman işçi liderleri olan bir Genel Konsey tarafından yönetiliyordu. Fiilen hiçbir zaman gerçek bir kitle örgütü olmamış ve ancak en etkin liderleri, işçi gruplarını toplamayı başarabilmiştir. Burası daha çok, proletaryanın tabiyesi ve amacı konusunda tek bir anlayış bulunmasına çalışılan bir akademiydi. Zaten bu da başarılamadı. Zira Marx, Proudhon'cular ve Bakounine'cilerle mücadele etmek zorunda kalmıştı. Birlik, beş kongre yaptı ve şu konular tartışıldı: İşçi mevzuatı, kooperatifler, sendika meselesi, savaş ve işçi hareketi, toprak reformu. Kongreler, Cenevre'de (1866), Lozan'da (1867), Brüksel'de (1868), Bâle'da (1869) yapıldı. 1867'ye kadar Proudhon'cuların etkisi, 1867'den 1869'a kadar da Marx'çı etki ağır bastı. Toprağın ve taşıt işlerine gerekli araçların sosyalizasyonu konusunda kararlar alındı. 1368'de, Birlik'e Rus ihtilâlcisi Bakounine girdi ve kısa bir süre sonra Marx'la mücadeleye başladı. Uluslararası Emekçiler Birliği'nin (U. E.B.) içinde Alliance Internationale (Uluslararası İttifak) adında ve U.E.B. yöneticilerinin tanımadıkları gizli bir örgüt kurdu. Bu durumun sonucu olarak ortaya çıkan anlaşmazlık La Haye Kongresinde çıkan bölünmeye yol açtı. U. E. B. nin merkezi New York'a götürüldü ve sonunda 1876'da Birlik'in kendisinin de dağıtılmış olduğu açıklandı.

U.E.B. nin, sendika hareketinin genişlemesindeki payı çok büyük olmuş ve aynı zamanda da Marx'çılığın zaferini sağlamıştır.

Bir yanda Marx'çı unsurlar, öte yanda da Bakounine' ci ve Poudhon'cular arasındaki mücadele birçok anlaşmazlıklara yol açtı. Bu mücadelenin Uluslararası Emekçiler Birliğinde ortaya çıkardığı tartışmalar pek çok ve çeşitli suçlamalarla bulandırıldı. Tarafların karşılıklı olarak birbirlerine yönelttikleri bu suçlamalar yüzünden anlaşmazlık konusu noktalar üstüne gerçek bir ışık tutulamadı. Aslında her iki eğilim de komünistti. Nitekim Proudhon'culuk bu alanda sahneden çabucak çekildi. Yalnız ne var ki Marx'çılar politik eylem ile sendikacı eylemi ve iktidarı ele geçirmeyi komünizme ulaşmanın yolları sayıyorlardı. Buna karşılık Bakounine'ciler, bu amaca varmak için en iyi tabiyeyi, anti-militarist ve Parlâmentocu sendikacılıkta görmekteydiler. Bakounine, Guillaume, Huis tarafından yönetilen bu kimseler, ferdi egemen bir güç sayan ve devlette genellikle, otoriter, merkeziyetçi bir eğilim gören, onu savaşılması gerekli bir güç sayan liberal teoriden hareket ediyorlardı. Bu anlayıştan yalnız bir bakımdan, özel mülkiyetin yerine kolektif mülkiyeti, tek başına ferdin yerine emekçilerin serbest topluluğunu koymakla ayrılıyorlardı.

Marx'çılar için ise tersine birey içinde yaşamakta olduğu toplumsal şartlarla öylesine sınırlı idi ki ancak mevcut politik ve ekonomik biçimler içinde davranabilirlerdi. Bakounine'ciler, topluluk çerçevesi içinde bireysel özgürlüğün gerekliliğini özellikle belirtiyorlardı. Marx'ı her şeyden önce ilgilendiren, işçi sınıfının sınıf mücadelesi amacıyla hem parti içinde hem de sendikalarda örgütlenmesi, iktidarın ele geçirilmesi, komünizme geçiş için proletarya diktatöryasının kurulmasıydı. Bu gerçekleştirildikten sonra da devlet yerini, işlerin kolektif çalışma kuruluşlarıyla yürütüleceği demokratik bir topluma bırakarak yok olacaktı. Bakounine ve Proudhon gibi Marx da bir devlet hayranı değildi. O da onlar gibi devleti egemen sınıfın, varlıklı olmayanların mülkiyete yapacakları saldırıya karşı çıkan bir organı olarak görüyordu. Ama devletin ancak, özel mülkiyetin kendisinin de ortadan kalktığı zaman yok olacağını söylüyordu. Oysa Proudhon ve Bakounine tersine devlette, her türlü sosyal dönüşüm denemesini olanaksız kılan ve dolayısıyla devletin en kısa zamanda ortadan kaldırılmasını gerektiren apaçık bir kötülük görüyorlardı. Bakounine, bu amaca varmak için en iyi yolun gizli birleşme ve silahlı ayaklanma olduğuna inanıyordu.

Birinci Enternasyonal'in tarihinde en önemli olay, Commune de Paris'dir (1871).

3. Commune de Paris (Paris Komünü)

Paris Komünü'nün çıkışı, başlıca üç sebebe bağlıdır:

1) Alman birliğinin kurulmasını önlemek amacı güden Fransız politikasının yol açtığa Fransız - Alman savaşı

2) Paris belediyesinin çok önemli bir rol oynamış olduğu Fransız İhtilâli'nin gelenekleri 3) Enternasyonal'in Paris'te ve taşra şehirlerinde gerçekleştirdiği ilerlemeler ve aynı zamanda da sosyalist fikirlerin genel olarak gelişmesi.

Prusya tarafından 1864 ve 1866da kazanılan zaferler, Kuzey Cerman Federasyonu'nun kuruluşu (1867) ve Güney Almanya'ya doğru yaklaşma, Fransız diplomasisinin önüne büyük güçlükler çıkardı. İspanya tahtı, Hohenzollern-Sigbaringen hanedanından bir prense sunulduğu ve o da bunu kabul ettiği zaman (1870), Fransa tehdit altında bulunduğunu hissetti ve Bismarck'ın kurduğu tuzağa düştü. Gerçekten Prusya gerek askerî gerekse diplomatik bakımdan savaşa tamamıyla hazır durumdaydı ve Fransa'yla çatışmaya girişmek için fırsat kolluyordu. Savaş, 19 Temmuz 1870'de patladı. Ağustos ayı boyunca Fransız ordusu bir sıra başarısızlığa uğradı. Sedan felâketi haberiyle birlikte 4 Eylül 1870 günü Paris ayaklandı. İmparatorluğu devirdi. Cumhuriyeti ilân etti ve geçici bir Millî Savunma Hükümeti'ni işbaşına getirdi. Bu geçici hükümetin içinde, görevinin seviyesinde bulunan, denebilir ki sadece Gambetta idi. Başbakanlık ve Paris askerî valiliği görevini yüklenmiş bulunan ve dış düşmandan olduğu kadar iç düşmandan da nefret eden General Trochu daha başlangıçtan beri iki taraflı bir rol oynadı. 31 Ekimde Blanqui, cumhuriyetçi hükümeti devirerek yerine sosyalist bir hükümet geçirmek için bir deneme yaptı ama deneme başarısızlığa uğradı. Olaylar, içerde yapılacak bir yeniden örgütlenme için elverişli değildi. Gambetta tarafından kurulan ordular birbirinin ardı sıra yenildi. Kısa bir süre sonra durum öylesine kötüye gitmiş bulunuyordu ki 1871 Ocak'ı sonunda mütareke görüşmelerine başlamak zorunda kalındı. 8 Şubat'ta, Millî Meclisin kurulması için genel seçimlere başvuruldu.

Seçimler, Thiers'in başkanlığındaki gerici bir bakanlar kurulunu işbaşına getiren bir gerici çoğunluk sağladı. Millî Meclis önce Bordeaux'da, sonra da Versailles'da toplandı ve Paris proletaryasına karşı mücadeleye buradan girişildi.

26 Şubatta barış hazırlıkları başladı. Alsace - Lorraine'i Prusya'ya bırakan barış antlaşması bütün ülkede, görülmemiş bir aşağılanma duygusu ve halkta da pek büyük bir hoşnutsuzluk yarattı. Durum Paris'te özellikle öyleydi. Başkentte asayişi sağlamak için kurulmuş ve çok sayıda proletarya unsurları ile radikal unsurlar ihtiva eden Garde Nationale de Paris (Paris Millî Muhafız Teşkilâtı) şubat sonunda bir merkez komitesi kurdu. Thiers hükümeti tarafından yapılan, Montmarte tepelerinde mevzilenmiş bulunan Millî Muhafız Teşkilâtı'nın topçu kuvvetlerini ele geçirmek yolundaki bir denemeyi püskürttükten sonra Merkez Komitesi hükümete karşı bir tutum takındı ve 18 Mart 1871 günü Paris Komünü'nü ilân etti. Bir geçici hükümet, yani diktatörya tesis edildi, fakat aradan sekiz gün geçtikten sonra bütün Paris halkını seçim sandığı başına çağırdı ya da başka bir deyişle elindeki yetkileri Paris halkının eline teslim etti. 26 Mart 1871 seçimlerinden çıkmış olan Paris Komünü, Mayıs sonundaki nihaî bozgununa kadar işbaşında kaldı. Komün, düzgün seçimler sonucunda işbaşına gelmiş olduğuna ve Enternasyonal üyeleri Blanqui'ciler, Proudhon'cular, cumhuriyetçi burjuvalar ve umutsuzluğun

son kertesindeki yurtseverlerle bir koalisyon hükümeti kurduğuna göre bir diktatörya değildi. Millî Muhafız Teşkilâtının Merkez Komitesi iktidar elinde tutmaya devam etmiş ve bütün yurttaşların oylarına başvurmamış olsaydı Komün işte o zaman bir diktatörya olarak kalırdı. Gerçekte ise Komün, başlıca unsurların hemen hiçbir konuda, ne benimsenecek taktik konusunda ne de varılacak amaç üstünde mutabık olmadıkları bir koalisyon hükümetiydi. Millî Muhafız Teşkilâtının Merkez Komitesine Marx tarafından demokratik biçimlere gösterdikleri aşırı saygı ve oya başvurmuş olmalarından dolayı yapılan tariz ılımlı olmuşsa bile hiç de haksız ve doğrulanmamış bir tariz değildir.

O zaman bütün bütüne aylak durumda olan Versailles'lılara karşı yürümek yerine, 26 Mart günü Komün'ün seçimine girişildi ve düzeni koruyan tarafın, güçlerini bir daha sınanmasına izin verilmiş oldu. İşte o gün, düzeni koruyan tarafın adamları seçim yerlerinde, bir yandan içlerinden, sırası geldiğinde pek büyük bir intikam alacaklarına dair and içerken pek yüce gönüllü galipleriyle iyi dilekli uzlaşma sözleri konuştular.

Marx öte yandan, dostu Kugelmann'a Merkez Komitesinin, kaçınılmaz bir biçimde başarısızlığa yol açacak olan iki büyük yanlış yapmış olduğunu yazıyordu. Bunlardan birincisi (Versailles'ın birliklerin Montmartre'a yaptıkları başarısız saldırı denemesinden sonra) Millî Muhafız birliğini, hükümeti ele geçirmek için Versailles'a yürütmemiş olmaktı. Diğeri de iktidarı, Paris Komününe yer vermek için çok erken bırakmış olmasıydı. Bu da aşırı derecede bir titizlikti.

Fransız proletaryasının daha 1848'de yapmış olduğu ve Alman proletaryasının da 1918-1919'da yapacağı yanlışlar işte bunlar olmuştur. Her ikisinde de zaferi kazanmış olan İhtilâl, diktatöryayı, yurttaşların oylarına başvurmak için çok erken bıraktı. Ve her ikisinde de sosyalizm sonunda yenildi. Dolayısıyla bütün bunlardan da Engels'in Paris Komününü bir proletarya diktatöryası sayarken ne derece yanılmış olduğu anlaşılmaktadır.

Kurulu düzenin sürüp gitmesinden yana olanların 16 Mart 1871 günü, galiplerin kendilerine verdiği oy hakkını kullanırken için için yaptıkları o tumturaklı intikam tasarıları Mayıs ayının sonunda en korkunç biçimde gerçekleşti. Komün'ün bozguna uğramasının ardından, Komüncülerin acıma bilmeksizin toptan öldürülmeleri ve bütün şüpheli unsurların sürgün edilmeleri geldi. Fransız burjuvazisi böylece sosyalist umacısını, on yıl kadar bir süre için başından savabildi. Sosyalizm Fransa'da yeniden, ancak 80 yıllarının başında uyandı. İkinci Enternasyonal, 1889'da Paris'te kurulmuştur.

BÖLÜM IX

EMPERYALİST DEVİR (1880 - 1914)

1. Emperyalizmin Ekonomik Kökleri

1854'ten 1879'a kadar süren ve Almanya İtalya ile Amerika Birleşik Devletleri'nin millî birliklerini gerçekleştirdikleri, Balkan halklarının da millî kurtuluşları için mücadeleye başladıkları savaşlar döneminin ardından, gitgide bütün yeryüzü halklarını peşinden sürükleyen emperyalist bir gelişme devri geldi. Afrika baştanbaşa keşfedildi, birçok büyük güçler arasında paylaşıldı ve raylarla, telgraf telleriyle örtüldü. Asya, lokomotiflerin ve buhar makinelerinin tiz sesleriyle bir yıllık rüyasından uyandırıldı. Demiryolları Kuzey Amerika çayırlarını her yönden, baştanbaşa geçerek Batı bölgelerine büyük insan güçlerini götürdü. Buraların toprağının maden zenginliklerinin işlenmesini kolaylaştırdı. Bundan sonra artık insanlık zenginlik yaratmak ve maddî zenginlikleri biriktirmekten başka amacı yokmuş gibi görünmeye kömür ve demir üretimine şöyle bir göz atmak bunu yeteriyle gösterecektir:

Kömür Üretimi (Ton olarak)

Ülke	1880	1913
İngiltere	147.000.000	292.000.000
Fransa	19.400.000	41.000.000
Almanya	59.000.000	277.000.000
Birleşik Dev.	70.500.000	517.000.000

Ham Demir Üretimi (Ton olarak)

Ülke	1880	1913
İngiltere	7.780.000	3.070.000
Fransa	5.120.000	3.840.000
Almanya	10.400.000	5.300.000
Birleşik Dev.	19.400.000	31.500.000

Nüfus

Ülke	1880	1913
Avrupa	315.000.000	419.000.000
Birleşik Dev.	51.000.000	105.000.000

Buharın ve mekaniğin bir yüzyıl önce oynamış olduğu devrimci rol gitgide kimyaya geçti. İngiltere'nin o zamana kadar ağır basmakta olan üstünlüğü de Almanya'ya ve Birleşik Devletlere geçmiş bulunuyordu.

Bunun gibi, kapitalizmin ekonomik hayatının kökünde bulunan yasalar da endüstrileşmiş ülkelerde kendini enerjik bir biçimde duyurmaya başladı.

Üretim anarşisi ve kitlelerin proleterleşmesine bağlı olarak emeğin artan prodüktivitesi arz ile talep arasında gitgide artan bir oransızlık getirdi. Bu oransızlık belirli aralarla, önemli ekonomik krizlere yol açtı. İşlerin durması, işsizlik, fiyatların düşmesi, bütün bu olaylar her isteyene, kapitalizmin parlak zaferlerinin birer ters yanı da olduğunu gösterdi. Pazarların genişletilmesi ihtiyacının doğuşuna bunlar yol açmıştır. Mekanik güçlerin endüstride gittikçe daha çok kullanılması canlı işgücü miktarını gitgide azalttı. Bu da metaların değerini ve dolayısıyla işlenmiş metaların fiyatlarını da düşürdü. Her metadaki değer ne kadar az ise müteşebbise sağladığı artık - değer o kadar az olur. Dolayısıyla ortaya, müteşebbisler için gerçek bir bilmece olan ve kendini bütün ülkelerde gösteren bir kâr yüzdesi düşüşü çıkar. Bu bilmecenin çözümü iş kurumlarının yayılmacında ve kâr yığınının, yığın halinde üretimle arttırılmasındadır. Ama iş yerlerinin genişletilmesine yalnız, büyük sermayeleri olan müteşebbisler girişebilir. Bunu yapamayacak durumda olanlar, hisse senetli şirketlerde birleşir ya da ortadan yok olurlar. Yığınla üretim pek çok miktarda ve ancak deniz aşırı ülkelerde bulunan ham maddeler gerektirir. Dolayısıyla, sömürgeler elde etmek gerekliliği, sömürgeci politika, deniz savaşı araçları yapımı, silahlanma yarışı, millî gücün dışa yayılması diplomatik anlaşmazlıklar ve sonunda da savaşlar.

Kâr yüzdesinin düşmesiyle ortaya çıkan üretim seviyesi artışının yayılması kaçınılmaz bir biçimde büyük teşebbüsün zaferine ve pek büyük kâr yığınlarının az sayıda temerküzüne yol açar. Kendi ülkelerinde, kullanım yeri ya da hiçbir kârlı yatırım alanı bulamayan sermayeler kapitalist olmayan veya daha az kapitalist ve kâr yüzdesinin henüz yüksek, işçi hareketinin de cılız olduğu ülkelerdeki alanlara yatırılırlar. Buralara yatırılmış olan sermaye onları etki alanlarının içine alarak ya da buralara bu ülkelerin üstüne ya doğrudan doğruya fetih yoluyla veya onları etki alanlarının içine alarak ya da buralara barışçı yollarla sızarak yayarlar. Yine bu yayılma da yatırılmış sermayeyi korumak ve rakip ülkelerin rekabetine karşı koymak için deniz savaşı araçları yapımı ve silahlanma gerektirir. Modern emperyalist politikanın ve dünya savaşlarının başlıca nedenleri işte bunlardır.

2- Sosyalizmin ilerlemesi. Kari Kautsky

Sosyalist hareketin olağanüstü ilerlemesini açıklayan, politika ve iktisat alanındaki bu derin dönüşümlerdir. Sosyalist hareket.1880' den 1914'e kadar, görülmemiş bir yayılma gösterdi. Temsilcileri ve örgütü bulunmayan hemen hiç bir ülke kalmamış gibiydi. Taraftarları milyonları buluyor ve hareket bundan sonra artık Marx'çı ilkelere dayanıyordu.

Almanya'nın teknikte, endüstride, bilimsel ilkelerin ve metotların ekonomiye uygulanmasında üstün bir rol oynamış olması gibi Alman sosyalist proletaryasıda sosyalist teori ve eylem alanında üstün bir rol oynadığı Fransız işçi hareketini, içinde bulunduğu uyuşukluktan çıkaran ilk kıvılcımlar Almanya'da çakmıştır. O zaman sayıları pek çok olmayan İngiliz sosyalistlerini Londra'da bir sosyalist örgüt kurmak kararına vardıran, Alman proletaryası tarafından kazanılan başarılardır. Bunun gibi, Slav ülkelerinde de Alman sosyal demokrasisi bir örnek sayılmaya başlandı. Uluslararası işçi ve sosyalist kongrelerinde Alman delegasyonu en ön planda rol oynadı. Kısaca söylemek gerekirse, 1875 ile 1914 arasındaki devre boyunca Alman sosyal demokrasisi dünya işçi hareketinin başında idi. Önderleri Auguste Bebel ve Wilhelm Liebknecht, evrensel bir üne sahip bulunuyorlardı.

Bütün bu dönem boyunca Alman sosyal demokrasisinin başlıca teoricisi Kari Kautsky idi. Onun etkinliğinin kendini göstermeye başlamasına yani 1882'ye kadar, hatta daha sonraları da Almanya'da Marx'çılık konusunda hemen hiç bir şey bilinmiyordu. Ama Joseph Dietzgen adındaki kendi kendini yetiştirmiş ve geniş ekonomik, politik bilgiler edinerek Marx'çı fikirleri yaymış olan, fakat ne yazık ki halkın anlayacağı dilde yazabilmek yeteneğinden yoksun bulunan bir işçiyi bu konuda ayrı tutmak gerekir. Bu devrin sosyalist hareketi bilgisini genellikle Lasalle'ın yazdıklarından, 1848 hatıralarından ve Fransız sosyalist edebiyatından çıkarıyordu. Bazı sosyalistler de Rodbertus ve Eugene Duhring'in öğretimini izliyorlardı. Diğer bazıları ise sadece Uluslararası Emekçi Birliği'nin yayınlarını biliyor, ya da hak iddialarını insanlık anlayışı ve ahlâkı üstüne temellendiriyorlardı. Kautsky yavaş yavaş, Marx'cılık öğretimini yaymayı başardı. Kendini Engels okulunda yetiştirmişti. Geniş bilimsel, tarihî ve ekonomik bilgilere sahipti, duru bir üslûbu, pek büyük bir çalışma gücü vardı.

1854'de Prag'da doğmuştu. Babası, Çek - Polonya asıllı bir ailedendi ve ressamlık yapıyordu. Cermen - İtalyan aslından olan annesi ise roman yazıyordu. Öğrenimini Viyana kolejinde yaptı. Paris Komünü olayları dikkatini sosyal meselelere çekti. İngiliz iktisatçı ve sosyologları John Stuart Mili, Malthus ve Spencer ile Fransız sosyalistlerinin kitaplarını okudu. 1875'te sosyalist harekete katılarak sol kanatta yer aldı, Marx'ın kitaplarını o zaman tanıdı. 1880'de Nüfus Artışının Etkisi adındaki ilk kitabını yayınladı. Bu kitapta, Marx'çı ekonomi konusunda o devir için çok geniş bilgisi olduğu görülmektedir. Ama bu bilgisi nüfus meselesine ve tarım konusuna en başta önem vermesine engel olmuyordu. Aradan birkaç yıl geçince ve Zürih'teki Socialdemocrate' a yazılar yazdıktan sonra Marx'çılığa tam olarak katıldı ve Marx'çılık propagandası için ilk orgun olan Die Netıe Zeit (Yeni Zamanlar) dergisini kurdu. 1884'den 1887'ye kadar, Frederic Engels'in çalışma arkadaşı olarak Londra'da yaşadı. 1887 ile 1907 arası hayatının en verimli yılları olmuştur. Bu iki on yıllık devre boyunca şu kitapları yayınlamıştır: Thomas Morus, Marx'ın Ekonomik Öğretileri, Erfurt Programı. Gerek Alman gerekse dünya sosyalist hareketi üstünde derin bir etki yapan diğer yazılarını da bu sırada yayınladı.

BÖLÜM X

İKİNCİ ENTERNASYONAL (1889 - 1914)

1)Başlıca Kongreler

Birinci Enternasyonalin dağılışından İkinci Enternasyonalin kurulmasına kadar geçen dönem Boyunca, ortak hiç bir temeli bulunmayan birçok işçi, sosyalist ve sendika kongreleri toplandı. Ancak 1880'de, Uluslararası Paris Sergisi vesilesiyle bu şehirde, bir Possibiliste'ler diğeri de Marx'çılar tarafından ve İkinci Enternasyonal'in kurulmasıyla sonuçlanan iki sosyalist kongre toplandı. Uluslararası 1 Mayıs Günü ilkesi bu kongrede kabul edilmiştir.

İkinci Enternasyonal sekiz kongre yaptı. Brüksel'de (1891), Zürih'te (1893), Londra'da (1896) Paris'te (1900), Amsterdam'da (1904), Stuttgart'ta (1907), Kopenhag'la (1910) ve Bâle'de (1912). 1900 yılından itibaren merkezi Brüksel'e yani başkanı Emile Vandervelde, sekreteri de Camille Huysmans olan Bureatu Sociarste İmajinationun (Enternasyonal Sosyalist Bürosu) bulunduğu yere götürüldü. Katılan her ülkenin, zaman zaman önemli konuları görüşmek ve kongreleri hazırlamak için toplanan ikişer delegesi vardır.

İkinci Enternasyonal'in tarihi üçe ayrılır:

1) 1889'dan 1896'ya

2) 1896'dan 1904'e

3) 1904'ten 1914'e.

Birinci bölüm sırasında, sosyalizm ile anarşizm arasında kesin bir sınır çekilmesine çalışıldı. İkinci bölüm sırasında, sınıf mücadelesi ilkelerinin ve sosyalist partilerinin burjuva hükümetlere karşı tutumlarının belirlenmesine çatışıldı. Üçüncü bölüm sırasında da emperyalist savaşın artan tehlikelerine karşı ulusların dikkatinin çekilmesine ve bu tehlike karşısında Enternasyonal'in durumunun belirlenmesine çalıştı.

Gerçekte, İkinci Enternasyonal'in çalışmasıyla elde edilen tek sonuç, Londra Kongresi sırasında, anarşistlerin sarılması olmuştur. (1896) Paris Kongresi, Enternasyonal'e yalnız, sosyalizmin ilkelerini ve politik mücadelenin gerekliliğini tanıyan teşkilâtların kabul edilmesine karar verdi.

1900'den 1904'e kadar uzanan süre içinde İkinci Enternasyonal sosyalistlere, istisnaî durumlar dışında, burjuva hükümetlere girmeyi yasak etti. Böylece, ilk olarak Fransa'da 1898'de, Preyfus olayından sonra Millerand, Waldeck - Rousseau kabinesine girdiği zaman ortaya çıkmış olan ministerialisme (bakancılık) meselesinin ortadan kaldırılmış olduğuna inanıyordu. Bu kararlara dayanılarak, Millerand partiden atıldı. Aynı karar 1906'dd, Vivîani ve Briand için de alındı. Ama Amsterdam Kongresi tarafından öngörülmüş olan İstisnaî durumlar kuralı, bakancılık ya da bakanlık hevesliliğinin savaş yılları ve savaş sonu yılları sırasında ortaya yeniden çıkmasını sağlayan bir imkân oldu ve bu süre boyunca burjuva partilerle birlikte koalisyon hükümetleri kuran çok sayıda sosyalist partisi görüldü.

Buna karşılık Enternasyonal tarafından savaş tehlikelerine, karşı girişilen eylem tam bir başarısızlıkla sonuçlandı.

2. İkinci Enternasyonal ve Savaş Tehlikelerine Karşı Mücadele

Savaşa karşı mücadele, Stuttgart Kongresinden itibaren her kongrenin gündemine konmuştur. Ama ne yazık ki bu konuda açık bir tutum benimsemek işi başarılamadı. Aşağı yukarı 1900'den itibaren, ulusal çatışmalar ve hanedan çekişmeleri yerlerini, savaş nedeni olarak, emperyalist ve sömürgeci çekişmelere bıraktı. Sosyal demokrat akımla sendikacı akım iki kere, ilk defasında, sendikacı akım Domela Nieuvvenhuis tarafından temsil edilmekte olduğu Brüksel Kongresinde, 1891de ikincisinde de 1907'de ve Herve tarafından temsil edildiği Stuttgart'ta, Enternasyonal'in içinde çatıştılar. Her ikisinde de kazanan, sosyal demokrat anlayış oldu.

Stuttgart Kongresinde Fransız sosyalistleri gündeme, Fas olayları dolayısıyla, savaş meselesini koymuşlardı. Fas'taki olaylar, hazırlanmakta olan savaşı, çakan bir şimşeğin pırıltısında olduğu gibi herkeste göstermişti. Fransız delegasyonunda birbirinden değişik üç eğilim vardı. Gustave Herve tarafından yönetilen birincisi, genel grev ve savaş çıkacak olsa bile ayaklanma düşünüyordu. Herve'nin önerisini savaşa karşı en son çare olarak destekleyen ikincisini ise böyle düşünen Edouard Vaifiant ve Jean Jaures temsil ediyordu. Jules Guesde tarafından temsil edilen bir üçüncü akım da savaş, kapitalist rejiminin kaçınılmaz sonucu olduğuna göre savaşa karşı, her türlü tahriki yararsız ve ütopyacı sayıyordu.

Vandervelde, Belçika delegasyonu adına, Vaillant ve Jaires'in tutumuyla mutabık olduğunu bildirdi. Zira diyordu, barışın korunmasında en küçük ülkelerin bile çıkarı vardır. Tarafsızlığımız pek ağır basmıyor ve bir çatışma çıkarsa ülkemiz düşman ordularına bir geçit yolu olur. Bebel ve Volimar, Alman delegasyonu adına Gustave Herve'nin önergesine karşı çıkarak bunun uygulanma gücünden kesinlikle yoksun olduğunu söylediler ve ulus düşüncesinin kültürel önemini belirttiler. Bebel aynı zamanda, savaş sırasında geniş halk tabakalarının aşın coşkunluğunun milli savunmaya karşı durmayı pek çok güçleştirecek bir olay olduğunu öne sürdü.

Tartışma, meseleyi sona erdirmeksizin uzun zaman sürdü. Kongrenin büyük çoğunluğu hem milli savunmadan hem de sınıf savaşından yana olduğunu açıkladı. Ne vatana ne de sosyalizme ihanet, Jaures, Stuttgart Kongresinin kararını Paris'te yapılan bir mitingde işte böyle özetledi. Hiç kuşkusuz söylenebilir ki kongre üyelerinin çoğunluğunu yönetmiş olan düşünce buydu. Ama bu fikir, özel mülkiyet, kapitalizm ve rekabet var oldukça, çeşitli ülkelerin çıkarlarıyla enternasyonal sosyalizmin çıkarları arasındaki çelişmeyi bir yana itemezdi.

Bu çelişmenin çözümünü kongre ancak, işçi sınıfının başlıca ülkelerde kazanacağı başarıdan bekliyordu.

Sonunda Rosa Luxembourg, Lenin ve Martov tarafından sunulan son iki paragrafın dışında, Auguste Bebel'in hazırladığı bir kararı benimsedi. Bu karar şöyleydi:

"Kongre bundan önceki uluslararası kongrelerin militarizm ve emperyalizme karşı kararlarını doğrular, militarizme karşı mücadelenin genel olarak sınıf mücadelesinden ayrılmayacağını yeniden tespit eder. Kapitalist ülkeler arasındaki savaşlar, bunların dünya piyasasındaki rekabetlerinin sonucundan başka bir şey değildir. Zira her devlet, yalnız kendi iş alanlarını güvence altında tutmayı değil, yabancı halkları ve ülkeleri egemenliği altına alarak bunlara yenilerini de katmayı istemektedir. Bu savaşlar ayrıca, burjuva sınıfının başlıca egemenlik aracı ve işçi sınıfını da ekonomik ve politik köleleştirme yolu olan ardı kesilmez militarizmin silahlanmasının sonucudur. Savaşlar, egemen sınıfların, proletarya yığınlarını kendi öz sınıf ödevlerinden olduğu gibi enternasyonal dayanışma ödevlerinden de saptırmak için sistemli bir biçimde sürdürdükleri ulusal peşin hükümlerle kolaylaştırmaktadır. Demek ki savaşlar, kapitalizmin kendi özündedir. Ancak kapitalizmin kendisi de yok edildiği zaman ya da militarizmin gelişmesinin gerektirdiği paraca ve insanca fedakârlıkların sınırsızlığı ve silahlanma yarışının yol açtığı hoşnutsuzluk, halkları kapitalizmi ortadan kaldırmaya ittiği zaman ortadan kalkacaklardır. Silâh altına en büyük asker çoğunluğunu çağıran ve militarizmin maddî ağırlıklarının en büyük kısmını yükümlenen işçi sınıfı savaşların ortadan kaldırılmasına özellikle ilgi duyar. Çünkü savaşlar onun, sosyalizm temeli üstüne kurulu ve halkların dayanışmasını gerçekleştirecek bir ekonomik düzen kurulması olan temel amacıyla çelişmektedir. İşte bunun için kongre emekçi sınıfların ve özellikle bunların parlamentodaki temsilcilerinin ödevini, burjuva toplumunun sınıf özelliğini gözler önüne sererek karada ve denizde silahlanmayla savaşmak, bu konulara ayrılmış kredileri reddetmek, proletarya gençliğini, halkların dayanışması ve sosyalizm anlayışı içinde eğitmek ve açık bir sınıf bilinciyle davranmasını sağlamak olarak görür. Kongre ordunun demokratik örgütlenmesinde sürekli orduların yerine halk milisini, saldırgan savaşların gelecekte imkânsız olacaklarının ve ulusal çatışmaların kolaylıkla sonuca bağlanacaklarının en öz garantisi olarak görür. Enternasyonal, işçi sınıfının militarizme karşı yürütmesi ve tabii ki her ülkeye göre birbirinden değişik olması gereken eylemi sert ve kesin bir biçimde belirleyemez. Ama ödevi sınıf mücadelesini, olabileceği kadar pekiştirmek, işçi sınıfının militarizme karşı mücadelesini düzenlemektir. Kafalar sürekli bir etkiye hazırlandıkça, çeşitli ülkelerin işçi partileri işçi tarafından uyarıldıkça ve kümelendirildikçe işçi sınıfının eylemi de o kadar etkili olacaktır. Kongre şuna inanmaktadır ki, proletaryanın baskısı altında hakem mahkemelerinin ciddî şekilde çalışması, bu günkü hükümetlerin yürekler acısı kurumlarının yerini tutabilir ve halklara, halen silahlanmada ve savaşta yok edilen sınırsız para ve enerjiyi, silahsızlanma işinde kullanarak, halkların kültürel yararı uğrunda harcamak olanağı sağlayabilir.

Savaş tehdidi vukuunda, emekçi sınıflar ve parlamentodaki temsilcileri Enternasyonal Sosyalist Bürosu'na dayanarak, savaşın patlamaması için ellerinden geleni yapmalı, bu yolda en iyi buldukları araçları kullanmalıdır. Tabii ki bu araçlar gerek genel politik duruma gerekse sınıf mücadelesinin şiddet derecesine uygun olmalıdır.

Savaş yine de patlayacak olursa görevleri savaşı elden geldiği kadar çabuk önleyerek sona erdirmek için aracılık yapmak, savaşın yol açtığı ekonomik ve politik krizden halkı yükseltmek ve kapitalist rejimin yıkılmasını çabuklaştırmak için yararlanmaktır.

Kopenhag (1910) ve Bâle (1912) uluslararası kongrelerinin kararları yukarıdaki kararla aynı anlayış içinde hazırlandı ye son iki paragraf da aynen alındı.

Ne yazık ki liderleri ve halk yığınlarını 1914 yılı Ağustosunun başında yakalamış olan savaş psikozu, sonunda bütün kongre kararlarından daha güçlü çıktı. İşçi hareketinin yalnız bazı küçük parçaları azar azar, sınıf mücadelesinin ilkelerini uygulamaya başladılar. Bununla birlikte, tam ve enerjik bir uygulama yalnız Rus Bolşeviklerinde görüldü. Dünya savaşı (1914 - 1918). İkinci Enternasyonali parça parça etti. Ya da daha doğrusu, İkinci Enternasyonal kendisinde taşıdığı şovenizm ve enternasyonalizm çelişmesinden öldü.

Şimdi kısaca, İkinci Enternasyonal üyesi başlıca sosyalist partilerin tarihine şöyle bir göz atalım.

3. Almanya'da Sosyalist Hareket

Sosyalist hareket hiçbir yerde, Almanya'daki kadar çabuk ilerlememiştir. Eisenach' lılar ve Lasalle' cılar, ilk Reichtag seçimlerinde (1871) yaklaşık olarak 102.000 oy topladılar. 1874'te topladıkları oy sayısı ise 352.000 idi. İki taraf arasındaki anlaşmazlık bu tarihe kadar devam etmekteydi ama halk iki kampa ayrılmış olanların birleşmesini istiyordu. Bu istek 1875'te ortak bir kongrede gerçekleşti.

Kongrede hazırlanan program, barış taraftarı sosyal demokrat bir karışımdan başka bir şey değildi. Birleşik Sosyalist Partisi 1877 seçimlerinde 13 adaylıkla yarım milyona yakın oy kazandı. Bu seçim zaferleri hükümet tarafından gelen bir baskı dalgasına yol açtı ve sonunda da I. Guillalume'un şahsına karşı girişilen ve başarısızlıkla sonuçlanan iki suikasttan sonra parti, başlangıçta kademelerinde büyük kargaşalığa yol açan ama partiyi büsbütün yok edemeyen bir olağanüstü durum yönetimine kondu. Gizli örgüt temeli üstünde yeniden organize oldu ve üyeler kabul etmeye başladı. 1887 seçimlerinde 763.200; 1890 seçimlerinde 35 adaylığa karşılık 1.427.128 oy topladı. Olağanüstü durum kaldırıldı ve kısa süre sonra, kanunu oya sunmuş olan Bismark da Şansölye görevinden alındı.

Ertesi yıl parti Erfurt Kongresinde, Kautsky tarafından hazırlanmış olan ve başlangıcında da yine Kautsky'nin hazırlamış olduğu dikkat çekici bir giriş bulunan Erfurt Programı adıyla tanınmış bir program kabul etti.

Bununla birlikte, teori kısmında Marx'çı olan bu program, pratik kısmında reformcuydu. Sosyalistlerin İhtilâl dönemi sırasında almaları gereken tedbirlerin hiçbiri bu programda yoktur. Marx'ın, Gotha programında açıkça belirttiği İhtilâl fikrine burada yer verilmemiştir. Gerçekte parti gizlilik döneminden basit bir sosyal reform partisi olarak çıkmıştır. Bu durumun karşısına çıkan, Marx Schippel, Paul Kampffmeyer ve Hans Muller yönetimindeki Gençler muhalefeti, hiç değilse çevresine topladığı işçiler bakımından gerçekten ihtilâlci bir muhalefetti. Ama Engels, Bebel ve Liebknecht'in otoriteleri sayesinde çabucak ezildi. 90 yıllarının başlangıcındaki uzun ekonomik krizle gecikmiş olmasına rağmen, revizyonist devir de artık başlıyordu. Bu devir resmen, olağanüstü kanunların kaldırılmasından az zaman sonra George von Vollmar tarafından açıldı ve geçen yüzyılın sonunda Edbuarid Bernstein tarafından tamamlandı. Revizyonist devir Alman ekonomisinin ilerlemesi ve Alman sendika hareketini buna paralel bir gelişmesiyle ortaya çıktı Sendikaların üyeleri 1890'dan 1914'e 238.000'den iki milyonu aşkın üyeye yükseldi. Liderleri Kari Legien, Robert Schmidt, Paul Umbreit kesinlikle revizyonist idiler. Kari Kautsky, Franz Mehring, Rosa Luxembourg, revizyonizme karşı mücadeleye giriştiler, ama bu hiç bir başarı salamadı. Teoriyle pratik arasında, zaten partiye katılmış olanların da açık bir biçimde bilincine varmamış oldukları büyük bir çelişme ortaya çıktı. Kongrelerde, özellikle 1903'te Dresden Kongresinde ihtilâlci akım kazanıyordu. Ama günlük işler arasında partinin bütün ideali bir parlamento rejimi kurulmasına ve sosyal haklar kanunlarının kazanılmasına dayanmaktaydı. Sonunda, revizyonizm ve onunla birlikte de şovenizm bütün mücadele cephesinde proletaryayı gerçekçi bir politika ve günlük hak iddiaları lehine, her türlü ihtilâlci politikanın aleyhine olarak saptırdı başarı kazandı. Paul Singer'in fedakârlığının ve düzenleyici yeteneğinin ürünü olan dikkati çekici parti örgütü, entelektüel zayıflığını gözden saklıyordu. Alman endüstrisinin ve dış ticaretin işitilmemiş derecede ilerlemesi ve onunla birlikte de parti üyelerinin hemen hiç durmaksızın artması, seçimlerdeki başarılar, revizyonizmi güçlendirdi. 1912 seçimlerinde parti, toplam seçmen sayısının %34,8'i demek olan 4.250.000 oy topladı ve parlamentoya 110 milletvekili yolladı. Bu görünüşte bir parlamentoydu ve değişik Alman devletlerine bir çeşit birlik vermek, bir de vergileri onaylamaktan başka amacı yoktu. 1914 savaşı patladığı zaman, Sosyal Demokrat Partisinin ezici çoğunluğu kendini, çıkarları ve özlemleri kapitalist rejimine taban tabana zıt bir sınıfın temsilcisi değil de ulusun bütünleyici bir parçası saydı.

4. Avusturya - Macaristan'da Sosyalist Hareket

Avusturya sosyalist hareketinin ilerlemesi Alman sosyalist hareketini hemen hemen paralel olarak izledi. Ama başlangıçta, otoritelerin zulmüne Alman hareketinden daha çok katlanmak zorunda kaldı. 1871'e kadar, Alman sosyalist hareketin bir parçasını meydana getirdi. Hareketin liderleri, Andreas Schhen, Johann Most ve Pabst 1869 - 70'de büyük bir işçi gösterisi sonunda Viyana'da tutuklanarak beşer yıl hapse mahkûm edildiler. Avusturya'nın Almanya'dan ayrıldığı 1871'den sonra Avusturya sosyalist hareketi daha zayıf kaldı. Buna bir de işçi sınıfının durumunun kötüleşmesine yol açan 1873 malî ve ekonomik krizi eklendi. Hareket radikal ve ılımlı hareket olarak bölündü ve bu durum, Almanya'da Gotha Kongresinde (1875) birleşen Lasalle'ciler ve Eisenach'ların vermiş oldukları örneğin Avusturya partisinin birleşmesini de kolaylaştırması ve Avusturya hükümetinin Alman hükümetinden örnek alarak sosyalist hareketi 1877 - 78'de bir olağanüstü rejim altına sokabilmesi ihtimaline rağmen 1888'e kadar sürdü. Bu bölünme durumu, bir taktik olarak benimseyen ve durumdan hoşnut olmayan işçiler arasında birçok üye toplayan anarşistlerin sahneye girmeleriyle daha da kötüleşti. İşçiler ancak 1886'dan itibaren, Victor Adler'in gayretleri sayesinde yeniden bir araya toplanabildi ve birlik iki yıl sonra Hasnfeld Kongresinde (1888) yeniden kurulabildi. Bu andan itibaren parti zaman zaman değişik milletlere 'mensup üyeler arasında çıkan sürtüşmelere rağmen pek büyük gelişmeler gösterdi. Parti, halk yığınlarının eğitilmesi konusunda metotlu bir biçimde çalışıyordu. Öyle ki, bütününü meydana getiren unsurların karmakarışık ve uyumsuz nitelisine rağmen Almanlar, Çekler, Polonyalılar. Slovenler, Hırvatlar. Sırplar kısa zamanda Enternasyonalin en iyi bölümlerinden biri durumuna geldi. Avusturya işçi sınıfı uluslararası Paris Kongresinin kararına uygun olarak (1889) 1 Mayıs gününü, o gün bütün işçilerin tatil etmesiyle kutlayan tek örnek olmuştur. Parti, sürekli faaliyetleriyle Avusturya hükümetini bütün yurttaşlara oy hakkı vermek zorunda bıraktı (1907). Bundan sonraki ilk seçimlerde 1.042.000 oy aldı ve parlamentoya 87 milletvekili yolladı. Aydınlar bakımından nispeten zengindi. Diğerlerinin yanı sıra bunların başlıcaları Otto Bauer, Rudolf Hilferding, Gustav Eckstein, Kari Renner ve Max Adler'di. Tabiyesi bakımından Alman partisinden hemen hemen ayrı değildi. Yalnız şu küçük ayrımla ki burada revizyonizm, Avusturya'da politik şartların henüz, proletaryanın barışçı yollardan bir zafer kazanmasına elverişli olmaması ve bu proletaryanın Alman proletaryasından daha kötü bir durumda bulunması dolayısıyla Almanya'dakinden daha az güçlüydü. Avusturya parlamentosunun bütün bütüne güçsüz olması yüzünden Avusturya sosyal demokrasisi Sırbistan konusunda akıllıca bir politika güdülmesinden yana ve barışın korunması için hiç bir baskı yapamamıştır.

Macaristan'da, hareket Avusturya'dakinden hiç bir bakımdan ayrı değildi. Aradaki tek değişik yan, bu hareketin içinde hiçbir anarşist unsur bulunmamasıdır. Politik özgürlüklerin yokluğu dolayısıyla bu hareket gelişme konusunda pek güçlü bir biçimde engellendi. Macar proletaryası pek çok gayret gösterilmesine rağmen bütün yurttaşlara oy hakkı ya da sendika mevzuatını sağlamayı başaramadı.

5. Büyük Britanya'da Sosyalist Hareket

Chartiste hareketinin yıkılmasından sonra İngiliz işçi sınıfı kendini enerjik bir biçimde, sendikaların ve kooperatiflerin gelişmesine verdi. Birinci Enternasyonal'e katılmak, sadece küçük bir olay olarak kaldı. Sosyalist bir hareket ancak 1882'de Henry Myers Hyndman'ın yönetiminde ortaya çıktı. Bu kimse, yüksek kültürlü ama millî önyargılarla dolu biriydi. 1880'de Kapital'i okuduktan sonra, Marx'ı ziyarete gitti. 1882'de, önce kendine bir sosyal reform programı yapan, ama kısa bir süre sonra Sosyal Demokrat Federasyonu adını alarak sosyalist bir program benimseyen Demokratik Federasyon'u kurdu. Bu örgüt birçok faaliyetlerde bulundu, işsiz kalmış işçilerin gösterilerini yönetti. Marx'ın öğrettiklerini yaydı ama işçi çevrelerine sızamadı. Hyndman'ın başlıca çalışma arkadaşları Belfort Bax, William Morris ve Marx'ın kızlarından biri olan Elanor Marx idi. Bunlar birkaç yıl boyunca, Ligue Socialiste' i (Sosyalist Birlik) kurmak için ayrıldılar. Ama kısa bir süre sonra, kurdukları Birlik anarşistlerin eline düşünce yeniden örgüte döndüler.

Sosyal Demokrat Federasyonunun yanI sıra, 1884'te reformcu bir propaganda yürüten Fabien Cemiyeti kuruldu. Başlıca yöneticileri Sidney Webb, Beatrice Webb ve Bernard Shaw'du. Fabienciler reformcuydular. Onlara göre sosyalizm uzak bir amaç değil, parlamenter yollarla elde edilecek olan bir sosyal reformlar dizisidir. Demokratik ülkelerde, kamuoyu ve özellikle kültürlü kimseler, yazılı ve sözlü propagandayla, bu reformlar için kazanılabilir. Bir işçi partisinin gerekliliği konusunda Fabienciler kesin hiç bir şey söylemezler. Ama ne olursa olsun şurası belirlidir ki bu gereklik onların teorilerinden çıkmaz. Ne var ki, yine de reformlara karşı duran kimseler için baskı aracı olarak bağımsız bir işçi partisi düşünürler. Fabienciler sosyalist fikirlerin yayılmasında çok yardımcı olmuş ve işçilerin çıkarları için çalışmışlardır.

Sosyal Demokrat Federasyon, sosyalist bir işçi hareketi yaratmayı ve sendikaları sınıf anlayışıyla davranan teşkilâtlar durumuna getirmeyi başaramayınca bazı İskoçya ve Kuzey İngiltere işçi liderleri sosyalist anlayışı sendikalara götürmek ve işçileri burjuva partilerden ayırmak için, maden işçisi James Keir Hardie'nin yönetimi altında yeni bir örgüt kurmaya karar verdiler. Pek çok sayıda sendika liderleriyle sıkı bir ilişkiye girmiş olan Bağımsız İşçi Partisi 1893'te işte böyle kuruldu. Bu partinin çalışmaları, bazı sendikalara karşı açılan ve varlıklarını tehdit altına sokan davalarla kolaylaştırılmış oldu. Bu tehlike karşısında işçiler kendilerini, bağımsız bir politik eyleme girmek için gitgide daha hazır bir durumda buldular. 1900'de, büyük İngiliz sendikalarının yavaş yavaş katılmaları dolayısıyla çabucak bir kitle partisi olan Labour Party (İşçi Partisi) kuruldu. Bul bir sosyalist parti değil, bir sosyal reform partisidir. Labour Party'nin içinde halen, İngiliz sendikalarının pek çoğundan başka, Sosyal Demokrat Federasyon, Fabien Cemiyeti' de vardır. Keir Hardie'nin ölümünden sonra yazar, usta konuşmacı ve ılımlı sosyalist J. Ramsay Mac Donatd tarafından yöneltilmekteydi. 1900'den 1914'e kadar Labour Party'de bulunanların sayısı 376.000'dert İJ612.000 üyeye yükseldi. 1914'te Parlamentoda 70 milletvekili ile temsil ediliyordu. Savaş başlangıcında, Sosyal Demokrat Federasyon'un büyük bir kısmı, Fabien Cemiyeti'nin hemen bütün 'üreleri ve aşağı yukarı bütün Labour Party, İngiliz hükümetinin emrine girdi. Savaş çılgınlığından bir çeşit geri duran sadece Bağımsız Labour Party idi.

6. Fransa'da Sosyalist Hareket

Fransız işçi hareketinin uyanışının ilk belirtileri 1876' dan itibaren, 1870 - 71 savaşından beri ilk sendika kongresinin toplandığı Paris'te kendini gösterdi. Jules Guesde'in (1846 - 1920) İnsan Hakkında sosyalist makaleler yazması ve Eşitlik kurması da yine aynı yılda olmuştur. Alman sosyal demokrasisiyle, sonra da Marx ve Engels'le ilişki kurdu. Başlıca yardımcısı Marx'ın damadı Paul Lafargue (1840 - 1913) idi. Komüncülerin sürgünden dönmesi ve yaşlı Bılanqui'nin salıverilmesi, sosyalist hareketin uyanmasına kuşkusuz ki yardım etti, ama güçlenin dağılmasına da yol açtı. 1880 - 81'de programı Marx'ın yardımıyla Guesde ve Lafargue tarafından hazırlanan Fransız İşçi Partisi kuruldu. 1882'de Paul Brousse ve Benoit Malon tarafından yönetilen reformcu unsurlar bağımsız bir örgüt kurmak için İşçi Partisinden çekildiler. Bu yeni partinin üyelerine Possibiliste' ler (Mümkün görücüler) dendi. Çünkü işçilerin kurtuluşunun reformlar yardımıyla, yani ihtilâlsiz gerçekleştirilmesinin mümkün olduğunu düşünüyorlardı. Possibiliste Partisi 1889'a kadar sürdü. Aynı zamanda, Jean Alemane tarafından yönetilen Sosyalist İhtilâlci Parti, Edouard Vaillant'ın yönettiği Blanqui'ci parti, Millerand, Viviani, Briand, Augagneur ve Jaures'le de bir bağımsız sosyalistler örgütü kuruldu. Seçimler sırasında bütün bu çeşitli partilerin adayları, sosyalist seçmenlerin arasına bölünme ve karışıklık sokarak birbirlerine karşı duruyorlardı. Bu birlik yokluğu ve işçi çevrelerinde çok güçlü eski Proudhon'cu ve anarşist gelenekler ihtilâlci işçiler arasında parlamento aleyhtarı bir akımın gelişmesini kolaylaştırdı.

Fransız sosyalist hareketi XX. yüzyılın başlangıcında ortaya, kısa bir süre sonra Dreyfus olayının çıkışının genel karışıklığı daha da arttırdığı ve bu karışıklığın ortasında yalnız Jaures'in bir birlik gücü olarak göründüğü acınacak bir manzara gösteriyordu. Bütün bu gruplar ancak kararları bir yıl önce Alman Sosyal Demokrat Partisinin Dresde Kongresinde alınmış olanlardan esinlenerek hazırlanan Amsterdam Kongresinden (1904) sonra birleşik bir parti olarak bir araya geldiler ve bu parti, ülkenin politik hayatında, Jean Jaures'in büyük konuşmacı yeteneğiyle kısa zamanda pek çok önem kazandı.

Bu birleşmenin ilk sonucu, ministerialisme' i (bakancılık) bırakmayı reddeden, yani Amsterdam Kongresinin sosyalistlerin burjuva hükümetlere katılmaları yasağına uymayan Millerand, Viviani ve Briand'ın çıkarılmaları oldu. Birleşik Sosyalist Partisi bundan sonra, pek büyük ilerlemeler gösterdi. 1906 gendi seçimlerinde 877.000 oy ve 54 milletvekilliliği, 1910 seçimlerinde de 1.400.00 oy ve 110 milletvekilliği elde etti. Sonra savaş geldi. 31 Temmuz 1914'te Jaures bir milliyetçi tarafından alçakça öldürüldü. Sosyalist lider Guesde ve Sembat hükümete girdiler. Vailand ise İtalya'nın, İtilâfçılarla birlikte savaşa girmesi için tahriklerde bulunuyordu. Parti güçlü bir biçimde milliyetçi davrandı.

Ama 1892 ile 1908 ile arasındaki devre boyunca teorik bakımdan en önemli hareket sendikacılık idi. Fransa'da 1884'e kadar sendikalar gayri meşru örgütlerdi. Ancak 1884'ten sonra meşru bir biçimde var olarak ilerleyebildiler. 1886'da, aynı zamanda hem politik hem de ekonomik amaçlar güden ve büyük bir ihtilâlci çalışma gösteren Comite National des Syndicats (Sendikalar Millî Komitesi) kuruldu. Aristide Briand burada çok önemli bir rol oynadı. Proletaryanın kurtuluş yolu olarak genel grevi düşünüyordu. Parlamento aleyhtarı işçilerin ya da anarşistlerin kanaatine göre Merkez Komitesi politikayla fazla uğraştığı için, anarşist komünist entelektüel Ferdinand Pelloutier tarafından 1892 yılında Federation des Bourses du Travail örgütü kuruldu. Pelloutier sendikacılığın gerçek kurucusu olmuştur. Bununla birlikte bu iki örgüt birbirlerine yaklaştılar ve bu sırada (1895) Confederation Generale du Travail (Genel İş Konfederasyonu) kuruldu. Sonunda sözü geçen ilk iki örgüt 1902'de bu konfederasyonun bağrında kaynaştı. Pelloutier, Hubert Lagerdelle ve Georges Sorel'in etkisi altında yavaş yavaş, sınıf mücadelesi ile Marx'ın tarih anlayışını Bergson'un felsefesiyle ve Proudhon'un, Bakounine'in anarşist anlayışlarıyla birleştiren ve sendikacı görüş diye tanınan öğreti kuruldu. Bu öğretinin temelleri şunlardı: Ücretli emekçiliğin kaldırılması, sınıf mücadelesi, dolaysız eylem ve genel grevle kapitalist sınıfın mallarının kamulaştırılması, devletin kaldırılması için üretimin sendikalara teslimi.

Sendikacı öğretisi ve aksiyonu C. G. T. de (Genel İş Konfederasyonu) birçok muhalifle karşılaştı. Zaten C. G. T. nin üyeleri savaştan önce, hiçbir zaman yarım milyon kişiyi geçmemiştir. Ama büyük bir mücadele azmiyle doluydular ve etkin bir anti militarist kampanya yaptılar. C. G. T. ayrıca hükümetlerin ve özellikle, genel grev konusunda bir zamanlar bu örgüte akıl hocalığı etmiş olan Briand'ın yönettiği hükümetlerin pek büyük zulümlerinede katlanmak zorunda kaldı. Bununla birlikte 1900'den itibaren sendikacılık çalışmaları gitgide zayıfladı ve savaş patladığı zaman da C. G. T. nin büyük çoğunluğu Kutsal İttifak'tan yana olduğunu açıkladı. O zamana kadar sınıf mücadelesinin ilkelerini savunmuş olan yayın organı La Bataille (Muharebe) Alman emperyalizmine karşı Fransız emperyalizminin çıkarlarını savunmaya koyuldu. Birinci Enternasyonalce Marx ile Bakounine'ciler arasındaki çekişme ve anarşistlerin İkinci Enternasyonalden çıkarılmaları, millî duyguları körüklemek ve Almanya'ya karşı savaşı desteklemek için bir bahane olarak La Bataille'ın işine yaradı. Böylece de en son Bakounine'ci Profesör Guillaume, La Bataille'da Pancermanist Karl Marx (Alman Irkı Birliği'nin Savunucusu Karl Marx) başlıklı bir yazı dizisi ve Londra Kongresi'nin kararları gereğince 1896'da İkinci Enternasyonal'den çıkarılmış olan Hollandalı anarşist Domela de Nieuvvenhuid'de yine orada, ancak bir Action Française yazarının kalemine yaraşacak. İlk olarak 1908 - 1944 arasında çıkmış olan gerici bir günlük gazete ki savaş sonundan beri de çıkmaktadır. Alman düşmanı ve iftiracı makaleler yazdı.

7. İtalya'da Sosyalist Hareket

İtalyan işçi hareketi Uluslararası Emekçi Birliği'nin etkisi altında 1867'den itibaren ortaya çıktı. Milano'da, Floransa'da, Cenova'da, Napoli'de, Catania'da şubeler kuruldu. U. E. B. Marx'ın taraftarlarıyla Bakounine'ciler arasında bölününce İtalya şubeleri, Andrea Costa ve Carta Caffiero'nun yönetimi altında topluca Bakounine'ci eğilime katıldı. Daha başlangıçtan beri, yetkili makamların çektirdikleri büyük cefalara katlanmak zorunda kaldılar. Bununla birlikte işçi hareketi yavaş yavaş anarşizmden yüz çevirdi ve Marx'cılığa katıldı. İtalyan işçi örgütleri

1892'de, Cenova Kongresinde bir araya geldiler ve bir yıl sonra Reggio Kongresinde İtalyan Sosyalist Partisi adını alacak olan tek bir birleşik parti oldular. Başlıca liderler; Philippo Turati ve Enrico Ferri idi. Partinin, basınının ve yayınlarının gelişmesi bundan sonra artık hızlı bir tempoyla devam etti. 1892 seçimlerinde 26.000 oy, 1897 seçimlerinde, 135.000 oy ve 16 sandalye, 1907'de 175.000 oy ve 32 sandalye ve 1913'te de 883.000 oy ile 52 sandalye elde etti. Ama aynı zamanda hem Alman hem de Fransız etkisine açık olduğundan kısa bir süre sonra partinin sağında bir revizyonist kanat, solunda da anarko - sendikalist (Hak istekleri konusunda en başrolün sendikalarda olduğuna inanan anarşizm. Ç. N.) bir akım kuruldu. Bunların ilki Bissolati, Bonomi ve Canepa; ikincisi de Arfario Labriola (Marx'cı Antonio Labriola'nın oğlu), Leone ve Orano'nun yönetimindeydi. Orta kanada gelince; o da Turati, Treeves Mussolini ve Enrico Ferri tarafından yönetiliyordu.

Dünya Savaşının çıkmasına yol açan hazırlıkların bir parçası sayılabilecek olan Trablus Savaşı, İtalyan partisinin tarihinde bir dönem oldu. Partinin üstüne, bir yurtseverlik dalgası boşandı. Bununla birlikte, 1911'de Modene Kongresinde parti kendini topladı ve bir yıl sonra da Bissolati, Bonomi gibi savaş taraftarları partiden çıkarıldılar. Bu olaylar, 1914 savaşı patladığında parti için çok yararlı olacaktı. Zira parti o zaman büyük çoğunluğuyla, tarafsızlıktan yana olduğunu bildirdi. Mücadeleciler partiden atıldı. Bunların arasında Mussolini 'de vardı ve milliyetçi akımla büsbütün sürüklenerek azılı bir ifratçı oldu. Daha sonra da, kendini büyük sanayiciler ve toprak sahiplerinin hizmetine veren faşist hareketini kuracaktı.

8)Rusya'da Sosyalist Hareket

Sosyalist Rus hareketi 80 yıllarına kadar çıkar. Ama Çarlık İmparatorluğundaki ilk ihtilâlci hareket değildir. Çarlık mutlakıyetine karşı mücadele, Napoleon savaşlarından hemen sonra başlamıştı. Bu mücadelenin en yüksek noktası, Pestelj ve Ryleev tarafından yönetilen Dacabriste'ler ayaklanması oldu (1826). Her ikisi de idam edildiler. Bundan kısa bir süre sonra Rus edebiyatına, Saint -Simon'cu ve Fourier'ci fikirler girdi.

Bu devrin en dikkati çekici yazarı, eylemini yürütmeye önce Moskova'da başlayan; ama kısa bir süre sonra, Çarlığa karşı mücadelenin sosyalizm için mücadeleyle birlikte olması gerektiğini anlayan Alexandre Herzen'dir. Düşündüğü sosyalizm ise oldukça belirsiz bir tarımsal sosyalizmdi. Çalışmasının büyük bir kısmını, 1857'de Londra'da kurmuş olduğu ve Rusya'ya kaçak yollardan sızarak kafalarda derin etki bırakan Kolokol, yani Çan adındaki bir dergiye verdi. Rusya'da da bazı entelektüel çevreler ve diğerlerinin yanı sıra, genç Dostoyevski'nin dahil olduğu Petrachevsky'nin çevresi de sosyal meselelerle ilgileniyordu. Polise ihbar edilen ve 1849' da tutuklanan Dostoyevski ile arkadaşları ölüme mahkûm edildiler ve sonra bağışlanarak uzun yıllar kalmak üzere Sibirya'ya gönderildiler.

50 yıllarının sonunda toplumcu yazar Çernîçevski (1829 - 1889) ile edebiyat eleştiricisi Dobrolyubov, Çağdaş dergisinde, demokratik anlayışla dolu makaleler yayınladılar. Birincisi 1862'de tutuklandı ve tanınmış romanı "Ne yapmalı?"yı yazmakla geçirdiği iki yıllık bir yargı öncesi tutukluluktan sonra yedi yıl küreğe mahkûm edildi.

İşte köylülerin kurtuluşu (1861) meseleleriyle baştanbaşa dolu bu karışık ve heyecanlı hava içinde amacı, köylülere toprak ve özgürlük sağlamak olan dernekler kuruldu. Bu devrenin ardından da halkı geniş ölçüde eğitmek çabasıyla göze çarpan Nihilizm dönemi geldi. Kolokol'un yazı işlerinde Herzen'in yerini almış olan Bakounine'in aracılığıyla, Birinci Enternasyonalin fikirleri kısa zamanda Rus öğrenci çevrelerine sızdı. 1873'te Marx'ın Kapital' i Lopatine tarafından Rusçaya çevrildi. Modern sosyalizm orada, içlerinde en dikkate değeri Lavrov olan bazı sosyalistler tarafından temsil ediliyordu. Bu arada endüstri ilerliyordu. 1870'de Saint Petersbourg'ta grevler patladı. O zamana kadar en başta köylüleri kazanmak yolunda çaba göstermiş olan sosyalist entelektüeller gitgide proletaryaya doğru döndüler. Tabii ki bu durum da köy topluluklarının (mir) ve zanaatçı kooperatiflerinin (artel) sosyalist değeri üstünde tartışmalara yol açtı. Bazı sosyalistler Rusya'nın sosyalizme endüstrileşme ve işçi mücadeleleriyle gitmesine ihtiyaç olmadığını, buna karşılık köylü kooperatiflerine dayanması gerektiğini öne sürerken diğer bazıları da mir'in ortadan kalkmaya mahkûm olduğunu ve Rusya'nın sosyalizme varabilmek için tıpkı Batı Avrupa ülkeleri gibi endüstrileşme safhasından geçmek zorunda bulunduğunu söylüyorlardı. Bunlardan birinciler, Rus köylülerinin sosyalist ruhuna inançları olan tarımsal sosyalistlerdi. Diğerleri ise tersine, sınıf bilincini ve örgütlenmesini pekiştirmek için gitgide proletaryaya dönüyorlardı. Köylüler arasında yapılan propaganda hemen hiç bir sonuç vermemesine karşılık işçiler arasındaki, gizli örgütlerin kurulmasına yol açtı ve bu örgütler Plekhanof, Axelrod ve Vera Zassoulitch'in yönetiminde kısa bir süre içinde Sosyalist - Marksist bir nitelik kazandılar.

Sosyalist tarımcı ve proletaryacı bu akımların dışında, 70 yılları boyunca öğrenciler ve aydınlar tarafından yönetilen ve Çarlık iktidarını suikastlarla yıldırmak ya da mümkün olursa örgütünü bozmak amacını benimsemiş olan örgütler ortaya çıktı. Zira bütün liberal kuruluşların maruz bulundukları korkunç zulüm pek çok ihtilâlciyi, mutlakıyet ve baskı organları tam olarak yok edilmeksizin Rusya'nın hiçbir zaman özgür olamayacağı kanısına vardırmıştı. 1876 da ihtilâlci örgüt Toprak ve Özgürlük onun ardından da Cheliabov Michailov ve Sophie Perovskai tarafından yönetilen Noradnaia Volia (Halkın İradesi) ortaya çıktı. Bu örgütün üyeleri Çarlığın yüksek kişilerinden bir kısmını ve sonunda 13 Mart 1881'de öldürülmek suretiyle II. Alexandre'ı da ortadan kaldırmışlardır. Narodnaia Volia' nın etkinliği gerçekten çarlık devlet cihazının üstünde yıldırıcı bir etki yaptı. II. Alexandre'ın öldürülmesinden sonra hükümet çevrelerinde öyle bir panik hüküm sürüyordu ki şayet hazırlığı olmuş olsaydı Narodnaia Volia'nın yönetim kurulu iktidarı ele alabilecek durumda olabilirdi. Çünkü Rusya' nın liberal unsurları hareketi sempatiyle karşılıyorlardı. Ne yazık ki örgüt, bu gibi bir ihtimale hazırlıklı değildi. Yöneticileri yargıç önüne çıkarıldı ve idam edildiler. Tahta II. Alexandre'ın yerine, kendini bütün davranışlarında Pobodonostsev adındaki pervasız gericinin rehberliğine bırakmış olan III. Alexandre geçti.

III. Alexandre hükümeti dönemi (1881 - 1894) Rusya' da sosyalizmin tarihinde de bir dönemeç meydana getirir. Aydınlar, ihtilâlci hareketin yol göstericileri olarak gitgide ikinci sıraya geçtiler ve proletarya Rusya'ya dönüştürmek ödevini üstüne aldı. 1889 yılında, Paris'te İkinci Enternasyonalin kuruluş kongresinde Rus işçi hareketini temsil eden Plekhanov ve Lavrov raporlarını şöyle özetlediler:

"İhtilâlci Rus aydınlarının Çarlığı devirmekte yetersiz oldukları ortaya çıktı. Çünkü halktan ayrıydılar. Rus ihtilâlci hareketi ancak işçi olarak başarı kazanacaktır." Bundan sonraki yıllar boyunca Rusya'nın endüstrileşmesi, yabancı sermaye yatırımları ve Çarlık Hükûmetinin silahlanma politikasıyla, hızlı bir tempoda devam etti. Yüzyılın sonunda, Saint - Petersbourg'ta büyük grevler patladı. Çeşitli işçi örgütleri 1898'de, kısa bir süre sonra Bolşevik akım ve Menşevik akım olarak başlıca iki akıma bölünen Rus Sosyal Demokrat Partisi'ni kurdular. 1903'te Londra Kongresinde, Lenin tarafından yönetilen bölüm çoğunluğu kazandı (Rusça: bolşistvo). Martov ve Axelrod yönetiminde bulunanı ise azınlıkta kaldı (Rusça: menşinstvp). O zamandan beri Menşevik Partisi ve Bolşevik Partisi olarak tanınan partilere adlarını vermiş olan işte bu iki hiziptir. Rusya'nın Japonya'ya karşı yaptığı savaşta uğradığı yenilgiden sonra patlayan Birinci Rus İhtilâli sırasında iki akım yeniden birleşti, ama bu uzun sürmedi. Menşevikler genel olarak evrimciydiler (tekâmülcü). İhtilâli, uzun bir kapitalist gelişme sürecinin (vetiresinin) en uç noktası olarak görüyorlardı. Bolşevikler ise tersine ihtilâli evrimi çabuklaştırma aracı saymaktaydılar. Duma' nın (Rusya'da II. Nikola tarafından 1905'te kurulmuş olan Millî Temsilciler Meclisi Ç. N.) işçi bölümünde Menşevikler çoğunluktaydı. İşçi örgütlerinde ise çoğunlukta olan Bolşeviklerdi. Bolşevikler ayrıca yurt dışında, en yetenekli ihtilâlcileri gönderdikleri okullarda açmışlardı.

Rus sosyal demokrasisinin en sağlam bölümlerinden biri, 1890 yıllarının ortasında kurulmuş olan ve üyeleri Litvanya ile Polonya'nın Yahudi işçileri arasından gelen Bund örgütüydü. Bund, 1904'e kadar Rus sosyalist hareketinin öncüsü oldu.

Rus Sosyal Demokrat Partisinden başka 1901'den beri, tarımsal sosyalizm ve ferdî terörcülüğü öne süren sosyal - ihtilalci bir parti de vardı. Bu parti hiçbir zaman bir kitle hareketi olmadı. Üyeleri, anlayışlarının kaynağını Cermen düşmanlığı ve Rus milliyetçiliğinden alıyorlardı.

Savaş başlangıcından sosyal - ihtilâlini parti ve anarşist Kropotkine, Menşevik Plekhanov ulusal savunmadan yana çıktılar. Bolşeviklerin ve Menşeviklerin çoğu ise enternasyonalcılığa sadık kalmışlardı.

Polonya'da sosyalist hareketin tarihi 1880 yıllarına kadar Rus sosyalist hareketininkine sıkıca bağlı kaldı. Yine Polonya'da da bir ütopyacı sosyalizm, bir tarımsal sosyalizm ve terörcü bir hareket vardı. Toprak ve Özgürlük, Narodnaia Volia örgütlerinin Saint - Petersbourg'taki grupları arasında, enerjileri olağanüstü bazı Polonyalı öğrenciler bulunuyordu. 1878'de, Polonya örgütü Proletarya kuruldu. Bu örgütte, birincisi komitacılık yeteneği ile diğerleri de geniş sosyalist bilgileriyle kendilerini gösteren, Norodnaia Volia'nın eski Yönetim Kurulu üyesi Konnitzki, Ludwig Warynski, S. Mendelshon ve S.Dickstein vardı. Bu hareketin öncülerinin pek çoğu dadacında, hapiste ya da sürgünde öldüler.

Bununla birlikte, enternasyonalci görüş yavaş yavaş bir yana bırakıldı ve hareket tamamıyla ulusal hale geldi. 1892'de Polonya'nın kurtuluşunu sosyal reform fikrine gitgide daha çok bağlayan Polonya Sosyalist Partisi kuruldu. P.S.P. kısa zamanda, halk yığınları arasında millî düşüncenin şampiyonu durumuna geldi ve Rus, Alman sosyalist hareketleriyle çatışmaya girdi. Polonya'nın kurtuluşunu savaşta ülkenin ilkin Rusya'nın boyunduruğundan, sonra da Almanya'nın ve Avusturya'nın boyunduruğundan kurtarılmasında görüyordu. Polonya Lejyonu'nu kuran ve sonuna kadar savaşı tasarlayan Duszynski'ler ve Pilsudski'ler işte bu partinin safları arasından çıkmışlardır. Rosa Luxembourg, Polonya Sosyalist Partisiyle erkenden mücadeleye girişti. Partinin yöneticilerine verdiği adla, sosyal şovenistlerle mücadele için 1893'te Polonya Sosyal Demokrat Partisi'ni kurdu. Partinin ancak, bağımsız bir parti durumuna gelen sol kanadını bölebilirdi. Savaş sırasında bu parti Sosyal Demokrat Partisiyle birleşti ve sonunda her ikisi de komünizme geçtiler

9. Birleşik Devletlerde Sosyalist Hareket

Amerikan sosyalist hareketinin başlangıcı XIX. yüzyılın yarısına kadar çıkar. Bu hareket 1848-49 Alman İhtilâli bozgunundan sonra yurtlarından kaçan Alman komünistleri tarafından kurulmuştur. Bilimsel sosyalizm ile ütopyacı sosyalizm arasında bir yeri olan Weitling'in dışında, Amerika'da sosyalist hareketin öncüleri, çoğunlukla Marx'ın arkadaşları ve taraftarlarıdır. Joseph Meydemeyer, Hermann Meyer, F. A. Sorge, Joseph Dietzgen, Birinci Enternasyonalin bir Amerika şubesinin kurulması, sosyalist fikirlerin Birleşik Devletlerde yayılmasına çok yardımcı oldu. 1877'de Gazette Populaire de New - York (New - York Halk Gazetesi) ve yine aynı Socialist Labour Party (Sosyalist İşçi Partisi) kuruldu. Bu hareket. Almanya'da sosyalistlere karşı olağanüstü durum kanununun sonucunda Amerika çok sayıda anarşist ve Lasselle'cı unsurların da göç etmeleri dolayısıyla adamakıllı kuvvetlendi. 60 yılları sonundan beri Avusturya'da, Almanya'da ve İngiltere'de sosyalist yönde çalışmış olan yorulmak bilmez Johann Most Amerika'ya giderek orada anarşist, terörcü fikirlerini yaydı. Chicago'da 1886'da bir grev dolayısıyla, komünist August Spies, A. R. Parsons, Louis Lingg. George Engel, Samuel Fielden, Adolf Fischer, Oskar Neebe ve Michael Schwab'un tutuklanmalarıyla sonuçlanan büyük bir işçi gösterisi ve terörcü suikastlar oldu. Spies, Parsons, Fischer ve Engel 11 Kasım 1887'de idam edildiler. Lingg'e gelince, o bir gün önce kendini öldürmüştü.

Zaten 1886 ve 1887 yılları Henry George'un toprak reformundan yana kışkırtma çalışmaları ve Bellamy'nin 2.000 Yılı adındaki kitabının yayınlanmasıyla da dikkati çekmektedir. Henry George'un daha 1879'dan beri, İlerleme ve Yoksulluk adındaki kitabının yayınlanmasıyla başlamış olan kışkırtma çalışmaları Büyük Britanya'da yankılar yapmıştı. Bellamy'nin bütün dillere çevrilmiş olan kitabı sosyalist düşünce üstünde her yerde büyük bir etki yaptı. Kitap, sosyalist ekonominin hizmetine verilen modern tekniğin harikalarını gösterir.

1880 yılları boyunca, aralarında diğerlerinin yanı sıra New York Üniversitesinde Profesör Daniel de Leon ve yazar Lucien Samal gibi ikisi de her çeşit uzlaşmaya karşı, katı Marx'çılar da bulunan bazı Amerikalılar Socialist Labour Party' ye katıldılar. Ama De Leon sosyalistleri genel sendika hareketi içinde çalışmayı bırakmak yerine sosyalist bir bağımsız sendika hareketi kurmayı istemek yanlışına düştü. American Federation of Labour'a (Amerikan İş Federasyonu) karşı, sendika hareketini sosyalist amaca yöneltmek ve meslek sendikalarının yerine endüstri sendikaları geçirmek amacını güden Socialist Irade and Labour Alliance'ı kurdu. Amerikan sendika idareleri De Leon'un bu davranışından, işçileri sosyalistlerin sendikalara karşı olduklarına inandırmak için yararlandılar. Zaten Socialist Labour Party'nin üyelerinden pek çoğu da Leon'da kendi görüşünü Halk adındaki dergide savunuyordu. Sonunda bölünme oldu. Muhalefet, Socialist Labour Party'yi terk ederek 1901'de Socialist Party of Amerika'yı (Amerika Sosyalist Partisi) kurdu. Bu parti 1920'ye kadar hayran olunacak bir ilerleme gösterdi. Oysa Socialist Labour Party hiçbir ilerleme göstermiyordu. Başkanlık seçimlerinde her iki partinin almış olduğu oylar şöyledir:

Socialist Labour Party	Socialist Part Of America
31.249	402.283
13.824	420.713
29.259	897.011
31.175	195.412

1903 - 1905 yılları boyunca Amerika'da güçlü bir sendika hareketi ortaya çıktı. Hareket, Alman Birahane İşçileri Sendikasında doğmuştu. 1905'de, De Leon ile arkadaşları, sınıf mücadelesinin sendika organı ve parlamento eylemini bırakmamakla birlikte ekonomik eylemi birinci plana alan Industrial Workers of the World'u (I. W. W.) - (Dünya Sanayi İşçileri) kurdular. Bu örgüt kısa bir süre sonra bölündü. Zira I. W. W. üyelerinin bir kısmı, parlamentoyla ilgili her eylemi gerici sayıyorlardı. De Leon'un programına sadık kalmış olanlar Workers International Industrial Union (Uluslararası Emekçiler Sınaî Birliği) adını taşır.

Savaş boyunca I. W. W. nin üyeleri Amerikan yetkili makamlarının pek acı zulümlerine katlanmak zorunda kaldılar. 1917 Eylülünde liderlerinin 95'i tutuklandı ve uzun hapis cezalarına çarptırıldılar.

BÖLÜM XI

DÜNYA SAVAŞI VE İHTİLÂL

1. Savaş ve İkinci Enternasyonal

Kapitalist rejimin bağrında taşıdığı gittikçe şiddetlenen çelişmeler sonunda, en çılgın hayal gücü için bile göz önüne getirilmesi imkânsız genişlik, sertlik ve dehşette bir yangının çıkmasına yol açtı.

Temmuz 1842'de Henri Heine, kendisinden sonra gelecek olan kuşağa şu kehanette bulunuyordu. "Karanlık devirler yaklaşıyor ve yeni bir Appcalypse (Hıristiyanlığın geleceği konusunda, İsa'nın çömezlerinden Saint Jean tarafından yazılmış bir kitapçık Ç.N.) yazmak isteyecek olan peygamber, büsbütün yeni ve öylesine korkunç canavarlar yaratmak zorunda kalacak ki Saint - Jean'ın sembolik hayvanları bunların yanında birer tatlı güvercin ve pek sevimli şeyler gibi kalacaklar."

İtilâf devletleriyle (İngiltere, Fransa, Rusya), İttifak devletleri (Almanya - Avusturya) arasında 1914 Ağustosunda başlamış olan çekişme kısa zamanda, dünyanın bütün devletlerini birbirinin ardından kendine çekti. Ve bu genel çılgınlık, bütün bir uygarlığın çöküşü sırasında halk yığınları ansızın, kendilerini yönetmek ve seslerini duyurabilmekten yoksun olduklarını gördüler. Zira güvendikleri İkinci Enternasyonal daha ilk sarsıntıda, acınacak bir biçimde yıkılmıştı.

Halk, kapitalistler ve proleterler, sömürücüler ve sömürülenler olarak değil de bir yanda İtilâf taraftarları, öte yanda da İttifak taraftarları, bir yanda müttefikler, öte yanda da merkezî imparatorluklar olarak bölünmüşlerdi. Sınıf mücadelesi, işçi hakları ve sosyalizm için mücadeleye paydos denmişti. İçerde bir gün önceki rakipler arasında kutsal bir anlaşma kuruldu. O zamana kadar hep aynı ideal uğrunda birleşmiş olan halklar ise birbirlerine saldırdılar ve savaş alanlarında birbirlerini kırdılar. O zamana kadar, sınıf mücadelesi temeli üstüne kurulmuş olan sınır çizgisi, savaşan emperyalistlerin çıkarlarına uygun olarak yer değiştirdi. İkinci Enternasyonal bu darbenin altında yıkıldı. Doğrusunu söylemek gerekirse mücadele etmeyi denemedi bile. Kapmış olduğu revizyonizm ve şovenizm eğilimleri onu kurulu düzene sıkıca bağlayarak kapitalizmin savaş arabasına koştu ve savaş kargaşalığına sürükledi.

Belçika'nın bir kısmı, daha 1914 Ağustosundan beri Alman orduları tarafından işgal edilmiş olduğu için Enternasyonal Sosyalist Yönetim Kurulu Brüksel'de kalamazdı. Teşkilâtın sekreteri Huysmans La Haye'e gitti ve yönetim kurulunu Hollanda Sosyalist Partisinin liderleriyle yeniden kurdu. Bu sırada Vandervelde' de Belçika hükümetine giriyordu. Huysmans uluslararası bir konferans toplamak için boş yere uğraştı. 1817'de Kopenhag' da toplanan bu konferansa sadece tarafsız ülkelerin delegeleri geldi. Savaşan taraflara hitaben bir barış çağrısında bulundular. Müttefik devletlerin sosyalistleri 17 Şubat 1918'de Londra'da bir konferans toplayarak savaşın devamını istediler. Bolşevikler ve Menşevikler buna katılmayı reddetti. Aynı ayın 12 ve 13 ünde de Alman ve Avusturya - Macaristan Sosyalistleri Viyana'da toplandı. Bütün bunlara rağmen birçok sosyalist, yanlış bir yola girmiş olduklarını anlamakta gecikmedi ve enternasyonalci bir görüşe dönmeyi denediler.

Uluslararası sosyalist cephede bölünmenin ilk belirtisi, Zimmerwald ve Kienthal Konferansları oldu. 1915 Eylülünde, Rus (Lenin, Trostsky, Zinoviev, Radek), Alman (Ledebour, Hoffmann), Fransız (Blanc Brizon, Loriot), İtalyan (Modiglianı), Bulgar (Rakovsky) ve bazı tarafsız ülkeler sosyalist hareketinin temsilcileri İsviçre'de Zimmerwald'da toplandılar. Dünya savaşının emperyalist niteliğini, savaştan yana sosyalistlerin ihanetini güçlü bir biçimde suçlayarak açıkladılar ve uluslararası kongre kararlarının uygulanmasını istediler. 1916 Nisanında, bunun eşi bir diğer konferans da Kienthal'da (İsviçre) toplandı. Savaşan ülkelerin emekçilerine savaşa son verilmesi yolunda bir çağrıda bulunuldu. İngiliz delegeleri bu iki konferansın ne ilkine, ne de ikincisine katılamadılar. Çünkü hükümet, her ikisinde de onlara pasaport vermeyi reddetmiştir. 1917 Martında Rus İhtilâli patladığı zaman Huysmans İkinci Enternasyonal, Stockholm'da toplanacak olan bir konferansa çağırdı. Ama Fransız ve İngiliz Hükümetleri bu ülkelerin delegelerine pasaport vermeyi reddettikleri için konferans yapılamadı.

Bu arada savaşan ülkelerde muhtelif akımlar gitgide güç kazanmaktaydı. Almanya'da, Kutsal İttifak'a karşı olduklarını ilk açıklayan ve Sosyal Demokrat Partinin savaşçı politikasının karşısına dikilenler Kari Liebknecht ite Otto Rühle oldu. Mart 1915'te Enternasyonal dergisini, ondan kısa bir süre sonra da Ligue Spartacus' ü (Spartaküs Birliği) kurmuş olan Rosa Lüxembourg, Leo Joguiches ve Franz Mahring tarafından destekleniyorlardı. Bir yıl sonra Alman Sosyal Demokrat Partisinde bir bölünme çıktı, Hasse yönetiminde, parlamento hizbinden on sekiz milletvekili, 1917 Nisanında Bağımsız Sosyalist Partisi'nin kurulmasına yol açacak Communaute de Travail Socialiste' i (Sosyalist İş Topluluğu) kurdular. Kurulan parti, Spartaküs

Birliği ile işbirliği yaparak kitleleri, köhne partinin savaşçı politikasına karşı çıkarmak için çalıştı.

Fransa'da da Jean Longuet'nin yönetiminde bir muhalefet kuruldu. Bu muhalefetle çoğunluk arasında çekişme uzun zaman, azınlık olan muhalefetin Paris Kongresinde (18 Ekim 1918) çoğunluk durumuna gelmesine kadar sürdü. Bununla birlikte Longuet'nin solunda, Loriot ve Louise Saumonneau yönetiminde, günden güne gelişen bir diğer muhalefet daha vardı.

İngiltere'de, Sosyal Demokrat Federasyon'un bir kısmı, enternasyonalci görüşü savunan ve sonunda komünizme katılan bağımsız bir grup meydana getirdi.

Birleşik Devletlerde Sosyalist Parti'nin çoğunluğu Amerika'nın savaş girmesine karşıydı. Rus İhtilâli patladığı zaman bu çoğunluğun bir kısmı komünizmden yana olduğunu bildirdi ve bağımsız bir parti durumuna geldi.

2. Rus İhtilâli

Rus cephesindeki askerî harekât yavaş yavaş, Rusya'nın askerî kuvvetlerine tam bir bitkinlik getirdi. Kuzey Buz Denizinde Alman Donanması, Çanakkale Boğazı'nda da Türk Donanması tarafından abluka altına alınmış olan Rusya müttefiklerinden, etkili hiçbir yardım alamadı. Askerî ve ekonomik bakımdan yıkıldı. Bu durum, birbiri ardından birçok grevler, karışıklıklar ve ayaklanmalar, sonunda da 1917 Martında Çarın tahttan feragati ve geçici bir hükümetin iş başına geçirilmesiyle son buldu. Ordunun büyük bir kısmı ve köylüler derhal barış yapılmasını istiyorlardı. Fransız ve Belçikalı sosyalistlerin ifratçı propagandasıyla desteklenen müttefikler ise geçici hükümete, kendi saflarında savaşa devam etmesi için baskı yapıyorlardı. Yeni hükümeti yönetmekte olan Kerensky, Galiçya'da bir taarruz hazırladı. Bu taarruz, başlangıçtaki başarıların ardından, genel bir çözülme ve Rus Ordusunun tam bir bozgunuyla sonuçlandı. Bu arada Bolşevikler, savaşa derhal son verilmesi, toprakların paylaşılması, bütün iktidar parolalarına dayanarak işçi örgütlerini fethediyor ve bu örgütleri geçici hükümet politikasının karşısına dikiyorlardı. İşçi kitleleri arasında durumlarını öylesine sağlamlaştırdılar ki, sonunda 7 Kasım 1917'de Kerensky hükümetini devirerek iktidarı ele geçirmeyi başarabildiler.

Birkaç hafta içinde, uzun zaman dayanabileceğini Avrupa'da ancak pek az kimsenin düşündüğü politik ve tarımsal bir ihtilâli başarıyla sonuçlandırdılar. Yaptıkları ilk davranış, Alman Hükümetine ilhaksız ve tazminatsız olarak derhal barış yapılmasını önermek oldu. Almanlar zaman kazanmak için bunu kabul ediyormuş gibi göründüler ama her çeşit diplomatik kurnazlıklarla ve sonunda da işgal yoluyla, Rusya'ya şartları çok daha onur kırıcı bir barış kabul ettirmeye çalıştılar. Rus Hükümeti zor karşısında boyun eğmek ve Brest - Litowsk (1 Mart 1918) antlaşmasın imzalamak zorunda kaldı. Ama Alman işçilerinin, Rusya'ya karşı gösterilen sertliği protesto için Ocak ayı sonunda patlayan kitle halinde grevler Almanya'nın kaderi üstünde kesin bir etki yaptı. Lenin ve Trotsky bu görüşmelerden, görünüşte yenik olarak çıktılar. Ama görüşmeler sıracında Alman Hükümeti ve Genel Kurmayının hazırlamış olduğu gerçekte kendi bozgunuydu. Bu bozgun onları birkaç ay sonra, müttefiklerin kesin ve tam zaferini ve Merkezî

İmparatorlukların yıkılmasını onaylamış olan Versailles Anlaşmasını imzalamak zorunda bırakacaktı.

Rusya'nın 1918 başında gözler önüne serdiği korkunç kargaşadan, Lenin, Trotsky ve arkadaşları, Kuhlman Arırt Hoffmann'ların ve Czernin'lerin, cehennemin dibine batmak üzere neredeyse yok olduğunu sandıkları Sovyetler Cumhuriyetini yarattılar. Bu Cumhuriyet İtilâf Devletleri tarafından hazırlanan ve teşvik edilen bütün ayaklanmaları, Çekoslovaklarınkini, Kornilov, Youdenitch, Koltschak Denikine, Polonya, Wrangel vb. ayaklanma ve silahlı mücadeleleri birbiri ardından ezdi. Sovyetler Rusya'sı proletarya için sağlam bir kale ve bir kızıl bir ordu yarattı. Öncü olarak, Orta ve Batı Avrupa'da ve Asya'da, bütün ihtilâlci özgürlük hareketlerini destekledi. Rusya'nın içinde de feodal rejimin ve burjuvazinin gücünün bütün kalıntılarını ortadan kaldırdı. Bütün politik ve ekonomik gücü proletaryaya veren bir Anayasa hazırlandı. Toprağı köylüler arasında pay etti ve büyük endüstrinin kamulaştırılmasına girişti. Kısaca, sosyalizmi gerçekleştirmek yoluna koyuldu. Ne yazık ki uluslararası proletaryanın edilgen durumu karşısında, devlet sosyalizmi yöntemlerine ve yabancı sermayenin yardımına başvurmak zorunda kaldı.

Bolşevikler dünya proletaryasını, İkinci Enternasyonalin başarmakta güçsüz olduğunu gösterdiği ihtilâle hazırlamak için 1919 Martında Üçüncü Enternasyonali kurdular. Üçüncü Enternasyonal proletaryaya, amansız mücadele yolunda hem günlük çıkarlarının savunması hem de burjuvazinin boyunduruğundan kurtuluşu için kılavuzluk etmeyi amaç olarak benimsedi.

3. 1918 - 19 Alman İhtilâli

Ağustos 1918'de düşman bir sisteme karşı dört yıl savaştan sonra Almanya'nın artık gücünün kalmamış olduğu açıkça görüldü. Kendisine doğru yönelmiş olan uluslararası sermaye ve Rus Ihtilâli'nin ezici üstünlüğü karşısında bu güçlere dayanamayarak yıkıldı. Alman Hükümeti, kendisine tarafların her birinde düşmanlar edinmek gibi bir şaheser yaratmıştı. 1918 Eylülünde Almanya'nın kuvvetleri tükenme noktasına gelmişti. Genel Komutanlık, mütareke imzalanması için derhal görüşmelere geçilmesini istedi. Eski rejim Almanya'sının son şansölyesi Kont Hertling çekildi. Sosyal Demokrat Scheidemann ve Baur tarafından desteklenen Prens Max de Bade, kargaşalık içindeki Almanya'da iktidarı aldı. Sonunda 30 Ekim 1918'de önce Kiel'de, ardından da Stuttgart Munich ve nihayet Kasımda da Berlin'de ihtilâl patladı. Donanma ve ordu ayaklandı. Prens Max de Bade iktidarın, Sosyal Demokrat Partinin güvendiği adam Frederic Ebert'e teslim etti. İmparator tahttan feragat ederek Hollanda'ya sığındı. Scheidemann Alman Cumhuriyetini ilân etti. Bütün hanedanlar birbirlerinin ardından yıkıldılar. İhtilâl Almanya'da zaferi, birkaç gün önce Avusturya'da olduğu gibi barışçı bir biçimde kazandı.

İhtilâlin bu zaferi askeri çöküşün sonucuydu. Şimdi söz konusu olan, bunun bütün sonuçlarını çıkarmaktı. Savaş öncesi sosyalist eğitiminin bütün boşlukları işte burada meydana çıktı. İhtilâlin başlangıcından beri her tarafta, Rus örneği üstünde işçi ve asker konseylerinin kurulduğu görüldü. Ama ne ülkede bir birlik ne de ulaşacak bir amaç bilinci vardı.

Zaten ihtilâli istememiş olan ve bir parlamento hükümetiyle yetinmeyi kabul edecek durumda bulunan Sosyal Demokrat Parti Liderleri demokratik cumhuriyeti en yüksek amaç sayıyor ve bir milli meclis kurulmasını istiyorlardı. Üretim araçlarının sosyalizasyonu, sosyalizmin gerçekleştirilmesi onların düşünce alanlarının içinde bile değildi. Spartacus gurubunun üyeleri başlarında Rosa Luxembourg olduğu halde, çoğunluktaki sosyalistlerin sertçe karşısına dikildiler. Bağımsız Parti'nin liderleri ise demokrasi ile diktatörya arasında tereddüt ediyorlardı ve sonunda seçimlerin ertelenmesinden yana olduklarını açıkladılar. Zaten başlangıçta (9 Kasımdan 29 Aralık 1918'e kadar) çoğunluk sosyalistlerle çalışmışlardı. İki sosyalist partinin her biri, Halk Temsilcileri Konseyi unvanını taşıyan geçici hükümette üçer temsilciyi (Çoğunluktakiler için Ebert, Landsberg ve Scheidemann, azınlıktakiler için de Barth, Dittmann ve Haase) görevlendirmişlerdi. Sosyalist cephedeki birlik yokluğu, sonunda, demokratik sloganlarıyla, bir işçi ve küçük burjuva yığınını kendi yanına çeken eski partiye kazanç sağladı. Aynı zamanda pek çok sayıda burjuva hiç de haksız olmayan, sosyalist ihtilale karşı bir engel olarak gördükleri sosyal demokrasinin çevresinde toplandılar. Bağımsız Parti ve Wissel adlarındaki iki sağ sosyalistiyle tamamlanmış ve monarşi taraftarı subay topluluğunun yardımıyla ihtilâlcilere karşı mücadeleye girişmiş olduğu için burjuvalar bu davranışlarında daha da haklıydılar.

İhtilalin en dikkati çekici üç lideri Rosa Luxembourg, Liebknecht ve Kurt Eisner iğrenç bir şekilde öldürüldüler. Onlarla birlikte en iyilerinden binlerce sosyalist mücadele adamı da alçakça öldürüldü. Almanya'da 1918 - 19 kış ve ilkbahar ayları boyunca, ılımlı reformcuların, en enerjik kimselere karşı mücadeleyi yönettikleri ve böylece gericiliğin yolunu hazırladıkları görüldü. Bu 1793 ve 1848 Fransız faciasının bir tekrarı gibiydi. Geçici hükümet seçimlerin tarihini 19 Ocak 1919 olarak saptadı. Seçimler çoğunlukla sosyalistlerine 11,5 milyon, azınlıktaki sosyalistlere de 2,3 milyon oy sağladı. Spartacus Birligi üyeleri ise seçime katılmamışlardı. Sosyalist partiler tarafından kazanılan sandalye sayısı 421 üstünden 185 sandalye ile oyların %43'ünü teşkil ediyordu. Parlamento kuralları gereğince, sosyalistler azınlıkta oldukları için hükümeti kuramazlardı. Ayrıca prensipleri de burjuva partilerle koalisyon hükümetlerine katılmalarını yasaklıyordu. Demek oluyordu ki normal olan, hükümeti kurmaktan vazgeçmeleriydi. Ama durum göz önünde tutacak olursa, burjuva partilerin iktidar sorumluluğunu almaları düşünülemezdi. Zira ihtilâlci dalgalar henüz pek güçlüydü. Ülkeyi sömürenler ve sömürülenler olarak değil de demokrasi düşmanları ve taraftarları olarak bölen Sosyal Demokrat Parti Hükümeti Katolikler ve Demokratlarla birlikte kurdu. Halk yığınlarının istifledikleri ve onlara pek gösterişli bir biçimde vaat etmiş olduğu sosyalizasyonu gerçekleştirmemekle birlikte omuzlarına ağır sorumluluklar yükledi. Sosyal Demokratlar hükümetin içindeydiler. Ama hüküm sürenler gerçekte bürokratlar, askerler ve kapitalistlerdi. Zaferin tek sonucu 11 Ağustos 1919 günü, Weimar Anayasası diye anılan Demokratik Anayasanın oylanarak kabulü oldu. Sosyal Demokratların politikası ve İtilâfın Almanya üstünde, Versailles Antlaşması hükümlerine dayanarak yaptığı baskı, Almanya'nın sosyalist temel üstüne yeniden kurulmasını olanaksız kıldı.

Hayal kırıklığına uğramış çok sayıda emekçi, Bağımsız Partinin bölünmesiyle kısa zamanda güçlenen Komünist

Partisi'ne (eski Spartacus Birliği) doğru döndüler. İçlerinden bir kısmı komünizme katıldı, diğerleri ise 1922'de Sosyal Demokrat Partiye geri döndüler.

4. Savaş Sonu İlk Yıllar Boyunca Fransa ve Büyük Britanya'da Sosyalist Hareket

1917 ile 1920 arasındaki yıllar galip devletler için de şiddetli iç karışıklıklar dönemi oldu. 1917 Aralığında Ciermont - Ferrand'daki Fransız C. G. T. (Genel İş Konfederasyonu) konferansında ihtilâl taraftarları başarı kazandı. Mart ayında Saint - Etienne'de bir konferans topladılar. 1918 başında itibaren Fransa'da, gitgide daha ihtilâlci nitelikte büyük grevler patladı. Diğer isteklerinin yanı sıra grevler, derhal bir mütareke yapılmasını ve Fransa'nın Rusya'ya her türlü askerî müdahaleden vazgeçmesini istiyorlardı. C. G. T. nin içinde muhalefet Amiens Yasası ilkelerine dönülmesini ve çoğunluğun istediği, sınıfların işbirliği politikasının durdurulmasını istiyordu. Savaş sonunda işçi yığınlarının bazı tavizler verilmesi gerekliliğini duyan Fransız Parlamentosu, Fransız işçi hareketinin eski bir hak iddiasını gerçekleştirerek sekiz saatlik işgünü yasasını kabul etmişti. 1920'de C. G. T. yönetiminde, diğer isteklerin yanı sıra Demiryolları Endüstrisinin kamulaştırılmasını öne süren bir genel grev patladı. Başarıya ulaşamayan bu grev, sendika örgütlerindeki çoğunluklarla azınlıklar arasında bölünmeyle sonuçlanan görüş ayrılıklarına yol açtı. İhtilâl taraftarları C.G.T. den ayrılarak Confederation du Travail Unitaire'i (Birlikçi Emek Konfederasyonu) kurdular. Bu konfederasyon kendine, sendika mücadelesini, sınıf mücadelesi temeli üstünde yürütmek amacını veriyordu.

Öte yandan, Sosyalist Parti içinde de görüş ayrılıkları önem kazanıyordu. Paris Kongresinde (18 Ekim 1918) Jean Longuet tarafından yönetilen muhalefetin çoğunluğu kazanmayı başardığını görmüştük. Ama Comite Pour la Rapriee de Relation Infematlonales (Uluslararası İlişkileri Yeniden Başlatma Komitesi) içinde örgütlenmiş olan Zimmerwald'cılar 1919'da, Üçüncü Enternasyonal Komitesi'nin yönetimi altında, Moskova'da yeni kurulmuş olan Komünist Enternasyonalinden yana propaganda yapmakta olan açıkça komünist bir akım yaratmışlardı. Bu akım, Rus İhtilâli olaylarının baskısıyla ve partinin yeni çoğunluğunun kararsız politikası karşısında 1920 Aralık'ındaki Tours Kongresinde 1450 oya karşı 3252 oyla, Üçüncü Enternasyonal'e katılma kararını aldırmak konusunda başarı gösterdi. Bu oylamanın sonunda sağ kanat partiyi terketti. Parti ise Marsilya Kongresinde (1922), Komünist Partisi (Komünist Enternasyonali'nin Fransız Bölümü) adını alıyordu.

Büyük Britanya'da 1917'den itibaren, kısmen ihtilâlci nitelikte bir sıra grevler patladı. Muhalefet bütün sendika kongrelerinde, üretim üstünde işçi kontrolü parolasını ileri sürüyordu. Ama başlıca istek, madenlerin sosyalizasyonu idi. Bu istek 1920'de başta madencilerin genel grevine yol açtı. Eğer liderler son dakikada, hareketin ilk isteklerin sınırını aşarak bir sosyal ihtilâle dönüşeceği korkusuyla çekişmeyi önlemeyi kararlaştırmış olmasaydılar bu grev, bütün işçi sınıfının katılacağı bir genel grevle sonuçlanacaktı. Öte yandan, ekonomik eylemin 1920'den itibaren zayıflaması, Labour Party'ye seçimlerde pek büyük başarılar sağlayan bir parlamento etkenliğinin gelişmesine yol açtı. Parti 1924'te 192 sandalye kazandı ye 21 Ocakta, Başkan Remsey Mac Donald'ın Başbakan olmasıyla hükümete girdi.

BÖLÜM XII

SOSYALİST HAREKETİN DÜNYADAKİ GELİŞMELERİ

1. Avrupa'da Sosyalist Hareket

Danimarka henüz genellikle bir tarım ülkesi olmakla birlikte Danimarka Sosyalist Partisi İkinci Enternasyanların nispeten en güçlü partilerinden biridir. İlk pratik örgütlenme denemeleri 1871'de polis tarafından önlendi. Bunun üzerine işçiler kooperatif dernekler kurdular ve buralarda sosyalizm meselelerini tartışmaya başladılar. Hareket 1878'de Sosyal Demokrat Federasyon adıyla bir parti kurulmasını sağlayacak kadar güçlenmişti. 1884 seçimlerinde büyük başarılar kazandı, ama bunlar liberallerin yardımıyla kazanmış olduğu için partinin içinde, kendine hareketin mutlak proletaryacı niteliğini savunmayı görev bilen bir muhalefet çıktı. Bununla birlikte, 1919 -20 yılları bir yana bırakılacak olursa Danimarka'da sosyalist solun hiçbir zaman büyük bir önemi olmamıştır. Gerçekten parti Alman Sosyal Demokrasisi ya da Labour Party gibi basit bir reform partisidir. Danimarka sosyal demokrasisinin basını, kooperatifleri ve okulları hayran kalınacak kadar iyi düzenlenmiştir. Ekim 1916'da, Hindistan'ın batı kıyılarındaki Danimarka adalarının Birleşik Devletlere satılması dolayısıyla Parti Kongresi liberal hükümeti desteklemeye karar verdi. Partinin lideri Stauning hükümete girdi. 1920 Eylülü seçimlerinde parti Milletvekilleri Meclisinde 48, Senatoda 22 sandalye elde etti.

Norveç'te işçi hareketi başlangıçta Danimarka hareketinin etkisi altında kaldı. Ama Norveç İşçi Partisi ancak 1887'de kuruldu. Ülkenin 1905'ten sonraki hızlı endüstrileşmesinin sonucu kısa bir süre sonra Tranmael'in kişiliğinde kendine bir şef bulan ihtilâlci hareketin güçlenmesi sonucunu doğurdu. Partinin sol kanadı 1912' de bağımsız bir grup olarak teşekkül etti. Bu grup,1918' de partinin içinde ve sendikalarda çoğunluğu kazanmayı başardı. Bunun üzerine sağ kanat partiyi terk etti ve 1920 de Sosyal Demokrat İşçi Partisi'ni kurdu.

Hemen hemen sırf sendikacı bir niteliği olan Danimarka işçi hareketinin tersine Norveç işçi hareketinin saflarında, Avrupa'nın bütün sosyalist teorileriyle sıkıca ilişkisi bulunan çok sayıda aydın görülür.

İsveç'te sosyalist hareketin başlangıcı 1881'e kadar çıkar. Başlıca öncüsü, Almanya'da çalışmış ve sosyalizmi orada tanımış olan Terzi Auguste Palm olmuştur. Palm, gerçek bir havari idi. Yeni öğretiyi her yerde yayarak ülkede bir uçtan diğerine yaya gidiyordu. Ondan sonra 1886'da Sosyal Demokrat'ı kurmuş olan Branting geldi. 1889'da İsveç Sosyal Demokrat Partisi kuruldu. On yıl sonra, bu parti seçim reformu için mücadeleye girişti ve sonunda bunu, genel grev yardımı ile kabul ettirmeyi başardı. Seçimlerde büyük başarı sağladı, ama revizyonizme düştü ve bu durum da bir ihtilâlcî muhalefetin ortaya çıkmasına yol açtı. Savaş sırasında Branting İtilâftan yana olduğunu açıkladı. 1917'de bir koalisyon hükümetine girdi ve bu hükümetin, kendisi tarafından yönetilen tamamen sosyalist bir hükümete yerini verdiği tarih olan 1920'ye kadar koalisyonda kaldı. Bu sosyalist hükümet ancak birkaç ay sürdü. Partinin içinde değişimci eğilimlerin güç kazanması, muhalefeti eylemini pekiştirmeye ve sonunda, 1921 yılında komünizme katılacak olan sol eğilimli bir Sosyal Demokrat Parti (1917) kurmaya götürdü.

Finlandiya savaştan önce, dünyanın en iyi örgütlenmiş işçi hareketine sahip bulunuyordu. Bu hareket ilk olarak 1899'da ortaya çıkmıştı. 1903'te Sosyal Demokrat Parti kuruldu. 1907'de seçimlerde 200 sandalyeden 80'ini kazandı. 1916'da oyların çoğunu kazandı ve sosyalist Tokoi tarafından yönetilen sosyalist - liberal bir koalisyon hükümeti kurdu. Rus İhtilâli ve onun ardından Almanya ile Rusya arasındaki savaş burjuvaziye, işçi hareketini bütünüyle yok etmek fırsatını verdi. General Mannerheim'ın Alman Ordusu tarafından desteklenen burjuvazi, Finlandiya proletaryasına karşı savaşa girişti. Bastırma hareketi feci oldu. Onbinlerce ihtilâlci işçi ve sosyalist kırıldı.

Hollanda'da sosyalist hareket 90 yıllarının başına kadar, tecrübesizlikten zarar gördü. Bu hareket parlamento faaliyetinin sonuçlarından hayal kırıklığına uğrayarak anarşist - komünist olan eski Luther'ci papaz Domela tarafından yönetiliyordu. O zamanki işçi örgütlerinin büyük bir kısmını etkisi altına almayı başardı. Hollanda Sosyal Demokrat Partisi, ancak 1893'te Troelstra ve Van der Goes yönetiminde kuruldu. Aynı devirde, sendika hareketi çok yayıldı. Sendikalar 1903'te demiryolcuların grevi üzerine, başarısızlıkla sonuçlanan bir genel grev ilân ettiler.

Hareket bu başarısızlıktan sonra ağır ağır doğrulabildi. Troelstra ve Vliegen'in etkisi altında gitgide daha revizyonist oldu. Bu durum da Henriette Roland, Holst ve Gorter yönetimindeki ihtilâlcilerin ayrılmasına yol açtı. Ayrılanlar Rus İhtilâlinden sonra komünizme katılmış olan bağımsız bir parti halinde toplandılar (1909).

Belçika uzun zaman, kapitalistlerin cenneti oldu. Parlamento hükümeti, ekonomik güçlerin başıboş işleyişi, politik ve ekonomik bütün haklardan yoksun ve din adamları zümresinin etkisi altına konmuş edilgen bir proletarya İşçi hareketi ancak 1875'te ortaya çıktı. 1877'de, Flaman Sosyalist Partisi ve Brabant Sosyalist Partisi kuruldu. Bunlar 1879'da Belçika Sosyalist Partisi olarak birleştiler. Ayrıca çeşitli işçi dernekleri ve kooperatif örgütleride vardı. Bütün bu örgütler 1885'te Belçika İşçi Partisi'nin bağrında birleşti. Bir yıl sonra kan içinde boğulan işçi ayaklanmaları patladı. Bunun üzerine Belçika İşçi hareketi, bütün yurttaşlara oy hakkı tanınması için mücadeleye girişti. İlkin amacına sertlikle ve genel grevler çıkartarak varmaya çalıştı ama sonuç alamadı. Sonunda Belçikalı işçiler ancak sınırlı bir oy hakkı elde edebildiler. Ancak bütün Avrupa'da 1918 - 19'da Rus Ihtilâli'nin yol açtığı ihtilâlci dalgadan sonra Belçika burjuvazisi ürktü ve boyun eğerek bütün yurttaşlara oy hakkı tanındı.

Savaş patladığı zaman, Belçika İşçi Partisi kendini ulusal savunma hizmetine verdi. Partinin lideri olan İkinci Enternasyonalin Başkanı Emile Vandervelde hükümete girdi. Savaşılan Va An Seele, Destree ve Vaiders, Partinin onayı ile koalisyon hükümetine girdiler. Muhalefet 1920'de Belçika Komünist Partisi'ni kurdu.

İsviçre'de, 1838'de kurulmuş olan «Gritli Derneği» işçi hareketinin çekirdeği oldu. Grütliciler 1878'de sosyalist ilkeleri benimsimdiler, ama milliyetçi ve reformcu bir tutumu muhafaza ettiler. Bununla birlikte yavaş yavaş, bir sosyalist İsviçre Partisi kurularak Marx'çı ilkeleri benimsedi. 1920'de, Üçüncü Enternasyonali katılan bir Komünist Partisi kuruldu.

İspanya'daki işçi hareketinin başlangıcı İtalyan işçi hareketininki gibi oldu. Birinci Enternasyonal devrinde ortaya çıkmış olan hareket Bakounine'in etkisi altında kaldı. Yalnız, Pablo Iglesias tarafından yönetilen küçük bir grup sosyal demokrat olarak kaldı. 1910'da Iglesias (Millet Meclisi) Cortes'e seçildi. Savaş sırasında İspanyol Sosyalist Partisi İtilâfı savundu. Sendika hareketi ise bütünüyle, anarşist sendikacı görüşü benimsemişti.

Portekiz'deki durum İspanya'dakinin hemen hemen aynıdır. Sosyalist hareket belirsizdir. Sendikalar ise anarşist sendikacılar tarafından yönetilmektedir.

Bulgaristan'da Sosyal Demokrat Partisi 1894'te kurulmuştu. 1903'te "Dar"lar ve "Geniş"ler olarak iki gruba bölündü. Birinci grup ihtilâlci, ikinci grup ise reformcuydu. 1913'te parti Meclise 37 Milletvekili sokmayı başardı. Bulgaristan'ın savaşa girmesi sırasında "Geniş" ler ulusal savunmadan yana oldular. Buna karşılık "Dar" lar savaş ödeneklerine karşı oy verdiler ve yetkili makamların acı zulmünü çekmek zorunda kaldılar. Savaştan sonra etkileri pek çok arttı. 1919'da Komünist Partisi halinde toplandılar.

Sırp Sosyal Demokrat Partisi 1903'te kurulmuştu. 1912'de Mecliste iki temsilcisi vardı. Savaş patladığı zaman, ödeneklere oy vermeyi reddetti. Barışın imzalanmasından sonra Sırbistan, Hırvatistan, Bosna ve o zamana kadar Avusturya toprağı iken yeni Yugoslav Devletine henüz katılmış olan illerin ihtilâlci dernekleri toplanarak Yugoslav Sosyalist İşçi Partisi'ni kurdular. Bu parti 1920 'de Üçüncü Enteransyonal'e katılmıştır. Parti, kuruluşundan beri devletin baskı hareketlerine maruz kaldı. Bu partiden başka bir de ılımlı Sosyalist Parti vardır.

Romanya'da, 1880 yıllarından beri sosyalist gruplar vardı. Ama ülkenin şartları uzun süre birleşik bir sosyalist partinin kurulmasına karşı idi. Sendika hareketinin, petrol endüstrisinin gelişmesiyle ortaya çıkan ilerlemesi sonunda durumu değişti. 1905 Birinci Rus İhtilâli ve 1907 köylü ayaklanmasından sonra çeşitli sosyalist gruplar Christian Rakovsky'nin yönetimi altında birleşerek 1911'de sendikalarla birlikte Romanya Sosyal Demokrat Partisini kurdular. Bu parti Romanya'nın savaşa girmesine karşı olduğunu açıkladı. 1918'de sosyalistlere ve sendika liderlerine karşı sert bir bastırma hareketine yol açan bir genel grev patladı. 13 Aralık 1918'de hükümet, Bükreş'te bir işçi gösterisine karşı bir makineli tüfek bölüğünü seferber etti. 100'den fazla işçi öldürüldü.

Romanya'nın Bakovine, Transilvanya ve Banat'yı ilhakı ılımlı sosyal demokratların durumunu sağlamlaştırdı ve Romanya Sosyalist Partisi'ni kurdular. O sırada ihtilâlci unsurlar ise Üçüncü Enternasyonal'e giren Komünist Partisi'ni kuruyorlardı.

2. Avrupa Dışında Sosyalist Hareket

Avustralya'da İşçi Partisi 1892de, 1889 - 1891 grevlerinin başarısızlığa uğramasından sonra kuruldu. İşçiler politik eyleme yöneldiler, bununla birlikte yine de reformculuk çevresinin içinde kaldılar. İşçi Partisi çok güçlendi ve seçimlerde büyük başarılar kazandı. 1910'da Parlamentoda çoğunluğu sağlamayı başardı (33 burjuva milletvekiline karşı 42 işçi milletvekili) ve bir İşçi Partisi Hükümeti kurdu.

Diğer devletlerde de hemen her yerde çoğunluk sağlamıştı. Ama savaş, zihinlerde yarattığı karışıklıkla partinin içinde bölünmeler çıkardı. Bunun sonucu olarak parti iyice güçten düştü.

Bununla birlikte, savaştan birkaç yıl sonra zaaflarını yenmeyi ve yeniden var gücüyle ilerlemeyi başardı.

Yeni Zelanda'da işçi hareketi Avustralya'nınkine benzer. Ama orada İşçi Partisi daha açık biçimde sosyalistti. Başlangıçta, 1894'ten 1905'e kadar, ekonomik uyuşmazlıklar konusunda zorunlu hakemlik müessesesi grevi önlemeyi başarmıştı. Ama o devirden beri durum pek çok değişti. Ekonomik gelişme, hiçbir hakemliğin ortadan kaldıramayacağı sert sınıf mücadelelerine yol açtı.

Güney Afrika İşçi Partisi 1909'da kurulmuştu. 1910 genel seçimlerinde 4 sandalye kazanmayı başardı. 1913' te çoğunluğu kazanmış olduğu Transvaal'da özelikle ilerledi. Orada da savaş etkisini yaptı. Partinin çoğunluğu millî savunma alanında yer aldı. İhtilâlci azınlık ise Union Socialiste Internationale' ı (Enternasyonal Sosyalist Birlik) kuruyor ve diğer isteklerinin yanı sıra beyaz ve renkli işçilerin iş birliğinden yana olduğunu açıklıyordu. Güney Afrika işçi hareketi, hükümetin bütünüyle tutmakta olduğu elmas madenleri sahipleriyle çok sert mücadeleler yapmak zorundaydı.

Japon sosyalist hareketi ilgi çekecek ölçüde önemlidir. Son yıllar boyunca Japonya modern bir ülke oldu. İşçi hareketi orada 1880 yılları boyunca ortaya çıkmıştır. 1900'de Japon Parlamentosu grevlere karşı bir yasa kabul etti. 1901'de Kotoku ve Sen Katayama tarafından Japon Sosyal Demokrat Partisi kuruldu. Japon makamlarının kovuşturmasına uğrayan parti Rus - Japon savaşı (1904) sırasında savaş aleyhtarı mücadele yapmış olan Marksist ihtilâlci, gizli Rlebeien Birliği'nin doğmasına yol açtı.

Bu örgütte bir öncekinin talihsizliğine uğradı. 1910'da aralarında Kotoku' da bulunan bazı sosyalist liderler Mikado'nun (Japon İmparatoru) hayatına kastetmekle suçlandırılarak idama mahkûm edildi ve öldürüldüler. Japon endüstrisinin dünya savaşı sırasındaki büyük ilerlemesi ve Rus İhtilâli, sendikacı ve sosyalist hareketi geliştirmek sonucunu doğurdu. Burjuva aydın çevrelerinde bile sosyal meseleye büyük bir dikkat ve ilgi gösterilmektedir.